Pearson

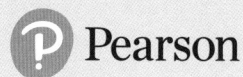

· Twelfth Edition ·

The Cultural Landscape

An Introduction
to Human
Geography

人 文 地 理 学 通 识

全彩插图
·第12版·

James M. Rubenstein

詹姆斯·M. 鲁宾斯坦 —————— 著

罗　爽 —————— 译

郑州大学出版社

图书在版编目(CIP)数据

人文地理学通识 / (英)詹姆斯·M.鲁宾斯坦著;罗爽
译 . — 郑州 : 郑州大学出版社, 2021.12
ISBN 978-7-5645-8007-0

Ⅰ.①人⋯ Ⅱ.①詹⋯②罗⋯ Ⅲ.①人文地理学
Ⅳ.① K901

中国版本图书馆 CIP 数据核字（2021）第 135559 号

备案号:豫著许可备字 –2021–A–0055

人文地理学通识
RENWEN DILI XUE TONGSHI

策划编辑	郜　毅	封面设计	陆红强
责任编辑	郜　毅	版式制作	九章文化
责任校对	吴　静	责任监制	凌　青　李瑞卿

出版发行	郑州大学出版社	地　　址	郑州市大学路40号（450052）
出 版 人	孙保营	网　　址	http://www.zzup.cn
经　　销	全国新华书店	发行电话	0371-66966070
印　　刷	鸿博昊天科技有限公司		
开　　本	787 mm × 1092 mm　1/16		
印　　张	35.75	字　　数	699千字
版　　次	2021年12月第1版	印　　次	2021年12月第1次印刷

书　　号	ISBN 978-7-5645-8007-0	定　　价	228.00元

本书如有印装质量问题, 请与本社联系调换。

序 言

地理学研究的是地球表层上各种事物的位置，以及人类和这些位置的关系。地理学（Geography）这个词由古希腊学者埃拉托斯特尼（Eratosthenes）创造，基于两个希腊词语，意思分别是"地球"（Geo）和"书写"（graph）。根据美国《国家地理课程标准》（*National Geography Standards*），地理学者关注两个简单的问题："在什么地方？"和"为什么在这个地方？"也就是，人类和人类活动分布在地球表层的什么地方？为什么会分布在这些特定的地方？这些问题与当代世界息息相关，而本书就旨在找出这些问题的答案。本书向专业和非专业学生介绍人文地理学，内容易懂，全面深入，且紧贴学科前沿。

第十二版的新元素

本书的第十二版大幅改变了结构和内容，更新了资料和数据。

新结构

结构和框架清晰，是本书长期以来的一项优点。在旧版中得以确定的特色结构，在本版中也得到了保留，而且还因为新增的几个版块而得到了大幅强化，更适用于电子时代。新增元素可分为两类：

- 每章新增的信息性版块包括：

  - "**地理学实践**"版块讨论各种地理学工具、方法和技能，可用于解决与各章概念相关的现实问题。

  - "**辩论！**"版块给出复杂的人文地理学话题，以及正反两方的观点，鼓励学生积极参加辩论和决策。读者可能赞同正反或反方，或者可能觉得两方都有道理。

  - "**可持续性与我们的环境**"版块把人文地理学中的重点话题与经济、社会和环境的全球可持续性发展联系起来。

- 每章的图片都附有说明文字，能鼓励学生阐释图片的地理学意义和重要性。

- 新版中每章末尾的"**总结与回顾**"增加了图片，旨在解释章节中的概念，提供建议思考的方向。

- 章节框架和编排上的新特点包括：

  - 沿用旧版本中基于四个"关键议题"的章节框架。每个关键议题后列出数条副标题，概述将要讨论的主要内容。

  - 每个小节的内容都是独立的，插图都附在相关的文字旁边，不用翻到章节末尾寻找。

  - 旧版中的两个版块，也应用到了新版的小节中。一个是"**学习成果**"版块，位于小节的开头，总结该小节的主要学习目的。另一个是"**思考题**"版块，题目的设计旨在激发学生思考或讨论小节中呈现的材料。

  - 每个关键议题结束时，"**复习**"版块能让学生强化对重要议题和主题的理解，然后再开始学习新内容。

新内容

人文地理学是一门不断变化的学科。之前位于学科中心的话题，现在已经变得没有那么重要，其中心位置被新的话题取代。每个章节提供的是可获取的最新资料。下面举例说明各个章节中包含的全新材料。

第1章（这就是地理）使用的是新标题。

本章的新话题包括电子地图、地理标记、自发地理信息，以及分析性别、性取向等文化身份的地理学方法。本章通过卢森堡的例子，介绍地理学的五个最基本概念。针对可持续性的讨论包括关于美国西部旱灾的新信息。

第 2 章（人口与健康）的关键议题 3 是新增内容，包括关于健康问题的详细讨论。20 世纪下半叶，人口增长速度从最高值开始降低，人口地理学开始越来越关注人类的健康，不再仅仅关注出生率和死亡率。新的关键议题 4 讨论未来的世界人口和健康。

第 3 章（人口迁移）包含最近的争议话题，如美国边界的问题，以及大量亚非移民拥入欧洲的问题。"你与地理学"版块帮助学生思考自己家庭的移民故事。

第 4 章（民间文化和流行文化）包含关于社交媒体扩散的新材料。本章还有新的"辩论！"版块，辩题有关于虔诚的穆斯林妇女的着装。

第 5 章（语言）使用行业领先的权威网站民族语言网（Ethnologue）对语言的最新分类，即制度型语言、发展型语言、强健型语言、受困型语言和消亡型语言。最后一条关键议题详细讨论了新兴语言、复苏语言和发展型语言。新的"可持续性和环境"版块关注语言中的性别差异。

第 6 章（宗教）的结构有大幅改变，内容也有大量改动，包含了美国宗教地理学主要专家的部分研究成果。宗教对许多学生而言十分重要。宗教地理学的章节可以促进学生理解世界上宗教的多样性。

第 7 章（族群）包含了多个国家（如巴西）族群多样性的新材料。此外，本章还新增一个关于城市中少数族群聚集地的小节。

第 8 章（政治地理学）探讨当今世界上的冲突，如俄罗斯从乌克兰吞并克里米亚的

事件，以及伊斯兰国和博科圣地之类恐怖组织的崛起。本章还包括新的"辩论！"版块，辩题关于不公正的选区划分。

第 9 章（食物和农业）在新版中被编排到讨论发展的章节之前，这样做是参考先修人文地理学课程大纲所建议的编排顺序。关键议题 4 包括关于转基因食品和食品安全的详细讨论。

第 10 章（发展）反映联合国人类发展指数的最新变化。本章详细讨论了国家之间和国家内部的发展不平衡。除了发展中国家面对的发展挑战外，本章还探讨了目前欧洲试图通过紧缩政策来促进经济增长时遇到的困难。

第 11 章（工业和能源）使用了新的标题，旧版本"发展"一章中关于能源的材料被重新编排至本章当中。此外，本章收录了关于交通网络的新材料，还要求读者辨别他们的 T 恤是哪个国家生产的。

第 12 章（服务业和定居区）讨论新兴的共享经济，如优步和爱彼迎。新的"地理学实践"和"你与地理学"版块包含一项关于食物沙漠的互动研究。

第 13 章（城市模式）详细讨论现在和过去非西方城市的结构，使用新案例研究来分析肯塔基州路易斯维尔的中央商务区。本章还详细讨论交通和城市模式的关系。

地理学的重要性

本书的主要目的是，通过强调地理学概念与人类问题的相关性，向学生介绍人文地理学这门社会科学。本书可用于大学阶段的人文或文化地理学介绍性课程，也可用于高中阶段同等水平的大学先修课程。目前，人文地理学是先修课程中发展最快的课程。

电子时代的地理学

许多人认为地理学在 21 世纪无关紧要。曾经有人认为地理学没有光明的未来，因为互联网和社交媒体等电子通信手段的扩散会让人类活动更容易远程开展。如果能在世界上任何一个地方（至少在电子设备可以工作的地方）获得任何信息，那么为什么要在拥挤的城市或气候恶劣的地区生活、购物、工作或创业？实际上，在人们的生活和工作中，地理学已经变得更加重要，并未式微。甚至，因为电子设备的扩散，地理在如下几个方面变得比过去更重要：

1. 智能手机和其他电子设备在特定的地区将需求与供给相匹配，例如：

■ 餐厅 App 将食客匹配到当地某个餐馆的空座位上。

■ 房产 App 帮助人们寻找当地销售或出租的房产。

■ 社交 App 让人们知道某个地方的朋友晚上在什么地方活动。

■ 交通 App 将有空位置的交通工具匹配给想要去某个地方的人。

这些 App 生成人们的空间偏好数据，进而帮助更多基于位置（location-based）的商业机构开业和成长。在找地方吃饭时，我们不在黄页上寻找餐馆，而是在电子设备上寻找当地被标注在地图上的餐馆。也难怪地图（拥有导航功能）和出行（拥有交通信息）形式的地理 App，会是我们智能手机上使用频率最高的五种服务中的两种。

2. 电子设备对于人和货物的顺畅移动至关重要，例如：

■ 详细的导航信息能防止你迷路，或者在你迷路时帮你找到路。

■ 交通信息能避免或减轻拥挤路上的堵塞。

■ 未来的车辆将实现无人驾驶，让你能够把开车的时间用于工作、学习或使用社交网络。

■ 我们不用在广播上收听交通信息，可以在电子地图上查看用红色和绿色标示的路况。

■ 我们不用等着收看电视上的天气预报，可以在自己设备上的地图里查看暴风雨的情况。

随着科技的进步，来自谷歌地球等地方的图片会越来越清晰和准确。地图的绘制正扩展到室内空间，开始采用三维模式。

3. 这些基于位置的 App 制作人员，本身就高度聚集在世界上少数几个地方，如硅谷。

■ 无论是杰出还是平庸的观念，面对面沟通都仍然要比远程沟通更容易。

■ 在硅谷这样的地方生活和工作，虽然消费高，交通特别堵，但是在 21 世纪基于电子的地理环境中能让人们接触到其他观念相似的创新者。

4. 电子设备还影响着与文化多样性相关的不断变化的地理学。

■ 假设你用外语搜索餐馆，你还会找到相同的地方吗？

■ 假设你在外国用互联网进行搜索，你还会找到相同的信息吗？

本书的一个中心主题是探讨全球化和文化多样性这两个重要话题之间的张力。从许多方面来看，我们生活的世界在经济、文化和环境上都比以往更加一体化。某个企业或国家的行为，会给全世界的人们带来影响。例如，地理学者通过建立能源生产和消费在地理分布上的联系，来研究出现能源危机的可能性。他们发现，能源消费者所在地的社会、经济和政治机构，不同于能源生产者所在地。美国和日本的能源消费量远高于能源产量，而俄罗斯和沙特阿拉伯的能源产量则远高于能源消费量。

本书认为，过去一段时间里经济和文化的全球化一直是地理学研究的重中之重，但现在地方多样性也需要同等关注。人们如今在刻意保存独特的文化身份，保护鲜有人使用的语言，保护自己的宗教，努力获得独特的经济角色。地方多样性甚至可以解决某些乍看起来是全球性的问题，比如说气候变化。例如，俄勒冈州驾驶者能开的"最绿色的"汽车，就不同于俄亥俄州的"最绿色的"汽车。

主要话题概述

本书讨论的主要话题如下：

■ 地理学者使用的是哪些基本概念？第1章介绍了地理学者思考世界的方式。地理学者使用几个概念来描述人类和人类活动在地球上的分布，解释这种分布情况背后的原因，理解其重要性。

■ 人生活在世界上的什么地方？第2章和第3章探讨了世界人口的分布和增长，还讨论了人口的迁移。为什么地球上有的地方人口多，或者能够吸引外地人到来，而有的地方却人烟稀少？

■ 不同的文化族群是怎么分布的？第4章到第8章分析了不同文化特征和信仰的分布，探讨了这种空间分布带来的问题。第4章中讨论的重要文化特征包括食物、衣着、住所和休闲活动。第5章到第7章讨论了文化多样性的三个主要元素，即语言、宗教和族群。第8章关注的是文化多样性带来的政治问题。地理学者寻找不同地方文化特征的相似和差异之处，分析差异出现的原因，以及它们对世界和平的重要性。

■ 世界不同地区的人们用什么方式谋生？人类的存活依赖于充足的食物供给。人们是直接从土地上生产食物，还是用做其他工作挣来的钱购买食物，这是最显著的区别之一。第9章到第12章关注人类谋生的三种主要手段：农业、制造业和服务业。第13章讨论作为经济活动和文化活动中心的城市。

地理学的分类

地理学是一门宽泛的学科，所以必然需要专业化。与此同时，地理学的强项之一就是其多元化的研究途径。地理学者不用刻板地遵守已有的学科规则，而是可以结合多种方法和途径。这种传统可以促进创新性思索，尽管这点可能会让想要死记硬背固定规则的学生感到失望。

人文和自然地理学

地理学既是自然科学，也是社会科学。在关注气候、土壤和植被等自然特征的分布情况时，地理学是自然科学。在研究语言、产业和城市等文化特征时，地理学是社会科学。部分大学里也有这种划分，修读自然地理学课程得到的是自然科学学分，而修读人文和文化地理学可以得到社会科学学分。

尽管本书主要从社会科学的角度来考量地理学，但是地理学的一个特征便是使用自然科学的概念来帮助理解人类行为。自然地理学和人文地理学的差别，只是研究重点上的差别，而不是绝对的区分。在研究可持续性的议题时，自然地理学和人文地理学的结合尤其重要。

话题性途径和区域性途径

地理学者要在话题性和区域性这两种研究途径中做选择。本书使用的话题性研究途径，首先就要明确一系列重要的文化研究议题，例如人口增长、政治争端和经济结构调整。使用话题性研究途径的地理学者要探究特定话题不同元素的地理分布，分析观察到的分布模式背后的原因，研究这种分布模式的重要性。

另外一种研究途径是区域性的。做区域性研究的地理学者选择地球上的某个区域，研究那里的环境、人类和活动。关于欧洲、非洲、亚洲和世界其他区域的地理学课程，使用的就是区域性的地理学研究途径。尽管本书的结构是按照话题来组织的，但是地理学的学生应该知道世界上各地的位置。做区域研究时地图册必不可少，还能用它来查找新闻中偶然出现的不熟悉地方的位置。

描述性方法和系统性方法

无论使用话题性途径还是区域性途径，地理学者都能在描述性的方法和系统性的方法中选择一种。同样，这二者的差别只是强调的重点不同，而不是绝对的区分。描述性方法强调收集特定地点的多种细节信息。使用这种方法的主要是做区域性研究的地理学者，他们用这种方法来说明地球表面上某个地点的独特性。系统性方法强调利用地理学者提出的几种基础理论或技巧来解释各种活动的分布情况。

本书既使用了描述性方法，也使用了系统性方法，因为完全依靠其中任何一种方法都会不尽如人意。如果完全使用描述性方法，那么本书就会包含许多相互独立的例子，没有统一的组织结构。完全系统性的方法也不可行，因为有些理论和技巧过于抽象，学生难以理解。只依赖系统性方法的地理学者，在解释当代的重要议题时可能会遇到困难。

使用建议

本书可以用于人文或文化地理学入门课程，课程长度可以是一个学期、一个学季，或两个学季。一学期课程的教师可以每周讲一章内容，留出时间来进行考试。如果课程长度为一个学季，那么可能需要省略部分内容。以文化为导向的课程可以使用第 1 章到第 8 章。如果课程更加偏向经济方面，可以使用第 1 章到第 3 章，以及第 9 章到第 13 章。持续两个学季的课程，可以在第一个学季使用偏向文化方面的第 1 章到第 8 章，在第二个学季使用偏向经济方面的第 9 章到第 13 章。教师或学生特别感兴趣的话题，可以使用多于一个星期的时间来讨论。

致谢

对于一本多次再版、仍然在业界位居前列的作品而言，陈旧过时的材料与方法必须更新。21 世纪的作者很容易依赖那些在 20 世纪获得成功的做法。出版商需要坚定、积极的领导力，才能将一本已经很成功的作品推向更高的层次。如今，教学环境的变化比 20 世纪晚期要快得多，所以出版商的这种领导力尤其重要。本书长期成功的重要原因之一，就是培生教育（Pearson Education）在地理学科的优质领导力。

培生教育的地理学、气象学和地理空间技术高级编辑克里斯蒂安·博廷（Christian Botting）带领团队，负责过我六本图书的出版项目。培生教育是大学地理教科书的主要出版商，因此负责地理学的编辑在塑造全国地理学课程方面具有相当大的影响力。在保持市场领先地位和倾听读者诉求之间，以及在利用创新推进项目与坚持现有的成功方法之间，克里斯蒂安熟练地实现了平衡。

培生教育的项目经理安东·雅科夫列夫（Anton Yakovlev）与我合作完成了五个图书项目。他的工作面面俱到，无可挑剔，而且十分积极主动，提出了许多优秀的想法。

培生教育的项目经理肖恩·哈勒（Sean Hale）干练地协调了材料和创意方面的日常沟通工作。在本书出版项目的主要参与者间，工作流程并没有像传统方式那样。我很感谢肖恩让所有事情的沟通都十分及时而准确。

在和培生公司长期交往的大部分时间里，我十分有幸只与三位编辑合作。保罗·F. 科里（Paul F. Corey）现在是培生公司科学、商业和技术部门的主管，他曾经帮助了本书第三、四和五版的出版。丹·卡夫尼（Dan Kaveney）指导了第六、七、八和九版的出版。我将永远珍视保罗、丹以及现在克里斯蒂安的合理判断、出色视野与友谊。

在这个业务外包盛行的时代，培生公司与许多独立公司合作出版书籍。该版本得益于一个顶级的团队：

研发编辑卡伦·格利弗（Karen Gulliver）提供许多独到的见解。本书长时间以来都很成功，所以要更上一层楼极具挑战。

森韦奥出版服务公司（Cenveo Publisher Services）的雅尼娜·富里诺（Jeanine Furino）顺利地管理了该项目的编辑和其他生产任务流程。

我很感激各个行业辅助人员所做的出色工作。我还要特别感谢多年来提出大量反馈和建设性批评的同行。在我们编写第12版时担任审稿人的同行是：大都会社区学院（Metropolitan Community College）的维多利亚·阿拉珀（Victoria Alapo）、格兰布林州立大学（Grambling State University）的克里斯蒂安娜·加纳-阿雄（Christiana Asante-Ashong）、西南俄克拉荷马州立大学（Southwestern Oklahoma State University）的贝姬·布鲁斯（Becky Bruce）、欧道明大学（Old Dominion University）的汤姆·查普曼（Tom Chapman）、弗吉尼亚联邦大学（Virginia Commonwealth University）的陈学明（音译，Xueming Chen）、迈阿密大学（Miami University）的马西娅·英格兰（Marcia England）、加州州立大学北岭分校（California State University Northridge）的史蒂夫·格雷夫斯（Steven Graves）、犹他州戴维斯学区（Davis School District, Utah）的克里斯·霍尔（Chris Hall）、课程服务研究所（Institute for Curriculum Services）、埃默里大学（Emory University）的戈登·纽比（Gordon Newby）、贝勒大学（Baylor University）的威廉姆·皮特（William Pitts）、布兰迪斯大学（Brandeis University）的本杰明·拉维达（Benjamin Ravid）、弗罗斯特堡州立大学（Frostburg State University）的詹姆斯·萨库（James Saku）、科森尼斯河学院（Cosumnes River College）的德布拉·夏基（Debra Sharkey）、伯米吉州立大学（Bemidji State University）的吉尔·斯塔克豪斯（Jill Stackhouse）、乔治城大学（Georgetown University）的约翰·福尔（John Voll）、路易斯维尔大学（University of Louisville）的马尔加斯·沃克（Margath Walker），以及大华盛顿犹太高等学校（Yeshiva of Greater Washington）的帕姆·沃尔夫（Pam Wolfe）。

目 录

第一章　这就是地理　　　　　　　002

第二章　人口与健康　　　　　　　052

第三章　人口迁移　　　　　　　　082

第四章　民间文化和流行文化　　　118

第五章　语言　　　　　　　　　　154

第六章　宗教　　　　　　　　　　196

第七章　族群　　　　　　　　　　246

第八章　政治地理学　　　　　　　284

第九章　食物和农业　　　　　　　324

第十章　发展　　　　　　　　　　372

第十一章　工业和能源　　　　　　406

第十二章　服务业和定居区　　　　458

第十三章　城市模式　　　　　　　492

后　记　　　　　　　　　　　　　539

附录 1　　　　　　　　　　　　　542

附录 2　　　　　　　　　　　　　550

目　录

第一章　这就是地理　002

关键议题 1

为什么地理学是一门科学？　004

认识地理学　004 | 地图学：制作地图的科学　006
当代地理学工具　010 | 认识地图　012
地理格网　014

关键议题 2

为什么地球上的每个点都有独特性？　017

地方：独有的位置　017 | 地区：独有的范围　018
文化区　021

关键议题 3

为什么不同的地方有相似性？　025

范围：全球和地方　025 | 空间：地物的分布　027
空间：文化身份　029 | 空间：不平等　030
关联：扩散　032 | 关联：空间互动　034
辩论！全球定位系统定位服务：开还是关？　036

关键议题 4

为什么有些行为不具有可持续性？　037

地理、可持续性和资源　037
可持续性和地球的自然系统　039
地理、可持续性和生态　041
可持续的环境变化　044
可持续性与我们的环境　大沼泽地　047
总结与回顾　048 | 关键术语　050

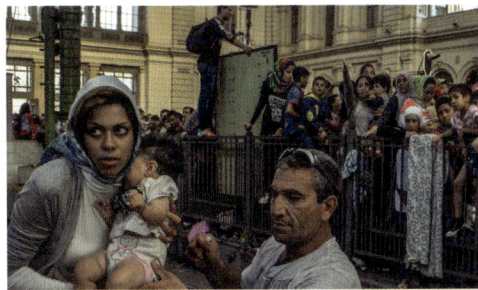

第二章　人口与健康　052

关键议题 1
世界人口分布在何处？　054

介绍人口与健康　054 | 人口集聚度　055
人口密度　058

关键议题 2
为什么世界人口在增长？　059

自然增长　059 | 出生与死亡　061
地理学实践　未来的世界人口　061
人口过渡　062

关键议题 3
为什么有的地方面临健康挑战？　065

健康与性别　065 | 健康与老龄化　066
医疗服务　068 | 流行病学过渡　068

关键议题 4
为什么人口在未来可能增加？　071

人口与资源　071
辩论！地球资源能支撑人口增长吗？　072
未来的人口　073
可持续性与我们的环境　日本的人口缩减　075
未来的流行病学　076 | 未来的家庭　077
总结与回顾　079 | 关键术语　081

第三章　人口迁移　082

关键议题 1
世界移民分布在何处？　084

介绍人口迁移　084 | 国际净迁移　085
国际和国内迁移　086 | 美国入境迁移的变化　089

关键议题 2
人们在国内迁移到什么地方？　092

美国的地区间迁移　092
其他大国的地区间迁移　093 | 地区内迁移　094

关键议题 3
人们为什么迁移？　097

迁移的文化原因　097 | 迁移的环境原因　098
为寻找工作而迁移　101 | 移民的性别和年龄　104

关键议题 4
为什么移民会面临挑战？　107

政府的移民政策　107 | 美国的移民配额法律　108
地理学实践　争夺埃利斯岛　109
美墨边界问题　110
可持续性与我们的环境　墨西哥人对移民的看法　111
欧洲的移民危机　112
辩论！移民政策改革：进行更严格的控制，还是给予迁入移民法律地位？　112
总结与回顾　115 | 关键术语　117

第四章　民间文化和流行文化　118

关键议题 1
民间和流行休闲活动分布在何处？　120

介绍民间文化和流行文化　121

民间和流行文化的起源、扩散与分布　122

地理学实践　时间利用调查　124

民间文化与流行文化的地理差异　125

民间音乐和流行音乐的起源和扩散　126

民间体育和流行体育的起源和扩散　128

关键议题 2
民间和流行物质文化分布在何处？　131

物质文化的要素　131 ｜ 民间服装和流行服装　132

民间食物习俗　134

辩论！欧洲应该接受女性戴面罩吗？　134

流行食物偏好　137 ｜ 民间住房和流行住房　139

关键议题 3
为什么人们接触民间和流行文化的机会不平等？　143

电视和互联网的扩散　143 ｜ 社交媒体的扩散　144

关键议题 4
为什么民间和流行文化面临可持续性的挑战？　146

民间文化的可持续性挑战　146

流行文化的可持续性挑战　148

可持续性与我们的环境　高尔夫球场　150

总结与回顾　152 ｜ 关键术语　153

第五章　语言　154

关键议题 1
世界的各种语言分布在何处？　156

介绍语言　156 ｜ 语系　157

最大的两种语系　159 ｜ 其他大型语系　160

关键议题 2
英语及相关语言在何处起源？扩散到何处？　163

印欧语系下各语族的分布　163

印欧语系的起源与扩散　164

英语的起源与扩散　166

英语在全球的重要性　169 ｜ 官方语言　172

辩论！英语应该成为美国的官方语言吗？　172

关键议题 3
为什么不同地方的语言有所不同？　173

英语方言　173 ｜ 美国方言　175

方言或语言？　177 ｜ 多语言的地方　179

可持续性与我们的环境　语言中性别的差异　180

关键议题 4
为什么地方性语言会存留下来？　182

濒危语言　182 ｜ 保存语言　184

孤立语言和灭亡语言　187

新语言和成长中的语言　190

地理学实践　寻找新的语言　192

总结与回顾　193 ｜ 关键术语　195

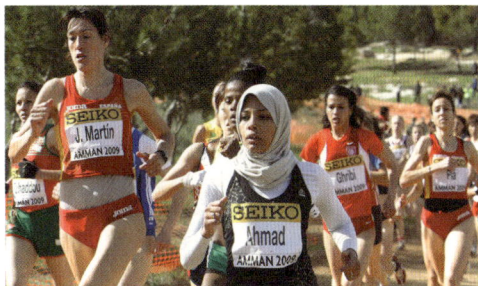

第六章　宗教　196

关键议题 1
世界的各种宗教分布在何处？　198

介绍宗教　198 | 宗教的全球分布　200
基督徒的分布　200 | 穆斯林和佛教徒的分布　202
族群性宗教的分布　203 | 其他宗教的分布　205

关键议题 2
为什么宗教的分布各不相同？　208

基督教与伊斯兰教在西南亚的起源　208
佛教与印度教在南亚的起源　211
各种宗教在历史上的扩散　213
基督徒在最近的迁移　215
穆斯林和犹太教徒的迁移　216

关键议题 3
为什么各种宗教的空间组织模式不同？　219

宗教场所　219 | 宗教定居区和地名　222
空间的管理　223 | 普及性宗教中的神圣空间　225
族群性宗教中的景观　228 | 宗教历法　230

关键议题 4
为什么宗教群体间会出现领土冲突？　234

宗教在南亚和东亚面临的挑战　234
宗教在中亚和西南亚面临的挑战　235
中东的地理观点　238 | 耶路撒冷的地理难题　240
辩论！对隔离屏障的看法有何不同？　242
总结与回顾　243 | 关键术语　245

第七章　族群　246

关键议题 1
各种族群分布在何处？　248

介绍族群　249 | 族群与种族　250
族群飞地　252 | 巴西的复杂族群　253

关键议题 2
为什么族群的分布各不相同？　256

族群的国际迁移　256
非裔美国人的国内迁移　258 | 种族隔离　261

关键议题 3
为什么族群会发生冲突？　264

族群和国族　264 | 划分族群　267
亚洲的族群多样性　269

关键议题 4
为什么会发生族群清洗和屠杀？　272

欧洲的被迫人口迁移　272
波斯尼亚和黑塞哥维那的族群清洗　273
巴尔干其他地区的族群清洗　275
非洲的族群清洗和屠杀　277
中非的族群清洗和屠杀　278
辩论！美国是否应该干预族群冲突？　279
总结与回顾　281 | 关键术语　283

第八章　政治地理学　284

关键议题 1

国家分布在何处？　286

介绍政治地理学　286 ｜ 国家的定义难题　286

关键议题 2

为什么很难创建民族国家？　289

国家的发展　289 ｜ 民族国家和多民族国家　290
可持续性与我们的环境　上升的海平面与瑙鲁的未来　291
俄罗斯：最大的多族群国家　292
苏联的民族国家　293 ｜ 殖民地　295

关键议题 3

为什么边界会带来问题？　297

文化边界　297 ｜ 几何边界　299
有形边界　300 ｜ 国家形状　303
管理国家　305 ｜ 选举地理学　306
辩论！选区边界应该交由独立的委员会来决定吗？　308
杰利蝾螈中的地理学　309

关键议题 4

国家在什么地方面临威胁？　310

全球合作与竞争　310 ｜ 欧洲的竞争与合作　313
美国遭受的恐怖袭击　314 ｜ 恐怖组织　318
总结与回顾　321 ｜ 关键术语　323

第九章　食物和农业　324

关键议题 1

农业起源于何处？　326

介绍食物和农业　326
自给性农业和商业性农业　328

关键议题 2

为什么人们消费不同的食物？　331

饮食和营养　331 ｜ 营养的来源　332

关键议题 3

农业分布在何处？　334

农业区与气候　334 ｜ 干旱地区的自给性农业　334
热带地区的自给性农业　337
人口集中地区的自给性农业　340 ｜ 渔业　343
可持续性与我们的环境　亚洲鲤鱼和芝加哥的经济　345
作物型商业性农业　346
作物和畜牧混合型商业性农业　348
畜牧型商业性农业　351

关键议题 4

为什么农民面临可持续性难题？　353

农业用地的损失　353 ｜ 提高农业生产力　355
保护农业资源　357 ｜ 将生物技术应用于农业　359
全球粮食贸易　361
辩论！转基因生物应该标识吗？　361
全球农业和营养不良　363 ｜ 可持续农业　366
总结与回顾　369 ｜ 关键术语　371

第十章　发展　372

关键议题 **1**

为什么各国的发展程度不同？　374

介绍发展　374丨体面的生活水平　375
知识的获取　377丨健康与财富　377

关键议题 **2**

发展中的不平等出现在哪里？　380

发展的不平等和不均衡　380丨性别不平等　381
女性赋权和就业　382丨生殖健康　384
人类发展指数和性别不平等　385

关键议题 **3**

为什么有的国家面临发展方面的挑战？　386

两条发展道路　386丨世界贸易　388
为发展融资　391
辩论！各国应该采用国际贸易的发展方式吗？　391
艰难时期的发展挑战　394

关键议题 **4**

为什么有的国家在发展方面有进步？　397

公平贸易标准　397丨衡量发展水平　401
可持续性与我们的环境　可持续发展目标　402
总结与回顾　403丨关键术语　405

第十一章　工业和能源　406

关键议题 **1**

工业分布在何处？　408

介绍工业和能源　408丨工业区　410

关键议题 **2**

为什么区位因素和地域因素很重要？　412

区位因素：接近资源　412
区位因素：接近市场　413
区位因素的变化：钢铁　415
卡车、火车、轮船或飞机？　417
工业中的地域因素　418
地域因素的变化：服装制造业　421

关键议题 **3**

为什么工业会面临资源上的挑战？　423

能源供应　423丨能源需求　424
化石燃料储量　426丨石油的未来　429
核能　430丨替代能源　432丨太阳能　434
空气污染　437丨水污染　439丨固体废物污染　442

关键议题 **4**

为什么工业的地点会变化？　445

新兴工业区　445丨发达国家的工业变革　448
熟练或非熟练劳动力？　450
回收利用和再制造　450
地理学实践　服装的原产国　451
可持续性与我们的环境　再制造　454
总结与回顾　455丨关键术语　457

第十二章　服务业和定居区　458

关键议题 1
服务业分布在何处？　460

介绍服务业和定居区　460

关键议题 2
消费性服务业分布在何处？　463

中心地理论　463 | 消费性服务业的层次结构　465
辩论！　沃尔玛对定居区是好还是坏？　468
市场区域分析　469
地理学实践　寻找超市和食物沙漠　469
集市　471

关键议题 3
商业性服务业分布在何处？　472

商业性服务业的层次结构　472
发展中国家的商业性服务业　474
定居区的经济专业化　476

关键议题 4
为什么服务业聚集在定居区？　478

乡村定居区的服务业　478
早期城市定居区的服务业　481
城市化　484 | 城市定居区的规模　487
总结与回顾　489 | 关键术语　491

第十三章　城市模式　492

关键议题 1
为什么市中心独具特色？　494

介绍城市模式　494 | 中央商务区　496
中央商务区的空间竞争　499

关键议题 2
城市区域的人们分布在何处？　502

城市结构模型　502 | 北美的城市结构模型　504
欧洲的城市结构模型　506
发展中国家的前现代城市　508
发展中国家的城市结构模型　510
墨西哥城的城市结构变化　513

关键议题 3
为什么城市区域会扩张？　516

郊区的起源与发展　516 | 郊区的无序蔓延　517
郊区的隔离　519 | 公共交通的影响　521
对汽车的依赖　523

关键议题 4
为什么城市面临可持续性挑战？　527

城市面临的挑战　527 | 城市的改造　529
城市的清洁　532
辩论！　收缩能使衰落的城市变得更强大吗？　532
城市的控制　533
总结与回顾　536 | 关键术语　538

后　记　539 | 附录 1　542 | 附录 2　550

卢森堡市（Luxembourg City），图中包括建于1606年的圣约翰教堂（St.John Church）。

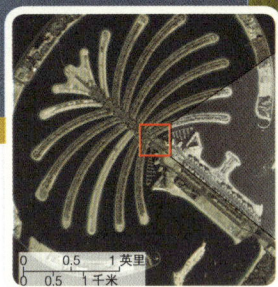

第一章

这就是地理

你想从这门地理课程中获得什么？你或许会觉得学习地理就要记忆许多国家和首都的名字，或许你会把地理学与流行杂志上关于异域的漂亮图文联系起来。当代地理学是一门科学，它探究的是人类和人类活动出现在地球表面上的什么地方，以及为什么它们会出现在这些地方。

关键议题

1

为什么地理学是一门科学？

早在有文字记载的历史以前，人类就已经制作了地图。当代的各种工具让绘制地图的人，以及任何可以使用电子设备的人，能够制作精确的地图。

2

为什么地球上的每个点都有独特性？

地理学者研究为什么地球上的每个地方都在某种意义上与众不同。地球上的每个区域或地区也拥有一系列独有的特征。

3

为什么不同的地方有相似性？

　　许多特征都是以一种在空间上有规律的方式组织起来的。有些规律是全球性的，有些规律则有鲜明的地方性特征。

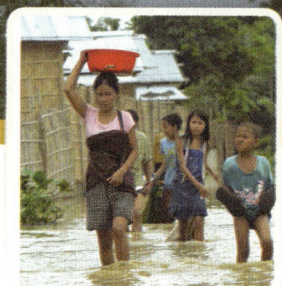

4

为什么有些行为不具有可持续性？

　　地理学的特色之一，便是重视人类活动和自然环境之间的关系。有些人类活动具有可持续性，有些活动则没有。

地理学者	历史学者
问在什么地方和为什么	问什么时候和为什么
按照空间分布来组织材料	按照时间顺序来组织材料
认为地球上某个地点的一个行为可能源于其他地点的行为，而且这个行为最终还可能影响其他地方的环境	认为某个时间点的行为可能源于过去的行为，而这个行为还可能影响未来的行为

地理学和历史学还在一个重要的方面尤为不同，即地理学者可以驾车或乘飞机去其他地方研究地球表面，而历史学者却不能通过时间旅行去其他时代做第一手研究。这种能够去到其他地方的能力让地理学科富有活力，而且地理学训练可以将我们对其他地方的理解提升到高于休闲观光的层次。

认识地理学

要认识人文地理学，我们将关注人类行为的两个主要特征：文化和经济。本书前半部分解释为什么最为重要的文化特征，如主要的语言、宗教和族群等，会分布在全球各地。后半部分关注最为重要经济活动的分布情况，包括农业、制造业和服务业。

本章介绍地理学者用以解决"在什么地方"和"为什么"这两个问题的基本概念。要解释事物的位置，那么一个最重要的地理学工具就是地图。古代和中世纪地理学者制作地图，目的是描述他们对地球的认知。如今，我们利用电子数据来制作精确的地图。地理学者使用一些基础概念，解释为什么地球上的每个地方都在某些方面独一无二，同时在别的方面又与其他地方相互关联。这些概念许多都是常见的英语词汇，但是地理学者给了它们特殊的意义。

在解释为什么每个地方都与众不同时，地理学者使用两个基础概念：

▶ 认识地理学
▶ 地图学：制作地图的科学
▶ 当代地理学工具
▶ 读懂地图
▶ 地理格网

学习成果 1.1.1

总结地理学和历史学之间的差异。

人类自古就有地理思维。或许，世界上第一位地理学者就是一个史前人，他越过河流，或翻过山丘，到另一边去观察，然后回家讲述他观察到的东西，在泥地上画出他走过的路线。第二位地理学者或许是他的朋友或家人，他按照画在泥地上的路线，到达了河或山的那一边。

地理学（Geography）这个词由古希腊学者埃拉托斯特尼创造，基于两个希腊词语，意思分别是"地球"（Geo）和"书写"（graph）。地理学这门学科研究的是事物在地球表面的分布情况，以及这种分布出现的原因。人文地理学者会问两个简单的问题：人类和人类活动分布在地球上的什么地方？为什么会分布在这些地方？

德国哲学家伊曼努尔·康德（Immanuel Kant，1724—1804 年）在他对于所有科学知识的分析框架中，这样对比了地理学和历史学：

表 1-1　地理学者与历史学者的比较

地理学者	历史学者
确定重要地点的位置，解释人类活动在空间上的分布	确定重要事件的发生时间，解释人类活动在时间上的排列

- 地方（place），是指地球上具有某种特征的具体地点。每个地点在地球表面上都占据着独特的位置。
- 地区（region），是指地球上被一种或多种鲜明特征定义的一片区域。地理学者把世界划分为许多地区，如北美洲和拉丁美洲。

在解释为什么不同的地方会相互关联时，地理学者使用三个基本概念：

- 范围（scale），是指地球上被研究的某个部分与地球整体之间的关系。地理学者研究从地区到全球的多种范围。许多对人类在地球上生活有影响的进程，其范围是全球性的，如气候变化和能源储备的消耗。与此同时，地区性范围的进程，如对特色文化和经济活动的保护，则变得越来越重要。

- 空间（space），是指两个物体间的物理间隔或间隙。地理学者观察到，出于多种明显的原因，物体有规律地分布在空间中。

- 关联（connection），是指人或物在空间上的关系。地理学者关注的是关联出现的各种方式。

可以用卢森堡的例子来说明这五个概

▼ 图1-1 地方 卢森堡市所在的地方就是山丘顶部，俯瞰阿尔泽特河（Alzette River）。

(a)

(b)

▲ 图 1-2 范围 （a）地区性范围：图片背景中的高楼是欧盟的办公楼；（b）地方性范围：农贸市场的摊贩售卖在卢森堡生产的食品。

念。卢森堡市位于阿尔泽特河边的山丘上（图1-1）。卢森堡市是卢森堡国的首都，卢森堡国位于欧洲这个世界性地区中。卢森堡国在世界范围里扮演着重要角色，是联合了 28 个国家的欧盟[1]的几个主要机构总部的所在地（图 1-2a）。与此同时，卢森堡和其他地方一样，也有一个独特的地区性范围，如卢森堡本地可以买到的特色产品，在其他地方就买不到（图 1-2b）。卢森堡占据的空间有独有的特征，例如，大多数人生活在卢森堡的南部，北部则人烟稀少。卢森堡和其他地方的关联，是通过公路、铁路和河流实现的（图 1-3）。

思考题 1.1.1

你的家乡与其他地方都有哪些主要关联？

[1] 编者注：英国已"脱欧"，所以目前欧盟有 27 个成员国。

地图学：制作地图的科学

学习成果 1.1.2

理解地图学这门学科的发展历史。

对地球上各种特征的分布情况进行空间性思考，最重要的地理学工具是**地图**。地图是全部或部分地球表面的二维或平面模型。将地理学与其他学科直接区分出来的一个特征，就是地理学依赖地图展示和分析信息。

地图有两种用处：

■ **作为参考工具。** 地图帮助我们寻找两个地方之间的最近路线，让我们在路途中避免迷路。我们可以通过地图了解世界上某个事物的地点，尤其是了解这个地方与其他我们所知地方的关系，如城镇、水体或公路。在这个方面，地图册或智能手机应用里的地

▲ 图 1-3　**关联**　卢森堡与欧洲其他地方通过火车关联起来。图片背景是欧盟办公楼。

图尤其有用。

■ **作为交流工具。**在描述人类活动或自然特征分布情况，以及思考某种分布情况背后的原因时，地图通常是最好的工具。

地图是真实世界的比例模型，被缩小得足以在书桌或电脑上使用。地图可以是匆忙画下来说明如何到达聚会地点的草图，可以是精心绘制的艺术作品，还可以是由计算机生成的精确产品。数个世纪以来，地理学者始终在努力完善地图制作的学科，即**地图学**（Cartography）。当代地图学者还拥有计算机和卫星图像的辅助。

古代的地理学

地理学这门学科有史前渊源。现存最古老且被完全证实的地图，可以追溯到约公元前 6200 年，描绘的是现今位于土耳其的加泰土丘（Çatalhöyük，图 1-4）。它是考古学家在发掘于 20 世纪 60 年代的房屋墙壁上发现的。古代东地中海区域对地理学思想有贡

▼ 图 1-4　**现存最古老的地图**　这幅可以追溯到公元前 6200 年的地图，描绘的是现今位于土耳其的加泰土丘，以及实际上距离加泰土丘大约 140 千米的双峰火山哈桑山（Mount Hasan）的爆发。考古证据显示，在这幅地图被制作出来的时候，哈桑山确实爆发过。这幅地图现存于科尼亚考古博物馆（Konya Archaeological Museum）。

献的主要人物有：

■ 米利都的泰勒斯（Thales of Miletus，约公元前 624—约公元前 546 年），曾经使用几何原理测量土地面积。

■ 阿那克西曼德（Anaximander，公元前 610—约公元前 546 年），泰勒斯的学生，根据水手提供的信息制作世界地图，并认为世界的形状像圆柱体。

■ 毕达哥拉斯（Pythagoras，约公元前 570—约公元前 495 年），可能是第一个提出世界是球形的人。他认为球体是最完美的形式。

■ 赫卡塔埃乌斯（Hecateus，约公元前 550—约公元前 476 年），可能撰写了世界上第一本地理书，书名是《环游世界》（Ges Periodos）。

■ 亚里士多德（Aristotle，公元前 384—公元前 322 年），第一个用证据证明地球是球形的。

■ 埃拉托斯特尼（约公元前 276—约公元前 195 年），地理学一词的创造者，他接受地圆说（当时鲜有人接受这种理论），计算出地球周长，误差仅在 0.5% 以内。他将地球精确地划分为 5 个气候区，并在最早的一本地理书中描述了当时已知的世界。

■ 斯特拉博（Strabo，约公元前 63—约公元 24 年），在总计 17 卷、标题为《地理》（Geography）的著作中描述了当时已知的世界。

■ 托勒密（Ptolemy，约 100—约 170 年），撰写了 8 卷本的《地理学指南》（Guide to Geography），编写了地图制作的基本原则，并制作了许多被人们按原样使用 1,000 多年的地图（图 1-5）。

中国是早期地理学思想的另一个中心。中国古代在地理方面的贡献包括：

■《禹贡》是《尚书》中的一章，也是现存最古老的中国地理学文献，写于公元前 5 世纪，作者不详，描述的是当时中国不同地区的经济资源。

■ 裴秀，中国地图学之父，于 267 年精心制作了一幅中国地图。

地理学的复兴

在托勒密之后，欧洲数百年来在地图制作或地理思想方面进展甚微。地图变得不那么精确，反而带有更多幻想，将地球呈现为一个平坦的圆盘，四周是猛兽和怪物。但是，欧洲以外的地区仍然有学者在继续进行地理方面的探索。欧洲以外的贡献者包括：

■ 穆罕默德·伊德里西（Muhammad al-

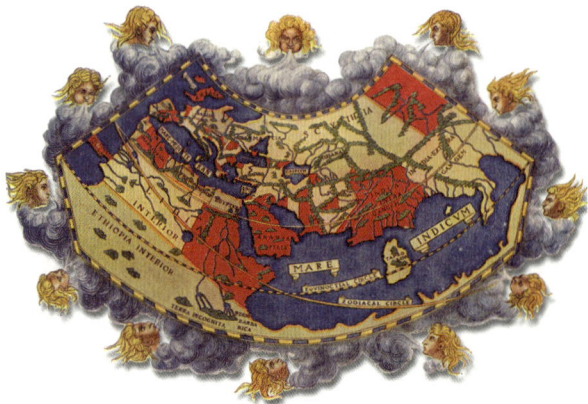

◀ 图 1-5 托勒密制作的世界地图，制于约 150 年 该地图显示的是罗马帝国鼎盛时期人们已知的世界，地中海和印度洋被包围在中间。

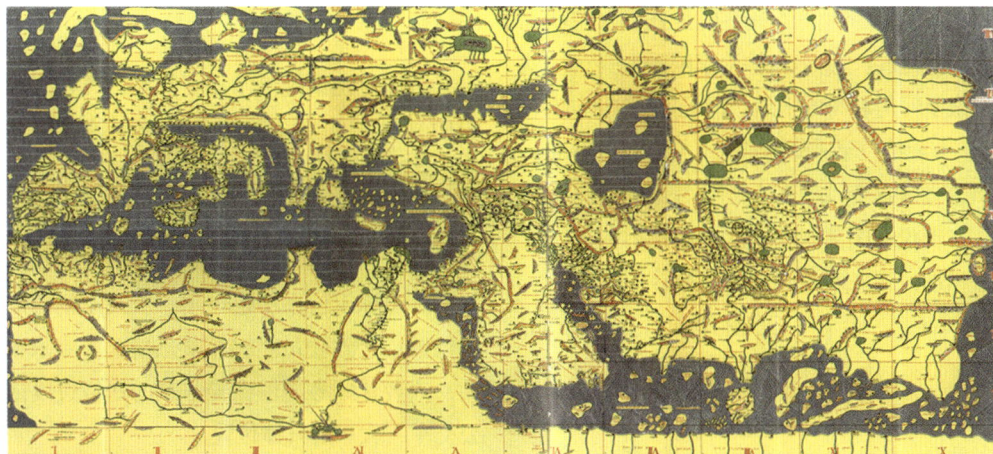

▲ 图 1-6　伊德里西在 1154 年制作的世界地图　托勒密的地图被忽视近千年，伊德里西在其基础上制作了新的地图。

Idrisi，1100—约 1165 年），穆斯林地理学者，以托勒密长期被忽视的作品为基础，在 1154 年制作了一幅世界地图（图 1-6），并撰写了地理书。

■ 摩洛哥学者阿布·阿卜杜拉·穆罕默德·伊本·白图泰（Abu Abdullah Muhammad Ibn-Battuta，1304—约 1368 年），从北非的伊斯兰世界旅行至欧洲南部和亚洲大部分地区，耗时 30 年，旅程超过 12 万千米，最终基于此次旅行撰写了《游记》（*Rihla*）一书。

在地理大发现的时代（Age of Exploration and Discovery），将地图作为参考工具的制图事业得到了复兴。哥伦布（Columbus）、麦哲伦（Magellan），以及其他在 15、16 世纪为寻找贸易路线和资源而横越海洋的探险者，都要依靠准确的地图，才能安全无恙地抵达目的地。反过来，使用探险家收集的信息，制图人员又能制作出更准确的地图。具有影响力的欧洲制图家包括：

■ 马丁·瓦尔德泽米勒（Martin Waldsee-muller，约 1470—约 1521 年），德国制图师，据称制作了第一幅使用"阿美利加"

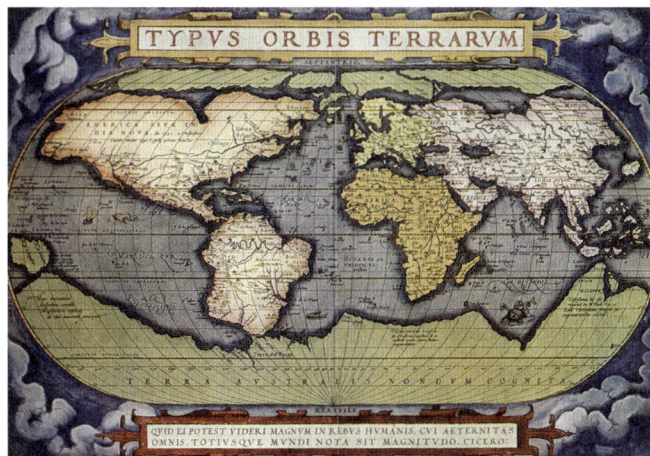

▶ 图 1-7　奥特柳斯于 1571 年制作的世界地图　这是最早呈现西半球和南极大陆相当一大部分的地图之一。

（America，即美洲）标签的地图；他在那幅地图上写道："得名自探险家阿美利哥……就好像是阿美利哥的土地，因此叫阿美利加。"

■亚伯拉罕·奥特柳斯（Abraham Ortelius，1527—1598 年），佛兰德制图师，制作了第一本现代地图集，并首次推测世界各大陆曾经相连，后来才漂移移开（图 1–7）。

■伯恩哈德·瓦伦纽斯（Bernhardus Varenius，1622—1650 年），创作了《普通地理学》（*Geographia Generalis*），该书在一个多世纪里被认为是标准的系统地理学论述。

思考题 1.1.2
托勒密的世界地图（图 1–5）和奥特柳斯的世界地图（图 1–7）有什么主要的区别？

当代地理学工具

学习成果 1.1.3
认识当代地理学的分析型地图制作工具。

地图不仅是教科书中的纸质文献。它们已经成为我们在当代通过智能手机、平板电脑和计算机来获取在线服务的重要工具。

精确定位：全球定位系统

我们的智能手机、平板电脑和计算机都配备了**全球定位系统**（Global Positioning System，GPS），该系统可确定地球上物体的精确位置。美国使用的全球定位系统包括 3 个元素：

■美国军方发射到预定轨道上的卫星（24 颗卫星在运行，3 颗备用）。

■监视和控制卫星的监测基站。

■可以搜寻到至少 4 颗卫星的接收器，接收器计算出自己与每个卫星的距离，并利用这些信息来精确定位。

全球定位系统最常用于导航。飞行员和船舶领航员使用全球定位系统保持航行路线。在陆地上，全球定位系统可检测车辆的当前位置，驾驶员将目的地输入全球定位系统设备，然后由设备提供前往目的地的路线信息。全球定位系统也可用于查找车辆的准确位置，让驾驶员能够在紧急情况下寻求帮助，或者让顾客能够监控卡车的送货进度或公交车、火车的具体位置。

借助全球定位系统，我们的电子设备能够提供大量与我们当前位置有关的信息。配备全球定位系统的手机可让个人把位置信息分享给其他人。在地理学者编制实地采集物体的精确位置时，全球定位系统尤其有用。我们所收集的全部信息，以及我们用电子设备拍摄的照片，它们的位置都会通过**地理标记**（geotagging）被记录下来。地理标记就是通过精确的经度和纬度坐标识别和存储一条信息。地理标记已引发了人们对隐私的担忧。

分析数据：地理信息科学

地理信息科学（Geographic Information Science，GIScience）对通过卫星和其他电子信息技术获取的地球相关数据进行分析。**地理信息系统**（geographic information system，GIS）获取、储存、查询和显示地理数据。利用地理信息系统制作的地图，包括本书中的地图，比手绘的地图更精确和美观。该系统通过检索存储的对象，将它们组合并形成图像，进而创建地图。每种类型的信息都存储在一个图层中（图 1–8）。例如，可以为国界、水体、道路和地名创建单独的图层。简单的地图可能只显示一个图层，但大多数地图都包含多个图层。利用地理信息系统，可

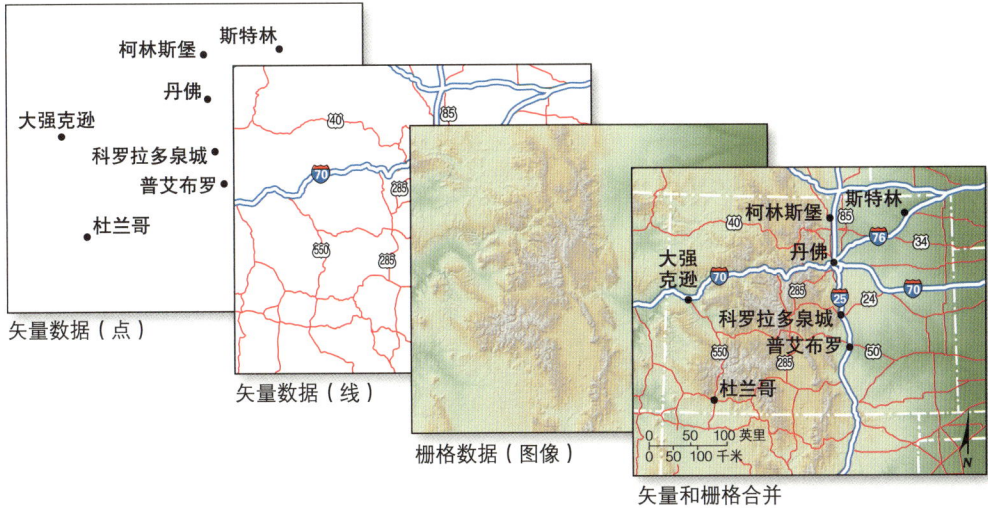

柯林斯堡　斯特林

丹佛

大强克逊

科罗拉多泉城

普艾布罗

杜兰哥

矢量数据（点）

矢量数据（线）

栅格数据（图像）

柯林斯堡　斯特林

丹佛

大强
克逊

科罗拉多泉城

普艾布罗

杜兰哥

矢量和栅格合并

▲ 图 1-8　**地理信息系统**　地理信息系统包括两种数据：矢量数据（vector）和栅格数据（raster）。矢量数据由点（如城市）和线（如公路）组成。栅格数据由地貌之类的图像组成。

以构建出比手绘地图复杂得多的地图。

遥感（remote sensing）是指用绕地卫星或其他远距离方法获取地球表面数据。遥感卫星扫描地球表面，并以数字形式将图像传输到地球表面的接收站。卫星传感器会随时记录一个微小区域的图像，即图像元素，或称像素（pixel）。扫描仪检测这个微小区域反射的辐射。通过遥感创建的地图，本质上是一个包含许多行像素的网格。地球表面上可被检测到的最小事物，取决于扫描仪的分辨率。地理学者利用遥感技术，绘制各种事物——如农业、旱灾和蔓延物——的动态分布。

地理信息科学帮助地理学者创建更准确和更复杂的地图，测量不同地方的特征如何随时间变化。通过遥感获得和通过地理信息系统生成的信息层，能够被描述和分析。地理信息科学让地理学者能够预测地图上物体之间的关系是否有意义，抑或只是巧合。例如，显示预期寿命较低地点的地图（如图1-16），可以与显示不同收入人群位置和犯罪地点的图层相结合。

收集和共享数据：自发地理信息

智能手机、平板电脑和计算机让个人能够制作并与他人分享地图。**自发地理信息**（volunteered geographic information，VGI），就是创建和传播个人免费、自愿提供的地理数据。自发地理信息是**公众科学**（citizen science），即业余科学家进行的科学研究和**参与式地理信息系统**（participatory GIS，PGIS）——基于社区的地图制作——这两种大趋势的一部分。公众科学和参与式地理信息系统通过电子设备收集和传播当地的知识和信息。例如，OpenStreetMap 网站就是旨在开发免费世界地图的自发地理信息网站。个人可以在 OpenStreetMap.org 上做贡献。**混搭地图**（mashup）就是将来自某个出处的资料覆盖在谷歌地图或谷歌地球等地图服务商提供的地图上。混搭这个术语最初是指嘻哈音乐中将两首或多首歌曲混合起来的做法。混搭地图可以显示附近比萨餐厅的位置、飞行中商用飞机的位置，或公路上的交通状况。个人用户可以在自己的计算机上创建混搭地图，因为地图服务商向用户提供了应用程序编程接口（API），也就是一种将数据库（如地址列表）与软件（如地图制作软件）连接起来的语言。在 developers.google.com/maps 等网站上，可以找到用于制作地图软件的应用程序编程接口。

思考题 1.1.3

提出一个你关于自己所居住地区的问题。描述一幅可以用地理信息系统创建，并且能回答你所提问题的混搭地图。

认识地图

学习成果 1.1.4

理解地图比例尺和投影，学会阅读地图。

要制作地图，制图员必须做出两个决定：

■ 要在地图上描绘多少地球表面，即地图比例尺（map scale）。

■ 如何将球形的地球转换为平面地图，即投影（projection）。

关于地图制作的更多细节，请参阅附录 A。

地图比例

制图员要做的第一个决定是要在地图上描绘多少地球表面。是否有必要展示整个地球？或者只展示一个大陆、一个国家或一座城市？要制作整个世界的比例模型，就会因为空间不足而必须省略许多细节。相反，如果地图只显示地球表面的一小部分，例如一座城市的街道，那么就可以展示出大量细节。

地图的详细程度和地图覆盖的面积取决于地图的比例尺。**地图比例尺**指的是地物在地图上的尺寸与它在地球上的实际尺寸的关系。地图比例尺以三种方式呈现（图1-9）：

■ **比率**。也就是用数字比率或分数来表示地图上的距离与地球表面距离之间的比例关系。1∶1,000,000 的比例，就意味着地图上的 1 个单位（如英寸、厘米、英尺、手指长度）等于地面上 100 万个相同的单位。比例尺左侧的 1 始终指代地图上的距离，而右侧的数字始终指代地球表面的实际距离。

■ **文字**。文字比例尺就是用文字来描述地图距离和地球表面距离之间的关系。例如，在"1 厘米等于 10 千米"这句话中，第一个数字指地图距离，第二个数字指地球表面的距离。

■ **图形**。图形比例尺通常就是一根标记

地图上1厘米等于地球表面10千米，1∶1,000,000

地图上1厘米等于地球表面1千米，1∶100,000

地图上1厘米等于地球表面100米，1∶10,000

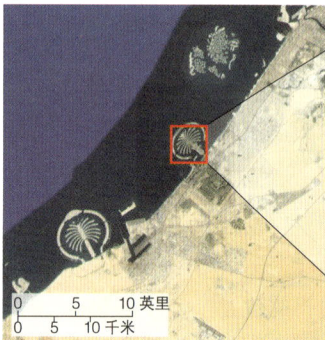

(a)

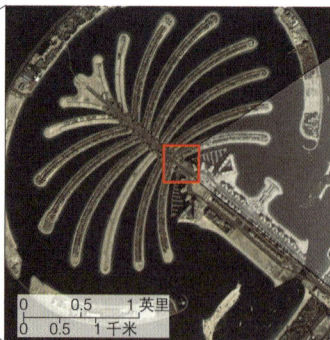

(b)

(c)

▲ 图1-9 **地图比例尺** 三幅图分别显示不同比例尺下阿拉伯联合酋长国的城市迪拜。

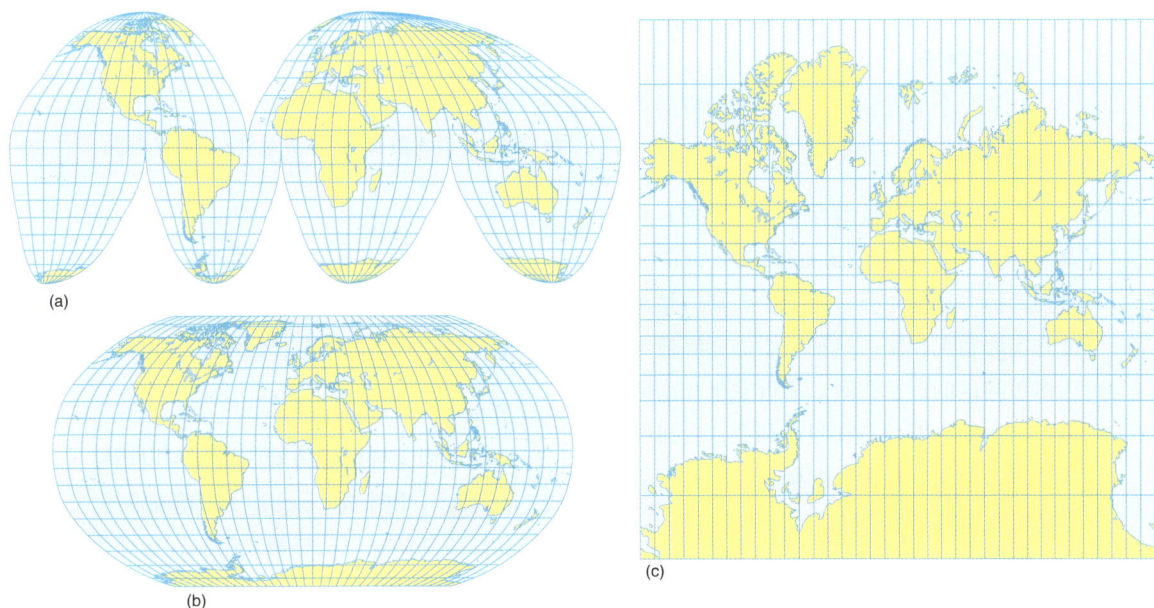

▲ 图 1–10　**投影**　（a）古蒂等面积投影法；（b）罗宾森整体式投影法；（c）具有准确形状和方向的麦卡托投影法。

出地球表面距离的小节线。要使用这种比例尺，首先用尺子确定地图上的距离是多少厘米，然后用尺子在小节线上确定所测量地图距离的位置，这个位置在小节线上的读数就等于地球表面的距离。

地图通常以多种方式来显示比例尺。

要根据地图所描绘的信息来选择合适的比例尺。社区的地图（如图 1–9c）可使用 1∶10,000 的比例尺，而城市的地图（如图 1–9a）可使用 1∶1,000,000 的比例尺。

在表示地球表面小部分区域（如城镇）时，地图可以呈现该地的大量细节。在表示整个地球时，因为空间不够，地图必须省去许多细节，但是可以有效地呈现出影响着每个人的自然进程和趋势。

投影

地球大致是球形的，因此可以准确地用地球仪来表示。但是，地球仪这个工具的功能极其有限，很难用来呈现地球表面的信息。

小型地球仪没有足够的空间来显示详细信息，大型地球仪则过于笨重，使用起来很麻烦。而且，我们很难在地球仪上写字；要复印或在电脑屏幕上展示地球仪，或者把地球仪装进汽车的手套箱，都很困难。因此，大多数地图（包括本书中的地图）都是平面的。三维地图可以制作，但是价格昂贵，而且难以复制。

地球的形状对制图员来说是个挑战，因为在平面的纸张上绘制地图，不可避免地会产生变形。制图人员发明了数百种制作平面地图的巧妙方法，但都没有得到完美的结果。将地表上的位置转换为平面地图的科学方法称为**投影**（图 1–10）。

对描绘整个世界的地图来说，扭曲失真的问题尤其严重。可能会有四种类型的失真：

1. 一个区域的形状可能会变形，看起来比实际上更长或更扁。
2. 两点之间的距离可能会增加或减少。
3. 不同区域的相对大小可能会发生变化，

让一个实际上更小的区域在地图上看起来更大。

4. 从一个地方到另一个地方的方向可能会扭曲。

本书中的大多数世界地图，如图 1–10a，都是等面积投影（equal area projection）。这种投影的主要优点是，地图上大陆的相对尺寸与实际情况相同。这种投影法能够最小化大多数陆地的形状失真。靠近北极和南极的地区，例如格陵兰岛和澳大利亚，会扭曲得更严重，但这些地区人烟稀少，因此它们的形状扭曲通常并不重要。

然而，为了在很大程度上保持大陆的尺寸和形状，图 1–10a 中的投影只好在其他方面变形：

■ 东西半球被分成两部分，这种特征被称为间断（interruption）。

■ 实际上在北极和南极汇合的经线（地图上的竖线），在地图上根本不会汇合。而且，它们也不与纬线（地图上的横线）相互垂直。

罗宾森投影法（Robinson projection，图 1–10b）对展示在海洋上的信息时非常有用。它的主要缺点是，因为划分地图空间给海洋，所以与有间断的相同尺寸地图相比，罗宾森投影地图上的陆地面积小得多。

麦卡托投影法（Mercator projection，图 1–10c）有几个优点：变形很少、方向一致，以及地图呈矩形。它最大的缺点是，越靠近南北两极，相对尺寸扭曲越严重，让高纬度的地方看起来比实际大得多。

思考题 1.1.4

在图 1–10 的三幅地图上比较格陵兰岛和南美洲的大小。两个大陆中的哪一个实际上更大？你是怎么判断的？

地理格网

学习成果 1.1.5

解释经度和纬度如何被用来定位地球表面的点。

地理格网（geographic grid）是一个以网格模式绘制在地球表面的假想圆弧系统。地理格网在确定时间方面有着重要的作用。

纬度和经度

地球表面上任何地方的位置都可以用经线（meridian）和纬线（parallel）来精确描述，经线和纬线是两组以网格模式绘制在地球表面的假想圆弧（图 1–11）：

■ **经线**是北极和南极之间的弧线。根据称为经度（longitude）的编号系统，我们可以在地球表面识别每条经线的位置。

■ **纬线**是环绕地球的圆圈，平行于赤道，并与经线成直角。表示纬线位置的编号系统称为纬度（latitude）。

穿过英国格林尼治天文台（Royal Observatory at Greenwich）的经线，其经度为 0°，也称为**本初子午线**（prime meridian）。本初子午线正对面的经线是 180° 经线。其他经线的度数都在 0° 到 180° 之间，是东经或西经则取决于它们位于本初子午线的东方还是西方。例如，巴西的贝洛奥里藏特（Belo Horizonte）位于西经 44°，而伊拉克的巴格达（Baghdad）则位于东经 44°。

赤道纬度为 0°，北极为北纬 90°，南极为南纬 90°。塞浦路斯的尼科西亚（Nicosia）位于北纬 35°，阿根廷的布宜诺斯艾利斯（Buenos Aires）则位于南纬 35°。

经度和纬度被共同用于识别位置。例如，科罗拉多州丹佛市位于北纬 40° 和西

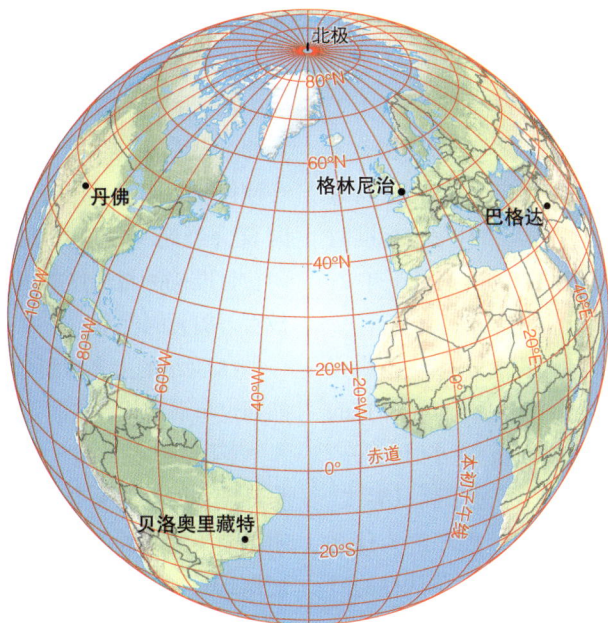

▲ 图 1-11 地理格网

经 105°。将每度划为 60 分（′），将每分划为 60 秒（″），可以更精准地确定地点的位置。例如，科罗拉多州丹佛市的官方精确位置是北纬 39°44′，西经 104°59′。坐落在丹佛市的州议会大厦，位于北纬 39°42′2″，西经 104°59′04″。全球定位系统通常将度数划分成十进制小数，而不是分和秒。例如，科罗拉多州议会大厦位于北纬 39.714444°，西经 84.984444°。

对纬度和经度进行测量的这个例子，正好能说明地理学部分是自然科学，部分是针对人类行为的研究。纬度是基于地球的形状和地球围绕太阳的公转，使用科学方法创造出来的。赤道（0° 纬度）就是地球的最大周长，是每日昼长都为 12 小时的地方。即使在古代，纬度也可以通过昼长，以及太阳和恒星的位置精确测量。

但是，0° 经线是人类创造出来的。任何一条经线都可以被指定为 0° 经线，因为所有经线的长度都相同，并且都相连南北两极。0°

经线之所以贯穿格林尼治，是因为在经度首次被准确测量并达成国际协定时，英国是世界上最强大的国家。

确定时间

经度是计算时间的基础。地球被划分为 360 个经度，也就是西经的 0° 至 180°，加上东经的 0° 至 180°。

地球每天旋转，这 360 条假想的经线会从照下来的阳光下穿过。我们用每 15 度表示一个时区，再将 360 除以 15，则可以得到 24 个时区，也就是说一天中的每个小时都有一个时区。根据国际协议，**格林尼治标准时间**（Greenwich Mean Time，GMT）或世界时间（Universal Time，UT）是本初子午线（0° 经线）的时间，是地球上所有点的主要参考时间。

每 15 个经度划分一个标准时区。因此，西经 75° 附近的美国东部比格林尼治标准时间早 5 小时（本初子午线与西经 75° 之间的差值 75 度，除以每小时 15 度，等于 5 小时）。当纽约市冬季时间为下午 1：32（或 24 小时制的 13：32）时，格林尼治标准时间为下午 6：32（或 18：32）。到了夏季，包括北美大部分地区在内的世界上许多地方，都会将时钟提前 1 小时。所以，夏天格林尼治标准时间为下午 6：32 时，纽约市的时间是下午 2：32。

向东朝着美国走，穿过与 180° 经线大部分重合的国际日界线（International Date Line）后，你需要将时钟回拨 24 小时，即一整天。向西朝着亚洲走，穿过国际日界线，则需要把时间调快 24 小时。要理解为什么需要国际日界线，你可以尝试从你居住的时区开始数世界各地的时间。如果从西向东数，你要在每个时区上加 1 小时。数回到起点时，你会发现很奇怪，因为你数出来的当地时间比实际上晚了 24 小时。因此，如果奥克兰的时间是周一上午 6：32，那么在你到达檀香山时，檀香山的时间应该是星期天上午 8：32，因为国际日界线就在这两个城市之间。

国际日界线的大部分与 180° 经线重合。但是，属于基里巴斯（Kiribati）、萨摩亚（Samoa），以及新西兰属地托克劳（Tokelau）的几个太平洋岛屿将国际日界线向东移动了数千千米。萨摩亚和托克劳于 2011 年修改了国际日界线，以便可以与它们的主要贸易伙伴澳大利亚和新西兰处于同一天。基里巴斯在 1997 年修改了国际日界线，让自己成为每天第一个看到日出的国家。基里巴斯希望这个特色能吸引游客在新千年的起点 2000 年 1 月 1 日——或者在部分顽固派心目中的新千年起点 2001 年 1 月 1 日——去那里庆祝，但是并未成功。

无法测量经度是数百年来探索和发现事业的最大障碍。船上没人能够精确定位经度，会使得船舶搁浅或在海上迷失。1714 年，英国议会制定《经度法案》（Longitude Act），向首位准确测量经度的人士提供相当于今天数百万美元的奖金。

18 世纪的大多数科学家都相信，经度只能通过星辰的位置来测定。

英国钟表匠约翰·哈里森（John Harrison）将经度与时间联系起来，获得了奖金。他发明了因为没有钟摆而能够在船上准确计时的便携式时钟。太阳在船只正上方时，也就是在当地时间正午时，如果哈里森便携式时钟显示此时格林尼治的时间为下午 2：00，那么这艘船应该就在西经 30°，因为时间每相差 1 小时，经度相差 15°。

思考题 1.1.5

除纽芬兰地区之外，世界上还有哪个国家采用半时区时间，而非整时区时间？为什么这个国家不使用整时区？

复习　关键议题 1
为什么地理学是一门科学？

✔ 地理学在古代和中世纪有根源。

✔ 地图是参考工具，也越发成为交流工具。

✔ 阅读地图需要读懂比例尺和投影法。

✔ 当代地图制作会利用电子技术，如全球定位系统和地理信息系统。

▶ 地方：独有的位置
▶ 地区：独有的范围
▶ 文化区

学习成果　1.2.1

确定一个地方的独有特征，包括地名、地域和区位。

本章开头，我们把地方定义为地球上具有某种特征的具体地点。每个地点都在地球表面占据着独特的位置。地球上的每个地方都在某些方面独一无二，但也在其他方面与别的地方相似。地理学研究事物为什么分布在特定位置，而这种研究主要关注的就是每个地方的独特性与多个地方的相似性之间的相互影响。

地方：独有的位置

人类具有强烈的地方感，也就是对地球上特定地方的独有特征有感情，或是对家乡，或是对度假目的地，或是对国家的一部分。描述一个地方的特征，是地理学者解释地球上相似性、差异性和变化情况的重要基石。地理学者关注特定地方的位置，关注使地球

上每个地方各不相同的特征组合。

地理学者通过识别地物在地球表面占据的具体方位，描述该地物在地球上的位置（location）。他们会考虑用三种方法来描述位置：地名（place name 或 toponym）、地域（site）和区位（situation）。

地名

地球表面所有有人居住的地方，以及许多无人居住的地方都已经被命名，所以描述特定地点的最直接方式通常就是使用地名。**地名**就是地球上特定地方的名字。

一个地方可能会以某个人物来命名，这个人可能是该地的奠基人，也有可能是与该地没有关系的名人，如乔治·华盛顿（George Washington）。有的定居者选择与宗教相关的地名，例如圣路易斯（St.Louis）和圣保罗（St.Paul），而有些地方的名字则来自古代历史，如雅典（Athens）、阿提卡（Attica）和罗马（Rome），或者来自该地区的早期居住者。

地名也可以表明一个地方定居者的来源。北美和澳大利亚的地名通常有英国渊源，巴西的许多地名来自葡萄牙，拉丁美洲其他地区的地名则有许多来自西班牙，而南非的地名多来自荷兰。有些地名来源于自然物。树林、山谷、水体等自然物，出现在大多数语言的地名中（图 1-12）。

由美国地质调查局（U.S. Geological Survey）

▼ 图 1-12　**世界上最长的地名**　新西兰这个地方的名字只有一个词，被认为是世界上最长的地名。从毛利语翻译过来，它的意思是："膝盖粗壮的男人、山峰攀登者、四处游历的土地吞噬者塔玛提亚在上面为爱人吹奏鼻笛的那座山峰。"

Taumatawhakatangihangakoauauotamateaturipukakapikimaungahoronukupokaiwhenuakitanatahu

管理的地名委员会（The Board of Geographical Names）成立于19世纪晚期，是美国地图上地名的最终定夺者。近年来，该委员会在有意移除令人不适的地名，如具有种族或民族内涵的地名。

思考题 1.2.1

你家乡地名的起源是什么?

地域

地理学者描述某地位置的第二种方式是描述**地域**，也就是这个地方的自然特征。重要的地域特征包括气候、水源、地形、土壤、植被、纬度和海拔。自然特征的组合赋予每个地方鲜明的特质。

在人们选择定居地点时，必定考虑地域因素，尽管人们因为文化价值观不同，对良好地域应有属性的看法也有所不同。有人更喜欢在山顶上定居，因为易守难攻；有人将定居点选择在便利的过河点，方便与其他地方的人交流。

人类有能力改变地域的特征。波士顿的中心地区，现在就比殖民地时期的两倍还大。殖民地时期的波士顿是一个半岛，以一条特别狭窄的地带与大陆相连。19世纪期间，十多个重大项目填平了大多数海湾和沼泽。20世纪，一个庞大的填海项目建成了洛根机场（Logan Airport）。此外，还有几个填海项目持续到了21世纪。纽约和东京的中心地区，也通过几个世纪在附近填海而得到扩展，地域被大幅改变。

区位

区位是指一个地方相对于其他地方的位置。区位是确定某物地理位置的重要方法，原因有二：

■ **寻找不熟悉的地方**。将一个陌生地方与熟悉地方的位置进行比较，有助于我们寻找这个陌生的地方。在给别人指路时，我们就要描述区位："在洛卡斯特街上，经过法院，第三个红绿灯后面，就在那家用黄砖修砌的银行旁边。"也就是说，我们利用重要建筑物、街道或其他地标来指引人们去到目的地。

■ **认识特定地方的重要性**。区位有助于我们理解一个地方的重要性。许多地方之所以很重要，是因为它们与其他地方相连。例如，伊斯坦布尔得益于区位优势，是欧洲和亚洲之间的货物贸易和分销中心（图1-13）。伊斯坦布尔位于连接地中海和黑海的博斯普鲁斯海峡（Bosphorus）沿岸。博斯普鲁斯海峡是船舶往返俄罗斯的重要途径。

地区：独有的范围

学习成果 1.2.2

认识三种类型的地区。

人类的"地方感"适用于地球上的更大区域，而不仅仅适用于特定的地点。本章开头，我们把地区定义为地球上具有一种或多种鲜明特征的一片区域。地理学者将地区分为三类：形式地区（formal region）、机能地区（functional region）和乡土地区（vernacular region）。

一个特定的地方可以被包含在多个地区内，这取决于人们对地区的定义。地区这个词可以指比地点大、比地球小的任何区域。地理学者通常将这个概念应用于两个范围：

■ 几个共享重要特征的相邻国家，如拉丁美洲的相邻国家。

■ 一个国家内的多个地方，例如南加利福尼亚州的各个地方。

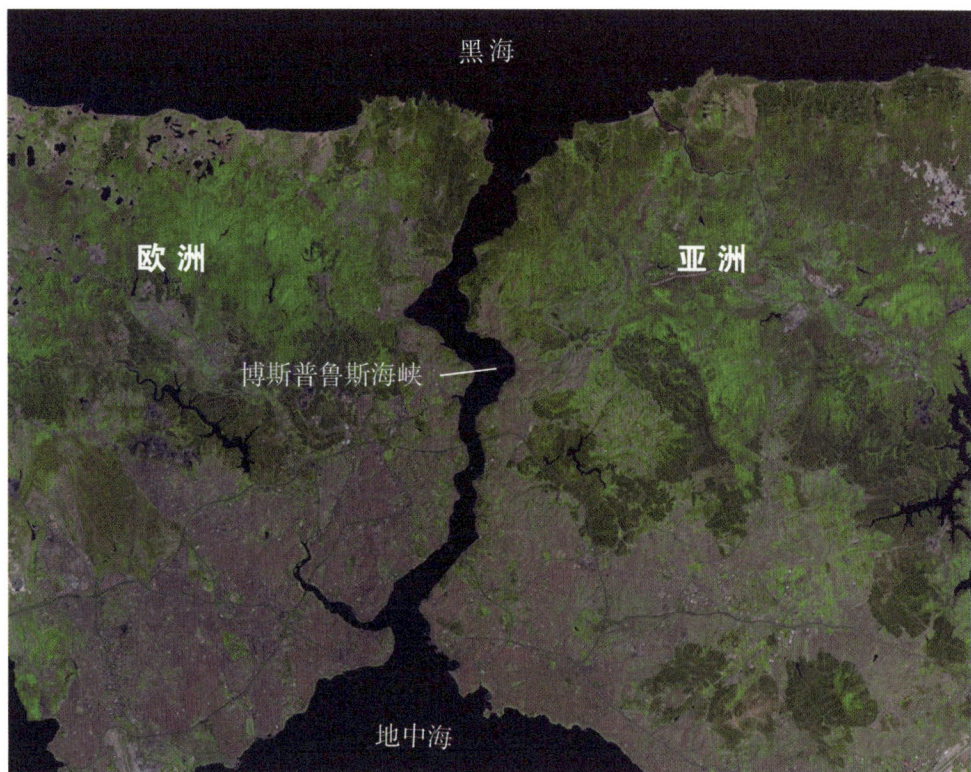

(a)

(b)

▲ 图1-13 **伊斯坦布尔的区位** 伊斯坦布尔位于连接地中海和黑海的博斯普鲁斯海峡沿岸。它的西边是欧洲，东边是亚洲。(a)伊斯坦布尔的卫星图像；(b)在伊斯坦布尔从亚洲向东眺望欧洲。

一个地区的统一特征来源于**文化景观**（cultural landscape），即文化特征（如语言和宗教）、经济特征（如农业和工业）和自然特征（如气候和植被）的结合体。例如，南加利福尼亚州地区就能与北加利福尼亚州地区区分开来。

地理学中的当代文化景观方法（cultural landscape approach）——有时被称为区域研究方法（regional studies approach）——是由保罗·维达尔·德拉·白兰士（Paul Vidal de la Blache，1845—1918年）和白吕纳（Jean Brunhes，1869—1930年）在法国开创的，后来被包括卡尔·苏尔（Carl Sauer，1889—1975年）和罗伯特·普拉特（Robert Platt，1880—1950年）在内的几位美国地理学者采用。苏尔将文化景观定义为一个被文化群体从大自然中塑造出来的区域。"文化是能动者，自然区域是媒介，文化景观是结果。"

人、活动和环境会在一个地区内显示出相似性和规律性，并且在某些方面与其他地区的人、活动和环境不同。一个地区的独特性，不是来自某种单一的人文或环境特征，而是来自多种特征的结合。地理学者不满足于仅仅识别出这些特征，还会探究它们之间的关系。地理学者认识到，在现实世界中，各种特征是综合在一起的。

形式地区

形式地区，也称均质地区（uniform region），是指一个其中每个人都共享一种或多种鲜明特征的区域。共享的特征可以是文化价值（如共同语言）、经济活动（如特定作物的生产）或环境特性（如气候）。在形式地区中，被选定的特征会始终存在。

有些形式地区很容易识别，如国家或地方行政区。例如，蒙大拿州就是一个形式地区，可以立法、征税和发放执照的州政府让

全州范围内都有相同强度的特征。蒙大拿州这个形式地区有清楚的、得到法律认可的界线，并且居住在其中的每个人都具有相同的法律地位，受制于共同的法律体系。

在其他类型的形式地区里，一种特征可能是主流的，而不是普遍的。例如在美国，我们可以以共和党候选人获得多数票这个特征来区分出几个形式地区，尽管共和党人在这些地区没有得到100%的选票，也并不总是赢得选举。

在识别形式地区时，即使是进行概括，我们也需要谨慎地认识到文化、经济和环境因素的多样性。如果一个地区的少数民族所讲的语言、信仰的宗教或拥有的资源不同于该地的大多数人，那么就有可能出现问题。一个地区的人们可能在经济中发挥独特的作用，同时又因为性别或种族不同，在社会中占据不同的位置。

机能地区

机能地区，又称节点地区（nodal region），是指一个围绕节点或焦点组织起来的区域。用来定义机能地区的特征，在中心焦点或节点占重要地位，在外部的重要性不大。整个地区通过交通或通信系统，或者通过经济或功能组织起来与中心点相连。

地理学者经常使用机能地区来显示有关经济区域的信息。地区的节点可能是商店或服务单位，地区的边界标志着活动交易区域的界限。人和活动可以被节点吸引，信息可以从节点流向周围区域。

电视台的接收区域就是机能地区的一个例子。电视台服务区域的中心信号最强。在离中心较远的地方，收看其他城市电视台的人更多。这个地方是两个电视市场区的节点地区之间的边界。同样，百货公司从交易区边缘吸引的客户更少，而且在边缘区域，消

费者很可能选择在其他地方购物。

新技术正在打破传统的机能区域。电视台通过线缆、卫星或互联网向遥远的地方播送节目。通过互联网，消费者可以从遥远地方的商店里购物。

乡土地区

乡土地区，或称感知地区（perceptual region），是一个被人们在心中视为自己文化身份一部分的区域。乡土地区来自人们的随性地方感，而非来自从地理思想中发展出来的科学模式。

美国南方就是乡土地区的一个例子，美国人在提及南方时，经常会觉得这个地区的环境和文化特征十分不同于美国其他地方。这些特征许多都可以测量。环境方面，南方这个地区的终霜冻发生在3月，而且冬季降雨量比夏季多。南方的文化特征包括：人们较为遵从浸信会宗教，偏好共和党总统候选人，高中毕业率较低，以及内战期间加入南部邦联。

思考题 1.2.2

什么环境和文化特征有助于界定美国的中西部地区？

文化区

学习成果 1.2.3

描述文化的两种地理定义。

在思考为什么地球上的每个地区都与众不同时，地理学者会提及**文化**。文化就是传统信仰、物质特征和社会形式的结合，它们共同构成一个人群的独特传统。地理学者根据重要的文化特征区分人群，描述特定文化群体的分布地点，并解释观察到的分布情况。

在日常语言中，我们将文化视为小说、绘画、交响乐和其他由有才之人创作的作品的集合。对这些知识产物有品位的人被认为是"有文化"。智力要求较高的文化，往往

▼ 图1–14 **文化多样性** 融合在耶路撒冷街头市场中的语言、宗教和文化。

不同于电视节目之类的流行文化。在英语中，文化（culture）这个词也可以指人工培育出来的微小生物，如在显微镜下或酸奶中发现的微生物。农业（agriculture）这个术语指的则是在远大于试管的范围里培育生物。

地理学着眼于文化这个概念的非物质和物质方面，去理解为什么世界上的每个地区都与众不同。

文化的非物质方面

地理学者研究为什么一个民族的传统观念、信仰和价值观会在特定的地方产生出独特的文化。有些特别重要的文化价值来源于一个群体的语言、宗教和族群性。这三种文化特征，既是识别一种文化所处位置的绝佳方式，也是文化价值观分布在世界各地的主要方式。

语言是一个由符号、声音、手势和标记组成的系统，在文化群体中具有意义，可以被理解。人们通过语言传达他们所关心的文化价值观，而词汇本身也能解释不同文化群体的分布情况（图1–14）。在第5章中，我们将讨论不同语言使用者的分布，以及这种独特分布情况的原因。

宗教是一种重要的文化价值，因为它是由态度、信仰和实践组成，让人们能以正式的、有组织的方式拜神的最重要体系。正如第6章所讨论的，地理学者关注世界各地宗教团体的分布，关注不同群体与环境互动的不同方式。

族群性（ethnicity）包括一个群体的语言、宗教和其他文化价值，以及其物质特性。一个群体拥有这些文化和物质特征，并将它们视为群体共同传统和遗产的产物。正如第7章所述，地理学者发现，冲突和不平等的问题往往发生在多个族群居住并寻求分配相同领土的地方。

文化的物质方面

地理学者关注的文化因素还有物质财富的生产；所谓物质财富，就是人类赖以生存和发展的食物、衣服和住所。所有人都要吃饭、穿衣、建房（图1–15），以及创造艺术，但不同的文化群体会以不同的方式获得财富。

地理学者将世界分为发达国家地区和发展中国家地区。各种共同特征——如人均收入、教育水平和预期寿命——将发达地区和发展中地区区分开来。这些差异将在第9章中讨论。

由于这两类国家所开展的经济活动类型不同，所以发达国家拥有的财富和物质产品多于发展中国家。发展中国家的大多数人都从事农业，而发达国家大多数人谋生的手段则是通过提供服务换取工资。发达地区与发展中地区之间的这种根本性经济差异，将在第10章至第13章中更详细地讨论。

思考题 1.2.3

描述你在图1–15中看到的美国郊区和南非郊区的差异。

空间关联

一个地区的意义来自其独有的特征组合。有些特征的出现可能是巧合，但有些特征则相互关联。如果某地区一个特征的分布与另一个特征的分布相关，那么这个地区内就有了**空间关联**（spatial association）。如果两种特征的分布情况非常相似，那么空间关联就很强。如果两种特征的分布情况非常不同，那么空间关联就很弱。

图1–16显示了巴尔的摩市四种特征的分布：

■ **收入**。收入最高的地区是巴尔的摩市的中心和北部，收入最低的地区是巴尔的摩

(a)

(b)

▲ 图 1-15　发达国家和发展中国家　（a）美国郊区；（b）南非最大、发展最快的乡镇卡雅利沙（Khayelitsha）。

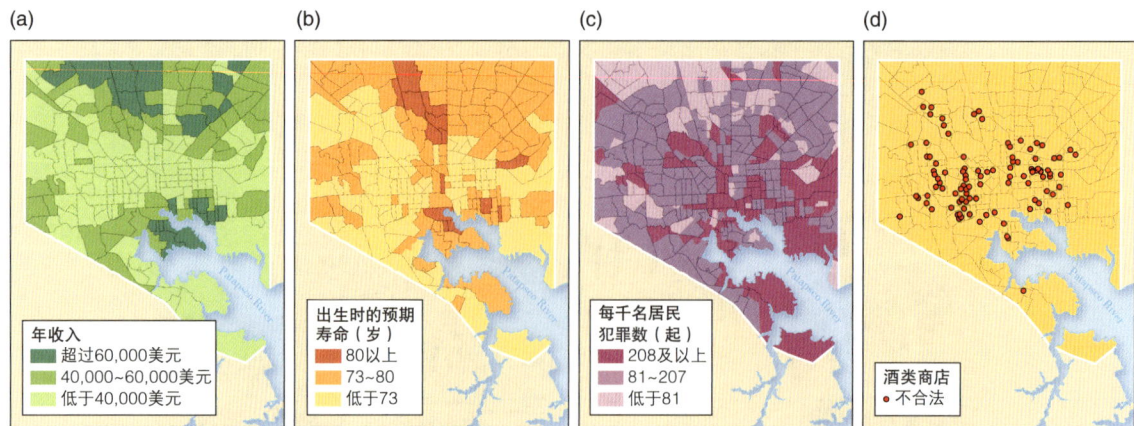

▲ 图 1-16　巴尔的摩的空间关联　（a）收入；（b）出生时的预期寿命；（c）犯罪；（d）不合法酒类商店。

市的西部和东部（图 1-16a）。

■ **出生时的预期寿命**。正如第 2 章所解释的，出生时的预期寿命是指当年出生的婴儿预期能活多少岁。在巴尔的摩中心和北部地区，婴儿预期将至少活到 77 岁，而在巴尔的摩西部和东部地区，出生时的预期寿命不足 70 岁。巴尔的摩的预期寿命分布与收入呈显著的空间关联。收入最高的地区（市中心和北部）也是预期寿命最高的地区（图 1-16b）。

■ **犯罪**。犯罪与收入之间的空间关联既不特别强，也不特别弱（图 1-16c）。高收入的北部地区犯罪率相对较低，但高收入的市中心犯罪率相对并不低。

■ **酒类商店**。与其他许多社会一样，巴尔的摩试图根据每个居民区的居民人数，将酒类商店平均分散到整个城市（图 1-16d）。

但是，在现行法律生效时就已经存在的酒类商店仍然可以继续营业。它们被称为不合法（nonconforming）酒类商店，因为它们不符合现行的法律，但是在最初开业时是合法的。大量不合法酒类商店的存在，说明一个地区的酒类商店多于恰当数量。图 1-16d 显示了不合法酒类商店的分布情况。通过比较图 1-16d 与图 1-16a，我们可以看出，不合法酒类商店的分布与低收入地区密切相关。

复习　关键议题 2
为什么地球上的每个点都有独特性？

✔ 我们通过地名、地域和区位来识别地方。
✔ 地区分为形式地区、机能地区和乡土地区。
✔ 文化包括非物质和物质两方面。

关键议题 3

为什么不同的地方有相似性？

▶ **范围**：全球和地方

▶ **空间**：地物的分布

▶ **空间**：文化身份

▶ **空间**：不平等

▶ **关联**：扩散

▶ **关联**：空间互动

学习成果 1.3.1

理解经济和文化在全球和地方范围内的变化。

地理学者认识到，地球上每个地方或地区在某些方面都是独一无二的，但他们也认识到，人类活动很少局限于一个地方。三个基本概念——范围、空间和关联——有助于地理学者解释为什么地方之间和地区之间的相似性来源于规律性，而非巧合。

范围：全球和地方

在本章开头，我们把范围定义为被研究的部分地球与整个地球之间的关系。地理学者特别关注地方范围与全球范围的对比。

范围这个概念在地理学中越来越重要，原因就在于**全球化**（globalization）。全球化这种力量或进程涉及整个世界，并造就出全球性的事物。

全球化意味着世界的范围在缩小——当然不是说地球在真的缩小，而是说不同地区的人、物或观念进行互动的范围在减小。

同时，地理学者也认识到地方性范围正变得越来越重要。面对全球化，许多群体在维护和恢复独特的文化特征，推行独特的经济实践。

经济全球化与地方多样化

生活在世界偏远地区的少数人或许能够为自己生产所有的日常必需品，但是在一个地区进行的大多数经济活动，因为要与位于其他地区的决策者相互作用，所以都会受到后者影响。作物的选择会受到其他地方市场的需求和价格影响。工厂的选址，要便于购入原材料和将产品运送到市场。

经济全球化主要由**跨国公司**（transnational corporation）引领。跨国公司在许多国家，而不仅仅是在其总部和大股东的所在地进行研究、经营工厂和销售产品，宝洁公司（Procter & Gamble）和麦当劳（McDonald's）就是两个例子。

世界上的每个地方都是全球经济的一部分，但全球化使得地方层面上的专业化程度更高。根据跨国公司的评估，每个地方基于自己的资源都扮演着独特的角色。一个地区可能特别适合跨国公司做研究，或开发新的工程系统，或开采原材料，或生产零件，或销售和存储成品，或管理运营。在全球性的经济中，跨国公司通过为每种业务准确地寻找最佳位置来保持竞争力。有些地方的工厂会被关闭，有些地方的工厂则会开业。

生产上的变化带来了空间上的分工，让特定地区的工人专门从事特定的工作。跨国公司根据当地劳动力的特征，如技能水平、普遍薪酬水平和对工会的态度，来决定在何处生产产品。跨国公司可能会在工资水平高、工会强势的地方关闭工厂。特定的生产任务就被集中在特定的地理区域。

文化全球化与地方多样化

地理学者观察到，文化偏好的日益统一将会使物质产物和文化价值的景观变得统一，且具有"全球性"。快餐店、加油站和零售连锁店会在不同地方刻意地创造出一种

(a)

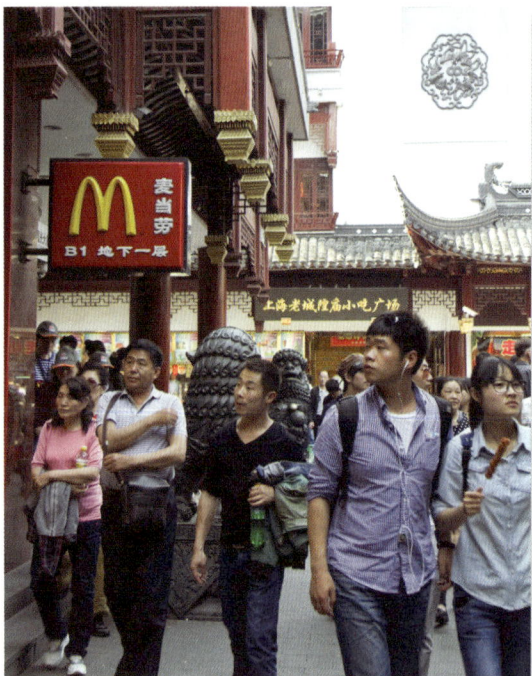

(b)

▲ 图 1–17 **全球文化** （a）中国青年穿西式牛仔裤和帽衫；（b）中国上海的年轻人光顾麦当劳。

1. 牛仔裤和麦当劳对中国年轻人的吸引力在于什么地方？

2. 如果你去其他国家，你会想穿牛仔裤吗？你会想去麦当劳吗？为什么？

3. 你是怎么从下边的图片中得知哪家店是麦当劳的？

尽可能相似的视觉效果（图 1–17）。这样，消费者无论身处何处，都会有相同的预期。

在这种统一文化景观背后，是文化信念和文化形式，尤其是宗教和语言的全球化。特别是非洲人，他们抛弃了传统宗教，接受基督教和伊斯兰教这两个在全世界有数亿信徒的宗教。全球化需要共同的沟通形式，而英语越来越多地扮演着这种角色。

人们越来越关注全球文化的元素，渴望拥有它们，这导致地方文化信念、形式和特征面临着灭绝的威胁。穿牛仔裤和耐克鞋，消费可口可乐和麦当劳汉堡包，以及使用手机和电脑进行交流等社交习惯，可能会威胁到当地文化的独有信念、形式和特征的存续。

然而，尽管全球化的趋势盛行，但地方间的文化差异不仅持续存在，而且实际上在很多地方还很繁荣。产品的全球标准化，并不意味着每个人都想要相同的文化产品。传播革命促进了文化的全球化，也使文化多样性的保护成为可能。例如，电视上曾经只有少数频道，它们只展示一套文化价值观。然而，随着光缆、卫星和互联网被用于播送节目，人们现在的选择范围覆盖了数百种节目，且节目的语言多种多样。

随着通信的全球化，两个相距遥远的人可以观看同一个电视节目。同时，随着电视播送市场的分化，同一家的两个人也可以观看不同的节目。各大洲的人们或许都想穿牛仔裤，但是其中也可能有人喜欢裙子。在全球性的文化中，公司可以将世界不同地区具有相似口味的消费者群体作为目标。

思考题 1.3.1

举例说明在全球和地方范围内发生的经济和文化方面的变化。

空间：地物的分布

学习成果 1.3.2

认识空间分布的三个属性。

空间在本章开头被定义为两个物体之间的物理间隙或间隔。地理学者观察到，出于可以探明的原因，许多物体都以有规律的方式分布在空间中。空间思维是地理学者了解地球上物体排列情况的基本技能。地理学者对在空间中发现的人类和人类活动的排列情况进行思考，试图理解这种排列情况出现的原因。

环视你现在所占据的空间——教室或卧室。桌子和椅子的排列是有规律的，在教室

成排，在家里靠墙。房间所在的建筑物，也占据着有组织的空间——位于街道旁边，或者位于四方院子的一侧。同样，包含着校园或住房的社区，属于由全国和全世界社区组成的系统。

地理学者解释建筑或社区等地物（feature）是如何在地球上排列的。在整个地球上，或在地球的某个区域内，地物可能很多，也可能稀少，可能彼此靠得很近，也可能相距甚远。一种地物的排列情况被称为**分布**（distribution）。地理学者探究地物分布的三种属性：密度（density）、集聚度（concentration）和模式（pattern）。

分布的属性：密度

密度是空间中某物出现的频率。被测量的地物可以是人、房屋、汽车、树木或其他任何事物。面积可以用平方千米、平方英里、公顷、英亩等单位来衡量。

记住，地物数量大并不必然等于密度高。密度涉及两个量：地物的数量和地区的面积。中国是人口数量最多的国家，约有 14 亿人口，但是其人口密度却不是最高的。荷兰只有 1,700 万人，但每平方千米约 500 人的密度，远高于中国每平方千米 140 人的密度。原因是中国的国土面积为 960 万平方千米，而荷兰只有 4.2 万平方千米。

人口密度高也与贫困无关。荷兰是世界上最富有的国家之一，马里是世界上最贫穷的国家之一。然而，荷兰每平方千米约 500 人的人口密度，远远大于马里每平方千米 13 人的密度（有关密度的更多信息，请参阅第 2 章）。

分布的属性：集聚度

地物在空间中的分散程度就是**集聚度**。如果一个地区中的物体相互靠得很近，则可以说它们很集中；如果它们离得相对较远，

则可以说它们很分散。要特别清楚地比较集聚度，需要两个区域有相同的物体数量和占地面积。

地理学者用集聚度来描述分布情况的变化。例如，美国各地的人口分布就越来越分散。美国居民总人数增长缓慢，每年增长不到1%，而土地面积基本不变。但是，美国相对集中于东北地区的人口分布，正在变化为更均匀和分散的全国分布。

集聚度与密度不同。如图1-18所示，两个街区的房屋可以密度相同，但集聚度不同。在房屋分散的社区里，每栋房屋都有大型的私人庭院，而在房屋集中的社区里，房屋靠得很近，开放空间就被人们共同用作社区公园。

社区（b）和（c）的房屋密度相同（82英亩里有32栋房屋），但是社区（c）的房屋分布更为集中。社区（c）有共享的公开空间，而社区（b）的每所房屋四周都有更大的私人庭院。

分布的属性：模式

分布的第三个属性是**模式**，即空间中物体的几何排列情况。某些地物被以几何模式组织起来，而有些地物则呈不规则分布。地理学者观察到，许多物体呈线性分布，例如沿着街道分布的房屋，或沿地铁线路分布的地铁站。

物体经常以正方形或矩形模式排列。许多美国城市的街道模式都是有规律的，街道在统一的间隔点直角相交，形成正方形或长方形的街区，这种模式被称为网格模式（grid pattern）。《1785土地法令》（Land Ordinance of 1785）设立的乡镇、牧区和地块系统，也是方形或网格模式的例子（图1-19）。

思考题 1.3.2

你如何描述教室中椅子的密度、集聚度和模式？

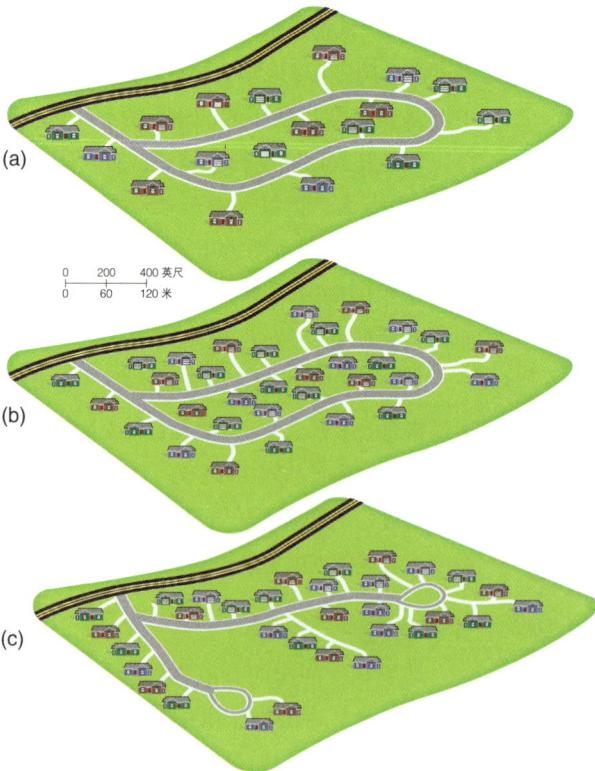

◀ **图1-18 房屋的密度和集聚度** 社区（a）的密度低于社区（b），但是两个社区的集聚度都属于分散。社区（b）与社区（c）的密度相同，但后者房屋分布更集中。

▲ 图1-19 模式: 乡镇和牧区 《1785 土地法令》将美国的大部分地区划分为类似棋盘的模式，这种模式在农业地区仍然可见。

空间: 文化身份

学习成果 1.3.3

描述用于分析性别、族群和性倾向等文化身份要素的地理学方法。

不同的文化群体会相互竞争，争取对空间的管理。有些人文地理学者专注于空间中被主导文化群体——尤其是女性、少数民族和同性恋者——的需求和利益。

文化身份与空间分布

空间中的模式因性别、族群和性倾向而异。地理学者之所以研究这些文化特征，是因为对于解释人们为什么在空间中自我分类，以及为什么在景观中以独特的方式移动，这些文化特征很重要。

按族群分布。正如第 7 章所讨论的，美国的族群分布在各个层面都有很大差异。非裔美国人聚集在东南部，西班牙裔聚集在西南部。族群在城市里的集聚度很高，这点我们在第 7 章和第 13 章将详细讨论。在洛杉矶，非裔、西班牙裔和亚裔美国人的比例很高，主要的族群聚集在不同的地区。非裔美国人聚居于洛杉矶中南部，西班牙裔美国人聚居在东部。亚裔美国人聚居于南部和西部，与非裔和西班牙裔聚居的地区相邻。

思考题 1.3.3

以自己的校区或学校为例，描述一天中学生和教师在空间中的移动情况。

按性别分布。女性的空间分布并不像族群的分布那样悬殊，尽管在有些社区，如军事基地的社区里，男性的数量可能比女性多很多。正如第 2 章所讨论的，在有些国家，尤其是在中国和印度这两个人口最多的国家，女性婴儿的数量比男性婴儿低。

地理学者关注性别不平等现象的分布情况。正如第 9 章所详细讨论的那样，性别不平等反映在许多因素中。根据联合国的调查，世界上没有哪个国家的女性平均收入高于男性。从世界范围来看，女性的平均收入约为男性的 50%。发达国家和发展中国家的男女收入差距大致相同。充其量，也只是在有些国家，女性的收入与男性的差不多。这样的国家主要是男性和女性收入都很低的贫穷国家，以及部分欧洲国家。西南亚和北非地区的男女收入差距尤其大，在这些地区女性很少能够获许去工作。

空间：不平等

学习成果 1.3.4

总结地理学思想，并用来分析不平等的地理学现象。

文化特征，特别是性别、族群和性倾向，会影响人们在空间中的分布和移动。女性的经历与男性不同，黑人的经历与白人不同，男孩的经历与女孩不同。

文化身份与当代地理学思想

地理学者采取一系列方法研究文化身份和空间，包括后结构主义、人文主义和行为地理学的方法。

后结构主义地理学（poststructuralist geography）研究社会中的强势群体如何统治或寻求去控制较弱势的群体，研究被统治群体如何占据空间，还研究这种统治造成的冲突。后结构主义地理学者将空间理解为精英统治者意识形态或价值体系的产物。例如，已经有研究人员讨论过，在歧视有色人种是违法行为的情况下，地方政府为何还推行了一些政策，强行将有害污染工业安置到少数族群社区。

人文地理学（humanistic geography）是人类地理学的分支，强调人们以不同的方式形成地方观念并赋予这些地方象征意义。例如，公开的同性恋男女可能会被吸引至纽约市的克里斯托弗街（Christopher Street）等地，因为他们认为这些地方是对同性恋者友好的空间，在其中可以与其他同性恋者进行社交互动。克里斯托弗街可被视为一个通过政策和商业实践，愿意接纳同性恋者的地点。但是，克里斯托弗街对同性恋者也具有象征意义：1969 年，标志着同性恋解放运动兴起的数场抗议就发生在这条街上的石墙酒吧（Stonewall Inn）。尽管在有的地区仍存在法律歧视，但是社会对同性恋者的容忍度已经增加。

行为地理学（behavioral geography）强调，理解空间中个人行为的心理基础十分重要。性别、族群和性取向分布的独特空间模式，是由文化群体，以及更大范围的社会的态度和行为构建的。例如，可以思考由丈夫和妻子组成的家庭的典型空间模式：

- **丈夫**。他早上开车去上班，把车停好，然后工作。傍晚，他在停车场取车，再驾车回家。在此前选择家的地理位置时，他或许考虑过减轻每天通勤的难度。

- **妻子**。如今大多数美国妇女在外工作，这使得城市空间中的移动模式变得复杂。她在哪里工作？如果在选择家庭住所的位置时要方便丈夫上班，那么她就有可能要通勤穿过城市。然而，早上开车送孩子上学、遛狗、开车去超市的通常都是妻子。下午，她可能还要开车送孩子去参加少年棒球联赛的比赛或者上芭蕾舞蹈课。早点下班带孩子去看医生的会是谁？孩子生病在家时要请假去照顾，但是在生孩子或照顾新生儿时却无权请假一天的是谁？

所有学科和工作单位都宣称对文化多样性的问题很敏感。对地理学者而言，对文化多样性的关注和深切尊重，不仅仅是政治正确，还是地理学对空间理解的核心所在。地理学者对所有文化群体的尊严都非常尊重。

机会不平等

在消除人们远距离交互的障碍方面，电子通信发挥了特别重要的作用。自然障碍，如海洋和沙漠，仍然可以阻碍人与人之间的互动。在现代世界中，互动受到的阻碍更可能来自人们获取电子产品的机会不平等。

因电子通信而成为可能的即时性扩展扩散，曾经被视为是地理学的"终结"，因为远距离通信的便利消除了互动的障碍。但实际上，由于机会的不平等，地理学比以前更重要了。

人们的互动机会不平等，部分原因是不同地区电子服务的质量有所不同。能否访问互联网，取决于是否有电脑所需的电力，以及是否有互联网服务提供商，即使质量低劣也行。要获得宽带服务，就需要靠近数字用户线路（digital subscriber line，DSL）、电缆线路或其他服务。最重要的是，人们必须要买得起通信设备和服务。

全球文化和经济越来越集中于三大核心地区：北美、欧洲和日本。这三个地区占有世界大部分先进技术，有资本投资新活动，也有财富购买商品和服务。在世界三大城市纽约、伦敦和东京的"指挥中心"里，主要决策者采用现代通信技术，向世界各地的工厂、商店和研究中心发送指令——这是等级扩散的一个例子。同时，这些公司的"非必

要"员工可以被分配到主要金融中心以外的低成本办事处。例如，斐乐公司（Fila）的总部仍然设在意大利，但是已经将90%的运动装生产业务转移到了亚洲国家。三菱公司的总办事处在日本，但是其电子产品都是在亚洲其他国家生产的。

非洲、亚洲和拉丁美洲的国家拥有3/4的世界人口，以及几乎全部的人口增长。然而，与北美、欧洲和日本等较富裕的核心地区相比，这些国家都处于边缘位置。来自核心的全球投资，通过跨国公司决策的等级扩散到达投资地点。

边缘地区的人们曾经在偏远的农田里为家庭生产食物，现在却生产农作物到核心地区销售，或者完全放弃农业生活，进城寻找工厂和办公室里的工作。结果，这样的全球经济让核心和边缘地区人民在财富和福利水平方面有了前所未有的巨大差距。经济全球化导致核心和边缘地区的经济差距越来越大，这就是所谓的**发展不平衡**（uneven development，图1-20）。

在全球文化和经济中，世界上每个地区扮演的角色都与其他地区扮演的角色相互交织。过去基本上不受世界其他地方事件影响的工人和文化群体，现在却与其他工人和文化群体共享一个经济和文化世界。底特律汽车工人的命运，与其他人在墨西哥城、首尔、

▶ 图1-20 **不平等：富裕国家和贫穷国家之间的收入差距** 发达国家的收入增长速度快于发展中国家。

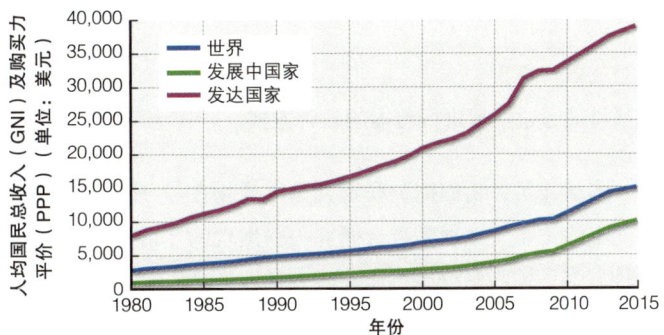

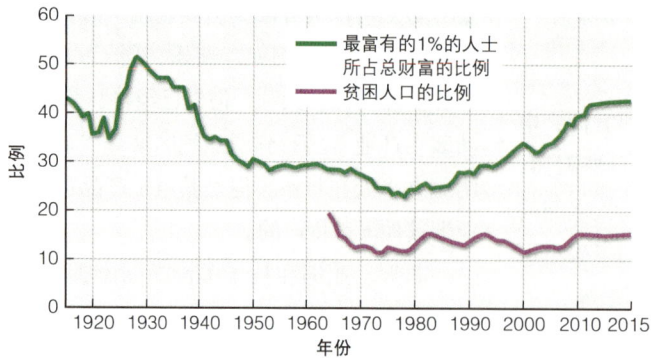

▶ 图 1–21　**不平等：美国的贫与富**　从 20 世纪 30 年代到 20 世纪 70 年代，最富有的 1% 的人士占有美国财富的比例下降，但是在 20 世纪 80 年代开始上升。20 世纪 60 年代，贫困人口的比例有所下降，但此后便相对稳定。

斯图加特和东京做出的投资决策息息相关。

机会和经济不平等在有些国家也有所加剧。根据美国国会预算局（Congressional Budget Office）的数据，美国最富有的 1% 的人士占有国民收入的比重，从 1979 年的 24% 增加到了 2014 年的 42%（图 1–21）。在这段时期内，美国贫困人口所占国民收入的比重从 12% 上升到了 15%。

在美国境内，低收入家庭的子女是否有可能摆脱贫困，取决于他们在什么样的社会度过童年。在中西部和平原州低收入家庭中长大的孩子，与在东南和西南部低收入家庭中长大的孩子相比，在 26 岁时可以每年多挣几千美元。

思考题　1.3.4

在你生活的地区，贫困儿童的比例是怎样的？

关联：扩散

学习成果　1.3.5

描述特征通过扩散进行传播的各种方式。

本章开头，我们把关联定义为人或物在空间上的关系。地理学者会研究关联出现的各种方式。关联变得更迅速，减少了地方之间的空间距离——当然不是自然层面的距离，而是时间层面的距离。文化群体间的关联能够产生几个结果：

■ **同化**（assimilation）是指某个群体的文化特征被改变得与其他群体相似。一个群体的文化特征可能会被主导群体的文化同化。

■ **适应**（acculturation）是指两个群体相遇而产生的文化变化过程。参与互动的两个文化群体都可能会经历变化，但是都会保留自己截然不同的文化特征。

■ **融合**（syncretism）是指两个群体的元素组合成新的文化特征。这两个文化群体相聚，形成新的文化。

扩散

扩散（diffusion）是指一种地物随着时间的推移在空间内从一个地方延伸到另一个地方。事物出现于源地，然后从源地扩散到其他地方。**源地**（hearth）就是指新事物起源的地方。地理学者记录节点的位置，以及事物随时间推移朝其他地方扩散的过程。

源地是如何出现的？文化群体必须愿意尝试新事物，必须能够分配资源去培养创新。要开发出一个源地，一个群体还必须具备实现理想、构建金融机构等经济结构的技术能力，以便实施创新。

正如接下来的章节所讨论的，地理学者可以将当代美国和加拿大的主要文化、政治和经济特征，追本溯源到欧洲和西南亚的源地。世界上的其他地区也有重要的源地。在某些情况下，一种观念——比如某种农业实践——可能在多个源地里独立产生。在有些情况下，可能会因为两个文化群体以两种不同的方法改变一种共享的概念，而在两个地区出现两个源地。

必须要出现扩散，不同地方的人、物或观念才能互动。地理学者观察到两种基本类型的扩散——迁移扩散（relocation diffusion）和扩展扩散（expansion diffusion）。

迁移扩散

观念借由人在不同地方之间的物理移动来传播，就叫作**迁移扩散**。在第 3 章中，我们将看到人们出于政治、经济和环境等各种原因而迁移。人们移动时，就会带上他们的文化，包括语言、宗教和族群性。

南北美洲最常用的语言是西班牙语、英语和葡萄牙语，这主要是因为在几百年前，移民到美洲的人大部分都来自使用这些语言的国家。因此，这些语言就是通过迁移扩散传播的。我们将在第 5 章到第 7 章中考察语言、宗教和族群性的传播。

2002 年，欧洲 12 个国家开始用欧元作为共同货币，这给科学家提供了很好的机会来研究始于源地的迁移扩散（图 1-22）。尽管只发行了一套纸币，但这 12 个国家各自都根据自己在地区经济中所占的比重，铸造了自己的硬币。一个国家的硬币，尽管也可以在其他 11 个国家使用，但最初只在发行

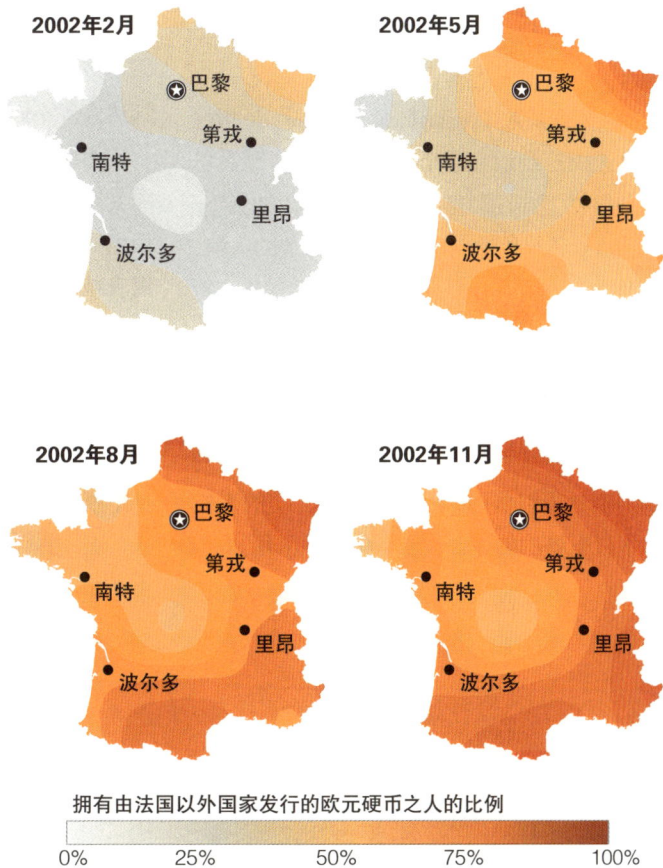

2002年2月

2002年5月

2002年8月

2002年11月

▶ 图 1-22 **迁移扩散** 2002 年，欧洲 12 个国家开始用欧元作为共同货币，这给科学家提供了很好的机会来研究始于源地的迁移扩散。法国科学家监测了来自其他 11 个国家的硬币的比例。

拥有由法国以外国家发行的欧元硬币之人的比例

0%　　25%　　50%　　75%　　100%

国的境内流通。法国科学家通过连续数月采样，分别监测来自其他 11 个国家的硬币的比例。来自特定国家的硬币的比例，可用来衡量该国对法国迁移扩散的程度。

扩展扩散

特征通过叠加性的过程从一个地方传播到另一个地方，就叫作**扩展扩散**。这种扩展可能源自以下三个过程：

■ **等级扩散**（hierarchical diffusion）是指观念从有权威或权力的人物或节点处传播到其他人物或地方（图 1–23）。等级扩散可以是观念从政治领导人、社会精英或其他重要人物传播到社会中的其他人。创新也可能起源于特定的权力节点或权力核心区域，如大型城市中心，然后扩散到边缘的偏远农村地区。嘻哈或说唱音乐就是源于城市地区的创新，尽管它们的扩散是来自低收入的非裔美国人，而非社会精英。

■ **传染扩散**（contagious diffusion）是指特征迅速而广泛地在整个人群中扩散。顾名思义，这种扩散形式类似于传染性疾病（如流感）的传播。传染扩散就像体育馆里球迷的人浪，不考虑等级，也不需要人员的永久性迁移。新音乐或观念会出现病毒式传播，因为全世界的网民能同时接触到相同的材料（图 1–24）。

■ **刺激扩散**（stimulus diffusion）指的是即使一种特征表面上扩散失败，但其背后的原则仍然得以传播。例如，苹果公司的手机和平板电脑的创新特征被竞争对手采用。

当今世界的扩展扩散发生得比过去快得

多。现代通信方式，如计算机、短信、博客、推特和电子邮件，都会促进等级扩散。互联网——尤其是万维网的使用——会促进传染扩散。所有新技术都会促进刺激扩散。

关联：空间互动

学习成果 1.3.6

解释各个地点是如何克服不平等的阻碍，并通过网络相互关联的。

互动关系要通过**网络**（network）发生，网络就是连接不同地点的一系列交流渠道。例如，大型航空公司通常就有"轴辐式的"（hub–and–spoke）枢纽航线网络。通过轴辐式的网络，航空公司可以在很短的时间内将多地的飞机飞到枢纽机场，然后在不久后再将飞机派飞到其他地方。原则上，来自相对较小城镇的旅客，可以通过在枢纽机场换乘，到达许多不同的目的地。

相距越远，两人互动的可能性就越小。随着距离的增加，接触的机会就会减小，最后消失。这种互动逐渐消失的现象被称为**距离衰减**（distance decay）。在当代世界中，距离衰减的严重程度已经大幅度减小，因为不同地点之间联系所需的时间更少。地理学者使用**时空压缩**（space–time compression）这个术语，来描述某物到达某地所需时间 005-006, 章节 1:527- 章节 1:821 的缩减（图 1–25）。

过去，文化群体间的大多数关联，都要求定居者、探险者和掠夺者从一个地方移动

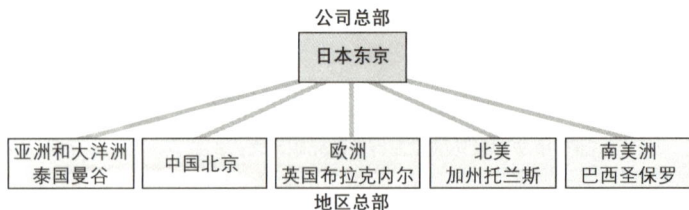

```
              公司总部
            ┌─────────┐
            │日本东京  │
            └─────────┘
   ┌──────┬──────┼──────┬──────┐
┌──────┐┌──────┐┌──────┐┌──────┐┌──────┐
│亚洲和 ││中国  ││欧洲  ││北美  ││南美洲│
│大洋洲 ││北京  ││英国布││加州托││巴西圣│
│泰国曼谷│      ││拉克内││兰斯  ││保罗  │
└──────┘└──────┘│尔    │└──────┘└──────┘
                └──────┘
              地区总部
```

◀ 图 1–23 **等级扩散** 本田（Honda）的全球业务由位于日本东京的总部控制。地区总部的职员监督当地的业务，并向公司总部汇报工作。

驰放音乐　重打击乐　电子浩室　前卫浩室

科技浩室　　　　　酸爵士乐　碎拍/硬核　　　　新爵士乐

深浩室　　迷幻浩室　　后朋克　　　流行电音　工业舞曲

车库舞曲　车库舞曲　　　　　丛林舞曲　迷幻

高科技舞曲　摇摆舞曲　　神游舞曲　独立舞曲　新世纪音乐

　　浩室　电子舞曲　　　　　硬核浩室　氛围音乐

放克　嘻哈　新浪潮　　车库舞曲　鼓打贝斯伦敦地下乐

迪斯科　　　　　　　　新派碎拍　回响贝斯

蓝调　爵士乐　民谣　摇滚　　破碎打击乐　速度车库舞曲　快乐硬核

节奏布鲁斯　灵歌　　　　工业摇滚

灵魂舞曲　迈阿密低音

福音舞曲　　　　　　　　　　　　　　　　　　　传统印度音乐

圣诗舞曲

斯卡　强节拍舞曲

雷鬼　卡利普索　　　　　　　传统非洲音乐　　　　果阿迷幻舞曲

舞厅乐

▲ 图1-24　**传染扩散：西方的舞曲**　流行舞曲起源于西半球，并于20世纪80年代开始向欧洲和亚洲扩散。[1]

到另一个地方。公元1800年的人们旅行的方式和速度，还和公元前1800年的人们差不多相同，都是骑牲口、坐帆船或步行。

现代世界，要与另一个地方相连，我们根本不需要旅行。来自源地的观念，现在借由通信网络，能够迅速地扩散到其他地区。例如，电视网络［如英国广播公司（BBC）、加拿大广播公司（CBC）、美国全国广播公司（NBC）］就拥有许多电台，向遥远地方播送相同的节目，例如足球比赛。借由通信网络，即使物理距离很远（以千米或英里计），从一个地方到另一个地方的扩散也能瞬时完成。

计算机、平板电脑和智能手机，让人可以通过个人构建的网络［如脸书（fecebook）和推特（twitter）］建立自己的关联。只需点击按钮，我们就可以将来自世界某个区域的图像和信息传输到我们遍布全球的个性化网络上。

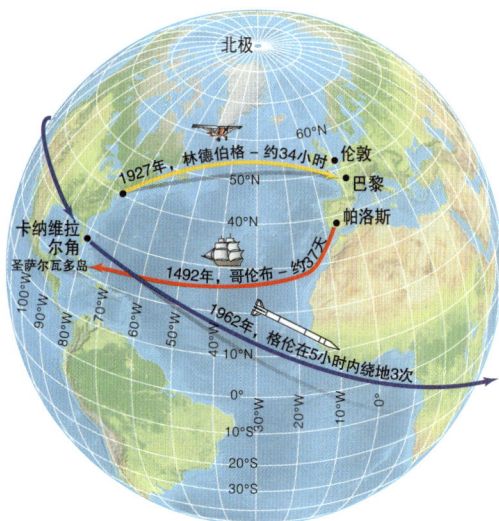

北极

1927年，林德伯格－约34小时　伦敦

巴黎

帕洛斯

卡纳维拉尔角

圣萨尔瓦多岛　　1492年，哥伦布－约37天

1962年，格伦在5小时内绕地3次

▶ 图1-25　**时空压缩**　交通条件的改善缩小了世界。1492年，克里斯托弗·哥伦布（Christopher Columbus）航行穿越大西洋，花了近900小时（约37天）。1927年，查尔斯·林德伯格（Charles Lindbergh）率先不停留地飞越大西洋，耗时33.5小时。1962年，第一个进入太空轨道的美国人约翰·格伦（John Glenn），在约半小时内飞越大西洋，并在5个小时内绕地球3次。

――――――――――

〔1〕编者注：图中名词的原文请见附录2。

我们的手机大多配有全球定位系统追踪服务，可以确定我们的精确位置。默认情况下，大多数手机都启用了这项地理标记功能。你应该让定位服务保持开启，还是应该将它关闭（图 1-26 和 1-27）？

保持开启

- 能够让紧急服务人员找到你。
- 可以使用地图，获取驾车路线，查看路况。
- 可以查看下一班公共汽车或火车何时到达。
- 可以找到附近的餐馆、加油站和宠物狗公园。

▲ 图 1-26　开启全球定位系统定位追踪服务　可以知晓你的精确位置。

将其关闭

- 隐私信息会被分享给其他人。
- 你的动向、喜好和朋友会被其他人知道。
- 跟踪信息可被用于法律诉讼。
- 设备上会收到骚扰广告和消息。

▲ 图 1-27　关闭定位服务　默认情况下，大多数手机的定位服务都是开启的，但是可以关闭。

现代网络使我们可以更多地知晓世界其他地方的动态，而时空压缩让我们知晓的速度变得更快。远方显得不再那么遥远，更容易触及。随着地方间的关联越来越紧密，我们将持续接触到其他地区人们带来的文化特征和经济措施，或许我们会接纳其中一些文化和经济元素。

思考题 1.3.6

离你最近的机场是枢纽机场吗？如果不是，从这个机场出发的航班大多都是飞到哪个枢纽机场的？

复习　关键议题 3
为什么不同的地方有相似性？

- ✔ 地理学者尽管越来越关注全球性的范围，但他们会研究所有范围的议题。
- ✔ 分布有三种属性，即密度、集聚度和模式。不同的文化群体在空间中展示出不同的分布。
- ✔ 不同的地方通过网络相互关联，现象可以通过迁移扩散和扩展扩散传播。
- ✔ 尽管存在时空压缩，但全球经济中的边缘地区往往不能平等地获得核心地区的商品和服务。

为什么有些行为不具有可持续性？

▶ 地理、可持续性和资源

▶ 可持续性和地球的自然系统

▶ 地理、可持续性和生态

▶ 可持续的环境变化

学习成果 1.4.1

描述可持续性的三大支柱。

地理学很独特，因为它包含社会科学（人文地理学）和自然科学（自然地理学）。本书重点关注人文地理学，但是没有忘记人类与地球的大气、土地、水、植被以及其他生物相互关联。

地理、可持续性和资源

资源（resource）是环境中对人类有用的物质，其在经济和技术上可以获取，且社会能接受对它的利用。**可持续性**（sustainability）指的是在利用地球资源时确保资源在未来的可用性。

从人文地理学的角度来看，大自然提供了大量供人类使用的资源。在变得对社会有用之前，一种物质仅仅是大自然的一部分。食物、水、矿物、土壤、植物和动物都是资源。

地球上的资源分为**可再生资源**（renewable resource）和**不可再生资源**（nonrenewable resource）：

■ 可再生资源在自然界中被生产的速度，快于人类对它的消耗速度。

■ 不可再生资源在自然界中被生产的速度，慢于人类对它的消耗速度。

地理学者观察到，资源的可持续性正在被人类行为破坏：

■ 人类在耗尽不可再生资源，如石油、天然气和煤炭。

■ 人类通过污染空气、水和土壤，破坏了其他可再生资源。

地理学者还关注改善资源可持续性的措施。回收纸张和塑料，开发新的工业流程，以及保护农田免于城市扩张的侵占，都是为实现更可持续的未来做出贡献的实例。

可持续性的三大支柱

根据联合国的文件，可持续性依赖于三大支柱：环境、社会和经济（图 1-28）。联合国在 1987 年的报告《我们共同的未来》（*Our Common Future*），是将可持续性视为自然因素和人为因素相结合的一个里程碑。这个报告常被称为《布伦特兰报告》（*Brundtland Report*），以世界环境与发展委员会（World Commission on Environment and Development）主席、挪威前总理格罗·哈莱姆·布伦特兰（Gro Harlem Brundtland）的名字命名。

可持续性要求减少对不可再生资源的使用，并将可再生资源的使用限制在环境可以无限供应的程度内。例如，要实现可持续，那么在森林中砍伐木材的数量或从水体中捕鱼的数量，就必须保持在未来供应不减少的水平上。

《布伦特兰报告》认为，只有将环境保护、

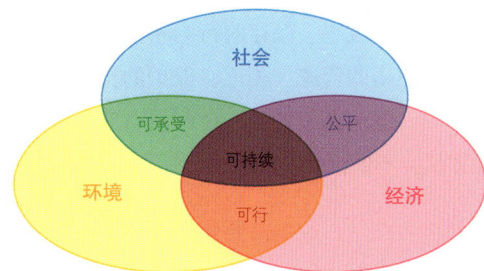

▲ **图 1-28　可持续性的三大支柱**　联合国的《布伦特兰报告》认为，可持续性是环境保护、经济发展和社会公平的结合。

(a)　　　　　　　　　　　(b)　　　　　　　　　　　(c)

▲ 图 1-29　**可持续性的三大支柱：塞浦路斯**　塞浦路斯的特罗多斯山区（Troodos Mountains）可说明可持续性的三大支柱。（a）环境支柱。该地区以其优质的岩层闻名。该地区的大部分都是国家森林和联合国世界遗产，受到保护；（b）社会公平支柱。当地居民看着游客路过；（c）经济支柱。旅游业是主要的经济活动。相对富裕的游客带来的财富，让山区环境中居民的生活变得更舒适。

经济增长和社会公平结合起来，才能实现可持续性。报告乐观地认为，在促进经济增长和社会公平的同时，也有可能促进环境保护。

环境支柱。 可持续地利用和管理地球上的自然资源，满足人类在食品、医药和娱乐等方面的需求，就是**保护**（conservation）。如果树木和野生动物等可再生资源的消耗速度低于它们被替代的速度，则它们就得到了保护。石油和煤炭等不可再生资源的使用量减少，以便留下更多给后代，则它们就得到了保护（图 1-29a）。保护与**保存**（preservation）不同，保存是指维持现有资源的状况，尽可能减少人为影响。保存行为所持的态度是，自然的价值并非源于人类的需求和利益，而是源于这个事实，即生活在地球上的每个动植物都有权存在并应该被保存，无论其成本。保存的行为不把自然视为供人类使用的资源。相反，保护的行为与发展相容，但前提条件是，在利用自然资源时要谨慎，不能浪费。

社会支柱。 人类需要住所、食物和衣服才能生存，所以会利用资源来满足这些需求。住宅可以由草、木材、泥土、石头或砖块建成。人类通过收获谷物、水果和蔬菜，或食用鱼肉、牛肉和猪肉，消耗食物。服装可以通过收割棉花、剥动物皮毛，或将石油转化为聚酯进行制造。

当人们将可持续性作为一种价值予以接受时，消费者的选择就可以促进可持续性。例如，消费者可能更喜欢由天然或再生材料制成的衣服，而非直接由石油产品制成的衣服。他们也可以选择那些有利于人们在特定地方生活的产品（图 1-29b）。社会的价值观是人们选择使用哪些资源的基础。

经济支柱。 自然资源通过市场交换，获得货币价值（图 1-29c）。在市场经济中，供求关系是决定价格的主要因素。供应量越大，价格越低；需求越大，价格越高。如果消费者购买某种商品的欲望强烈，那么他们就会为该商品支付更多的费用。然而，地理学者观察到，有的货物并不反映它们的实际环境成本。例如，被堵在路上的司机就不需要为车辆排放到大气中的较高污染物付出代价。

资源的价格高低，取决于社会有多大的技术能力获取资源，并让资源适用于社会。地球上有许多物质没有得到利用，这是因为我们缺乏开采它们的手段和利用它们所需的知识。在不久的将来有可能成为资源的东西就是潜在资源。

对可持续性的批评

一些注重环境的评论家认为，现在讨论可持续性为时已晚。例如，世界自然基金会（World Wildlife Fund，WWF）就认为，全球已经在 1980 年左右超过了可持续水平。这个悲观的结论来自世界自然基金会的《地球生命力报告》（Living Planet Report），该报告将人类目前利用的土地数量与地球上的"生物生产性"（biologically productive）土地数量进行了比较。生物生产性土地，指的是生产当前消耗的资源并在现今技术水平下处理 70 亿人口生产的废物所需的土地。

据世界自然基金会统计，人类目前正在使用约 130 亿公顷土地，其中包括 30 亿公顷农田、20 亿公顷森林、70 亿公顷能源用地，以及 10 亿公顷渔业、牧业和建筑用地。然而，根据世界自然基金会的数据，地球上只有 114 亿公顷生物生产性土地，也就是说人类已经在使用所有的生产性土地，没有多余的土地可用于未来的增长。

有些人则从相反的角度批评可持续性。他们认为，人类活动没有超过地球的承载能力，因为资源的可用性没有最大限度，地球资源也没有绝对的上限，原因在于随着时间的推移，资源的定义会发生巨大且不可预测的变化。他们还认为，可以通过仔细评估地球承载能力的外部极限来改善环境。

可持续发展的批评者和捍卫者都认为，《布伦特兰报告》中的一项重要建议尚未落实，即加强国际合作，以缩小发达国家与发展中国家之间的差距。只有以更公平的方式分配资源，我们才能缩小贫富国家之间的差距。

思考题 1.4.1
你认为图 1–29b 中的居民会对图 1–29c 中那样的游客有何反应？

可持续性和地球的自然系统

学习成果 1.4.2
描述地球的三个非生物自然系统。

地理学者将自然资源归类为四个相互关联系统中的一部分。这四个自然系统被分类为**生物的**（biotic）或**非生物的**（abiotic）。生物系统由有生命的机体组成。非生物系统由无生命的或无机的物质组成。地球的四个系统中，有三个是非生物系统：

- **大气圈**（atmosphere），即包裹在地球周围的一层稀薄气体。
- **水圈**（hydrosphere），即地球表面和地表附近所有的水。
- **岩石圈**（lithosphere），即地壳的全部，以及紧挨着地壳的上地幔顶部。

四个系统中，只有一个是生物系统：

- **生物圈**（biosphere），即地球上的所有生物，包括植物、动物，以及微生物。

这四个系统的英文名字，分别来源于希腊语中的"空气"（atmo）、"水"（hydro）、"岩石"（litho）和"生命"（bio）。

大气圈，即环绕地球的一层稀薄气体，高度为 480 千米（约 300 英里）。低层大气中的纯干燥空气，按体积来测量，含有约 78% 的氮气、21% 的氧气、0.9% 的氩气、0.036% 的二氧化碳，以及 0.064% 的其他气体。大气层中的气体被重力吸附在地球上，产生了压力。不同地方的气压差异导致了多种气象特征，如起风、风暴积聚和降雨。

特定地点的长期平均天气情况就是**气候**（climate）。地理学者经常根据德国地理学者弗拉迪米尔·柯本（Vladimir Köppen）提出的系统对气候进行分类。柯本的系统在经过修改后，将世界划分为五个主要气候区，分别由字母 A 至 E 以及名称来标识：

- A：低纬度湿润气候。
- B：干燥型气候。
- C：中纬度温暖气候。
- D：中纬度寒冷气候。
- E：极地气候。

修改后的柯本系统又将五个主要气候区细分出几个子类型。除 B 类气候以外，其他气候类型细分的基础都是降水量和降水季节。B 类气候则基于温度和降水进行细分。另外，还用"H"表示由于海拔升高而导致气候变冷的高原地区，或者因变化太大而无法在地图上显示出来的气候变体。

人类对极端温度和降水量的容忍度有限，所以避免生活在太热、太冷、太湿或太干燥的地方。

水圈。水在海洋、湖泊和河流中以液态存在，在土壤和岩石中以地下水的形式存在。水还能以大气中的水汽和冰川中的冰的形式存在。世界上超过 97% 的水位于海洋。海洋为大气提供水汽，水汽又作为降水回到地球表面。降水是最重要的淡水来源。水的消耗对动植物的生存至关重要，而且还有数量庞大、种类繁多的动植物生活在水中。水吸收和释放热量的速度相对较慢，因此让地球表面大部分地区的季节性最高温和最低温不过于极端。

特定地点的气候会影响人类活动，尤其是会影响生存所需食物的生产。在 A 气候区的部分地区，特别是印度西南部、孟加拉国和缅甸沿海，人们要焦急地等待每年的季风雨。季风雨对于农业的丰收必不可少，而且占据了印度近 90% 的水供应。（图 1-30）。一年中的大部分时间里，该地区吹的都是较凉爽的东北风。6 月，风向会突然变化，从印度洋带来湿润、温暖的西南风，称为季风（monsoon）。季风雨季一直持续到 9 月。在季风雨推迟或未能到来的年份中——在最近几十年里，这种情况至少占了 1/4 的时间——

◀ 图 1-30 **印度的季风雨季** 雨季过后，人们在印度迪马普尔（Dimapur）的洪水中跋涉。

农业产量会下降，拥有世界近 20% 人口的南亚国家都会有饥荒的危险。季风雨在印度非常重要，许多当地语言中表示"年""雨"和"雨季"的词汇都是相同的。

岩石圈。地球由多个同心球组成。地核是一个高密度的金属球体，半径约为 3,500 千米（2,200 英里）。围绕着地核的是厚约 2,900 千米（1,800 英里）的地幔。地壳是一层脆而薄的外壳，厚 8 至 40 千米（5 至 25 英里）。岩石圈包含地壳全部，以及厚 70 千米（45 英里）的地幔顶部。地球深处的强大力量使地壳弯曲和破裂而形成山脉，并且将地壳塑造成大陆和海洋盆地。

地球表面的特征——也就是地形——不尽相同，有的地区相对平坦，有的地区山丘较多。地理学者发现，对于地貌的研究，即地貌学（geomorphology），有助于解释人的分布以及不同地点所选择的经济活动。人们更喜欢生活在较为平坦的土地上，而这样的土地通常更适合农业。在丘陵地区集中生活的人们，在开展活动时则可能需要更大的努力来改变地貌。

美国地质调查局出版的美国地形图，详细展示了水体、森林、山脉、山谷和湿地等自然特征。它们还展示了诸如建筑、道路、公园、农场和水坝等文化特征。工程师、徒步旅行者、猎人、寻找地方安家的人，以及任何真正想要查看地貌的人，都会使用地形图。地形图上的棕色线条是等高线（contour line），可显示任何位置的海拔高度。等高线在平坦地区更稀疏，在丘陵地区更密集。

思考题 1.4.2
为什么地球水圈、岩石圈和生物圈的地图对追求可持续性而言很重要？

地理、可持续性和生态

学习成果 1.4.3
解释生物圈如何与非生物系统相互作用。

现代科技改变了人与环境之间的历史关系。人类现在是地球上最重要的变革推动者，可以比过去更大程度地改变环境。地理学者担心人们有时会用现代技术来麻木地改变环境。人类行为会耗尽稀缺的环境资源，破坏不可替代的资源，还会低效率地利用资源。

生态与生物圈

第四个自然资源系统，即生物圈，涵盖了地球上所有的生物。生物体只有通过与自然环境互动才能生存，因此生物圈还包括其他三个非生物系统的部分元素。生物圈中的生物会与三个非生物系统相互作用。例如，一块土壤可能包含来自岩石圈的矿物质、来自水圈的湿气、来自大气圈的空气，以及来自生物圈的植物和昆虫物质。

大多数生物体相互作用的范围，是岩石圈顶部 3 米（10 英尺）、水圈顶部 200 米（650 英尺），以及大气圈最低 30 米（100 英尺）内。

■ 岩石圈是大多数动植物生存的地方，也是它们获取食物和住所的地方。

■ 水圈为水生生物提供水和自然支持。

■ 大气圈为动物呼吸提供空气，并保护它们免受太阳辐射的伤害。

一群生物体，加上与它们相互作用的非生物圈，就组成一个**生态系统**（ecosystem，图 1-31）。对生态系统的科学研究是**生态学**（ecology）。生态学者研究生物体与三种非生物环境之间的相互关系，也研究生物圈中各种生物体之间的相互关系。

▲ 图1-31 **生态系统** 地理学者对城市的生态系统尤其感兴趣，因为地球上约半数的人生活在城市地区。岩石圈为建造住房和工厂提供地面和材料。水圈为城市居民提供水资源。大气圈是城市居民排放污染物的地方。生物圈中的一些动植物在城市中与人类一起茁壮成长，而另外一些却生存困难。

人类会与生物圈的其他部分相互作用，也会与三个非生物圈层相互作用，对于这样的生态系统，人文地理学者尤其关注：

■ 如果大气圈中含有污染物，或者大气圈含氧量降低，那么人类呼吸就会有问题。

■ 如果水圈中没有水，人类就会逐渐衰弱并死亡。

■ 稳定的岩石圈为人类提供建筑材料和能源燃料。

■ 生物圈的其余部分为人类提供食物。

如果人类行为能够保护和保持四个圈层里的元素，那么就是可持续的；如果造成破坏，则是不可持续的。例如，人类的行为会破坏土壤——地球表面空气和岩石之间的那层稀薄的物质。土壤破坏会导致两个可持续性问题：

■ **侵蚀**（erosion）。土壤在雨中被冲走或在风中被吹走，就是土壤侵蚀。农民做出的不恰当选择会导致土壤侵蚀。要减少侵蚀，农民可以避开陡坡，减少耕种，以及种植根系有助于结合土壤的作物。

■ **养分耗竭**（depletion of nutrients）。土壤含有植物生长所必需的营养成分，其中还包括对人类有用的成分。如果植物吸收的养分比自然能生产的养分多，就会出现养分耗竭。每种植物都从土壤中吸收特定的养分，同时也会恢复某些养分。要尽量减少养分耗竭，农民可以按年度轮种不同的作物，从而使土地长期保持生产力。

文化生态：文化与生态的融合

不同的文化群体会以截然不同的方式改造地球的四个圈层，人文地理学者对此尤其关注。针对人与环境关系的地理学研究被称为**文化生态学**（cultural ecology）。文化生态学的根源可追溯到200多年前，那个时代的科学家会走遍世界，观察人们是如何在不同的环境中生活的。

环境决定论。 19世纪德国地理学先驱亚历山大·冯·洪堡（Alexander von Humboldt，1769—1859年）和卡尔·李特尔（Carl Ritter，1779—1859年）认为，自然环境决定社会的发展，这种观点被称为**环境决定论**（environmental determinism）。根据洪堡和李特尔的观点，人文地理学者应该运用自然科学的规律来理解自然环境与人类行为的关系。他们认为，对社会进程和自然进程的科学研究本质上是相同的。自然科学家在发现一般规律方面比社会科学家的进展更多，因此人文地理学者的一个重要目标就是发现一般规律。洪堡和李特尔鼓励人类地理学者采用自然科学家使用的科学探究方法。

其他有影响力的地理学者在19世纪末和20世纪初也接受了环境决定论。弗里德里希·拉采尔（Friedrich Ratzel，1844—1904年）及其美国学生埃伦·丘吉尔·森普尔（Ellen Churchill Semple，1863—1932年）声称地理学研究的是自然环境对人类的影响。

另一位早期的美国地理学者埃尔斯沃思·亨廷顿（Ellsworth Huntington，1876—1947年）认为，气候是文明的主要决定因素。例如，根据亨廷顿的观点，欧洲西北部海域的温带气候造就了更高的人类效率，这可以通过更好的健康状况、更低的死亡率和更高的生活水平进行衡量。

环境可能论。为了解释人类活动与自然环境的关系，现代地理学者反对环境决定论，转而支持可能论（possibilism）。根据可能论，自然环境可能会限制部分人类行为，但人类有能力去适应环境。人类可以从自然环境里的多种选项中选一种行动方案。

例如，任何地点的气候都会影响人类活动，尤其会影响食物生产。在代际传承中，人类认识到不同的作物在不同的气候条件下会长得更好——水稻需要大量的水，而小麦可以在水分有限的条件下存活，在非常潮湿的环境中却会生长不良。另一方面，在寒冷气候中，小麦比水稻更有可能种植成功。因此，根据环境可能论，人类可以选择种植与环境相容的植物。

人类对环境的某些影响，其基础是深层次的文化价值。为什么我们在前院种草，浇水使它们生长，通过修剪让它们不长高，同时还对那些不经常修剪草坪的人罚款？为什么不种蒲公英或野花？（图1-32）为什么有的人群会从落叶树上摘果实，砍伐针叶树当建筑材料，而有的人群则砍伐落叶树制作家具，将针叶树作为宗教标志予以保护？这些行为中的一些行为会比其他行为更可持续吗？

▶ 图1-32 环境可能论：替代行为 （a）有些人喜欢修剪草坪；（b）有些人更喜欢让野花生长。

(a)　　　　　　　(b)

一个民族的财富水平也会影响该民族对改造环境的态度。拥有拖拉机的农民可能会认为丘陵土地是应该避开的阻碍，但只拥有锄头的贫穷农民可能会认为丘陵土地是通过手工种植生产粮食以维持生存的唯一机会。

可能论与可持续性。人文地理学者使用文化生态学的方法，或者说基于人类和环境关系的方法，来理解特定的模式和过程是否可持续。例如，如果人口数量超过自然环境生产食物的能力，世界人口增长就有问题。但是，人类可以通过控制人口数量，采用新技术，消费不同食物，迁移到新地点，以及其他措施来适应自然环境的承载能力。

自然环境并不总是人类决策中最重要的因素。人类可以通过在自然环境上叠加新形式来塑造景观。例如，棉纺织厂选址的关键因素并不是靠近棉花种植地。恰当选址的一个更重要的因素，是要能够获得低成本的劳动力。经济体系、政治结构、生活习惯、宗教习俗和人类活动，都可以产生独特的景观，而这些景观并非主要来源于独特的自然特征。地理学者的工作就是梳理在地球表面独特分布的各种社会特征之间的关联。

思考题 1.4.3

一只鸟如何分别与四个圈层相互作用？

可持续的环境变化

学习成果 1.4.4

比较荷兰和加利福尼亚州的生态系统。

荷兰和加利福尼亚州这两个生态系统，都严重依赖人类对水圈的改造。这两个地区面临的水资源问题截然不同，荷兰水资源太多，加利福尼亚州则水资源不足。目前，荷兰的生态改造似乎是可持续的，而加利福尼亚州的则似乎不可持续。

可持续的生态系统：荷兰

荷兰人用两种不同类型的建筑项目——圩田和堤坝——改造了环境。**圩田**（polder）是指将一个区域的水排出后得到的土地。荷兰的圩田面积为 6,500 平方千米（2,600 平方英里），占全国土地面积的 16%（图 1–33）。

荷兰的圩田始于 13 世纪，在 16 世纪和 17 世纪主要由私人开垦，而在过去 200 年则主要由政府建造。荷兰政府保留了大部分的农业圩田，以减少对进口粮食的依赖。有些圩田用于建造住房，而且欧洲最繁忙机场之一史基浦机场（Schiphol），就建造在圩田上。

荷兰对于自然景观的第二个明显改造就是建造大型堤坝，防止大西洋的分支北海淹没荷兰的大部分地区。荷兰人在两个主要地点建造堤坝——北部的须德海（Zuider Zee）项目和西南部的三角洲计划（Delta Plan）项目。

来自北海的海湾须德海的洪涝灾害，曾经对荷兰的腹心地区造成过威胁。1932 年完工的堤坝，让须德海从盐水海域变成了名为艾瑟尔湖（Lake IJssel）的淡水湖。艾瑟尔湖的部分区域已被排干，建造出数个圩田。

荷兰的第二个富有雄心的项目是三角洲计划。经荷兰流入北海的几条河流分裂出许多支流，形成了易受洪水侵袭的低洼三角洲。1953 年 1 月，一场特大洪水造成近 2,000 人死亡，此后荷兰开始三角洲计划，建造几座大坝截断大部分水道。

这两个大型项目完成后，荷兰人对环境改造的态度发生了变化。荷兰人取消了在艾瑟尔湖额外建造圩田的计划，以保持该湖的休闲价值。荷兰人现在正有意打开一些堤坝，让水淹没田地。1990 年通过的一项计划，要求将 26.3 万公顷（65 万英亩）的农田变成湿

▲ 图 1-33 **荷兰的圩田** 荷兰北部的卡尔弗圩田（Kalverpolder）就是最初用风车将水排入运河而建成的。

地或森林。荷兰农场广泛使用杀虫剂和肥料，导致饮用水受到污染，以及酸雨和其他环境问题。

在未来 100 年内，全球变暖可能会让荷兰的海平面上升 20~58 厘米（8~23 英寸），进而对这个国家造成威胁。荷兰不再新建圩田和堤坝，而是采取了许多措施，包括积极减少工业污染和增加太阳能和风能的利用，成为世界上遏制全球变暖的领先国家。

不可持续的生态系统：加利福尼亚州

尽管水资源有限，但加利福尼亚州和美国西南部的邻近州都发展迅速而昌盛。近年来持续的干旱，让人们质疑该地区是否有能力维持居民当前的生活方式。

在正常情况下，加利福尼亚州 70% 的水供应来自地表水，如高山融雪。渡槽和管道将水从科罗拉多河（Colorado River）输送到数百千米外的城市和农田。1922 年的一项协议确定了加利福尼亚州、亚利桑那州和内华达州从科罗拉多河的取水量。加利福尼亚州另外 30% 的水供应来自地下水。近年来降水

量极低，地表水来源减少。因此，加利福尼亚州 60% 的用水需求都是由地下水满足的。地下水被消耗的速度大于得到补给的速度。

加利福尼亚州已经要求居民和企业减少

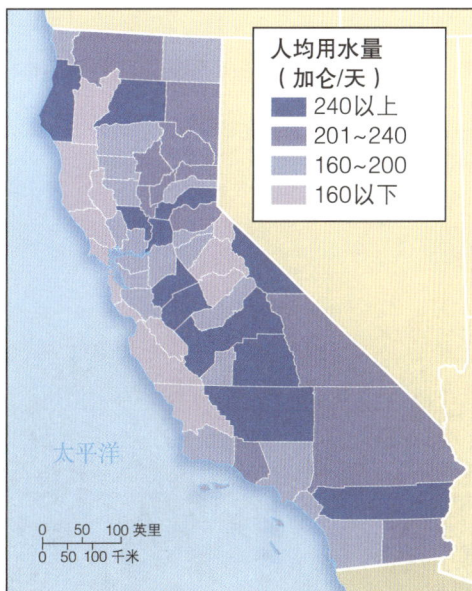

▲ 图 1-34 **加利福尼亚州各县的人均用水量** 人均用水量最低的是太平洋沿岸的主要城市，最高的是在中央谷地的农业县。

25% 的用水量。全州 400 个地方供水机构，各自都确定了如何实现服务区域里的水供应削减。居住区用水需求的一半是为了浇灌草坪和花园。房主和市政当局正在用岩石和沙漠植物构成的本地景观替代草坪和一年生的花卉。

居民和企业仅使用了全州 20% 的水供应，另外的 80% 都用于农业。干旱给加利福尼亚州生态系统的可持续性造成挑战，首当其冲的就是农业。全州大部分用于农业的土地，即使是在正常时期，都没有足够种植作物的降雨量。人均用水量最高的县都是农业大县（图 1-34）；这些县的田地都是用其他地方的水灌溉的（图 1-35）。

思考题 1.4.4

对于可持续性在未来会受到的威胁，荷兰和加利福尼亚州当中谁会应对得更好？为什么？

美国农业总量的 12%、牛奶供应总量的 21%，以及杏仁、洋蓟、葡萄、橄榄、桃子、水稻和核桃等作物的 99%，都来自加利福尼亚州。以加利福尼亚州为中心的工业化农业体系，为美国和其他国家提供了大量廉价食品。正如第 10 章所讨论的，美国的工业化农业体系依赖大量的化学品、能源和水，这些做法在未来可能不具备可持续性。

复习　关键议题 4
为什么有些行为不具有可持续性？

✓ 可持续性结合了环境、经济和社会。

✓ 地球资源包括三个非生物系统和一个生物系统。

✓ 生态学研究的是生物体，以及与生物体相互作用的非生物圈。

✓ 生态系统可能具有可持续性，也可能不具有。

▼ 图 1-35　不可持续的生态系统：加利福尼亚州　位于中央谷地的洋葱地。

可持续性与我们的环境　大沼泽地

　　大沼泽地（Everglades）曾经是一条特别宽但是水不深的淡水河，宽达80千米（50英里），深15厘米（6英寸），从奥基乔比湖（Lake Okeechobee）缓慢地向南流进墨西哥湾。在这个独特的环境中，曾经兴盛着一个敏感的动植物生态系统。这个生态系统的一部分成了国家公园，但是大部分都已经被人类活动破坏。美国陆军工程兵团（The U.S. Army Corps of Engineers）于20世纪30年代在奥基乔比湖周围建造了堤坝，在20世纪40年代排干了沼泽地北部1/3的区域，在20世纪50年代将基西米河（Kissimmee River）改成数条运河，并于20世纪60年代在迈阿密和劳德代尔堡（Fort Lauderdale）附近修建了堤坝（图1-36）。这些改造开垦出了数十万公顷的土地来种植甘蔗，保护了农田和南佛罗里达州日益增长的人口所居住的土地免受洪水侵袭。但是，这种改造也给佛罗里达州南部的生态系统带来了意想不到的后果。受污染的水——主要污染源是运河沿岸放牧的牛只——流进了奥基乔比湖，而该湖正好是佛罗里达州半数人口的淡水来源。因为汞、磷等污染物的含量增高，湖中的鱼开始死亡。受污染的水继续向南流入国家公园，给锯齿草等原生植物造成威胁，还危及珍稀鸟类和其他动物。佛罗里达州近来制订计划，试图恢复生态系统的健康状态。

▶ 图1-36 **基西米河** 为控制佛罗里达州中部的洪水，美国陆军工程兵团对蜿蜒160千米的基西米河进行了河道改直。河水被引入宽90米（300英尺）、深9米（30英尺）的运河，河道笔直延伸84千米（52英里）。

总结与回顾

关键议题 1

为什么地理学是一门科学?

地理学从根本上说是一门空间科学。地理学者使用地图显示物体的位置,提取与地点有关的信息。早期的地理学者根据勘探和观察,绘制地球表面的地图。当代的地理信息科学包括遥感、全球定位系统、自发地理信息、地理标记,以及地理信息系统,可协助地理学者理解在地球上观察到的规律。

地理学思维

1. 使用诸如地图和地理信息系统之类的地理工具,不仅仅是一种机械练习。各种决定也不仅仅限于地图上的范围、投影和图层。例如,欧洲国家捷克在地图上应该标记为捷克共和国(Czech Republic),还是捷基亚(Czechia)?捷克当局和公民并不赞同捷克语国名"Česky"的英语翻译。

2. 地理学者应该使用什么标准来标记地图?

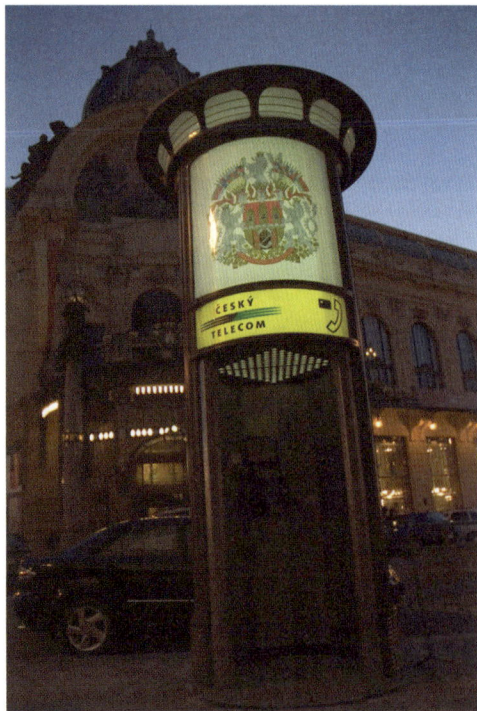

▲ 图 1-37 **捷克的电话**

关键议题 2

为什么地球上的每个点都有独特性?

地理学者通过文化、经济和环境特征的独特组合来识别独特的地方和地区。地点是物体在地球上占据的位置。地区是以独有的特征结合为特点的区域。特征的分布有助于解释为什么每个地方和地区都是独一无二的。

地理学思维

3. 你家乡的地域和区位是怎样的?

4. 你能说出一个与你家乡有很强关联的地方吗?

5. 举例说明让你家乡与其他地方相关联的一个特征。

▲ 图 1-38 **波士顿的地域和区位** 波士顿的地域就是波士顿港和几条河流。洛根机场是波士顿与其他地方相关联的一个例子。

为什么
不同的地方有相似性?

地理学者在从地方到全球的各个范围开展工作。全球范围日益重要,因为当今世界很少有地方是完全孤立的。地方之间相互关联,所以会显示出相似性。地理学者研究空间中人群和人类活动的相互作用,识别人和观念随时间推移向其他地方扩散的过程。

地理学思维

6. 如果你能住在地球上的任何地方,你会选择哪里?为什么?

7. 如果你有机会使用能让你瞬移的交通工具,如哈利·波特可以使用的那种,那么你会选择住在什么地方?

▲ 图 1–39　哈利·波特的交通工具

为什么
有些行为不具有可持续性?

可持续性就是指,在利用地球资源时确保资源在未来的可用性。可持续性基于三个相互关联的支柱:环境、经济和社会行动。生态系统包括生物体,以及生物体与大气圈、岩石圈和生物圈的相互作用。有些地球资源的可持续性正在被人类行为破坏。

地理学思维

8. 你所在社区的哪些活动看上去可以促进可持续性?又有哪些不能促进?

▲ 图 1–40　具有可持续性的交通方式:在大学里骑自行车

非生物系统（第 34 页），由无生命或无机物质组成。

适应（第 28 页），两个群体相遇而产生的文化变化过程。

同化（第 28 页），某个群体的文化特征被改变得与其他群体相似。

大气圈（第 34 页），包裹在地球周围的一层稀薄气体。

行为地理学（第 26 页），对空间中个人行为的心理基础的研究。

生物圈（第 34 页），地球上的所有生物，包括植物、动物，以及微生物。

生物系统（第 34 页），由有生命的生物体组成。

地图学（第 6 页），制作地图的科学。

公众科学（第 9 页），业余科学研究。

气候（第 34 页），特定地点的长期平均天气情况。

集聚度（第 22 页），地物在空间中的分散程度。

关联（第 5 页），人或物在空间上的关系。

保护（第 32 页），对自然资源进行可持续的管理。

传染扩散（第 29 页），一种特征或趋势迅速且广泛地在人群中扩散。

文化生态学（第 36 页），一种强调人与环境关系的地理学研究途径。

文化景观方法（第 16 页），一种强调特定研究领域内社会与自然现象之间关系的地理学研究途径。

文化（第 18 页），传统信仰、社会形式和物质特征的共同体，它们构成了一个群体的独特传统。

密度（第 22 页），特定单位面积内某物存在的频率。

扩散（第 28 页），一种特征随着时间的推移从一个地方传播到另一个地方。

距离衰减（第 30 页），一种现象离起源地越远，其重要性就会越小，并最终消失。

分布（第 22 页），某物在地球表面的排列情况。

生态学（第 36 页），对生态系统的科学研究。

生态系统（第 36 页），一群生物体以及与它们相互作用的非生物圈。

环境决定论（第 37 页），19 世纪和 20 世纪早期的一种地理学研究途径，认为人文地理学者寻找的一般规律能够在自然科学中找到，进而认为地理学研究的是自然环境如何引起人类活动。

扩展扩散（第 29 页），一种特征或趋势通过叠加性的过程在人群中从一个地方传播到另一个地方。

形式地区（或均质地区）（第 16 页），一个其中每个人都共享一种或多种鲜明特征的区域。

机能地区（或节点地区）（第 17 页），一个围绕节点或焦点组织起来的区域。

地理信息科学（第 9 页），对通过卫星和其他电子信息技术获取的地球相关数据进行分析。

地理信息系统（第 9 页），存储、组织、分析和显示地理数据的计算机系统。

地理标记（第 9 页），根据精确的经纬度坐标识别和存储信息。

全球定位系统（第 8 页），通过一系列卫星、监测基站和接收器来确定地球上物体精确位置的系统。

全球化（第 20 页），涉及整个世界并且会在全球范围内产生影响的行为或过程。

格林尼治标准时间（第 12 页），本初子午线或 0° 经线所在时区的时间。

源地（第 28 页），创新性观念起源的地区。

等级扩散（第 29 页），一种特征或趋势从有权威或权力的重要人物或节点处传播至其他人物或地方。

人文地理学（第 26 页），对个人形成地方观念并赋予该地方象征意义的不同方式的研究。

水圈（第 34 页），地球表面和附近的所有水。

国际日界线（第 13 页），与 180° 经线大部分重合，在几个地方偏离以避免将陆地区域分开。向东朝着美国走，跨过国际日界线，需要将时钟回拨 24 小时，即一整天。向西朝着亚洲走，跨过国际日界线，需要将时钟拨快一整天。

纬度（第 12 页），用于表示地图上纬线位置、测量赤道南北两侧距离的编号系统。

岩石圈（第 34 页），地壳的全部，以及紧挨着地壳的上地幔顶部。

---

〔1〕 编者注：本章及之后各章关键术语的页码，均为英文原版页码。

位置（第 14 页），地球表面任何物体的方位。

经度（第 12 页），用于表示地图上经线位置、测量本初子午线（0°）东西两侧距离的编号系统。

地图（第 6 页），对地球表面或其一部分进行再现的二维或平面工具。

地图比例（第 10 页），某物体在地图上的大小与其实际大小之间的关系。

混搭（第 9 页），将来自某个出处的资料覆盖在地图服务商提供的地图上。

心像地图（第 8 页），对于地球表面一部分的再现，基于个人对某个地方的认识，包括个人对该地方所包含事物和该地方所在位置的印象。

经线（第 12 页），地图上北极和南极之间的弧线。

网络（第 30 页），连接不同地点的一系列交流渠道。

不可再生资源（第 32 页），自然界中生产速度慢于人类对其消耗速度的资源。

纬线（第12页），环绕地球的圆圈，平行于赤道，并与经线成直角。

参与式地理信息系统（第 9 页），以社区为基础、再现当地知识和信息的地图绘制。

模式（第 23 页），特定区域内某物的几何或规则排列。

地方（第 4 页），地球上具有某种特征的具体的点。

圩田（第 38 页），将水从一个区域排出后得到的土地。

可能论（第 37 页），一种认为自然环境可能会限制人类行为，但人类有能力去适应环境，并从众多选项中选出行动方案的理论。

后结构主义地理学（第 26 页），一种将空间视为意识形态或精英统治者价值体系产物的研究。

保存（第 32 页），维持现有资源的状况，尽可能减少人为影响。

本初子午线（第 12 页），穿过英国格林尼治天文台的 0° 经线。

投影（第 11 页），用于将地理位置从地表转移到平面地图的系统。

地区（第 4 页），具有独特趋势或特征组合的区域。

迁移扩散（第 28 页），一种特征或趋势借由人在不同地方之间的移动进行传播。

遥感（第 9 页），从绕地卫星或通过其他远距离方法获取地球表面数据。

可再生资源（第 32 页），自然界中生产速度快于人类对其消耗速度的资源。

资源（第 32 页），环境中对人类有用的物质，在经济和技术上可以获取，且社会能接受对它的利用。

范围（第 4 页），被研究的地球部分与整个地球之间的关系。

地域（第 15 页），一个地方的自然特征。

区位（第 15 页），一个地方相对于其他地方的位置。

空间（第 5 页），两个物体之间的物理间隙或间隔。

时空压缩（第 30 页），因为通信和交通系统改善，某物扩散到遥远地方所需的时间减少。

空间关联（第 18 页），一种特征的分布与另一种特征的分布之间的关系。

刺激扩散（第 29 页），即使一种特征本身显然扩散失败，但其背后的原则仍然得以传播。

可持续性（第 32 页），在利用地球可再生和不可再生自然资源时，不对未来的资源使用造成限制。

融合（第 28 页），两个群体的元素组合成新的文化特征。

地名（第 14 页），地球表面特定部分的名称。

跨国公司（第 20 页），在许多国家而非仅在其总部和大股东所在地进行研究、经营工厂和销售产品的公司。

发展不平衡（第 27 页），经济全球化导致核心和边缘地区之间的经济差距越来越大。

乡土地区（或感知地区）（第 17 页），人们在心中视为自己文化身份一部分的区域。

自发地理信息（第 9 页），创建和传播个人免费、自愿提供的地理数据。

印度尼西亚雅加达附近的学生从学校走路回家。

第二章
人口与健康

如今生活在地球上的人口比以往任何时候都多，而且大部分人口增长都集中在贫穷国家。撇开未来会增加的几十亿人口不说，地球能够支撑现在的 70 多亿人口吗？地理学者对人类在地球上生活的能力有独特的看法。这张图片中的少年来自印度尼西亚。印度尼西亚是世界第四大人口大国，其未来的人口增长将对全世界的人口产生重大影响。

1

世界人口分布在何处？

人类并不是均匀分布在地球上的。相反，人类高度集聚在特定的地方，而有的地方则鲜有人居住。

2

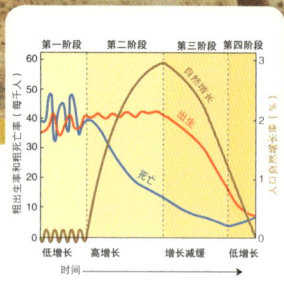

为什么世界人口在增长？

不同地区的人口增长速度不同。每个地方都处于人口过渡这个过程中的某个阶段。

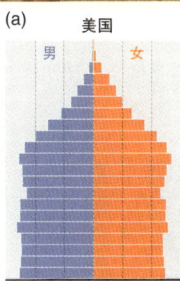

(a) 美国

男　女

3

为什么有的地方面临健康挑战？

　　健康状况和医疗供应的模式随空间变化而有所不同。整个世界的健康和医疗状况有所改善，但在地方范围上，有些人所面临的风险却有所增加。

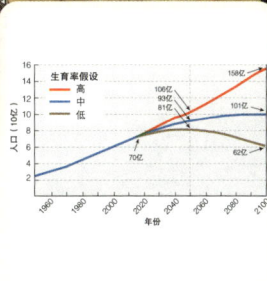

生育率假设
高
中
低

人口（10亿）

106亿
93亿
81亿

158亿

101亿

70亿

62亿

年份

4

为什么人口在未来可能增加？

　　地理学者认为，人口规模、人口增长与资源供给量之间有着密切的联系。地理学者发现，人口过剩可能会威胁到世界上某些地区的资源，但是对某些地区也可能不会造成影响。

世界人口
分布在何处?

▶ 介绍人口与健康
▶ 人口集聚度
▶ 人口密度

学习成果 2.1.1

理解世界人口的分布情况。

第 1 章已经解释过,地理学者要问"在什么地方"和"为什么"的问题。在开始研究人文地理学的主要课题时,请注意本章四个关键议题的措辞。第一个议题问"在什么地方",另外三个议题问"为什么"。这四个议题依赖于第 1 章中介绍的五个基本概念。

介绍人口与健康

地理学者首先通过描述人类在地球上的分布来研究人口问题。地球 70 亿人口所在的位置形成了一个有规律的分布。本章将解释人口在不同地区以不同速度增长的原因。

世界人口的增长速度在 21 世纪放缓,地理学者越来越关注不同地区人们健康状况的差异,以及人们可以获得的医疗服务。

人口地理学研究特别重要,原因有三:

■ 如今生活在地球上的人口数量比以往任何时候都多。

■ 全球人口增长几乎全都集中在发展中国家。

■ 20 世纪下半叶,世界人口增长速度有史以来最快;21 世纪的人口增长速度有所放缓,但是以历史的标准来看仍然很快。

地理学者关注人口与地球资源的关系。人口总数超过环境维持人们体面生活水平的能力时,就会出现人口过剩(overpopulation)。从全球化的角度来看,一些人口学者认为,世界已经因为人口过多而超负荷,或者在不久的将来会这样。从地方多样性的角度来看,地理学者发现,人口过剩威胁到世界上某些地区的资源,但是对某些地区并不会造成影响(图 2-1)。整体而言地球支持人类生活的能力可能很高,但是在有的地区,人和可用资源之间有良好的平衡,而有的地区则没有。此外,人口最多的地区,其人口与

◀ 图 2-1 **马里的人口过剩** 非洲的萨赫勒地区(Sahel),包括马里这个国家的大部分,都面临人口过剩的威胁。这里的人口数量不是很大,但环境支撑人们生活的能力极低。图中的人正在砍伐该地区所剩不多的树木。

资源的关系并不一定就不平衡。

人口地理学唯一最重要的数据来源是人口普查（census）。美国的人口普查和住房普查，每十年在以零结尾的年份进行一次，包括 2010 年。人口普查尽管很重要，但是在许多国家仍然存在争议，原因有二：

■ **遗漏登记**（nonparticipation）。流浪人员、少数族群，以及移民手续不完整的他国公民填写人口普查表格的可能性都较小。这些人担心人口普查局（Census Bureau）会将表格转交给其他政府部门，如美国联邦调查局（FBI）或美国国土安全部（Department of Homeland Security）。

■ **抽样调查**（sampling）。统计抽样技术可以用来获得更准确的人数，确定人口、住房和企业的详细特征。美国最高法院（U.S. Supreme Court）裁定，抽样不得用于重新绘制国会选区的边界。对流浪人员和移民表示同情的政治家会直言不讳地支持抽样调查，而来自普查数据更准确的小城镇和农村地区的政治家，则更倾向于反对抽样调查。

世界人口的分布

人类并没有均匀分布在地球上。我们可以通过研究两个基本属性来了解人口的分布情况，即集聚度和密度。地理学者确定地球表面人口密集和稀疏的地区。几种密度计量方法有助于地理学者解释人口数量与可用资源之间的关系。要展示世界人口的集聚情况，可以将地球的陆地区域分成 7 个部分，每部分包含约 10 亿人。北美洲、拉丁美洲、南太平洋和格陵兰岛（面积为 5,300 万平方千米，或 2,000 万平方英里）的总人口，与中国东部（500 万平方千米）的人口或印度南部（300 万平方千米）的人口数量相同。

人口集聚情况也可以用统计图展示。统计图根据人口数量展示各个国家的大小，而非像大多数地图那样根据土地面积展示。较之于典型的等面积地图，人口统计图将主要人口聚居地展示得更大。查看本章和后续章节中关于人口增长和其他主题的地图时，请特别注意亚洲和欧洲，因为这两个地区占全球人口的 2/3，它们的情况会严重影响全球的模式。

人口集聚度

学习成果 2.1.2
理解为什么有的地区人口集聚度高，而有的地区则人烟稀少。

世界上 2/3 的人口集聚在 4 个地区。这 4 个人口聚居区一般位于低洼地区，土壤肥沃，气候温和。大多数人居住在靠近海洋或河流的地方，而不是在大陆的内部。

4 个集聚区

东亚、南亚、欧洲和东南亚这四大人口集聚区，在土地占用的模式上各不相同。

东亚。全世界近 1/4 的人口生活在东亚。该地区与太平洋相接，包括中国东部、日本岛和朝鲜半岛。中华人民共和国是世界上人口最多的国家，也是国土面积第三大的国家。中国人口集聚在太平洋沿岸和几个向内陆延伸的肥沃河谷，而中国的大部分内陆地区都是人烟稀少的山区和沙漠。将近一半的人生活在农村地区，以务农为生。与中国形成鲜明对比的是，93% 的日本人和 80% 的韩国人集聚在城市地区，从事工业或服务业的工作。

南亚。世界人口的近 1/4 生活在南亚，该地区包括印度、巴基斯坦、孟加拉国和斯里兰卡等。南亚人口集聚最多的地区，是始于巴基斯坦拉合尔（Lahore）、穿过印度和孟加拉国、到达孟加拉湾的长 1,500 千米（900英里）的走廊地带。该地区的大部分人口集聚在印度河平原和恒河平原上。印度的两条漫长海岸线上——西边的阿拉伯海岸、东边的孟加拉湾海岸——也集聚着大量的人口。南亚的大多数人口都是农村地区的农民。

欧洲。 欧洲包括 40 多个国家，其中包括面积仅为 1 平方千米（0.7 平方英里）、人口仅有 3.3 万的摩纳哥，也包括全球陆地面积最大的国家俄罗斯（包括其亚洲部分）。与亚洲的 3 个集聚地不同，欧洲 3/4 的人口居住在城市，农民不到 5%。欧洲人口集聚度最高的地区是德国和比利时的主要河流和煤田附近区域，以及伦敦和巴黎等历史悠久的首都城市。

东南亚。 大约有 6 亿人生活在东南亚，主要集聚在印度洋和太平洋之间的一系列岛屿上。印度尼西亚由 13,677 个岛屿组成，是世界第四人口大国。人口集聚最多的地方是爪哇岛，总计超过 1 亿人。菲律宾的几个岛屿人口集聚度很高。此外，亚洲大陆东南部——也称为中南半岛（Indochina）——的几个河谷和三角洲上也有人口集聚。东南亚集聚人口的特征是在农村地区务农的人口比例很高。

其他集聚区。 非洲有几个人口集聚区。最大的两个集聚区，均拥有约 3 亿人口，分别位于塞内加尔和尼日利亚之间的非洲西海岸，以及厄立特里亚和南非之间的东海岸。就像亚洲的 3 个集聚区那样，非洲人口的大多数都从事农业。西半球最大的人口集聚地在美国东北部和加拿大东南部。这个集聚区约有 1 亿人，从波士顿沿大西洋海岸延伸到弗吉尼亚州的纽波特纽斯（Newport News），再向西沿着五大湖延伸到芝加哥。

人烟稀少的地区

人类会避免在某些自然环境中集聚。在干旱、过湿、过冷或过于崎岖的地区生活的人相对较少，因为这样的环境不适合农业之类的活动。被人类认为环境过于恶劣而不适宜居住的区域，已经随着时间的推移而减少，而有人永久居住的区域，即**定居区**（ecumene），则有所增加（图 2–2）。

思考题 2.1.2

为什么有些地区不是人类定居区？

干旱地区。 过于干燥而不适合农业的地区，大概占地球陆地表面的 20%。尽管有的人通过饲养适应沙漠气候的骆驼等动物，能够在沙漠生存，但沙漠通常缺乏足够的水资源，无法种植能够养活大量人口的作物。干旱地区拥有对人类有用的自然资源，尤其是世界上大部分的石油储量。

潮湿地区。 主要位于赤道附近的降水量极高的地区，通常也不适宜人类居住。多雨和高热相结合，会迅速耗尽土壤中的养分，阻碍农业的发展。

寒冷地区。 北极和南极附近的大部分土地都被冰块覆盖，或者地面已经永久冻结，形成了永冻土（permafrost）。两极地区不适合种植农作物，很少有动物能在那种极寒中生存，因此也很少有人在那里生活。

高原地区。 世界上最高的山脉十分陡峭，被积雪覆盖，因此人烟稀少。然而，有些高原和高山地区人口密度相对较大，尤其是在低纬度地区（赤道附近），因为在这些地区的高海拔土地上能够开展农业活动。

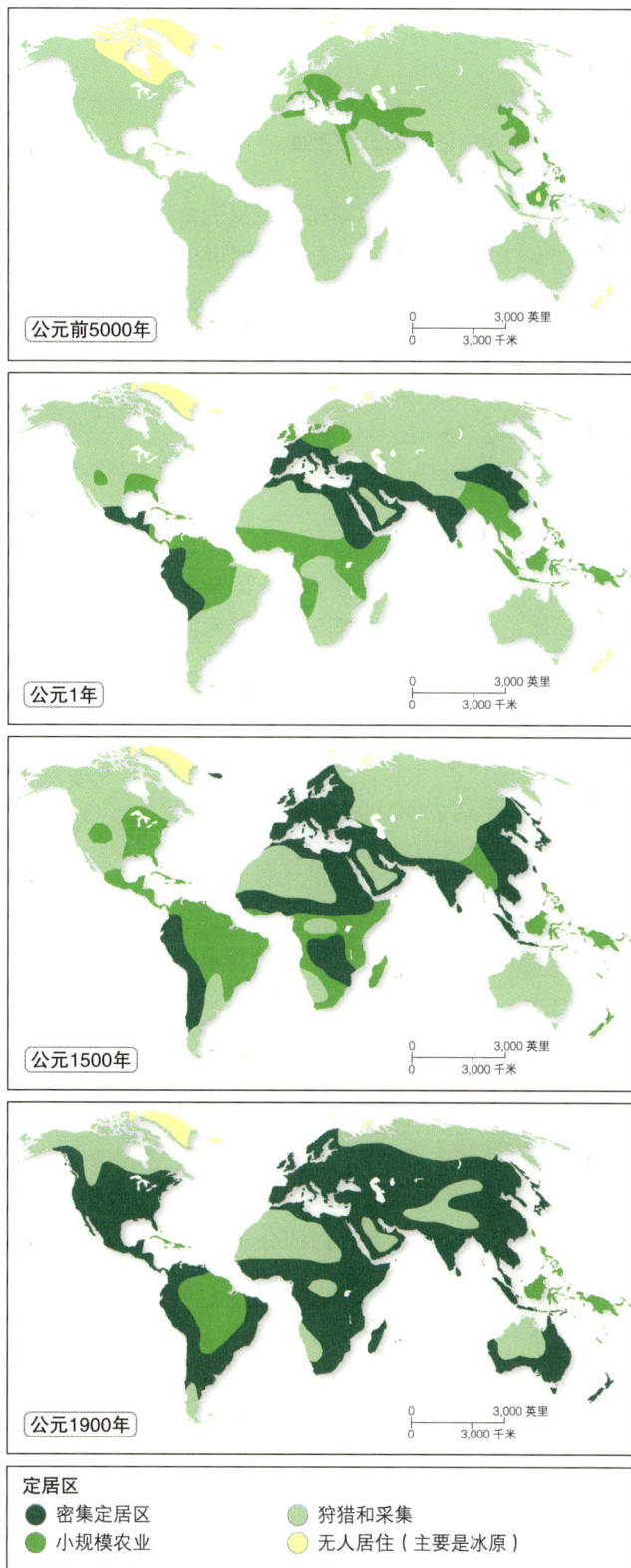

公元前5000年

0 _____ 3,000 英里
0 _____ 3,000 千米

公元1年

0 _____ 3,000 英里
0 _____ 3,000 千米

公元1500年

0 _____ 3,000 英里
0 _____ 3,000 千米

公元1900年

0 _____ 3,000 英里
0 _____ 3,000 千米

定居区

■ 密集定居区　　　　■ 狩猎和采集
■ 小规模农业　　　　■ 无人居住（主要是冰原）

▶ **图 2-2　定居区**　7,000 年前，人类只占用了地球陆地面积的一小部分，主要集中在西南亚、东欧和东亚地区。即使是在 500 年前，北美和亚洲的大部分地区也没有人类定居。目前，全球约 3/4 人口所生活的地区只占地球表面的 5%，地球表面的其余部分由海洋（约 71%）和人口较为稀少的陆地组成。

人口密度

学习成果 2.1.3

定义人口地理学中使用的三种密度。

在第 1 章中，我们把人口密度定义为特定土地面积上生活的人数。人口密度可以用几种方法计算，包括算术密度（arithmetic density）、生理密度（physiological density）和农业密度（agricultural density）。这些密度单位有助于地理学者描述人口分布情况，将其与可用资源的分布对比。

算术密度

地理学者最经常使用**算术密度**，即某个地区的物体总数。在人口地理学中，算术密度是指人口总数除以土地总面积。人口数量除以土地面积，就得到人口算术密度。表 2-1 中展示了几个例子。

表 2-1　四个国家的密度计量

国家	算术密度	生理密度	农业密度	农民比例	耕地比例
加拿大	4	83	1	2%	5%
美国	35	199	3	2%	18%
荷兰	498	1,610	26	3%	31%
埃及	87	3,011	273	29%	3%

算术密度让地理学者能够比较世界不同地区相同面积土地上的人数。因此，算术密度回答的是"在什么地方"的问题。然而，要解释为什么人类在地球表面的分布不均匀，其他密度单位更有用。

生理密度

考察一个地区某一类型土地上的单位面积人口数量，能够比算术密度更有意义地衡量人口分布。适合农业的土地被称为耕地（arable land）。一个地区单位面积耕地所供养的人数，就称为**生理密度**。

比较生理密度和算术密度，有助于地理学者了解土地提供足够粮食、满足人类需求的能力。例如，埃及人口生理密度和算术密度之间的巨大差异，就表明了埃及大部分土地不适合集约农业。事实上，埃及人口中只有 5% 生活在尼罗河河谷和三角洲，因为只有在这些区域，才有足够的水分（从河流引水灌溉）进行精耕细作。

农业密度

两个生理密度相似的国家，可能会因为经济条件的不同而出现食物生产量上的显著差别。**农业密度**是农民人数与耕地面积的比值。表 2-1 中展示了几个例子。

衡量农业密度有助于解释经济上的差异。发达国家的农业密度较低，因为技术和金融能够让少数人在广阔的土地上种植作物，养活大量的人口。

要理解一个国家人口与资源之间的关系，地理学者要同时考察这个国家的生理密度和农业密度。例如，埃及和荷兰的生理密度都很高，但是荷兰的农业密度比埃及低得多。地理学者因此得出结论：荷兰和埃及在土地生产食物方面都有沉重的压力，但是荷兰的农业系统更加高效，因此所需要的农民比埃及少。

思考题 2.1.3

埃及和埃塞俄比亚之间哪种密度计量相差最大？这种差异的原因可能是什么？

复习　关键议题 1
世界人口分布在何处？

- ✔ 世界人口高度集聚在四个地区。
- ✔ 自然环境阻碍了某些地区的人口集聚。
- ✔ 算术、生理和农业密度可以描述人口的分布。

为什么世界人口在增长？

▶ 自然增长
▶ 出生与死亡
▶ 人口过渡

学习成果 2.2.1
理解历史上和近期的人口自然增长率。

在人类历史上的大部分时间里，地球人口都没有发生变化，维持在约 50 万。相比之下，世界人口现在每年约增长 7,500 万。

自然增长

自然增长率（natural increase rate，NIR）指的是一年中人口增长的比例。"自然"这个词意味着一个国家的人口增长不包括移民在内。21 世纪，世界人口自然增长率为 1.2，这意味着世界总人口每年增加 1.2%。

历史上的人口增长

人类在地球上生存的几十万年中，大部分时间里人口自然增长率都为零（图 2-3）。今天的世界人口自然增长率低于 1963 年的史上最高点 2.2%，而且自 20 世纪 90 年代以来已经降低。但是，按照历史标准来看，20 世纪下半叶的自然增长率并不低。

全球每年增加的人数，从 1989 年的历史最高点 8,800 万，下降到目前的 7,500 万。这个数字不如自然增长率下降剧烈，因为现在的人口基数比过去大得多。世界人口从 30 亿增加到 40 亿用了 14 年，从 40 亿增加到 50 亿用了 13 年，从 50 亿增加到 60 亿用了 12 年，从 60 亿增加到 70 亿也用了 12 年。随着人口基数在 21 世纪继续增长，哪怕只有 0.1% 的增长率变化，也会给人口增长带来特别巨大的波动（图 2-4）。

人口自然增长率影响人口倍增时间（doubling time），即假设自然增长率不变，人口数量翻倍所需的年数。按目前每年 1.2% 的增长速度，世界人口会在约 54 年内翻一番。

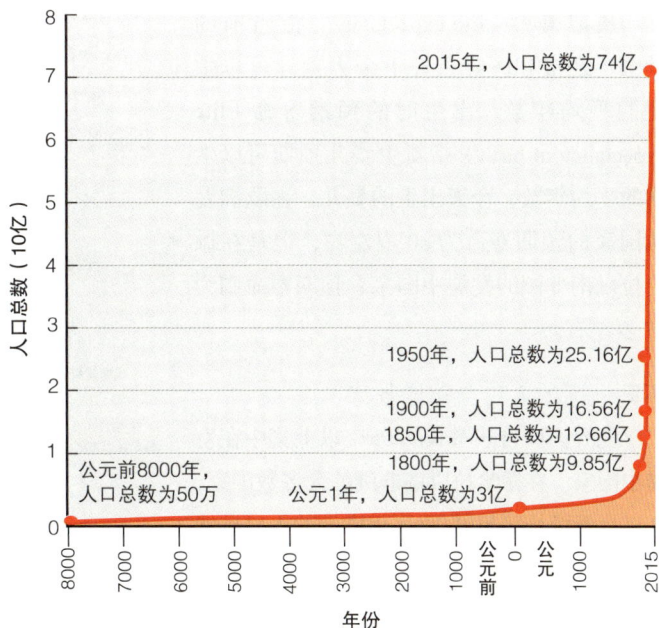

▶ 图 2-3 **历史上的世界人口** 人类历史上的大部分时间里，世界人口增长几乎为零，但是在 18 世纪开始迅速增加。

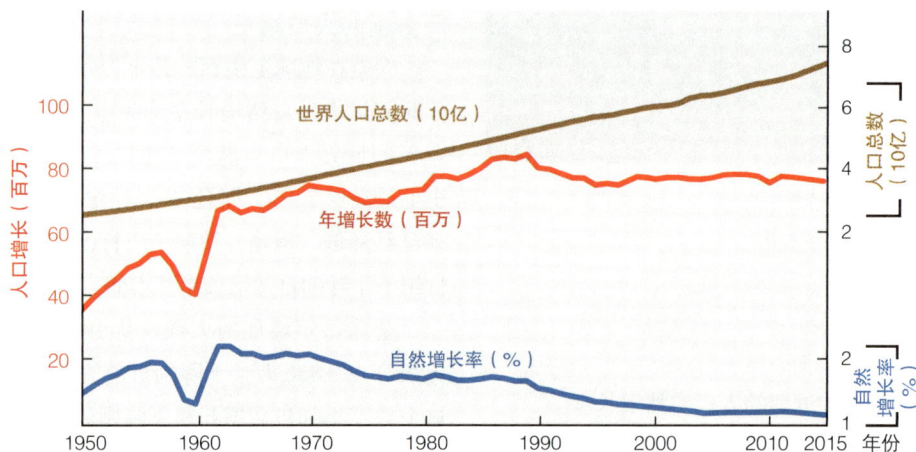

▲ 图 2-4　1950 至 2015 年的世界人口增长　人口自然增长率从 20 世纪 60 年代的历史最高点回落，但是每年增加的人数并没有大幅减少，因为世界人口在这段时间内从 25 亿增加到 70 多亿，自然增长率的基数也随之变大。

如果整个 21 世纪的人口自然增长率都维持在 1.2%，那么到了 2100 年，全球人口将达到 240 亿。1963 年的人口自然增长率为 2.2%，当时的人口倍增时间为 35 年。如果当时 2.2% 的自然增长速度持续到 21 世纪，那么现在的地球人口将超过 100 亿，而非 70 亿。如果整个 21 世纪的自然增长率都为 2.2%，那么到了 2100 年，全球人口会超过 500 亿。

预期寿命（life expectancy）指当前的社会、经济和医疗条件下个人预计可以生活的平均年数。**出生时的预期寿命**（life expectancy at birth）指新生婴儿预期可以生活的平均年数。今天出生的婴儿，在欧洲发达国家的预期寿命为 80 岁左右，但是在撒哈拉以南非洲的发展中国家，预期寿命则为 57 岁左右。

不同地区的人口自然增长率

世界人口自然增长的 95% 以上集中在发展中国家。在撒哈拉以南非洲的大多数国家，人口自然增长率超过 2%，而欧洲的人口自然增长率则为负数，这意味着在没有移民的情况下，欧洲的人口实际上是在减少。

思考题 2.2.1
除撒哈拉以南的非洲以外，还有哪个地区的自然增长率最高？

自 1980 年以来，世界人口增长的 67% 来自亚洲，20% 来自非洲，9% 来自拉丁美洲，4% 来自北美（图 2-5）。欧洲（包括俄罗斯）的人口自 1980 年以来就在减少。人口自然增长率的区域性差异，说明世界上新增人口的大部分都生活在人口供养能力最差的国家。为了解释增长率方面的这些差异，地理学者要参考不同地区在出生率和死亡率上的差异。

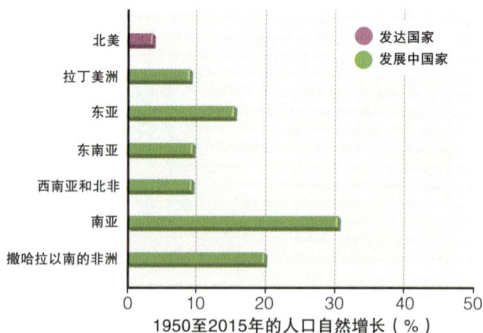

▲ 图 2-5　1950 至 2015 年人口自然增长的分布情况　图表上没有欧洲（包括俄罗斯），是因为该地区人口数量有所降低。

出生与死亡

学习成果 2.2.2

认识出生率和死亡率的区域差异。

在出生数量大于死亡数量的地方，人口就会增长。在死亡数量大于出生数量时，人口就会减少。当有人迁入时，一个地方的人口会增加，而在有人迁出时，人口则会减少。这种人口变动的因素，即人口迁移，将在第3章中讨论。

粗出生率

粗出生率（crude birth rate，CBR）是社会中一年期内每千人中出生的活产婴儿数。20‰的粗出生率意味着在一年期内，一个国家每 1,000 人中有 20 个婴儿出生。

粗出生率在世界上的分布情况与人口自然增长率的分布十分相似。与人口自然增长率的情况相同，粗出生率最高的地方在撒哈拉以南的非洲，最低的地方在欧洲。撒哈拉以南非洲的许多国家，其粗出生率超过了 40‰，而许多欧洲国家的粗出生率都低于 10‰。

粗死亡率

粗死亡率（crude death rate，CDR）是社会中一年期内每千人中的死亡总数。与粗出生率相比，粗死亡率表示一年中每千人口中的死亡人数。

粗死亡率的区域分布模式与人口自然增长率和粗出生率不同。所有发展中国家的整体粗死亡率，实际上低于所有发达国家的整体粗死亡率。此外，世界上最高和最低粗死亡率之间的差异，远小于最高和最低粗出生率之间的差异。世界上最高的粗死亡率是 21‰，最低的是 1‰，相差 20‰，而从粗出生率来看，有的国家高达 50‰，有的国家低至 6‰，相差 44‰。

思考题 2.2.2

世界上哪个地区的粗死亡率最低？

地理学实践　未来的世界人口

对人口特征进行科学研究就是人口统计学（demography）。人口统计学者从统计学的角度，调查人们如何按照年龄、性别、职业、出生率、健康等特征在空间上分布。在进行人口研究的组织中，如美国人口资料局（Population Reference Bureau）、美国人口普查局（U.S. Bureau of the Census）和联合国人口司（United Nations Population Division），地理学者都是团队成员。

人口统计学者可以精确地告诉我们世界或特定地方在当前或在最近历史上的人口数量。预测未来的人口数量对人口统计学者来说更具挑战性，但我们需要这些预估数据，以便为未来做出规划。

地理学者使用**总和生育率**（total fertility rate，TFR）来衡量一个社会中的出生人数。总和生育率是妇女在育龄期（约 15 至 49 岁）的平均生育数。要计算总和生育率，人口统计学者就要假设，一名在未来达到特定年龄的妇女和现在已满这个年龄的妇女一样可能会生育孩子。因此，粗出生率反映的是特定年份内整个社会的情况，而总和生育率则试图预测文化变迁迅速的社会里作为个体的女性未来的生育情况。

全世界的总和生育率为 2.5，而且在发达国家和发展中国家，这个数字仍然不尽相同。撒哈拉以南非洲的总和生育率超过 5.0，而几乎所有欧洲国家的总和生育率都不高于 2.0。

为什么世界上最富裕国家中的丹麦，与最贫穷国家中的冈比亚，粗死亡率差不多相同？为什么美国拥有大量的医院和医生，但是粗死亡率却比包括墨西哥在内的几乎所有拉丁美洲国家高？答案是，在人口过渡这个重要过程中，不同国家的人口处于不同的阶段。这个话题将在接下来的小节中讨论。

人口过渡

学习成果 2.2.3
描述人口过渡的几个阶段。

所有国家的人口自然增长率、粗出生率和粗死亡率都会变化，但是出现变化的时间和速度各不相同。**人口过渡**（demographic transition）有助于我们理解这些差异。人口过渡是指一个社会人口特征的变化过程，从高水平的粗出生和死亡率，以及低水平的自然增长率，变化至低水平的粗出生和死亡率、低水平的自然增长率，以及较高的人口总数。

权威的人口资料来源，如人口资料局、世界银行（World Bank）和联合国，目前都认为人口过渡有四个阶段（图2-6）。本章在后面会讨论，有的人口统计学者认为还有第五个阶段。

第一阶段：低增长

- 粗出生率非常高
- 粗死亡率非常高
- 人口自然增长率非常低

在人类历史的大部分时间里，世界人口都处于人口过渡的第一阶段，但是今天没有哪个国家仍处于第一阶段。各个国家至少都进入了人口过渡的第二阶段，并且随着这个过渡，人口情况都已经发生了深刻的变化。

在第一阶段的大部分时间里，人类都依赖狩猎和采集食物为生（见第10章）。在获取食物变得容易时，一个地区的人口就会增加；当人们无法在附近找到足够的动物或植物时，人口就会减少。

第二阶段：高增长

- 高水平的粗出生率
- 粗死亡率迅速降低
- 人口自然增长率非常高

死亡率迅速降低，出生率非常高，使得人口自然增长率非常高。欧洲和北美在1750年后进入人口过渡的第二阶段，因为**工业革命**（Industrial Revolution）大幅改善了商品的制造和分销（见第11章）。这种转变带来了前所未有的财富，部分财富被用于让人们生活的社区变得更健康。

直到1950年左右，人口过渡的第二阶段才扩散到非洲、亚洲和拉丁美洲，并且这种转变的原因不同于200年前的欧洲和北美。在20世纪后期推动发展中国家进入第二阶段的是**医学革命**（medical revolution），此前，在欧洲和北美发明的医疗技术扩散到发展中

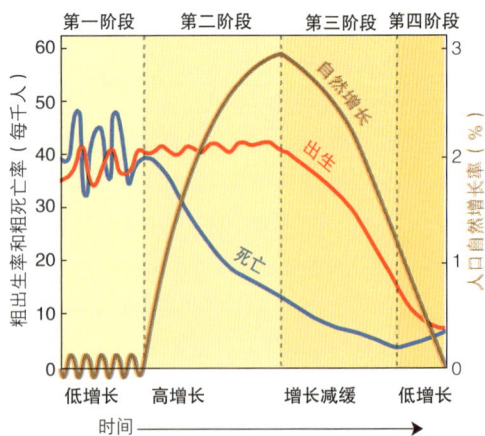

▲ 图2-6 **人口过渡模型** 该模型由四个阶段组成。"未来的人口"一部分将讨论可能存在的第五阶段。

国家。得以改善的医疗实践，在发展中国家消除了许多传统的致死因素，使更多的人能够活得更长久，更健康。

人口过渡第二阶段的一个例子是冈比亚，非洲最小和最贫穷的国家之一。在 1965 年以前，作为英国殖民地的冈比亚处于人口过渡的第一阶段。20 世纪 70 年代，世界卫生组织（World Health Organization）启动了一项计划，在包括冈比亚在内的几个国家为儿童进行免疫接种。这使得冈比亚进入了人口过渡的第二阶段，因为粗死亡率迅速下降，而粗出生率仍然很高，进而提高了人口自然增长率（图 2–7a）。

第三阶段：增长减缓
- 粗出生率迅速降低
- 粗死亡率稳健降低
- 人口自然增长率处于中等水平

在粗出生率开始急剧下降时，一个国家就从人口过渡的第二阶段进入第三阶段。粗死亡率在第三阶段会继续降低，但是速度比第二阶段慢得多。人口会继续增长，因为粗出生率仍然高于粗死亡率。但是，处于第三阶段的国家，人口自然增长的速度比处于第二阶段的国家缓慢，原因在于粗出生率和粗死亡率之间的差距有所减小。

人们生育的子女减少时，一个社会就进入了第三阶段。人们减少生育数量，一定程度上是对死亡率下降的延迟反应。第三阶段社会中的经济变化，也会促使人们减少生育。在处于第三阶段的社会里，人们更可能居住在城市而非农村，工作于办公室、商店或工厂而非农场。农民往往认为大家庭是一种资产，因为孩子可以做一些家务。城市家庭相对较小，而且可能没有空间容纳大家庭。

欧洲和北美洲的大多数国家（包括美国），在 20 世纪上半叶从第二阶段转变为第三阶段。在亚洲和拉丁美洲的许多国家，包括墨西哥，这种转变则发生在 20 世纪的下半叶。

墨西哥在殖民地时期处于人口过渡的第一阶段，在 20 世纪进入了第二阶段，粗死亡率较低，粗出生率较高（图 2–7b）。墨西哥政府当时认为，较高的出生率有利于国家

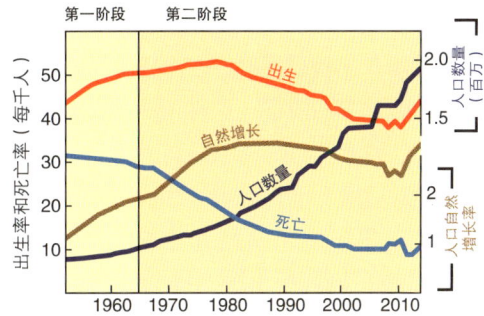

（a）第二阶段：冈比亚

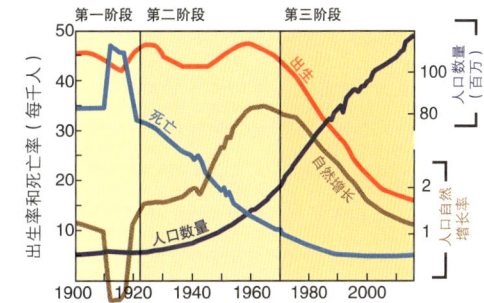

（b）第三阶段：墨西哥

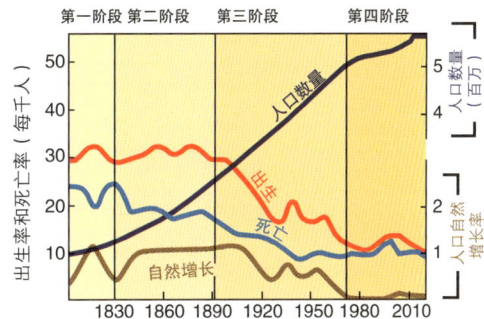

（c）第四阶段：丹麦

▲ 图 2–7　三个国家的人口过渡　（a）第二阶段：冈比亚；（b）第三阶段：墨西哥；（c）第四阶段：丹麦。

的经济增长。1974 年，墨西哥修宪，保证国内家庭有权决定生育数量和生育间隔时间，并建立全国人口委员会（National Population Council），通过教育推行计划生育，此后墨西哥粗出生率就急剧下降，进入了第三阶段。

第四阶段：低增长

- 粗出生率非常低
- 粗死亡率位于低水平，或稍有增长
- 人口自然增长率为零，或呈负增长

在粗出生率下降到与粗死亡率相等，人口自然增长率接近零时，一个国家就进入了人口过渡的第四阶段。这种情况被称为人口零增长（zero population growth, ZPG），这个术语通常适用于处于第四阶段的国家。

在粗出生率仍然略高于粗死亡率时，人口零增长也可能出现，因为有的女性会在达到育龄期之前死亡，育龄女性的数量进而可能会有所不同。为了解释这些差异，人口统计学者更精确地将人口零增长定义为：总和生育率在长时间内导致人口总数缺少变化。大约 2.1 的总和生育率会造成人口零增长。

同样，社会习俗也能解释人口情况朝向第四阶段的转变。第四阶段社会中的女性越来越多地加入劳动力队伍，而不是留在家中当全职主妇。避孕方法的普及令更多的人更有可能避孕。

与大多数欧洲国家一样，丹麦已经进入了人口过渡的第四阶段（图 2-7c）。由于老年人比例的增加，近年来丹麦的粗死亡率实际上有所增加。除非再次出现医疗革命，例如能够治愈癌症，让老年人活得更久，否则粗死亡率不可能会降低。

思考题 2.2.3

指出一个位于人口过渡第二阶段的拉丁美洲国家。

达到人口过渡第四阶段的国家，在某些方面已经完成了一个循环——从第一阶段的人口自然增长很少或根本没有，循环到第四阶段的人口自然增长很少或根本没有。这个过程中有两个重要的人口特征差异：

- **人口总数**。第四阶段国家的人口总数要比第一阶段高得多。
- **粗出生率和粗死亡率**。在人口过渡开始时，粗出生率和粗死亡率很高（每 1,000 人 35~40 人），而在人口过渡结束时，这两个数据都非常低（大约每 1,000 人 10 人）。

人口过渡的四个阶段有与过去趋势的两次大断裂。第一次断裂是技术创新带来的死亡率突然降低，它在世界各地都已经完成。第二次断裂是社会习俗变化造成的出生率突然降低，它在许多国家尚未实现。

复习　关键议题 2
为什么世界人口在增长?

✔ 人口自然增长率通过计算出生人数和死亡人数之间的差异来衡量人口的增长。

✔ 粗出生率和粗死亡率是整个社会人口变化的主要衡量方法。

✔ 人口过渡有四个阶段，其特征是出生率、死亡率和自然增长率不同。

为什么有的地方面临健康挑战？

- ▶ 健康与性别
- ▶ 健康与老龄化
- ▶ 医疗服务
- ▶ 流行病学过渡

随着世界人口自然增长速度减缓，以及越来越多的国家进入人口过渡的第三或第四阶段，地理学者越来越多地将注意力转向创纪录数量的人类的健康问题。处于人口过渡不同阶段的国家，在满足妇女、儿童、老年人和病人的需求方面拥有的资源各不相同。

健康与性别

学习成果 2.3.1
理解性别比例不同和出生率降低的原因。

女性面临特别严峻的健康风险，严重影响个别国家和整个世界人口的规模和构成。这些健康风险源于她们生而为女性这个生物学事实。女性在分娩时面临的风险特别严重。母亲和女婴都有风险。

女婴面临的风险

在某些国家，由于性别筛选，每年大约有 70 万名女婴"消失"。联合国人口基金会（United Nations Population Fund）估计，在过去的几十年中，全亚洲有 1.17 亿女性"消失"。这些女性之所以"消失"，是因为胎儿在出生前被流产，女孩在婴儿时期死亡，或者女婴在刚生下来时就被带走，没有向人口普查和卫生官员报告。

我们知道有大量女性"消失"，是因为有**性别比**（sex ratio），即人口中每百名女性相对的男性数量。人类出生性别比的标准生物水平，是每 100 名女婴比大约 105 名男婴。科学家还不确定为什么出生的男性比女性多。

105∶100（105 名男性比 100 名女性）的生物学标准出生性别比，适用于北美和欧洲的发达地区，也适用于拉丁美洲和撒哈拉以南非洲的发展中地区。然而，在某些国家，出生性别比为 112∶100（112 名男性比 100 名女性），女婴比例太低，不可能是随机结果。

某些国家的女婴比例极低，是因为文化上的重男轻女。用政策控制家庭规模，也使得父母更愿意生男孩，而非女孩。父母可以使用超声波机器知道胎儿的性别，还可以使用医疗手段来流产不想要的女胎。

政府试图禁止使用此类技术和医疗手段。但是，禁令没有效果，因为人们会去寻找非法的服务提供商。联合国认为，更有效的做法是解决性别选择的根本原因——性别不平等。

除伦理问题以外，性别选择也给社会造成了实际问题。婴儿长大成人后，社会上就会有大量无法找到配偶的男性。

母亲面临的风险

孕产妇死亡率（maternal mortality rate）是指每年由怀孕或怀孕管理（不包括意外或偶然原因）直接或间接导致的每 10 万例活产中的孕产妇死亡人数。在非洲和亚洲的大部分地区，每 10 万名孕产妇的死亡人数超过了 100（即 0.1%），而在大多数欧洲国家，这个数字不到 10（即 0.01%）。

据联合国统计，贫穷国家导致孕产妇死亡的最常见原因是产科出血，其次是妊娠高血压疾病。发达国家拥有医疗设施、先进技术和训练有素的医护人员，能够限制分娩期间威胁生命疾病的发生。

美国的孕产妇死亡率（0.028%）高于其他发达国家，原因在于美国的低收入人群较难获得医疗服务。此外，美国是少数几个不给新生儿母亲带薪假期的国家之一。

健康与老龄化

学习成果 2.3.2

理解人口过渡对年轻人和老年人比例的影响。

一个国家在人口过渡中所处的阶段决定了不同年龄组人口的比例。处于人口过渡第二阶段的国家，通常年轻人的比例较高，而第四阶段国家的老年人比例相对较高。不同年龄组年轻人和老年人所占的比例，有助于理解国家面临的不同健康难题。

人口金字塔

人口金字塔（population pyramid）是一个条形图，显示一个地方不同年龄和性别的人口比例。条形图以 5 年为一个年龄段，显示了不同年龄段人数在总人口中的比例，最年轻的年龄段（0~4 岁）位于底部，最年长年龄段位于最高处。条形的长度表示年龄组中所含人数占总人口的比例。按照惯例，男性显示在金字塔的左侧，女性显示在右侧（图 2-8）。处于人口过渡第二阶段的国

家（如冈比亚），其金字塔的底部比第四阶段国家（如丹麦）宽，这说明其年轻人口的比例较高。另外，丹麦的金字塔比冈比亚的更偏向右边，这说明丹麦的妇女比例高于冈比亚。

关心年轻人和老年人

人口抚养比（dependency ratio）指年龄太小或太大而无法工作的人口数量与劳动人口数量之比。15 岁以下和 65 岁以上的人通常被划分为受抚养人。抚养比越大，那些对受抚养人口进行供养的劳动人口的经济负担就越大。欧洲的抚养比为 47%，撒哈拉以南的非洲为 85%。

撒哈拉以南非洲的抚养比较高，是因为年轻人的比例很高。在撒哈拉以南的非洲，幼年受抚养人多于老年受抚养人，比例高达 14 : 1，而在欧洲，15 岁以下和 65 岁以上的人口数量大致相同。撒哈拉以南非洲的儿童比例很高，该地区的贫穷国家难以提供所需的服务，如学校、医院和日托中心。儿童到了离开学校的年龄就必须要找到工作，但是政府又必须继续分配稀缺的资源，去满足仍然在增加的受抚养年轻人的需求。另一方面，人口老龄化也给发达国家带来负担，国家要尽力满足人们退休后在收入和医疗保健方面

▼ 图 2-8　4 个国家的人口金字塔 （a）美国；（b）冈比亚；（c）墨西哥；（d）丹麦。

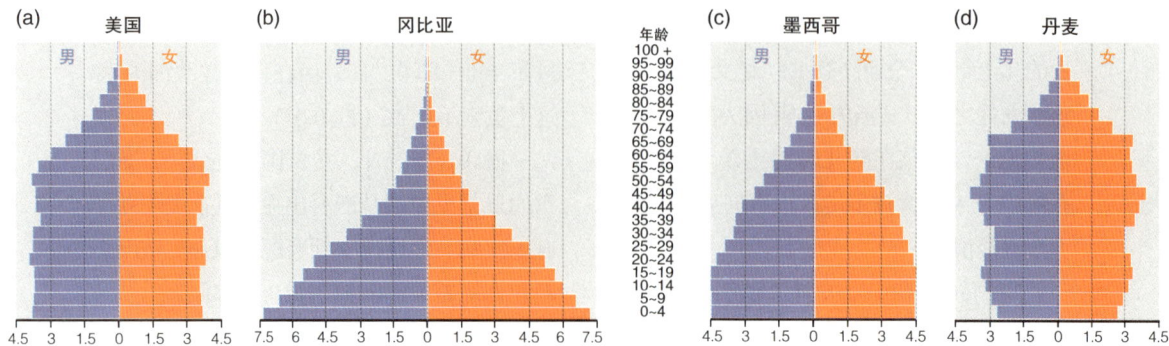

的需求。

婴儿死亡率（infant mortality rate，IMR）是指 1 岁以下婴儿每年的死亡数与活产总数之比。与粗出生率和粗死亡率一样，婴儿死亡率通常用每千名新生婴儿中的死亡数来表示，而非用百分比（每百人）表示。总的来说，婴儿死亡率可以反映一个国家医疗体系的情况。

婴儿死亡率的全球分布遵循的是现在已经为人所熟悉的模式。在拥有训练有素的医生和护士、现代化医院和大量医药供应的国家中，婴儿死亡率较低。第四阶段欧洲国家的婴儿死亡率为 4‰，撒哈拉以南的非洲为 64‰。换句话说，在撒哈拉以南的非洲，婴儿在 1 岁内死亡的概率是每 15 个中有 1 个，而在欧洲则是每 250 个中有 1 个。

发展中国家的儿童，即使活过了婴儿期，也仍然处于风险之中。例如，发展中国家 17% 的儿童没有接种麻疹疫苗，而这个数据在发达国家仅为 7%。南亚和撒哈拉以南的非洲超过 1/4 的儿童未接种麻疹疫苗。

国家经历人口过渡，就会拥有越来越多的老年人，而这些老年人在退休后必须获得足够的收入和医疗服务。人口老龄化给发达国家带来负担，国家要尽力满足老年人的需求。**老年抚养比**（elderly support ratio）是指劳动适龄人口（15~64 岁）的数量除以 65 岁及以上的人口数量（图 2-9）。

思考题 2.3.2

老年抚养比的下降，意味着老年人的比例正在增加，还是减少？

世界老年抚养比目前约为 9，也就是每个老年人由 9 个劳动适龄人口抚养。到 2050 年，这个比例预计会下降到 4 左右，这意味着只有 4 个劳动适龄人口来抚养 1 个退休的老年人。因此，随着老年抚养比变小，可以为养老金、医疗保险和其他老年人抚养事业做贡献的劳动人口就越少。

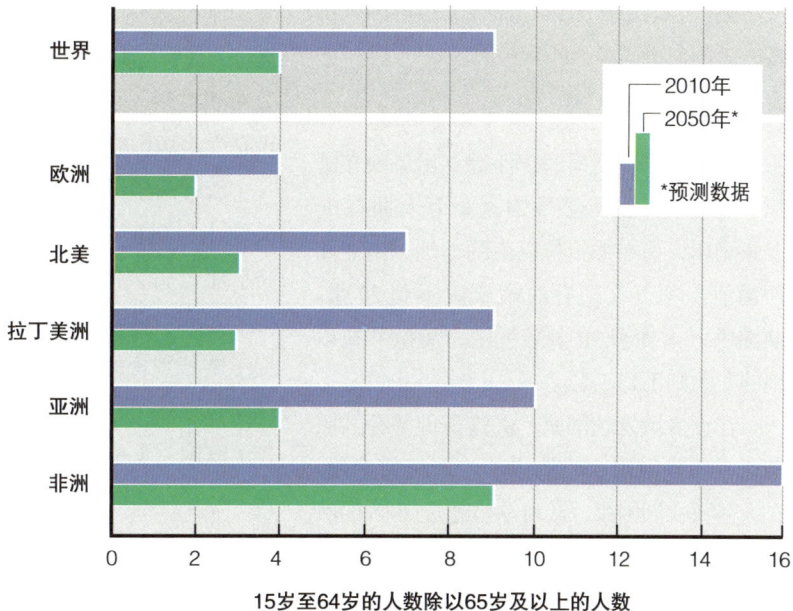

▶ 图 2-9 **老年抚养比** 老年抚养比越小，就意味着抚养老年人的劳动人口越少。

15岁至64岁的人数除以65岁及以上的人数

医疗服务

理解发达国家与发展中国家之间在医疗保健服务方面的差异。

世界各地人们的健康状况各不相同。各个国家拥有的医疗资源也不同。

医疗保健

发达国家利用部分财富保护因各种原因而无法工作的人。在这些国家中，政府会提供部分公共援助，帮助病人、老人、穷人、残疾人、孤儿、退伍军人、寡妇、失业人员或单亲父母。在欧洲，人均医疗保健年支出超过 1,000 美元，美国则超过 5,000 美元，而在撒哈拉以南的非洲和南亚却不足 100 美元。

在欧洲和北美，医疗保健支出超过政府总支出的 15%，在撒哈拉以南的非洲和南亚则不足 5%。欧洲西北部的国家，包括丹麦、挪威和瑞典，通常会提供最高水平的公共援助经费。因此，发达国家不仅人均医疗保健支出更多，而且国家医疗保健支出占国家财富的比例也更高。

医疗设施

发达国家的高昂医疗保健支出反映在医疗设施上。欧洲大多数国家每万人拥有 50 多张病床，而在撒哈拉以南的非洲、南亚和西南亚，每万人拥有的病床数不到 20 张。欧洲每万人拥有 30 多名医生，而撒哈拉以南的非洲则不到 5 名。

在大多数发达国家，医疗保健是公共服务，在使用时很少收取或不收取任何费用。在大多数欧洲国家，政府承担超过 70% 的医疗保健费用，私人支付的费用不到 30%。在发展中国家，超过一半的医疗保健费用必须由个人承担。美国是个例外，它是发达国家，但是平均 55% 的医疗保健费用要由个人承担，更像是发展中国家。

为什么欧洲发达国家的病床和医生数量水平高于北美？

发达国家要维持目前的公共援助水平很艰难。过去，经济的快速增长让这些国家能够毫不费力地为慷慨的公共项目提供资金。但是，近年来经济增长放缓，需要公共援助的人口比例有所上升。政府处于两难境地，要么减少福利，要么增加税收来维持福利。在一些最贫穷的国家，健康和可持续性所面临的威胁与其说来自经济方面，倒不如说来自环境。

流行病学过渡

总结流行病学过渡的四个阶段。

流行病学（epidemiology）是医学的分支，关注特定时间人群中流行疾病的发病率、分布和控制，且这些疾病的特定起因并不出现在受疾病影响的地方。

流行病学过渡（epidemiologic transition）关注人口过渡各个阶段存在的独特健康威胁。流行病学者十分依赖范围和关联之类的地理概念，因为要控制和预防流行病，就要了解其独特的分布情况和扩散方法。流行病学过渡这个概念最初由流行病学者阿布德尔·欧姆兰（Abdel Omran）在 1971 年提出。

第一阶段：大流行与饥荒

在流行病学过渡的第一阶段，传染病和寄生虫病是人类死亡的主要原因，其他死因还有意外事故和受动物及他人袭击。托马斯·马尔萨斯称这些死亡原因是人口过渡第一阶段中人口增长受到的"自然控制"。

历史上最剧烈的第一阶段流行病是黑死病（腺鼠疫），它或许是通过受感染迁徙大鼠身上的跳蚤传染给人类的。约有 2,500 万欧洲人——至少是欧洲大陆人口的一半——在 1347 年和 1350 年之间死亡。

第二阶段：流行减退

大流行病（pandemic）是在较大地理区域上发生，并且影响大部分人口的疾病。流行病学过渡的第二阶段是大流行病消退的阶段，因为工业革命期间的卫生设施、营养条件和医学技术改善，减少了传染病的传播。

在工业革命的初期，死亡率并没有立即和全面地下降。拥挤着生活在发展迅速的工业城市中的穷人，他们的死亡率特别高。在农村地区罕见的霍乱，在工业革命时期成为城市地区中特别致命的流行病。到了 19 世纪末，欧洲和北美建设供水和排水系统，消灭了霍乱。

在处于人口过渡第二阶段的几个发展中地区，尤其是撒哈拉以南的非洲、南亚和东南亚，由于许多人缺乏干净的饮用水，所以霍乱仍然存在。分属海地和多米尼加共和国的伊斯帕尼奥拉岛（Hispaniola）也出现了霍乱，尤其是在 2010 年那场杀死了 20 万人、导致 100 万人流离失所的大地震过后。

在计算机被发明出来的 100 年前，一种可以算作早期地理信息系统的地图绘制技术，帮助学者解释和对抗 19 世纪伦敦的第二阶段霍乱流行病。为了解霍乱，并非地理学者的英国医生约翰·斯诺博士（Dr.John Snow，1813—1858 年）在 1854 年创建了一个手工地理信息系统。斯诺在伦敦苏活区（Soho）的地图上叠加了另外两张地图，一张显示霍乱病人的地址，另一张显示水泵的位置——这些水泵是苏活区贫困居民饮用、清洁和烹饪的主要水源（图 2-10）。

叠加地图显示，霍乱病人在苏活区并没有均匀分布。相反，他们都聚集在布罗德街的一台水泵周围。在布罗德街那台水泵上进

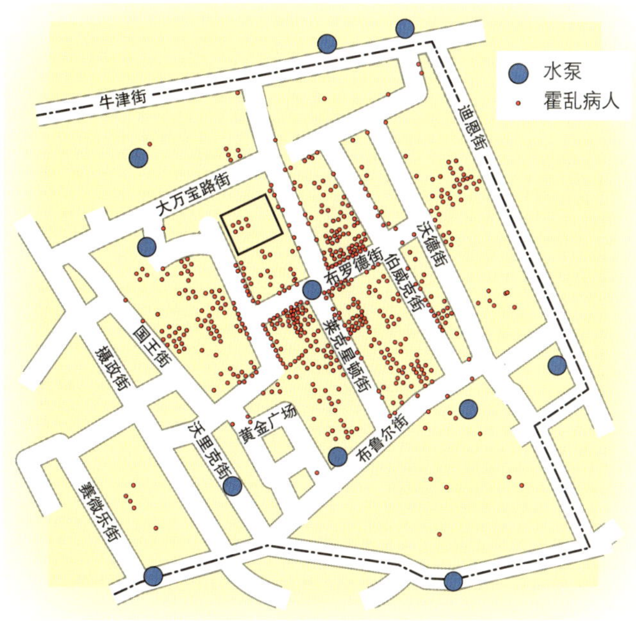

► 图 2-10 **约翰·斯诺爵士的霍乱地图** 斯诺制作的霍乱病人和水泵分布图证明，感染的原因是布罗德街和莱克星顿街拐角处附近的水泵受到污染。

行的测试证明了那里的水受到污染。进一步调查显示，受污染的污水正在从水泵附近渗入供水系统。

在斯诺博士的地理学分析之前，许多人相信流行病患者是因为罪恶行为而受到惩罚，相信大多数患者都是穷人，因为贫穷被认为是罪恶。现在我们知道之所以霍乱会影响穷人，是因为他们被迫使用受污染水资源的可能性更高。

第三阶段：退行性疾病

流行病学过渡第三阶段的特征是，传染病导致的死亡人数减少，与衰老相关的慢性疾病增加。第三阶段中两种特别重要的慢性疾病是心脏病之类的心血管疾病和各种形式的癌症。癌症在全球的分布模式与第二阶段的疾病相反；撒哈拉以南的非洲和南亚地区的癌症发病率最低，主要原因是这些地区的预期寿命相对较低。

第四阶段：延迟退行性疾病

阿布德尔·欧姆兰的流行病学过渡理论被杰伊·奥尔安斯基（Jay Olshansky）和布兰恩·奥尔特（Brian Ault）扩展出第四阶段，即延迟退行性疾病的阶段。主要的致死退行性疾病——心血管疾病和癌症——仍然存在，但是老年人的预期寿命可以借由医学进步而延长。通过医学手段，癌症可以扩散得更慢或完全被移除。心脏搭桥之类的手术能够修复心血管系统的缺陷。保持合理饮食、减少烟酒消费，以及进行锻炼等行为，也都能改善健康状况。另一方面，垃圾食品的消费和久坐行为使得第四阶段国家的肥胖症有所增加。

思考题 2.3.4

第四阶段的死因在你家中有多常见？

复习 关键议题 3
为什么有的地方面临健康挑战？

- ✔ 几乎所有国家的出生率都因为各种计划生育方法而下降。
- ✔ 一个国家年轻人和老年人的比例会影响国家提供医疗保健服务。
- ✔ 发达国家和发展中国家提供的医疗保健服务差异很大。
- ✔ 流行病学过渡分为四个阶段，每个阶段都有独特的疾病。

为什么人口
在未来可能增加?

- ▶ 人口与资源
- ▶ 未来的人口
- ▶ 未来的流行病学
- ▶ 未来的家庭

地理学概念帮助我们理解未来的人口和健康趋势。从目前的地球人口数量和人口自然增长率来看,世界人口很快就会过剩吗?或者会在未来减少?

人口与资源

学习成果 2.4.1
马尔萨斯认为人口与资源相互关联,总结支持和反对这种理论的论点。

英格兰经济学家托马斯·马尔萨斯(Thomas Malthus,1766—1834 年)是率先提出世界人口增长远快于食物供应增长的人之一。在 1798 年发表的《人口原理》(*An Essay on the Principle of Population*)中,马尔萨斯宣称,因为人口呈几何级数增长,而食物供应只呈算术直线性增长,所以前者的增长速度要比后者快很多(图 2-11)。按照马尔萨斯的理论,这样的增长速度未来会在人口和食物之间产生出如下关系:

现在:	1 人,1 单位食物
25 年后:	2 人,2 单位食物
50 年后:	4 人,3 单位食物
75 年后:	8 人,4 单位食物
100 年后:	16 人,5 单位食物

在马尔萨斯得出这些结论时,英格兰因为工业革命成为首个人口过渡第二阶段国家已经有数十年。他断定,人口增长在所有国家都会挤压可利用的资源,除非"道德约束"让粗出生率降低,或者除非疾病、饥荒、战争或其他灾难让粗死亡率增高。

思考题 2.4.1
按照马尔萨斯的预测,计算 200 年后人数和单位食物之间的关系。

当代新马尔萨斯论者和批评者
马尔萨斯的观点在今天仍然有影响力。当代地理学者和其他分析家正再次审视马尔萨斯的理论,因为 20 世纪地球上人口自

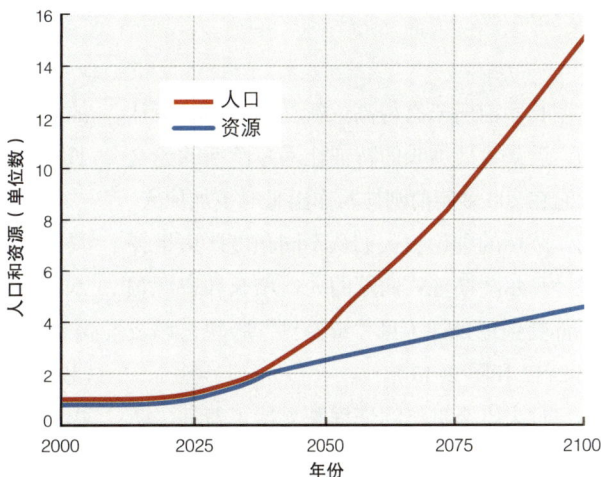

▶ 图 2-11 **马尔萨斯的理论** 马尔萨斯认为人口增长比食物供应增长快。假设在 2000 年,某地的人口是 1 个单位(例如 10 亿人),资源总量为 1 个单位(例如 10 亿吨粮食),那么根据马尔萨斯的理论,该地在 2100 年将拥有大约 150 亿人口,但只有 50 亿吨粮食。

辩论！ 地球资源能支撑人口增长吗？

有些地理学者认为马尔萨斯的理论正确，人口增长正在耗竭重要的资源。有些地理学者则不接受这样的观点。

马尔萨斯论者认为不能

■ **第二阶段和发展。** 在马尔萨斯的时代，只有少数相对富裕的国家进入了人口过渡的第二阶段，特征是人口数量快速增长。马尔萨斯未能预测到，相对贫穷的国家因为从发达国家获得医学技术（而非财富），人口增长将会最为迅速。结果，人口增长和资源之间的差距，在有些国家要比马尔萨斯的预测大。

■ **资源枯竭。** 世界人口增长的速度正快于许多资源生产的速度，而不仅是食物生产的速度。新马尔萨斯论者描绘出一幅令人害怕的世界画面，其中数十亿人忙于拼命地搜寻食物、水和能源。

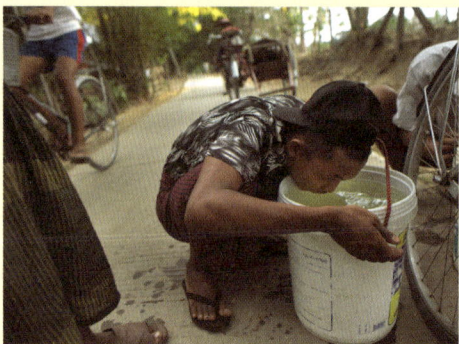

▲ 图2-12 **人口增长快于资源生产** 从湖里打水饮用的缅甸人。

新马尔萨斯论批评者认为能

■ **资源在不断增加。** 世界的整体资源供应其实在增加，而非像新马尔萨斯论者相信的那样是固定的。尽管有些资源的供应在减少，但是有其他可利用的资源替代它们。

■ **经济增长。** 人口增长刺激经济增长，进而会增加食物产量。消费者越多，商品需求就越大，进而会带来更多就业岗位。人口越多，意味着思考的人越多，越能想出改善生活的好主意。

■ **不平等。** 贫穷和饥饿源自社会不公和经济不平等，而非人口增长。世界拥有足够的资源，只要能平等地共享这些资源，饥饿和贫穷就能被消除。

▲ 图2-13 **不断增加的资源** 毛里求斯马埃堡的市场。

然增长率前所未有得高。新马尔萨斯论者认为，近来人口增长的特征让马尔萨斯的论文比它在200多年前刚被写作出来时更加惊人。马尔萨斯的理论被人们从不同角度严厉批评过。马尔萨斯等式两端的人口增长和资源损耗都受到过批评（见"辩论！"版块，以及图2-12和图2-13）。

过去半个世纪的证据既支持了新马尔萨斯论者，也支持了他们的批评者。马尔萨斯

的论述在资源方面还算准确，但是在人口增长方面则太过于悲观。

过去半个世纪里，食物总产量的增速比马尔萨斯的预测稍微更快。例如，在印度，水稻产量与马尔萨斯的预测相当接近，但是小麦产量的增长速度是马尔萨斯预期的两倍（图2-14）。种植技术的改良、种子产出量的提高，以及更多土地的开垦，共同促使食物供应增长（见第9章）。然而，新马尔萨斯论

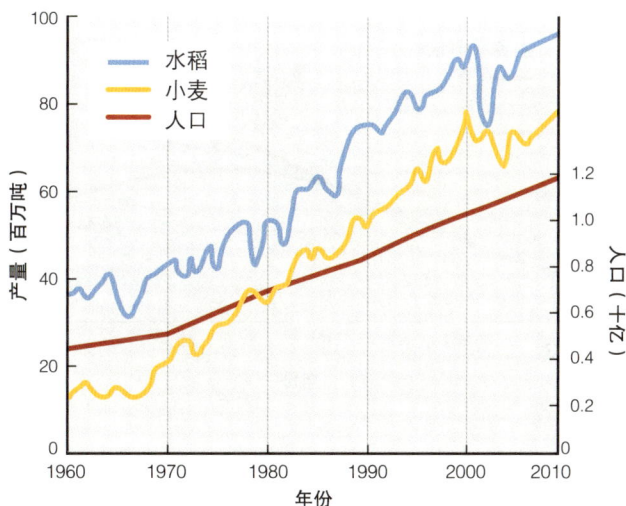

▶ 图 2-14 **马尔萨斯的理论应用于印度** 小麦和水稻的产量增长快于人口增长，这与图 2-11 中马尔萨斯的理论相反。

者指出，印度小麦和水稻的产量自 2000 年过后都在放缓（图 2-14）。在食物生产上如果没有新的突破，印度可能无法保持食物供应领先于人口增长。

关于等式上的人口这一面，最近的证据表明马尔萨斯的预测没有那么准确。他的模型预测人口会在半个世纪里翻两番，但即使是印度这个人口增长相对较快的国家，人口增长的速度也慢于马尔萨斯的预测，还慢于印度的食物供应增长。

另一方面，人口过剩的趋势在非洲或许已经不可逆。在非洲的部分地区，人口迅速增长已经导致土地无法养活居民。土地质量降低，人们需要更努力才能产出相同数量的粮食。这会延长女性每天的劳动时长，因为种植作物来养活家庭的任务主要由女性承担。进而，女性会再生育孩子，将生育视作一种确保在种植作物时能得到额外帮助的途径。

在关键议题 1 中，撒哈拉以南的非洲并未被归类为世界上的人口集聚区。地理学者谨慎地认为，一个地区的人口规模、密度或集聚度，并不能用以说明人口过剩。相反，人口过剩呈现的是人口数量和地区资源水平之间的关系。土地维持居民生存的能力，部分源于自然环境的特征，部分源于人类通过农业、工业和原料开采改造环境的行为。

未来的人口

学习成果 2.4.2

理解世界人口大国的未来人口状况，以及人口过渡中可能存在的第五阶段的要素。

未来世界人口会有多少？未来的人口数量主要取决于生育率。未来的女性会在一生中生育多少孩子？尽管这个问题很重要，但是我们不知道答案。

联合国估计，2100 年的世界人口可能会增加到 158 亿，也可能下降到 62 亿。按照联合国的高变量，世界人口到 2100 年将翻一番以上。按照联合国的低变量，世界人口实际上会下降（图 2-15）。

人口过渡可能存在的第五阶段：人口减少

- 粗出生率非常低
- 粗死亡率增加
- 人口自然增长率降低

人口统计学者预测，一些发达国家的人

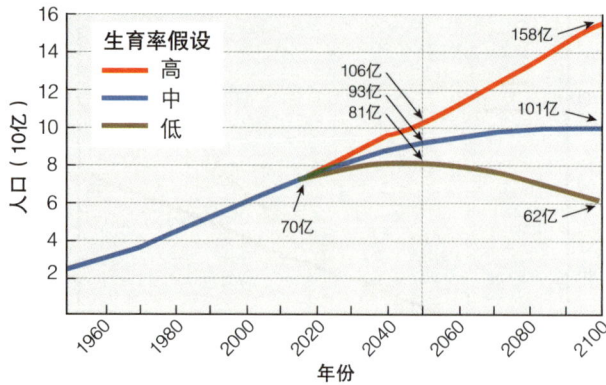

◀ 图 2-15 **联合国对未来人口的估计** 高位预测假设目前的总和生育率在未来还会继续，中位预测假设总和生育率会稍微下降，而低位预测假设总和生育率会大幅下降。

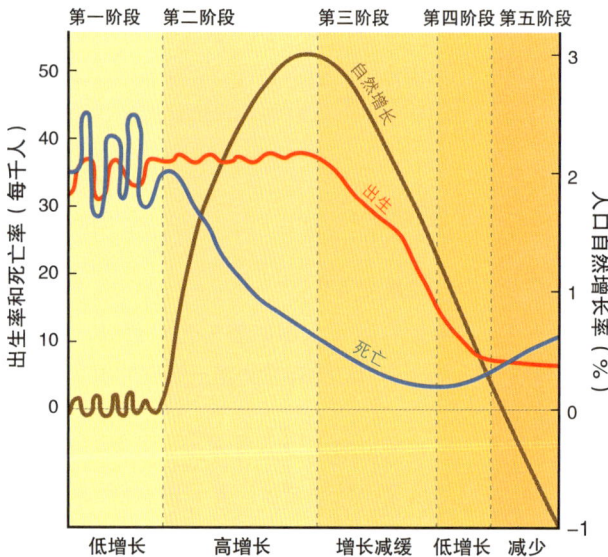

◀ 图 2-16 **人口过渡的五个阶段** 第五阶段的特征将会是，由粗死亡率大于粗出生率带来的负自然增长率。

口过渡可能有第五阶段。第五阶段的特征是粗出生率非常低，粗死亡率增加，以及因此造成的负自然增长率（图 2-16）。在保持非常低的出生率数十年后，第五阶段国家拥有的育龄女性将相对较少。而且，在数量本来就已经减少的女性中，如果每个女性都选择少生育孩子，那么出生率会下降得甚至比第四阶段更厉害。

有些欧洲国家，特别是俄罗斯和其他前共产主义国家，人口自然增长率已经为负。俄罗斯的高粗死亡率和低粗出生率，是半个世纪的历史遗留问题。

中国和印度

中国和印度这两个世界上人口最多的国家，会严重影响未来全球人口过剩的可能性。这两个占世界人口 1/3 以上的国家，推行了不同的计划生育政策。由于政策效果不佳，印度每年新增 1,200 万人，增长比中国多。目前的预测显示，印度可能在 2030 年左右超过中国，成为世界上人口最多的国家。

中国的人口政策。 中国在降低自然增长率方面取得了实质性的进展。中国政府计划生育方案的核心是 1980 年通过的独生子女政策。

可持续性与我们的环境　日本的人口缩减

　　如果人口过渡包括第五阶段，日本将是率先进入这个阶段的国家之一。日本人口在 2010 年达到 1.27 亿，创历史新高，现在已经开始减少。联合国预测日本的人口将在 2100 年降至 8,400 万。随着人口的缩减，老年人的比例将会上升（图 2-17）。

　　对于地球而言，未来的人口自然增长率更低，这减小了增加资源来供养更多人口的压力。对于日本这个国家来说，第五阶段会带来经济方面的挑战，也就是要在老龄人口增多和劳动适龄人口减少的情况下维持高标准的生活。

　　日本面临着难以解决的工人短缺问题。日本解决劳动力短缺的方法，不是增加移民，而主要是鼓励更多的日本人去工作。日本女性不能同时工作和抚育孩子，面对着艰难的选择，要么结婚养孩子，要么单身继续工作。根据日本的最新人口普查数据，大多数女性都选择了工作。

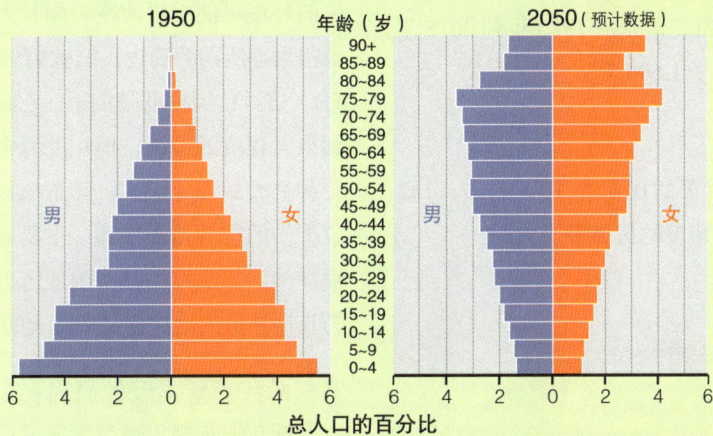

▲ 图 2-17　日本人口金字塔的变化　　日本的人口金字塔在 1950 年底部较宽，现在已经变成了矩形。未来，日本人口金字塔的底部预计将缩小，顶部将扩大。

　　根据独生子女政策，一对夫妇只生一个孩子。只生一个孩子的夫妇会得到财政补贴、长期产假、更好的住房，以及（如果在农村地区）更多的土地。为进一步劝阻生育，政府向人们免费提供避孕药具、堕胎手术和绝育手术。专门有政府机构执行计划生育的规定。

　　在很大程度上由于独生子女政策，中国的粗出生率从 1980 年的 18 下降至 2015 年的 12，人口自然增长率也因此从 1.2 下降到 0.5。自 2000 年以来，中国的粗出生率实际上低于美国。过去 25 年间，中国每年增加的人口数量已经减半，从 1,400 万降到了 700 万。

　　由于联合国预测中国人口到 2100 年将会减少，所以中国政府在 2015 年放弃了独生子女政策。但是，中国的粗出生率不大可能增长太多，因为在经过 30 年的强化教育和强制措施之后，大多数中国人已经接受了计划生育的好处。

　　印度的人口政策。印度最早推行全国性的计划生育政策，是在 1952 年。印度政府建立诊所，提供有关多种节育方法的信息，分发免费或低成本的避孕设备，还将堕胎合法化。

　　最具争议的是，在 20 世纪 70 年代，印度搭建营地进行绝育手术。由于人们担心会被强制绝育，所以越来越反对这种绝育项目，而且这也增加了人们对其他计划生育措施的不信任。

在过去的几十年中，印度政府资助的计划生育项目更加强调教育，包括在国家广播电视网络上投放广告，通过当地卫生中心传播相关信息。尽管如此，控制生育的主要形式仍然是对妇女进行绝育，尽管在许多情况下那些妇女都已经生育了几个孩子。计划生育措施让印度的粗出生率从 1980 年的 34 降至 2015 年的 21，但是从 1980 年到 2015 年，印度人口增加了 1,600 万。

思考题 2.4.2

印度男婴与女婴的比例为 10：9。人口政策如何导致了印度的男婴多于女婴？

未来的流行病学

学习成果 2.4.3

理解为什么流行病学过渡可能存在第五阶段。

在人口过渡可能存在的第五阶段中，粗死亡率增长是因为老年人口增多。有些医学分析人士认为，世界也正在进入流行病学过渡的第五阶段，这个阶段是由传染病和寄生虫病的重新出现带来的。被认为已经根除或控制的传染病再次出现，并且还有新的传染病产生。在有的流行病学者看来，近期的趋势只是传染病控制这个长期过程中的暂时挫折。有三个原因可以解释为什么流行病学过渡的第五阶段可能出现：进化、贫穷，以及关联增强。

第五阶段可能出现的原因：进化

引发感染性疾病的微生物在不断进化，应对环境压力，发展出对药物和杀虫剂的抗性。抗生素和基因工程使得新的病毒和细菌有可能出现。20 世纪中叶，人们在携带寄生虫的蚊子大量滋生的地区喷洒 DDT，几乎根除了疟疾。然而，2014 年全世界疟疾造成的死亡人数估计为 118,648 人，其中刚果民主共和国的疟疾致死人数为 30,918 人。一个主要原因是蚊子进化出了对 DDT 的抗药性。

第五阶段可能出现的原因：贫穷

传染病在贫困地区更加常见，因为不卫生的环境可能难以改变，而且大多数人无法负担治疗所需的药物。结核病（Tuberculosis，TB）这种传染病就是例子，它在发达国家受到很大程度的控制，但在发展中国家仍然是一种重大的致死疾病。肺结核这种对肺部造成损伤的空气传播疾病，主要通过咳嗽和打喷嚏传播。结核病在贫困地区更为常见，因为长期昂贵的治疗会造成巨大的经济负担。

第五阶段可能出现的原因：关联

近几十年来，流行病通过迁移扩散（见第 1 章）进行传播。人们在旅行时会携带疾病，同时也会接触到他人的疾病。

艾滋病。 近年来最致命的流行病是艾滋病（获得性免疫缺陷综合征）。从艾滋病流行开始，直到 2014 年，全世界有 3,900 万人死于艾滋病，有 3,700 万人感染了艾滋病病毒。艾滋病的影响在撒哈拉以南的非洲最为严重，全球 3,700 万艾滋病病毒阳性人群中，有 2,600 万人生活在该地区。

艾滋病通过迁移扩散从撒哈拉以南的非洲传播，传播者既有非洲人，也有去非洲后回国的旅客。艾滋病在 20 世纪 80 年代初期通过纽约州、加利福尼亚州和佛罗里达州进入美国。美国的三个大型国际机场位于这三个州，这并非巧合。尽管艾滋病在 20 世纪

80 年代扩散到了美国各个州，但是这三个州以及得克萨斯州（一个主要的机动车入境口岸），在 1993 年全美艾滋病高峰期占了新增病例的一半。

由于齐夫多定（AZT）等预防方法和药物的迅速扩散，新发艾滋病的数量急剧下降。这些创新产品的迅速扩散是扩展扩散，而不是迁移扩散。

埃博拉病毒。在过去的几十年中，有几十种"新"流行病出现，并且通过迁移扩散得到了传播。其中就有埃博拉。这种疾病以刚果民主共和国的埃博拉河命名，首例埃博拉病患者就是 1976 年在刚果发现的。这位患者叫马巴洛·洛克拉（Mabalo Lokela），是扬布库村（Yambuku）一所学校的校长，他去离村子 150 千米远的埃博拉河游玩，回来后便生了病。他最初被诊断为得了疟疾，并接受了针对疟疾的治疗。

西非的首例埃博拉患者是几内亚梅里安多村（Meliandou）的一名两岁男孩，于 2013 年 12 月离世。埃博拉被认为是由食果蝙蝠从刚果带到几内亚的。2014 年初，埃博拉病毒迅速蔓延至几内亚及邻近国家塞拉利昂和利比里亚的偏远村庄，这些村庄离梅里安多村都很近，靠步行就可以到达。这些都是世界上最贫穷国家中的最贫穷地方，缺少必要的医疗保健服务，无法阻止埃博拉病毒传播，也难以拯救被病毒感染的人。

医护人员在不知道自己被感染的情况下，将埃博拉病毒从西非带到了其他地方。但是，这些地方拥有能够治疗病人的医疗保健系统。

思考题 **2.4.3**
美国哪个地区的艾滋病病例最少？有什么地理学因素可以解释这种病例少的情况？

未来的家庭

学习成果 2.4.4
了解出生率下降的原因。

在 1990 年至 2015 年间，粗出生率迅速下降，全球的粗出生率从 27 降低到 20，发展中国家从 31 降低到 22。有两种策略成功让出生率降低。

通过教育和医疗降低粗出生率

强调改善当地经济状况的重要性是降低出生率的一种方法。富裕的社会可以投入更多财力，推进能够降低出生率的教育和医疗项目。根据这种方法：

■ 更多的女性能够上学，能够求学更长时间，进而更有可能学习就业技能，更有经济能力掌控她们自己的生活。

■ 随着教育水平的提高，女性会更理解自己的生育权利，做出更明智的生育选择，选择更有效的避孕方法（图 2–18）。

■ 随着医疗保健项目的改善，如产前保健、性传播疾病咨询和儿童免疫，婴儿死亡率会降低。

■ 随着更多婴儿能够存活，女性会更有可能高效地使用避孕药物，控制生育数量。

通过避孕方法降低粗出生率

另一种降低出生率的方法是强调现代避孕方法迅速扩散的重要性。长期来看，经济发展可能会降低出生率，但是世界等不及这种方法生效。在计划生育项目上投入资源，能够以快得多的速度降低出生率。在发展中国家，避孕药具供不应求。因此，增加避孕药具使用率的最有效办法，是以较便宜和方便的方式分发避孕药具。使用避孕药具是降低出生率的最佳途径。

▲ 图 2-18 **印度的计划生育** 印度加尔各答的计划生育中心。

孟加拉国就是例子，该国的人民财富和文化水平几乎没有改善，但是已婚妇女的避孕药具使用率从 1980 年的 6% 上升到了 2014 年的 62%。在其他发展中国家，包括哥伦比亚、摩洛哥和泰国，避孕药具的使用率也有类似

的增长。计划生育被接受程度的快速提高，说明观念在现代社会里可以迅速扩散，甚至能扩散到教育和现代通信资源有限的地方。在撒哈拉以南的非洲，使用避孕药具的妇女比例尤其低，因此分发避孕药具的方法在该地区可能会产生特别大的影响。撒哈拉以南的非洲已婚妇女避孕措施使用率约为 30%，而拉丁美洲为 73%，亚洲为 66%（图 2-19）。

思考题 2.4.4

为什么世界上大部分地区的出生率都有所下降，但是北美却没有？

复习 关键议题 4
为什么人口在未来可能增加？

✓ 新马尔萨斯论者认为人口增长快于资源增长，但批评者不认同这种观点。

✓ 人口过渡可能出现人口减少的第五阶段。

✓ 传染病的复发预示着流行病学过渡可能存在第五阶段。

✓ 通过使用两种策略，大多数国家的出生率都有所下降。

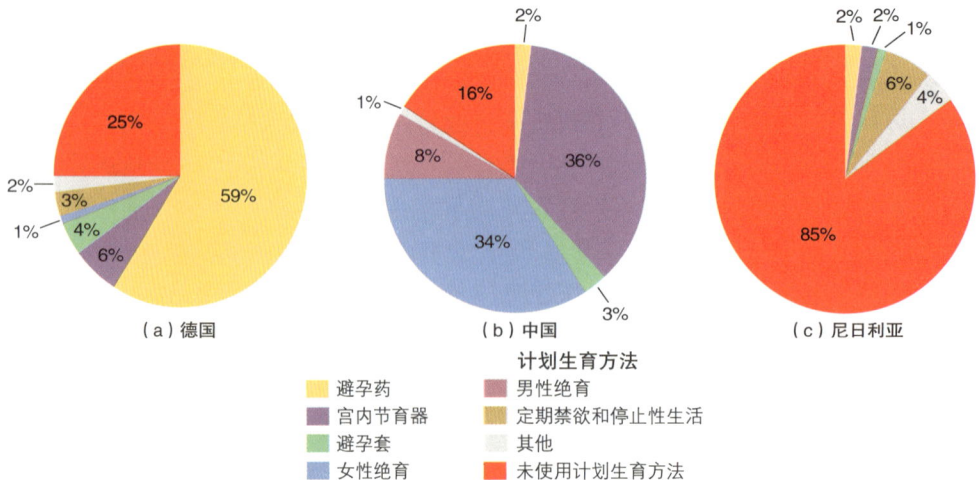

（a）德国

2%
25%
3%
2%
1%
4%
6%
59%

（b）中国

2%
16%
1%
8%
36%
34%
3%

计划生育方法

（c）尼日利亚

2% 2% 1%
6%
4%
85%

计划生育方法
- 避孕药
- 宫内节育器
- 避孕套
- 女性绝育
- 男性绝育
- 定期禁欲和停止性生活
- 其他
- 未使用计划生育方法

▲ 图 2-19 **计划生育方法** （a）德国等发达国家的主要计划生育方法是避孕套和避孕药；（b）中国的主要方法是宫内节育器（IUD）和女性绝育；（c）尼日利亚等撒哈拉以南非洲国家的人们极少进行计划生育。

总结与回顾

世界人口
分布在何处?

世界上 2/3 的人口聚集在四个地区。人类倾向于避开在他们看来太潮湿、太干燥、太寒冷和太崎岖的地区。几种密度计量方法被用来描述不同地区的人口数量,以及人类与自然资源的关系。

地理学思维

1. 目前,一个国家统计人口数量的方法是每 10 年要求每户家庭填写人口普查表,但这种方法受到了严厉批评,被认为不准确。数据缺漏会产生地理上的偏差,因为漏计的人们更有可能生活在内城区、偏远农村或移民数量相对较高的社区。从现有的可靠统计测试来看,是否应该用类似于政治民意测验和消费者喜好调查的细致抽样调查,来取代目前这种尝试统计完整人口数量的方法?为什么?

▲ 图 2-20 **人口普查** 一名英国妇女在 2011 年填写全国人口普查表。

为什么
世界人口在增长?

人口过渡有助于解释为什么不同地区的人口增长速度不同。世界上的人口自然增长几乎全部集中在非洲、亚洲和拉丁美洲的发展中国家。发达国家和发展中国家在人口自然增长上的差异,来自出生率而非死亡率上的差异。

地理学思维

2. 1946 年至 1964 年出生的婴儿潮一代占了美国人口的近 1/3。婴儿潮时期出生的人受到的教育比他们的父母多,而且这代人中的女性也比之前的女性更可能进入劳动力市场。与他们的父母相比,婴儿潮一代晚婚晚育,且生育的孩子更少。他们更有可能离婚,更有可能未婚生育,也更有可能同居。婴儿潮一代的年龄逐渐增长,这会对未来美国的人口有什么影响?

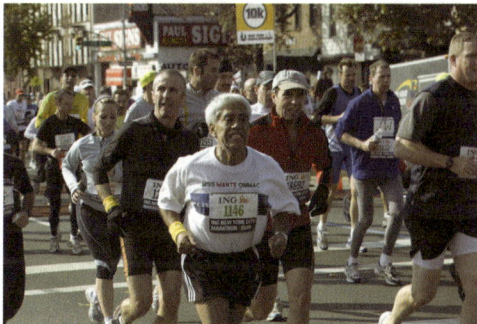

▲ 图 2-21 **婴儿潮一代的老龄化** 年长的跑者参加纽约市马拉松赛。

为什么有的地方面临健康挑战?

人口过渡的阶段不同,各国人口在性别和年龄上的分布模式就不相同,而且在卫生条件和医疗服务方面也会不同。世界各地的医疗保健情况差异很大,是因为发展中国家通常缺乏资源,无法提供与发达国家同等程度的医疗保健。

地理学思维

3. 美国的医疗保健指标并不总是能与其他发达国家的指标相匹配。这些差异的原因是什么?

▲ 图 2-22 **美国在医疗保健方面的挑战** 美国肥胖症的发病率正在上升。

为什么人口在未来可能增加?

马尔萨斯在 1798 年指出,人口增长将会比资源增长快。最近的经验表明,人口的增长并没有像马尔萨斯预测的那么快。有些地方主要通过改善教育和医疗保健降低出生率,有些地方则主要是通过扩散避孕措施。日本和一些欧洲国家或许正处于人口过渡中可能存在的第五阶段,特征是人口数量因为粗死亡率高于粗出生率而减少。

地理学思维

4. 鉴于全球出生率呈现出下降趋势,计划生育项目在发展中国家应该扮演怎样的角色?

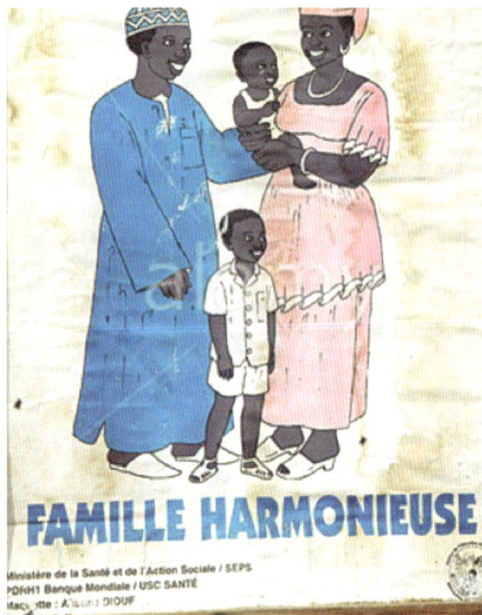

FAMILLE HARMONIEUSE

Ministère de la Santé et de l'Action Sociale / SEPS
PDRH1 Banque Mondiale / USC SANTÉ
...tte : A...on DIOUF

▲ 图 2-23 **推进计划生育** 塞内加尔政府发布海报,推行计划生育。

关键术语

农业密度（第 50 页），农民人数与耕地（适合进行农业生产的土地）总量的比例。

算术密度（第 50 页），人口总数除以土地总面积。

人口普查（第 46 页），对人口进行完整的计数。

粗出生率（第 54 页），社会中一年期内每千人中出生的活产婴儿数。

粗死亡率（第 54 页），社会中一年期内每千人中的死亡总数。

人口过渡（第 56 页），一个社会人口特征变化的过程，从高水平的粗出生和死亡率，以及低水平的自然增长率，变化至低水平的粗出生和死亡率、低水平的自然增长率，以及较高的人口总数。

人口统计学（第 55 页），针对人口特征的科学研究。

抚养比（第 60 页），15 岁以下和 65 岁以上的人口数量与劳动力人口数量之比。

倍增时间（第 52 页），假设在自然增长率不变的情况下，人口数量翻倍所需的年数。

定居区（第 49 页），地球表面有人永久居住的区域。

老年抚养比（第 61 页），劳动适龄人口（15 至 64 岁）的数量除以 65 岁及以上的人口数量。

流行病学过渡（第 64 页），人口过渡各阶段独特死亡原因的变化过程。

流行病学（第 64 页），医学的一个分支，关注特定时间人群中流行疾病的发病率、分布和控制，且这些疾病的特定起因并不出现在受疾病影响的地方。

工业革命（第 56 页），改变了商品制造流程的一系列工业技术改进。

婴儿死亡率（第 61 页），社会中一年期内 1 岁以下婴儿死亡数与活产婴儿数（每千名）之比。

预期寿命（第 52 页），在当前的社会、经济和医疗条件下，个人预计可以生活的平均年数。出生时的预期寿命是指新生婴儿预期可以生活的平均年数。

孕产妇死亡率（第 59 页），每年由怀孕或怀孕管理（不包括意外或偶然原因）直接或间接导致的每 10 万例活产中的孕产妇死亡人数。

医学革命（第 56 页），发明于欧洲和北美，并扩散到拉丁美洲、亚洲和非洲贫穷国家的医疗技术。得以改善的医疗实践在贫穷国家消除了许多传统的致死因素，使更多的人能够活得更长久，更健康。

自然增长率（第 52 页），一年中人口增长的比例，计算方法为粗出生率减粗死亡率。

人口过剩（第 46 页），人口总数超过环境维持人们体面生活水平的能力。

大流行病（第 64 页），在较大地理区域上发生，并且影响大部分人口的疾病。

生理密度（第 50 页），单位面积耕地上的人口数量。

人口金字塔（第 60 页），按照年龄和性别来展示人口分布情况的条形图。

性别比例（第 58 页），人口中每百名女性对应的男性数量。

总和生育率（第 55 页），妇女在整个育龄期中的平均生育数。

人口零增长（第 57 页），指总和生育率下降到自然增长率为零的情况。

因为战争被迫从叙利亚迁出的家庭，在匈牙利布达佩斯（Budapest）等着乘火车去德国。

第三章

人口迁移

迁移是指永久性地移动到新的地点。地理学者研究人口迁移，部分是因为在解释不同地方和地区的人口变化上，人口迁移正变得越来越重要。人口迁移很重要，还因为人们在迁移时会将文化价值观和经济实践带到新的家乡。与此同时，他们还会与新居住地的文化和经济模式产生关联。

关键议题

1

世界移民分布在何处？

查看世界移民的分布情况，我们可以看到有些地区的移民在增多，有些地区的移民在减少。两个多世纪以来，美国一直是最重要的移民目的地。

2

人们在国内迁移到什么地方？

在一个国家内，有些地方的移民在增多，有些地方的移民在减少。这个关键议题描述两个范围内的人口迁移：一个国家内两个地区之间的迁移，以及一个地区内不同地方之间的迁移。

3

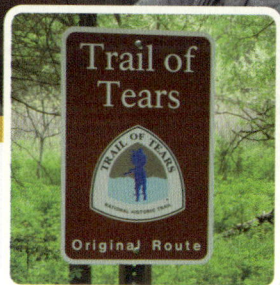

Trail of Tears
TRAIL OF TEARS
NATIONAL HISTORIC TRAIL
Original Route

人们为什么迁移?

　　地理学者尤其关注移民的特点，以及他们迁移的原因。人们迁移的原因，对作为移民源地和目的地的地方和地区都有深刻的影响。

4

为什么移民会面临挑战?

　　人口迁移导致的主要问题是什么? 在联系更为紧密的世界中，利用交通工具从一个地方到另一个地方要比过去更容易。然而，与过去相比，人们迁移的能力更受到法律障碍和迁入地人民敌意的限制。

世界移民
分布在何处?

▶ 介绍人口迁移
▶ 国际净迁移
▶ 国际和国内迁移
▶ 美国入境迁移的变化

学习成果 3.1.1

理解入境迁移、出境迁移和净迁移之间的差异。

迁移（migration）是指永久性地移动到新的地点。地理学者关注人们在地球上的迁移以及迁移的原因（图 3-1）。人口迁移是一种独特的迁移扩散；在第 1 章中，我们把迁移扩散定义为一种特征借由人在不同地方之间的移动进行传播。

介绍人口迁移

翻回去查看图 2-2（定居区）。人类已经在过去 7,000 年中遍布全球。因为人口迁移，人类定居点从地球的小部分陆地区域扩散到了大部分区域。为了实现在地球上的扩散，人类永久性地改变了居住地——他们睡觉、存放财物和接收法律文件的地方。

迁移是**人口流动**（mobility）的一种形式；人口流动是一个更普遍的术语，涵盖了人们从一个地方到另一个地方的所有类型的移动。人们以各种方式流动，例如每周工作日从家中出发去工作或教育场所，以及每周一次去商店、礼拜场所或娱乐场所。这些短期的、重复或有周期的规律性移动，例如以每天、每月或每年为规律的移动，被称为**循环**（circulation）。大学生以不同的形式流动，即季节性流动，每年秋天回到学校宿舍，第二年春天又从学校回到家中。

人口迁移始终涉及双向的关联。假设有甲和乙两个地点，那么就有人从甲迁移到乙，同时也有人从乙迁移到甲。**出境迁移**（emigration）就是从一个地方迁移出去；**入境迁移**（immigration）就是从其他地方迁移进来。

迁入移民和迁出移民的人数差异就是**净迁移**（net migration）。如果迁入移民多于迁出移民，则净迁移为正数，即该地区人口净迁入。如果迁出移民人数超过迁入移民人数，则净迁移为负数，即该地区人口净迁出。

思考题 3.1.1

欧洲和北美发达国家的移民情况是净迁入，还是净迁出？

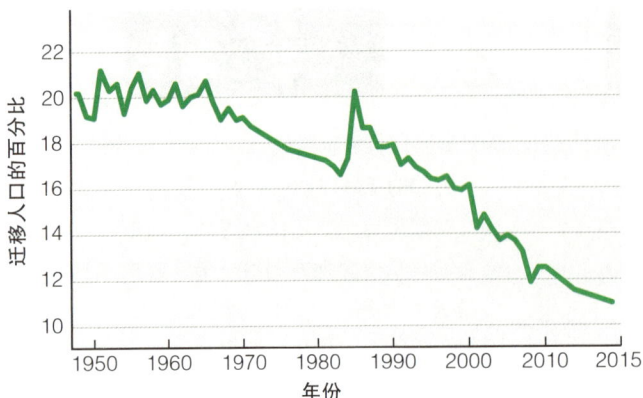

◀ 图 3-1 **美国的人口迁移** 近一年内约有 11% 的美国人进行迁移。相较于 20 世纪 80 年代的约 20%，现在的迁移比例已经有所下降。

地理学者十分关注人们迁移的原因，尽管人口迁移发生的频率，远比其他形式的人口流动低，但是它会让个人和整个文化产生深刻的变化。永久性地迁移到新地点，会破坏一个地区的传统文化关系和经济模式。与此同时，人们在迁移时，会将他们的语言、宗教、族群性等文化特征，以及他们的耕作方式和其他经济实践，带到新的居住地。

现代交通系统，尤其是机动车辆和飞机，使得人们的联系范围不断变化，进而也让迁移扩散比过去更有可能实现，而人们在过去只能依赖步行或缓慢的船只等工具移动。但是，因为有了现代通信系统，迁移扩散不再是将观念从一个地方传送到另一个地方的必要条件。文化和经济可以通过扩展扩散的形式在世界各地迅速扩散。

为什么从前的人们要冒险航行数千千米跨过大洋？为什么开拓者要穿越大平原、落基山脉或莫哈韦沙漠，去到美国西部？为什么今天还有数百万人在迁移？许多移民宁愿面对种种危险，这说明他们的新家园具有强烈的诱惑力，而旧家园的环境极其糟糕。大多数人之所以迁移，是为了追求三个目标：经济机会、文化自由和环境舒适。本章将研究人们迁移的原因。

国际净迁移

学习成果 3.1.2
认识国际人口迁移的主要流向。

地理学中没有全面的人口迁移理论，但是19 世纪的地理学者莱温斯坦（E.G. Ravenstein）撰写的人口迁移"定律"纲要，是当代地理学中人口迁移研究的基础。要理解人口迁移发生的地点和原因，可以将莱温斯坦的"定律"分为三类：

- 移民通常迁移的距离（见关键议题 1 和 2）。
- 移民迁移的原因（见关键议题 3 的第一部分）。
- 移民的特点（见关键议题 3 的第二部分）。

国际移民流
从一个国家到另一个国家的永久性迁移是国际迁移。根据皮尤研究中心（Pew Research Center）的数据，约有 2.14 亿人或 3% 的世界人口是国际移民，目前生活在他们出生国以外的国家。从区域上来看，三大移民流是：

- 从拉丁美洲迁移到北美。
- 从南亚迁移到欧洲（图 3-2）。
- 从南亚迁移到西南亚。

▼ 图 3-2　英国的入境迁移　在英国的伯明翰（Birmingham），一名来自拉丁美洲的移民从反对入境迁移的政治海报旁边走过。

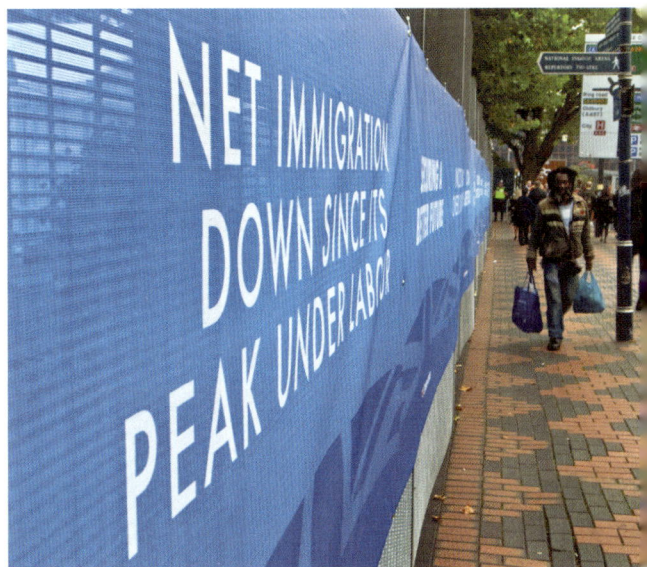

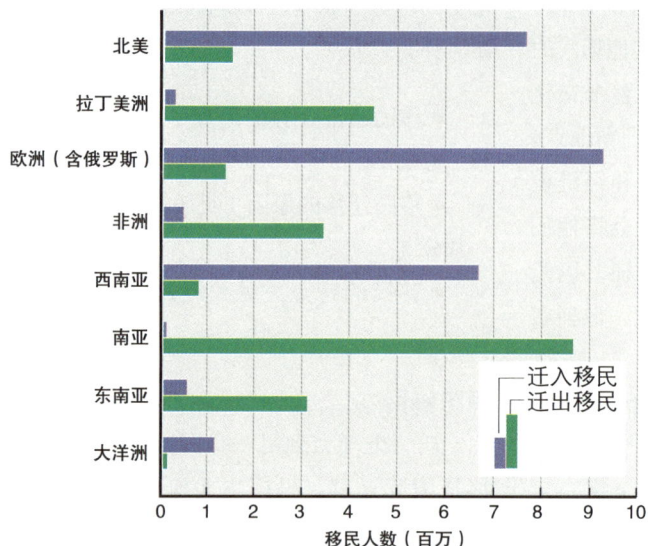

▲ 图 3–3　世界各区域的迁入和迁出移民数量　北美和西南亚的迁入移民远多于迁出移民。

图例：
迁入移民
迁出移民

纵轴（从上到下）：北美、拉丁美洲、欧洲（含俄罗斯）、非洲、西南亚、南亚、东南亚、大洋洲

横轴：移民人数（百万）　0　1　2　3　4　5　6　7　8　9　10

从墨西哥到美国的人口迁移，是迄今为止从一个国家流向另一个国家的最大移民流。

这种区域模式反映了发展中国家向发达国家人口迁移的重要性。北美、欧洲、西南亚和南太平洋地区都是移民净迁入（图3-3）。拉丁美洲、非洲，以及亚洲除西南亚以外的所有地区，都是移民净迁出。收入相对较低和人口自然增长率较高的国家的移民，去往就业前景更加光明的较富裕国家。

美国的外国出生人口比任何国家都多，截至 2015 年约为 4,200 万，而且每年增长约 100 万。俄罗斯位居第二，拥有 1,100 万迁入移民。澳大利亚和加拿大的人口数量远低于美国，但是净迁入率更高。全球迁入移民率最高的是西南亚的石油输出国，这些国家主要吸引来自亚洲较贫穷国家的移民来从事石油行业中许多肮脏和危险的工作。

人口迁移过渡

地理学者威尔伯·泽林斯基（Wilbur Zelinsky）提出人口迁移过渡（migration transition），这个过程包括社会中移民特征的变化，这些变化与人口过渡各阶段的变化相对应（表 3–1）。人口迁移过渡是社会和经济变迁（人口过渡也源于这些变迁）造成的一个社会中人口迁移模式的变化。根据人口迁移过渡，国际迁移主要是人口过渡第二阶段国家的现象，而国内迁移在第三和第四阶段中更为重要。

思考题 3.1.2

如果未来的人口过渡有第五阶段，那么这个阶段的人口迁移会有什么主要特征?

国际和国内迁移

学习成果 3.1.3

理解人口国内迁移和国际迁移之间的差异。

地理学者莱温斯坦研究出人类迁移的一套定律。根据莱温斯坦的理论：

■ 大多数移民的迁移距离很短，未迁出

表 3-1　比较人口过渡和人口迁移过渡

阶　段	人口过渡	人口迁移过渡
第一阶段	自然增长率低，粗出生率高，粗死亡率高	为寻找食物，日常或季节流动性高
第二阶段	自然增长率高，粗出生率高，粗死亡率迅速下降	国际出境迁移率高，农村到城市地区的地区间迁移率高
第三阶段	自然增长率下降，粗出生率迅速下降，粗死亡率下降	国际入境迁移率高，城市到郊区的地区间迁移率高
第四阶段	自然增长率低，粗出生率低，粗死亡率低	与第三阶段相同

国家。

■ 长途迁往其他国家的人，迁移目的地是主要的经济活动中心。

迁移距离

人口迁移可以是国际迁移，也可以是国内迁移。

国际迁移。从一个国家到另一个国家的永久性迁移是国际迁移（international migration）。例如，在墨西哥，国际迁移主要包括来自中美洲的入境迁移和前往美国的出境迁移（图3-4）。国际迁移可以再分为两类：

■ 自发迁移（voluntary migration）是指，移民通常因为经济因素，有时也出于环境因素而选择迁移。

▲ 图3-4　国际移民　因为没有足够的钱支付旅行费用，没有法律手续的移民通过墨西哥，从中美洲去美国。你觉得这些人为什么想要去美国？他们为什么要靠扒火车的货车厢旅行？如果他们尝试坐轿车或卡车穿越国界线，你觉得会发生什么？

▲ 图3-5 **国内迁移** 在中国农历新年这个重要的节日，大城市里的迁入移民会回去看望仍然生活在故乡的家人。

■ **被迫迁移**（forced migration）是指，移民因为文化或环境因素而被迫迁移。

被迫迁移和自发迁移之间的区别并不是绝对的。因经济原因而迁移的人，可能是由于内心的压力（如寻找食物或工作）才迁移的，但是并不是被他人的暴力行为强迫迁移的。

国内迁移。在同一个国家内的永久性迁移就是**国内迁移**（internal migration）。与第1章中介绍的距离衰减原则相符，一个地方的距离越远，人们就越不可能迁移去这个地方，因此，国内移民远多于国际移民。

国内迁移可以分为两种类型：

■ **地区间迁移**（interregional migration）是指在国家内从一个地区到另一个地区的永久性迁移。从历史上看，地区间迁移的主要类型是人们为了寻找工作而从农村迁移到城镇。

■ **地区内迁移**（intraregional migration）是指一个地区内的人口移动。地区内迁移的主要类型存在于城市地区，也就是人们从旧城区迁移到较新的郊区。

例如，在墨西哥，地区间迁移主要是从南部州到北部州，地区内迁移主要存在于以墨西哥城为核心的大都市区。

大多数人觉得国内迁移没有国际迁移那么令人痛苦，这是因为在国内迁移之后，他们面对的语言、食物、广播、文学、音乐和其他社会习俗都是熟悉的。国内迁移涉及的距离也远短于国际迁移。但是，在国土面积较大的国家，如美国、中国和俄罗斯，国内迁移也可能涉及长距离的移动（图3-5）。

你或你家人的上次搬家，是什么类型的人口迁移？是自发的国际迁移、被迫的国际迁移、国内的地区间迁移，还是国内的地区内迁移？

美国入境迁移的变化

描述美国入境迁移三大时期内迁入移民的不同来源。

美国在人口国际迁移研究上扮演着特殊的角色，因为美国拥有大量迁入移民的直系后裔。1820 年至 2015 年，约有 8,000 万人移民到美国；2015 年，生活在美国的移民有 4,200 万。

美国的入境迁移有三个主要的时期：

- 17 世纪和 18 世纪的殖民定居。
- 19 世纪末和 20 世纪初大量来自欧洲的移民。
- 20 世纪末和 21 世纪初来自亚洲和拉丁美洲的移民。

美国的入境迁移：独立时

1790 年，美国进行独立后的首次人口普查，人口总数为 390 万，其中包括 95 万在独立前就迁移到美国的移民。殖民地时期和美国独立后的移民主要来自两个地方：

- **欧洲**。根据 1790 年的人口普查，美国 62% 的移民来自欧洲；来自欧洲的移民中，又有 45% 至 50% 来自构成现代英国和爱尔兰共和国的土地。美洲殖民地由英国移民在大西洋沿岸建立，最开始是 1607 年建立在弗吉尼亚的詹姆斯敦殖民地，以及 1620 年建立于马萨诸塞州的普列茅斯殖民地。

- **撒哈拉以南的非洲**。大多数非洲裔美国人的祖先，都是当初被迫作为奴隶迁移到西半球的非洲人（见第 7 章）。在美国独立时，36 万美国居民——迁入移民的 38%——是当初被英国人从非洲运往美洲殖民地的奴隶。美国在 1808 年立法禁止将非洲人作为奴隶输入，但是在接下来的半个世纪里，又有 25 万非洲人被运到美国。

大多数非洲人被迫迁移到美国当奴隶，大多数欧洲人则是自发迁移。然而，欧洲的严峻经济环境和宗教迫害，模糊了被迫和自

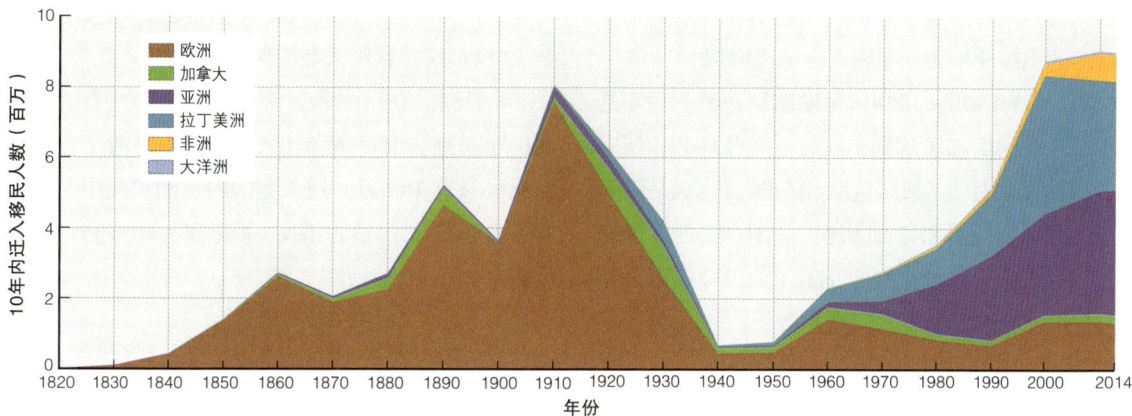

▲ 图 3-6 **两个世纪内美国入境迁移的情况** 19 世纪迁入美国的移民中，有 90% 是欧洲人。自 20 世纪 80 年代以来，拉丁美洲和亚洲一直是美国移民的主要来源。

发在许多欧洲移民身上的区别。

美国的入境迁移：19 世纪中期至 20 世纪早期

从 1820 年到 1920 年，约有 3,200 万人移民到美国，其中近 90% 来自欧洲（图 3-6）。对欧洲移民来说，美国为他们在经济上的成功提供了很好的机会。早期的移民将美国的优点传颂给欧洲的朋友和亲戚，进而鼓励了其他人朝美国迁移。

从欧洲到美国的人口迁移，在 19 世纪和 20 世纪初的几个阶段达到了顶峰：

■ 19 世纪 40 年代和 50 年代：爱尔兰和德国。每年入境迁移数量从 2 万增加到 20 多万。在这 20 年中，3/4 的美国移民来自爱尔兰和德国。极其严峻的经济推动因素迫使爱尔兰人和德国人穿越大西洋。德国人也为逃避政治动荡而向外迁移。

■ 19 世纪 70 年代：爱尔兰和德国。美国内战期间（1861—1865 年），来自爱尔兰和德国的移民短暂减少，但是随后又恢复。

■ 19 世纪 80 年代：斯堪的纳维亚半岛。美国每年的迁入移民人数增加到 50 万。越来越多来自斯堪的纳维亚半岛的人，尤其是瑞典人和挪威人，加入德国人和爱尔兰人的行列，移居到了美国。工业革命扩散到斯堪的纳维亚半岛，导致人口迅速增加。

■ 1905—1914 年：南欧和东欧。每年迁入美国的移民达到 100 万。在此期间，所有移民中有 2/3 来自南欧和东欧，特别是意大利、俄罗斯和奥匈帝国。美国移民的主要来源发生这种变化时，正值工业革命扩散到南欧和东欧，使得人口迅速增长。

在欧洲国家中，德国向美国移民的人数最多，为 720 万。其他向美国输出移民的主要欧洲国家包括意大利（540 万）、英国（530 万）、爱尔兰（480 万），以及俄罗斯和其他苏联加盟国（410 万）。约 1/4 的美国人祖籍为德国，而祖籍为爱尔兰和英国的美国人各有 1/8。

欧洲频繁的边界变化，导致按照国家精确统计移民数量变得不可能。例如，大多数波兰人是在波兰不是独立国家时移民到美国的。在 1918 年第一次世界大战结束前，奥匈帝国包括了今天的奥地利、波斯尼亚和黑塞哥维那、克罗地亚、捷克、匈牙利、意大利、波兰、罗马尼亚、斯洛伐克、斯洛文尼亚和乌克兰的部分地区，许多移民都被登记为来自奥匈帝国，而不是现在的国家。

美国的入境迁移：20 世纪末至 21 世纪初

在 20 世纪 30 年代和 40 年代的大萧条与第二次世界大战中，迁入美国的移民人数大幅减少。20 世纪 50 年代，美国迁入移民的人数开始稳步增加，并在 21 世纪的头十年中猛增至历史最高水平。

近期迁入美国的移民中，有超过 3/4 的人来自下面两个地区：

■ 拉丁美洲。在过去的半个世纪中，大约有 1,300 万拉丁美洲人移民到美国，而在之前两个世纪里只有 200 万。如今，每年有将近 50 万的拉丁美洲人移民至美国，比整个 19 世纪拉美移民人数的两倍还要多。

■ 亚洲。在过去的半个世纪中，大约有 700 万亚洲人移民至美国，而在之前两个世纪里只有 100 万。迁入美国的亚洲移民主要来自中国（包括香港）、菲律宾、印度和越南。

按照官方数据，墨西哥在 2006 年超过德国，成为朝美国输送移民总计最多的国家。因为有大量的无证移民，所以在 20 世纪 80 年代，墨西哥可能是美国迁入移民的主要来源。

1986 年的《移民改革和控制法案》(Immigration Reform and Control Act) 向数十万在此前几年已经进入美国，但是没有合法手续的移民发放了签证，所以在 20 世纪 90 年代早期，来自墨西哥和其他拉美国家的移民特别多。

虽然美国迁入移民的主要来源已经从欧洲转移到亚洲和拉丁美洲，但是移民的原因仍然相同：人口的快速增长限制了这些移民在国内的经济发展前景。欧洲人在 19 世纪迁移出境的时候，正值他们的国家进入人口过渡的第二阶段；近几年来的拉丁美洲和亚洲的移民，也是在他们的国家进入第二阶段后才开始大量迁出。人们之所以迁入美国，是由于国内条件较差，而美国的经济机会和社会进步具有吸引力。

移民到美国的动机可能会相似，但是美国也随时间推移而发生了变化。美国已经不再是一个人烟稀少、经济蓬勃发展的国家。1912 年，新墨西哥州和亚利桑那州被接受为第 47 和第 48 个州。这是有史以来美利坚合众国所有互相连接的领土首次"合众"在一起（哥伦比亚特区除外）。这种象征性的边界关闭，与欧洲移民高峰期的结束时间相同。

思考题 3.1.4

在处于人口过渡的哪个阶段时，大多数国家输送到美国的移民最多？

复习　关键议题 1
世界移民分布在何处？

✔ 迁移是指永久性地移动到新的地点。

✔ 人口迁移可以是国际迁移（自发的或被迫的），也可以是国内迁移（地区间的和地区内的）。

✔ 在不同的时期，迁入美国的移民人数及移民源地有所不同。

人们在国内迁移到什么地方？

▶ 美国的地区间迁移

▶ 其他大国的地区间迁移

▶ 地区内迁移

学习成果 3.2.1

描述美国地区间人口迁移的主要模式。

对大多数人而言，国内人口迁移没有国际人口迁移那样容易带来混乱。国内人口迁移主要有两种类型：地区间迁移（一个国家内的不同地区之间）和地区内迁移（一个地区内）。

过去，人们在国内从一个地区迁移到另一个地区，是为了寻找更好的耕地。耕地的缺乏导致许多人从国家中人口密集的地区离开，去到耕地资源丰富的边境地区。今天，地区间迁移的主要类型是从农村迁移到城市地区。大多数工作岗位——尤其是服务业——都聚集在城市地区（见第 12 章）。

最近的移民在美国分布得并不均匀。超过半数的移民去了加利福尼亚州、佛罗里达州、纽约州和得克萨斯州（图 3-7）。

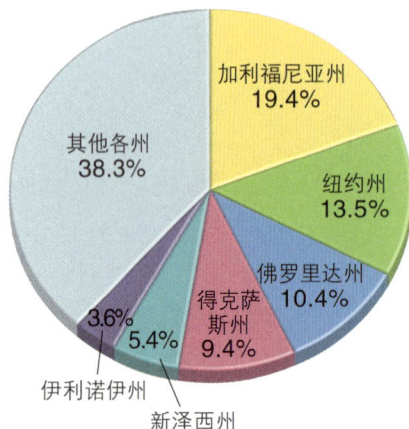

加利福尼亚州
19.4%

纽约州
13.5%

其他各州
38.3%

佛罗里达州
10.4%

得克萨斯州
9.4%

新泽西州
5.4%

伊利诺伊州
3.6%

▲ 图 3-7　美国国内移民的主要迁入州　加利福尼亚州、纽约州和佛罗里达州是国内移民的主要目的地。

美国的地区间迁移

美国西部的开发是大规模国内迁移的一个特别突出的例子。在独立时，美国由集中在大西洋沿岸的建立已久的定居点，以及阿巴契亚山脉以西地区的新定居点组成。通过大规模的地区间迁移，美洲大陆的内部有人定居，得到了发展。

人口中心的变化

美国人口普查局在每次人口普查时都会计算全国的人口中心。人口中心是全国每个人的平均位置，又称"人口重心"。如果把美国比作一个放在针尖上的平面，并且每个美国人的体重都相同，那么人口中心就是人口分布让平面在针尖上能够平衡放置的那个点。

人口中心位置的变化显示出美国人在过去 200 年里穿越北美大陆的轨迹。人口中心始终在向西移动，只是不同时期的移动速度有所不同。

1790 年：紧靠海岸。 殖民地时期的定居点几乎全都靠近大西洋海岸。很少有殖民者冒险远离沿海地区，因为他们要依靠与欧洲的航运联系来接收产品和出口原材料。阿巴拉契亚山脉的山坡陡峭，森林茂密，鲜有方便的通道，因此也阻碍了西部的发展。通常被称为"印第安人"的土著居民，仍然占据着大面积的地区，有时还会抵制殖民定居点的扩张。

1800 年至 1840 年：穿过阿巴拉契亚山脉。 交通状况的改善，尤其是运河的建设，促进了内陆地区的开发。最重要的是伊利运河（Erie Canal），它使人们能够便宜地乘船往返纽约市和五大湖。1840 年，美国有长达 5,352 千米（3,326 英里）的运河。由于有机会以低价获得大量土地，所以人们受到鼓舞，迁移到阿巴拉契亚山脉和密西西比河之间森林茂密的河谷。他们砍伐树木，并用木材建造房屋、谷仓和栅栏。

1850 年至 1890 年：淘金潮。在这段时间里，人口中心以更快的速度向西移动。19世纪中叶的先驱们并没有在紧挨着的西部土地上继续开展农业，而是一直向西到了加利福尼亚州。吸引人们去加州的主要原因就是始于 19 世纪 40 年代后期的淘金潮。由于自然环境的原因，这个时期的先驱者也忽略了大平原（Great Plains）。大平原地区气候干燥，缺乏树木，草原上的地皮坚硬，所以泽布伦·派克（Zebulon Pike）那样的探险者认为该地区不适合种植作物，而且当时的地图都将大平原地区标为美洲大沙漠。

1900 年至 1940 年：填充大平原。美国人口中心的向西移动在此期间放缓，因为欧洲到美国东海岸的移民，弥补了从东海岸到西部的大部分移民。此外，移民们开始进入被前几代人绕过的大平原。农业技术的进步使人们能够在这个地区耕作。农民使用铁丝网来减少对木栅栏的依赖，使用钢犁来犁翻厚实的草皮，使用风车和钻井设备来抽取更多的水。铁路的扩张也刺激了人们在大平原地区定居。联邦政府向铁路公司提供大量的赠地，这些公司又通过向农民出售部分土地，获得资金建造铁路。广泛的铁路网络使得定居者能够将产品运往消费者众多的东海岸城市。

1950 年至 2010 年：南迁。人口中心继续更加强劲地向西移动。它同时也在向南移动，因为有许多美国人迁移到南方，寻找工作机会，享受更温暖的气候。南方的人口和就业机会迅速增长，加剧了地区间的对立情绪。东北部和中西部地区的一些人认为，南方各州偷走了他们的工业。实际上，南方有

些工业确实是从东北部和中西部迁去的，但是南方的大部分工业增长都来自新成立的公司。美国的地区间迁移在进入 21 世纪后大幅放缓。不同地区在就业前景上的差异不再那么大。2008 年至 2009 年的严重经济衰退，更是让人们不愿意迁移，因为所有地区的就业前景都有限。

思考题 3.2.1

气候变化如何影响美国的地区间人口迁移模式？

其他大国的地区间迁移

学习成果 3.2.2

描述几个大国的国内地区间人口迁移的主要模式。

全球陆地面积最大的三个国家是俄罗斯、加拿大和中国；美国排名第四，巴西排名第五。在过去的俄罗斯和加拿大，以及近来的巴西，长距离的地区间迁移是开发新区域以促进发展的重要手段。

加拿大的地区间迁移

像在美国那样，在近两个世纪内的加拿大，地区间人口迁移主要是从东向西。2001年以来，阿尔伯塔省和不列颠哥伦比亚省这两个最西部省份，几乎拥有加拿大国内所有的净迁入移民，而安大略省的净迁出移民最多。加拿大的三大人口迁移流向是，从安大略省到阿尔伯塔省、从安大略省到不列颠哥伦比亚省，以及从阿尔伯塔省到不列颠哥伦比亚省。

俄罗斯的地区间迁移

俄罗斯人口高度集中在其西部地区，

也就是属于欧洲的那部分地区。地区间人口迁移一直是重要的工具，被俄罗斯用来促进其人烟稀少的亚洲地区的发展。在苏联时期，共产党的政策鼓励将工程项目建设在原料产地附近，而非人口集聚地附近（见第 11 章）。由于许多原材料都在亚洲的偏远地区，所以苏联政府有时会迫使人们迁往这些地区，以便矿山和工厂里有足够的劳动力。近年来，地区间人口迁移出现逆转，最大城市和就业机会聚集的欧洲地区为净迁入。

中国的地区间迁移

在发展中国家，地区间人口迁移的主要流向是从农村地区到就业机会更多的城市地区。中国内地有超过 1.5 亿人从农村迁移出去。他们迁往东海岸的大城市地区，那里工厂里的工作岗位尤其丰富。中国政府曾经严厉限制人们在地区间迁移，但是这些限制在近年来已经撤销。

巴西的地区间迁移

和中国的情况一样，大多数巴西人生活在东海岸附近的一系列大城市中。巴西的热带内陆地区人烟稀少。为增加内地的吸引力，巴西政府于 1960 年将首都从里约迁移到距离大西洋海岸 1,000 千米（600 英里）的新城市巴西利亚。巴西内陆的发展改变了历史上的人口迁移模式。沿海地区现在是人口净迁出，而内地则是净迁入（图 3-8）。

思考题 3.2.2
俄罗斯的地区间迁移模式是更接近美国和加拿大，还是更接近巴西和中国？

地区内迁移

学习成果 3.2.3
描述地区内迁移的三种类型。

地区内迁移比地区间迁移或国际迁移要普遍得多。地区内迁移在发展中国家大多是从乡村区域到城市区域，在发达国家大多是从城区到郊区。

从乡村区域迁到城市区域

在欧洲和北美，从乡村区域（或非都市区域）向城市区域（或都市区域）的人口迁移，作为工业革命的一部分，始于 19 世纪的头 10 年。例如，居住在美国城市区域的人口比例从 1800 年的 5% 上升到 1920 年的 50% 和 2015 年的 81%。

◄ 图 3-8 巴西的地区间迁移 一名近来迁到巴西利亚郊区的移民在垃圾场拾荒。

▶ 图 3-9 印度农村向城市的人口迁移 德里市供移民居住的劣质住房。

近年来，城市化已经扩散到亚洲、拉丁美洲和非洲的发展中国家（见第 12 章）。从 1950 年到 2015 年，拉丁美洲城市居民的比例从 40% 上升到 80%，亚洲从 15% 上升到 47%，撒哈拉以南的非洲从 10% 上升到 38%（图 3-9）。与地区间迁移一样，大多数从乡村区域迁移到城市区域的人都是为了寻求经济发展。他们由于农业机会的减少而被迫离开乡村区域，同时也因为工厂或服务行业的工作前景而被吸引去城市。

从城区迁移到郊区

发达国家的地区内迁移大多是从城市到城市周边的郊区。20 世纪中叶以来，发达国家大多数城市的人口都出现了下降，而郊区的人口则出现迅速增长。美国从城市迁到郊区的人口几乎两倍于从郊区迁到城市的人口（图 3-10）。加拿大和欧洲也都有类似的情况。

朝向郊区的大规模迁移与其他形式的人口迁移不同，它的主要原因与就业无关。对于大多数人来说，迁移到郊区并不意味着就要换工作。相反，吸引人们的是郊区的生活方式。在郊区，人们不用再住公寓，而是可以生活在独栋住宅中，住宅四周有私人庭院，可供孩子们安全地玩耍。住宅搭配有车库或

车道，保证了停车的空间，而且不用额外缴费。在美国，郊区的学校往往比城市里的更现代化，设备更好，而且环境更安全。汽车和火车让人们能够住在郊区，同时又能接触到整个城市区域的就业岗位、商店和娱乐设施（见第 13 章）。

郊区化使得城市区域所占的范围迅速扩大。为了适应郊区的发展，城市区域外围的农场被改造成住宅和商业开发项目，而且这些地方必须建造新的道路、下水道和其他服务设施。

从城市区域迁至乡村区域

20 世纪后期，发达国家开始出现新的人口迁移趋势。有史以来第一次，迁移到乡村区域的人口在有些年份比迁出乡村区域的人口多。从城市区域到乡村区域的人口净迁移被称为逆城市化（counterurbanization）。

郊区在什么地方结束，农村在什么地方开始，二者的边界无法精准地确定。逆城市化的出现，部分是因为郊区扩展得特别迅速。但是，有些逆城市化是人们真诚地从城市和郊区迁移到小城镇和乡村社会。

和郊区化相同，人们是由于生活方式上的原因才从城市区域迁移到乡村区域的。有些人被吸引到乡村区域，是因为可以切

2,731,000
从郊区到城市

从城市到郊区
4,888,000

541,000
从非都市区域
到城市

从郊区到非都市区域
501,000

919,000
从非都市区域到郊区

533,000
从城市到非都市区域

◀ 图3-10　美国的地区内迁移　人们主要是从城市迁移到郊区。数字是2013年美国地区内移民总数。

换城市生活的疯狂节奏，生活在农场上，拥有马匹，或种植蔬菜。有些人迁移到农场，但是并不靠农业谋生；相反，他们在附近的办公室、小镇商店或其他服务机构里工作。在美国，逆城市化的现象主要出现在落基山脉附近的各州。科罗拉多、爱达荷、犹他和怀俄明等州的农村县份都有过移民净迁入。

凭借现代化的通信和交通系统，发达国家没有哪个地区会在经济上或社会上真正孤立。我们可以在线购买大部分产品，在几天内就收到货。凭借有线电视、卫星天线和网络广播，我们能够在国内任何地方，关注我们喜爱球队的动态。

自20世纪80年代以来，美国地区内人口迁移大幅减少（参见图3–1）。美国的大多数地区内迁移仍然是在城市和郊区之间。2010年以来，从城市迁移到郊区的美国人数量有所减少，而从郊区迁移到城市的人数却有所增加。逆城市化的现象并非每年都会出现。对年轻人来说，城市变得更具吸引力（见第13章）。

思考题 3.2.3

为什么在处于人口过渡第二阶段的国家中，乡村区域到城市区域的人口迁移最为剧烈？

复习　关键议题 2

人们在国内迁移到什么地方？

✔ 大规模的地区间人口迁移使得美国的人口中心向西和向南移动。

✔ 其他大国也经历了大量的地区间人口迁移。

✔ 地区内迁移在发展中国家大多是从乡村区域到城市区域，在发达国家大多是从城区到郊区。

► 迁移的文化原因
► 迁移的环境原因
► 为寻找工作而迁移
► 移民的性别和年龄

学习成果 3.3.1

解释人口迁移的文化和环境原因。

莱温斯坦的定律有助于地理学者解释人们为什么迁移:

- 大多数人迁移是出于经济方面的原因。
- 文化和环境原因也会造成人口迁移,尽管不如经济原因那样频繁。

尽管可能会有多个原因导致迁移,但是其中一个会是最重要的。将这些原因的相对重要性进行排序,可能会很困难,甚至会有争议。

人们迁移的原因包括推动因素和拉动因素:

- **推动因素**(push factor)促使人们迁移出他们目前的位置。
- **拉动因素**(pull factor)吸引人们迁移进新的位置。

对大多数人而言,迁移都是不容忽视的重大行动,所以推动因素和拉动因素通常都会起一定的作用。打算迁移的人们会非常消极地看待他们目前的居住地,以至于感到被推离,同时会十分积极地看待另一个地方,以至于感觉被拉向了这个地方。

迁移的文化原因

文化人口迁移(cultural migration)可能会因为多种个人因素而出现,如家庭地位和学校。在国际范围内,文化人口迁移经常因政治冲突而出现。联合国难民事务高级专员办事处(United Nations High Commission for Refugees,UNHCR)认为有三类因政治原因而被迫迁移的人群:

- **难民**(refugee)是指这样的一类人,他们为避免武装冲突、社会动乱、人权被侵犯等其他灾难带来的影响而迁到其他国家,而且担心因种族、宗教、国籍、所属社会团体或政治观点而受到迫害,从而无法回去。
- **国内流离失所者**(internally displaced person,IDP)是指像难民那样由于政治原因而被迫迁移,但是没有迁移出国界的人。
- **寻求庇护者**(asylum seeker)是已经迁移到另一个国家,希望被承认为难民的人。

2014年,联合国统计的难民数量为1,950万,国内流离失所者为3,820万,寻求庇护者为180万。

2014年,叙利亚和阿富汗因为持续内战,迁出的难民人数最多。它们的相邻国家接收的难民则是最多的,巴基斯坦和伊朗接收的是阿富汗难民,黎巴嫩和土耳其接收的是叙利亚难民。

血泪之路

和北美的许多其他人一样,印第安人在19世纪也向西迁移。但是,他们的迁移是被迫的,而不是自发的。这种不平等在当时被写入了法律,1830年的《印第安人迁移法》(Indian Removal Act)授权美国军队将5个印第安部落从美国东南的印第安土地上赶出

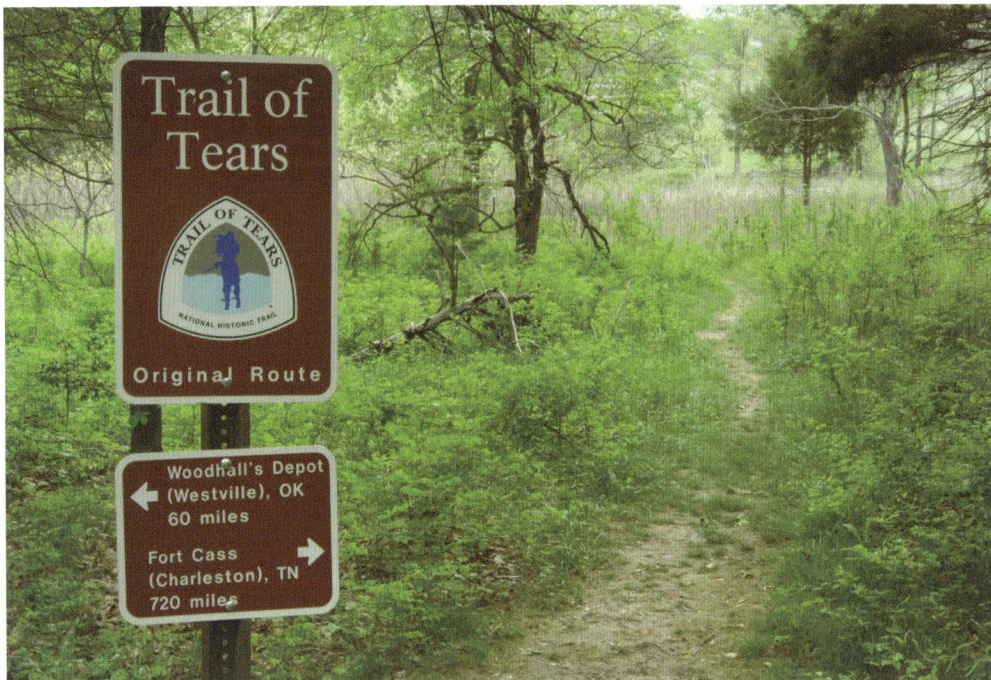

▲ 图 3–11　血泪之路　阿肯色州加菲尔德豌豆岭国家军事公园（Pea Ridge National Military Park）的血泪之路。

去，迁移到印第安领地（今俄克拉荷马州）。乔克托人（Choctaw）在 1831 年被迫迁出密西西比州，塞米诺人（Seminole）在 1832 年被迫迁出佛罗里达州，克里克人（Creek）在 1834 年被迫迁出亚拉巴马州，契卡索人（Chickasaw）在 1837 年被迫迁出密西西比州，切罗基人（Cherokee）在 1838 年被迫迁出佐治亚州（图 3–11）。

这 5 次迁移开辟出 10 万平方千米（2,500 万英亩）的土地给白人定居，却将那些部落迁往太干燥的地方，让他们难以维持传统的获取食物的方式。据估计，约有 46,000 名美国原住民背井离乡，其中许多人死于西迁的长途跋涉中。这条迁移路线被称为血泪之路（Trail of Tears），它的部分路段还被作为美国国家历史步道（National Historic Trail）得到保护。

思考题 3.3.1

印第安人的地区间迁移模式和欧洲裔移民的模式有什么相似和不同？

迁移的环境原因

学习成果 3.3.2

解释人口迁移的环境原因。

人们有时会因环境原因而迁移，离开环境有害的地区，去到环境有吸引力的地区。在这个通信和交通系统更好的时代，人们可以生活在相对偏远但是环境宜人的地区，而且还不会在就业、购物和娱乐机会方面感到太偏远。

对于移民来说，有吸引力的环境包括吸引美国人迁移到科罗拉多州，而阿尔卑斯山则吸引法国人迁移到法国东部。有些移民在这些地区发现空气污染和交通堵塞，觉得很震惊。英格兰南部海岸、法国地中海沿岸和佛罗里达海岸能够吸引移民，特别是喜欢游泳和在沙滩上躺着休息的退休人员。在美国各州间迁移的老年人中，有1/3选择佛罗里达州作为目的地。冬季温暖的地区，如西班牙南部和美国西南部，会吸引来自气候较为恶劣的地区的移民。

移民也会因为自然环境恶劣而被迫离开家园。最常见的环境威胁来自水，要么太多，要么太少。许多人生活在容易受水灾影响的地区，如**洪泛区**（floodplain，图 3–12），因为水灾而被迫迁移。洪泛区是指根据历史趋势在特定数量的年份内会受到洪水影响的地区。例如，百年一遇洪泛区平均每个世纪会发生一次洪水（图 3–13）。许多人不知道自己生活在洪泛区，即使知道的人也通常会选择继续生活在那里。

水资源缺乏也会让人们离开家园。由于环境干旱，数十万人被迫从非洲的旱地迁出。通常由人类行为导致的土地朝类似沙漠的状况恶化，被称为**沙漠化**（desertification，图 3–14），或者更准确地被称为半干旱土地退化。由于人口增长和持续数年的降雨极少，非洲部分地区维持人类生活的能力最近有所下降，尽管这种能力从未非常高过（图 3–15）。因此，许多游牧民被迫迁入城市和乡村营地，在那里依靠政府和国际救济组织捐赠的食物生存。

阻碍人口迁移的环境或政治特征被称为**干扰障碍**（intervening obstacle）。迁移到别国的移民通常面临的主要障碍是：要在陆地或海洋上进行长时间、艰辛且昂贵的旅行。让全球化程度更高的交通状况改善，例如机动车辆和飞机的使用，已经削弱了环境特征作为干扰障碍的重要性。

思考题 3.3.2

为什么人们会选择在洪泛区建造房屋？

▲ 图 3–12　印度尼西亚雅加达的水灾

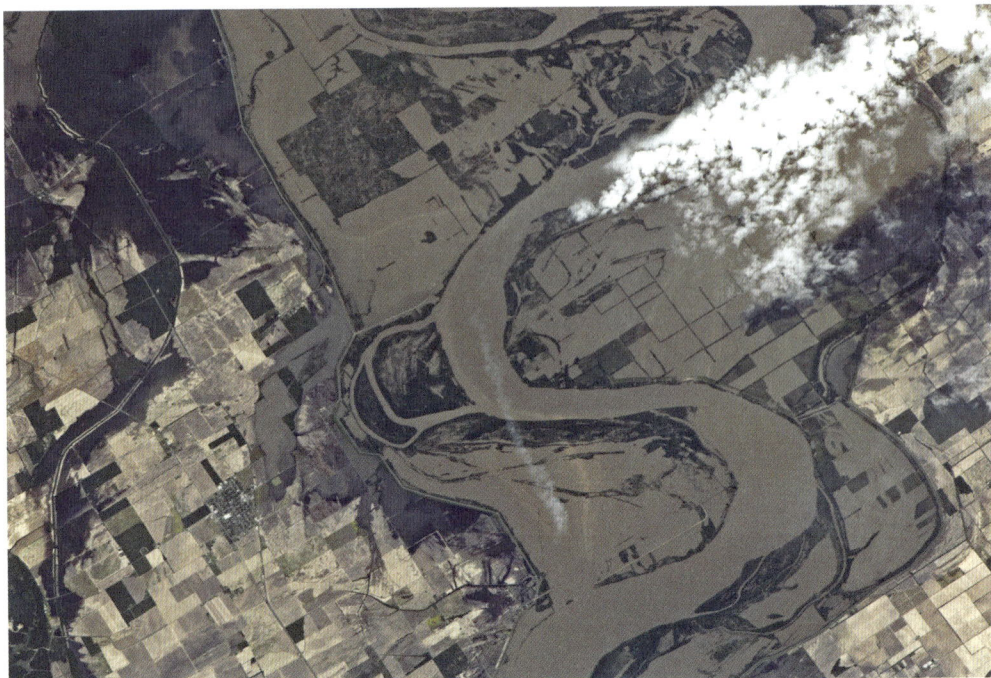

▲ 图 3-13　**百年一遇洪泛区**　2011 年密西西比河沿岸的洪水淹没农田。

▲ 图 3-14　**坦桑尼亚的旱地**　人们正试图从干涸的河床上获取饮用水。

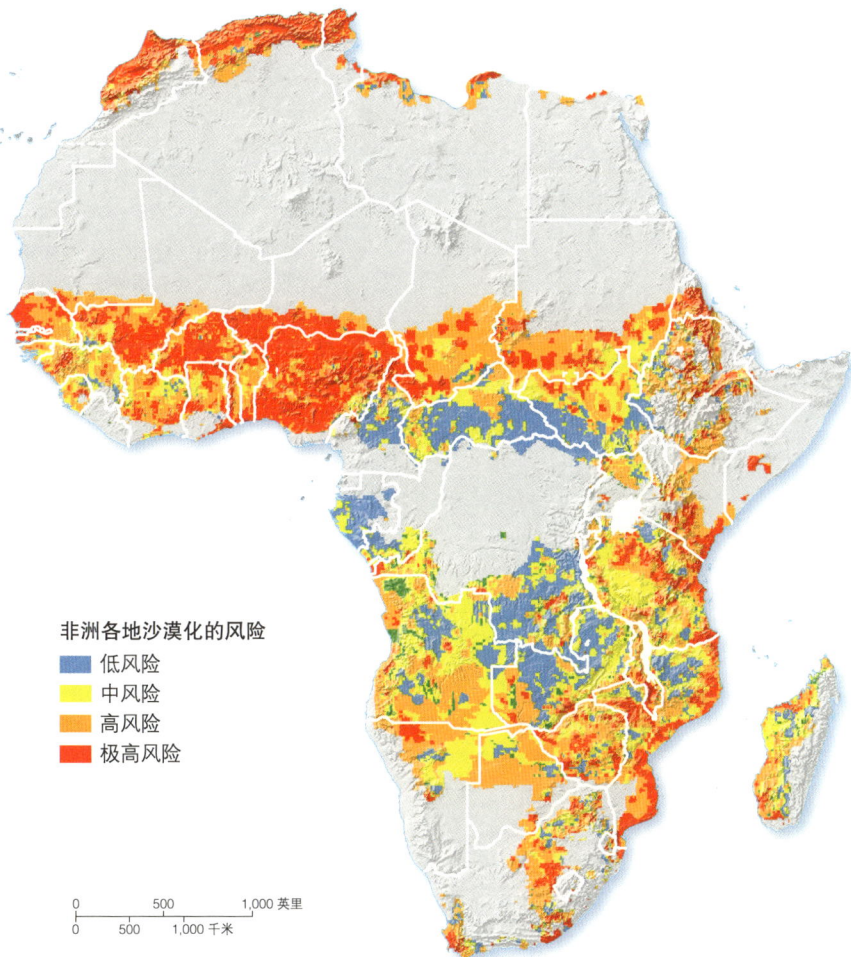

▲ 图 3-15 沙漠化（半干旱土地退化） 非洲缺水问题最为严重的是萨赫勒地区。

为寻找工作而迁移

理解国际人口迁移的经济原因。

　　大多数人都是出于经济原因而迁移的。人们经常从工作机会很少的地方迁移出去，迁移到看似可以找到工作的地方。由于经济结构调整，不同国家的就业前景，以及同一个国家不同地区的就业前景，往往会各不相同。

迁移的经济原因

　　对经济移民而言，美国和加拿大是特别重要的目的地。19 世纪许多迁移到北美的欧洲移民是真的期望找到铺满金子的街道。尽管没有那么夸张，但是美国和加拿大确实为欧洲移民提供了提高经济地位的条件。今天吸引拉丁美洲和亚洲移民去美国和加拿大的，同样是这种对经济富足的期待。

　　一个地区的相对吸引力可能会随着经济的变化而改变。在 19 世纪和 20 世纪的大部分时间里，爱尔兰都是一个人口净迁出的地方。19 世纪 50 年代，爱尔兰的糟糕经济状况导致每年有超过 20 万人净迁出。20 世纪 90 年代，这种人口迁移模式发生逆转，爱尔

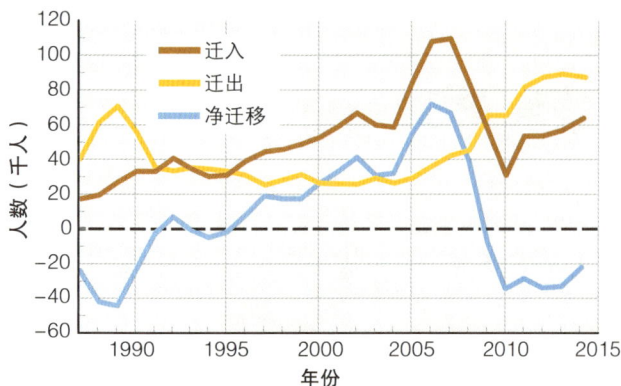

◄ 图3-16　爱尔兰的净迁移 由于就业机会很少，爱尔兰在历史上都是人口净迁出，这种情况直到20世纪90年代才改变。21世纪初的严重经济衰退，让爱尔兰再次出现了人口净迁出。

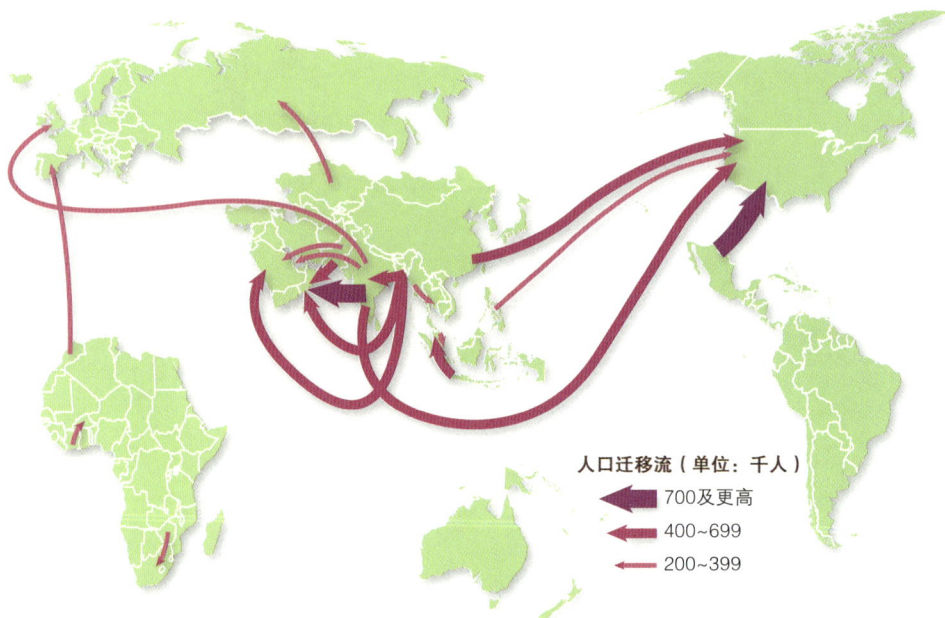

人口迁移流（单位：千人）

→ 700及更高

→ 400~699

→ 200~399

▲ 图3-17　2005年至2010年国家间的最大人口迁移流　大多数迁移流都开始于和/或终于亚洲。

兰的经济繁荣状况吸引了来自其他地方的移民，尤其是来自东欧的移民。然而，2008年全球经济衰退，爱尔兰的经济出现崩溃，让人口净迁出再次出现（图3-16）。

　　有时难以区分寻求经济机会的移民与逃离政府迫害的难民。经济移民与难民之间的区别很重要，因为美国、加拿大和欧洲国家对待这两个群体的方式都不同。经济移民通常不会被接收，除非他们拥有特殊的技能，或者已经在新的国家有近亲，即使是这样，他们也必须与来自其他国家的类似申请人竞争。但是，难民在入境其他国家时有特别的优先权。

亚洲的移民工人

　　无法永久移民到新国家寻找工作的人，可能会获准暂时迁移。临时工作的主要形式在亚洲（此处讨论）和欧洲（在本章后面讨论）都存在。亚洲是求职移民的主要来源和主要目的地（图3-17）。

　　南亚和东亚。世界上输出求职移民最多

的是南亚和东亚。每年有超过 200 万人从印度、孟加拉国、中国和巴基斯坦迁出。估计有 5,000 万华人和 2,500 万印度人生活在其他国家。美国是一个主要的接收国，但是大多数人都是迁到亚洲的其他国家。华人移民人数最多的国家是泰国、马来西亚、印度尼西亚、缅甸以及美国。华人占新加坡人口的一半、马来西亚人口的 1/4、泰国人口的 1/6。印度移民人数最多的国家是尼泊尔、缅甸、马来西亚以及美国。

西南亚。西南亚富裕的石油生产国一直是来自印度、孟加拉国和巴基斯坦等南亚国家，以及来自菲律宾、泰国等东南亚国家的移民的主要目的地。此外，西南亚较穷国家的公民也移居到该地区较富裕的国家。迁入移民占阿联酋人口的 84%、卡塔尔人口的 74%、科威特人口的 60% 和巴林人口的 55%。沙特阿拉伯和阿联酋拥有该地区最多的迁入移民（图 3–18）。

移民在有些国家的工作条件被认为很差。菲律宾政府在 2011 年裁定，西南亚只有两个国家——以色列和阿曼——对菲律宾移民而言是"安全的"，其他国家在保护工人权利方面则做得不足。对于石油生产国来说，它们担心迁入移民的数量日益增多会引发政治动荡，会让人们抛弃传统的伊斯兰习俗。

汇款

在别国工作的移民经常会把工资的一部分寄送回家给亲人。移民工人将钱寄送给祖国，就叫作汇款（remittance）。

2013 年全球汇款总额为 5,500 亿美元。这个数字每年增加近 10%。对发展中国家的人民来说，汇款是一种越来越重要的财富来源，尤其是在外国政府和国际援助机构的官方援助减少之后。

2013 年印度人收到的汇款最多（710 亿美元），其次是中国人（600 亿美元）。塔吉克斯坦国内生产总值的近一半，以及吉尔吉斯斯坦国内生产总值的 1/3，都由汇款构成，汇款主要来自居住在俄罗斯的移民。

汇转资金的成本在很多地方都很高。像西联汇款（Western Union）这样专门从事汇款业务的银行和公司会收取高额的服务费，全球平均费率为 9%。如果要从美国汇款 200 美元，汇到墨西哥平均花费 6 美元，汇到海地花费 12 美元；在许多非洲国家之间汇款 200 美元的费用约为 20 美元。

思考题 3.3.3
在成为提供从美国向外汇款业务的大公司之前，西联汇款的主要业务是什么？

▶ 图 3–18　从孟加拉国迁入阿联酋的移民

移民的性别和年龄

描述国际移民的人口统计学特征。

莱温斯坦在其移民理论中指出了几种独特的性别和家庭地位模式：

- 大多数长途移民都是男性。
- 大多数长途移民是成年的个体，而不是有子女的家庭。

成年男性可能在过去占移民的多数，但这种模式已经有了改变。实际上，妇女和儿童在移民中占高比例已很久。

移民的性别

莱温斯坦认为男性比女性更可能迁移到其他国家，因为寻找工作是国际移民的主要原因，而男性比女性更有可能被雇佣。19世纪和20世纪的大部分时间里，美国迁入移民都是男性居多，约占55%。但是，在1970年前后，迁入美国的女性移民开始超过男性移民，现在占总移民数的55%。其他发达国家的迁入移民也是女性多于男性（图3-19）。

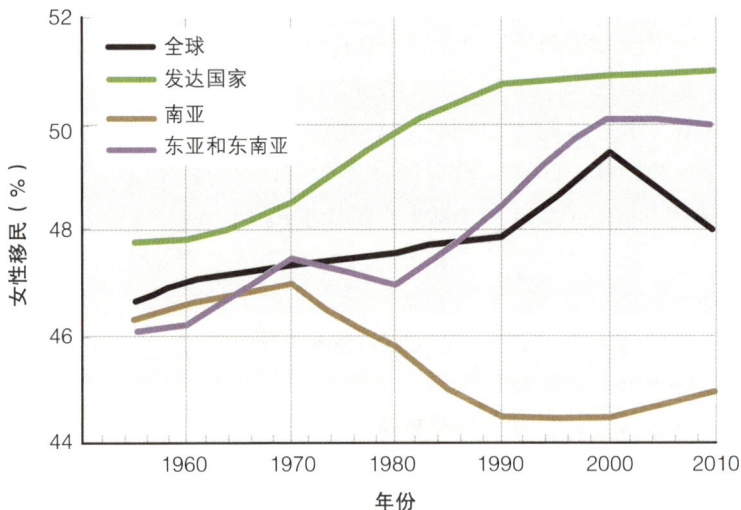

图例：
- 全球
- 发达国家
- 南亚
- 东亚和东南亚

纵轴：女性移民（%），横轴：年份

◀ 图3-19 **女性移民** 在欧洲和北美的发达地区，有一半稍多的移民是女性。在发展中地区，性别比例的差异更大。

◀ 图3-20 **迁入意大利的女性移民** 一名从非洲迁入的移民在意大利科莫湖（Lake Como）旁的梅纳焦镇（Menaggio）向游客兜售商品。

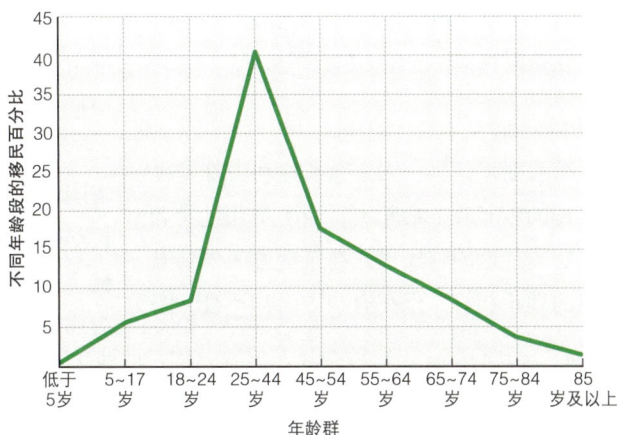

▶ 图 3-21　**移民的年龄**　在美国的迁入移民中，20 至 39 岁成年人所占比例特别高。

▶ 图 3-22　**美国迁入移民的年龄：拉丁美洲**　来自洪都拉斯、萨尔瓦多和危地马拉的 14 至 17 岁的青少年，在企图跨境进入美国后被拘留在墨西哥的华雷斯（Juarez）。

在无合法移民手续的情况下迁移到美国的墨西哥人（目前美国最大的迁入移民群体），其男女性别比发生了大幅度的变化。根据美国人口普查局和移民局的估计，在 20 世纪 80 年代，无手续迁移到美国的墨西哥移民中男性占 85%。但是，自 20 世纪 90 年代以来，美国的墨西哥非法移民中约有一半是女性。

在发展中国家，男性移民仍然多于女性移民。然而，不同地区的情况差异很大。从东亚和东南亚迁出的移民约半数是女性，而从南亚迁出的移民中只有 44% 是女性。

与莱温斯坦提出的推测相比，迁移到发达国家的女性人数更多，原因有二：

■ 大多数人迁移到发达国家是为了寻找工作机会，而这些国家的劳动力中女性比例高，这自然就会吸引很大比例的女性移民（图 3-20）。

■ 在有些发达国家，如果丈夫已经移民入境，那么妻子也有可能获许迁移去与丈夫团聚。

从墨西哥迁到美国的女性移民人数增加，在一定程度上反映了女性在墨西哥社会中的角色在变化。过去，墨西哥农村妇女必须在很年轻时就结婚，留在村中照看孩子。现在，有的墨西哥妇女移居美国是为了与已在美国的丈夫或兄弟团聚，但大多数都是为了找工作。与此同时，由于墨西哥的经济状况不佳，女性在美国找工作的压力越来越大。

移民的年龄

莱温斯坦认为，大多数长途移民都是寻找工作的较年轻的成年人，而不是儿童或老人。美国最近的移民模式在某些方面与莱温斯坦的理论相符，但在有些方面却不符（图3-21）：

■ 正如莱温斯坦预测的那样，美国的迁入移民中较年轻的成年人相对较多。20至39岁的人占新近迁入移民的49%，而全美国人口中只有27%的人位于这个年龄段。

■ 正如莱温斯坦所料，美国的迁入移民不太可能是老年人。近来迁入美国的移民中只有5%的人超过65岁，而在全美国人口中，这个年龄段的人口占14%。然而，在发展中国家，迁入移民更有可能是老年人——老年人仅占总人口的6%，但是占移民总数的8%。

■ 20岁以下的青少年占迁入移民总数的21%，仅略低于该年龄段人口在美国总人口中的比例，即26%。在发展中国家，迁入移民更加不可能是青少年；20岁以下的人口占总人口的35%，但只占迁入移民总数的23%。

近年来，在无正当手续和无人陪伴的情况下试图进入美国的未成年人急剧增加，其中近90%是年龄在12至17岁之间的男性（图3-22）。与其他人口迁移潮一样，试图迁往美国的男性少年大幅增加，也是推动因素和拉动因素共同作用的结果。他们中大多数人被"推动"离开洪都拉斯和萨尔瓦多，是因为那里的帮派暴力活动增加，而他们被"拉动"迁往美国，是因为他们就算被抓获，也不会被驱逐出境。

思考题 3.3.4

为什么老年人迁入发展中国家的可能性高于平均水平，而迁入发达国家的可能性却低于平均水平？

复习 关键议题 3
人们为什么迁移？

✔ 人们之所以迁移，是因为政治、环境和经济上推动因素和拉动因素的共同作用。

✔ 大多数人都是为了寻找工作而迁移。

✔ 大多数移民是年轻的成年人。

为什么
移民会面临挑战？

- ▶ 政府的移民政策
- ▶ 美国的移民配额法律
- ▶ 美墨边界问题
- ▶ 欧洲的移民危机

学习成果 3.4.1
描述限制移民迁入的政府政策。

促进了全球化进程的交通状况改善，例如机动车辆和飞机的使用，已经削弱了环境特征作为干扰障碍的重要性。今天，大多数迁入移民面临的主要障碍是政治上的。移民要有护照才能合法地从一个国家迁出，要有签证才能合法地迁入新的国家。

政府的移民政策

大多数国家都采取了筛选性的迁入移民政策，接收某些类型的移民，拒绝其他类型的移民。美国也不例外。美国授予大多数签证的原因有两个，一是为了特定的就业安排，二是为了让家庭团聚。

联合国按照四种类型的迁入移民政策对国家进行分类：①维持目前移民迁入的数量；②增加移民迁入的数量；③减少移民迁入的数量；④没有移民政策。同样，迁出移民的政策也可以分为这四类。

据联合国统计，有 21 个国家在寻求更多移民迁入，32 个国家希望迁入的移民减少，116 个国家希望保持现有水平，25 个国家没有移民政策。鼓励移民迁入的 21 个国家中，有 10 个位于欧洲，其中包括中欧和东欧的一些国家。通过政策减少移民迁入的 32 个

国家中，有 10 个在西南亚和北非，有 8 个在撒哈拉以南的非洲。联合国认为，有 67 个国家的政策鼓励更多高技能移民迁入，有 14 个国家鼓励更多的家庭团聚。

迁出移民政策的分布有很大的不同。联合国发现，有 18 个国家的政策是增加移民迁出，46 个国家减少移民迁出，43 个国家维持现有的水平，而 88 个国家没有与移民迁出相关的政策。希望增加移民迁出的 18 个国家中，位于南亚、东南亚和南太平洋的各有 5 个。希望减少移民迁出的国家大多数位于撒哈拉以南的非洲。

无授权的入境迁移

获许迁入美国的移民人数目前处于历史最高水平，但是希望迁移到美国的人数甚至更高。许多不能合法进入美国的人会非法迁移。在没有正当手续的情况下移居美国的人被称为**无授权迁入移民**（unauthorized immigrant）。

该怎么称呼这类迁入移民还有争议：

- ■ 学术观察者，包括权威的皮尤西班牙裔中心（Pew Hispanic Center），更愿意使用"无授权迁入移民"这个中性的术语。

- ■ 为这类移民争取更多权力的群体，更愿意使用"**无证迁入移民**"（undocumented immigrant）这个术语。

- ■ 希望入境迁移法律在限制和执行方面更严苛的群体，更愿意使用"**非法外侨**"（illegal alien）这个词。

皮尤西班牙裔中心估计，2014 年有 1,130 万无授权迁入移民居住在美国。这个数字在 21 世纪的头几年里曾经迅速增加（图 3-23）。在 2007 年达到 1,220 万的高峰后，这个数字有所降低，原因是在开始于 2008 年的严重经济衰退期间，美国的就业机会有所减少。换

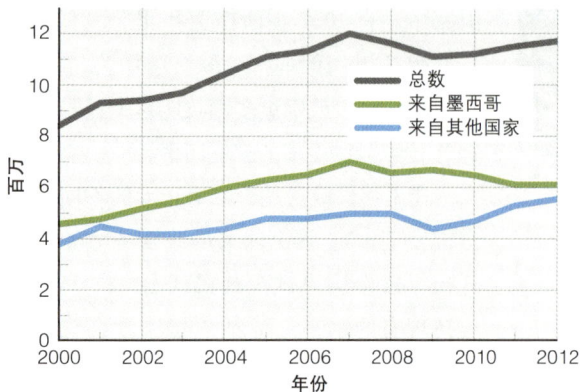

▲ 图 3-23　无授权迁入美国的移民　美国的这类移民大多来自墨西哥。

句话说，无授权迁入美国的移民人数，现在少于离开美国的移民人数。

根据皮尤西班牙裔中心的资料，与无授权迁入移民有关的信息还有：

■ **分布。**加利福尼亚州和得克萨斯州的无授权迁入移民数量最多。内华达州无授权迁入移民占人口比例最高。

■ **来源国。**无授权迁入美国的移民，半数以上来自墨西哥。其余的无授权迁入移民则大致平均地来自拉丁美洲其他国家和世界的其他地区。

■ **儿童。**1,130 万无授权移民中包括了100 万名儿童。此外，在美国居住期间，无授权迁入移民已经生下大约 450 万名婴儿，而这些婴儿都是美国的合法公民。

■ **在美国居留的年数。**无授权迁入移民在美国的居留期限一直在增加。根据皮尤研究中心在 2013 年的调查，美国无授权的成年迁入移民中，有 61% 在美国生活了 10 年甚至更长时间，有 23% 生活了 5 至 9 年，有16% 生活了不到 5 年。2003 年的一项类似调查，则显示出不同的分布情况：38% 在美国生活不到 5 年，而生活 10 年以上的比例为37%。

■ **劳动力。**美国大约有 800 万无授权迁入移民就业，占美国总平民劳动力的 5% 左右。无授权迁入移民比普通美国人更有可能从事建筑和酒店（饮食服务和住宿）方面的工作，不太可能从事诸如教育、医疗保健和金融等白领工作。

思考题 3.4.1

为什么美国西南部的无授权迁入移民最多？

美国的移民配额法律

学习成果 3.4.2

理解美国移民配额法律的特点。

美国国会在 1921 年通过《紧急配额法案》（Emergency Quota Act），在 1924 年通过《来源国法案》（National Origins Act），标志着美国入境迁移无限制的时代结束。这些法律规定了一年期内能够移民美国的人数配额，或人数的最高限额。美国迁入移民的配额主要经过了以下几次修改：

■ **1924 年。**针对已有本国出生居民在美国生活的国家，每年能够迁入美国的人数是该国在美人数（基于 1910 年人口普查）的2%。这确保了大部分移民来自欧洲。

■ **1965 年。**按国家分配的移民额度改成了按半球分配（东半球 17 万个，西半球

1892 年至 1954 年期间，1200 万迁入美国的移民在埃利斯岛（Ellis Island）办理了手续（图 3-24）。在被允许迁入美国后，移民就从离纽约港 1.6 千米（1 英里）的埃利斯岛乘轮渡去到纽约市。

埃利斯岛虽然不再用于办理移民手续，但是在 1965 年成为自由女神像国家纪念区（Statue of Liberty National Monument）的一部分，而且岛上的建筑物在 1990 年得以修复，并重新开放，成为移民博物馆。

新泽西州距离埃利斯岛只有 400 米（1,300英尺），新泽西人长期以来都认为埃利斯岛实际上属于新泽西州，而不是像人们通常认为的那样属于纽约州。经过数十年的争议，新泽西州将案件提交到了美国最高法院。1998 年，最高法院的大法官以 6 比 3 的结果裁定新泽西州对埃利斯岛的 8.7 公顷（22.8 英亩）区域拥有管辖权。纽约州管辖的只有 1.9 公顷（4.7英亩），包括 19 世纪填海之前低潮线以内的原始埃利斯岛。

判决中的关键证据是新泽西州环境保护局（New Jersey Department of Environmental Protection，NJDEP）官员使用地理信息系统编制的一系列地图。新泽西州环境保护局的官员将 1857 年的一幅美国海岸地图——它被认为是那个时代最可靠的地图——扫描成图像文件。他们将旧地图的图像导入 ArcView 软件，然后使用一系列小点将旧地图上显示的低潮线数字化。他们使用全球定位系统测量，呈现出当前埃利斯岛的边缘。

对新泽西官员来说，他们勇敢地反抗纽约这个更有魅力的邻居，进而取得的这场胜利，在一定程度上是可以引以为豪的事情。毕竟，埃利斯岛更靠近新泽西州的海岸线，然而岛上的游客——就像百年前的移民那样——却都坐轮渡去了纽约市。更加实际的是，自从这个有利的裁决生效以后，埃利斯岛博物馆礼品店的销售税都交到了新泽西州，而不是纽约州。

▲ 图 3-24 埃利斯岛

12 万个）。

- **1978 年。**全球配额定为 29 万个，每个国家的配额最多为 2 万个。
- **1990 年。**全球配额提高到 70 万个。

申请迁入美国的人数远远超过配额，所以国会制定了优先规则：

- **家庭团聚。**大约 3/4 的移民是因为家庭团聚才得到许可迁入的，他们主要是有配偶或未婚子女生活在美国。目前，配偶通常需要等待大约 5 年才能获许入境。
- **技术工人。**剩余配额的大部分都给了有专业技能的专业人员。
- **多样性。**美国通过抽签接收少数属于多样化类别的移民，这些移民的来源国是在历史上向美国移民人数很少的国家。

移民配额不适用于难民。只有在难民身份被断定真实时，难民才会被接收。美国公民的配偶、子女和父母也可以无限制地被接收。迁入移民的人数每年都会大幅变化，主要是因为这两个群体的人数经常变化。

有些国家则指责，美国等发达国家的移民政策优先考虑技术工人，导致了别国的**人才外流**（brain drain），即人才大规模地迁移出境。科学家、研究人员、医生等专业人士会迁移到他们可以更好地发挥能力的国家。

亚洲人充分利用了美国配额法律规定的优先权。许多受过良好教育的亚洲人借由技术工人优先政策迁移到美国。他们一旦被接收，就可以根据配额中的家庭团聚条款，将亲属也带来美国。最终，这些移民可以通过**连锁移民**（chain migration）的方式，从亚洲带来更多的亲属。所谓连锁移民，就是指人们之所以能够迁移到某个地方，是因为他们的同国籍亲属或家人之前已经迁移到了那个地方。

思考题 3.4.2

美国移民配额法律的变化是如何在其迁入移民模式的变化（见图 3-6）中反映出来的？

美墨边界问题

学习成果 3.4.3

理解美国和墨西哥边境沿线的情况差异。

美墨边界长 3,141 千米，即 1,951 英里。边界的农村和小城镇只有少数特工守卫。人们可以在几个地方合法地步行跨越边界。在其他地方，边界经过的主要是人烟稀少的地区。

美国已经建造了覆盖大约 1/4 边界的屏障。边界上有几个大型的城市区，包括加利福尼亚州的圣迭戈（San Diego）、边界西端墨西哥的蒂华纳（Tijuana）、得克萨斯州的布朗斯维尔（Brownsville），以及墨西哥的马塔莫罗斯（Matamoros）。从城市区开车穿过边界，会遇到严重的拥堵和延误。

美国和墨西哥联合成立的国际边界和水域委员会（International Boundary and Water Commission），负责根据 19 世纪的一系列条约来管理官方地图。该委员会还负责维护 276 个建于 19 世纪末的 6 英尺高的铁制界碑，以及在 20 世纪 70 年代增加的 440 个 15 英寸高的界标。实际上，在一些偏远地区要确定边界的位置很困难。

移民政策的争议

在无授权移民是否对国家有所帮助这个问题上，美国人存在分歧（参见"辩论！"版块）。这种矛盾情绪延伸到了移民法的具体要素：

- **边境巡逻。**美国人希望有更高效的边

可持续性与我们的环境　墨西哥人对移民的看法

在美国这边，人们对南方的墨西哥的看法或许很直接。数百万墨西哥人使用各种合法与不合法的手段，尝试越过美墨边界，寻求更可持续的经济和文化生活。

在墨西哥那边，人们的观点更为复杂。墨西哥北部与美国相接，是美国无授权移民的来源。与此同时，墨西哥南部与危地马拉接壤，是后者无授权移民的目的地。在与北方的美国对话时，墨西哥人希望美国理解和同情移民的困境。在与南方的危地马拉对话时，墨西哥人却呼吁加强边界的安全保障。

海洋和宽阔的河流常常成为妨碍人口迁移的干扰障碍。但是在墨西哥与危地马拉的边境，苏恰特河（Suchiate River）从环境上看并非能长期维持的障碍，因为它有时候只深及脚踝（图 3-25）。来自拉丁美洲其他国家的移民，特别是来自萨尔瓦多和洪都拉斯的移民，无需护照就可以穿越危地马拉，然后进入墨西哥。尽

▲ 图 3-25　墨西哥和危地马拉的边界　人和货物正在通过苏恰特河从危地马拉被运送到墨西哥。

管要有护照才能合法跨越危地马拉的边界进入墨西哥，但是墨西哥政府估计，每年有 200 万人从危地马拉非法越界进入国内。有些人从危地马拉非法迁移到墨西哥，是为了到热带水果种植园里做工资更高的工作。大多数人的最终目的地是美国。

境巡逻，以减少无授权移民进入美国，但是他们又不希望政府花钱在边界上建造更多的围栏。美国国土安全部加强了执法力度，在 2013 年将 438,421 名无授权移民驱逐出境。

■ **工作场所**。大多数美国人认识到，无授权迁入移民会从事其他人不想从事的工作，因此他们支持施行某种与工作有关的方案，让这些迁入移民合法化，并且他们反对突袭工作场所围捕无授权迁入移民。大多数美国人支持提供渠道，让无授权的迁入移民获得美国公民身份。

■ **民事权利**。美国人赞成让执法人员拦下疑似无授权迁入移民，核验他们是否拥有合法的身份。另一方面，他们又担心确定无授权迁入移民的身份并将其驱逐出境，会侵

犯美国公民的民事权利。

■ **地方举措**。民意调查显示，大多数美国人认为对无授权迁入移民进行强制执法是联邦政府的责任，不支持使用当地执法人员搜寻无授权迁入移民。另一方面，美墨边境沿线一些州的居民则希望加强对无授权迁入移民的执法。

州层面上最强烈的举措是亚利桑那州在 2010 年通过的法律，这项法律规定地方执法人员在可行的情况下，有义务核验一个人的移民身份。根据亚利桑那州的这项法律，外国人必须随时随身携带文件以证明合法身份，并且在当地执法人员的要求下出示这些文件。2012 年，美国最高法院驳回这项法律中的若干条款。亚拉巴马州虽然不与墨西哥接壤，但是也在 2011 年推行了类似的措施。亚拉

关于无授权迁入移民的辩论，焦点在于边境的安全保障问题，以及为美国无授权迁入移民提供获得合法身份的途径是否合适。

加强安全保障，不提供获得合法身份的途径

- **错误的信息。** 在没有恰当手续的情况下跨越美国边界，这种违法行为会向遵守法律的人发出错误的信息。
- **鼓励其他人。** 对有非法行为的人进行奖励，会鼓励其他人在没有手续的情况下进入美国。
- **安全措施不佳。** 边界地区，尤其是小城镇和农村地区，安全保障措施不足。

▲ 图 3-26　**边界的安全措施极少**　从墨西哥的帕洛马斯（Palomas）进入美国新墨西哥州的哥伦布（Columbus）。

提供获得合法身份的途径；安全措施已经足够严格

- **不切实际。** 执法人员实际上并不可能查找到 1,100 万无授权迁入移民。
- **经济影响。** 让无授权迁入移民下岗，会削弱美国的经济。
- **工作人员。** 自 2000 年以来，边防工作人员和被驱逐出境的无授权迁入移民数量都翻了一番。
- **守法。** 无授权迁入移民能够带来经济成效，此外还是美国社会的守法成员。

▲ 图 3-27　**边防工作人员**　得克萨斯州拉雷多（Laredo）附近的格兰德河（Rio Grande）。

巴马州的法律还禁止或限制无授权移民上公立学校和公立大学。另一方面，与墨西哥接壤边界最长的得克萨斯州，却没有施行严苛的反移民法律，而且全美国 100 多个地方都通过了决议，为无授权迁入移民争取更多权利——这被称为"庇护城市"（Sanctuary City）运动。

思考题 3.4.3

在美墨边境的口岸，为什么进入美国的交通比进入墨西哥的交通拥堵得更厉害？

欧洲的移民危机

学习成果 3.4.4

了解不同人群对欧洲迁入移民的态度。

　　世界上 16 个人均收入最高的国家，有 14 个位于北欧和西欧。结果，该地区吸引了位于南部和东部较贫穷地区的移民。这些移民在欧洲扮演着实用的角色，从事当地居民不会接受的低地位和低技能工作。在柏林、布鲁塞尔、巴黎和苏黎世等城市，迁入移民从事的都是基本服务工作，例如驾驶巴士、

收集垃圾、维护街道和洗碗。

欧洲的人口迁移模式

欧洲的各个国家共有约 4,000 万出生于外国的居民。这个总数包括在欧洲国家间迁移的 2,000 万人，以及从欧洲以外国家迁移进来的 2,000 万人。

在欧洲内部，移民的流动主要是从东到西。最大的移民流是从罗马尼亚到意大利。其他大型的人口迁移渠道包括从波兰到德国和英国，从意大利到德国，从罗马尼亚到西班牙，以及从葡萄牙到法国。

欧洲国家之间的协议，特别是 1985 年的《申根协议》（Schengen Treaty），让一个欧洲国家的公民有权在其他欧洲国家工作、永久居住，以及拥有房产。欧洲人的迁移限制被消除，在欧洲内部造成了大规模的移民潮。主要的人口迁移流向是从较贫穷的东欧国家到较富裕的国家。在较富裕的国家里，至少在始于 2008 年的严重经济衰退之前，就业机会更多。

2014 年之前，从世界其他地方迁入欧洲的移民主要来自欧洲附近的国家，如土耳其和摩洛哥。2014 年和 2015 年，拥入欧洲的移民人数迅速增加，特别是逃避战争和迫害的叙利亚难民。也有大批阿富汗和北非的难民试图去往欧洲。欧洲国家一直在很艰难地想办法解决难民潮的问题。一些欧洲国家设立栅栏，进行边界检查，并且关闭列车线路，期望能够限制入境难民的数量，但是这种努力并不成功（图 3-28）。

难民通往欧洲的主要路线是经陆路长途跋涉从土耳其进入希腊或保加利亚，或者乘船穿过地中海进入希腊或意大利。大部分难民在到达希腊后，都试图通过塞尔维亚和匈牙利，最终到达德国和其他北欧国家。超过 1,000 名难民因为乘坐不适合航海的船只而在地中海里淹死，或在密封的卡车中窒息而死。

客籍劳工

德国和其他富裕的欧洲国家实行了**客籍劳工**（guest worker）计划，允许较贫穷国家的人暂时移民来从事工作。主要在 20 世纪 60 年代和 70 年代实行的客籍劳工计划在当时被期待成为**循环式迁移**（circular migration）——也就是移民工人为寻找工作在祖国和东道国之间的临时移动——的例子。在工作完成后，客籍劳工应该返回原籍国。

然而，许多原来属于客籍劳工计划的移民没有成为循环式移民，而是在欧洲永久居住下来。他们以及他们的子孙，成为东道国

▶ 图 3-28 **迁入欧洲的移民** 试图穿越地中海去意大利的非洲人在沉船后被意大利海军救起。

的公民。"客籍劳工"这个词在欧洲已经不再使用，政府的客籍劳工计划也不复存在。

欧洲迁入移民的收入，尽管按照欧洲标准来看相对较低，但是远远高于他们在祖国能挣的收入。较贫穷的国家让人民在其他国家工作，可以减少国内的失业问题。移民把钱汇回去给家人，也等于是帮助了祖国。

对欧洲移民的态度

移民占欧洲人口的 8% 左右，其中 4% 是欧洲国家间的移民，另外 4% 来自世界其他地方。相比之下，出生于外国的人口在北美的比例较高，美国为 13%，加拿大为 21%。

尽管移民的比例相对较低，但对移民的敌意已成为许多欧洲国家中许多政党纲领的核心。这些政党将犯罪、失业和高福利成本都归罪于移民。最重要的是，反移民的政党担心，东道国长期以来的文化传统会受到坚持不同宗教、讲不同语言、喜欢不同食物及有其他文化习惯的移民威胁。从这些政党的角度来看，移民对东道国具有数百年历史的文化传统构成了威胁。

欧洲这种对移民的敌意，其背后是人口结构的变化。大多数欧洲国家现在处于人口过渡的第四阶段（人口自然增长率非常低甚至为负）。从其他地区迁来的移民促进了欧洲人口的增长，但许多欧洲人并不喜欢这个趋势。

欧洲对移民的不友好氛围特别具有讽刺意味，因为欧洲是世界上大多数移民的来源，尤其是在 19 世纪期间。工业革命让许多新技术被应用于诸如公共卫生、医学和食品之类的领域，进而使得人口粗死亡率迅速降低，推动欧洲的大多数地区进入人口过渡的第二阶段（高自然增长率）。随着人口的增加，许多欧洲人发现在经济上发展的机会变得有限。

欧洲向美国、加拿大、澳大利亚和世界其他地区的人口迁移，发挥了安全阀的作用，"排放"了部分的人口增长。6,500 万欧洲人向外移民，深刻地改变了世界的文化。和其他移民一样，欧洲人将他们的文化遗产带到了新的家园。由于人口迁移的缘故，现在全世界有一半人口使用印欧语言（见第 5 章），基督教这个在欧洲最普遍的宗教在世界上拥有的信徒最多（见第 6 章）。欧洲的艺术、音乐、文学、哲学和伦理也扩散到了世界各地。

在欧洲移民迁入之前人烟稀少的地区，如北美和澳大利亚，现在已经与欧洲的文化传统紧密结合。欧洲独特的政治结构和经济体系，也扩散到了这些地区。欧洲人还通过迁移到土著人口众多的地区，尤其是亚洲和非洲，在这些地区埋下了冲突的种子。他们经常对当地已有的人口强加政治统治，否定他们的文化价值观，忽略当地的传统。非洲和亚洲的经济基础变得在于提高作物产量和开采资源出口到欧洲，而不在于种植供当地消费的作物和利用资源建设当地工业。在此前是欧洲殖民地的地方，今天的许多冲突都源于过去欧洲移民的行为，例如任意划定边界线和区别对待当地的族群。

思考题 3.4.4

欧洲和北美对迁入移民的态度有何不同？

复习　关键议题 4
为什么移民会面临挑战？

✔ 入境迁移在大多数国家都受到严格控制。

✔ 美国有超过 1,100 万无授权迁入移民，大多来自墨西哥。

✔ 美国人和欧洲人对迁入移民的态度有所不同。

总结与回顾

关键议题 **1**

世界移民
分布在何处？

出境迁移就是从一个地方迁移出去；入境迁移就是从其他地方迁移进来。人口迁移可以是国际迁移（自发的或被迫的），也可以是国内迁移（地区间的和地区内的）。在历史上的大部分时间里，美国一直都是移民迁入的主要目的地。

地理学思维

1. 人口最多的五个国家（中国、印度、美国、印度尼西亚和巴西）中，哪个国家的入境迁移和出境迁移水平特别高，哪个国家的特别低？

2. 有什么能够解释这种相对较高或较低的水平？

▲ 图 3-29　**迁入美国的移民**　迁入美国的移民申请公民身份。

关键议题 **2**

人们在国内
迁移到什么地方？

国内人口迁移主要有两种类型：地区间迁移（一个国家内的不同地区之间）和地区内迁移（一个地区内）。面积较大的国家，包括美国和加拿大，都有重要的地区间人口迁移模式。三种地区内人口迁移模式是，从乡村区域迁到城市区域（尤其是在发展中国家），从城市区域迁到城郊区域和迁到乡村区域（尤其是在发达国家）。

地理学思维

3. 被迫迁移在这里被归类于国际迁移。本章列举了当前和历史上的哪些国内被迫迁移？

▲ 图 3-30　**国内的被迫迁移**　查塔努加市（Chattanooga）中心的桥梁"血泪通道"（The Passage），纪念的是血泪之路。

人们
为什么迁移?

　　人们之所以迁移，是因为文化、环境和经济上推动因素和拉动因素的共同作用。人们可能会因为政治冲突而被迫迁移。人们可能会被"推动"离开有害的环境，被"拉动"去有吸引力的环境。人们会离开就业前景有限的地方，被吸引到可以找到工作的地方。

地理学思维

　　4. 大多数人因为经济上的推动和拉动因素而迁移。在你考虑个人的未来时，你觉得是推动因素还是拉动因素更重要? 为什么?

▲ 图 3-31　**大学毕业生**　毕业后他们将做什么，将在哪里生活?

为什么
移民会面临挑战?

　　人们要迁入大多数国家，就需要先得到政府的许可。在有些国家，对于当前迁入移民数量的反对意见较大。美国在迁入移民的数量上有配额，并且针对部分迁入移民有优先政策。其他国家对入境迁移也有限制。美国有超过 1,100 万无授权迁入移民，他们没有恰当的手续文件。

地理学思维

　　5. 美墨边界的大多数地方都有栅栏，而在美国与加拿大的边界上则没有。这种差异的原因可能是什么?

▲ 图 3-32　**美国和加拿大的边界**　国际和平公园（International Peace Garden）位于北达科他州（North Dakota）和马尼托巴省（Manitoba）的边界上。

关键术语

寻求庇护者（第 92 页），已经迁移到另一个国家，希望被承认为难民的人。

人才流失（第 103 页），有才能的人口大规模地迁移出境。

连锁移民（第 103 页），人们之所以能够迁移到某个地方，是因为他们的同国籍亲属或家人之前已经迁移到了那个地方。

循环式迁移（第 106 页），移民工人为寻找工作在祖国和东道国之间的临时移动。

循环（第 78 页），短期的、重复的或有周期的规律性移动。

逆城市化（第 90 页），从城市区域到乡村区域的人口净迁移。

沙漠化（第 94 页），主要由人类活动（如过量种植庄稼、放牧和砍伐树木）导致的土地退化，尤其常见于半干旱地区，也称为半干旱土地退化。

出境迁移（第 78 页），从一个地方迁移出去。

洪泛区（第 94 页），根据历史趋势在特定数量的年份内会受到洪水影响的地区。

被迫迁移（第 82 页），由于文化或环境因素而被迫进行的永久性迁移。

客籍劳工（第 106 页），曾经是指通常来自南欧、东欧或北非，去北欧和西欧发达国家寻找更高薪工作的工人。

入境迁移（第 78 页），迁移进入一个新的地方。

国内迁移（第 82 页），在特定国家内部的永久性迁移。

国内流离失所者（第 92 页），像难民那样由于政治原因而被迫迁移，但是没有迁移出国界的人。

国际迁移（第 82 页），从一个国家到另一个国家的永久性迁移。

地区间迁移（第 82 页），在国家内从一个地区到另一个地区的永久性迁移。

干扰障碍（第 94 页），阻碍人口迁移的环境或文化特征。

地区内迁移（第 82 页），一个国家某个地区内的永久性迁移。

迁移（第 78 页），迁移扩散的一种形式，包含朝向一个新地点的永久性移动。

人口迁移过渡（第 81 页），社会和经济变迁（人口过渡也源于这些变迁）带来的一个社会中人口迁移模式的变化。

人口流动（第 78 页），人们在不同地方之间的所有类型的移动。

净迁移（第 78 页），入境迁移水平与出境迁移水平之间的差异。

拉动因素（第 92 页），吸引人们移动到新位置的因素。

推动因素（第 92 页），促使人们迁移出他们当前位置的因素。

配额（第 102 页），人口迁移相关法律设定的每年可以迁移到一个国家的人数上限。

难民（第 92 页），被迫迁移到其他国家，且担心因种族、宗教、国际、社会团体所属或政治观点而受到迫害，从而无法回到祖国的人。

汇款（第 97 页），移民工人将钱寄送给祖国的人。

无授权移民（第 100 页），在没有恰当手续的情况下进入一个国家的人。

自发迁移（第 82 页），自愿选择的永久性迁移。

在印度贾沙梅尔（Jaisalmer）的一家咖啡馆里上网冲浪。

第四章

民间文化和流行文化

　　你今天做过什么事情？穿的什么衣服？在学习或工作后，你做过哪些休闲活动？你看电视或做运动了吗？地理学者描述人们在满足日常需求和利用闲暇时间的方式上的异同。第3章讨论的是人口迁移，所以本章要探讨的必然是文化。两个地方会有相似的文化信念、事物和制度，因为人们在迁移时会带去他们的文化。两个群体如果互动有限，则会出现差异。

1

民间和流行休闲活动分布在何处？

　　民间文化和流行文化的休闲、娱乐元素分布在地球的空间上。与民间文化相比，流行文化更可能发源于特定的时间和地点，然后扩散到更广阔的地区。

2

民间和流行物质文化分布在何处？

　　民间文化和流行文化的物质元素包括食物、住房和服装。民间文化更可能因地而异，流行文化更可能因时而异。

3

为什么人们接触民间和流行文化的机会不平等？

民间文化与流行文化有着不同的分布情况。流行文化将人与人联系起来，尤其是通过电子通信。

4

为什么民间和流行文化面临可持续性的挑战？

流行文化的全球性引发人们对可持续性的担忧。流行文化的扩散威胁着民间习俗的地方多样性。

> ▶ 介绍民间文化和流行文化
>
> ▶ 民间和流行文化的起源、扩散与分布
>
> ▶ 民间文化与流行文化的地理差异
>
> ▶ 民间音乐和流行音乐的起源和扩散
>
> ▶ 民间体育和流行体育的起源和扩散

学习成果 4.1.1

介绍民间文化和流行文化的概念。

文化在第1章中被定义为传统信仰、物质特征和社会形式的结合，它们共同构成了一个群体的独特传统。地理学者关注文化定义的所有三个组成部分：

■ 文化定义的第一部分——一个群体现在拥有的，且会传递给后代的显性元素——将在本章中讨论。

■ 一个群体的信念和价值观的两个重要组成部分——语言和宗教——将在第5章和第6章中讨论。

■ 维持价值观和保护人工制品的社会形式，即族群性和政治制度，将在第7章和第8章中讨论。

第3章讨论的是人口迁移，所以本章要探讨的必然是文化。两个地方会有相似的文化信念、事物和制度，因为人们在迁移时会带去他们的文化。两个群体如果互动有限，则会出现差异。

地理学者观察不同文化元素在世界上的分布，研究被观察到的分布情况为什么出现。文化如何影响行为？要回答这个问题，就必须将习惯和习俗区分开来：

■ **习惯**（habit）是由一个特定个体执行的一种重复行为，如每天穿牛仔裤上课。

■ **习俗**（custom）是由一个群体重复执行，进而成为该群体特征的一种行为，如许多学生通常会穿牛仔裤上课。

与习俗不同，习惯并不意味着这种行为被社会上的大多数人口采纳。因此，习俗是被一个群体广泛接纳的习惯（图4-1）。

社会习俗的集合产生出一个群体的物质文化，例如牛仔裤通常代表美国人的随意性，是青春的象征。在本章中，习俗指物质文化中的特定元素，例如穿牛仔裤，而文化则是指一个群体全部习俗的集合。

思考题 4.1.1

你能想到哪位艺人、政客或其他公众人物有独特的穿着习惯？

▲ 图4-1 **习惯和习俗** 在2015年当选后，希腊财政部部长雅尼斯·瓦鲁法克斯（Yanis Varoufakis，左）和总理亚历克西斯·齐普拉斯（Alexis Tsipras，右）习惯穿非正式的服装。为什么世界上的领导人通常都穿西装？为什么有些领导人会选择非正式的服装？其他领导人对此会有什么反应？

介绍民间文化和流行文化

地理学者将文化分为两类：

■ **民间文化**（folk culture）主要由居住在偏远农村地区的小型同质群体根据传统践行（图4–2）。

■ **流行文化**（popular culture）出现于大型的异质社会，这些社会里的人们尽管在个人特征上存在差异，但是也共享着某些习惯（图4–3）。

每种文化元素都有独特的起源、扩散和分布。地理学者观察到，民间文化和流行文化起源、扩散和分布的过程通常都会不同。

随着时间的推移，由民间文化主导的景观变化相对较小。相比之下，流行文化的基础则是通信系统、交通网络和其他现代技术带来的快速、同步的全球连接。快速的扩散使得流行文化变化频繁。民间文化更可能在特定时间点因地而异，流行文化更可能在特定地点因时而异。

在全球范围内，流行文化正变得越来越占优势——至少对有足够收入、能够接触到流行文化的人来说是这样，进而威胁到独特民间文化的生存。地方民间文化的消失减少了世界各地的地方多样性，也减少了由于背景差异而产生的知识启发。

流行文化占主导地位，也会威胁到环境的质量。文化环境与自然环境是相互关联的。每个文化群体都将环境中的特定元素吸收到文化中，进而构建出能够以独特方式对自然进行塑造的景观，即地理学者所称的"建成环境"（built environment）。其中一些景观是可持续的，有些则不是。源于当地自然元素的民间文化，在保护和改善环境方面可能更具可持续性。流行文化不太可能关注自然环

▲ 图4–2 **民间文化** 印度东部的加达巴（Gadaba）人佩戴反映当地民间文化的珠宝，包括直到死亡时才取下来的又大又重的耳环。

▲ 图4–3 **流行文化** 纽约市第47街上的珠宝店。由于聚集了许多钻石商店，这条街被叫作钻石街（Diamond Row）。

▲ 图 4-4　**物质文化**　博茨瓦纳（Botswana）加兹尼（Ghazni）附近的人们在烹制植物根部。

境的可持续性，并且更有可能根据全球的价值观来改造环境。

本章将强调两种文化元素：

■ **生活必需品，包括食品、服装和住房。**所有人都要吃饭、穿衣、寻找住房，但不同的文化群体获得这些必需品的方式各不相同（图 4-4）。

■ **休闲活动，如艺术和娱乐。**关于什么是有意义的艺术，什么是能够激发灵感的娱乐，每个文化群体都有自己的定义。例如，美国人和巴基斯坦人分配闲暇时间的方式就有所不同。

民间和流行文化的起源、扩散与分布

学习成果 4.1.2

比较民间文化与流行文化起源、扩散与分布的过程。

每种文化元素都有独特的空间分布，但总的来说，流行文化的分布比民间文化更广泛。两个基本因素可以解释流行文化和民间文化在不同空间上的分布：起源的过程和扩散的模式。

起源

文化产生于作为创新中心的文化源地：

■ 民间文化的源地通常是无名的，也就是说民间文化产生于无名的发源地，产生的时间未知，创始人也不明确。民间文化也可能有多个源地，在孤立的地点独立地产生。

■ 流行文化通常可以追溯到特定地点的特定个人或组织。它通常是发达国家或地区的产物，尤其是北美和欧洲。

例如，嘻哈被认为是起源于 1973 年 8 月 11 日在纽约市布朗克斯区（Bronx Borough）塞奇威克大道（Sedgwick Avenue）1520 号举行的一场街区聚会，这场聚会有唱片节目主持人库尔·赫克（DJ Kool Herc）参加（图 4-5）。库尔·赫克本名克莱夫·坎贝尔（Clive Campbell），出生于牙买加，在 1967 年与家人一起搬到布朗克斯区。地理学者认为嘻哈的源地很重要，因为嘻哈音乐反映了布朗克斯社区里的普遍状况。这些状况包括街头暴力帮派、纵火和其他犯罪活动，以及为修建布朗克斯高速公路而进行的大规模住房拆除和人口被迫搬迁。

流行音乐和流行文化的其他元素，如食品和服装，来自工业技术的进步和闲暇时间的增加。工业技术使得物品（如 iPod、T 恤、比萨饼）的大批量统一再生产成为可能。许多这类物品有助于人们享受闲暇时间，而闲暇时间的增加，则是因为劳动力普遍发生变化，从农业工作为主转变为服务和制造工作为主。

扩散

民间文化和流行文化的扩散过程不同：

- 民间文化从一个地方传播到另一个地方，速度相对较慢，规模较小，传播方式主要是迁移扩散（人口迁移）。
- 流行文化通常是以等级扩散的形式进行传播，在现代通信手段的帮助下从源地或创新节点迅速向外扩散。

例如，在 20 世纪后期，西方舞蹈音乐从美国迅速扩散到欧洲，尤其是底特律的高科技舞曲和芝加哥的浩室舞曲。高科技舞曲深受灵魂乐、福音音乐，最根本是受非洲民间音乐的影响。浩室舞曲深受纽约和其他城市地区嘻哈音乐的影响，而嘻哈音乐则是从放克音乐、爵士乐，最根本是由非洲民间音乐扩散而来。

嘻哈音乐在 20 世纪 70 年代从布朗克斯扩散到邻近的费城，并在 20 世纪 80 年代扩散到美国的其他城市。嘻哈音乐被引入西欧和日本，并扩散回到作为其灵感主要来源的加勒比国家。在最近的几十年里，嘻哈音乐扩散到了拉丁美洲、亚洲和非洲。在这些地方，这种起源于布朗克斯的音乐受到了当地文化风格的影响。同时，正如流行文化有时会发生的那样，随着嘻哈音乐在世界范围内扩散，它在源地的重要性就可能减小。事实上，自 2005 年以来，美国嘻哈音乐的销量已经急剧下降。

分布

流行文化广泛分布在许多国家，与自然因素的关系很小。这种分布受到人们获取流行文化素材的能力的影响。阻碍人们接触流行文化的主要是缺少收入来购买素材。

当地自然和文化因素的结合，影响着民间文化的独特分布。例如，在一项关于喜马拉雅山脉艺术习俗的研究中，地理学者帕端纳·卡兰（Pradyumna P. Karan）和科顿·马瑟（Cotton Mather）表示，相互邻近的孤立文化群体各自都有独特的自然环境观。这项研究的区域——位于不丹、尼泊尔、印度北部和中国西藏南部的喜马拉雅山脉之中的一个长 2,500 千米（1,500 英里）的狭窄走廊——

▼ 图 4-5　流行文化的起源：嘻哈音乐　嘻哈音乐被认为是在 1973 年发起的。(a) 发起者：库尔·赫克；(b) 发起地点：纽约布朗克斯的塞奇威克大道 1520 号。

(a)

(b)

包含 4 个宗教群体：北部的藏传佛教徒、南部的印度教徒、西部的穆斯林，以及东部信仰东南亚民间宗教的群体。这些群体尽管在空间上邻近，但是互动有限，所以每个群体都有独特的民俗。

通过对绘画题材的选择，每个群体都展示出其文化如何反映宗教和个人的环境观：

■ **佛教徒**。在北部地区，佛教徒绘出理想化的神圣人物，如僧侣和圣人。有些人物被描绘得怪异或恐怖，这或许反映了条件恶劣的环境。

■ **印度教徒**。在南部地区，印度教徒绘的是日常生活的场景和熟悉的当地场景。他们的绘画有时在家庭场景中描绘出神灵，这经常表现出该地区的恶劣和极端气候条件。

■ **穆斯林**。在该地区的西部，民间艺术受到了当地的美丽植物和花卉的启发。与佛

地理学实践　时间利用调查

在几个国家进行时间利用调查，确定人们如何分配一天的时间。可以对结果进行分析，确定各国人民之间的异同，以及一个国家内不同群体之间的异同。时间利用上的明显差异取决于个人是在上学，还是已经就业。

文化地理学者对不同的群体如何利用闲暇时间有着特别的兴趣。按照年龄、性别、族群和居住地点进行观察，可以观察到各不相同的模式。例如，美国年轻人与其他年龄段的美国人相比，看电视和阅读的可能性更低，但是玩电脑游戏的可能性更高（图 4-6）。与美国的年轻人相比，巴基斯坦的年轻人看电视或玩电脑游戏的可能性更小，阅读、与朋友交际和听广播的可能性更高。

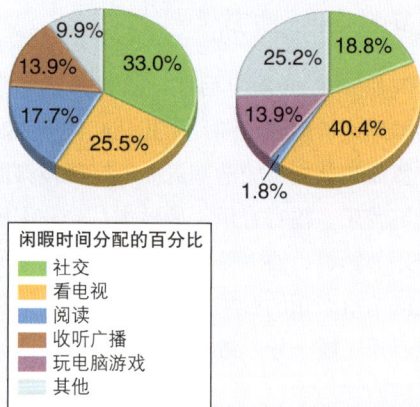

（a）巴基斯坦20至29岁　（b）美国15至24岁

闲暇时间分配的百分比
- 社交
- 看电视
- 阅读
- 收听广播
- 玩电脑游戏
- 其他

▲ 图 4-6　闲暇时间的分配　（a）巴基斯坦的年轻人和（b）美国的年轻人把时间花费在不同的活动上。

你的休闲活动是什么？

1. 记录你一个周末的活动。记录你周末两天在下列活动上花费的小时数：

■ 与朋友交际（包括通过电话或社交媒体进行的交流）。

■ 看电视节目。

■ 阅读。

■ 收听广播。

■ 玩电脑游戏。

■ 做其他事情（不包括睡觉）。

2. 将这 6 项活动的小时数分别转换为百分比。

3. 将你在每项活动上花费时间的百分比，分别与所有美国人、美国年轻人以及巴基斯坦年轻人闲暇时间分配的百分比进行比较。你的时间调查结果与其他地方人民的时间调查结果有什么不同？

4. 有什么原因能够解释这种调查结果之间的异同？

▲ 图4-7　流行音乐的关联　该地图显示了音乐风格之间的关系，专门设计得像伦敦地铁系统的地图。[1]

教和印度教地区的绘画不同，这些绘画并没有描绘恶劣的气候条件。

■ **民间宗教信徒。**从缅甸和东南亚其他地区迁到该研究区域东部的人们，绘出来的符号和图案源于他们的宗教，而非源于当地的环境。

喜马拉雅山地区艺术主题的分布，表明了民间习俗会受到宗教等文化制度的影响，也会受到气候、地貌和植被等环境因素的影响。这些群体在舞蹈、音乐、建筑和手工艺方面也表现出类似的独特性。

思考题 4.1.2

什么地理因素能解释喜马拉雅山区文化的多样性？

〔1〕编者注：图中人名及其他名词的原文请见附录2。

民间文化与流行文化的地理差异

学习成果 4.1.3

比较民间文化与流行文化的地域模式和关联模式。

地理学者观察到，文化特征有独特的地区分布。文化地区通常是乡土地区，被人们视为自己文化身份的一部分。在有些情况下，文化地区也可能是形式地区或机能地区。球队支持者的地区可以被视为机能地区，因为支持者的比例在球队所在地附近通常更高。

民间文化覆盖的地区通常远远小于流行文化覆盖的地区。两种文化分布情况不同的原因在于关联或缺少关联。一个群体的独特文化源于在与其他群体隔绝的地方体验当地的社会和自然环境。即使是彼此邻近的团体，也会因为相互关联有限而拥有不同的民间文化。

例如，根据理查德·佛罗里达（Richard Florida）、夏洛塔·梅兰德（Charlotta Mellander）和凯文·斯托拉里克（Kevin Stolarick）的研究，民间音乐家曾经是根据对特定风格的共同兴趣而聚集在特定社区里的，例如纽约的叮砰巷音乐（Tin Pan Alley）、新奥尔良的迪克西兰爵士乐（Dixieland jazz）、纳什维尔的乡村音乐，以及底特律摩城唱片公司（Motown）的音乐。现在，随着流行音乐的全球化，音乐家与特定地点文化的关系变得更少。和流行文化的其他元素一样，流行音乐家与风格类似的表演者之间的关联更多，哪怕他们刚好生活在世界的不同角落；流行音乐家与风格不同的表演者之间的关联更少，哪怕他们碰巧生活在同一个社区。

图 4-7 通过在类似伦敦地铁线路图的地图上描绘流行音乐家来说明这点。地铁线路代表流行音乐的风格，换乘点代表在两种风格之间交叉的个人。例如，坎耶·维斯特（Kanye West）位于嘻哈音乐和灵魂乐的交汇处。

思考题 4.1.3

你喜欢什么类型的音乐？它符合图 4-7 中的哪条线路？

民间音乐和流行音乐的起源和扩散

学习成果 4.1.4

比较民间音乐和流行音乐在地理维度上的差异。

音乐研究者丹尼尔·列维坦（Daniel Levitan）认为，人类历史上的每个文化都有一定的音乐传统。音乐既是民间文化传统，也是流行文化传统的一部分，所以它可以被用来说明民间文化与流行文化在起源、扩散和分布上的差异。

民间音乐

据中国传说，音乐发明于公元前 2697 年，当时黄帝派伶伦去砍竹，制作能够模仿凤凰叫声的竹笛。实际上，民间歌曲通常都没有明确的源头，并且通过口头传播。随着环境的变化，歌曲会在代与代之间发生变化，但是歌曲内容大多都源自多数人所熟悉的日常事件。在人们迁移时，民间音乐会作为民间文化的一部分随之传播。

民歌可以讲述故事，传递有关生命周期事件（如出生、死亡和婚姻）或环境特征（如农业和气候）的信息。例如，在越南，大多数人都是自给自足的农民，关于农业技术的信息在传统上是通过民歌传播的。下面的民歌提供的建议，就有关于夏季播种和冬季播种的差异：

Ma chiêm ba tháng không già
Ma mùa tháng ruôì át la' không non.[1]

这首歌可以这样翻译：

对夏季作物而言，三个月的幼苗不算老；
对冬季作物而言，一个半月的幼苗不算小。

在西方人听来，这首歌算不上抒情。但是，当英语民歌出现在冷冰冰的印刷品中时，尽管其传递的关于环境的具体信息有所不

---

[1] 引自约翰·布莱克特金（John Blactking）、乔安·凯阿里伊诺霍牟库（Joann W. Kealiinohomoku）编：《表演艺术：音乐和舞蹈》（*The Performing Arts: Music and Dance*），海牙：穆顿出版社，1979 年，第 144 页。经出版商许可转载。

▲ 图 4-8 **民间音乐：越南** 歌手演唱官贺（Quan Ho）民歌，庆祝每年正月十三至十五举行的灵村赛歌节（Lim Festival）。官贺民间音乐可以追溯到 500 多年前，被联合国教科文组织认定为人类非物质文化遗产。

同，却也会有类似的主题。

在越南庆祝各种节日，人们都会在当地有意义的环境中——如山坡上或水域上——演唱音乐。穿着传统服装的歌手，歌唱当地村庄的日常生活元素，如树木、花卉和水源（图 4-8）。

流行音乐

与民间音乐相反，流行音乐是由特定个人为了出售或在大量观众面前表演而创作的。流行音乐要使用复杂的电子设备，因而经常展现出较高的技术水平。

例如，我们今天所知的流行音乐起源于 1900 年左右。当时，北美和欧洲主要的流行音乐表演是综艺节目，在英国称为歌舞表演（music hall），在美国称为综艺表演（vaudeville）。为了给综艺节目提供歌曲，纽约一个叫作叮砰巷的地区发展出了音乐产业。美国流行音乐在世界范围内的扩散始于

20 世纪 40 年代，当时武装部队无线电网络（Armed Forces Radio Network）向美国的士兵，以及二战期间美军驻扎国或美军作战国的公民播放音乐。

流行音乐家越来越多地聚集在其他创意艺术家所居住的社区，不在意艺术类型。纳什维尔是流行音乐家，尤其是乡村音乐和福音音乐的表演者最集中的地区。在纽约、洛杉矶和旧金山这三个比纳什维尔大得多的大都市地区，音乐家总数和集中度都比较高。音乐家聚集在这些地方，以便接近就业机会和文化活动的源地，而且这些文化活动可以吸引许多类型的艺术家，而不仅仅是某种类型音乐的表演者。流行音乐家也被吸引到这些地方，以便能有更多机会接触到举办现场表演的机构，这些机构是流行音乐行业日益重要的一个组成部分。

地区不同，对流行音乐的偏好就会不同。例如，音乐机器（Music Machinery）博客根

据回音巢（The Echo Nest）网站的流媒体数据，确定了 2014 年各州最受欢迎的艺术家。2014 年作品被播放次数最多的艺术家，在密西西比河以东地区是杰斯（Jay Z），在美国西南部是德雷克（Drake），在西北部是麦克默和瑞恩·路易斯组合（Macklemore & Ryan Lewis）。

民间体育和流行体育的起源和扩散

学习成果 4.1.5
描述体育运动从民间文化向流行文化的转变。

许多体育运动在起源时是孤立的民间习俗，像其他民间文化那样通过个体的迁移而得到扩散。然而，系统性体育运动在当代的扩散过程展示出了大众文化的特征。

民间文化：足球的起源

足球是世界上最流行的体育运动，起源于 11 世纪的英格兰，最初是一种民间习俗。它后来被转变成始于 19 世纪的全球流行文化的一部分。

和其他民间习俗一样，足球的起源也不清晰。最早有记录的比赛发生在 11 世纪的英格兰。据足球历史学者介绍，丹麦入侵英格兰后，在 1018 年至 1042 年之间，挖掘建筑工地的工人看到了一个丹麦士兵的头颅，于是就用来当球踢。"踢丹麦人的头"这种做法被男孩模仿，有人想到使用充气牛膀胱来替代。早期的足球比赛场面就像暴动。来自两个村庄的很多人会聚集起来踢球。把球踢进对手村庄中心的那方就是获得胜利的一方。

流行文化：足球的扩散

足球从一种英格兰民俗转变为全球流行文化，这个过程始于 19 世纪。足球俱乐部和其他娱乐俱乐部成立于英格兰，通常是由教堂组建，目的是为闲暇时的工厂工人提供有组织的娱乐活动。体育成了学校里教授的科目。

由于闲暇时间不断增加，人们不仅可以参加体育比赛，还可以观看比赛。随着收入的增加，观众开始付费观看一流的赛事。为满足公众的需求，足球俱乐部开始雇用职业球员。1863 年，几家英国足球俱乐部组建协会，将足球规则标准化，并组织职业联赛。"足球"（soccer）这个词是从"协会"（association）这个词的缩写"assoc"曲解变化而来的。足球在英国被正式地组织起来，标志着足球从民间文化向流行文化的转变。

从 19 世纪晚期开始，英国将协会足球传播到世界各地，首先是欧洲大陆，然后是其他国家。例如，从英国留学回国的荷兰学生是 19 世纪 70 年代后期最早在欧洲大陆踢足球的人。1893 年，在西班牙的毕尔巴鄂（Bilbao），矿工们看到在那里工作的英国工程师踢足球，然后也接纳了这项运动。英国人进一步将足球运动扩散到遍及全球的整个大英帝国。20 世纪，足球和其他运动一样，因为新的通信系统特别是电视，而得到进一步扩散。

从世界杯就可以看出足球在全球的受欢迎度。多个国家足球队进行比赛的世界杯每 4 年举办一次，包括 2018 年在俄罗斯举行的男子足球世界杯，以及 2019 年在法国举行的女子足球世界杯。因为有电视，所以男足世界杯的每场决赛都打破了世界历史上任何一个赛事的观众记录。

奥运会项目

要成为夏季奥运会的项目，一个体育项目必须在至少 75 个国家（女子项目的要求

▲ 图 4-9　*体育的全球化：奥运会*　练习 100 米跨栏。

是 50 个国家）和 4 个大洲广泛开展。 2016
年夏季奥运会的项目包括射箭、水上运动、
田径、羽毛球、篮球、拳击、独木舟 / 皮划艇、
自行车、马术、击剑、曲棍球、足球、高尔
夫、体操、手球、柔道、现代五项全能、赛
艇、英式橄榄球、帆船、射击、乒乓球、跆
拳道、网球、铁人三项、排球、举重和摔跤
（图 4-9）。美国的两项主要团队运动——美
式足球和棒球——并未包括在内。

思考题 4.1.5

你的学校开展多少个奥运会比赛项目？

残存的民间体育

　　大多数体育项目的扩散都不及足球。文
化群体仍然有自己喜欢的体育项目，这些体
育项目对其他地方的人来说往往难以理解。
例如：

■ 板球主要流行于英国和前英国殖民地，
特别是南亚、南太平洋地区和加勒比群岛。

■ 冰球肯定流行于气候寒冷的地区，特
别是加拿大、美国北部、北欧和俄罗斯。

■ 将踢、跳等形式与击打、摔跤等格斗
形式结合起来的武术，是中国最受欢迎的体
育运动之一。

■ 棒球曾经仅限于北美，后来被从美国
留学和工作归来的日本人带回日本，并于 19
世纪后期在日本流行起来。

■ 澳式足球是一项不同于英式足球和美
式足球的运动。19 世纪有体育运动的国家之
间缺乏互动，导致澳大利亚、美国和加拿大
出现了形式各不相同的足球运动。

■ 长曲棍球原本是易洛魁人（Iroquois）
开展的运动，他们称之为古吉格哇哈（guh-
chigwaha），意思是"撞臀部"。加拿大的欧洲
殖民者从易洛魁人那里学来这项运动，然后
扩散到少数美国社区，尤其是马里兰州、纽
约州北部和长岛的社区（图 4-10）。

　　尽管体育运动在地球表面的分布多种多
样，而且有些运动项目的起源不明，但是有
组织的观赏性体育项目如今是流行文化的一
部分。职业体育运动中的共同之处是全世界
的人们都愿意付费在现场或在电视上观看职
业运动员参加的赛事。

同时，体育运动可以成为文化和地区认同的一股强大力量。例如，美国职棒大联盟的球队就拥有明显的区域特征。长曲棍球促进了易洛魁联盟［卡尤加族（Cayuga）、莫霍克族（Mohawk）、奥奈达族（Oneida）、奥内达加族（Onondaga）、塞内卡族（Seneca）和塔斯卡洛拉族（Tuscarora）］的文化认同，因为他们受到国际长曲棍球联合会（International Lacrosse Federation）的邀请，与来自澳大利亚、加拿大和美国等主权国家的球队一起参加长曲棍球世界锦标赛（Lacrosse World Championships）。

▲ 图 4-10　残存的民间体育：长曲棍球　在马里兰州，许多高中都开展了女子长曲棍球运动。

复习　关键议题 1
民间和流行休闲活动分布在何处？

✔ 民间文化和流行文化具有独特的起源、扩散和分布模式。

✔ 民间休闲活动通常起源不明，扩散的方式是迁移扩散，分布的范围有限。

✔ 流行音乐和体育通常起源于可辨认的个人或组织，扩散的方式是等级扩散，扩散速度较快，且分布范围较广。

民间和流行物质文化分布在何处?

- ▶ 物质文化的要素
- ▶ 民间服装和流行服装
- ▶ 民间食物习俗
- ▶ 流行食物偏好
- ▶ 民间住房和流行住房

学习成果 4.2.1

介绍物质文化的环境和文化特征。

物质文化包括三种最重要的生活必需品:衣服、食物和住房。和休闲活动一样,民间文化的物质要素在相对孤立的群体中起源不明,或者有多重起源,并且通过迁移扩散的过程缓慢地扩散到其他地方。

流行服装、食物和住房在时间上的变化多于在地点上的变化。它们源于特定个人或组织的发明,在地球上迅速地扩散到具有不同环境条件的地点。对于这些东西的获取,取决于个人是否有足够高的收入来获得与流行文化相关的物质财富。

在流行文化中,食物、服装和住房存在地区上的差异,但这些差异远小于过去。在美国,从缅因州的波特兰市到俄勒冈州的波特兰市,我们去任何一个城市的郊区里新建成的社区,会发现房屋看上去都一样,人们都穿牛仔裤,卖比萨的连锁店也是一样的。

物质文化的要素

民间文化更可能受到环境条件的影响,但是流行文化也免不了受影响。地理学者还观察到,民间文化和流行文化可能会相互冲突。

葡萄酒的地理学

葡萄酒生产的空间分布受到环境和文化因素的影响。适合制作优质葡萄酒的葡萄在有些地方会更好。与此同时,现在生产葡萄酒的地方主要是具有出色的产酒传统、人们喜欢喝葡萄酒且有能力购买葡萄酒的地方。

葡萄酒的生产: 环境因素。 一种葡萄酒的独有特点来源于葡萄园的风土条件,即土壤、气候和葡萄种植地其他自然特征的独特结合:

- **气候。** 葡萄园最适宜建在不太寒冷、冬季多雨、夏季较长而炎热的温带气候。夏季必须要有晴朗、炎热的天气,让水果能够熟透,而冬季下雨会更好,因为导致水果腐烂的植物病害在炎热、潮湿的天气中会更加活跃。
- **地形。** 葡萄园应该尽可能建在山坡上,以最大限度地接受日照,以及促进排水。靠近湖泊或河流的地方最好,因为水体可以让温度不极端。
- **土壤。** 葡萄可以种植在各种土壤中,但是质量最好的葡萄酒,其原料葡萄通常产于土质粗糙、排水良好的土壤——这种土壤并不一定能促进其他作物生长。

葡萄酒的生产: 文化因素。 虽然葡萄可以在各种各样的地方种植,但是葡萄酒的生产主要基于历史上的和当代的文化价值观。葡萄酒生产的分布表明,流行习俗的扩散较少取决于一个地点的独特环境,更多取决于能够促进习俗被接受的信仰、制度和物质特征。

在法国和意大利的大部分地区,葡萄酒生产的社会习俗至少可以追溯到罗马帝国。罗马沦陷后,葡萄酒消费量下降,许多葡萄园遭到破坏。在中世纪的欧洲,修道院保留了酿酒的传统,既是为了饮用,也是为了用于仪式。最近几个世纪，在欧洲和被欧洲人殖民的西半球，葡萄酒的消费再次变得极其流行。葡萄园现在通常由私人和公司而非宗教组织所有。

在不信仰基督教的地区，葡萄酒的生产都没有得到鼓励。印度教徒和穆斯林尤其避免饮用含酒精的饮料。因此，南亚、西南亚及北非（以色列除外）的葡萄酒产量很少，原因主要在于文化价值观，尤其是宗教信仰。

民间和流行文化价值观的冲突

民间文化和大众文化之间可能会产生冲突。例如，在流行文化主导的国家，穿民间服装可能会引起争议；反过来，在民间风格服装主导的国家，穿流行服装也同样可能引发争议。男性必须决定是否穿西式套装，在他们担任着商界或政界领导职位时尤其如此。

▼ 图4-11　民间服装：木鞋　荷兰的斯泰伦丹（Stellendam），一名穿木鞋的男子在被洪水淹没的街道上骑自行车。

西南亚和北非妇女通常穿着的宽松服饰，包括罩衣、头巾和面巾，与西方风格的女性休闲穿着，如开领衬衫、紧身休闲裤和露腿的裙子，想要共存就特别困难。在西南亚和北非，遵守传统民间习俗的女性通常会穿着遮挡脸部的服装。遮挡头部的头巾被称为希贾布（hijab）。尼卡布（niqab）是遮盖脸庞下半部分的面纱。波卡（burqa）遮盖的是整个脸部和身体，只留下一块纱网可以向外看。欧洲国家，包括法国和比利时，禁止妇女在公共场合穿着这类服装。

思考题 4.2.1

你能想到发达国家或者学校对服装风格还有什么其他限制吗？

民间服装和流行服装

学习成果 4.2.2

比较民间文化与流行文化中的服装风格分布，以及这种分布的原因。

生活在民间文化中的人们在过去穿着某种服装，一定程度上是为了应对独特的农业实践和气候条件。在流行文化中，服装偏好反映的通常是职业，而不是特定的环境。

民间服装的偏好

人们之所以穿独特的民间服装，是由于各种环境和文化因素。荷兰穿木鞋的民间风格似乎很古怪，但是木鞋在潮湿的气候中仍然有实际用途（图4-11）。在极寒的气候下，有皮草衬里的靴子可以抵御寒冷，雪鞋可以让人在松软的深雪中行走而不会陷下去。生活在温暖、潮湿的气候中的人们则可能不需要这样的鞋，因为穿着这种鞋在大雨或水中行动会不方便。文化因素，如宗教信仰，也会影响人们的服装偏好（图 4–12）。

就像世界其他地区的人们接触到西方服装那样，旅行次数的增加和媒体的扩散也使得北美和欧洲的人们接触到其他形式的服装。南美洲的蓬却披风（poncho）、尼日利亚约鲁巴（Yoruba）人的大喜吉装（dashiki），以及阿留申人（Aleut）的派克大衣（parka），都已被世界其他地方的人们接受。世界某些地区的人们之所以仍然穿民间服饰，不是为了适应独特的环境条件或承袭传统文化价值观，而是为了保留历史记忆或吸引游客。

思考题 4.2.2
你通常穿什么样的民间服装或流行服装？

流行服装风格的迅速扩散
个人的服装习惯说明流行文化能够在几乎不受自然特征影响的情况下在景观中分布。流行的服装习惯反映出：

■ **职业。** 例如，律师或企业主管倾向于穿深色西装和浅色衬衫，打领带或系围巾，而工厂里的工人则穿牛仔裤和工作衫。位于纽约的律师，其着装会更像加利福尼亚州的律师，而不像纽约的工厂工人。

■ **收入。** 女装的时尚每年都会变化。服装的颜色、外形和设计，会为了模仿服装设计师的作品而改变。为了社交，有足够收入的人可能会按照最新的时尚经常更新自己的衣橱。

通信的改善使得服装款式能够从一个地区迅速扩散到另一地区。在巴黎、米兰、伦敦或纽约设计的原创女装，在亚洲的工厂被大量复制和生产，并在北美和欧洲的连锁店以较低的价格出售。时尚品位变化很快，所以在批量生产设计师设计的服装时，速度至关重要。

(a)

(b)

▲ **图 4–12 民间服装：宗教传统** 许多虔诚的穆斯林和犹太人要穿端庄的黑色衣服。（a）阿拉伯联合酋长国迪拜的穆斯林妇女；（b）耶路撒冷的犹太青少年。

欧洲应该接受女性戴面罩吗？有些欧洲国家，包括法国和比利时，禁止妇女穿波卡和尼卡布等服装。穿这些服装的通常是从西南亚和北非迁移到欧洲的虔诚穆斯林妇女。

禁止在公共场合穿波卡和尼卡布

- 这类服装消除个人身份，把女性当作二等公民。
- 禁令保护两性平等和女性尊严。
- 完全遮盖脸部会让个人身份无法识别，带来安全隐患。

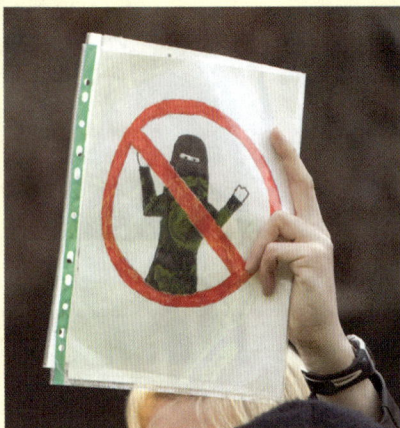

▲ 图 4-13　支持禁止波卡和尼卡布的海报

允许在公共场合穿波卡和尼卡布

- 政府无权决定人们的穿着偏好。
- 禁令表现出对穆斯林文化传统缺乏理解和包容。
- 禁令侵犯了女性的信仰权、言论自由权和隐私权。

▲ 图 4-14　支持希贾布的人们在伦敦游行

过去，从原创的服装被展示出来到大批量生产的复制品出现在商店，可能会花几年的时间。由于电子通信技术的扩散，这个时间现在已经缩短到了仅仅几周。大型零售连锁店的购物者可以通过电子的方式查看流行款式和下单。草图、图案和规格可以从欧洲的时尚中心即时发送到美国的公司总部，然后再发送到亚洲的工厂。

民间食物习俗

学习成果 4.2.3

了解民间食物偏好和禁忌的原因。

　　根据 19 世纪的文化地理学者维达尔·白兰士（Vidal Blache，1845—1918 年）的说法，"在将人类与某种环境联系起来的'连接'中，最坚定的一种是食物供应；服装和武器比饮食体系更容易被改变，这是为了在特定的气候条件下最好地适应人类的需求"。食物偏好必然会受食物可用性的影响，但是人们不会只吃他们在自己的环境中可获得的东西。

　　食物喜好受到文化传统的强烈影响。选择吃什么食物，确立了一个人在社交、宗教和族群方面的所属。要确定一个家庭的族群渊源，最可靠的方法就是看它的厨房。

食物与环境

　　民间饮食习惯受环境的影响尤其深远。人类主要食用植物和动物，即从一个地区的土壤和水中生长出来的生物。一个地区的居民在决定生产特定的食物时，必须考虑土壤、气候、地形、植被，以及环境的其他特征。

一个地点的自然特征对食物味道的影响，就是人们所知的"风土"（法语中为 terroir）。风土是土壤、气候及其他当地环境特征对特定食物的影响总和。例如，一种特殊类型的小扁豆只在法国勒皮昂韦莱（Le Puy-en-Velay）附近种植（图 4-15）。这种小扁豆拥有独特的味道，是因为该地区有火山土壤，且扁豆的生长季节干旱少雨。

人们根据环境条件调整食物偏好。例如，在亚洲，水稻种植在较为温和、潮湿的地区，而小麦则种植在较为寒冷、干燥的地区。在欧洲，意大利传统上偏好快速油炸食品，有一部分原因是燃料短缺。在北欧，木材供应充足，所以人们愿意慢炖和烘烤食品，而非油炸，而且这种烹饪方式也为寒冷气候下的家居提供了热量。

大豆这种极好的蛋白质来源在亚洲得到广泛种植。未加工的大豆有毒，且难以消化。长时间的烹饪能够让大豆变得可食用，但是亚洲的燃料稀缺。亚洲人适应了这种环境挑战，用大豆制造出了不需要长时间烹饪的食物，包括豆芽、酱油和豆腐。

土耳其伊斯坦布尔的许多叫"博斯坦"（bostan）的小菜园，几百年来始终在为伊斯坦布尔提供新鲜农产品（图 4-16）。根据地理学者保罗·卡尔贾安（Paul Kaldjian）的统计，伊斯坦布尔拥有约 1,000 个小菜园，经营者主要是来自土耳其卡斯塔莫努省（Kastamonu）吉代村（Cide）的移民。通过卡尔贾安所谓的对空间、季节和资源的巧妙和有效利用，小菜园的农民能够将小面积土地（通常为 1 公顷）的收益最大化。在小菜园里，农民每年会在不同的时间种植 15 至

▼ 图 4-15　民间食物习俗：风土　法国勒皮昂韦莱是一种特殊小扁豆的种植地，这种小扁豆是法国和欧盟注册并保护的第一种蔬菜。

▲ 图 4-16　伊斯坦布尔的小菜园 （a）地理学者保罗·卡尔贾安描绘出土耳其伊斯坦布尔市中心的一个典型的"博斯坦"，也就是传统的小菜园。小菜园为伊斯坦布尔这个大城市的居民提供新鲜蔬菜；（b）在伊斯坦布尔拥有 500 年历史的耶底库勒堡（Yedikule Fortress）的外面，有一个可以追溯到公元前 400 年的小菜园。它可能会被拆除，改建成景观公园。

20 种不同类型的蔬菜，而且每年选择种植的蔬菜都会不同，以便降低恶劣天气带来的受损风险。卡尔贾安表示，大多数工作是由年长的男性完成的，他们要准备苗圃、播种、灌溉和操作机动设备。女性则负责除草，而男性和女性都要参加收割。

　　某些食物被人们食用，是因为在民间文化中人们觉得它们的自然特性可以提高一些社会认为值得获取的品质。例如：

- 巴拉圭的阿比坡尼人（Abipone）吃公牛、美洲虎和雄鹿，是为了让自己变得强壮、勇敢和迅捷。阿比坡尼人认为，食用母鸡或乌龟会让人变得胆怯。

- 日本的阿伊努人（Ainu）不吃水獭，因为他们认为水獭是健忘的动物，食用它们会导致记忆力丧失。

- 乍得的恩巴姆卡普族（Mbum Kpau）妇女在怀孕前不吃鸡肉或山羊肉。人们认为，不吃这些动物可以帮助避免分娩时的疼痛，防止生出畸形的孩子。在怀孕期间，恩巴姆卡普族人不吃犄角扭曲的羚羊，因为他们觉得这可能导致怀上的孩子畸形。

食物禁忌

　　根据许多民间习俗，自然界的所有事物都有以外观和自然属性为基础的鲜明特征。因此，人们会根据某些想象出来的有益或有害的自然特征，想要或避免食用某些食物。

　　人们不食用特定的植物或动物，原因多种多样。这种由宗教规则或社会习俗对行为施加的限制就叫作禁忌（taboo）。其他习俗或惯常行为，如性行为，也都会受到禁止，但食物领域的禁忌特别强烈。一些民间文化有食物上的禁忌，是因为对自然环境的担忧。这些禁忌可能有助于保护濒临灭绝的动物或稀有的自然资源。为了保护稀有的动物物种，某些热带地区只有少数高级人士可以打猎，大多数人则只能种植庄稼。

在犹太《圣经》中可以找到一些比较著名的对某些食物的禁忌。古希伯来人不得食用各种各样的食物，包括不反刍的动物、长分趾蹄的动物，以及没有长鳍或鳞的鱼（图4-17）。这些来自《圣经》的禁忌，通过人们的口传和拉比的讲解，发展成了今天部分犹太人遵守的犹太律法。

穆斯林对猪肉有禁忌，因为阿拉伯半岛的旱地上不适合养猪。猪会与人类争食物和水，而且不会带来补偿性的好处，如拉犁、运货、产奶和产毛。大范围养猪会给伊斯兰的文化源地带来生态灾难。

印度教禁忌食用牛，也在一定程度上归因于环境因素。肉牛来自去势公牛，而去势公牛历来被用于拉犁和拉车。印度必须保持大量的去势公牛，因为在季风雨到来时，农民几乎需要同时耕犁所有田地。宗教制裁保证了印度牛的数量充足，这是应对去势公牛减少和人口增加的一种保险。

但是，包括穆斯林、印度教徒和犹太人在内的很多人不吃肉，这种禁忌在根本上不能用环境因素来解释。社会价值观必然影响人们对饮食的选择，因为处于相似气候和相似收入水平的人们会消费不同的食物。《圣经》中的食物禁忌让犹太人保持了他们的身份和群体归属感。基督教徒忽视《圣经》中的食物禁令，这种做法与基督教想要吸引各地信徒的宗旨相符合（见第6章）。

思考题 4.2.3

你不吃什么食物？你不吃这些食物，是因为有禁忌，还是有什么其他原因？

流行食物偏好

学习成果 4.2.4

描述不同地区在流行食物偏好上的差异。

在 21 世纪的流行文化中，食物偏好似乎与民间传统鲜有关系。流行食物偏好受文化价值的影响大于受环境因素的影响。尽管如此，在国家之间和国家内部仍可以观察到区域差异，而且在某些特定的食物上，环境

▶ 图 4-17 巴黎符合犹太教规的比萨餐馆

的影响仍然很重要。

区域差异：全球范围

为什么可口可乐和百事可乐的销售模式有区别？它们是相似的饮料，许多人都无法品尝出其中的差异。然而，在不同的国家，消费者对这两种可乐的偏好不同。

可口可乐占全球可乐销售量的一半以上，百事可乐占 1/4。在西半球的大部分地区，可口可乐的销量都处于领先地位。加拿大的法语区魁北克省是一个最重要的例外，那里的人们更喜欢百事可乐。百事可乐用广告将自己与独特的加拿大法语文化联系起来，因此赢得了魁北克人的青睐。魁北克市的主要室内体育场馆被命名为百事可乐体育馆（Colisée Pepsi）。

在俄罗斯，人们对可口可乐的喜好受到政治的影响。在共产主义时期，政府官员与百事可乐达成协议，允许在苏联出售百事可乐。随着苏联的解体和共产主义的结束，可口可乐进入了俄罗斯市场。俄罗斯人迅速将偏好转向可口可乐，因为百事可乐被人们与苏联政府联系了起来。

曾经，西南亚和北非的阿拉伯国家抵制在以色列销售的产品，因为以色列的宗教是以犹太教为主。百事可乐直到 1992 年才在以色列销售，所以可口可乐曾是以色列人的唯一选择，而在以色列的大部分邻国，百事可乐是人们的首选。

区域差异：美国的零食和快餐

地理学者观察到，在美国这样的发达国家内部，不同地区对食物的偏好也有差异。有些差异可以归因于文化因素或环境因素，有些差异则没有明确的解释。以下是美国文化因素对食物偏好区域差异产生影响的一些例子：

■ 犹他州的所有酒类消费率都很低，因为耶稣基督后期圣徒教会成员在犹他州聚集，他们不饮用任何酒类。邻近的内华达州由于赌博等娱乐活动高度集中，所以所有酒类的消费率都很高。

■ 得克萨斯人更有可能偏好墨西哥炸玉米片，因为得克萨斯州的西班牙裔美国人很多。西部人可能更喜欢杂粮玉米片，因为他们更关注休闲食品的营养成分。

美国人选择特定的饮料或零食，可能部分是因为偏好当地生产、种植或进口的产品：

■ 美国的大部分葡萄酒产量都集中在加利福尼亚州，该州的葡萄酒消费量相对较高，而啤酒消费量相对较低。中西部靠北地区种植大量的谷物，啤酒和烈酒的消费量相对较高。该地区葡萄种植较少，葡萄酒消费量较低。

■ 南方人可能更喜欢猪皮，因为南方饲养的猪更多；北方人可能更喜欢爆米花和薯片，因为北方种植的玉米和马铃薯更多。

然而，许多区域差异与文化或环境因素并没有明显的联系。例如，麦当劳在美国 50 个州的集聚度各不相同，每 10 万人拥有的麦当劳餐厅数量多至 5 家以上，少至 3 家以下。中西部的麦当劳餐厅集聚度最高。根据词汇学家网站（lexicalist.com），在东北部特别受欢迎的食物品牌是唐恩都乐（Dunkin' Donuts），在东南部是卡卡圈坊（Krispy Kreme），在中西部是白色城堡（White Castle），在西南部是快闪汉堡（In-N-Out Burger），数据基于各品牌在推特网上被提及的频次。

思考题 4.2.4

你的食物偏好是否与你所在地区的主要食物偏好相符？

民间住房和流行住房

学习成果 4.2.5

理解影响民间住房模式的因素。

法国地理学者白吕纳是人文景观传统的主要贡献者，他将住房视为人文地理学的基本事实之一。它是文化传统和自然环境的产物。美国文化地理学者弗雷德·尼芬（Fred Kniffen）认为，住房能很好地反映文化遗产、当前时尚、功能需求和环境影响。

民间住房

人类都需要有地方居住。独特的环境和文化特征影响民间文化中的住房供应。

环境影响。民间住房所用建筑材料的类型在一定程度上受到环境中可用资源的影响。石头、草、草皮和兽皮都可以用来建造住房，但是世界上最常见的两种建筑材料是木材和砖（图4-18）。

建筑风格也会受到环境的影响。例如，在潮湿或多雪的气候中，建造斜坡屋顶十分重要，可以促进雨水的径流，减轻积雪的重量。在温和的气候中，窗户可能会面向南方，以便利用太阳的热量和光线。另一方面，炎热气候下的屋顶可能是平的，并且窗户的开口可能较小，以保护室内免受烈日的影响（图4-19）。

文化影响。民间建筑的独特形式可能主要来源于宗教价值观和其他传统观念。罗盘所指的有些方向可能会比其他方向更重要。

房屋的有些墙壁或角落可能会有神圣的意义。例如，爪哇岛中南部住房的前门总是朝南，因为南方被认为属于掌握着地球钥匙的南海女神（South Sea Goddess）。斐济房屋的东墙，以及中国部分地区房屋的西北墙，都被认为有神圣的意义。在中东、印度

(a)

(b)

▲ 图4-18 **建造中的房屋** （a）木材；（b）砖块。

(a)

(b)

▲ 图 4-19　**民间住房：环境影响** （a）在阿曼的沙漠中；（b）爱沙尼亚哈安贾（Haanja）的冬季。

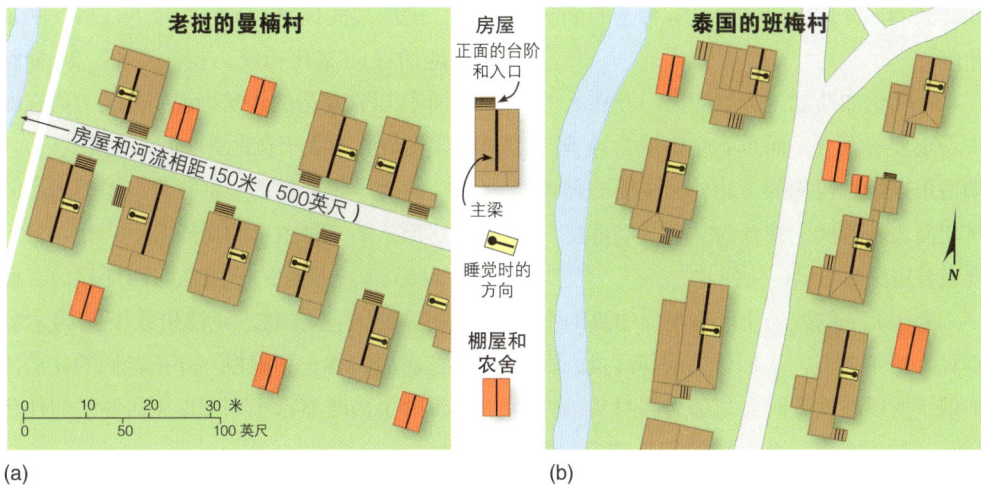

老挝的曼楠村

房屋
正面的台阶
和入口

主梁

睡觉时的
方向

棚屋和
农舍

泰国的班梅村

房屋和河流相距150米（500英尺）

N

0　10　20　30 米
0　　50　　　100 英尺

(a)　　　　　　　　　　　　　　　　　　　(b)

▲ 图 4-20　民间住房：文化影响　（a）老挝人的房屋，如老挝曼楠村（Muang Nan）的房屋，隔着道路正面相对，背面也相对。房屋的主梁（屋顶的中心线）与道路垂直，但是与附近的溪流平行。在相邻房屋的内部，人们按照图中所示的方向睡觉，所以邻居都是头对头，或脚对脚。（b）泰国班梅村（Ban Mae Sakud）傣阮族人和掸族人的住房没有按照直线排列，因为人们相信邪灵会按直线移动。房屋的主梁与道路平行，人们在睡觉时头部全都朝向东方。

▶ 图 4-21　民间住房：美国住房的源地　美国的房型主要起源于三个地区，沿着不同的路径向西扩散。在整个五大湖地区，以及威斯康星州，都能看到新英格兰房型，因为定居在这些地区的主要是来自新英格兰的移民。这种风格独特的住房是箱子形状，中间有一个门厅。中大西洋地区的移民将他们的房型向西传到俄亥俄河谷，并沿着阿巴拉契亚山的小路传到了西南。这种主要的房型叫"I 型房"（I-house），通常为两层楼高，一个房间较深，至少两个房间较宽。下切萨皮克（Lower Chesapeake）和泰德沃特（Tidewater）地区较为低矮的房屋，则被移民传播到东南沿海。这种风格通常只有一楼，屋顶陡峭，房屋两端都有烟囱。

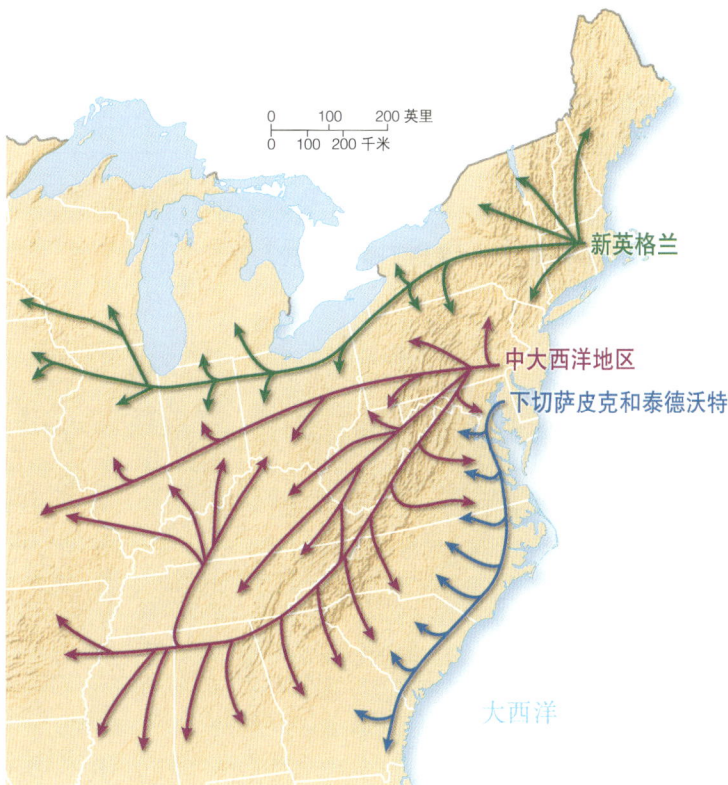

0　100　200 英里
0　100　200 千米

新英格兰

中大西洋地区

下切萨皮克和泰德沃特

大西洋

和非洲的部分地区，住房也有神圣的墙壁或角落。

在马达加斯加，房屋的大门开在人们心中最重要的西方，而东北角则最为神圣。北墙是用来纪念祖先的。此外，重要的宾客都从北面进入房间，并且倚靠着北墙落座。床要靠着房屋的东墙，头朝北。

老挝北部的人们让床与房屋中央的主梁垂直（图4-20a）。人们认为头部高贵，脚部低俗，所以在睡觉时会与邻居头对头，脚对脚。这种模式有一个重要的例外情况：在父母隔壁建房的子女，睡觉时头部会与父母的脚部相对，以示遵守传统的等级制度。

老挝人与泰国北部附近的傣阮族人（Yuan）和掸族人（Shan）尽管都说类似的东南亚语言，都信仰佛教，但是房屋的朝向并不相同（图4-20b）。傣阮族人和掸族人不关注邻居的位置，睡觉时头部都朝向佛教徒心中最吉祥的东方。楼梯不能朝向西方，因为西方是最不吉祥的方向，是属于死亡和邪灵的方向。

思考题 4.2.5

你在布置卧室中床的方位时考虑了哪些因素？

美国民间住房。 美国的较老住房反映了当地的民间文化传统。相比之下，20世纪40年代以来建造的住房则说明流行习俗在时间上的变化要大于在地方之间的变化。

地理学者弗雷德·尼芬确定了美国民间住房形式的三种主要源地或节点（图4-21）。18世纪和19世纪的家庭在向西迁移后，砍伐树木以开垦耕地，并使用砍下来的木材建造房屋、谷仓和栅栏。开拓者们的住房风格反映了当时盛行于东海岸原居住地的住房风格。

> **复习　关键议题 2**
> **民间和流行物质文化分布在何处？**

✓ 民间食物、服装和住房的区域差异来自自然环境，也来自宗教和其他文化价值观。

✓ 流行服装、食物和住房偏好在时间上的变化大于其在地点上的变化。然而，偏好的一些区域差异仍然存在。

为什么人们接触民间和流行文化的机会不平等？

▶ 电视和互联网的扩散
▶ 社交媒体的扩散

学习成果 4.3.1
比较电视和互联网的扩散。

地理学概念有助于理解流行文化的分布和扩散。21世纪，流行文化主要通过电子媒体在全球迅速扩散。世界上任何一个使用一种或多种电子媒体的人，都可以查看到新潮的物质文化和休闲活动。电子媒体让信奉民间文化的人们更有机会接触到流行文化，同时也让属于世界流行文化一部分的人们更有机会接触到民间文化。

但是，流行文化在世界各地的分布并不统一。阻碍流行文化的主要是电子媒体使用机会的缺乏。使用机会受限，主要是因为收入不足。在一些发展中国家，由于电力缺乏，使用电子媒体的机会也受到限制。

电视和互联网的扩散

目前世界上最重要的电子媒体形式是电视。20世纪期间，电视取代了其他形式，尤其是广播和电报。进入21世纪，其他形式的媒体已经变得流行，但是还没有在全球范围内取代电视。

电视的分布与扩散

看电视对于流行文化尤其重要，原因有二：

■ 看电视是世界上最受欢迎的休闲活动。2014年，全球平均每人每天观看3小时的电视节目，美国人的平均观看时间为5小时。

■ 电视一直是大众文化，如职业体育，在全球迅速扩散的最重要机制。

20世纪下半叶，电视从美国扩散到欧洲和其他发达国家，然后再扩散到发展中国家：

■ **20世纪初：多个源地。** 电视技术在英国、法国、德国、日本、苏联以及美国同时开发。

■ **20世纪中叶：美国占主导地位。** 1954年，联合国首次发布有关电视的数据，全世界3,700万台电视机，美国占86%。

■ **20世纪后期：扩散到欧洲。** 电视直到1970年才扩散到欧洲，而非洲和亚洲大部分地区的电视广播很少。

■ **21世纪初期：几乎覆盖全球。** 发展中国家的电视机拥有比例大幅攀升。

表 4-1　电视分布和扩散的变化

	1954年	1970年	2005年
密度：美国的电视数量（百万台）	32	82	219
在美国的扩散：每千人拥有的电视数量	196	395	882
在全球的扩散：美国电视在全球电视数量中的占比（%）	86	25	16

表4-1显示了电视在美国分布和扩散的变化情况。随着电视在美国人口中的扩散，美国的电视密度有所增加。与此同时，电视扩散到世界其他地区，使全世界电视在美国的集聚度不断下降。

思考题 4.3.1
美国人均拥有的电视数量差不多为1台。你家中的人均电视数量是多于1台，还是少于1台？这种差异的原因可能是什么？

互联网的扩散

互联网服务分布和扩散的变化，与一代人以前电视的变化模式相同，但速度更快（表4–2）：

■ 1995年，大多数国家没有互联网服务，美国拥有全球63%的互联网用户。

■ 1995年至2000年间，美国的互联网用户迅速增长，从人口的9%（2,500万人）增加到44%（1.24亿人）。但是，全球的增长幅度更大，因此美国用户占全球互联网用户的比例从63%下降到35%。

■ 2000年至2014年间，美国的互联网使用率继续快速增长，达到人口的87%（2.8亿人）。同样，美国的增幅比世界其他地区的增幅要小，美国用户占全球互联网用户的比例继续下降，到2014年不足10%。中国现在拥有全球22%的互联网用户。

表4–2　互联网分布和扩散的变化

	1995年	2000年	2014年
密度：美国互联网用户数量（百万）	25	124	280
在美国的扩散：每千人中的互联网用户	94	441	868
在全球的扩散：美国用户占全球互联网用户的比例（%）	63	35	10

电视用了半个世纪才从美国扩散到世界其他地方，而互联网的扩散仅用了10年。从电视的历史来看，互联网很可能在未来几年以更快的速度进一步扩散。

社交媒体的扩散

学习成果 4.3.2

将社交媒体的分布与电视、互联网的分布进行比较。

社交媒体在21世纪的起源与电子媒体在20世纪晚期起源的模式相同。目前，使用脸书和推特等社交媒体的人主要都位于美国。例如，许多国家就没有谷歌街景这样的信息。

源自美国的社交媒体无疑会扩散到世界其他地方。然而，扩散的速度和程度仍有待观察。美国的主导地位是否会迅速降低？或者世界其他地方的人们是否会接受其他形式的社交媒体？早期的证据无法给我们定论。

脸书的扩散

脸书在2004年由哈佛大学的学生创立，其扩散的速度很快。就像电视和互联网出现的头几年，脸书在美国的用户比其他任何国家都要多。脸书成立5年后，也就是在2009年，美国用户占全球脸书用户的34%。2009年，美国的脸书用户有5,500万，远远超过第2名英国的1,800万。

2014年，美国的脸书用户数量持续增长，达到1.52亿。但是，随着脸书扩散到其他国家，美国用户占总用户数的比例已经下降，在2011年占总数的20%，到2014年下降到了10%。2014年，印度成为第2个拥有超过1亿脸书用户的国家。排在印度后面的还有其他发展中国家，包括巴西、印度尼西亚和墨西哥。在2009年至2014年间，英国的脸书用户数量从第2位下降到第6位，加拿大从第3位下降到第11位。

值得注意的是，世界上人口最多的国家中国并没有在脸书用户排名上出现。同样没有出现的还有俄罗斯。在社交媒体出现的头几年，许多其他形式的社交网络服务流行于世界上的大部分地方，尤其是发展中国家。这些参与竞争的社交网络很快被脸书取代，在拉丁美洲尤其是这样。然而，在世界上人口最多的国家中国，社交网络的情况没有变化，人们更喜欢微信、微博等。

推特的扩散

2014 年，推特上的所有消息有 1/3 来自美国。另外 1/3 来自其他 6 个国家——印度、日本、德国、英国、巴西和加拿大。使用推特第二多的国家是印度。这或许预示了未来的趋势，即发达的电子通信迅速扩散到发展中国家，而不仅仅是其他发达国家。

美国人是推特热门消息的主要来源。2015 年，粉丝数量最多的 10 个推特用户中，有 8 个是美国人，包括奥巴马总统和 7 位娱乐明星：凯蒂·佩里（Katy Perry）、贾斯汀·比伯（Justin Bieber）、泰勒·斯威夫特（Taylor Swift）、嘎嘎小姐（Lady Gaga）、布兰妮·斯皮尔斯（Britney Spears）、贾斯汀·汀布莱克（Justin Timberlake）和艾伦·狄珍妮丝（Ellen DeGeneres）。另外两位非美国人是巴巴多斯的艺人蕾哈娜（Rihanna）和葡萄牙的足球运动员克里斯蒂亚诺·罗纳尔多（Cristiano Ronaldo）。

思考题 4.3.2

马里兰大学学生最近的研究发现，连续 24 小时不使用任何电子设备，会让人产生焦虑、渴求和其他类似戒酒或戒毒的症状。你要是连续 24 小时不能使用电子产品，会有什么反应？

复习　关键议题 3
为什么人们接触民间和流行文化的机会不平等？

- ✔ 流行文化主要通过电子媒体传播。
- ✔ 在一些发展中国家，由于电力缺乏，使用电子媒体的机会也受到限制。

为什么民间和流行文化面临可持续性的挑战？

▶ 民间文化的可持续性挑战
▶ 流行文化的可持续性挑战

学习成果 4.4.1
总结流行文化的扩散给民间文化带来的挑战。

民间文化和流行文化的元素在保存其特征的可持续性时面临着多重挑战。民间文化面临的挑战是，要在全球化的时代保持独特的本地景观。流行文化面临的挑战则在于那些旨在让景观同质化的实践是否有可持续性。

收入的增加会激起人们对流行文化特色物品的需求，许多人担心这会导致民间文化的丧失。人们在从民间文化转向流行文化时，也可能会远离社会的传统价值观。从发达国家扩散而来的流行文化可能会使西方观点占主导地位。

民间文化的可持续性挑战

就民间文化而言，它与流行文化的联系日益加强，让维护自己数百年的历史变得困难。民间文化群体经常会经历**文化同化**（assimilation）过程，这个过程会让其放弃文化传统，如在食物和服装上的偏好，接纳其所在地区主流文化的社会习俗。

除同化之外，民间文化群体还经常经历**文化适应**（acculturation）或文化融合。文化适应是民间文化针对主导文化进行自我调整，同时又保持自己的特征；文化融合在第 1 章中则被定义为，两个群体的元素相结合，创造出新的文化特征。美国的阿米什人便是文化团体试图在主导流行文化中保持自己文化传统的一个例子。印度的婚姻习俗也是民间文化经历文化适应的一个例子，但是许多人希望看到它更充分地同化到流行文化当中。

保存文化身份：阿米什人

阿米什人（Amish）是一个生活在以流行文化为主的国家中，但是保存了民间文化独特元素的文化群体。阿米什人不使用机械动能和电能，通过骑马和驾马车旅行，而且仍然在使用手工工具耕作（图 4–22）。阿米什人有独特的服装、农耕、宗教惯例和其他习俗。阿米什人不希望摆姿势拍照，因为摆

▶ 图 4-22 **阿米什人的文化身份** 在宾夕法尼亚州兰开斯特县，一辆阿米什轻便马车与汽车共享道路。

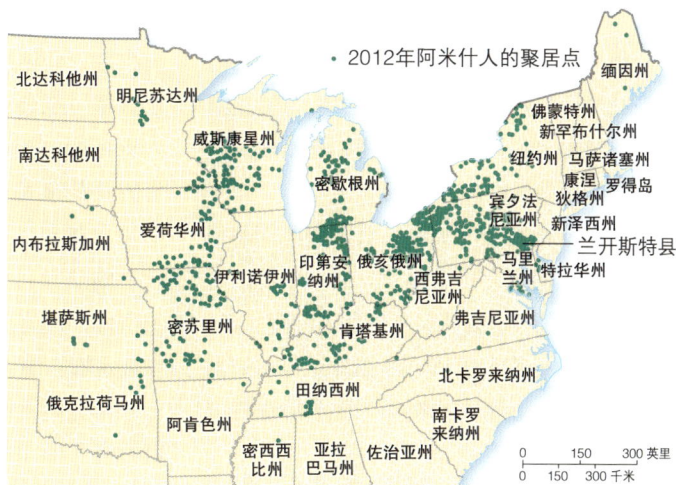

• 2012年阿米什人的聚居点

▶ 图4-23 阿米什人的分布 阿米什人的定居点集中在印第安纳州、俄亥俄州和宾夕法尼亚州。

姿势的行为被认为是鼓励偶像崇拜。

阿米什民间文化在美国景观上的分布可以用迁移扩散来解释。数百个阿米什家庭在两波移民潮中移居到北美。第一批阿米什人主要来自瑞士的伯尔尼（Bern）和德国的普法尔茨（Palatinate），他们在18世纪头10年的早期被威廉·佩恩（William Penn）的低价土地吸引，定居到宾夕法尼亚州。由于土地价格较低，第二批阿米什人于19世纪头10年的早期从法国的阿尔萨斯（Alsace）迁来，定居在美国的伊利诺伊州、俄亥俄州和爱荷华州，以及加拿大的安大略省。之后，阿米什群体又从这些核心地区迁移到其他土地价格较低的地方。

今天，美国至少有19个州可以看到阿米什人的群体（图4-23）。阿米什人群体居住在相对孤立于其他群体的农村或边界地区，保留了自己的传统习俗，尽管其他从欧洲迁入美国的移民都接纳了新的习俗。阿米什民间文化通过在美国境内的地区间迁移，缓慢地扩散着。近年来，在宾夕法尼亚州兰开斯特县（Lancaster County）——有美国境内历史最悠久、曾经最大的阿米什人社区——一些家庭出售了他们的农场，迁移到肯塔基州西南部。

根据阿米什人的传统，男孩子在成年时都会得到一个农场，但是由于兰开斯特县邻近的大都市区不断发展，适宜耕种的土地很昂贵，也很难找到。肯塔基州西南部耕地的平均价格不及兰开斯特县的1/5，所以一个阿米什家庭可以在宾夕法尼亚州卖掉农场，然后在肯塔基州购买足够的土地，为所有的男孩子提供充足的耕地。阿米什人举家从兰开斯特县迁出，也是为了避开大量拥入的游客，那些游客从附近的大都市区来猎奇般地观看独特的阿米什民间文化。

阿米什人生活在以流行文化为主的国家，同时也学会了保持其独特的文化身份。阿米什人会为了重要的事情而驾车，例如拜访远处的医生或亲戚。阿米什人不会用电话闲聊，但是会打电话叫医生，或向远方的亲属传达重要信息。阿米什人不使用互联网等社交媒体做生意或进行个人交流，但是会允许不是阿米什人的朋友和邻居代表他们来使用社交媒体。

思考题 4.4.1

阿米什人要与流行文化互动，可能的方式有哪些？

挑战文化价值观：印度的嫁妆

历史悠久的文化价值观迅速变化，可能导致社会不稳定，甚至导致暴力事件的发生。这不仅威胁到民间文化的习俗，还威胁到整个社会的可持续性。

流行文化在全球扩散，对某些民间习俗中男尊女卑的观念构成挑战。妇女可能因为传统而地位低下，要从事烹饪和清洁等家务，还要生育和抚养大量孩子。在外工作的妇女可能要通过农业工作或买卖手工艺品来养家糊口。

接触流行文化，也对发展中国家的女性带来了负面影响。一些发展中国家的卖淫活动增多，为来自发达国家、进行"性旅游"的男性提供服务。这类游客主要来自日本和北欧，旅游内容包括乘坐飞机、入住酒店和与预定数量的女性发生性关系。他们的主要目的地包括菲律宾、泰国。这些国家鼓励国际卖淫，将其作为外汇的重要来源。通过这种全球互动形式，流行文化可能会在国内将女性视为本质上是与男性平等的，但是在国外民间社会中却把女性视为金钱可以购买的对象。

流行社会习俗的全球扩散，给印度女性带去了意想不到的负面影响，即嫁妆需求的增加。传统上，嫁妆是新郎送给新娘家庭的小礼物，表示尊重。在 20 世纪，这种习俗却反了过来，新娘家要为丈夫家提供大量的嫁妆。

印度政府在 1961 年颁布了反对嫁妆的法律，但这种禁令被人们普遍忽视。现代印度的嫁妆已经变得更多，并成为新郎家庭的重要收入来源。嫁妆的形式可以是现金，也可以是昂贵的消费品，如汽车和电子产品。如果不给嫁妆，女儿就嫁不出去，要跟着父母生活，而这可能被认为是可耻的事情。

印度政府尝试过禁止嫁妆，因为嫁妆让女性受到了负面的影响。如果新娘家庭无法一次性或分期给予允诺的嫁妆，那么新郎的家人就可能会将新娘赶到街上，而新娘的家人也可能会拒绝将她带回家。2000 年以来，男方及其家人对于嫁妆不够数的愤怒，平均每年会在印度造成 8,000 名妇女死亡。在嫁妆上的争议每年导致 10 万例男性虐待女性的事件，而施虐的男性很少被起诉，更不用说被定罪（图 4–24）。

为提高人们对嫁妆滥用的意识，拥有数百万会员的印度婚恋网站 shaadi.com 开发了名为《愤怒的新娘》（Angry Brides）的网络游戏。在游戏中，每位新娘都有很高的价格标签。玩家每次击中新郎，其脸书页面上的反嫁妆基金就会增加（图 4–25）。

流行文化的可持续性挑战

总结流行文化可能对环境产生负面影响的两种主要方式。

流行文化可以显著地改变或控制环境，无论当地的环境条件（如气候和土壤）是怎样的。与许多民间习俗一样，流行文化可能会被强加在环境上，而不是源自环境。某些流行习俗的扩散可能会以两种方式对环境质量造成不利影响：景观的污染，以及稀缺自然资源的枯竭。

景观的污染

许多流行习俗会对环境进行改造，以增加休闲活动的参与度，或促进产品的销售。这种改造的预期结果往往是创造出一个统一的景观。由此产生的建成环境即使看起来很"自然"，实际上也还是由追求流行社会习俗的人们刻意创造的。

统一的景观。一种流行习俗的空间表达在不同的地方会相似。要创造统一的景观，人们可能将丘陵夷为平地，将山谷填满。无论在什么地方，人们都会使用相同的建筑和景观美化材料。

推广流行文化的人们实际上需要一种统一的外貌，来创造"产品识别度"，提高消费量（图4-26）。北美各种各样的流行建筑物，如加油站、超市和汽车旅馆，促进了景观外貌的统一。这些建筑的设计，即使不是为了让当地居民或访客立即识别公司名，也是为了让他们识别建筑。

快餐店的扩散就是流行文化带来景观统一的良好例子。快餐店通常以特许经营的方式组织。特许经营是指公司与当地商人达成协议，允许其在当地销售公司的产品。特许经营协议允许当地经销商使用公司的名称、符号、商标、方法和建筑风格。当地居民和旅客看到这些建筑物，就立即知道它们属于某家国内公司或跨国公司。建筑物上会显著地展示出统一的标志。

快餐店之所以具有吸引力，大部分是因为它们的产品很便利，而且建筑物可以被青少年或有孩子的家庭用作低成本的社交场所。此外，快餐店的成功还取决于大规模的人口流动：旅行或搬到其他城市的人们可以立即认出熟悉的地方。新到某个地方的人们会知道连锁快餐店里有什么食物，因为快餐企业不会表现可能让人不适的奇怪和陌生的当地习俗。

快餐店最初是为了吸引乘车到来的人而开发的。当时的快餐店建筑通常颜色鲜艳甚至艳丽，以便吸引驾车的人。最近建成的快餐店，颜色更加柔和，正面用砖块建成，室内用仿古风格装潢，其他细节也很有风格。餐厅的标志通常都是独立式的，没有整合在

▲ 图4-24　**印度女性受到的攻击**　这位妇女的公公曾经将她烧伤，并把她和她的儿子赶出家门。

▲ 图4-25　抗议嫁妆：电脑游戏《愤怒的新娘》

▲ 图4-26　**美国统一的景观**　佛罗里达州迈阿密的美国1号公路。

现代的高尔夫运动起源于 15 世纪或更早的苏格兰民间习俗，并在 19 世纪扩散到其他国家。这样看来，高尔夫的历史就像本章前面所述的足球历史。早期的苏格兰高尔夫球场主要设置在毗邻水体的沙丘上。

很大程度上由于高尔夫起源于当地民间习俗，所以苏格兰建设高尔夫球场时对环境的改造程度没有近年来美国或其他国家那样大。在美国等国家，建设高尔夫球场时会引入山丘、沙土和草，而且通常很少考虑当地的环境条件（图 4-27）。美国西部地区近年来的严重干旱，引发人们质疑高尔夫球场使用稀缺水源这种做法是否有环境可持续性。例如，在内华达州的拉斯维加斯，高尔夫球场占用了 20% 的用水量。

现代高尔夫运动也偏离了它的民俗文化根源，因为成本高昂而在大多数地方成为一项没有经济可持续性的运动。

(a)

(b)

◀ 图 4-27　苏格兰和美国的高尔夫球场 （a）苏格兰的皇家特伦高尔夫俱乐部（Royal Troon Golf Club）建在海边沙丘上，几乎没有改变景观；（b）位于内华达州拉斯维加斯附近沙漠中的"金熊最佳"（Bear's Best）球场，利用该地区稀缺的水资源来建造草地球道和球穴区。

建筑的设计中，以便于在餐厅万一破产时继续使用建筑。

流行文化表达的统一性已经从北美扩散到世界的其他地区。美国汽车旅馆和快餐连锁店都开到了其他国家。这些设施吸引了北美旅客，但是大多数消费者都是当地居民，他们想要体验在电视上看到的美国习俗。

思考题 4.4.2
快餐店可能采取哪些措施来减少对环境的负面影响？

自然资源的耗竭

人们对流行文化产品的需求增加，可能会使环境不堪重负。高尔夫球场的建设和动物产品的消费就是两个例子。

建设高尔夫球场要消耗大量土地（80 公顷）。在苏格兰，高尔夫是民间文化的一部分，球场的设计会尽可能少地改造环境（参见"可持续性与我们的环境"版块）。在世界其他地方，球场的设计可能会在一定程度上适应当地的自然条件。人们可能会选择能在当地气候中繁茂生长，并且也适合用于球穴区、球道和深草区的草。如果可能，会保留现有的树木和原生植物。

然而，更多的时候，建设高尔夫球场时要建造或夷平山丘，将沙土运进来或挖出来建造沙土障碍，将水体排干或扩大以建造障碍区。这些高尔夫球场种植非本地的草，还使用肥料和杀虫剂确保草地的外貌适合高尔夫球赛，以及需要大量的水保养草地，特别是在沙漠地区。

一些流行习俗的扩散增加了人们对动物产品的需求，这些动物产品包括普通的家养动物，也包括罕见的野生动物。人们杀死一些动物是为了它们的毛皮，用来制成时装，出售给距离动物栖息地数千千米之外的人们。貂、猞猁、美洲豹、袋鼠和鲸鱼的皮被大量用于制作各种衣物，甚至威胁到了这些物种的存活。这让这些动物所属的生态系统变得不可持续。民间文化也可能鼓励人们使用动物皮毛，但是需求通常比流行文化要小。

流行文化中肉类消费量的增加，并没有导致牛和家禽消失；我们可以养更多。但是，靠食肉来获得卡路里的方式很低效；与直接食用粮食相比，其效率要低 90%。要长出超市中售卖的 1 千克（2.2 磅）牛肉，牛要消耗近 10 千克（22 磅）的谷物。鸡要消耗近 3 千克（6.6 磅）谷物，才能产出 1 千克鸡肉。这些谷物可以直接给人们食用，绕过低效的肉类生产步骤。世界上营养不良的人口比例很高，在这种情况下，有人质疑用粮食喂养动物来最终供人类食用的做法不够高效。

复习　关键议题 4
为什么民间和流行文化面临可持续性的挑战？

✔ 流行文化迅速扩散，让民间文化面临着传统价值观的丧失。

✔ 流行文化可能引发两个环境问题：景观的污染和稀缺资源的枯竭。

总结与回顾

关键议题 1

民间和流行休闲活动分布在何处?

文化可以分为民间文化和流行文化。传统上,民间文化主要由居住在偏远农村地区的小型同质群体践行。流行文化则出现于大型的异质社会,这些社会里的人们尽管在个人特征上存在差异,但是也共享着某些习惯。民间文化的传播比较缓慢,途径主要是迁移扩散。流行文化通常通过等级扩散迅速传播。

地理学思维

1. 年龄如何影响民间文化或流行文化中休闲活动的分布?

▲ 图4-28 **民间的休闲文化与年龄** 法国普罗旺斯年纪较大的男人在玩法式滚球游戏。

关键议题 2

民间和流行物质文化分布在何处?

民间文化的物质要素在相对孤立的群体中起源不明,或者有多重起源,并且通过迁移扩散缓慢地传播到其他地方。流行服装、食品和住房的时间变化比空间变化更大。

地理学思维

2. 性别如何影响民间文化或流行文化中物质要素的传播?

▲ 图4-29 **流行物质文化和性别** 你通常会穿什么衣服去上课?

关键议题 3

为什么人们接触民间和流行文化的机会不平等?

21世纪,流行文化主要通过电子媒体在全球迅速扩散。电视是迄今世界上最重要的电子媒体形式。互联网和社交媒体的扩散模式与电视相似。世界各地在电子媒体的利用机会上并不平等。

关键议题 4

为什么民间和流行文化面临可持续性的挑战?

民间和流行文化的元素在保存其特征的可持续性时面临着多重挑战。民间文化面临的挑战是要在全球化的时代保持独特的本地景观。流行文化面临的挑战则在于那些旨在让景观同质化的实践是否有可持续性。

地理学思维

3. 什么类型的民间习俗可以通过社交媒体进行传播?

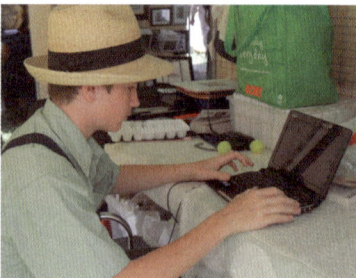

▲ 图4-30 **民间文化与流行文化相遇** 一位阿米什男孩在使用电脑。

关键术语

文化适应（第138页），一种文化针对主流文化进行自我调整。

文化同化（第138页），一种文化放弃其传统，接纳主流文化的社会习俗。

习俗（第112页），一种被群体频繁重复，以至于成为该群体特征的行为。

民间文化（第112页），由相对独立于其他群体的小型同质农村群体在传统上践行的文化。

习惯（第112页），由特定个人进行的重复行为。

流行文化（第112页），一种出现于大型异质社会中的文化，这类社会中的人们尽管在个人特征上存在差异，但是也共享着某些习惯。

禁忌（第127页），社会习俗对行为的限制。

风土（第126页），一个地点的自然特征对食物味道的影响。

在马来西亚学习英语。

第五章

语言

　　语言是文化的重要组成部分。它是用于传达宗教和族群性等文化价值观的途径。语言是一个民族自豪感的源泉，是文化团结的象征。文化会发展，而语言既是文化发展的原因，也是文化发展的结果。

　　英语已经实现了前所未有的全球化，因为世界各地的人都在学习英语，以便参与全球经济和文化。与此同时，人们也在试图保持语言的多样性，因为语言是文化认同的基本要素之一。

关键议题

1

世界的各种语言分布在何处？

　　大多数语言都有语系归属。不同的语言和语系聚集在不同的地区。

2

英语及相关语言在何处起源？扩散到何处？

　　不同地方之间有人口迁移，所以两个地方的人会说相同的语言。如果两个群体在迁移之后鲜有联系，那么他们所说的语言就会逐渐变得不同。

3

为什么不同地方的语言有所不同？

　　人们迁移到新的地方，将新词汇加入他们的语言，同时又保留从以前居住地带来的部分词汇，这样就形成了独特的语言形式。

4

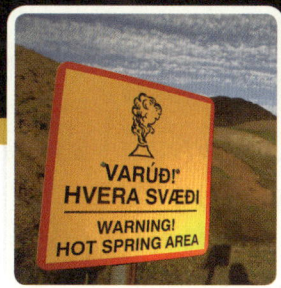

为什么地方性语言会存留下来？

　　虽然世界上的语言数量正在减少，但是少数语言也在被创造或复兴。在有些情况下，濒危语言也得到了保护。这些努力反映出许多团体将语言视为当地文化的元素，赋予其重要性。

世界的各种语言分布在何处？

▶ 介绍语言
▶ 语系
▶ 最大的两种语系
▶ 其他大型语系

学习成果 5.1.1

了解语言如何分类。

语言（language）是一种通过话语——能够被一个群体认为拥有相同意义的声音的集合——实现的交流系统。语言是文化的重要组成部分；如第 1 章所示，文化具有两个主要含义——人们的价值观和实体产品。第 4 章考察了文化的物质要素。本章和接下来的两章将讨论区分文化价值观的三种特征：语言、宗教和族群性。在研究文化价值观的地理学要素时，我们先讨论语言，在一定程度上是因为它是用于传达宗教和族群性等文化价值观的途径。

介绍语言

你会讲多少种语言？如果你是荷兰人，你必须在高中时学习至少两门外语；如果不是荷兰人，在高中时要学的外语可能就要少一些。

大多数美国人只懂英语。在美国，只有 8% 的大学生和 18% 的高中生学外语。相比之下，荷兰 69% 的高中毕业生至少学过两门外语。在整个欧洲，有 75% 的小学生和 94% 的高中生学习英语。

语言和人口迁移

探究了人口迁移，自然就要探讨语言，因为当代各种语言在全球的分布情况，很大程度上源自各个民族在过去的迁移。不同地方之间有人口迁移，所以两个地方的人会说相同的语言。

例如，马达加斯加岛（非洲东海岸以外的大岛）的人们所说的语言，与印度尼西亚和菲律宾的大部分语言属于同一语系。印度尼西亚和马达加斯加的语言同属一个语系，就能证明这两个地方之间在很久以前有人口迁移。研究人员推断，在大约 2,000 年前，有移民从印度尼西亚横跨 3,000 千米的印度洋，航行到马达加斯加。想象一下，在哥伦布航行 6,000 千米横跨大西洋的 1,500 年前，乘坐小船在海洋上航行 3,000 千米是什么样的壮举？

如果两个群体在迁移之后鲜有联系，那么他们所说的语言就会逐渐变得不同。在长时间缺少联系后，这两个群体的语言就会十分不同，以至于被分类为两种独立的语言。群体间互动和独立带来的不同结果，有助于解释个别语言和整个语系的分布情况。

思考题 5.1.1

2,000 年前的船只使用什么力量推动？

语言就像行李：人们迁移到不同的地方时，会随身携带着它。人们迁移到新的地方，就会将新词汇融入自己的语言，并且将自己语言中的词汇加入新地方的语言。地理学者研究不同语言的相似之处，以了解世界各地人们的扩散和互动。

语言的分类

地球上汇集着各种语言，这是文化多样性最明显的一个例子。最权威的语言资料之一民族语言网（ethnologue.com），估计世界上有 7,102 种语言，其中 90 种的使用人数至少有 1,000 万人，304 种的使用人数在 100 万至 1,000 万之间，还有 6,708 种的使用人数少于 100 万。对地理学者来说，有些语言的分布很容易调查，而有些语言的分布，尤其是非洲和亚洲的语言，即使能够调查，也会很困难。

民族语言网将语言分为制度型语言、发展型语言、强健型语言、受困型语言和消亡型语言。全球的 7,102 种语言中，有 578 种制度型、1,598 种发展型、2,479 种强健型、1,531 种受困型和 916 种消亡型。

制度型语言（institutional language）被用于教育、工作、大众媒体和政府。许多国家至少指定一种制度型语言作为官方语言。**官方语言**（official language）就是政府在法律、报告和公共物体（如路标、货币和邮票）上使用的语言。通常，官方语言是能够被大多数公民——即使不是所有公民——理解的语言，但是在一些曾经是英国殖民地的国家，尽管很少有公民能说英语，但政府还是指定英语为官方语言。一些国家拥有多种官方语言，要求所有公共文件有全部官方语言版本。

制度型语言也有**文学传统**（literary tradition），这意味着它既被人书写，也被人口头使用。书面交流系统包括书写方法和语法规则。世界上具有文学传统的语言使用多种字母。数千种口头语言没有文学传统。缺乏书面记录，是难以调查语言总数或分布情况的一个原因。

发展型语言（developing language）是从少到老所有年龄段的人在日常生活中使用的语言。发展型语言也具有文学传统，尽管文学的分布可能并不广泛。**强健型语言**（vigorous language）也是从少到老所有年龄段的人在日常生活中使用的语言，但是它没有文学传统。顾名思义，**受困型语言**（language in trouble）和**消亡型语言**（dying language），被民族语言网认为是处于消失过程不同阶段的语言。本章后面会讨论，有些消亡型语言正在被人们拯救。

语言的组织

世界上的各种语言可以组织成语系、语族和语支：

- **语系**（language family）是多种语言的集合，这些语言共有一种史前祖先语言。
- **语族**（language branch）是语系中多种语言的集合，这些语言共有一种存在于几千年前的祖先语言；语族之间的差异不如语系之间的差异那么广泛或古老，而且考古学证据可以证实，语族是从同一个语系中衍生出来的。
- **语支**（language group）是语族中多种语言的集合，这些语言共有一个历史时间相对较短的起源，在语法和词汇上有许多相似之处。

语系

学习成果 5.1.2

认识世界上最大的语系。

人类使用的数千种语言，可以有逻辑地组织成数量较少的语系。较大的语系可以进一步分为语族和语支。

图 5-1 描述了语系、语族、语支和具体语言之间的差异：

- 语系是树形图上的树干。
- 具体的语言是树叶。
- 有些树干分出几根树枝，代表的自然就是语族。
- 代表日耳曼、波罗的－斯拉夫和印度－伊朗语族的树枝再次分成语支。

树干和树叶越大，使用这些语系和语言的人数就越多。

思考题 5.1.2

根据图 5-1，与英语同属一种语系、语族和语支，且至少有 500 万使用者的其他 4 种语言是哪些？

在图 5-1 中，每个语系在底部都是以独立的树来表示，因为语系之间的差别早于有记载的历史。有语言学者推测，在几万年前，许多语系都联合在一起，形成少数超语系（superfamily）。超语系用地面以下的根部来表示，因为它们的存在极具争议，很有疑问。

新西兰生物学者昆丁·阿特金森（Quentin Atkinson）进一步猜测，认为所有的语言最终都可以追溯到非洲（图 5-2）。阿特金森认为，非洲的语言最为复杂多样。他认为，非

▶ 图 5-1　**语系树**　根据民族语言网，使用人数至少为 900 万的语系以树干表示。使用人数超过 500 万的语言以树叶表示。有些树干上分出几根树枝，代表的自然就是语族。代表日耳曼、波罗的－斯拉夫和印度－伊朗语族的树枝再次分成语支。有语言学者推测，在几万年前，许多语系都联合在一起，形成少数超语系。超语系用地面以下的根部表示，因为它们的存在极具争议，很有疑问。[1]

〔1〕编者注：图中名词的原文请见附录 2。

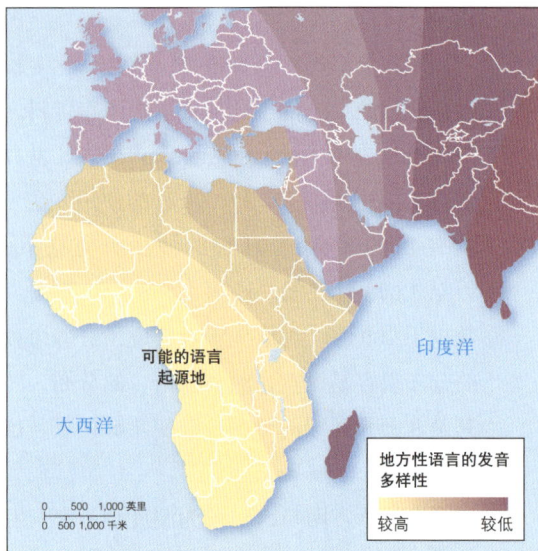

▲ 图 5-2　**语言的起源**　生物学家昆丁·阿特金森认为语言起源于西非。离西非越远，发音的多样性就越低。

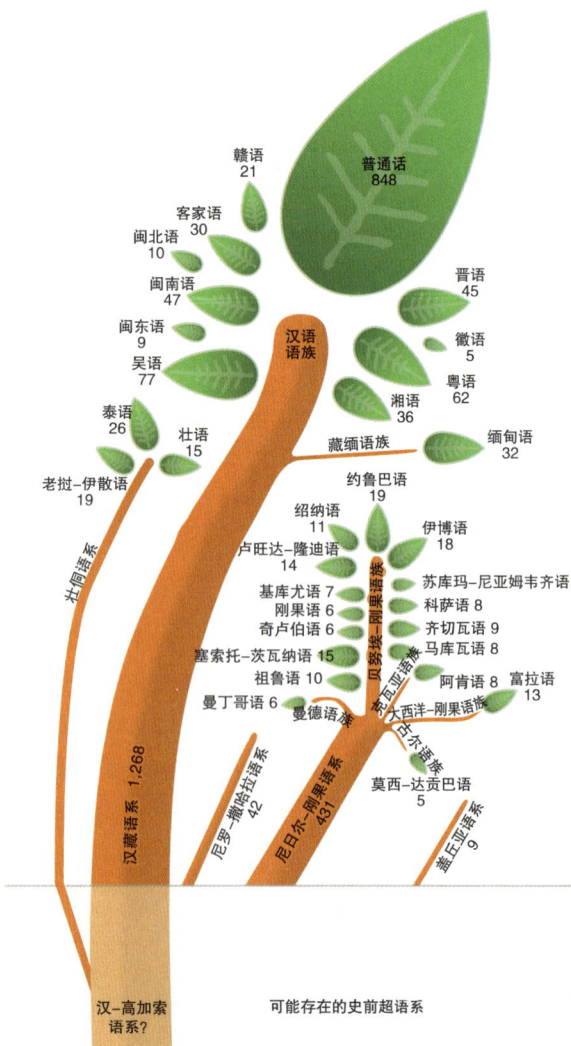

洲以外的语言多样性较低，是因为它们与非洲语言相比，成为新语言的时间更短。

民族语言网认为有 142 种语系。图 5–1 中显示的 14 个语系被世界上 99% 的人口使用。有 2 种语系——印欧语系和汉藏语系——的使用人数超过 10 亿，有 7 个语系的使用人数在 1 亿至 5 亿之间，有 5 个语系的使用人数在 900 万至 1 亿之间（图 5–3）。

最大的两种语系

学习成果 5.1.3
确定印欧语系和汉藏语系这两个最大语系的分布情况。

印欧语系

印欧语系是使用最广泛的语系，是欧洲、

印欧语系 46.5%　　　　汉藏语系 20.1%　　尼日尔–刚果语系 6.9%　　亚非语系 6.0%　　南岛语系 5.5%　　达罗毗荼语系 3.6%　　南亚语系 2.6%　　日本语系 2.0%　　阿尔泰语系 1.6%　　其他 5.2%

▲ 图 5–3　**世界的主要语系**　示意图显示的是各大语系使用人数的百分比。

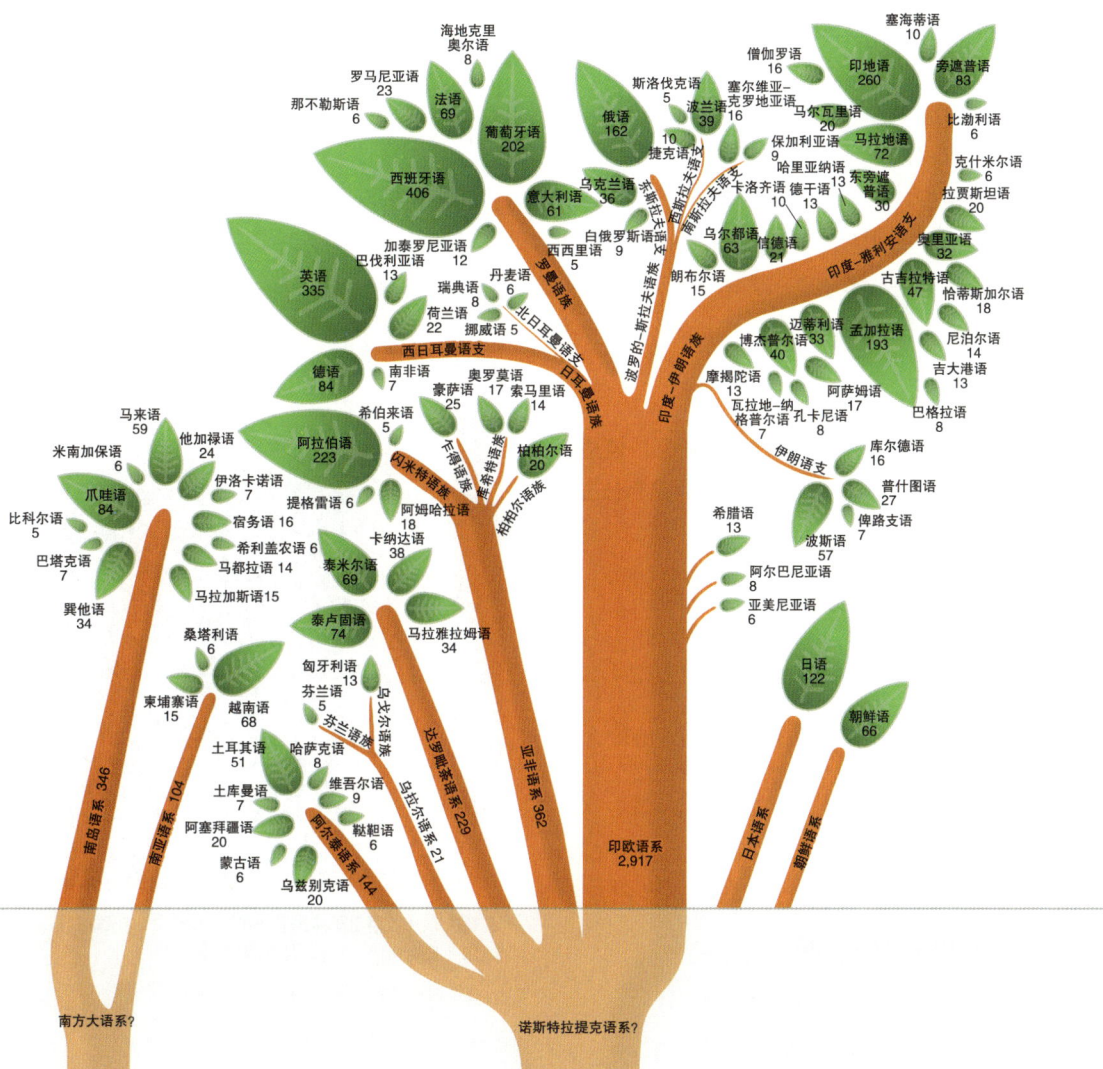

塞海蒂语 10
海地克里奥尔语 8
罗马尼亚语 23
那不勒斯语 6
法语 69
葡萄牙语 202
西班牙语 406
意大利语 61
加泰罗尼亚语 13
巴伐利亚语 12
英语 335
瑞典语 13
丹麦语 5
荷兰语 22
挪威语 5
德语 84
僧伽罗语 16
印地语 260
旁遮普语 83
斯洛伐克语 5
塞尔维亚–克罗地亚语 16
波兰语 39
俄语 162
比渥利语 6
克什米尔语 6
捷克语 10
马尔瓦里语 20
马拉地语 72
拉贾斯坦语 20
保加利亚语 13
哈里亚纳语 东旁遮普语 30
乌克兰语 36
卡洛齐弗语 德干语 13
乌尔都语 63
信德语 21
奥里亚语 32
古吉拉特语 47
恰蒂斯加尔语 18
白俄罗斯语 9
西西里语
明布尔语 15
迈蒂利尔语 40
博杰普尔语 33
孟加拉语 193
尼泊尔语 14
吉大港语 13
南非语 7
奥罗莫语 17
索马里语 14
豪萨语 25
希伯来语 5
阿拉伯语 223
摩揭陀语 13
瓦拉地–纳格普尔语 孔卡尼语 8
阿萨姆语 17
巴格拉语 8
提格雷语 6
阿姆哈拉语 18
卡纳达语 38
泰米尔语 69
库尔德语 16
伊朗语支
希腊语 13
普什图语 27
俾路支语 7
马来语 59
他加禄语 24
爪哇语 84
米南加保语 6
比科尔语 5
巴塔克语 7
巽他语 34
伊洛卡诺语 7
宿务语 16
希利盖农语 6
马都拉语 14
马拉加斯语 15
桑塔利语
泰卢固语 74
匈牙利语 13
芬兰语 5
马拉雅拉姆语 34
波斯语 57
阿尔巴尼亚语 8
亚美尼亚语 6
柬埔寨语 15
越南语 68
土耳其语 51
土库曼语 7
哈萨克语 8
维吾尔语 9
鞑靼语 6
日语 122
朝鲜语 66
阿塞拜疆语 20
蒙古语 6
乌兹别克语 20

南岛语系 346　　南亚语系 104　　乌戈尔语族　芬兰语族　乌戈尔语族　达罗毗荼语系 229　　亚非语系 362　　阿尔泰语系 144　　印欧语系 2,917　　日本语系　朝鲜语系

西日耳曼语支　北日耳曼语支　日耳曼语族　罗曼语族　斯拉夫语族　波罗的–斯拉夫语族　印度–伊朗语支　印度–雅利安语支　闪米特语族　柏柏尔语族　亚非语系

南方大语系?　　诺斯特拉提克语系?

南亚、北美和拉丁美洲的主要语系。它有 8 个分支，其中 4 个被广泛使用：印度 – 伊朗语族、日耳曼语族、罗曼语族和波罗的 – 斯拉夫语族。另外 4 个的使用人数相对较少：阿尔巴尼亚语族（Albanian）、亚美尼亚语族（Armenian）、凯尔特语族（Celtic）和希腊语族（Greek）。印欧语系的起源和分布将在下个关键议题中更详细地讨论。

汉藏语系

汉藏语系包括中华人民共和国——全球人口最多的国家——以及东南亚几个较小国家所使用的语言。一般来说，中国的各种语言属于汉藏语系中的汉语语族。

汉语并不是单一的语言。最常被使用的汉语是普通话，使用人数约为中国人口的 3/4，是世界上使用最广泛的语言之一，也是联合国 6 种官方语言之一。在中国，其他属于汉语的 7 种语言也分别至少有 2,000 万的使用者。这 7 种语言大多数位于中国南部和东部，分别是吴语、粤语（广东话）、闽语、晋语、湘语、客家语和赣语。然而，中国政府正在全国范围内推行普通话。

思考题 5.1.3

汉藏语系是使用人数第二多的语系，但是它覆盖的面积比其他个别语系小。这是为什么？

其他大型语系

学习成果 5.1.4

确定印欧语系和汉藏语系以外其他最大语系的分布情况。

前面介绍了最大的两个语系——印欧语系和汉藏语系，现在介绍另外 12 个语系的分布情况（图 5-4）。

东南亚的语系

东南亚的三大语系是南岛语系、南亚语系和壮侗语系。

南岛语系。该语系的使用者约占世界人口的 6%，大多数位于世界第四人口大国印度尼西亚。印度尼西亚的居民分散在数千个岛屿上，有许多不同的语言和方言；民族语言网发现印度尼西亚有 706 种活语言。印度尼西亚使用最广泛的语言是爪哇语，它有 8,400 万使用者，大多都生活在聚集了印度尼西亚 2/3 人口的爪哇岛。

南亚语系。南亚语系的使用者约占世界人口的 2%。该语系中使用人口最多的语言是越南语，其书面语用的是罗马字母，在元音字母上加有大量的变音标记。越南语的字母表是在 17 世纪由罗马天主教传教士设计的。

壮侗语系。壮侗语系曾经被分类为汉藏语系的分支。这个语系里的主要语言在泰国

▲ 图 5-4　用 33 种语言写的"欢迎"　英国布里斯托尔（Bristol）一所学校里的标牌。

和邻近的中国地区使用。它与南岛语系有相似之处，所以有语言学者推测，使用壮侗语系的人可能是来自菲律宾的移民。

东亚的语系

中国以外使用最广泛的两个语系是日本语系和朝鲜语系。

日本语系。日语会使用部分汉字，同时也有音标系统，用来代替汉字，或与汉字同时使用。中国文化的特征已经扩散到日本社会，包括日本文字的原始形式。但是，汉语和日语的结构不同。

朝鲜语系。与汉藏语言和日本语不同，朝鲜语是用叫作谚文（hankul）的系统来书写的。和西方语言一样，这个系统中的每个字母代表一个音。超过半数的朝鲜语词汇源自汉语词。事实上，朝鲜语中用于描述新技术和新概念的新词主要来自汉语和日语。

亚洲的其他语系

除印欧语系外，南亚的主要语系还有达罗毗荼语系。阿尔泰语系和乌拉尔语系曾被认为是相连的一个语系，但最近的研究指出，它们有不同的地理起源。

达罗毗荼语系。达罗毗荼语系的语言是印度南部的主要语言。使用最多的两种语言是泰卢固语和泰米尔语。达罗毗荼语系的起源未知，而且相较于其他被广泛使用的语言，它被研究得很少。在使用印欧语系的人到达印度时，印度就已经有人在使用达罗毗荼语系的语言了。

阿尔泰语系。阿尔泰语系被认为起源于与祁连山脉和阿尔泰山脉相邻的草原。阿尔泰语系的分布在亚洲形成一个带状区。到目前为止，使用人数最多的阿尔泰语系语言是

土耳其语。苏联在统治中亚大部分使用阿尔泰语系的地区时，对阿尔泰语系的使用进行了压制。随着苏联在20世纪90年代初解体，阿尔泰语系的语言在几个新国家成为官方语言，包括阿塞拜疆、哈萨克斯坦、吉尔吉斯斯坦、土库曼斯坦和乌兹别克斯坦。

乌拉尔语系。乌拉尔语系的语言可以追溯到一种共同的语言，最早使用这种语言的是7,000年前生活在乌拉尔山脉（今属俄罗斯）中的人们。移民带着乌拉尔语言迁移到欧洲，在讲日耳曼语言和斯拉夫语言的人们中间定居，并将自己的语言作为文化认同的重要元素保留下来。爱沙尼亚人、芬兰人和匈牙利人所说的语言都属于乌拉尔语系。

非洲的语系

没人知道非洲语言的确切数量，学者们在将它们进行语系归类时也意见不一。19世纪初期，欧洲传教士和殖民官员用罗马或阿拉伯字母记录了非洲语言。民族语言网列出2,146种非洲语言，其中只有699种拥有文学传统。全球第三大和第四大语系位于非洲：北非的亚非语系和撒哈拉以南非洲的尼日尔 - 刚果语系。

亚非语系。阿拉伯语是亚非语系中的重要语言，是西南亚和北非20多个国家的官方语言，也是联合国6种官方语言之一。根据民族语言网的数据，在口头和书面上使用官方阿拉伯语的有20.6亿人。其中大多数人还会使用明显不同于官方阿拉伯语的第二语言。例如，有5,400万人使用埃及阿拉伯语口语。民族语言网发现，除官方阿拉伯语以外，还有34种明显不同的阿拉伯语言。全世界的10亿穆斯林中，大部分都知晓些许阿拉伯语，因为伊斯兰的圣书《古兰经》就是在7世纪用阿拉伯语写成的。亚非语系

还包括希伯来语。犹太教的《圣经》和基督教的《旧约》最初就是希伯来语。

尼日尔－刚果语系。在撒哈拉以南的非洲地区，超过 95% 的人口使用属于尼日尔－刚果语系的语言。其中使用最广泛的 3 种语言是约鲁巴语、伊博语和斯瓦希里语。尼日利亚的许多语言中，就包括约鲁巴语和伊博语。斯瓦希里语只有在坦桑尼亚才是官方语言，但它是 1,500 万人的第一语言，还是 2,500 万人的第二语言。尤其是在农村地区，人们用当地语言和同村人交流，用斯瓦希里语和外界交流。斯瓦希里语最初是通过非洲群体与阿拉伯商人之间的互动而发展起来的，所以它的词汇受阿拉伯语的影响很大。它是少数拥有大量文学作品的非洲语言之一。

尼罗—撒哈拉语系。在尼日尔－刚果语系地区北部的中北非，有 4,300 万人使用尼罗－撒哈拉语系的语言。尼罗－撒哈拉语系内部的划分体现了对非洲语言进行分类的困难。尽管使用人数相对较少，但是尼罗－撒哈拉语系可以分为 6 个语族，以及许多语支和亚语支。尼罗－撒哈拉语系里单个语言的使用人数极其少。

美洲的其他语系：盖丘亚语系

盖丘亚语系是西半球除印欧语系以外使用最广泛的语系。盖丘亚语系的使用者主要居住在南美洲西部的安第斯山脉中。民族语言网估计，约有 900 万人使用盖丘亚语系。民族语言网发现 44 种明显不同的盖丘亚语系的语言，其中盖丘亚库斯科语（Quechua Cusco）是唯一一种使用者超过 100 万的语言。根据民族语言网，讲盖丘亚语系语言的人大多数都把西班牙语用作第一语言。安第斯山脉中的另一种语系——艾马拉语系（Aymara）有 300 万使用者，大多数生活在玻利维亚。

思考题 5.1.4

大多数语言都是按地区或国家命名的。那么，从名称来看，你觉得南岛语系和南亚语系的分布会有何不同？

复习　关键议题 1
世界的各种语言分布在何处？

✔ 语言分为制度型语言、发展型语言、强健型语言、受困型语言和消亡型语言。

✔ 语言可以组织成语系和语族。

✔ 使用人数至少 900 万的语系有 18 个。

英语及相关语言在何处起源？扩散到何处？

▶ 印欧语系下各语族的分布

▶ 印欧语系的起源与扩散

▶ 英语的起源与扩散

▶ 英语在全球的重要性

▶ 官方语言

学习成果 5.2.1

理解印欧语系下各个语族的起源、扩散和当前的分布。

世界近半数人口使用属于印欧语系的语言。印欧语言的共同源头早于历史记录。

印欧语系下各语族的分布

印欧语系分为 8 个语族，其中 4 个语族的使用人口较多，另外 4 个则较少。

日耳曼语族

英语属于印欧语系日耳曼语族的西日耳曼语支。德语和荷兰语也属于西日耳曼语支。

日耳曼语族还包括在北日耳曼语支中的语言，这些语言由斯堪的纳维亚地区的人们使用。斯堪的纳维亚地区的 4 种语言——瑞典语、丹麦语、挪威语和冰岛语——都源自古诺尔斯语（Old Norse），即公元前 1000 年以前整个斯堪的纳维亚使用的主要语言。在那之后出现了 4 种不同的语言，原因是人口迁移，以及该地区被划分为 4 个独立和相互孤立的国家。

罗曼语族

罗曼语族的语言中，使用最广泛的 4 种是西班牙语、葡萄牙语、法语和意大利语。

使用这 4 种语言的几个欧洲地区在一定程度上与今天西班牙、葡萄牙、法国和意大利的边界相符。在这 4 个国家之间，地势崎岖的山脉是分界线。第 5 种使用广泛的罗曼语言是罗马尼亚语，它是罗马尼亚和摩尔多瓦的主要语言。罗马尼亚语区与其他罗曼语区，被几个使用斯拉夫语言的民族分隔开来。

印度 – 伊朗语族

印欧语系中，使用人数最多的语族是印度 – 伊朗语族。该语族细分为伊朗语支（或西部语支），以及印度语支（或东部语支）。伊朗语支的主要语言包括：伊朗的波斯语（有时称为法尔西语）、阿富汗东部和巴基斯坦西部的普什图语，以及伊朗西部、伊拉克北部和土耳其东部库尔德人使用的库尔德语。这些语言使用的是阿拉伯语字母。

南亚使用最广泛的几种语言属于印欧语系，更确切地说，是属于印欧语系的印度 – 伊朗语族的印度语支。印度 12 亿人口具有文化多样性，而语言是这种多样性的主要元素。民族语言网发现，印度目前使用的语言有 461 种，其中 29 种语言的使用人口至少有 100 万。

印度的官方语言是属于印欧语系的印地语。印地语最初是在新德里地区使用的各种印度斯坦语；19 世纪，英国人鼓励在政府中使用印地语，让它成长为一种全国性语言。

印度在 1947 年独立后，提议将印地语作为官方语言，但是遭到使用其他语言的人们强烈反对。因此，英国殖民统治者的语言英语就被保留下来，作为第二官方语言。使用不同印度语言、想要相互交流的人们，有时会把英语作为通用语言。

印度还承认 22 种所谓的预定语言（scheduled language），其中 15 种属于印欧语系，4

种属于达罗毗荼语系，2 种属于汉藏语系，1 种属于亚非语系。印度政府有义务鼓励人们使用这些语言。

印地语的口语有多种，但是官方书面语只有一种，使用的是叫作天城文（Devanagari）的文字。例如，太阳这个词在印地语里就写作"सूरज"（读音为"Sūrya"）。

更复杂的是，乌尔都语与印地语在口语上非常类似，但乌尔都语被认为是一门独特的语言。乌尔都语用的是阿拉伯字母，它的大部分使用者是穆斯林，他们的圣书《古兰经》就是用阿拉伯语写成的。

波罗的 – 斯拉夫语族

波罗的 – 斯拉夫语族的语言在东欧占主导地位。斯拉夫语曾经是一门单一的语言，但是在 7 世纪时，几个斯拉夫人群体从亚洲迁移到东欧，此后相互孤立地生活，斯拉夫语也因此出现了差异。现在，这个语族可以分为东、西和南斯拉夫语支，以及波罗的语支。波罗的 – 斯拉夫语族使用者的分布很广泛。

使用最广泛的斯拉夫语言是东方的几种斯拉夫语，主要是超过 80% 的俄罗斯人所使用的俄语。随着苏联崛起，俄语变得更为重要。苏联官员强迫母语是其他语言的人学习俄语，以此推动国家多个民族的文化团结。在被苏联统治的东欧国家中，俄语被作为第二语言教授。

使用人数最多的西斯拉夫语言是波兰语，其次是捷克语和斯洛伐克语。后两者非常相似，两种语言的使用者可以相互理解。使用最广泛的南斯拉夫语言是在波黑、克罗地亚、黑山和塞尔维亚使用的波斯尼亚语。在这些国家都属于南斯拉夫时，这种语言叫作塞尔维亚 – 克罗地亚语。这个名字现在会冒犯波斯尼亚人和克罗地亚人，因为它会让人回忆起生活在由塞尔维亚人统治的国家的日子。相反，波斯尼亚、克罗地亚和塞尔维亚的人们更偏向于使用波斯尼亚语、克罗地亚语和塞尔维亚语这几个名字，以表示各自的语言都是独一无二的，尽管语言学者认为它们是同一种语言。在书写波斯尼亚语时，波斯尼亚人和克罗地亚人用的是罗马字母（英语使用的字母），而黑山人和塞尔维亚人则使用西里尔字母（Cyrillic alphabet，如"塞尔维亚"就写作"Србија"）。

所有斯拉夫语言之间的差异相对较小。但是，由于语言是人们文化认同的重要元素，所以斯拉夫语言以及其他语言中相对较小的差异得到保护，甚至在近来的运动中得到加强。

思考题 5.2.1

在欧洲北部、南部和东部占主导地位的分别是哪些语族？

印欧语系的起源与扩散

学习成果 5.2.2

认识语系和语族的起源和扩散过程。

像其他文化元素一样，语言在当代的分布情况取决于语言起源和扩散的地理过程。语族和具体语言的起源和扩散能够调查研究，是因为这些过程有历史记载。另一方面，语系的起源和初始扩散早于历史记载，所以我们只能对它们进行推测。罗曼语族和印欧语系的起源和扩散就是例证。

罗曼语族的起源和扩散

罗曼语族的语言都源于拉丁语，即"罗马人的语言"。两千年前，罗马城重要性的提升让拉丁语得以扩散。公元 2 世纪，罗马帝国到达鼎盛时期，疆土西至大西洋，东至黑海，涵盖了地中海沿岸的所有土地（图5-5）。所向披靡的罗马军队在占领辽阔疆土上的各个行省时，也带去了拉丁语。在这个过程中，各个行省土著人所说的语言要么灭绝，要么被征服者的语言压制。

即使在罗马帝国时期，不同地区的拉丁语也有一定程度的不同。罗马帝国的发展持续了数百年，各行省使用的拉丁语都基于罗马军队在占领时所说的语言。各行省的拉丁语口语也融合了该地区原有的语言。各行省人们所学的拉丁语并不是标准的文学语言形式，而是一种口语形式，被称为**"通俗拉丁语"**（Vulgar Latin），该词的词源是拉丁语中的"平民"。

罗马帝国在公元 5 世纪瓦解后，各行省之间的交流不断减少，让拉丁语口语的地区差异变得更大。到了 8 世纪，此前属于罗马帝国的地区相互孤立了足够长的时间，演变出了不同的语言。

过去，当移民无法与家乡使用相同语言的人进行交流时，意味着新老地区所使用的语言之间出现较大的差异，导致差别明显、相互独立的语言出现。两千年前拉丁语使用者的迁移就是这种情况。

由于欧洲人的殖民活动，罗曼语族的语言得到了全世界的重视。西班牙语是拉丁美洲 18 个国家的官方语言，而且只有不到 10% 的西班牙语使用者生活在西班牙。巴西使用的是葡萄牙语；巴西人口有 2 亿，而葡萄牙人口只有 1,000 万。中美洲和南美洲分为葡萄牙语和西班牙语地区，是因为教皇亚历山大六世（Pope Alexander Ⅵ）在 1493 年决定将新世界的西部给西班牙，东部给葡萄牙。第二年签订的《托尔德西里亚斯条约》（The Treaty of Tordesillas）执行了教皇的这个决定。

▲ 图 5-5　**罗马帝国时期建造的渡槽，西班牙塞哥维亚**　罗马人建造这条长达 17 千米（11 英里）的渡槽，将水引至最西边的一个前哨。

印欧语系各种语言的共同祖先

如果日耳曼语族、罗曼语族、波罗的－斯拉夫语族和印度－伊朗语族的语言全都是印欧语系的一部分，那么它们肯定是从同一门祖先语言发展而来的。不幸的是，我们无法确切地证明这种单一祖先语言——原初印欧语（Proto-Indo-European）的存在。

由于语系的起源早于有记录的历史，所以印欧语系各种语言起源于单一语言的证据，主要来自与自然环境有关的词汇。例如：

■ 印欧语系的各种语言中，在表达冬天和雪时使用的是相同的词语，在表达海洋时则不是。语言学者据此推断，最初使用印欧语言的人们或许生活在寒冷的或有冬季的气候中，但是没有接触到海洋。

■ 印欧语系的各种语言中，用来表达部分树木和动物（如山毛榉、橡树、熊、鹿、野鸡和蜜蜂）的词语是相同的，但是用来表达有些动物和树木（如大象、骆驼、稻米和竹子）的词语则不相同。

因此，语言学者推断，在最初使用印欧语言的人们生活的地方，可以找到那些相同词语所代表的动物和树木，而那些不相同的词语，则是在原初语言分裂成多种分支语言后新增的。

游牧战士理论（Nomadic Warrior Theory）。

关于原初印欧语言起源的时间和地点，及其扩散的过程和路线，语言学者和人类学者意见不一。根据考古学者玛莉加·金普塔斯（Marija Gimbutas）的说法，最先使用原始印欧语言的是库尔干人（Kurgan）。关于库尔干人的最早考古学证据可以追溯到公元前4300年左右，发现于今天俄罗斯和哈萨克斯坦的边界附近。

库尔干人是最先驯养马匹和使用双轮战车的民族之一，他们要不断迁移，寻找草原来饲养动物。他们向西经过了欧洲，向东到了西伯利亚，向东南到了伊朗和南亚。公元前3500年至公元前2500年间，库尔干战士利用他们驯养的马匹和制作的战车建立起军事优势，征服了欧洲和南亚的大部分地区。

定栖农民理论（Sedentary Farmer Theory）。

考古学者科林·伦福儒（Colin Renfrew）认为，最先使用原初印欧语言的人比库尔干人早存在2,000年，生活在今天土耳其的东部。生物学者罗素·格雷（Russell Gray）支持伦福儒，他将印欧语言的最早使用者追溯得甚至更早，到大约公元前6700年。这种假说认为，印欧语言是随着农业实践而不是军事征服扩散到欧洲和南亚的。这种语言获得成功，是因为它的使用者依靠种植作物，而非狩猎，变得人口众多，经济繁荣。

因此，印欧语言的扩散提出了人类的一个基本问题：语言等文化元素主要是通过战争和征服，还是主要通过和平地分享食物来扩散的？无论印欧语言是如何扩散的，战斗民族或农耕民族之间的交流都很少。经过多代的完全孤立，各个群体都逐渐形成了日益独特的语言。

思考题 5.2.2

是"战争"假说还是"和平"假说更能说服你？为什么？

英语的起源与扩散

学习成果 5.2.3

理解导致当前英语分布情况的多种过程。

不列颠群岛几千年前已经有人居住，但是我们对于凯尔特人到达前各部落的早期语言一无所知。凯尔特人部落是在公元前2000年到达不列颠群岛的，他们使用的语言是凯尔特语。在公元450年左右，欧洲大陆的部落入侵不列颠，迫使凯尔特人进入偏远的不列颠北部和西部地区，包括康沃尔（Cornwall），以及苏格兰和威尔士的高地。

日耳曼人侵略

入侵不列颠群岛的部落是盎格鲁人、撒克逊人和朱特人。朱特人来自丹麦北部，盎格鲁人来自丹麦南部，撒克逊人来自德国西北部。现代英语主要是由盎格鲁人、撒克逊人和朱特人所使用的语言演变而来的。

把英语带到不列颠群岛的三个部落，与他们原来所在地区的其他民族有着相似的语言。英格兰人，以及其他可以将文化传统追溯到英格兰的人，经常被称作盎格鲁-撒克逊人，这个名字即来源于三个入侵部落中较大的两个。

英格兰这个名字来源于"盎格鲁人的土地"（Angles' Land）。在古英语中，盎格鲁人（Angles）的拼写是"Engles"，盎格鲁人的语言被称为盎格鲁语（Englisc）。撒克逊人来自德国的一个角落，叫作石勒苏益格-荷尔斯泰因（Schleswig-Holstein）。在历史上的某个时期，所有日耳曼人使用一种共同的语言，但那个时期早于书面记载。英语和其他日耳曼语言的共同起源，可以通过分析它们之间的差异来重建。不同的日耳曼部落迁移到不同的地区，彼此孤立地生活，让语言能够独立地演变，才最终导致了各个日耳曼语言之间的差异。

还有其他民族入侵英格兰，把他们的语言也融入基本的英语中。位于现代挪威所在地的维京人在9世纪登陆英格兰东北海岸。虽然在征服不列颠群岛的战争中落败，但是仍然有许多维京人留在不列颠，用新词汇丰富了英语。

诺曼人入侵

英语与今天的德语十分不同，主要是因为英格兰在1066年被诺曼人征服。来自今天法国诺曼底所在地的诺曼人使用的是法语，他们在征服后的300年里将法语定为英格兰的官方语言。英格兰的领导人，包括皇室、贵族、法官和神职人员，都要使用法语。然而，大多数普通人受过的教育很少，不懂法语，所以继续使用英语进行交流。

英格兰在1204年失去对诺曼底的控制，并与法国开始了长期的冲突。结果，英国人很少愿意使用法语，英语再次成为英格兰最占主导地位的语言。英国议会认识到几乎每个英国人都在讲英语，于是在1362年颁布《诉讼程序法令》（Statute of Pleading），将法庭事务的官方语言从法语改成了英语。英国议会继续用法语处理事务，直到1489年才改变。

在法语作为英国官方语言的300年间，普通百姓使用的日耳曼语言和领导者使用的法语混合形成了新语言。在现代英语中，简单而直接的词汇，如"天空"（sky）、"马"（horse）、"男人"（man）和"女人"（woman），有日耳曼渊源，而更为优雅的词汇，如"天上的"（celestial）、"骑马的"（equestrian）、"有男性气概的"（masculine）和"有女性特征的"（feminine），则源于法国入侵者（图5-6）。

思考题 5.2.3

"学校"（school）和"大学"（university）这两个词语哪个是通过日耳曼人入侵，哪个是通过诺曼人入侵成为英语词汇的？

英语的扩散

英语的使用者如今遍布全球，是因为英

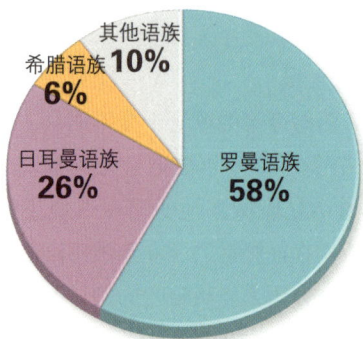

▲ 图 5-6　英语词汇的来源　英语尽管属于日耳曼语族，但其实拥有的罗曼语族词汇比例更高。

▼ 图 5-7　法式英语　法国南特这家咖啡厅的名称，就是英语词"death"和法语词"porc"的结合。

国在 4 个世纪的时间里建立多个殖民地，英格兰人在迁移时也带去了他们的语言。

英语首先在 17 世纪从英国扩散到北美。最早的英国殖民地建在北美，最开始是 1607 年建立在弗吉尼亚的詹姆斯敦殖民地，以及 1620 年建立于马萨诸塞的普列茅斯殖民地。英国在 18 世纪击败法国，统治北美殖民地，保证了英语作为北美主要语言的地位。

此外，英国在 17 世纪控制了爱尔兰，在 18 世纪中叶控制了南亚，在 18 世纪末和 19 世纪初控制了南太平洋，在 19 世纪后期控制了南非。在这些地方，即使只有殖民统治者和当地少数精英会说英语，英语都成为官方语言。

进入 20 世纪，美国又将英语扩散到几个地方，其中最值得一提的是西班牙在 1899 年因输掉美西战争而割让给美国的菲律宾。菲律宾在 1946 年完全独立后，将英语保留下来，与菲律宾语一起作为官方语言。

英语与其他语言结合

英语正在与其他语言混合，产生新的语言。例如：

■ **法式英语**（Franglais）就是法语和英语的混合体。法语是 29 个国家的官方语言，数百年来始终是国际外交官的通用语言。在传统上，语言一直是法国民族自豪感和认同感的重要来源（图 5-7）。

■ **西式英语**（Spanglish）是西班牙语和英语的混合体。英语正在扩散到 3,400 万西班牙裔美国人使用的西班牙语中。西式英语中的新词语，在英语中其实并不存在，但是会很有用。例如，"textear"（发短信）这个动词源于英语，就不像西班牙语中的词组"mandar un mensajito"（发送一条短信）那么复杂。

▶ 图 5-8 **教授英语** 中国黄南藏族自治州的一间教室。

■ **德式英语**（Denglish）是德语和英语的混合体。Denglish 这个词中的字母"D"代表的是德语中的"德国"（Deutsch）。例如，德国电信公司（Deutsche Telekom）使用德语词"Deutschlandverbindungen"表示"长途"，却在表示"当地"时使用德式英语词"Cityverbindungen"，不用德语词"Ortsverbindungen"。

英语在全球的重要性

学习成果 5.2.4
理解通用语的概念。

一门用于交流的通用语言是全球社会最根本的需求之一。在现代世界中，国际交流最重要的语言是英语。波兰航空公司的飞行员在飞越西班牙时会用英语向地面的调度员讲话。瑞士的银行家彼此之间会使用德语，但是在与德国的银行家交流时更愿意使用英语。英语也是法国飞机制造厂和意大利电器公司的官方语言。

英语作为主要的国际语言，促进了流行文化和科学的传播，也促进了国际贸易的发展。然而，抛弃母语的人们必须权衡是使用英语的好处更多，还是丧失本地文化身份基本要素的代价更大。

通用语

英语这种用于国际交流的语言就是**通用语**（lingua franca）。为了促进贸易，两种不同语言的使用者会创造通用语，将两种语言的元素混合成一种简单的共同语言。"通用语"这个术语，本意是"弗兰克人的语言"（language of the Franks），最初是在中世纪被阿拉伯商人用来指代他们在与欧洲人（被他们称为"弗兰克"）沟通时使用的语言。

较小国家的人们需要学习英语，才能更充分地参与全球经济和文化。在荷兰和瑞典等国家，所有儿童都要学习英语，以便促进国际交流。这在文化上可能显得不公平，但显而易见的是，数百万荷兰人学习英语的可能性要比全球 5 亿英语使用者学习荷兰语的可能性更大。

英语重要性的快速增加，反映在学校

中将英语作为第二语言来学习的学生比例上（图 5-8）。欧盟 90% 以上的学生要在中学或高中学习英语；不仅丹麦和荷兰等小国家的学生要学英语，法国、德国和西班牙等人口大国的学生也要学。日本政府认为在全球经济中流利的英语必不可少，所以甚至考虑过将英语作为第二官方语言。

越来越多的外国学生想要到授课语言为英语，而非德语、法语或俄语的大学里学习。世界各地的学生都想学习英语，是因为他们认为这是在全球经济中工作和参与全球文化的最有效方式。

学习英语或其他通用语言的群体可能会学习一种简化的语言形式，称为**混杂语言**（pidgin language）。为了与使用不同语言的对方交流，两个群体会创建出混杂语言，即学习通用语中的部分语法和词汇，再将它们与自己的语言进行混合。没有人将混杂语言作为母语，它是母语之外的一种语言。

除英语以外，现代的通用语还包括东非的斯瓦希里语、南亚的印地语、东南亚的印度尼西亚语，以及苏联的俄语（图 5-9）。在 20 世纪独立的几个非洲和亚洲国家都采用英语或斯瓦希里语为官方语言，用于政府办公和商业事务，即使大多数人都不会说这种语言。

因为英语在全球占主导地位，所以许多美国公民并没有认识到学习其他语言的重要性。要了解世界其他地区人们的信仰、特征和价值观，最好的一个方式就是学习他们的语言。美国人没有努力学习其他语言，让世界其他地区的人们感到沟通不便，尤其是在美国人去其他国家游览或工作时。

不会说其他语言，也对想要做国际生意的美国人造成阻碍。想要成功进入海外市场，就需要了解当地文化，而且能说当地语言的官员能够更好地获得重要信息。希望在美国发展的日本企业会派遣能够讲英语的职员，但是希望向日本出售产品的美国企业却很少能够派遣会讲日语的员工。

互联网上的英语

互联网这种重要交流手段的出现，进一步加强了英语的主导地位。超过半数的互联网内容用的是英文（图 5-10）。由于互联网上的大部分资料都是用的英文，所以英语知识对于全球互联网用户来说至关重要。

尽管互联网用户中英语使用者的比例

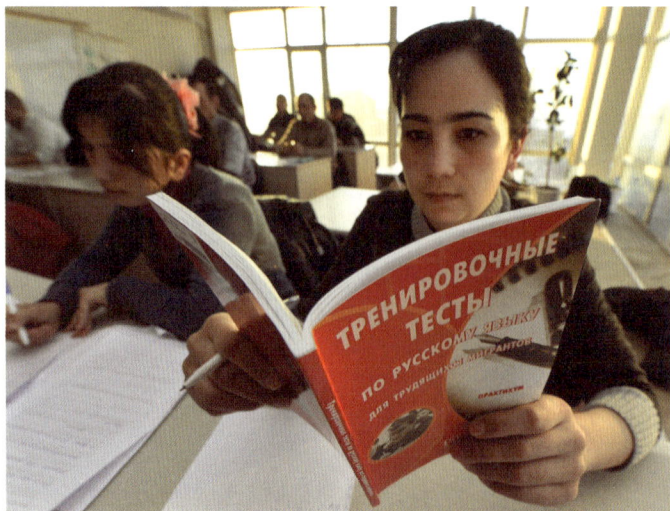

◀ 图 5-9　**学习俄语**　俄罗斯符拉迪沃斯托克的学校。

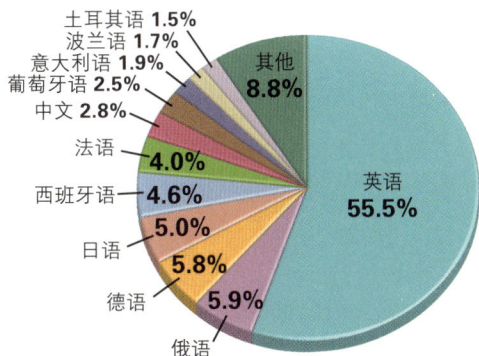

▲ 图 5-10　**网站的语言**　半数以上的网站用的都是英文。

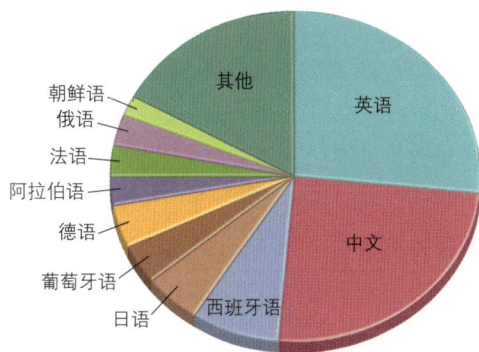

▲ 图 5-11　**互联网用户的语言**　在互联网用户中，英语使用者和中文使用者各占约 1/4。

在下降，但是英语网站仍然占主导地位。2015 年，互联网用户中仅有 27% 使用英语，远低于 1998 年的 71%（图 5-11）。英语早期在互联网上占主导地位，在一定程度上反映了这个事实，即人口最多的英语国家美国，在为大多数公民提供互联网服务方面领先于世界上的其他国家。与此同时，中文（普通话）互联网用户在全球总用户中的占比，从 1998 年的 2%，增加到了 2015 年的 25%。

　　进入 21 世纪后，英语的主导地位或许已经下降。但是，美国——以及英语——在互联网的关键方面仍然是领导者。美国创造了世界其他地区都遵循的互联网英语语言术语。

"www"这个术语，英语使用者知道是"万维网"（World Wide Web）的缩写，但是在其他语言中会造成尴尬，因为有些语言中并没有与英语字母"w"对应的音。

　　总部位于美国的互联网名称与数字地址分配机构（Internet Corporation for Assigned Names and Numbers），负责分配域名和点号后面的后缀，如"com"和"edu"。世界其他地区的域名包括代表国家的双字母后缀，如法国的"fr"和日本的"jp"，而美国的域名则不需要这种后缀。考虑到互联网上各种语言的全球化，互联网名称与数字地址分配机构在 2009 年同意使用非拉丁文字字符的域名。现在域名可以使用阿拉伯文、中文和其他文字。

中文：下一种通用语？

　　中文未来会在社交媒体上占领先地位，部分是因为世界各地有大量使用中文的人。中文的吸引力也来自汉字的书写方式。中文不像英语那样是按照声音来书写的，它主要用的是**语符**（logogram），即代表词语或词语中有意义部分的符号。要认识数千个语符，才能读懂一本书。大多数语符都是复合的，例如，与水体有关的汉字就包括代表"河流"的符号，以及以某种方式改变"河流"的额外笔画。

　　因此，在推特等限制字符数的社交媒体上，中文是一种有吸引力的语言。写满推特上限 140 个字符的英语信息，用中文写出来大概只需要 70 个字符。

思考题 5.2.4
图 5-9 中那本书的标题是什么？将标题的字母用互联网翻译试试。

官方语言

理解英语和其他语言的官方地位。

　　有些国家指定一种或多种语言为官方语言。官方语言被政府用来制定法律，开展其他公共事务。在有些情况下，官方语言是公立学校使用的唯一语言。

　　欧洲有大量的官方语言。欧盟承认 24 种官方和工作语言：保加利亚语、克罗地亚语、捷克语、丹麦语、荷兰语、英语、爱沙尼亚语、芬兰语、法语、德语、希腊语、匈牙利语、爱尔兰语、意大利语、拉脱维亚语、立陶宛语、马耳他语、波兰语、葡萄牙语、罗马尼亚语、斯洛伐克语、斯洛文尼亚语、西班牙语和瑞典语。

　　英语是 58 个国家的官方语言，比其他任何语言都多。有 20 亿人生活在以英语为官方语言的国家，即使他们不会说英语。此外，在澳大利亚、英国和美国等几个最著名的英语国家中，英语是主流语言，但并非官方语言（参见"辩论！"版块）。

　　英语作为美国的主要语言，被用于所有官方文件，但是它并没有被定为官方语言。然而，美国 28 个州的法律只有英语版本。

美国有哪些州将英语作为官方语言？

复习　关键议题 2
英语及相关语言在何处起源？扩散到何处？

- ✔ 印欧语系有四个被广泛使用的语族。
- ✔ 印欧等语系的起源和早期传播要靠推测，因为这些语系的存在早于有记录的历史。
- ✔ 具体的语言，如英语和罗曼语族的语言，都有关于发源地和扩散模式的记录。
- ✔ 英语已成为世界上最重要的通用语，在互联网时代尤其如此。

辩论！　英语应该成为美国的官方语言吗？

唯英语运动（the English-Only Movement）倡导联邦立法以要求美国官方文件只使用英语。

让英语成为美国的官方语言

- 58 个国家和美国的 28 个州都已经将英语作为官方语言。
- 要求使用英语是国家团结的象征。
- 英语知识对于想要在美国生存的人们至关重要。
- 向不使用英语的人士提供服务非常昂贵。

不让英语成为美国的官方语言

- 没有必要立法，因为英语已经是美国的主要语言。
- 政府不应该干涉人们的语言权利。
- 倡导"唯英语"是在向来自非英语国家的移民发难。

为什么不同地方的语言有所不同?

▶ 英语方言
▶ 美国方言
▶ 方言或语言?
▶ 多语言的地方

学习成果 5.3.1

了解方言的差异。

方言（dialect）是一门语言的地区性变体，有独特的词汇、拼写和发音。通常，使用不同方言的人能够相互理解。**次方言**（subdialect）是方言的分支。同一方言的两个次方言差异较少，主要体现在发音和少量的词汇上。地理学者特别关注不同方言之间和不同次方言之间的差异，因为这些差异能反映不同群体所处环境的特征。

英语方言

一门语言的使用者迁移到其他地方时，可能就会发展出这门语言的各种方言。英语使用者在数百年前迁移到北美时就是这种情况。英语使用者人数众多，分布广泛，因此英语的方言和次方言非常多。北美人很清楚，他们使用的英语与英国人使用的不同，更不用说与印度、巴基斯坦、澳大利亚和其他英语国家的人使用的英语。

美式和英式英语

英语由英国殖民者带到北美大陆，这些殖民者从 17 世纪开始在大西洋沿岸定居。早期殖民者使用的英语，自然与他们之前在英格兰使用的英语相同。在其他国家移民后来迁到美国时，英语已经在美国扎下了根。

尽管他们对美式英语做出重大贡献，但是他们融入的其实是一个已经在使用英语的社会。因此，当今西半球英语地区的主要语言模式主要源于早期的殖民者。

为什么美国与英国的英语有很大区别？和其他语言的情况一样，答案在于相互孤立。英格兰和美国被大西洋隔开，所以两个地方的英语在 18 世纪和 19 世纪独立发展，相互影响很少。这两个国家的居民很少可以相互访问，而且人类声音长途传输技术要到 20 世纪才出现。美式和英式英语的区别主要在词汇、拼写和发音这三个方面。

词汇。美式英语的词汇和英式英语不同，主要是因为美国的定居者遇到许多新的事物，有了许多新的经历。新大陆上的新自然事物，如大森林和山脉，需要人们给予新的名称。人们遇到的新动物，包括驼鹿、浣熊和花栗鼠，都需要借用美洲原住民的语言来命名。美洲原住民印第安人也丰富了美式英语，把独木舟、莫卡辛软皮鞋和小果南瓜等物品的名称增添进去。新事物被发明出来后，在大西洋两岸有不同的名字。例如，电梯这个词在美式英语里是 "elevator"，在英式英语里是 "lift"；手电筒这个词在美式英语里是 "flashlight"，在英式英语里是 "torch"；汽车引擎盖在美式和英式英语里分别是 "hood" 和 "bonnet"，尾箱分别是 "trunk" 和 "boot"（图 5–12）。

拼写。美式英语的拼写与英式标准不同，因为美国人对独立身份有强烈的民族感情。诺亚·韦伯斯特（Noah Webster）是美国第一部综合性词典和多本语法书的编撰者，他不仅仅是语言用法的记录者，他还有自己的计划。韦伯斯特决心在美国发展出一种独特的英语方言。他要么是忽视，要么是不知晓

英式	美式	汉译
Lorry	Truck	（卡车）
Sleeping policeman	Speed bump	（减速带）
Car park	Parking Lot	（停车场）
Zebra crossing	Crosswalk	（人行横道）
Motorway	Freeway	（高速公路）
Saloon	Sedan	（轿车）
Petrol station	Gas station	（加油站）
Bonnet	Hood	（引擎盖）
Windscreen	Windshield	（挡风玻璃）
Boot	Trunk	（尾厢）
Reversing lights	Back-up lights	（倒车灯）
Dual carriageway	Divided highway	（双行道）
Petrol	Gas	（汽油）
Number plate	License plate	（车牌）
Multi-purpose vehicle	Minivan	（多用途汽车）
Flyover	Overpass	（立交桥）
Multi-storey car park	Parking garage	（立体停车场）
Cat's eye	Raised pavement marker	（隆起型路面标记）
Caravan/campervan	RV	（房车）
Estate car	Station wagon	（旅行车）
Indicators	Turn signal	（转向灯）
Amber traffic light	Yellow light	（黄灯）
Gear Box	Transmission	（变速器）

◀ 图 5-12　美式和英式语言　在两种英语中，许多与汽车有关的单词都有不同的拼法（粗体为英式拼写，括号中为汉译）。

◀ 图 5-13　伦敦的公交车　一辆经典 AEC-K 型公交车在伦敦参加游行。这辆公交车大约生产于哪一年？提示：使用互联网搜索引擎，查询关于 AEC-K 型公交车的信息。怡泉（Schweppes）生产的是什么类型的产品？什么是柠檬苏打（lemon squash）？

在英格兰新制定的语法和拼写规则。他认为，改革拼写和语法将有助于建立国家语言，减少对英格兰的文化依赖，激发民族自豪感。美式英语和英式英语在拼写上的差异，例如"honour"和"colour"中的字母"u"在美式英语中被省略，以及"defence"中的字母"c"被替换成"s"，都主要是因为韦伯斯特的观念在美国得以扩散（图 5-13）。

发音。自从抵达北美后，殖民者的发音就开始不同于英式英语了。这种差异的出现很正常，因为两个群体之间的互动主要局限于信函及其他印刷品，鲜有直接的言语交流。与英国人相比，美国人把非重读音节发得更清晰。"secretary"和"necessary"这两个单词，在美式英语中有 4 个音节，在英式英语中只有 3 个，即"secret'ry"和"necess'ry"。

令人惊讶的是，英语发音在英国的变化比在美国多。直到 18 世纪，在美国殖民地宣布独立，在政治上和自然上都脱离英国后，英国南方的一种英语方言才成为全国标准。因此，美国人不会说"标准的"英语，因为在殖民者离开英格兰时，"标准的"英语并不是今天的样子。此外，很少有殖民者来自英国的上层阶级。

英国的方言

在具体的国家内部，英语会因地区而异。在美国和英国，北方人说的英语都与南方人不同。

前面讨论过，英语起源于北欧 3 个群体的入侵，这 3 个群体定居在英国的不同地区，盎格鲁人在北部，朱特人在东南部，撒克逊人在西南部。每个群体的语言，都是古英语在不同区域独特的方言的基础。

在具有多种方言的语言中，可能有一种方言被认为是**标准语言**（standard language）。所谓标准语言，就是一种广为人知，并且在政府、商业、教育和大众传播中被广泛接受的方言。就英国而言，标准语言被称为**标准英音**（Received Pronunciation）。世界各地的许多人都知道，标准英音是政客、播音员和演员常用的方言。

标准英音过去是首都伦敦，以及剑桥和牛津这两个重要大学城市上层居民使用的方言。1476 年，印刷机被引进至英国，促进了这种属于上层阶级的伦敦和大学方言的传播。18 世纪印刷的语法书和字典建立了基于伦敦方言的拼写规则和语法。然后，这些经常具有任意性的规则在英国各地的学校中被教授。

尽管标准英音目前占主导地位，但是英国各地使用的英语方言，尤其是在农村地区，仍然存在明显的差异。这些方言可以分为三大类：北部方言、中部方言和南部方言。

各种英语方言之间的界限始终在变化。这些变化反映了人口迁移的模式。在伦敦出现次方言，说明有人从其他国家迁入伦敦；东南地区的次方言向北扩散，说明伦敦人在向外迁移。

思考题 5.3.1

美式英语和英式英语在哪些方面有区别？

美国方言

学习成果 5.3.2

了解美国主要方言的分布。

方言的分布是通过对特定词语的研究来记录的。每个没有在全国范围内使用的词语，都有一定的地理范围，因此也就有界线。这种关于词语使用的界线，即**等语线**（isogloss），可以根据每个词语来绘制。等语线是通过直接从人们尤其是农村地区的本地人那里收集数据来确定的。数据收集人员给人们看图片，让他们确定特定的词语，或者给他们多个句子，让他们用特定的词语把句子填完整。尽管每个词语都有独特的等语线，但是不同词语的等语线会在某些地方合并，形成区域。

美国方言的分布

美国主要有 4 个方言区：北部、中部、南部和西部方言区。东部的方言区也可以分成数个次方言区。不同地区的方言在发音上有些为人们所熟悉的差异。例如：

■ 南方的方言会将 "half" 和 "mine" 这类单词发成两个音节（"ha–af" 和 "mi–yen"）。

■ 北部方言因省略 /r/ 音而闻名，让 "heart" 和 "lark" 这两个单词读起来就像 "hot" 和 "lock"。

美国方言目前的分布情况，可以追溯到东海岸英国殖民者在来源上的差异。这些早期殖民地发展出了 3 个不同的方言区：

■ **北部方言区**。2/3 的新英格兰殖民者是来自英格兰东南部东安格利亚（East Anglia）的清教徒，只有少数人来自英格兰北部。他们和英格兰南部的人们相同，都有省略 /r/ 音的特征。

■ **南部方言区**。该方言区大约半数的人来自英格兰东南部，但是他们的社会阶层背景多样化，有被驱逐的囚犯、契约仆人，还有政治和宗教难民。

■ **中部方言区**。这个方言区的移民更加多元化。宾夕法尼亚州的早期定居者主要是来自英格兰北部的贵格会教徒。苏格兰人和爱尔兰人也迁往宾夕法尼亚、新泽西和特拉华。中大西洋地区的殖民地还吸引了许多德国、荷兰和瑞典的移民，他们的英语是从该地区说英语的定居者那里学习的。

在 17 世纪到达的早期殖民者所说的英语方言，决定了他们所在地区未来的语言模式，因为后来的迁入移民会在抵达新家后采用当地人们使用的语言。新移民可能会对语言进行修改，但是最初定居者带来的独特元素仍然会占主导地位。

特定几种英语方言在美国的扩散，是殖民者从东海岸 3 个方言地区向西移动的结果。对大多数美国人来说，北部和南部的口音听起来很不寻常，因为整个美国西部的标准发音来自中部地区，而非北部和南部地区。这种模式的出现是因为西部的大多数定居者都来自中部地区。

许多曾经有地区特色的词语现在遍布全国。大众媒体——尤其是电视——促使有些词语在全国范围内被采用。尽管如此，美国不同地区的方言仍然存在差异。例如，用于表示软饮料的词语就有所不同。东北部、西南部以及圣路易斯地区的大多数人用"soda"来形容软饮料。中西部地区、大平原地区和西北地区的大多数人则喜欢使用"pop"。南方人将所有软饮料都称为"coke"。

思考题 5.3.2

你所说的英语是否属于这些方言中的一种？为什么？

非洲裔美国人的英语

部分非洲裔美国人使用的英语方言受

到非洲裔群体独特传统的严重影响。这个群体在 18 世纪期间，被迫从非洲迁移到美洲南部的殖民地做奴隶。非洲裔美国奴隶保留了独特的方言，部分是为了在交流时不让白人奴隶主听懂。黑人方言中的词语，如"gumbo"和"jazz"，早已扩散到标准的英语中。

在 20 世纪，许多非洲裔美国人从南方迁移到东北和中西部的大城市（见第 7 章）。其中许多人生活在北方城市内的种族隔离社区里，上的也是种族隔离的学校，从而保留了他们的独特方言。这种方言被称为非洲裔美国人白话英语（African American Vernacular English，AAVE）。自 1996 年以来，人们就会时常把"乌语"（Ebonics）——乌木（ebony）和语音（phonics）两个词的结合——用作非洲裔美国人白话英语的同义词。

美国言语语言听力学会（American Speech, Language and Hearing Association）将非洲裔美国人白话英语归类为一种独特的方言，具有公认的词汇、语法和词语含义。乌语的独特之处在于双重否定词的使用，如"I ain't going there no more"，以及使用"She be at home"之类的句子，而非"She is usually at home"。

非洲裔美国人对白话英语的使用，在非洲裔美国人的社会里很有争议。有人认为这种英语不合标准，是教育水平低下的表现，还会阻碍非洲裔美国人在美国获得成功。有人则认为这种英语是保留非洲裔美国人文化中独特元素的手段，也是教导那些在学校表现不佳的非洲裔美国人的有效方法。

阿巴拉契亚英语

阿巴拉契亚地区的土著人，如西弗吉尼亚州农村的人们，也拥有独特的方言，例如把"hollow"读成"holler"，把"creek"读成"crick"。其独特的语法实践包括，像在乌语中那样使用双重否定词，以及在以"–ing"结尾的词前面加"a"，如"a–sitting"。

和乌语一样，讲阿巴拉契亚方言既带来了自豪感，也带来了挑战。阿巴拉契亚方言是地区认同感的一个来源，但是长期以来被其他美国人认为是教育水平低下的表现，是在美国其他地区寻找工作的障碍。一些阿巴拉契亚居民会说两种方言：他们在阿巴拉契亚以外的地区说"标准"英语，在家中时则说他们的地区方言。

克里奥尔语

克里奥尔语（creole），或克里奥尔化语言（creolized language），是殖民者的语言和被殖民土著的语言混合而成的一种语言。被殖民群体采用殖民群体的语言，但是做一些改变，如简化语法和增添来自原语言的词语，于是就形成了克里奥尔化语言（图5–14）。克里奥尔化语言的例子包括海地的法国克里奥尔语，荷属安的列斯群岛（Netherlands Antilles，即西印度群岛）的帕皮阿门托语（Papiamento，即克里奥尔化西班牙语），以及非洲海岸附近佛得角群岛（Cape Verde Islands）的葡萄牙克里奥尔语。这些在前殖民地使用的克里奥尔语被分类为独立的语言，因为它们与欧洲殖民者带去的原始语言大不相同。

方言或语言？

学习成果 5.3.3
理解在区分某些语言和方言时的挑战。

对方言和具体语言进行区分，是全球和地方对立的一个很好的例子。人口迁移、互动的增加，以及其他全球化进程，让标准语言得到加强，方言受到压制。另一方面，对于更多地方性文化认同的渴望，也导致曾经被认为是方言的具体语言出现。

方言成为语言

有时很难区分语言和方言。罗曼语族中就有几个例子。

加泰罗尼亚－巴伦西亚－巴利阿里语（Catalán–Valencian–Balear）。加泰罗尼亚语（Catalán）曾被认为是西班牙语的方言，但语言学者现在都认为它是独立的罗曼语言（图5–15）。与其他罗曼语言一样，加泰罗尼

▶ 图5–14 **克里奥尔语** 迈阿密当地的选票用的是英语、西班牙语和西班牙克里奥尔语。

▲ 图 5-15　**加泰罗尼亚语**　巴塞罗那的商店用加泰罗尼亚语宣传"促销"。这个词在西班牙语中则是"rebajas"。

亚语可以追溯到通俗拉丁语，在罗马帝国瓦解后发展成独立的语言。

　　加泰罗尼亚语是安道尔的官方语言。安道尔是西班牙和法国之间比利牛斯山脉中一个拥有 79,000 居民的小国。加泰罗尼亚语也是西班牙东部 500 万人的语言，是西班牙高度自治的加泰罗尼亚省的官方语言；巴塞罗那市是该省的中心。

　　随着加泰罗尼亚语被确定为独立的语言，语言学者正在确定它的主要方言。语言学者认为，巴利阿里语（Balear）是加泰罗尼亚语的方言，使用该语言的地区是巴利阿里群岛（Balearic Islands），其中包括伊维萨岛（Ibiza）和马略卡岛（Majorca）。巴伦西亚语（Valencian）的地位更具争议性，使用这种语言的主要是巴伦西亚市及其周边地区。大多数语言学者认为巴伦西亚语是加泰罗尼亚语的方言。然而，巴伦西亚的许多人，包括巴伦西亚语言学院（Valencian Language Institute）在内，都认为巴伦西亚语是独立的语言，因为它包含一些源于罗马征服前该地区人民的词语。民族语言网现在把这种语言称为加泰罗尼亚 - 巴伦西亚 - 巴利阿里语。

　　加利西亚语（Galician）。西班牙西北部和葡萄牙东北部使用的加利西亚语到底是葡萄牙语的方言，还是一门独立的语言，这个问题在加利西亚语使用者中存在争议。加利西亚语言学院（The Academy of Galician Language）认为加利西亚语是独立的语言，是文化独立的象征。加利西亚语言协会（The Galician Language Association）倾向于认为加利西亚语是方言，因为作为独立的语言，它的地位会变得次要和模糊，而作为葡萄牙语的方言，它可以帮助影响世界上使用最广泛的语言之一。

　　摩尔多瓦语（Moldovan）。摩尔多瓦语是摩尔多瓦的官方语言，通常被归类为罗马尼亚语的方言。摩尔多瓦语和俄语一样使用西里尔字母，这是因为摩尔多瓦曾经是苏联的一部分。然而，罗马尼亚语使用的则是罗马字母。

　　意大利的几种语言。意大利几种曾经被视为意大利语方言的语言，现在被民族语言网认为与意大利语有足够多的差异，能够被归类为独立的语言。这些语言包括：伦巴底语（Lombard，390 万使用者）、那不勒斯 - 卡拉布里亚语（Napoletano-Calebrese，570 万）、皮埃蒙特语（Piemontese，160 万）、西西里语（Sicilian，470 万）和威尼斯语（Venetian，390 万）。这些语言没有全国性的官方地位，但是得到意大利不同地区政府的认可。

奥克西唐语（Occitan）。法国南部和邻近国家约有 200 万人使用奥克西唐语。这个名字来源于法国的阿基坦地区（Aquitaine），它在法语中的发音类似于"奥克西唐"。法国政府在使用奥克西唐语的地区建立了双语小学和高中，这种双语学校叫作"calandreta"。根据国家教育部制定的课程，这些学校要教授法语和奥克西唐语。尽管如此，居住在法国南部的许多人都希望看到法国政府用更多措施来鼓励使用奥克西唐语。

语言的标准化

长期以来，各国政府都在推行以一种方言作为官方或标准语言，以促进文化的统一。例如，法语的标准形式源自法兰西岛语，它曾经是法兰西岛地区的一种方言。法兰西岛语成为法语的标准形式，是因为法兰西岛大区包括法国首都和最大城市巴黎。法兰西岛的法语在 16 世纪成为法国的官方语言，而且由于首都在法国的政治、经济和社会生活中长期占据支配地位，当地的多种方言都趋于消失。

西半球使用的葡萄牙语和西班牙语与欧洲使用的不同，就像美式英语和英式英语有所不同一样。为了统一西班牙语，西班牙皇家语言学院（Spanish Royal Academy）的成员每周都会在马德里的一座豪宅中举行会议，阐明全球西班牙语在词汇拼写和发音上的规则。西班牙皇家语言学院的官方词典出版于 1992 年，收录了数百个起源于西班牙地区方言或拉丁美洲印第安语的"西班牙语"单词。

为统一葡萄牙语，巴西、葡萄牙和非洲的几个葡语国家在 1994 年达成协议，规范葡萄牙语的书写方式。许多葡萄牙人都感到沮丧，因为新的标准葡萄牙语与巴西版本更相似。新的标准葡萄牙语中消除了部分重音符号，如波形符（São Paulo 中的~）、尾形符（Alcobaça 中的ç）、音调符号（Estância 中的^）和连字符。此外，该协议还将巴西人增加到葡萄牙语中的数千个词语认可为标准葡萄牙语，包括在巴西存在，但是在葡萄牙不存在的花卉、动物和其他自然物的相关词语。

西班牙语和葡萄牙语的标准化，反映了现代世界中相距数万千米的人群之间可能存在的互动水平。在一个国家制作的书籍和电视节目，会迅速扩散到使用相同语言的其他国家。

思考题 5.3.3

你的互联网搜索引擎会显示波形符、尾形符和音调符号吗？

多语言的地方

学习成果 5.3.4

理解有些国家如何接受多种语言。

一些国家拥有多种语言，但多语言成功共存的程度各不相同。在有些国家，居住在某个地区的文化群体使用一种语言，居住在其他地区的群体则可能使用另一种语言；在另一些国家，各种语言的使用者杂居在一起。有的国家制定了策略来促进不同语言使用者和平共处；而在有些国家，不同文化群体之间面临着挑战。

瑞士：制度化的多样性

罗曼语族和日耳曼语族的分界线都从比利时和瑞士这两个欧洲小国的中间穿过。在

可持续性与我们的环境 语言中性别的差异

性别平等原则是文化和经济可持续性的支柱。不同语言在吸收和反映文化变化——如性别平等——方面的能力各不相同。

语言中性别的差异主要在于两个方面：

- 语法可能会区分阳性和阴性。
- 男性和女性使用的词汇，以及交谈的方式不同。

区分阴阳性的语言，与不区分阴阳性的语言，数量差不多相同。在 20 种使用最广泛的语言中，有 12 种语言区分阴阳性，有 8 种不区分。根据不同的阴阳性，名词和动词会有不同的形式或结尾，例如俄语中的女性名字后面就会加 "ova"。有些语言中则使用独特的冠词，例如法语中阴性名词前会搭配 "la"，阳性名词前搭配 "le"。

南岛语系、阿尔泰语系和乌拉尔语系的语言没有性别差异。除英语之外，印欧语系列中所有广泛使用的语言都区分动词和名词的阴阳性。英语中的区分性别例外是单数代词，即 "he" 和 "she"，以及 "his" 和 "hers"。在写句子时仔细些，可以避开英语中这些区分性别的代词，但是在其他许多语言中，要实现性别中立不可能。

尽管英语在很大程度上不分性别，但是男性和女性在使用英语时却有所不同。女性更喜欢使用拐弯抹角的词语（如 "很可能" 或 "算得上"）、强化副词（如 "非常" 和 "极其"）、无意义的充数词（如 "呃" 和 "我的意思是"），以及句子末尾的附加问题（如 "不是吗?"）。在较年长的人群中，女性与男性相比，使用强烈的咒骂语的可能性更低，但是年轻男性和女性在这方面并没有表现出差异。

潜藏在这些语言形式差异之下的，或许是男性和女性在尊重和地位方面的差异。最近一项针对男女对话的研究发现，男性打断女性说话的频率，远高于女性打断男性说话。此外，女性打断男性讲话的可能性，低于打断女性讲话，而男人打断女性讲话的可能性，则高于打断男性讲话。

调和不同语言使用者的利益时，比利时遇到的困难比瑞士遇到的多。

瑞士有 4 种官方语言：德语（65% 的人口使用）、法语（18%）、意大利语（10%）和罗曼什语（1%）。这 4 种语言分别在瑞士的不同地区占主导地位。尽管使用罗曼什语的人口比例很小，但是瑞士选民在 1938 年的公投中还是让它成为一种官方语言。

拥有多种语言的瑞士和平安宁。瑞士人对使用其他语言的公民相对宽容，创建出给予少数社群足够权力的政府形式，将文化多样性制度化。瑞士成功的关键在于政府分权的传统。在这种传统中，地方政府拥有大部分权力，而且各项决策往往都是由选民公投产生。

加拿大：双语自治

法语和英语是加拿大的两种官方语言。使用法语的人占全国人口的 1/4，并且都聚集在魁北克省，占全省人口的 3/4 以上。魁北克在 17 世纪被法国殖民，在 1763 年被英国人夺取，在 1867 年成为加拿大联邦的省份。

魁北克政府已经强制在许多日常活动中使用法语。魁北克的地名委员会（Commission de Toponymie）用法语更改了城镇、河流和山脉的英语名称。法语必须是所有商业标语的主要语言。

直到 20 世纪后期，魁北克省还是加拿大最贫穷和最不发达的省份之一。魁北克省的经济和政治活动主要由讲英语的少数人支配，而且文化孤立和缺少使用法语的领导，给全省带来了负面影响。为提倡法语文化价值观，魁北克省的主要政党魁北克人党（Parti Québécois）提倡主权（实际上是从加拿大独立），但是选民们迄今还不支持这种倡议。

魁北克省增加法语和英语人士的合作，减少他们之间的对抗。魁北克最大城市蒙特利尔的社区在语言上变得更加多样，而且近年来魁北克省有 1/3 以英语为母语的人与法语使用者结婚。

尼日利亚：空间上的和解

非洲人口最多的国家尼日利亚是一个例子，可以说明多种语言使用者存在可能出现紧张局势。根据民族语言网的数据，尼日利亚拥有 529 种不同的语言，但只有 3 种语言（豪萨语、伊博语和约鲁巴语）的使用者占全国人口的 10% 以上，此外只有 4 种语言［阿达马瓦富尔富尔德语（Adamawa Fulfulde）、卡努里语（Kanuri）、尼日利亚富尔富尔德语（Nigerian Fulfulde）和蒂夫语（Tiv）］的使用者占全国人口的比例在 1% 至 10% 之间。尼日利亚北方的人口主要是穆斯林，南方主要是基督教徒，这进一步让国家分裂。

生活在尼日利亚不同地区的群体经常打仗。南方的伊博人在 20 世纪 60 年代试图从尼日利亚分离出去，北方人则一再声称约鲁巴人歧视他们。为缓和这些地区的紧张局势，政府将首都从西南部约鲁巴人占主导地位的拉各斯迁至中部的阿布贾，3 种主要语言和 2 种主要宗教在那里都没有占主导地位。

思考题 5.3.4

与豪萨语同属一个语系、使用最广泛的语言是什么？哪个宗教的圣书是用这种语言写成的？

比利时：鲜有提及

一条语言分界线将比利时这个小国划分为两个区域。南方的比利时人（瓦隆人）使用法语，而北方的比利时人（弗拉芒人）使用弗拉芒语，这种语言是日耳曼语族中荷兰语的一种方言。首都布鲁塞尔按照规定使用双语，那里的标示牌都使用法语和弗拉芒语。

经济和政治上的差异加剧了弗拉芒人和瓦隆人之间的对立。历史上，瓦隆人主导比利时的经济和政治，法语是国家的官方语言，但是近年来，弗拉芒大区比瓦隆大区繁荣得多，使用弗拉芒语的北方人不希望他们交的税被花在较贫穷的南部地区。

针对弗拉芒人施加的压力，比利时被分成两个自治区——弗拉芒大区和瓦隆大区。每个大区都选举各自的议会，控制该地区的文化事务、公共卫生、道路建设和城市发展。但是，对弗拉芒大区的许多人来说，地区自治仍然不够，他们想要比利时分成两个独立的国家。如果发生这种情况，那么弗拉芒大区将成为欧洲的富裕国家，而瓦隆大区则会成为欧洲的贫穷国家。

复习　关键议题 3
为什么不同地方的语言有所不同？

✔ 方言是一门语言的地区性变体。

✔ 美国有几种主要的方言。

✔ 方言与语言之间的区别并不总是明确的。

✔ 有些国家能比其他国家更和平地接纳多种语言。

- ▶ 濒危语言
- ▶ 保存语言
- ▶ 孤立语言和灭亡语言
- ▶ 新语言和成长中的语言

学习成果 5.4.1

理解基于存续受威胁程度的语言分类。

一种语言的分布情况可以用来衡量一个文化群体的命运。英语从西北欧的小岛扩散到全世界，是因为英格兰和美国在世界上占有主导地位。冰岛语仍然很少有人使用，是因为冰岛民族孤立。

与其他文化特征相同，语言也有两种相互竞争的地理趋势，即全球化和地方多样性。英语已成为全世界沟通和互动的主要语言。与此同时，因英语的全球优势地位而濒危的语言正在得到保护和保存。

濒危语言

许多语言的存续都受到了威胁。民族语言网认为，全世界 7,102 种语言中，有 2,447 种是濒危语言。联合国教科文组织的《世界濒危语言地图册》（*Atlas of the World's Languages in Danger*）总共收录了 2,348 种濒危语言。

在 2,447 种濒危语言中，有 916 种被民族语言网归类为消亡型语言，因为生育孩子的这代人没有能力将濒危的语言教给孩子，而能够流利使用这种语言的都是老年人。另外还有 1,531 种濒危语言被认为是受困型语言，因为能够流利使用这些语言的父母不再

把语言教给孩子。联合国教科文组织使用的定义略有不同，认为有 598 种语言易受危害，646 种绝对濒危，528 种严重濒危，576 种极度濒危。

无论准确的数量是多少，无论定义的方法是怎样的，全世界大部分的语言都是濒危语言。由于父母不再有能力教会孩子，所以这些语言只有通过社会共同筹划才能存续。

消亡型语言最多的地区是南太平洋地区、拉丁美洲和北美洲（表 5-1）。南太平洋地区和北美洲只有一种广泛使用的制度型语言，即英语；拉丁美洲只有两种广泛使用的制度型语言，即西班牙语和葡萄牙语。

表 5-1　受困型和消亡型语言

地区	受困型语言	消亡型语言
北美洲	84	154
欧洲	50	51
拉丁美洲	225	185
撒哈拉以南的非洲	209	117
西南亚和北非	67	27
南亚	129	29
中亚	4	1
东亚	112	33
东南亚	417	111
南太平洋	234	208

思考题 5.4.1

亚洲人口占世界人口的 60%，但是其消亡型语言只占世界上消亡型语言的 20%。为什么亚洲大型人口中心的消亡型语言相对较少？

南太平洋地区的濒危语言

英语是澳大利亚和新西兰使用最广泛的语言，因为这两个国家在 19 世纪初期被英国殖民。当时定居在澳大利亚和新西兰的英国人，在这些边缘地区建立并维护英国文化，其中就包括使用英语。

尽管英语仍然是澳大利亚和新西兰的主要语言，但是在这两个国家，存在于英国殖民前的语言都存续了下来。在保护土著语言方面，两个国家采取了不同的政策。澳大利亚认为英语是促进文化多样性的工具，新西兰则认为语言多样性是文化多样性的重要组成部分。

澳大利亚。澳大利亚 1% 的人口是土著居民。土著文化的许多元素都得到保存。但是，教育事业的重点在于教英文，而不是保护当地语言。英语是全澳大利亚的教学语言，其他语言则被降低为第二语言。因此，除英语外，澳大利亚虽然还拥有 211 种土著语言，但是每种语言的使用者都不足一万人。

在 19 世纪及 20 世纪初，澳大利亚维护英国文化的一个基本做法是限制来自非英语国家的移民。因为临近亚洲国家，所以当时对于迁入移民的恐惧在澳大利亚尤其强烈。过去根据"白澳政策"（White Australia），每个想要移民澳大利亚的人都必须接受听写测试，写出移民官员读出的 50 个欧洲语言单词。这种听写测试直到 1957 年才被取消。澳大利亚政府现在只要求移民学习英语。

新西兰。在新西兰，有 14% 的人口是毛利人，他们是在约 1,000 年前迁移到新西兰的波利尼西亚人的后裔。与澳大利亚不同，新西兰采取了保护毛利语的政策。最值得注意的是，毛利语是新西兰 3 种官方语言之一，另外两种是英语和手语（图 5-16）。新西兰成立了毛利语委员会（Maori Language Commission）来保护毛利语。尽管有官方政策，但是只有 4% 的新西兰人能够流利地使用毛利语，而且其中大多数人都已经超过 50 岁。要保存这门语言，就需要熟练的教师，需要愿意忍受相对于使用世界通用语英语的不便利。因此，尽管毛利语具有官方地位，但还是被民族语言网列为一门受威胁的语言。

尽管通过保护毛利语来促进语言多样性，但是新西兰对迁入移民的语言要求比澳大利亚严格。在大多数情况下，迁入移民必须已经能够流利地使用英语，英语不流利的移民可以参加免费的英语课程。新

Rapunga Google　　Taku Waimārie Hoki!

Wātea mai ana i Google.co.nz: English

▶ 图 5-16　使用毛利语的谷歌主页

◀ 图 5-17　复苏迈阿密语

西兰比澳大利亚更远离亚洲大陆，所以吸引的亚洲移民人数也更少。

北美的濒危语言

根据民族语言网，美国有 61 种语言是受困型语言，142 种语言是消亡型语言。联合国的数据则有些不同，认为美国有 25 种语言绝对濒危，35 种严重濒危，74 种极度濒危。美国的这些濒危语言曾经被大量美洲原住民使用，但是随着年长的使用者逝去，没人把这些语言教给年轻人。

根据民族语言网，5 种濒危的美洲原住民语言正在复苏，其中一种是迈阿密语（Myaamia，在民族语言网上写为 "Miami"）。位于俄克拉荷马州东北部的迈阿密美洲原住民部落（The Miami Native American Tribe）传统上使用的是迈阿密语，但是自 20 世纪 60 年代以来，没有人将迈阿密语作为第一语言，这种情况最近才得以改变。达里尔·鲍德温

（Daryl Baldwin）——迈阿密部落的成员和俄亥俄州迈阿密大学（Miami University）迈阿密中心（Myaamia Center）的主任——将迈阿密语作为自己的第二语言，已经流利地掌握了它。他的两个孩子，正在将迈阿密语作为第一语言来学习。根据民族语言网，全世界只有这两个孩子将迈阿密语用作第一语言（图 5-17）。作为迈阿密语复苏的一部分，有人创建了这门语言的在线词典，网址是 myaamiadictionary.org。

保存语言

学习成果 5.4.2

理解一些较少使用的语言是如何被人保护的。

有些语言正被保存和保护。自 2003 年以来，联合国就有一个保护濒危语言的项目。欧盟已经确定 60 种人们试图保存的当

地语言。

最近的措施保护了属于印欧语系凯尔特语族的语言。英语使用者特别关注保存凯尔特语族的语言，因为这些语言可以让人们理解那些今天使用英语的地方的文化传统。两千年前，今天德国、英国、法国、意大利北部和不列颠群岛所在的地方，大部分都是用凯尔特语族的语言。今天，凯尔特语族的语言只在苏格兰、威尔士和爱尔兰的偏远地区，以及法国的布列塔尼半岛存在。

布立吞凯尔特语

凯尔特语族分为戈伊德尔语支［Goidelic，也称盖尔语支（Gaelic）］和布立吞语支。布立吞语支［Brythonic，也称为基姆里克语支（Cymric）或布立吞亚语支（Britannic）］语言的使用者在日耳曼入侵期间向西逃至威尔士，向西南逃至康沃尔，或向南穿过英吉利海峡逃至法国布列塔尼半岛。

威尔士语（Welsh）。威尔士——这个词源自日耳曼入侵者用来指外国的词语——在1283年被英格兰人征服。在19世纪以前，威尔士语在威尔士占统治地位。19世纪，许多英语使用者迁移到威尔士，到煤矿和工厂里工作，改变了这种情况。2014年的人口普查发现，使用威尔士语的人中有58万生活在威尔士，占威尔士人口的23%。另外还有15万使用威尔士语的人口生活在英格兰。在西北部，尤其是在圭内斯郡（Gwynedd）的一些偏远社区，2/3的人口使用威尔士语。

威尔士语言学会（Cymdeithas yr Iaith Gymraeg）一直在努力保存这门语言。英国的《1988年教育改革法》（1988 Education Act）将威尔士语培训课程定为威尔士所有学校的必修科目，并且将威尔士历史和音乐添加到课程中。2011年，英国政府将威尔士语定为威尔士的官方语言。所有地方政府和公用事业公司都必须提供威尔士语的服务。全威尔士都使用了威尔士语路标，英国广播公司也在制作威尔士语电视和电台节目。现在许多工作——

▶ 图5-18 康沃尔语 "Kernow" 的意思是 "康沃尔"，"a'gas" 的意思是 "你"，"dynergh" 的意思是 "欢迎"。

▲ 图5-19 **布列塔尼语** 位于卡纳克（布列塔尼语为 "Karnag"，法语为 "Carnac"）的立石阵是世界上最大的石阵，有超过3,000块立石。它们可能是在公元前3300年左右竖立起来的。

尤其是公共服务、媒体、文化和体育行业的工作——都要求懂威尔士语。尽管如此，根据2011年的人口普查，生活在威尔士的人口中还是有73%不会威尔士语。

康沃尔语（Cornish）。康沃尔语是在英国西南部康沃尔郡（Cornwall）使用的凯尔特语言。最后一位以康沃尔语为母语的人死于1777年。

康沃尔语在20世纪得以复兴。2008年，几个倡导康沃尔语的团体就标准书写系统达成协议（图5-18），这是一次重大的进步。2011年的人口普查发现，英国有557人声称能够流利使用康沃尔语。有些小学和成人夜校会教授康沃尔语，有些教会仪式也会使用康沃尔语。有些银行会接受用康沃尔语写的支票。

布列塔尼语（Breton）。和康沃尔相同，布列塔尼（Brittany）也是突出到大西洋中的孤立半岛。布列塔尼是法国的一部分，布列塔尼语包含的法语舶来词多于其他凯尔特语言（图5-19）。

布列塔尼语的使用人数从1950年的约100万下降到今天的约20万，其中3/4人口的年龄都在65岁以上。使用人数的减少导致布列塔尼语被民族语言网和联合国列为濒危语言。约有15,000名学生在学校学习布列塔尼语，但是法国政府要求公立学校用法语作为主要教学语言。

戈伊德尔凯尔特语

留存下来的戈伊德尔语言有两种：爱尔兰盖尔语和苏格兰盖尔语。

爱尔兰语（Irish）。爱尔兰语是爱尔兰共和国的两种官方语言之一，另外一种是英语。根据2011年的人口普查，有94,000人日常使用爱尔兰语，有130万人会说爱尔兰语，但只是偶尔才会使用。和威尔士语的情况一样，偏远地区使用爱尔兰语的人口比例更高。

爱尔兰在1996年开播爱尔兰语电视台。2005年，爱尔兰西部地区禁止使用英语路标。

▶ 图 5-20 苏格兰盖尔语 图片是一张反对乱扔垃圾的标牌，顶部写的是"住手！"，左边写的是"别这样做"，右边写的是"要这样做"。

生活在其他国家、希望将自己与英格兰人区分开来的爱尔兰年轻人（就像加拿大人出国旅行时会努力将自己与美国人区分开来）正在引领着爱尔兰语的复兴。包括许多摇滚乐团在内的爱尔兰歌手都已经开始用盖尔语进行创作和表演。在 13 世纪，爱尔兰人被禁止在英国主人面前说自己的语言。

苏格兰盖尔语（Scottish Gaelic）。在苏格兰，有 59,000 人（或总人口的 1%）使用苏格兰盖尔语（图 5-20）。有大量的文学作品以盖尔语的形式存在，其中包括罗伯特·彭斯（Robert Burns）的诗《友谊天长地久》（*Auld Lang Syne*），那首流行的新年歌曲就是根据这首诗创作的。在大约 1,500 年前，盖尔语被人们从爱尔兰带到了苏格兰。

但是，民族语言网认为，苏格兰语是印欧语系日耳曼语族中独立于英语的语言，而不是英语的方言。据统计，苏格兰语是苏格兰 9 万人的第一语言，是 150 万人的第二语言。

思考题 5.4.2

谷歌翻译包括爱尔兰语和威尔士语。用英语输入一些内容，看看爱尔兰语和威尔士语的词语是否相似，再看看这些词语是否与英语相似。

孤立语言和灭亡语言

学习成果 5.4.3

了解造成孤立语言和灭亡语言的地理因素。

语言——我们的主要沟通形式——之间的异同，可以用来衡量不同群体之间的互动程度。有些语言与其他语言之间没有任何相似之处。有些时候，与其他语言相孤立有助于保存某些语言；但是，在有些情况下，这种孤立会加速它们的消亡。

孤立语言

孤立语言（isolated language）是指一种与其他任何语言都无关联，因此也不属于任

▲ 图 5-21 **巴斯克语** 巴斯克地区城市毕尔巴鄂（Bilbao）的人们游行抗议削减预算。横幅的左边是西班牙语"发展社会化的欧洲"，右边是巴斯克语"不设任何限制"。

何语系的语言。孤立语言的出现是因为该语言的使用者与其他语言的使用者互动有限。

一种孤立语言如果在社会中得到充分利用，并且被儿童当作第一语言学习，那么就可以被认为是强健型语言。民族语言网认为，在 82 种孤立语言中，仅有 6 种可以被视为强健型语言。强健型语言是指年轻人和老年人都用来进行面对面交流的语言。这种语言被人们在日常生活中使用，所以被民族语言网认定为可持续的语言，也就是说至少可能会存续到不远的将来。其他的孤立语言则被认为是濒危语言。

欧洲仅有的强健型孤立语言是巴斯克语（Basque）。它是西班牙北部和法国西南部比利牛斯山脉中 60 万人的第一语言。语言学者至今未能证明巴斯克语和其他欧洲语言有共同起源。

巴斯克语可能在更广泛的区域被人使用过，但是使用巴斯克语的人在接触到印欧语系的语言时，就将巴斯克语抛弃了。它被认为是欧洲唯一一种在印欧语言使用者到达前就存在且存续到今天的语言。巴斯克语和其他语言缺少联系，反映了巴斯克人一直孤立地生活在山区的家园中。这种孤立帮助他们在面对印欧语言的广泛传播时保存了自己的语言（图 5-21）。

恒常语言（unchanging language）。冰岛语不是孤立语言，因为它属于印欧语系日耳曼语族的北日耳曼语支。冰岛语的意义在于，它在过去 1,000 年里的变化比日耳曼语族的其他任何语言都要少（图 5-22）。和英格兰的情况相同，冰岛人使用的是日耳曼语言，因为他们的祖先是从东方的挪威迁移到岛上的。挪威定居者在公元 874 年将冰岛建为殖民地。

一个族群迁移到新的地方后，会沿用原来家乡的语言。大多数移民——如入侵英格兰的日耳曼人——所使用的语言，会通过与其他语言使用者互动而变化。但是，就冰岛而言，挪威移民到达冰岛后与其他语言的使

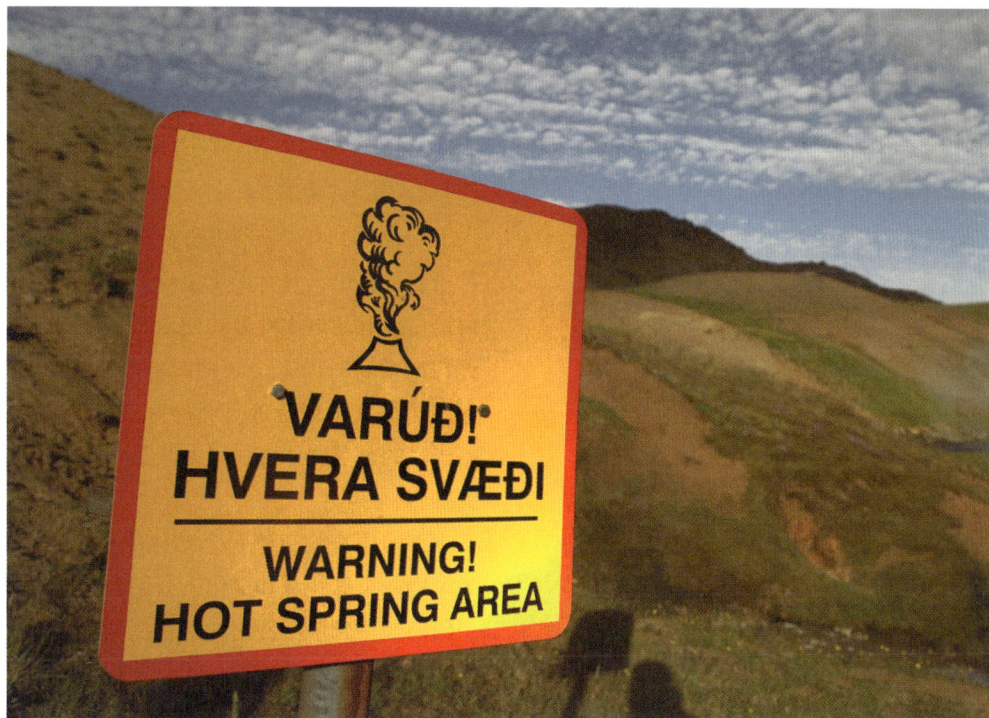

▲ 图 5–22 **冰岛语** 冰岛惠拉盖尔济（Hveragerdi）的一块警示牌使用了冰岛语和英语。

▲ 图 5–23 **希伯来语** 耶路撒冷的路牌，顶部是希伯来语，中间是阿拉伯语，下面是英语。

用者几乎没有联系，与家乡的挪威语使用者也没有联系。在与其他斯堪的纳维亚人互动几个世纪之后，挪威和其他北日耳曼语言采用了新词汇和发音。相较而言，孤立的冰岛人学习新词的机会更少。

思考题 5.4.3

你认为图 5-22 中的标示牌为什么既要用冰岛语，也要用英语？

灭亡语言

灭亡语言（extinct language）是指人们曾经在日常活动中使用，但已经不再使用的语言。民族语言网估计，自 1950 年以来有 367 种语言已经灭亡，平均每年灭亡 6 种。联合国确定最近已经有 231 种语言灭亡。

利沃尼亚语（Liv）和克拉勒姆语（Clallam）是最近灭亡的两种语言。利沃尼亚语属于乌拉尔语系，它的最后一位使用者格丽泽尔达·克里斯蒂娜（Grizelda Kristina）于 2013 年 6 月 5 日在拉脱维亚去世，标志着这门语言灭亡。约有 200 名利沃尼亚族人生活在拉脱维亚的西北海岸上，但是他们当中没人会使用利沃尼亚语。

克拉勒姆语是曾经在华盛顿奥林匹克半岛和加拿大温哥华岛上使用的一种语言。它的最后一位已知的使用者黑兹尔·桑普森（Hazel Sampson）于 2014 年 2 月 4 日，以 103 岁的高龄去世，标志着这门语言灭亡。华盛顿的安吉利斯港高中（Port Angeles High School）在教授克拉勒姆语，据报道有 6 名青年将克拉勒姆语作为第二语言，能够讲一些单词。2012 年出版过一本克拉勒姆语词典。如果未来有人——或许是那 6 名青年中的某个人——把克拉勒姆语当作第一语言教给孩子，那么就像迈阿密语那样，克拉勒姆语可

能被重新归类到复苏语言中。

西班牙传教士在 16 世纪到达亚马孙东部的秘鲁时，发现了 500 多种语言。根据民族语言网的数据，这些语言中仅有 92 种存续到今天，其中有 14 种的使用人数不足百人，因而即将灭亡。在秘鲁存续下来的 92 种土著语言中，只有属于盖丘亚语系的库斯科语目前有超过 100 万的使用者。美国已经灭亡的语言，民族语言网统计是 74 种，联合国教科文组织统计是 54 种。过去使用这些语言的是美国原住民，尤其是西部的原住民群体。

许多语言的灭绝是全球化的一种结果。为了融入全球经济和文化，人们会选择使用一门已经得到广泛使用的语言，导致自己的传统或本土语言消失。

新语言和成长中的语言

学习成果 5.4.4

了解创造新语言的过程。

虽然世界上的语言数量正在减少，但是少数语言也在被创造或复兴。在有些情况下，濒危语言也得到了保护。这些努力反映出许多团体将语言视为当地文化的元素，赋予其重要性。

新语言

人们在不断确定和记录孤立语言，也在创造全新的语言（参见“地理学实践”版块）。例如，来自俄勒冈州濒危语言振兴协会（Living Tongues Institute for Endangered Languages）的研究团队曾经去印度研究鲜有人使用的语言。他们在当地听到人们使用未在民族语言网上列出的语言。研究人员推断，他们听到的是一种属于汉藏语系藏缅语族的

独立语言。这种语言现在被称为克罗阿卡语（Koro Aka），被民族语言网列为印度东北部的语言，有 1,500 名使用者。

成长中的语言

有些语言从前很少被人使用，现在却经常被使用。希伯来语就是一个例子。在《圣经》描述的时代，希伯来语是日常活动使用的语言。这门语言的使用在公元前 4 世纪减少，此后就主要用于犹太宗教仪式中。在耶稣的时代，当今以色列所在地区的大多数人都使用阿拉姆语（Aramaic），而这种语言后来又被阿拉伯语所取代。

1948 年以色列成为独立国家时，希伯来语与阿拉伯语成为官方语言（图 5–23）。之所以选择希伯来语，是因为以色列国的犹太人口由来自许多国家、使用许多不同语言的难民和移民组成，而犹太教的祷告词中仍然使用希伯来语，所以没有其他语言能如此象征性地团结这个新国家中各不相同的文化群体。

让希伯来语成为现代语言的任务非常艰巨。针对数以千计在《圣经》时代未知的事物和发明，如电话、汽车和电力，必须要创造新词来表达。这种复兴的发起人是艾利泽·本－耶胡达（Eliezer Ben–Yehuda），在以色列国成立之前他生活在巴勒斯坦，拒绝使用希伯来语以外的任何语言。本－耶胡达创造了 4,000 个希伯来新词，同时让新词尽可能地与古词相关联，还编撰了第一部现代希伯来语词典，因而广获赞誉。

> **复习　关键议题 4**
> **为什么地方性语言会存留下来?**

- ✔ 许多语言已经灭亡，有些语言的存续受到威胁。
- ✔ 有些语言正受到保存和保护。
- ✔ 有些较少使用的语言，其使用人数正在增加。有些语言正在被创造出来；有些时候，新语言是通过与英语结合创造出来的。

地理学实践 寻找新的语言

有些语言学者像地理学者那样花费时间去偏远地区，研究濒危语言和不常见的方言。像地理学者那样行动的语言学者时常会发现更加特别的东西：一种以前不为人知的语言。

更罕见的是发现最近才被创造出来的新语言。一种叫作瓦尔皮瑞兰帕库语（Warlpiri rampaku）或轻瓦尔皮瑞语（Light Warlpiri）的语言就是这种情况。这种语言是澳大利亚北部地区拉加马努村（Lajamanu）700名居民中约半数人的第一语言。在密歇根大学的研究人员卡梅尔·奥香内西（Carmel O'Shannessy）于2013年听到这种语言之前，村外没人知道它。

孤立状态是滋生全新语言的完美条件，而拉加马努村正是极其孤立的村庄。拉加马努村只有一家商店，每周由卡车补充一次货物。能够提供其他服务、离该村最近的城镇，也在557千米远的地方。一架由社区拥有的飞机可以运送物品和人员进出村庄。

创造这门新语言的是年轻人。最先是父母用3种语言向婴儿说话，即重瓦尔皮瑞语（Strong Warlpiri）、英语，以及一种结合了英语和重瓦尔皮瑞语的克里奥尔语。随着年龄的增长，那些孩子通过创造新的动词结尾和时态，将这3种语言结合成全新的语言。例如，轻瓦尔皮瑞语中有一种动词时态可以表示现在或过去，但不能表示将来。

总结与回顾

关键议题 **1**

世界的各种语言分布在何处?

语言可以组织成语系、语族和语支。世界上 99% 人口使用的语言都可以归类到 14 个语系中的一个。世界近半数人口使用属于印欧语系的语言，1/5 的人口使用属于汉藏语系的语言。

地理学思维

1. 中文成为越来越重要的通用语，那么哪些独特的元素让它别具吸引力，哪些元素让它难以使用？

▲ 图 5-24　**使用中文的电子设备**　图中是推特网的中文注册页面。

关键议题 **2**

英语及相关语言在何处起源？扩散到何处？

英语属于印欧语系。印欧语系有 8 个分支，其中 4 个被广泛使用。英语起源于日耳曼部落入侵英国之后。最近几个世纪的人口迁移将英语扩散到了其他地方。所有印欧语言有一个共同的史前祖先，只是它的起源地和扩散过程仍有争议。

地理学思维

2. 关于印欧语系起源的两种理论，取决于对人们迁移原因的不同看法。你认为能更好地解释早期人类迁移的是"战争"理论还是"和平"理论？为什么？

▲ 图 5-25　**印欧语系的起源地？**　土耳其的卡拉恩洞穴（Karain Cave）早在 20 万年前就有人居住。最早使用印欧语言的人们可能生活在这附近。

为什么不同地方的
语言有所不同?

　　方言是一门语言的地区性变体。不同的方言在词汇、拼写和发音方面会有所不同。有些方言变得足够不同,可以将它们归类为独立的语言。这对有的文化群体来说很重要,是文化认同的象征。有些国家能够和平地拥有多种语言,而在有的地方,多语言是紧张局势的根源。

地理学思维

　　3. 预计到 2030 年,英式英语的哪些方言会扩张,哪些方言会收缩?

　　4. 什么地理因素可以解释这种分布的变化?

▲ 图 5-26　伦敦的英语

为什么地方性语言
会存留下来?

　　许多语言变成濒危语言,是因为没有足够的人继续使用它们或将它们教给孩子。缺少与其他语言的互动让有些孤立语言存续下来,而对有些语言来说,与其他语言的互动却导致了灭绝。有些受到威胁的语言,如印欧语系的凯尔特语族,在政府的帮助下得以保存。

地理学思维

　　5. 迈阿密语是复苏语言的一个例子。要发生什么情况才能让这种语言在未来变得更强健?

▲ 图 5-27　**复苏语言**　民族语言网将奥隆尼语(Ohlone)列入美国的 5 种复苏语言之一。一所重建的奥隆尼乡村房屋坐落于加利福尼亚州的野狼山地区公园(Coyote Hills Regional Park)。

关键术语

克里奥尔语，或克里奥尔化语言（第 167 页），一种由殖民者语言与被殖民土著语言混合而成的语言。

德式英语（第 159 页），德语和英语的结合。

发展型语言（第 147 页），一种在日常生活中使用，且文学传统分布不广泛的语言。

方言（第 164 页），一门语言的地区性变体，有独特的词汇、拼写和发音。

乌语（第 167 页），部分非洲裔美国人使用的方言。

灭亡语言（第 177 页），一种人们曾经在日常活动中使用，但已经不再使用的语言。

法式英语（第 159 页），法语和英语的结合。

制度型语言（第 147 页），一种被用于教育、工作、大众媒体和政府活动中的语言。

等语线（第 166 页），分隔以不同语言为主导的多个地区的界线。

孤立语言（第 176 页），一种与其他任何语言都无关联，因此也不属于任何语系的语言。

语言（第 146 页），一种通过话语——能够被一个群体认为拥有相同意义的声音的集合——实现的交流系统。

语族（第 147 页），有考古学证据证明拥有共同祖先语言的多种语言的集合。

语系（第 147 页），共有一种史前祖先语言的多种语言的集合。

语支（第 147 页），共有一个历史相对较短的起源、在语法和词汇上有许多相似之处的多种语言的集合。

通用语（第 160 页），一种由母语不同的人群经常在贸易中共同使用、能够使双方相互理解的语言。

文学传统（第 147 页），一种语言既有书面语，也有口语。

语符（第 161 页），一个代表词语意义而非声音的符号。

官方语言（第 147 页），政府用于开展业务和公布文件的语言。

混杂语言（第 160 页），一种采用简化语法和有限词汇的通用语言形式，用于两种不同语言使用者之间的交流。

标准英音（第 165 页），一种与伦敦上层英国人相关，如今在英国被视为标准的英语方言。

西式英语（第 159 页），西班牙语和英语的结合，使用者是西班牙裔美国人。

标准语言（第 165 页），一种用于政府正式活动、教育和大众传播的语言形式。

次方言（第 164 页），方言的分支。

强健型语言（第 147 页），一种在日常生活中使用，但是缺乏文学传统的语言。

通俗拉丁语（第 156 页），一种古罗马人在日常交谈中使用的拉丁语形式，不同于官方文件中使用的拉丁语标准方言。

第六章

宗教

　　地理学者对宗教感兴趣，因为理解宗教对于认识人类在地球上居住的空间模式至关重要。许多人深切地关注宗教信仰，并从宗教中获得核心价值观和信念，这是文化定义的一个基本要素。地理学者记录世界上各种宗教的所在地，并解释为什么有些宗教分布广泛，有些宗教则高度聚集在特定的地方。世界上不同地区的主要宗教不同，北美不同地区的主要宗教也不同。

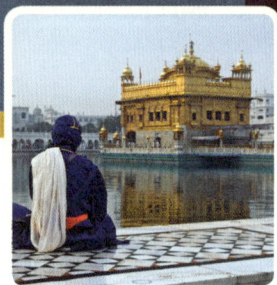

关键议题

1

世界的各种宗教分布在何处？

　　宗教在地球空间上有独特的分布。一些宗教高度聚集在地球上的一个或两个地区，而有的宗教则遍布世界各地。在不同地区，具体的宗教也有不同的分布。

2

为什么宗教的分布各不相同？

　　地理学者研究宗教之间的空间联系。有些宗教的发源地有清楚记录，有些宗教则起源不明。有些宗教从发源地向外扩散得很广泛，有些宗教的扩散则很有限。

3

为什么各种宗教的空间组织模式不同？

宗教在特定地方的景观上展现出独特的模式。宗教从自然景观中获得独特的意义，并为礼拜和其他宗教活动建造场所。

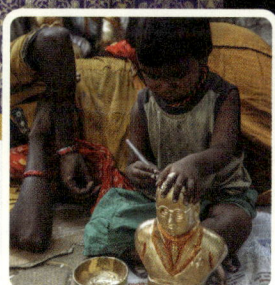

4

为什么宗教群体间会出现领土冲突？

不同宗教的信徒会在领土问题上产生争议。一个宗教的信徒试图在地球表面的某个区域建立组织，可能会因此与政府或其他宗教团体产生冲突。激烈冲突在各种范围都会发生，大至世界不同区域，小至只有几平方米的地方。

世界的各种宗教分布在何处？

▶ 介绍宗教
▶ 宗教的全球分布
▶ 基督徒的分布
▶ 穆斯林和佛教徒的分布
▶ 族群性宗教的分布
▶ 其他宗教的分布

学习成果 6.1.1

认识世界的几种主要宗教。

　　宗教与语言一样，可以成为自豪感的源泉，也是辨别独特文化的一种手段。和语言的情况一样，移民会将宗教带到新地方，但是语言和宗教在地理上有重大差异。大多数移民会学习新地方的语言，却通常会保留原有的宗教信仰。此外，人们可以学习像英语这样具有全球重要性的语言，同时还能使用属于当地文化的语言，但是大多数（尽管不是全部）宗教都有排他性，信仰新的宗教可能需要抛弃旧宗教。

介绍宗教

　　只有少数宗教能够得到大量人的信仰。本节介绍几种主要的宗教及其分布。

　　信徒数量的可靠数据很难获得。在美国和许多国家，官方没有统计宗教成员的数量。中国在 2007 年进行过宗教普查，但是只给了受访者 5 个宗教选择，排除了几个可能有信徒的重要宗教。有关宗教信徒数量的统计可能会引起争议；信徒们可能会觉得，自己宗教的信徒数量统计有遗漏，进而在世界和地区数据中不足够突出。

思考题 6.1.1

如果父母信仰不同的宗教，那孩子的宗教信仰该怎么归类？

　　本章中的大多数国际统计数据来自宗教信徒网（Adherents.com）、皮尤研究中心（Pew Research Center），以及世界宗教数据库（World Religion Database）。这 3 个组织都不属于某一宗教。统计数据的基础是自我认同，也就是说，基于人们自己对于宗教归属的看法。这些数据并不衡量个人参加宗教的积极程度。

　　世界上的宗教可以分为以下几类：

■ **四大宗教。**这 4 个宗教的信徒总计占世界人口的 77%（图 6-1），它们分别是基督教（图 6-2）、伊斯兰教、印度教和佛教。皮尤研究中心估计，全球有 22 亿人自认为是基督徒，16 亿人自认为是穆斯林，10 亿人自认为是印度教徒，5 亿人自认为是佛教徒。

■ **民间宗教。**有几种宗教被皮尤研究中心归类为民间宗教（folk religion），它们的信徒约占全世界人口的 6%，但是精确数据特别难以统计。宗教信徒网认为，民间宗教

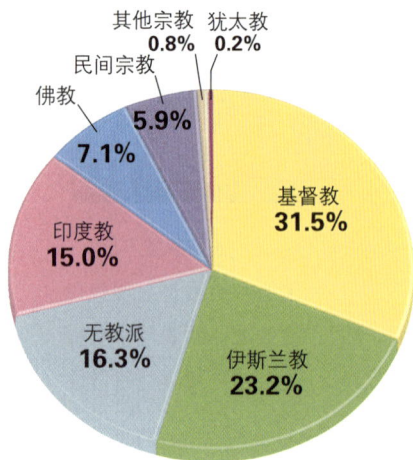

其他宗教 0.8%　犹太教 0.2%
民间宗教
佛教 5.9%
7.1%
印度教 15.0%
无教派 16.3%
伊斯兰教 23.2%
基督教 31.5%

▲ 图 6-1　各宗教信徒占世界人口比例

的三大类是：中国传统民间宗教、原始土著民间宗教和非洲传统民间宗教。

■ **其他宗教。**另有 1% 的世界人口信仰其他一些宗教。这些宗教中的犹太教、锡克教（图6-3）和唯灵论宗教各拥有 1,400 万到 2,300 万的信徒。其他 6 种宗教拥有 100 万至 1,000 万的信徒：巴哈伊教（图6-4）、高台教、神道教、耆那教、天理教和琐罗亚斯德教。其他许多宗教的信徒都少于 100 万。

■ **无教派。**剩余 16% 的世界人口无教派。根据宗教信徒网，这个类别的大多数人并未断言信仰或不信仰上帝或其他神灵。在美国，许多被归类无教派的人也信神，至少有时会参加宗教仪式，但是他们与宗教机构没有正式联系。在有的国家，无教派人士主要是没有宗教兴趣或偏好，并且不参加任何有组织的宗教活动的人。这个群体中的有些人赞成**无神论**（atheism），认为神不存在，或者赞成**不可知论**（agnosticism），认为神的存在无法凭经验证明。

宗教的分类

地理学者将宗教分为两类：

■ **普及性宗教**（universalizing religion）试图成为全球性的宗教，试图吸引生活在世界各个地方的所有人，而不仅仅是属于某个文化或地点的人。

■ **族群性宗教**（ethnic religion）主要吸引居住在一个地方的群体。

地理学者认为，区分普及性宗教和族群性宗教很重要，因为这两种宗教往往表现出不同的空间特征，包括起源、扩散和分布。实际上，这两种宗教之间的区别并不是绝对的，因为大多数宗教既具有普及性的元素，又具有族群性的元素。

▲ 图 6-2　**基督教**　梵蒂冈圣彼得大教堂（Saint Peter's Basilica）是罗马天主教徒的最重要圣地之一。

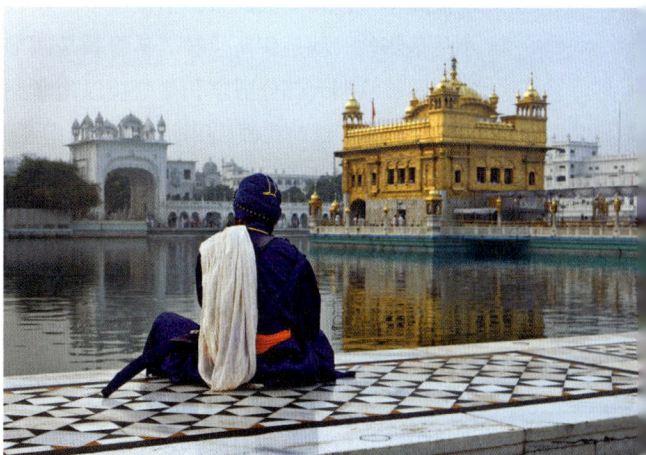

▲ 图 6-3　阿姆利则（Amritsar）金庙（Golden Temple）

▲ 图 6-4　位于印度新德里的巴哈伊灵曦堂

在五大宗教群体中，基督教、伊斯兰教和佛教被认为是普及性宗教，而印度教和民间宗教则被认为是族群性宗教。信徒较少的宗教大多数是族群性宗教，但是也有一些是普及性宗教，还有一些则拥有两种特征，因此难以分类。

宗教的全球分布

学习成果 6.1.2
描述几种主要宗教的分布情况。

初看上去，各种宗教的全球分布情况似乎很简单。在大多数国家，信徒最多的宗教不是基督教，就是伊斯兰教。基督教是西半球各国、欧洲大部分国家和撒哈拉以南非洲地区信仰最广泛的宗教。伊斯兰教是西南亚、北非以及中亚几乎所有国家信仰最广泛的宗教。在亚洲的一些国家，信仰最广泛的宗教是佛教或印度教。在包括中国在内的多个国家中，大多数人都没有任何宗教所属。犹太教是以色列国信仰最广泛的宗教。

根据皮尤研究中心的数据，27%的全球人口生活在自己信仰的宗教为少数派宗教的国家。这包括3%的印度教徒、13%的基督教徒、27%的穆斯林、29%的无教派人士、59%的犹太教徒、72%的佛教徒、99%的民间宗教信徒和100%的其他宗教群体。此外，很大一部分基督徒和穆斯林居住在自己的宗教派别为少数派的国家。

宗教的区域多样性

世界上的有些地区聚集了一种宗教的大多数信徒，有的地区则聚集了多种宗教的信徒。超过90%的拉丁美洲人，以及超过75%的欧洲人和北美人，都认为自己信仰基督教。穆斯林占中亚、西南亚与北非人口的

90%以上。

宗教构成更为多样化的4个地区是东亚、南亚、东南亚和撒哈拉以南的非洲地区：

- 东亚超过半数的人口都是无教派，另外半数人口中的大多数差不多可以等分为佛教徒和民间宗教信徒。

- 南亚约2/3的人口是印度教徒，1/3的人口是穆斯林。但是，不同国家的信仰截然不同；80%的印度人口是印度教徒，而在孟加拉国和巴基斯坦，90%的人口都是穆斯林。

- 东南亚约40%的人口是穆斯林，24%是佛教徒，21%是基督徒。在印度尼西亚（该地区人口最多的国家），87%的人口是穆斯林；在柬埔寨和泰国，90%以上的人口是佛教徒；在菲律宾，90%以上的人口是基督徒。

- 在撒哈拉以南的非洲，约2/3的人口是基督徒，1/3是穆斯林。

思考题 6.1.2
宗教和语系的分布在哪些方面相似？

基督徒的分布

学习成果 6.1.3
描述基督教分支在不同地区的分布差异。

许多宗教，包括信徒最多的3个普及性宗教，都可以分为**教堂会众**（congregation）、**教派**（denomination）和**宗派**（branch）。教堂会众是指集合起来进行共同宗教礼拜的当地人群。教派则将多地方的会众结合成一个合法的管理组织。宗派是一种宗教中的大型和基本的分支。

表 6-1　美国的宗教 [1]

宗教类型	比例
基督教	78.5
罗马天主教	29.3
福音派新教教会	26.3
南方浸信会	6.7
福音派传统下的独立浸信会	2.5
福音派传统下的五旬节派（不包括神召会）	2.0
福音派传统下的其他浸信会	1.6
福音派传统下的路德宗	1.8
神召会（福音派传统下的五旬节派）	1.4
福音派传统下的复原派（主要是基督教会）	1.7
其他福音派新教传统	8.6
主流新教	18.1
主流新教传统下的浸信会	1.9
主流新教传统下的卫理公会	5.4
主流新教传统下的路德宗	2.8
主流新教传统下的长老会	1.9
主流新教传统下的圣公会	1.4
其他主流新教传统	4.7
历史上的黑人教会	6.9
全美浸信联会	1.8
黑人教会传统下的其他浸信会	2.6
历史上的其他黑人教会	2.5
摩门教	1.7
其他基督教	1.6
犹太教	1.7
佛教	0.7
伊斯兰教	0.6
印度教	0.4
其他宗教或回答"不知道"	2.0
无教派	16.1

基督教宗派的分布

　　基督教有 3 个主要宗派：罗马天主教（Roman Catholic）、新教（Protestant）和东正教（Orthodox）。此外，许多基督徒所属的教会都认为自己不属于这 3 个宗派。罗马天主教徒约占世界基督徒的 50%，东正教信徒约占 12%。全球基督徒的其余 38% 则分为新教信徒和其他宗派信徒，但是二者所占比重并未有统一的数据。根据《大英百科全书》（*Encyclopaedia Britannica*），世界基督徒的 24% 是新教徒，14% 是其他宗派信徒，而皮尤研究中心则认为 37% 是新教徒，只有 1% 是其他宗派教徒。

　　基督教宗派在欧洲的分布。总体而言，欧洲 47% 的基督徒是罗马天主教徒，18% 是新教徒，35% 是东正教徒。欧洲西南部和东部信仰最广泛的基督教宗派是罗马天主教，西北部是新教，东部和东南部是东正教。

　　罗马天主教徒占多数的地区与新教徒占多数的地区，即使在一个国家内部，通常也会界限分明。例如，在德国、荷兰和瑞士，罗马天主教徒和新教徒的比例大致相等，但是信仰罗马天主教的人口集中在这些国家的南部，而信仰新教的人口则集中在北部。

　　基督教宗派在西半球的分布。基督教是西半球信仰最广泛的宗教。基督徒占西半球人口的 86%。这包括拉丁美洲 90% 的人口，以及北美洲 77% 的人口。无教派人口占拉丁美洲人口的 8%，北美人口的 17%。

　　在西半球范围内，北美洲和拉丁美洲的主要基督教宗派明显不同。罗马天主教徒占拉丁美洲基督徒的 81%，占北美洲基督徒的 32%，而新教徒占拉丁美洲基督徒的 18%，占北美洲基督徒的 63%。

　　表 6-1 显示出美国宗教信仰的多样性。罗马天主教徒占美国人口的 29%，福音派新教徒占 26%，主流新教徒占 18%，历史上的黑人教会信徒占 7%，其他基督徒占 3%，其他宗教的信徒占 5%。南方浸信会是信众最多的福音派新教教会，卫理公会是信众最多的主流新教教会。东北部和西南部的罗马天主教徒数量更多，东南部的福音派新教徒数

---

〔1〕 编者注：表中名词的原文请见附录 2。

量最多。16% 的美国人是无教派人士，他们中大多数人的回答是"没什么特别的信仰"。

其他信众较少的宗教信仰在美国的分布各不相同。耶稣基督后期圣徒教会（The Church of Jesus Christ of Latter-day Saints）的成员——摩门教徒——认为他们的教会与基督教的 3 个宗派不相关。大约 2% 的美国人是后期圣徒教会的成员，而且大部分聚集在犹他州及其相邻的州。犹太教徒更有可能在东北部，佛教徒更有可能在西海岸。

思考题 6.1.3

在表 6-1 所显示的美国最大基督教教派中，哪些没有高度集中地分布？

穆斯林和佛教徒的分布

学习成果 6.1.4

描述伊斯兰教和佛教主要宗派的分布情况。

伊斯兰教是中亚、西南亚和北非的主要宗教。佛教徒主要聚集在东亚和东南亚。和基督教一样，伊斯兰教和佛教可以分为几个主要宗派，各个宗派的地理分布各不相同。

穆斯林的分布

阿拉伯语中"伊斯兰"（Islam）一词的意思是"服从真主的旨意"，它与阿拉伯语中"和平"一词的词根相似。伊斯兰教的信徒称为穆斯林，"穆斯林"这个词在阿拉伯语中意为"服从真主的人"。

在标准世界地图上，伊斯兰教在中亚、西南亚和北非占主导地位。然而，在统计图上，世界上大多数穆斯林的居住地更靠东，在南亚和东南亚。穆斯林最多的国家是印度尼西亚、巴基斯坦、印度和孟加拉国。这 4个国家的穆斯林占全球总数的 40% 以上。

伊斯兰教的宗派。伊斯兰教分为两大宗派：逊尼派和什叶派。"逊尼"（Sunni）这个词来自阿拉伯语，意思是"遵循穆罕默德传统的人"。"什叶"（Shiite，有时拼写为"Shia"）这个词在阿拉伯语中的意思是"党派"或"互助团体"。

逊尼派占穆斯林总数的 88%，是西南亚、北非，以及东南亚大多数伊斯兰国家中信徒最多的宗派。逊尼派信徒又遵循多种思想和教法学派，这些学派在不同地区也有明显不同的分布。哈乃斐（Hanafi）、罕百里（Hanbali）、马立克（Maliki）和沙斐仪（Shafi'i）思想和教法学派，都是以其创始人的名字命名的。

什叶派是阿塞拜疆、巴林、伊朗、伊拉克、黎巴嫩和也门的最大宗派。接近 40% 的什叶派信徒居住在伊朗，15% 在巴基斯坦，12% 在印度，10% 在伊拉克。什叶派伊斯兰教分为三大思想学派，它们的划分部分基于对谁是先知穆罕默德接班人的争议。最大的十二伊玛目派（Ithna Ashari），是阿塞拜疆、巴林、伊朗、伊拉克和黎巴嫩最广泛遵循的派别。其他派别包括伊斯玛仪派（Ismaili）和宰德派（Zaidi）。伊斯玛仪派信徒集中在巴基斯坦，宰德派信徒集中在也门。伊斯兰教的第三个宗派伊巴德派（Ibadi），是伊斯兰教在阿曼的主要形式。

思考题 6.1.4

哪些国家的逊尼派和什叶派穆斯林都高度集中？

欧洲和北美洲的伊斯兰教。近年来，北美和欧洲的穆斯林人口迅速增加。欧洲穆斯林占总人口的 5%。法国的穆斯林人口最多，约有 400 万；这种情况是因为法国以前在北非的殖民地主要信仰伊斯兰教，后来有许多人从北非殖民地迁到法国。德国约有300万穆斯林，这种情况也源自人口迁移，主要是来自土耳其的人口迁移。在欧洲的东南部，阿尔巴尼亚、波黑和塞尔维亚各有约200万穆斯林。

对北美洲穆斯林人数的估计差别很大，少的有100万，多的有500万，但是无论如何，北美如今的穆斯林人数相较于1990年的几十万有大幅度的增加。美国穆斯林的背景多种多样。根据美国国务院（U.S. State Department）的数据，美国穆斯林中约1/3可追溯祖宗至巴基斯坦和其他南亚国家的血统，1/4可追溯至西南亚和北非的阿拉伯国家。许多穆斯林是在20世纪90年代移民到美国的。还有1/4的美国穆斯林是非洲裔。

佛教徒的分布

佛教是全球三大普及性宗教之一，分布主要集中在东亚和东南亚。与另外两种普及性宗教一样，佛教也分为多种宗派，因为信徒们对佛教创建者释迦牟尼的话语阐释不一致。佛教三大宗派是大乘佛教（Mahayana）、上座部佛教（Theravada）和金刚乘佛教（Vajrayana）。大乘佛教徒约占全部佛教徒的56%，主要在中国、日本和韩国；上座部佛教徒约占全部佛教徒的38%，主要在柬埔寨、老挝、缅甸、斯里兰卡和泰国；金刚乘佛教（也称为喇嘛教和密宗佛教）的信徒约占全部佛教徒的6%，主要分布在西藏和蒙古。

因为在佛教寺庙里践行佛教信仰的人是少数，所以要准确统计佛教徒人数特别困难。佛教的宗教功能主要由僧侣而不是由普通大众执行。佛教徒的数量难以统计，还因为佛教虽然是普及性宗教，但与西方的正式宗教体系概念在一些重要方面有所不同。有的人既可以是佛教徒，也可以是其他东方宗教的信徒，而基督教和伊斯兰教的信仰则有排他性。尤其是中国和日本的大多数佛教徒，同时也信仰某种族群性宗教。

族群性宗教的分布

学习成果 6.1.5
描述印度教和其他族群性宗教的分布。

与普及性宗教相比，族群性宗教的分布通常更集中。与在文化间扩散的普及性宗教不同，世界上主要族群性宗教的信徒大多数都"固定"在原文化中。

印度教徒的分布

信徒最多的族群性宗教是印度教；印度教是世界第三大宗教，有10亿信徒。与普及性的大宗教相反，印度教徒的97%都集中在印度，2%在尼泊尔，1%在孟加拉国，其他地区只有极少数。印度教徒占印度和尼泊尔人口的80%以上，占孟加拉国人口的9%，在其他国家都占少数（图6-5）。

印度教的神灵或信仰很多，普通印度教徒信仰其中一种。信徒最多的派别——约占印度教徒的80%——是毗湿奴派（Vaishnavism），该派崇敬的是毗湿奴神（Vishnu），这个充满

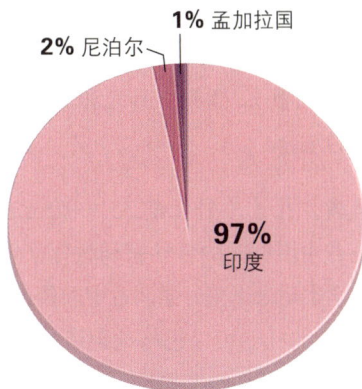

1% 孟加拉国
2% 尼泊尔
97% 印度

▲ 图6-5 印度教徒的分布

▶ 图 6-6 **道家学说** 中国澳门的妈祖庙是中国最古老的道教寺院之一，可追溯到 1488 年。

爱的神灵的化身是克利须那（Krishna）。第二大的派别是湿婆派（Shaivism），该派崇拜的是湿婆神（Shiva），一位毁灭之神。

思考题 6.1.5

印度信徒第二多的宗教是哪个？

中国的传统族群性宗教

给东亚的宗教分类，以及统计其信徒数量，都比较困难。中国传统宗教是**混合性的**（syncretic），也就是说结合了多种传统。宗教信徒网认为，中国的传统宗教是佛教（一种普及性宗教）、儒教、道教和其他中国传统习俗的结合。

儒教。孔子（公元前 551—公元前 479年）是古中国鲁国的哲学家和教育家。他的言论被学生记录下来，强调古中国传统"礼"的重要性，"礼"可以粗略地翻译为"礼节"或"正确行为"。儒家提出一系列道德原则来促进中国日常生活的有序开展，如遵循传

统、履行义务，以及同情和尊重他人。这些规则既适用于古时候中国的统治者，也适用于他们的臣民。

道教。道教由老子（约公元前 604—约公元前 531 年）创立。虽然老子是职业的政府官员，但他的著作强调的是生活中神秘和神奇的方面，而不像孔子那样强调公共服务的重要性。道，意为"道路"或"通道"，无法通过理性和知识来理解，因为并非所有事物都是可知的（图 6-6）。它强调研究自然的重要性，强调在世界中找到自己的位置，而不是试图改变世界。

原始土著族群性宗教

宗教信徒网划分的原始土著（primal-indigenous）宗教在全球有数以亿计的信徒。这些信徒大部分居住在东南亚或南太平洋的岛屿上，特别是越南和老挝。

原始土著宗教的信徒相信，上帝存在于万物之中，因而自然界的所有事物都是神圣

的。不同的自然景观中关于大自然的叙事各不相同。这类宗教包括萨满教（Shamanism）和异教（Paganism）。根据萨满教的说法，无形的力量或精神会影响活物的生命。"异教"曾经指古代人——如古希腊人和古罗马人——的实践，他们信仰多个拥有人形的神。这个词现在还包括其他早于基督教和伊斯兰教的宗教信仰。

非洲的传统民间宗教

根据皮尤研究中心的统计，约有 2,700 万非洲人（非洲大陆总人口的 2%）信仰民间宗教，他们的这种信仰有时被称为**泛灵论**（animism）。根据泛灵论，植物和石头等无生命物体，或者雷暴和地震等自然事件，都是"有灵性的"，或者说都是具有独立的精神和意识的生命。

今天，51% 的非洲人都是基督徒——平均分布在罗马天主教、新教和其他宗派中——而穆斯林则占 43%。这种分布与过去的情况截然不同。1900 年，超过 70% 的非洲人信仰传统民间宗教。近至 1980 年，还有半数的非洲人（约 2 亿）仍然被列为民间宗教信徒。基督教和伊斯兰教这两种普及性宗教的增长，造成族群性宗教的缩减，这反映出两类宗教在地理学上的根本差异。现在非洲剩下的民间宗教，其信徒主要聚集成一个带状区域，将以穆斯林为主的北非和以基督徒为主的撒哈拉以南的非洲地区分开。

其他宗教的分布

学习成果 6.1.6
描述除信徒最多的宗教以外的其他宗教的分布。

本部分将按照估计的信徒数量顺序，简要地介绍 9 种宗教。在这 9 种宗教中，有 8 种的信徒都高度聚集在一个或两个国家。例外的那个宗教是巴哈伊教。

拥有 1,400 万至 2,500 万信徒的宗教

信徒数量估计在 1,400 万至 2,500 万的几种宗教是锡克教、唯灵论宗教和犹太教。

锡克教（Sikhism）。全球 2,300 万锡克教徒，有 2,000 万聚集在印度的旁遮普地区（Punjab）。锡克教的创始人拿那克宗师（Guru Nanak，1469—1538 年）生活在今天巴基斯坦拉合尔市附近的一个村庄。他领悟出，上帝是"唯一的最高存在"或"造物者"，以神的意志来统治宇宙。在大约 500 年前，他穿越宽广的南亚，传播他的新信仰，而他的许多追随者逐渐被称为锡克教徒——这个词在印地语中意为"门徒"。拿那克宗师之后还有 9 位宗师。1604 年，第五代宗师阿尔琼（Arjan）编辑了《古鲁·格兰特·萨希卜》（Guru Granth Sa-hib），这本书后来成为锡克教圣书。

唯灵论宗教（Spiritism）。唯灵论相信人的精神在人死后会继续存在，并且可以通过灵媒或巫师与生者交流。大多数唯灵论信徒都生活在巴西。

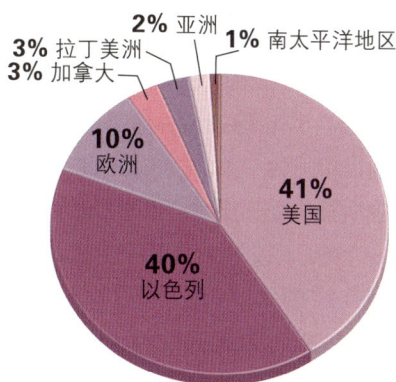

▲ 图 6-7 犹太教徒的分布

犹太教（Judaism）。全球的 1,400 万犹太教徒中，约 2/5 生活在美国，还有 2/5 生活在以色列（图 6-7）。犹太教这个名字来自犹大，雅各的 12 个儿子之一；以色列是《圣经》中雅各的另一个名字。《塔纳赫》（Tanakh）是讲述犹太民族的历史和犹太信仰的律法。《塔纳赫》是《妥拉》[Torah，也称为《摩西五经》（Five Books of Moses）]、《先知书》（Navi'im）和《文集》（Ketuvim）的首字母缩写。在西方文明中，犹太教尽管信徒不多，但是发挥了重要的作用。犹太教是首个有记录的**一神论**（monotheism）宗教，相信神只有一位。犹太教的基础是信仰一位全能的上帝。犹太教与邻近民族信仰的**多神论**（polytheism），即崇拜多位神灵的宗教，形成鲜明对比。世界上两个最广泛信仰的宗教——基督教和伊斯兰教——与犹太教有渊源。

拥有 100 万至 1,000 万信徒的宗教

拥有 100 万至 1,000 万信徒的宗教是巴哈伊教、天理教、耆那教、神道教、高台教和琐罗亚斯德教。

巴哈伊教（Bahá'í）。巴哈伊教是普及性宗教，在印度、其他亚洲国家、非洲和西半球的信徒数量大致相同。巴哈伊教在 1844 年创立于伊朗的设拉子（Shíráz）。巴哈伊教源于巴比教（Bábi）；巴比教的领袖是赛义德·阿里·穆罕默德（Siyyid 'Ali Muhammad，1819—1850 年），他被人称为"巴孛"（Báb，在波斯语中意为"大门"）。巴哈伊教遭到什叶派穆斯林的强烈反对，巴孛及其两万名追随者在 1850 年被处决。巴哈伊教认为，巴孛的门徒侯赛因·阿里·努里（Husayn 'Ali Nuri）——被称为巴哈欧拉（Bahá'u'lláh），在阿拉伯语中意为"上帝的荣耀"——是上帝的先知和使者。巴哈欧拉的职能是通过废除种族、阶级和宗教偏见来克服各种宗教的不团结，建立一种普遍的信仰。巴哈欧拉遭到逮捕，后来流亡。他自称是巴孛期盼的上帝信使，这种说法在 1863 年被其他追随者接受。在 1892 年去世之前，巴哈欧拉任命他的长子阿博都巴哈（'Abdu'l-Bahá，1844—1921 年）为巴哈伊教的领袖，以及巴哈欧拉学说的权威阐释者。

天理教（Tenrikyo）。天理教最初被视为神道教的分支，是一位名叫中山美伎（Nakayama Miki，1798—1887 年）的女性在 1854 年创建的。天理教信徒相信，神通过中山美伎的圣坛角色来传达神意。宗教信徒网的数据显示，全球有 200 万名天理教信徒，其中 95% 在日本。

耆那教（Jainism）。耆那教在约 2,500 年前起源于南亚地区。随着佛教和印度教的发展，再加上从公元 8 世纪开始，耆那教徒相信非暴力和自我控制是实现解脱的手段，耆那教在南亚地区逐渐式微。全世界 400 万耆那教徒，有 95% 生活在印度，但是美国 50 个州中，有 25 个都拥有耆那教中心。

神道教（Shinto）。神道教是日本的族群性宗教，深深地根植在日本的文化历史中。根据日本政府的统计，日本全国约有 1 亿神道教徒，占全国人口的 78%。然而，在民意调查中，只有 400 万日本人（全国人口的 3%）认为自己是神道教徒。出现这种巨大的差异，部分是因为日本在 17 世纪的一项法律委任神道教组织保存日本公民的记录，部分是因为有些日本人认为神道教是文化特征，而不是宗教信仰。

高台教（Cao Dai）。高台教创立于 20 世

纪 20 年代的越南。高台教这个名字指的是宇宙的最高存在、创造者和终极真相。高台教反对越南的一系列统治者，包括法国殖民政府和共产党人。自 1997 年越南共产党政府授予其合法地位以来，高台教的信徒人数已增至约 400 万人，几乎所有信徒都居住在越南。

琐罗亚斯德教（Zoroastrianism）。先知琐罗亚斯德（Zoroaster/Zarathustra）在 3,500 年前创建了这个以他的名字命名的宗教。在约 1,500 年前，琐罗亚斯德教在波斯帝国（今伊朗）的组织更加正式；此外，它曾经还是中亚几个古代帝国的国教。在穆斯林占领中亚之后，琐罗亚斯德教的信徒人数减少。目前的记录显示，印度有 7 万人是琐罗亚斯德教徒，伊朗有 2.5 万人，美国有 2 万人。然而，宗教信徒网认为，全球琐罗亚斯德教徒的真实数量应该在 200 万至 300 万之间，因为据说琐罗亚斯德教徒不愿表明自己的信仰。

思考题 6.1.6
拥有至少 100 万信徒的宗教大多集中在哪个大陆？

复习　关键议题 1
世界的各种宗教分布在何处？

- ✔ 宗教可以分为两大类：普及性宗教和族群性宗教。
- ✔ 三大普及性宗教是基督教、伊斯兰教和佛教。
- ✔ 基督教在欧洲、北美和拉丁美洲占主导地位；伊斯兰教在东南亚、中亚、西南亚和北非占主导地位；佛教则在东亚占主导地位。
- ✔ 最大的族群性宗教是印度教，其信徒主要在南亚。
- ✔ 其他大型宗教大多数都有集中性的分布。

为什么宗教的
分布各不相同？

▶ 基督教与伊斯兰教在西南亚的起源
▶ 佛教与印度教在南亚的起源
▶ 各种宗教在历史上的扩散
▶ 基督徒在最近的迁移
▶ 穆斯林和犹太教徒的迁移

学习成果 6.2.1

描述基督教和伊斯兰教的起源。

各种宗教及分支在全球和地区的分布情况，取决于起源和扩散这两个地理学过程。佛教、基督教和伊斯兰教这三个信仰最广泛的普及性宗教起源地明确，扩散范围广，且书面证据充分。印度教这样的族群性宗教起源不明，扩散有限。

基督教与伊斯兰教在西南亚的起源

信徒最多的两个宗教——基督教和伊斯兰教——都起源于西南亚。基督教和伊斯兰教等普及性宗教的典型特征是，它们的起源地是已知的，起源于一个人生命中的种种事件。

基督教的起源

基督教建立在耶稣的教义之上。耶稣于公元前 8 至公元前 4 年之间出生在伯利恒（Bethlehem），于公元 30 年左右被钉死在耶路撒冷的十字架上。耶稣被作为犹太人抚养长大，聚集了少数门徒，宣扬天国的到来。基督教《圣经》的四部福音书——《马太福音》《马可福音》《路加福音》和《约翰福音》——记录了耶稣所行的神迹奇事。耶稣被称为基督（Christ），这个词来自希腊语，在希伯来语中是"弥赛亚"（messiah），意思是"受膏者"（anointed）。

根据四福音书，耶稣在公开传道的第三年被同伴加略人犹大（Judas Iscariot）出卖给当局。耶稣和门徒在耶路撒冷吃完最后的晚餐（犹太教的逾越节家宴，Passover Seder）后，被逮捕并被当作政治煽动者处死。在他去世后的第三天，有人发现他的墓穴变空（图 6-8）。基督徒相信，耶稣为人类赎罪而死，被上帝复活，而且他的死而复生给人们提供了获得救赎的希望。

罗马天主教。 罗马天主教徒接受《圣经》的教义，也接受由教宗领导的教会团体对这些教义的解释。罗马天主教徒认可教宗的至高无上和权威，相信天主教会在解决神学上的争议时不会出错。根据罗马天主教的信仰，上帝通过 7 种圣礼直接向人类传递恩典：洗礼（Baptism）、圣餐礼（Eucharist，像耶稣在最后的晚餐中那样食用面包和酒）、忏悔礼（Penance）、坚信礼（Confirmation）、婚礼（Matrimony）、神职授任礼（Holy Orders）和膏油礼（Anointing the Sick）。

东正教。 东正教由在罗马帝国东部出现的多个教会的信仰和习俗组成。罗马教会和东正教会之间的分裂可以追溯到公元 5 世纪，是罗马教宗与君士坦丁堡宗主教（Patriarchy of Constantinople）对抗的结果，二者的对抗在罗马帝国崩溃之后尤其激烈。1054 年，教宗利奥九世（Pope Leo IX）谴责君士坦丁堡宗主教，让两个教会的分裂成为定局。东正教基督徒接受七圣礼，但是拒绝罗马天主教会自 8 世纪以来增加的教义。

新教。 新教起源于 16 世纪的宗教改革运动。1517 年 10 月 31 日，马丁·路德（Martin Luther，1483—1546 年）在维滕贝格（Wittenberg）的教堂门口张贴《九十五条论纲》（Ninety-

▶ 图6-8 **基督教的起源** 耶路撒冷圣墓教堂（Church of the Holy Sepulchre）中心的这座坟墓就建立在基督徒认为耶稣被埋葬和复活的地方。亚美尼亚东正教的神职人员在围绕着坟墓行进。

five Theses），这被认为是宗教改革运动的开始。马丁·路德认为，个人对自己的救赎负有主要责任，救赎要通过个人与上帝的直接沟通来实现。上帝的恩典通过信仰而不是通过教会的圣礼实现。

伊斯兰教的起源

和其他普及性宗教一样，伊斯兰教起源于历史上一位创始人的学说。伊斯兰信仰的核心包括奉行五项行为，即信仰的五大支柱：

1. 证信（Shahadah）。穆斯林要经常念诵他们的信仰，即除万物之源真主以外，没有其他神灵值得崇拜，以及穆罕默德是真主的信使。

2. 礼拜（Salat）。穆斯林每天要面对麦加祈祷五次，作为与真主的直接联系。

3. 天课（Zakat）。穆斯林要慷慨地做慈善捐赠，以实现净化和成长。

4. 斋戒（Sawm of Ramadan）。穆斯林在斋月期间进行斋戒，以实现自我净化。

5. 朝圣（Hajj）。如果身体和经济能力允许，穆斯林要去麦加朝圣。

伊斯兰教的起源与犹太教和基督教相同。三种宗教都认为亚当（Adam）是世上第一人，亚伯拉罕（Abraham）是他的后代之一。根据犹太教《妥拉》和基督教《旧约》的叙述，亚伯拉罕娶了不能生育的撒拉（Sarah）为妻。因为有一夫多妻的习俗，亚伯拉罕于是又娶了夏甲（Hagar），夏甲生下了一个儿子，取名为以实玛利（Ishmael）。撒拉的命运发生变化，生下一个儿子，取名为以撒（Isaac）。

犹太教和基督教的叙事源于亚伯拉罕的原配妻子撒拉及其儿子以撒。伊斯兰教的叙事则源于亚伯拉罕的第二任妻子夏甲和她的儿子以实玛利。根据伊斯兰教的叙事，亚伯拉罕把夏甲和以实玛利带到了位于今天沙特阿拉伯的麦加，几个世纪后，以实玛利的后裔穆罕默德（Muhammad）成为伊斯兰教的先知。

先知穆罕默德。穆罕默德在约570年出生于麦加。穆斯林相信，40岁的穆罕默德在静修冥想时收到了大天使加百列（Angel Gabriel）传来的第一个真主启示。伊斯兰教圣书《古兰经》被穆斯林认为是真主通过

▲ 图 6-9 **伊斯兰教的起源** 穆罕默德被安葬在沙特阿拉伯麦地那先知寺（Mosque of the Prophet）的绿色圆顶下。这座建于原穆罕默德住宅所在地的清真寺是伊斯兰教的第二大圣寺，也是世界第二大清真寺。

大天使加百列启示给先知穆罕默德的话语记录。阿拉伯语是穆斯林世界的通用语，因为《古兰经》就是用阿拉伯语写成的。

伊斯兰教认为，穆罕默德在开始宣扬真主启示于他的真理后，他和追随者便遭到迫害，他在 622 年受真主命令向外迁移。他从麦加迁移到耶斯里卜（Yathrib）——这个事件被称为"希吉拉"（Hijra），在阿拉伯语中意为"迁移"——标志着穆斯林历法的开始。耶斯里卜后来更名为麦地那（Madinah），在阿拉伯语中意为"圣城"（图 6-9）。几年后，穆罕默德和他的追随者返回麦加，并将伊斯兰教建立为麦加的法定宗教。632 年，穆罕默德去世，大约 63 岁，此时伊斯兰教已经传遍了今天沙特阿拉伯所在地的大部分地方。

思考题 6.2.1

沙特阿拉伯政府在部分地名的拼写上，偏向于与英语不同的拼写，如麦加这个城市名，沙特阿拉伯政府就使用"Makkah"，而非"Mecca"。从包括沙特阿拉伯在内的伊斯兰国家所使用的主要语言来看，你觉得这种拼写偏好的原因可能是什么？

什叶派和逊尼派。 伊斯兰两大宗派——什叶派和逊尼派——之间的差异可追溯到伊斯兰教的最早期，并在关于伊斯兰领袖继承人的分歧上反映出来。穆罕默德没有儿子存活下来，也没有指定继任者。他的继任者是他的岳父艾布·伯克尔（Abu Bakr，573—634 年），他生于麦加，是伊斯兰教早期支持者，后来被称为哈里发（Caliph），即"先知的继任者"。接下来的两任哈里发——欧麦尔（Umar，634—644 年担任哈里发）和奥斯曼（Uthman，644—656 年担任哈里发）——将穆斯林势力下的领土扩大至埃及和波斯。

奥斯曼出身于麦加的大氏族，这个氏族最初反对穆罕默德，后来才皈依伊斯兰教。更坚定的皈依者批评奥斯曼，认为他与麦加其他曾经是异教徒的家族妥协。奥斯曼的反对者拥立阿里（Ali，约 600—661 年）为领袖，他是穆罕默德的堂弟及女婿，因此也是穆罕默德最近亲的男性继承人。奥斯曼在 656 年被谋杀，阿里成为哈里发，但是在 5 年后，他也被人暗杀。

阿里的后代声称拥有伊斯兰教的领导权，什叶派信徒就支持这种说法。但是，对于从阿里去世到现代的继承人次序，什叶派内部也有分歧。他们都承认领导权的继承链被打断，但是在打断的日期和事件上有争议。

佛教与印度教在南亚的起源

学习成果 6.2.2
描述佛教的起源，以及印度教起源不明的原因。

佛教与其他普及性宗教相同，起源地都很明确，都基于一个人生命中的各种事件。印度教等族群性宗教的起源未知或不明，与具体的历史人物无关。

佛教的起源

佛教的创始人悉达多·乔达摩（Siddhartha Gautama）在约 563 年出生于今天尼泊尔的蓝毗尼（Lumbinī），靠近印度边界。他出身贵族，过着有特权的生活，远离生活的艰辛。乔达摩有一位美丽的妻子，还拥有宫殿和仆人。

根据佛教的传说，乔达摩在四次巡游后，生活发生了变化。他在第一次巡游时遇到一位衰弱的老人，在第二次巡游时遇到一位疾病缠身的人，在第三次巡游时遇到一具尸体。在目睹这些痛苦的场景后，乔达摩开始觉得不能再享受舒适生活。在第四次巡游中，乔达摩看到一名修行者，知道了避世这一生活方式。

29 岁时，乔达摩在一天晚上离开宫殿，到森林里生活了 6 年，思索和试验各种形式的冥想（图 6–10）。乔达摩后来成为佛陀，即"悟道者"，然后花了 45 年的时间在印度传播他的观点。在传教的过程中，他训练僧侣，建立修会，并向公众布道。

佛教的基础概念被称为四谛（Four Noble Truths）：

1. 众生都必须忍受痛苦。

2. 生存欲带来的苦难会导致轮回转世，即在新的身体或生命形式中反复重生。

3. 万物的目标都是逃离困难和无尽轮回，通过精神和道德的自我净化实现涅槃（Nirvana），即一种完全救赎的状态。

4. 涅槃要通过八正道（Eightfold Path）来实现，即正见、正思维、正语、正业、正命、正精进、正念和正定。

▼ 图 6–10　**佛教的起源**　摩诃菩提寺（Mahabodhi Temple，即大觉寺）建在菩提伽耶（Bōdh Gayā），即悉达多·乔达摩觉悟成佛的地方。

上座部佛教。 在佛教的两个大宗派中，上座部佛教的历史更久远。"上座部"这个词的意思是"年长者的方式"，这表明上座部佛教徒认为他们更接近佛陀最初的修行方法。上座部佛教徒认为，信佛是全职的职业，所以要成为好的佛教徒，就必须放弃世俗物品，成为僧侣。

大乘佛教。 在大约两千年前，大乘佛教从上座部佛教中分裂出来。"大乘"这个词的意思是"伟大的交通工具"，大乘佛教徒将上座部佛教称为小乘，意思是"不重要的交通工具"。大乘佛教徒认为自己的信佛方法不那么苛刻，并且广泛，所以可以帮助更多人。上座部佛教强调佛陀的自救生活和多年的独自反省，大乘佛教强调佛陀晚年的教导和帮助他人。上座部佛教引用的是佛陀的智慧，大乘佛教引用的是佛陀的同情心。

金刚乘佛教。 金刚乘佛教强调被称为密续（Tantras）的修行方式，这种修行方式已经被写成文本。金刚乘佛教徒相信，佛陀在生前就开始修行密续，但是其他派别的佛教徒则认为金刚乘是几个世纪后从大乘佛教发展而来的佛教方法。

思考题 6.2.2
按照起源时间的先后顺序对三大普及性宗教进行排序。

印度教的未知起源

印度教是基于印度的族群性宗教，起源未知。"印度教"（Hinduism）这个词语起源于公元前 6 世纪，是指生活在今天印度所在地区的人，但宗教习俗在有记录的历史之前就已存在。

印度教的各种元素可能起源于印度河流域文明。大约在公元前 2500 年到公元前 1500 年之间，这个文明在现今巴基斯坦东部的印度河谷中繁盛。有考古学证据证明的可能源于这个时代的仪式包括沐浴仪式、动物祭祀，以及可能描绘印度教神灵的雕塑（图 6-11）。

正如第 5 章所讨论的，中亚的雅利安部落在大约公元前 1400 年侵入南亚，并带去印欧语系的语言。除语言之外，雅利安人还带去了他们的宗教信仰。雅利安人首先定居在印度西北部现称为旁遮普的地区，后来又迁移到恒河流域，远至孟加拉国。他们与已

▼ 图 6-11　**在恒河中沐浴**　印度教徒在恒河中沐浴，洗去自己的罪。

▲ 图 6-12　**印度教的未知起源**　昌古·纳拉扬神庙（Changu Narayan）位于尼泊尔，是现存最古老的印度教寺庙。它建于公元 325 年，主供毗湿奴。

经居住在该地区的达罗毗荼人混居几个世纪，让宗教发生了变化。现存最早的印度教经文被称为吠陀（Vedas），成文于约公元前 1100 年。这个时代的一些仪式存续到当代的印度教中，包括崇拜代表地球、大气和天空的各种神。

在大约两千年前，重要的印度教经文和仪式出现，它们至今仍然是印度教的核心。现存最早的印度教寺庙建于 1,500 年至 2,000 年以前（图 6-12）。

各种宗教在历史上的扩散

学习成果 6.2.3

描述普及性宗教的传播过程。

普及性宗教已经从特定起源地扩散到世界其他地区。相反，大多数族群性宗教仍然聚集在某地。

三大普及性宗教分别起源于一位关键人物在生命中的各种事件。三个宗教的源地都在亚洲，基督教和伊斯兰教的在西南亚，佛教的在南亚。源地的宗教信念被信徒传递给其他地方的人们，经过各不相同的路径在地球表面扩散。

基督教的扩散

自耶稣最先在当时罗马的犹太行省提出基督教的信条以来，基督教的扩散就记录得十分清晰。因此，地理学者可以通过重构人们交流、交互和迁移的模式来研究基督教的扩散。

在第 1 章中，我们认识了两种扩散过程：迁移扩散和扩展扩散。扩展扩散又分为等级扩散（通过关键领导者扩散）和传染扩散（范围广泛的扩散）。基督教的扩散就结合了这三种形式。

基督教的迁移扩散。 基督教首先通过迁移扩散从它在犹太行省的源地传播开来。**传教士**（missionary）——通过迁移扩散来传播普及性宗教的人——沿着罗马帝国受保护的海上路线和发达的陆路网络，将耶稣的学说传递给其他地方的人们。

生活在由通信网络直接相连的商业城镇和军事定居点的人们最先从使徒保罗等传教士那里接收到基督教要旨。但是，基督教也通过传染扩散——城镇里的信徒与附近乡村的非信徒日常进行接触——在罗马帝国境内广泛传播。

基督教的扩展扩散。基督教在整个罗马帝国的主导地位是在4世纪通过两种扩展扩散确立的：

■ **等级扩散。**罗马帝国的主要精英人物君士坦丁大帝（Emperor Constantine，约274—337年）在313年接纳基督教，狄奥多西大帝（Emperor Theodosius）在380年将基督教定为国教，促进了基督教的传播。在随后的几个世纪中，基督教通过国王或其他精英人物的皈依，进一步扩散到东欧。

■ **传染扩散。**自1500年以来，传染扩散，尤其是欧洲人的迁移和传教活动，将基督教传播到世界各地。由于欧洲人的永久性定居，基督教成为南北美洲、澳大利亚和新西兰的主要宗教。土著人口皈依基督教，以及与欧洲人通婚，加强了基督教的主导地位。近几十年来，基督教已经进一步扩散到非洲，成为非洲目前信仰最广泛的宗教。

伊斯兰教的扩散

穆罕默德的继任者把追随者组织起来，将穆斯林控制的地区扩大到非洲、亚洲和欧洲的广大地区。在穆罕默德逝世后的一个世纪里，穆斯林控制了巴勒斯坦、波斯帝国，以及印度的许多地区，导致许多非阿拉伯人经常通过联姻皈依伊斯兰教。

穆斯林向西扩散到整个北非，再越过直布罗陀海峡，占据今天西班牙所在的大部分地方，直到1492年。就在基督徒重新控制整个西欧的那个世纪里，穆斯林控制了欧洲东南部的大部分地区和土耳其。

与基督教的情况相同，伊斯兰教作为普及性宗教，通过迁移扩散——传教士迁移到

撒哈拉以南的非洲和东南亚的部分地区——从位于西南亚的源地扩散到很远的地方。位于东南亚的印度尼西亚，尽管在空间上与伊斯兰核心区相互孤立，但仍然以穆斯林为主。印度尼西亚这个世界上人口第四多的国家，比其他任何国家拥有的穆斯林都要多，是因为阿拉伯商人在13世纪将伊斯兰教带到了那里。

思考题 6.2.3

伊斯兰教的扩散属于等级扩散，还是迁移扩散，或者二者皆是？

佛教的扩散

佛教最初并未从其在印度东北部的起源地迅速向外扩散。对佛教传播影响最大的是阿育王（Asoka），摩揭陀帝国（Magadhan Empire）在公元前273年至公元前232年的君主。在公元前6世纪至公元8世纪期间，摩揭陀帝国成为南亚几个强大王国的核心。

公元前257年左右，在摩揭陀帝国的鼎盛时期，阿育王成为佛教徒，此后便试图践行佛陀的社会原则。阿育王在巴连弗邑（Pataliputra）组织的议会决定派传教士前往邻近摩揭陀帝国的地区。阿育王的儿子摩哂陀（Mahinda）率领传教团前往锡兰岛（Ceylon，今斯里兰卡），让那里的国王和臣民都皈依了佛教。因此，斯里兰卡宣称是佛教信仰历史最悠久的国家。公元前3世纪，传教士还被派往克什米尔、喜马拉雅山区、缅甸和印度其他地方。

公元1世纪，印度东北部贸易路线上的商人将佛教传入中国。许多中国人都乐于接受佛教传教士带来的思想，佛教经文也被翻译成中文。公元4世纪，中国统治者允许人民成为佛教僧侣。在接下来的几个世纪中，

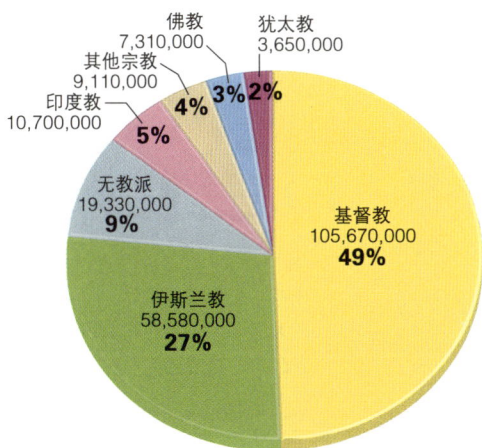

▲ 图 6-13　**国际移民的宗教**　请与图 6-1 比较。基督徒仅占世界人口的 1/3，却占国际移民的一半。

佛教逐渐成为真正的中国宗教。佛教在 4 世纪从中国扩散到朝鲜，两个世纪后又从朝鲜扩散到日本。就在这个时期，佛教在印度失去了原有的根基。

基督徒在最近的迁移

学习成果 6.2.4

了解现代基督教群体的独特迁移模式。

各个宗教的分布在近代继续因人口迁移而改变。虽然大多数人的主要迁移原因不是宗教，但是人们会带着宗教信仰迁移。

国际移民的宗教构成与各种宗教信徒的总体占比并不匹配。基督徒仅占世界人口的

1/3，却占国际移民的一半。穆斯林和犹太人在世界移民中的比例也高于他们在世界人口中的比例。佛教徒、印度教徒、民间宗教信徒和无教派人士迁移的可能性更小（图 6-13 ）。

犹太教徒尽管在世界人口中所占比例不大，但是进行国际迁移的可能性却很大。约有 25% 的犹太教徒会在一生中的某个时间点迁移到其他国家。相比之下，今天的全球仅有 3% 的人口曾经是国际移民。在人数较多的宗教群体中，约有 5% 的基督徒和 4% 的穆斯林是移民，而这个数据在其他宗教群体中只有 1% 或 2%（图 6-14 ）。

基督徒的迁移模式

基督徒国际移民的目的地与基督徒的分布不匹配。北美洲拥有世界上 12% 的基督徒，却是 34% 基督徒移民的目的地，其中 30% 移民到美国，4% 移民到加拿大。

欧洲拥有世界上 26% 的基督徒，却是 38% 基督徒移民的目的地。另一方面，相较于其基督徒数量在全球的比例而言，拉丁美洲和撒哈拉以南地区吸引的基督徒移民较少。基督徒迁入和迁出数量最多的国家是俄罗斯和美国。

大多数迁移到美国的移民都是基督徒。皮尤研究中心称，2012 年美国大约 61% 的迁入移民是基督徒。穆斯林占迁入移民总数

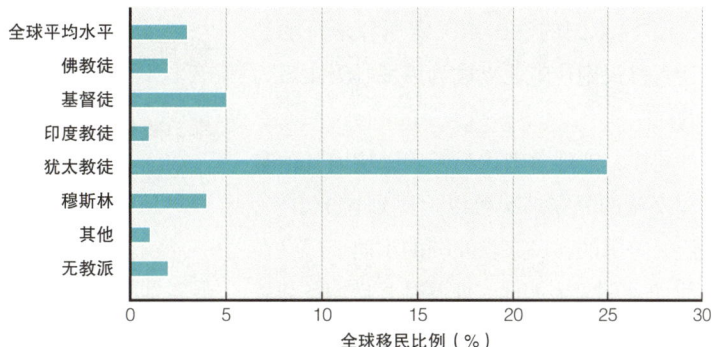

▶ 图 6-14　**全球移民比例**

▲ 图 6–15　**加拿大的基督教**　麦克杜格尔纪念教堂（McDougall Memorial Church）建于 1875 年，位于艾伯塔省的莫利，是该省现存最古老的新教教堂。

的 10%，印度教徒占 7%，佛教徒占 6%，其他宗教信徒占 3%，无教派人士占 14%。在无授权迁入移民中，基督徒占 83%，其他宗教信徒占 7%，无教派人士占 9%。美国基督徒迁入移民的比例从 1992 年的 68% 下降到 2012 年的 61%。这种下降被穆斯林和印度教徒的比例上升抵消。

加拿大基督徒迁入移民的比例从 1971 年的 88% 下降到 2011 年的 66%。其他迁入的非基督徒大多都是无教派人士。

加拿大（魁北克除外）和美国的新教徒占多数，因为北美的早期殖民者主要来自信奉新教的英格兰。这两个国家某些地区的罗马天主教徒占多数，这是因为有来自罗马天主教国家的移民迁入。来自墨西哥和其他拉美国家的罗马天主教徒移民集中在美国东南部，而 17 世纪的法国殖民定居和最近的法国迁入移民则让魁北克成为以罗马天主教为主的地区。

同样，地理学者认为，美国境内其他基督教宗派的分布情况可以追溯到这个事实，即迁入美国的移民来自欧洲的不同地区，在 19 世纪期间尤为如此。耶稣基督后期圣徒教会的成员（通常被称为摩门教徒）定居在纽约州的费耶特，靠近创始人约瑟夫·史密斯（Joseph Smith）的家乡。在史密斯的一生中，摩门教群体多次迁移，以寻求宗教自由。最终，在杨百翰（Brigham Young）的领导下，他们迁移到今天犹他州地区的盐湖谷（Salt Lake Valley）。

基督教各宗派在加拿大的分布也受到人口迁移的影响。罗马天主教徒在魁北克省占多数，这是因为法国移民于 17 世纪在那里定居（图 6–15）。新教徒在加拿大其他省份占多数，主要原因是人口从安大略省向西迁移。

思考题 6.2.4

从宗教偏好来看，加拿大哪两个省份拥有的来自魁北克的移民最多？

穆斯林和犹太教徒的迁移

学习成果 6.2.5

了解穆斯林和犹太教徒的独特迁移模式。

较之于基督徒，穆斯林和犹太教徒在世界各地的分布情况与国际人口迁移的模式更加不匹配。

穆斯林的迁移模式

西南亚和北非拥有全球 20% 的穆斯林，但是吸引了 34% 的穆斯林移民。沙特阿拉伯是吸引穆斯林移民最多的国家，占世界穆斯林移民总数的 10%。埃及向沙特阿拉伯输送的穆斯林移民最多（图 6-16）。

欧洲的穆斯林人数仅占全球的 3%，却吸引了 34% 的穆斯林国际移民。俄罗斯、德国和法国是全球吸引穆斯林移民最多的国家。迁移到欧洲的穆斯林，最多的是从土耳其到德国，以及从阿尔及利亚到法国。摩洛哥一直是大量穆斯林移民的输送地，移民去向分别是法国和西班牙。穆斯林移民中只有约 1% 迁移到美国（图 6-17）。

另一方面，拥有世界穆斯林 30% 的南亚地区只吸引了 6% 的穆斯林移民。中亚和东南亚吸引的穆斯林移民，也低于其穆斯林人口在全球所占的比例。穆斯林人口最多的 4 个国家——印度尼西亚、巴基斯坦、孟加拉国和印度——拥有世界穆斯林人口的 43%，却仅吸引了 6% 的穆斯林移民（有 4% 迁往巴基斯坦）。

犹太教徒的迁移模式

以色列是 73% 的犹太教徒国际移民的目的地。作为世界上犹太教徒占多数的唯一国家，以色列为犹太教徒移民提供了尤其有力的拉动因素（见关键议题 4）。美国是 10% 犹太教徒国际移民的目的地，加拿大是 4% 的目的地（图 6-18）。

自 1948 年以色列建国以来，该地区犹太教徒在全世界的占比才变得较高。公元 70 年，罗马人迫使犹太人流亡到世界各地——这就是人们所知的"大流散"（diaspora），该词源自希腊语中表示"分散"的词语——自那以后大多数犹太人就没有生活在以色列地区。

▲ 图 6-16　召唤穆斯林做礼拜　埃及开罗的伊本·图伦清真寺（Ibn Tulun Mosque）。

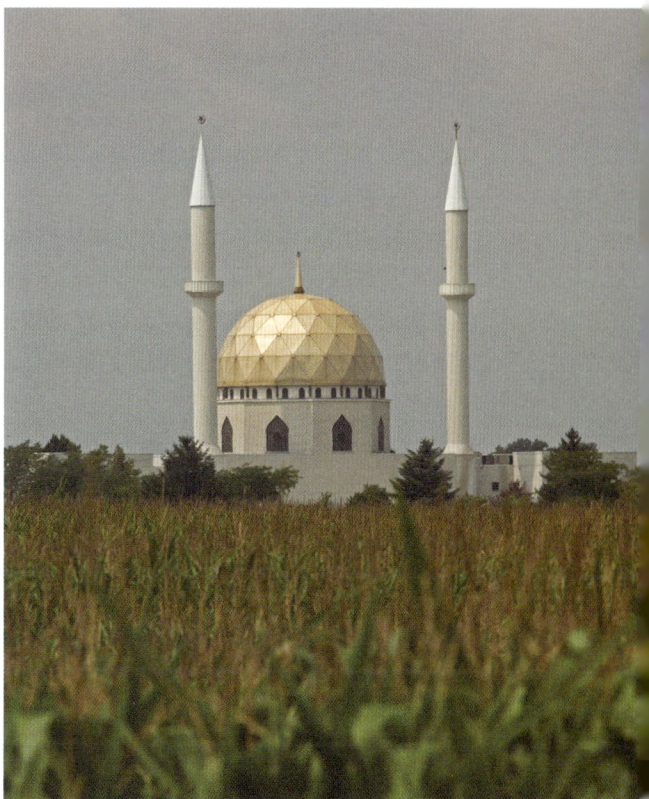

▲ 图 6-17　清真寺　俄亥俄州佩里斯堡的大托莱多伊斯兰中心（Islamic Center of Greater Toledo）。

▼ 图 6-18　位于纽约布鲁克林的犹太会堂

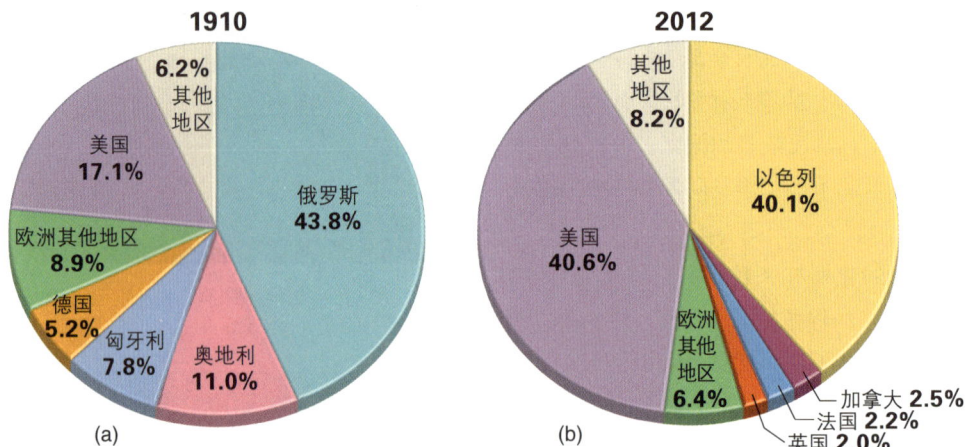

1910

区域	百分比
其他地区	6.2%
美国	17.1%
欧洲其他地区	8.9%
德国	5.2%
匈牙利	7.8%
奥地利	11.0%
俄罗斯	43.8%

(a)

2012

区域	百分比
其他地区	8.2%
以色列	40.1%
美国	40.6%
欧洲其他地区	6.4%
加拿大	2.5%
法国	2.2%
英国	2.0%

(b)

▲ 图 6-19　1910 年和 2012 年犹太人的分布情况　（a）一个世纪以前，大多数犹太人生活在欧洲（包括俄罗斯）；（b）现在大多数犹太人生活在以色列或美国。

大多数犹太人从地中海东岸迁移到欧洲。犹太教徒被迫从宗教故乡流亡，生活在其他民族中间，保留独立的宗教习俗，但同时也采纳了东道国的其他文化特征，比如语言。

其他民族经常迫害生活在他们中间的犹太人。历史上，许多欧洲国家的犹太人被迫永久居住在贫民区，即城市中依法设立来专门收容犹太人的地区。"**贫民区**"（ghetto）这个词语在 16 世纪起源于意大利的威尼斯，指代威尼斯以前的铜币铸造厂或金属铸造区，犹太人被迫生活在其中。贫民区通常有围墙，大门在夜间也会被锁住，防止犹太人逃跑。

从 20 世纪 30 年代开始，特别是在第二次世界大战期间（1939—1945 年），纳粹党有计划地围捕了欧洲的大部分犹太人，将他们运送到集中营，在大屠杀（Holocaust）中将他们赶尽杀绝。大约 400 万犹太人在集中营中死亡，有 200 万被用其他方式杀死。许多幸存者移居到了后来成为以色列国的地区。今天，全世界 1,400 万犹太人中不到 15% 生活在欧洲，这个数据在一个世纪前约为 80%（图 6-19）。

思考题 6.2.5
1910 年哪个国家拥有的犹太人口最多？

复习　关键议题 2
为什么宗教的分布各不相同？

✔ 普及性宗教的起源地有清楚记录，它们的起源基于创始者生命中的各种事件。

✔ 族群性宗教的起源通常未知或不明。

✔ 普及性宗教通常从起源地向外扩散很广，而族群性宗教通常扩散有限。

✔ 一些宗教群体在当代的迁移模式与宗教的分布有所不同。

为什么各种宗教的空间组织模式不同？

- ▶ 宗教场所
- ▶ 宗教定居区和地名
- ▶ 空间的管理
- ▶ 普及性宗教中的神圣空间
- ▶ 族群性宗教中的景观
- ▶ 宗教历法

学习成果 6.3.1

描述各种宗教的礼拜场所。

地理学者研究宗教对景观的主要影响。在世界各地的大城市和小村庄，无论盛行何种的宗教信仰，最高、最精美的建筑往往是宗教建筑。

宗教元素在景观上的分布反映出宗教在人们价值观中的重要性。宗教对景观的影响尤其深刻，因为许多宗教人士认为，他们在地球上的生活应该用来服务上帝。从相对较小的地块到整个社区，人类活动在不同范围景观上的分布，清楚地表现出宗教的影响。每个宗教如何在景观上分布其元素，取决于它的信仰。

宗教场所

神圣的建筑是宗教有形的"锚"。有些建筑是为信徒的集会设计的，有些建筑则用于个人冥想。

用于集会的宗教建筑

基督教堂、罗马天主教堂、清真寺、佛教寺庙和犹太会堂，是不同宗教用于进行集体宗教表达的地方。它们的共同特点在于，它们都是供人们聚集起来祷告的地方。

基督教堂（church）。基督教景观的重要特征是高密度的教堂。教堂是宗教原则的表达，是代表着上帝形象的环境。"church"这个词来源于希腊词，在希腊语中意为"主""主人"和"权力"。"church"既指信徒的集会，即教会；也指集会的地方，即教堂。

教堂在基督教中的地位相对突出，部分是因为基督教的三个主要宗派都认为集体参加礼拜仪式极其重要。教堂在景观上的突出地位，也源于它们的建筑风格和地理位置。在一些社会中，教堂在传统上是最大和最高的建筑，建于重要的广场或其他显眼的位置。尽管这些特征可能不再适用于大城市，但是对于城市中的小城镇和街区而言，这些特征通常仍然存在。

由于基督教分为许多教派，所以没有哪种教堂的建筑风格占主导地位。教堂既反映了教派的文化价值观，也反映了其所在地区的建筑传统。东正教堂采用的建筑风格是 5 世纪在拜占庭帝国发展起来的。拜占庭风格的东正教堂通常特别华丽，有突出的圆顶（图 6-20）。另一方面，北美的许多新教教堂则很简单，装饰很少。这种简朴反映出，新教认为教堂是用于向会众讲道的集会大厅（图 6-21）。

建筑材料的可用性也会影响教堂的外观。在美国，东北部早期的教堂大部分都用木料建成，东南部常用砖块，西南部常用土坯。拉丁美洲的教堂则主要用灰泥和石头建成。这种多样性反映出，各地区早期定居者发现的最常见建筑材料各不相同。

伊斯兰教清真寺（mosque）。"mosque"这个词来自阿拉伯语，意为"礼拜场所"。穆斯林认为清真寺是当地的集体礼拜场所。清真寺主要出现在穆斯林世界的大城市中；农村地区的穆斯林会将简单的建筑作为礼拜

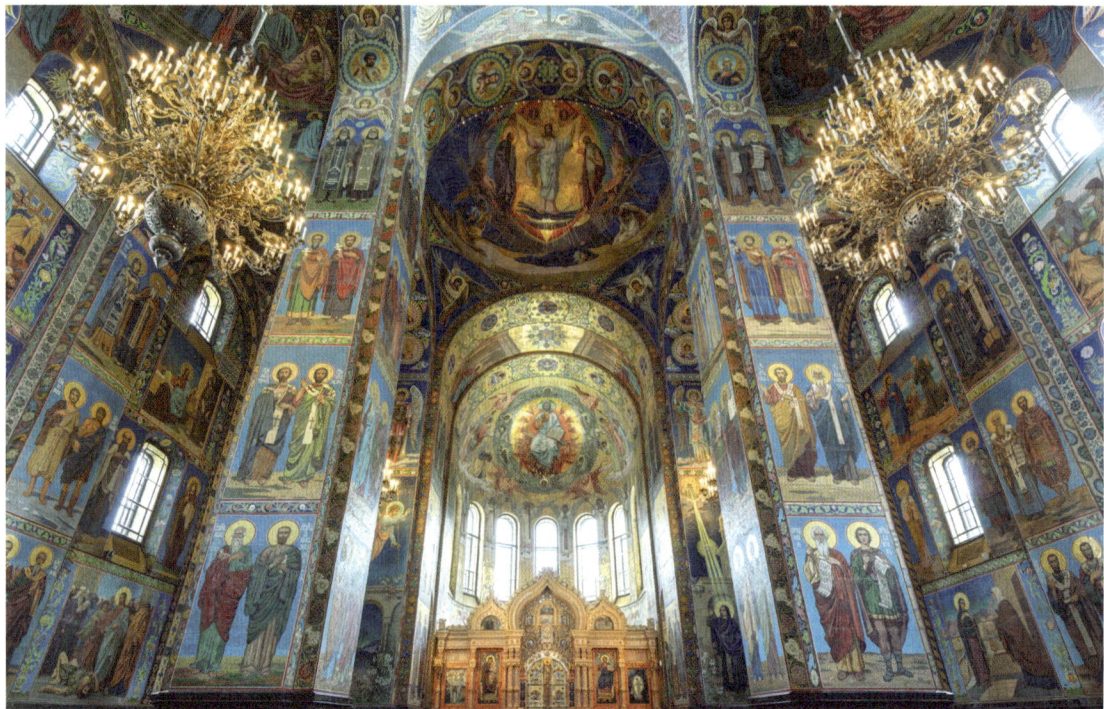

▲ 图 6-20　**东正教堂**　罗马尼亚的赫莱塔修道院（Horaita Monastery）。

▲ 图 6-21　**新教教堂**　荷兰布尔坦赫要塞。

场所。

　　清真寺围绕着中央庭院而建，这个庭院在传统上是露天庭院，不过在严苛的气候中也可能是封闭的。布道坛设在庭院的尽头，面朝麦加；穆斯林在祈祷时也要面朝麦加。庭院四周是回廊，用于学校和开展非宗教活动。清真寺的一个显著特征是宣礼塔（minaret），宣礼员（muezzin）会在上面召唤人们来做礼拜（参见图6-16）

　　锡克教谒师所（gurdwara）。锡克教徒在谒师所集会进行礼拜。最重要的谒师所是位于印度阿姆利则的班戈拉·撒西比谒师所（Harmandir Sahib），又称为金庙（参见图6-3）。金庙里供奉着锡克教的圣书《古鲁·格兰特·萨希卜》。大多数谒师所都模仿金庙的布局。谒师所外都有一根高旗杆挂着锡克教圣旗。

　　犹太会堂（synagogue）。"synagogue"这个词源于希腊语中表示"集会"的词语。犹太人经常用意第绪语中的"shul"来指犹太会堂，这个词类似于德语中表示"学校"的词语。正如这些词语所表明的，犹太会堂是供学习、公共集会和祈祷的地方。犹太会堂的起源未知。它可能是在公元前6世纪期间，犹太人在第一圣殿（First Temple）于公元前586年被毁后流亡巴比伦时出现的。在第二圣殿（Second Temple）于公元70年被毁后，犹太会堂作为集体祈祷场所变得更重要（参见图6-18）。

　　巴哈伊教灵曦堂（Houses of Worship）。为夸张地表示巴哈伊教是在世界各地都有信徒的普及性宗教，巴哈伊教在各大洲建立了灵曦堂：1953年在伊利诺伊州的威尔梅特（Wilmette），1961年在澳大利亚悉尼，1962年在乌干达的坎帕拉（Kampala），1964年在

德国法兰克福附近的朗根海恩（Lagenhain），1972年在巴拿马的巴拿马城，1984年在萨摩亚阿皮亚附近的提亚帕帕塔（Tiapapata），1986年在印度新德里（参见图6-4）。1908年建于俄罗斯的阿什哈巴德（Ashgabat，现土库曼斯坦的首都）的第一座巴哈伊灵曦堂，后来被苏联改造成博物馆，并在1962年被强烈的地震摧毁。巴哈伊教计划在伊朗的德黑兰、智利的圣地亚哥和以色列的海法建立新的灵曦堂。此外，与先知巴哈欧拉有关的几个圣地位于以色列。所有巴哈伊教灵曦堂都必须建造成九边形。

用于个人冥想的宗教建筑

　　在某些宗教中，宗教场所是个人或小群体用来冥想的地方。

　　佛塔。佛塔中存放着在佛教徒看来是佛陀身体或衣物一部分的遗物（图6-22）。佛陀去世后，他的追随者纷纷争夺这类遗物。作为佛教扩散过程的一部分，佛教徒将这些遗物带到其他国家，并为它们建造佛塔。佛塔通常是多边形的高塔，包含多个楼层、阳台和倾斜的屋顶。佛塔并不用于集体礼拜。佛教徒更有可能在宝塔附近的寺庙、偏远的修道院或家庭中进行个人祈祷或冥想。

　　印度教神庙。印度教的重要宗教活动更有可能在家庭内与家人一起开展。印度教神庙是用来让信徒更接近神灵的建筑。神庙既可以作为供奉一位或多位神灵的圣地，也可以根据个人在宗教内的实践，用作个人反思或冥想的场所（参见图6-12）。

　　与印度教的其他许多元素一样，印度教神庙的起源时间和地点也是未知的。有关寺庙存在的详细证据可追溯到公元前1世纪。寺庙的大小和数量取决于当地的偏好和资源

▲ 图6-22 佛塔 中国福州的白塔。

的投入，而不取决于教条强加的标准。

思考题 6.3.1

从图像中来看，印度教神庙和基督教堂有什么不同？

宗教定居区和地名

学习成果 6.3.2
描述宗教定居区和宗教地名的例子。

用于礼拜和安葬的建筑是宗教在较小范围景观上的表现形式，但是也有较大范围的例子，即整个定居区。大多数人类定居区服务于经济目的（见第12章），但有些定居区主要是出于宗教原因建立的。

乌托邦定居区

乌托邦定居区（utopian settlement）是一个围绕着宗教生活方式建立的理想社区。建筑物的选址和经济活动的分布会将宗教准则融入日常生活的各个方面。美国早期的一个乌托邦定居区是宾夕法尼亚州的伯利恒，由

那些从今日捷克所在地迁移过去的摩拉维亚（Moravian）基督徒在1741年建立。到1858年，不同的群体根据自己的宗教信仰，在美国建立了大约130个不同的乌托邦定居区。例子包括纽约的奥奈达（Oneida）、宾夕法尼亚州的埃夫拉塔（Ephrata）、伊利诺伊州的诺伍（Nauvoo），以及印第安纳州的新哈莫尼（New Harmony）。

1848年，耶稣基督后期圣徒教会信徒（摩门教徒）开始建造盐湖城，这是美国乌托邦运动的高潮。盐湖城的规划基于摩门教先知约瑟夫·史密斯在1833年交给教会长老的锡安城规划图。盐湖城的布局是有规则的网格模式，建有特别宽阔的林荫大道，与教会相关的建筑位于战略要点上（图6-23）。

大多数乌托邦社区都已经式微或消失。有些社区之所以消失，是因为社区的居民禁欲，以及社区无法吸引移民；还有些乌托邦社区消失，是因为居民为了寻找更好的经济条件而离开。在未被摧毁的乌托邦社区中，现在居住的都不是最初教派的成员。有少数乌托邦社区被保留下来，成为博物馆。

大多数殖民定居区的规划都不是主要服务于宗教目的，但是许多定居区的设计都受到了宗教原则的影响。早期的新英格兰定居者大多都是新教徒，称为清教徒。清教徒通常是从英格兰集体迁移而来，偏向于生活在靠近彼此的聚居地，而不是分散、孤立的农场。新英格兰定居者把教堂建在定居区的最显眼地方，通常邻近一个叫作公地（因为供每个人使用而得名）的露天地方，这反映了宗教在他们生活中的重要性。

宗教场所的名称

罗马天主教移民经常给新世界的定居区（特别是在魁北克省和美国西南部）取宗教性的名称。魁北克省与安大略省以及美国之

间，清楚地表明了罗马天主教定居者和新教定居者在选择地名方面的差异。宗教地名在魁北克很常见，在安大略和美国则很少见。

思考题 6.3.2

在你所居住的社区中能够找到什么宗教地名？

空间的管理

学习成果 6.3.3

比较等级制宗教和地方自治宗教的管理组织。

普及性宗教的信徒必须相互联系，以确保教义的沟通和一致。不同的普及性宗教、宗派和教派有不同的互动方法。族群性宗教通常不具备有组织的中央权威。

等级制宗教

等级制宗教（hierarchical religion）具有明确的地理结构，将活动范围规划成多个地方性的管理单位。耶稣基督后期圣徒教会和罗马天主教就是等级制宗教的例子。

后期圣徒教会。 后期圣徒教会（摩门教）对景观进行了有力的规划。摩门教徒的活动范围主要是犹他州和周边州份的部分地区，它被规划成多个分区，每个分区的人口约为750人。若干个分区再结合成教区，每个教区约有5,000人。教会中的最高权力机构——理事会和会长——经常在迅速发展的地区重新绘制分区和教区的界线，以反映理想的人口标准。

罗马天主教。 罗马天主教会将地球上有居民的大部分土地都规划进一个行政管理机构，后者最终对罗马教宗负责。罗马天主教等级制自上而下包括：

- 教宗（Pope）也是天主教罗马教区的主教。

- 大主教（archbishop）对教宗负责。每个大主教领导一个教省（province），教省包括多个教区（diocese）。大主教也是该教省内一个教区的主教，部分杰出的大主教会被升格为红衣主教（cardinal）。

- 主教（bishop）对大主教负责。每个主教管理一个教区，教区是罗马天主教地理组

▼ 图 6-23 **盐湖城** 耶稣基督后期圣徒教会的盐湖城圣殿（Salt Lake Temple）位于盐湖城的中心。右边是盐湖城大礼拜堂（Salt Lake Tabernacle）。

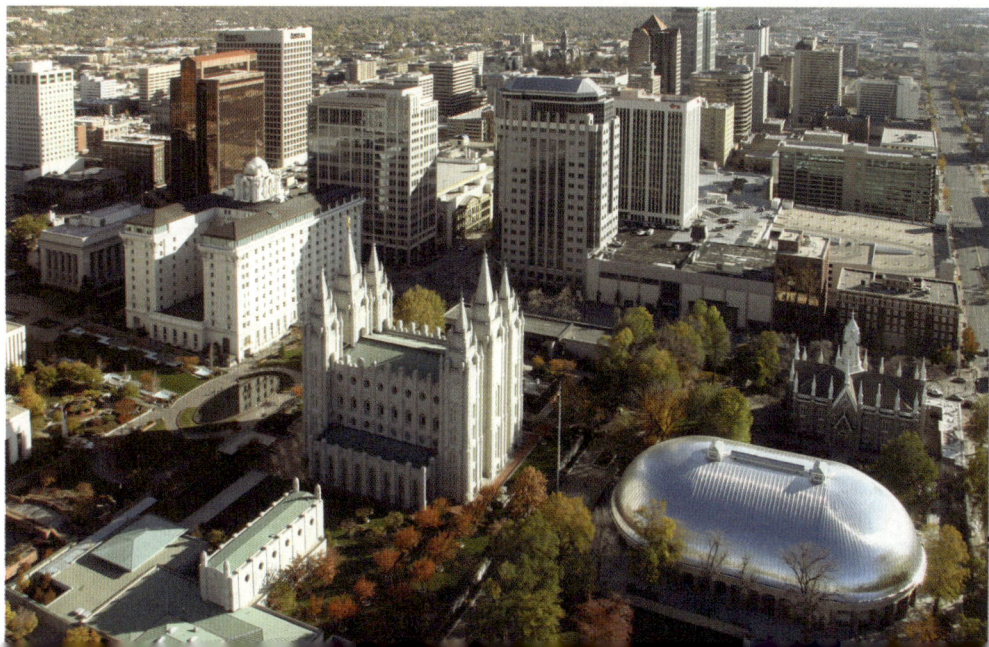

织的基本单位。主教的总部称为教座（see），通常是教区中的最大城市。

- 司铎（priest）对主教负责。教区在空间上分为多个堂区（parish），每个堂区由一名司铎领导。

思考题 6.3.3
罗马天主教会有哪些不同的空间管理单位？

堂区和教区的面积与人口，因历史因素和罗马天主教徒在地球表面分布的不同而有所不同。在欧洲的部分地区，人口稠密的绝大多数地方信仰罗马天主教，因此堂区的密度很高。一个典型的堂区可能只有几平方千

▼ 图 6-24　地方自治的伊斯兰教　位于伊拉克纳杰夫（Najaf）的伊玛目阿里清真寺，什叶派创始人阿里就安葬于此。

米，人数不足千人。然而，拉丁美洲的堂区则可能包括几百平方千米和 5,000 人。拉丁美洲堂区的分布更加分散，部分原因是其人口密度低于欧洲。

由于罗马天主教是等级制宗教，所以在仪式和程序方面，各个堂区必须与中央人员紧密合作。如果拉丁美洲采用欧洲的小堂区模式，那么许多堂区就会太偏远，司铎无法与等级制中的其他人交流。拉丁美洲的罗马天主教机构不那么密集，部分还因为其被殖民的传统：葡萄牙和西班牙统治者都抑制堂区在拉丁美洲的发展。

在美国西南部，以及部分北美和欧洲大城市的郊区，罗马天主教人口增长迅速。其中部分地区的堂区和教区，较人口数量而言密度偏低，所以教会必须调整其区域规划。教会可以创建新的地方管理单位，尽管用于建设足量的教堂、学校和其他宗教建筑的资金可能会很少。相反，在城市中心和农村地区，罗马天主教人口正在减少。在这些地区运行宗教机构很昂贵，但是合并堂区和关闭学校的过程特别艰难。

地方自治宗教

有些普及性宗教是高度**自治宗教**（autonomous religion），或者说是自给自足的宗教，地区之间的互动只局限于松散的合作和共享的理念。伊斯兰教和部分新教教派就是很好的例子。

伊斯兰教的地方自治。在三大普及性宗教中，伊斯兰教的地方自治程度最高。像其他地方自治宗教一样，伊斯兰教既没有宗教等级，也没有正式的地域规划。清真寺是公众进行祈祷的地方，由一名伊玛目（图 6-24）领导，但是每个人都应该平等地参与礼拜仪式，而且被鼓励在私底下祈祷。

▶ 图 6-25　**印度教神庙**　位于印度斋浦尔的猴庙（Galta Temple）。

在没有等级制度的情况下，伊斯兰教仅有的正式区域规划是通过宗教领地与世俗国家并存而实现的。部分伊斯兰国家的政府中包括管理伊斯兰教机构的人员。这些管理人员诠释伊斯兰律法，推行福利项目。

伊斯兰世界的坚定团结是通过相对较高程度的交流和迁移（例如麦加朝圣）来维持的。此外，伊斯兰教的教义也促进了统一，它对伊斯兰教信徒的要求，比其他大多数宗教对信徒的要求更明确。

新教的教派。 基督教新教的教派在地理结构上各不相同，有的极端自治，有的存在等级划分。圣公会、路德宗和大多数卫理公会的教会都有等级结构，与罗马天主教会有部分相似，但是它们由多个主教领导，而不是由教宗那样的单个领导者领导。高度自治的教派，如浸信会和联合基督教会（United Church of Christ），都被规划成多个自治的教会。每个教会都建立了确切的礼拜形式，选择自己的领导人。

长老会是中等程度的自治。多个教会联合成一个中会（presbytery），多个中会又由一个大会（synod）管理，而所有教会的最终权威是总会（general assembly）。每个长老会的教会都由选举产生的兼职理事会管理。

族群性宗教。 印度教是高度自治的宗教，因为礼拜通常是在家中单独或与其他人一起进行。印度教徒主要通过朝圣和阅读传统文本来分享观点。印度教没有集中的宗教管理机构（图 6-25）。

普及性宗教中的神圣空间

学习成果 6.3.4

解释为什么普及性宗教将有些地方视为神圣的。

宗教可以将特定的地方提升到神圣的地位。普及性宗教和族群性宗教中的圣地有所不同：

■ 族群性宗教的分布通常不如普及性宗教广泛，部分是因为它的圣地产生于其源地的独特自然环境，如山脉、河流和岩石景观。
■ 普及性宗教将神圣性赋予与宗教创始人生活有关的城市或其他地方。普及性宗教的圣地并不必然彼此靠近，也不需要与任何特定的自然环境有关联。

佛教和伊斯兰教是最重视独特圣地的普及性宗教。有些地方具有神圣性，是因为它们是佛陀或穆罕默德生活中重要事件的发生地点。去这些地方**朝圣**（pilgrimage）——出于宗教目的前往圣地——是宗教的部分仪规。印度教和伊斯兰教尤其鼓励信徒按照推荐的行程去圣地朝圣。

▲ 图 6-26　**鹿野苑**　鹿野苑的达美克佛塔是佛陀首次布道的地方。

佛教圣地

八个地方因为是佛陀生活中重要事件的发生地而成为佛教圣地。其中最重要的四个地方集中在印度东北部和尼泊尔南部的一小片地区：

■尼泊尔南部的蓝毗尼最为重要，因为佛陀在公元前 563 年左右出生于此。蓝毗尼曾经建有许多圣殿和纪念碑，但今天全都成了废墟。

■离佛陀出生地东南 250 千米（150 英里）的菩提伽耶，是佛陀生命中第二大事件的发生地；他在那里悟道成佛。公元前 3 世纪，佛陀顿悟地的附近建了一所寺庙，而且

寺庙周围建于公元 1 世纪的部分栏杆仍然存在。佛陀是坐在一棵菩提树下顿悟的，所以这棵树也成为圣物（参见图 6-10）。为了表示对佛陀的敬意，菩提树被传播到了其他国家，如中国和日本。

■佛陀首次布道的鹿野苑（Deer Park）是第三个重要的圣地。鹿野苑的达美克佛塔（Dhamek Stupa），建于公元前 3 世纪，可能是印度现存最古老的建筑物（图 6-26）。

■第四个圣地拘尸那揭罗（Kuśinagara）是佛陀在 80 岁时去世并进入涅槃（一种宁静的灭亡状态）的地方。最初在此地修建的寺庙目前都已成废墟。

印度东北部的其他四个地方具有神圣性，是因为它们是佛陀主要神迹的发生地：

■舍卫城（Srāvastī）是佛陀完成其最伟大神迹的地方。在众多竞争的宗教领袖面前，佛陀创造出多幅自己的形象，并且造访极乐世界。舍卫城成为活跃的佛教中心，那里曾经建立过一所最重要的修道院。

■第二个神迹发生地桑伽施（Sāmkāśya），据说佛陀在这里升天，向他的母亲传教，然后返回地球。

■第三个地点王舍城（Rajagrha）成为圣地，是因为佛陀在那里驯服了一头野象，而且在佛陀死后不久，弟子们在此举行了第一次集结。

■第四个圣地毗舍离（Vaisālā）是佛陀宣布即将死亡的地方，也是弟子们第二次集结的所在地。

所有这四个奇迹发生地都已成为废墟，但是发掘活动仍在进行。

伊斯兰教的圣地

伊斯兰教的最神圣地点位于与穆罕默

德生活有关的城市。穆斯林的最神圣城市是穆罕默德的诞生地麦加。现在，"麦加"（Mecca）这个词在英语中可以泛指人们追求的目标，或活动的中心。

麦加城现有 130 万居民，拥有在伊斯兰景观中最神圣的物体克尔白（al–Ka'ba），一个用丝绸包裹的立方体建筑物，位于伊斯兰教的最大清真寺麦加大清真寺（Great Mosque）——禁寺（Masjid al–Haram）——的中央（图6–27）。穆斯林认为克尔白由亚伯拉罕和以实玛利建造，并且相信其中的黑石是加百列给予亚伯拉罕的，是他与以实玛利和穆斯林人们立约的标志。

在伊斯兰教起源之前的几个世纪里，克尔白就一直是麦加的宗教圣地。穆罕默德击败当地的民族后，占领了克尔白，清除其中的神像，专门供奉全能的安拉（Allah，即真主）。麦加禁寺里有渗渗泉（Zamzam），它被认为是天使加百列引出来的，并让夏甲给她口渴的婴儿以实玛利喝下的泉水。

伊斯兰教第二个神圣之地是麦地那。麦地那城在麦加以北 350 千米（220 英里），拥有 130 万居民。穆罕默德在麦地那首次得到人民支持，并成为麦地那的领袖。穆罕默德的陵墓位于麦地那，建在伊斯兰教的第二大清真寺内（参见图 6–9）。

有足够财富的健康穆斯林都应该去麦加进行朝圣，这种朝圣称为哈吉（hajj）。无论国籍和经济背景如何，所有朝圣者都会穿朴素的白色长袍，以强调所有人对伊斯兰教的忠诚，以及安拉眼中的人人平等。他们要进行一系列具体的仪式，仪式最终是造访克尔白。这种朝圣每年会吸引数百万穆斯林前往麦加。沙特阿拉伯政府按照千分之一的比例，向一个国家的穆斯林发放朝圣签证。大约 80% 的朝圣者来自西南亚和北非，20% 来自亚洲其他地区。2015 年，超过 1,000 人在麦加大清真寺外面的踩踏事件中丧生。虽然印度尼西亚是穆斯林人口最多的国家，但由于距离相对较远，所以从印度尼西亚去麦加朝圣的人数并不是最多。

思考题 6.3.4

从佛陀和先知穆罕默德的生活来看，什么类型的地方可能成为普及性宗教信徒的朝圣目的地？

▼ 图 6-27　位于沙特阿拉伯的麦加大清真寺　位于清真寺中心的是克尔白。

族群性宗教中的景观

分析自然地理在族群性宗教中的重要性。

族群性宗教分别高度聚集在特定地方，主要是因为它们与特定地方的自然地理密切相关。信徒进行朝圣，就要去瞻仰这些自然地点。

印度教的南亚景观

印度教作为印度的族群性宗教，与印度的自然地理密切相关。根据地理学者萨仑德·巴德瓦杰（Surinder Bhardwaj）的调查，印度最有可能被视为圣地的自然地点是河岸和海岸线。印度教徒认为朝圣（被称为"tirtha"）是一种净化行为。虽然不是冥想的替代品，但朝圣是实现救赎的重要举措。

印度教的圣地有等级划分。特别神圣的地方，尽管有些相对偏远，仍吸引了来自印度各地的印度教徒；重要性相对较低的圣地，吸引的则主要是当地的朝圣者。印度教没有中央权威，因此圣地的重要程度由传统确定，而不是由教义确定。例如，许多印度教徒长途朝圣，去喜马拉雅山中位于恒河源头的冈仁波齐峰（Mt. Kailās）；那个地方之所以神圣，是因为湿婆生活在那里。其他山峰可能只会吸引当地的朝圣者，如果当地附近的某座山峰曾经被湿婆造访过，那么这座山峰就可能被视为是神圣的。

印度教徒相信，他们可以通过在圣河中沐浴实现净化。恒河是印度最神圣的河流，因为人们认为它是从主要神灵之一湿婆的头发中涌出的。印度各地的人们会去最受欢迎的恒河沐浴地赫尔德瓦尔（Hardwār，参见图 6-11）沐浴。

圣地距离人口聚集地较远，在过去意味着朝圣需要花费许多时间和金钱，还需要经历身体上的艰辛。最近交通状况的改善，使得人们能更容易到达圣地。印度教徒现在可以乘坐巴士或汽车抵达位于喜马拉雅山脉的圣地，世界各地的穆斯林也可乘飞机抵达麦加。

创世说和灵魂

创世说（cosmogony）指的是关于宇宙起源的一系列宗教信念。基督教和伊斯兰教这两种普及性宗教认为，包括地球自然环境和人类在内的宇宙是由上帝（或伊斯兰教的安拉）创造的。宗教信徒侍奉造物主的方式包括开垦土地、排干湿地、砍伐森林、建造新定居点，以及在其他方面有效地利用造物主所创造的自然特征。

中国传统族群性宗教背后的创世说认为，宇宙由存在于万物中的阴阳这两股力量组成。阴的力量（地、暗、雌、寒、深、负、死）与阳的力量（天、明、雄、热、高、正、生）相互作用，实现平衡与和谐。不平衡会导致无序和混乱。

对原始土著泛灵论者来说，宇宙的各种力量是神秘的，地球上只有少数人可以利用这些力量来实现医疗等目的。然而，可以通过祈祷和献祭来安抚灵魂或神灵。泛灵论者不试图改变环境，而是接受环境的危害，认为它们是正常的，不可避免。

对死者的处理

宗教会在较小范围内影响人们对土地的安排，埋葬的习俗就是明显的例子。气候、地形和宗教教义结合，创造出各不相同的死者安葬习俗。

埋葬。 基督徒、穆斯林和犹太教徒通常会将死者埋葬在特定的墓地。基督教的埋葬习俗可以追溯到基督教的早期。在古罗马，

▲ 图 6-28　**印度教的火葬**　印度教徒认为玛尼卡尼卡河坛（Manikarnika Ghat），即位于印度瓦拉纳西（Varanasi）的一个恒河码头，是最吉利的火葬场。

被称为地下墓穴（catacomb）的地下通道被用来埋葬早期的基督徒，以及在基督教还不合法时保护信徒。

基督教合法后，基督徒将死者埋葬在教堂周围的院子里。后来这些墓地变得越来越拥挤，所以人们必须在城市的围墙外建造墓地。在 19 世纪，公共健康和卫生方面的考量使得许多墓地被纳入公共管理。部分墓地仍然由宗教组织管理。死者的遗体通常会朝向某个传统上的方向安置。部分基督徒在埋葬死者时会将死者的双脚朝向耶路撒冷，让死者能够在审判日到来时与基督在耶路撒冷相遇。

墓地可能占用社会中的大量空间，加剧对稀缺空间的竞争。在拥挤的城市地区，基督徒和穆斯林通常将墓地作为开放的公共空间。在公园于 19 世纪得到广泛发展之前，发展迅速的城市中仅有的绿色空间就是墓地。在伊斯兰国家，墓地仍然被用作公园，这种做法受到的反对比在基督教国家中更少。

中国的传统埋葬习俗给农业用地造成了压力。农村居民埋葬死去的亲戚，已经占用了 10% 的生产性农业土地。中国政府已经下令停止这种做法，甚至督促农民退坟还耕，鼓励进行火葬。

其他处理遗体的方法。并非所有的宗教都会埋葬死者。印度教徒通常使用火葬，而非土葬（图 6-28）。他们用恒河水清洗遗体，然后在葬礼柴堆上缓慢地火化。儿童、苦行者和患有某些疾病的死者则使用埋葬。火葬尽管可能会使印度的木材供应紧张，却被认为是一种净化行为。

火葬的起源可能是游牧民不愿意抛下死者，或许是因为担心遗体会被野兽或邪灵攻击，甚至复活。火葬还可以将灵魂从身体中解放出来，让灵魂在通往阴间的旅程中感到温暖和舒适。在基督教出现之前，火葬是欧洲人处理遗体的主要方式。东南亚部分地区仍然实行火葬，这可能是因为印度教的影响。

为剥离死者遗体上的不洁部分，琐罗亚斯德教（拜火教）传统上会将遗体暴露给食肉的鸟类和动物。古代琐罗亚斯德教徒不希望遗体污染火、土和水这三种神圣元素。死者的遗体被暴露在称为达赫玛（dakhma）或

▲ 图 6-29 琐罗亚斯德教的寂静之塔　伊朗亚兹德（Yazd）。

寂静之塔的圆形建筑物中（图 6-29）。藏传佛教徒也这样处理死者遗体，只有最崇高的僧人使用火葬。密克罗尼西亚（Micronesia）的部分地区使用海葬，但这种习俗已经比过去罕见得多。社会阶级低下的死者遗体会被直接抛入海中；社会精英的遗体可以放在木排或船上，任其漂流。在过去，水葬被视为防止生者被死者污染的保障。

思考题 6.3.5

影响除埋葬以外的其他遗体处理方法的文化或宗教因素有哪些？

宗教历法

学习成果 6.3.6

理解各种宗教中节日和立法的作用。

　　普及性宗教和族群性宗教有不同的历法。族群性宗教信徒通常比普及性宗教信徒更加聚集，部分是因为他们的节日建基于家园的独特自然地理之上。在普及性宗教中，重大节日与宗教创始人生命中的事件有关，而非基于特定地点的季节变化。

　　族群性宗教的突出特点是庆祝四季，即历年气候条件变化的周期。无论是对久居一地种植庄稼的农民还是对四处游牧的牧民，历法知识都至关重要。温度和降水的季节变化让农民选择合适的种植和收获时间，并选择最合适的作物种类。农民会举办各种仪式祈祷有利的环境条件，或表达对丰收的谢意。

普及性宗教的历法

　　普及性宗教的各种节日是为了纪念宗教创始人生命中的各种事件。这在各种普及性宗教中都能找到例子。

　　伊斯兰教。伊斯兰教使用阴历。伊斯兰

历法以 30 年为一个周期，其中 19 年有 354 天，11 年有 355 天。因此，穆斯林不同世代的节日会出现在不同季节。

例如，现在的斋月开始于北半球的春季，从西方格里高利历法的 2017 年 5 月 27 日开始。在公元 2010 年，斋月开始于 8 月 11 日。到了 2020 年，斋月从 4 月 24 日开始。斋月在不同世代出现于太阳年的不同时间，所以每日斋戒的小时数差别很大，因为地球上日照时间会因地点和季节而变化。

因为根据季节的不同，斋月可能会影响重要的农业活动，所以过斋月可能会很困难。然而，伊斯兰教作为在全球拥有 16 亿信徒的普及性宗教，在各种气候条件和纬度中都有人信仰。如果斋月固定于西南亚农业年中的某个时间，那么世界各地的穆斯林就需要做出不同的调整来过斋月。

基督教。基督徒在复活节纪念耶稣的复活；复活节的时间是每年 3 月下旬春分月圆之后的第一个星期日。但是，并非所有的基督徒都在同一天过复活节，因为新教和罗马天主教使用格里高利历计算日期，而东正教会则使用儒略历。

基督徒将他们的节日与历法中的季节变化联系起来，但气候和农业周期并不是礼仪和仪式的核心。在南欧，复活节是欢乐的收获时节。北欧和北美在秋季的收获时间并没有重大的基督教节日。

大多数北欧人和北美人将纪念耶稣诞辰的圣诞节与冬季环境联系起来，例如低温、积雪和除针叶常青树外其他植物的缺席。但是，对南半球的基督徒来说，圣诞节正是夏日鼎盛，天气炎热，阳光充足。

佛教。所有佛教徒都将佛陀的诞生、顿悟和死亡作为重要节日。然而，并非所有佛教徒都在相同时间庆祝这些节日。日本佛教

▼ 图 6-30　**犹太教的农业节日**　在住棚节期间，犹太教徒在纽约州布鲁克林的犹太会堂里祝福香橼和枣椰树。

◀ 图6-31 **巨石阵** 构成巨石阵的30块巨石是在大约4,500年前立起来的。在约5,000年前，巨石阵所在地是由木材建成的圆形排列。巨石阵的建造者没有留下书面记录。所以，对于巨石从采石场运来的方式，以及巨石阵排列的原因，我们只能猜测。夏至的日出正好出现在两块巨石之间。你能想到为什么建造巨石阵的人会这样排列巨石吗？夏至的气象学意义是什么？巨石的排列，以及巨石在至点时的相对位置，对古代人而言怎么会具有宗教上的意义？

徒在4月8日庆祝佛陀诞生，在12月8日庆祝佛陀得道，在2月15日庆祝佛陀逝世；上座部佛教徒在同一天庆祝这三个节日，这天通常在4月。

锡克教。 锡克教的主要节日是庆祝10位宗师的诞生和死亡。第十代宗师戈宾德·辛格（Gobind Singh）宣称，在他去世后，锡克教的最高精神权威将会是圣书《古鲁·格兰特·萨希卜》，而非第十一代宗师。锡克教中有重要节日纪念《古鲁·格兰特·萨希卜》被定为锡克教精神指导。对于历史事件的纪念，是锡克教作为普及性宗教的特征；这与印度的主要族群性宗教印度教相反，印度教崇拜的是印度的自然地理。

巴哈伊教。 巴哈伊教使用的是由巴孛创立，并经巴哈欧拉确认的历法，该历法将每年分为19个月，每个月有19天，额外再加上4天（闰年为5天）。每年始于3月21日，即春季的首日，巴哈伊历法中若干神圣日子之一。巴哈伊教信徒要参加在巴哈伊历法中每个月首日举办的十九日灵宴会（Nineteen Day Feast），讨论公共活动。

犹太教历法

犹太教主要节日的基础，是犹太教故土（今以色列所在地）农业历法中的事件。这些农业节日后来变得重要，是因为它们也纪念《圣经》中所叙述的犹太人出埃及的事件。根据历史事件来重新阐释自然节日，对于北美、欧洲和其他地区不熟悉西南亚农业历法的犹太人来说尤其重要。

主要的犹太教节日包括：

■ 逾越节（Pesach，或Passover）源自传统的农业习俗，农民会按这种习俗向上帝献上新春收获的首批果实。它还纪念犹太人从埃及的奴役中解放出来，以及犹太人在摩西的领导下成功逃离的奇迹。

■ 住棚节（Sukkot）庆祝当年最后的果实收获，为下一个农业年的丰收祈祷，尤其是祈祷下雨（图6-30）。"住棚"这个词来自希伯来语中的"棚"或"临时住处"，是犹太人逃离埃及后迷失荒野40年期间所居住的地方。

■ 五旬节（Shavuot，也称七七节）在粮食收获的结尾，也被认为是摩西从上帝那里接受十诫的日子。

■ 犹太历法中两个最神圣和最庄严的日子是犹太新年（Rosh Hashanah）和赎罪日（Yom Kippur），这两个节日在秋季。秋季是地中海型农业区种植粮食作物的季节，因此也是希望和担心在接下来的冬季里降雨是否充足的时节。今天，它们是忏悔和祈祷的日子。

阳历有 12 个月，每个月有 30 天或 31 天，2 月有 28 天或 29 天。但是，犹太教和伊斯兰教使用阴历，而不是阳历。犹太历法每隔几年会多一个月，以匹配阴历和阳历，而伊斯兰教则严格地使用阴历。

至点

至点（solstice）在某些族群性宗教中有特殊的意义。冬至（在北半球是 12 月 21 日或 22 日）在部分异教信仰中是重大节日。冬至是一年中白昼最短、夜晚最长的时候，太阳在天空中位于最低点，向南或向北的移动停止，然后再向相反方向移动（"至"来自拉丁语中的"停滞"）。大约 4,500 年前在英格兰西南部建立的巨石阵（图 6–31）是异教建筑的重要遗迹。它对齐的方式很特别，在夏至和冬至时太阳会从两块巨石中间升起来。

___

思考题 6.3.6

为什么有些宗教会按照月球周期来创建历法？

复习　关键议题 3
为什么各种宗教的空间组织模式不同？

✓ 宗教建筑，如教堂和清真寺，是景观上的重要特征。

✓ 一些宗教具有等级制的管理机构，一些宗教则强调地方自治。

✓ 普及性宗教通常会庆祝创始人或先知生命中的各种事件。

✓ 与普及性宗教相比，族群性宗教与当地自然环境的关系更紧密。

✓ 历法的中心在族群性宗教中通常是自然环境，在普及性宗教中则通常是创始人的生活。

为什么宗教群体间会出现领土冲突？

▶ 宗教在南亚和东亚面临的挑战

▶ 宗教在中亚和西南亚面临的挑战

▶ 中东的地理观点

▶ 耶路撒冷的地理难题

学习成果 6.4.1

了解宗教和世俗文化群体之间发生地理冲突的原因。

宗教是在部分地方导致争端的文化多样性要素之一。一个宗教的热情信徒尝试规划地球表面，可能会与其他宗教或非宗教群体的空间表达产生冲突。世界各大洲都存在冲突，但是涉及宗教团体的争端在亚洲尤其激烈。

宗教在南亚和东亚面临的挑战

文化、政治和经济习俗的持续变化有时会与传统的宗教价值观产生冲突。在南亚，印度教被迫对西方的世俗观念做出反应；而在东亚，有的国家认为要降低佛教在社会中的重要性，佛教因此面临挑战。

印度：印度教和社会平等

19 世纪，英国殖民统治者将他们的社会和道德观念引入印度，自那以后印度教就一直受到强烈的挑战。印度教中最易受责难的方面是其严格的**种姓**（caste）制度。种姓制度会按照宗教律法，指明印度教徒的阶级或等级出身。

种姓制度似乎起源于约公元前 1500 年，当时雅利安人从西方侵入印度。雅利安人自己分为 4 个种姓，这 4 个种姓在社会和经济地位上有强烈的差异：

■ 婆罗门（Brahmans），祭司和最高管理者。

■ 刹帝利（Kshatriyas），或战士。

■ 吠舍（Vaisyas），或商人。

■ 首陀罗（Shudras），或农业劳动者和工匠。

首陀罗的地位明显低于其他 3 个种姓。4 个种姓下面是达利特（Dalits），即被抛弃者或贱民，他们从事在其他种姓看来过于肮脏的工作。从理论上讲，贱民是在雅利安人征服之前居住在印度的土著的后裔。

在几个世纪的时间里，这些原始种姓分成数千个次种姓。种姓之间的社会关系始终受到限制，非婆罗门人——特别是达利特人——的权利受到约束，这种情况直到最近才改变。英国管理者和基督教传教士指出过种姓制度的缺点，例如忽视贱民的健康和经济问题。

信徒践行何种类型的印度教，取决于其个人的种姓。高级婆罗门人所践行的印度教形式，其基础可能是关于晦涩历史文献的知识。在种姓制度的底层，农村低级种姓文盲所践行的宗教仪式，或许并没有完善的书面解释。

这种死板的种姓制度，在最近几年来已经放松了许多。印度政府将贱民、首陀罗等在历史上被歧视的种姓归类为"表列种姓"（scheduled caste）。他们占印度总人口的16%，现在通常都被称为达利特（图 6–32）。种姓意识在印度依然存在：政府计划设计一个配额体系，给予贱民更多大学入学资格，却遭到强烈的反对。寻找婚姻伴侣的人们会表明自己的种姓，还会说明自己愿意与哪个种姓的人结婚。

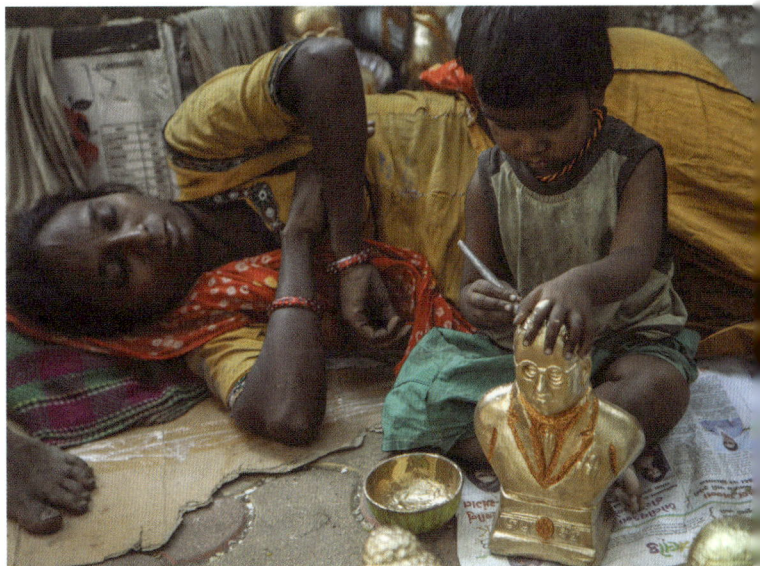

▶ 图 6-32 **达利特** 一位印度达利特儿童在为阿姆倍伽尔（B.R. Ambedkar）的雕像进行最后润色；阿姆倍伽尔出身低级种姓，后来成为反对种姓歧视的领袖。

宗教在中亚和西南亚面临的挑战

学习成果 6.4.2

理解塔利班这种原教旨主义群体的影响。

正如第 7 章和第 8 章所讨论的，中亚和西南亚的激烈宗教纷争与族群及政治冲突相互交织。本章将讨论与宗教信仰相关的两种冲突。这些宗教冲突的族群和政治层面将在接下来两章中讨论。

中亚：塔利班和西方价值观

阿富汗 99% 以上的人口都是穆斯林。该国大部分动乱源自对伊斯兰教角色的观念冲突。正如第 7 章所讨论的，近年来在阿富汗发生的几次内战都涉及多个族群。

宗教原教旨主义的复兴，在阿富汗和其他地区导致激烈宗教冲突。**原教旨主义**（fundamentalism）是指在字面上阐释宗教（或宗派、教派）的基本原则，并严格和极端地遵守。在阿富汗，塔利班（意为"伊斯兰教学生"）是伊斯兰原教旨主义团体的一个例子。

在全球性文化和经济日益占主导地位的世界中，原教旨主义是一个群体能够保持独特文化身份的最重要方式之一。塔利班这样的原教旨主义组织相信只有自己的宗教观点是正确的；原教旨主义者可能会侵犯其他信徒和无教派人士的领土，有时还会很残酷，就像塔利班的行为那样。

1996 年，塔利班在阿富汗掌权，许多阿富汗人表示欢迎，认为他们比此前统治国家的腐败和野蛮的军阀更可取。美国和其他西方国家的官员也欢迎塔利班，认为如果俄罗斯再次入侵阿富汗，塔利班会是有力的防御者。

20 世纪 90 年代，塔利班控制阿富汗政府，按照自己对伊斯兰教价值观的阐释，推行特别严厉的宗教律法：

- "西方的非伊斯兰教"休闲活动，如播放音乐、放风筝、看电视和上网，都遭到禁止。
- 足球场变成执行死刑和鞭刑的刑场。
- 男性因剃胡须被殴打，女性因通奸被

(a) 1998

(b) 2001

▲ 图 6-33　塔利班的破坏行径　（a）1998 年摄于阿富汗巴米扬（Bamiyan）的佛像，高 55 米（180英尺）;（b）塔利班摧毁佛像后留下的空洞，摄于2001 年。

石头砸死。

■ 同性恋被活埋，妓女在大庭广众之下被绞死。

■ 小偷被砍断双手，涂指甲油的女人被切断手指。

并不只有西方价值观被针对。2001 年，多尊可以追溯至公元 2 世纪的巨大佛像被摧毁，原因是它们被作为"偶像"来崇拜，冒犯了伊斯兰教（图 6-33）。劝善惩恶协会（The Ministry for the Promotion of Virtue and the Prevention of Vice）负责执法。塔利班认为，他们被安拉召唤来清洗阿富汗的罪恶和暴力，让阿富汗成为纯粹的伊斯兰国家。伊斯兰学者批评塔利班，认为他们在伊斯兰律法和历史方面受教育的程度很低，误解了《古兰经》。

2001 年，一个由美国领导的联合政府推翻塔利班。然而，塔利班有能力重新集结，并重新获得了阿富汗和巴基斯坦部分地区的控制权（见第 8 章）。

思考题 6.4.2
为什么塔利班要摧毁阿富汗悠久历史留存下来的无价艺术作品?

西南亚的犹太教徒、基督徒和穆斯林

西南亚地区（通常指中东或地中海东岸）的冲突是世界上历史最长、最难处理的冲突之一。为争夺对那片小面积土地（图 6-34）的控制权，犹太教徒、基督徒和穆斯林相互斗争了许多个世纪。

在某种程度上，基督徒、穆斯林和犹太教徒在中东的紧张关系源于他们的相似传统。三个宗教群体都可以将自己的起源追溯到希伯来语《圣经》中的亚伯拉罕，但是它们各自发展的方向不同，所以很难共

享相同的土地：

- 犹太教声称拥有这片土地，将其称为"应许之地"（Promised Land）。犹太教历史上的重大事件发生在这里，其宗教习俗和仪式的意义也来自古代以色列部落的农业生活。雅各 10 个儿子和两个孙子的后裔构成了《出埃及记》中的 12 个以色列宗派。每个宗派都获得了"应许之地"的一部分土地。罗马人获得这片土地的控制权后，将其更名为巴勒斯坦行省，驱除大部分犹太人，只有少数人可以居住在那里，这种情况直到 20 世纪才得以改变。

- 基督教认为巴勒斯坦地区是圣地，耶路撒冷是圣城，因为耶稣诞生、死亡和复活的重大事件发生在那里。在罗马帝国正式接纳基督教之后，穆斯林军队于 7 世纪征服该地之前，巴勒斯坦地区的大多数居民都信仰基督教。

- 穆斯林军队在 7 世纪征服巴勒斯坦之后，伊斯兰教成为该地区信仰最广泛的宗教。穆斯林认为耶路撒冷是继麦加和麦地那之后的第三大圣城，因为他们认为耶路撒冷是穆罕默德升天的地方。

在 7 世纪，阿拉伯半岛的穆斯林来到并占领中东的大部分地区，包括巴勒斯坦和耶路撒冷在内。阿拉伯穆斯林的存在让阿拉伯语在中东扩散，并最终将中东大部分人的信仰从基督教转变为伊斯兰教。

为了从穆斯林征服者的手中夺回圣地，欧洲基督徒在 200 多年的时间里发起了一系列军事行动，称为十字军东征。十字军在第一次东征期间的 1099 年占领耶路撒冷，在 1187 年失去对耶路撒冷的控制（这导致第三次十字军东征），在 1229 年经过第六次东征签订协议，再次获得耶路撒冷，最后又于

▲ 图 6-34　地中海东岸的自然地理　该地区的自然地理包括沿海的狭窄低地，以及被约旦河谷隔断的内陆高地。

1244 年失去对耶路撒冷的控制权。1291 年，基督教的最后一个要塞阿卡（Acre）被穆斯林攻陷，标志着十字军东征结束。

在 1516 年至 1917 年这 4 个世纪的大部分时间里，巴勒斯坦地区由穆斯林奥斯曼帝国控制。受到其他民族主义运动和 19 世纪后期反犹太主义兴起的影响，犹太人开始大量返回他们历史上的故乡。奥斯曼帝国在第一次世界大战中失败，英国在国际联盟的授权下接管了巴勒斯坦。在几年的时间里，英国人允许部分犹太人返回巴勒斯坦托管地，

但是在 20 世纪 30 年代，由于受到该地区阿拉伯人的强烈施压，犹太人回迁再次受到限制。二战后由犹太人和穆斯林定居者发起的暴力升级，英国宣布计划退出巴勒斯坦，最终造成了该地区如今的冲突场面。

中东的地理观点

现在中东地区冲突的参与者主要是想要控制领土的各个国家和群体。但是，前面所述的宗教传统，以及它们在民族主义意识形态中的应用，造就了该地区的众多冲突，同时也对和平解决冲突构成了挑战。

以色列和邻国的战争

1947 年，联合国投票把英属巴勒斯坦托管地分为两个独立的国家，一个是犹太国家，一个是阿拉伯国家。耶路撒冷作为国际城市，向所有宗教开放，由联合国管理。1948 年，英国撤离巴勒斯坦，犹太人在联合国决议规定的范围内宣布成立以色列国。在接下来的 25 年间，以色列与邻国发生了 4 次战争：

- **1948—1949 年的独立战争**。在以色列宣布独立后的第二天，5 个阿拉伯国家发起了战争。以色列没有被击败，参战各方在 1949 年签订停战协议。以色列的边界超出了联合国划分的地区，将耶路撒冷西郊包括在内。约旦控制了圣地集中的约旦河西岸地区和东耶路撒冷，包括老城区。埃及控制了加沙地带。
- **1956 年的苏伊士战争**。埃及将苏伊士运河国有化；苏伊士运河是欧洲和亚洲之间的重要航运线路，由法国和英国建造，直

到战争爆发前都由英法两国控制。埃及还封锁其海岸附近以色列船只正在使用的国际水道。以色列、法国和英国攻击埃及，重新开放了水道，但是埃及保留了对苏伊士运河的控制权。

- **1967 年的六日战争**。以色列的邻国在边界集结约 25 万军队，并再次阻止以色列船舶使用国际水道。为了报复，以色列发动突然袭击，摧毁了联军的空军。以色列占领了以下领土：
  - 从约旦手中夺得耶路撒冷老城区，以及在 1948 至 1949 年战争中被约旦占领的约旦河西岸地区。
  - 从叙利亚手中夺得戈兰高地。
  - 从埃及手中夺得加沙地带和西奈半岛。
- **1973 年的赎罪日战争**。在对犹太人而言是最神圣日子的那天，以色列遭到邻国的突然袭击。战争在没有改变边界的情况下结束。在与美国总统吉米·卡特（Jimmy Carter）在马里兰州戴维营（Camp David）举行多场会议后，埃及总统安瓦尔·萨达特（Anwar Sadat）和以色列总理梅纳赫姆·贝京（Menachem Begin）在 1979 年签订和平条约。以色列将西奈半岛归还埃及，而埃及作为回报，承认以色列的独立。萨达特后来被埃及反对与以色列妥协的极端穆斯林士兵暗杀，但他的继任者胡斯尼·穆巴拉克（Hosni Mubarak）履行了协约的条款。在六日战争结束后的半个多世纪里，关于以色列占领的其他领土的问题仍未解决。

以色列和巴勒斯坦的观点冲突

1973 年赎罪日战争后，巴勒斯坦人成为以色列的主要对手。埃及和约旦最终都放弃争夺加沙地带和约旦河西岸地区，承认巴勒斯坦人是这两个地区的合法统治者。巴勒斯坦人自视为巴勒斯坦的合法统治者，并将巴

勒斯坦定义为包括以色列国在内的领土。在过去半个世纪里，巴勒斯坦和以色列对未来的观点并未得到调和。

以色列的观点。 在与邻国打交道时，以色列认为两个元素特别有意义：

以色列是小国（比新罕布什尔州还小），犹太人占多数，被带有敌意的邻国包围。相比之下，该地区的穆斯林阿拉伯国家占地超过 2,500 万平方千米（1,000 万平方英里）。几乎所有的以色列人都生活在国际边界 20 千米（12 英里）以内，很容易受到攻击。

地中海与约旦河之间的陆地被分为 3 个狭窄的、大致平行的自然区域（参见图 6–34）：

■ 地中海沿岸的沿海平原。

■ 海拔 1,000 米（3,300 英尺）以上的山区。

■ 约旦河谷，其中大部分地区低于海平面。

联合国在 1947 年制定的巴勒斯坦托管地划分方案（在 1948 至 1949 年战争结束后，该方案由停战协定稍作修改）将沿海平原的大部分划给以色列，约旦获得沿海平原和约旦河谷中间山区的大部分，该地区通常被称为（约旦河）西岸地区。在北部，以色列的领土向东延伸到约旦河谷，但是叙利亚控制了河谷东部的高地。

在 1948 年至 1967 年间，约旦和叙利亚将高地的山区设为集结待命地区，攻击沿海平原和约旦河谷的以色列人定居点。在 1967 年的战争中，以色列占领这些高地，阻止低地人口受到袭击。以色列仍然拥有对戈兰高地和西岸地区的军事控制权，巴勒斯坦人对以色列公民的袭击仍在继续。

在 1967 年从约旦夺取西岸地区后，以色列允许犹太定居者在该地区建造定居点。部分以色列人在西岸地区建设定居点，是因为他们认为这片土地是圣经中犹太人家园［称为犹地亚（Judea）和撒马利亚（Samaria）］的组成部分。部分犹太人迁移到这些定居点，是因为在 1967 年以前的以色列边界以内，人们买得起的住房出现短缺。犹太定居者约占西岸地区人口的 17%，巴勒斯坦人将他们的这种迁移视为敌对行为。为保护定居者，以色列在西岸的大部分地区拥有军事控制权。

以色列的犹太人中，有人希望保留西岸的部分地区，有人希望与巴勒斯坦人妥协，以换来正式的承认和稳定的和平。近年来，绝大多数以色列人支持建设屏障，以阻止巴勒斯坦人的袭击。

巴勒斯坦的观点。 5 个群体认为自己是巴勒斯坦人：

■ 在被以色列于 1967 年夺取的约旦河西岸、加沙地带和东耶路撒冷这些地区生活的人。

■ 以色列的部分阿拉伯公民。

■ 在 1948 至 1949 年战争后从以色列逃往其他国家的人。

■ 在 1967 年的六日战争后从西岸地区或加沙地带逃到其他国家的人。

■ 其他国家，特别是约旦、黎巴嫩、叙利亚、科威特和沙特阿拉伯的部分公民。

巴勒斯坦人对以色列的斗争，得到了巴勒斯坦解放组织（Palestine Liberation Organization, PLO）的配合；该组织长期由亚西尔·阿拉法特（Yassir Arafat）领导，直到阿拉法特在 2004 年去世。以色列允许西岸地区和加沙地带的大部分地区组织有限形式的政府，

▲ 图 6-35　西墙和圆顶清真寺　从犹太教神殿中残留下来的西墙就位于圆顶清真寺所在的山坡脚下。

称为巴勒斯坦民族权力机构，但是巴勒斯坦人对于领土范围和迄今得到的权力都不满意。

巴勒斯坦人中间也有强烈的分歧，反映在法塔赫和哈马斯的权力争夺上。部分巴勒斯坦人——尤其是支持法塔赫的巴勒斯坦人——愿意承认犹太人占多数的以色列国，换取以色列在 1967 年六日战争中夺去的所有领土；还有部分巴勒斯坦人——尤其是支持哈马斯的巴勒斯坦人——则不承认以色列的生存权，他们希望继续战争，控制约旦河和地中海之间的整个领土。美国、欧洲国家和以色列都认为哈马斯是恐怖组织。

思考题 6.4.3

西岸地区最大的城市希伯仑和以色列最大的城市特拉维夫的海拔相差多少？请参考图 6-34。

耶路撒冷的地理难题

学习成果 6.4.4

解释耶路撒冷对犹太人和穆斯林的重要性。

西南亚宗教群体冲突的核心是耶路撒冷市，它对基督教、犹太教和伊斯兰教都很重要。地理因素使得犹太人和穆斯林对耶路撒冷所有权的长久争端难以解决。难题在于，在耶路撒冷，穆斯林的最神圣空间是建立在犹太人的最神圣空间之上的。

犹太教的耶路撒冷

耶路撒冷对犹太人而言尤其神圣，是犹太教圣殿（古时候的礼拜中心）的所在地。公元前960年左右由所罗门王（King Solomon）建造的第一圣殿，在公元前586年被巴比伦人摧毁。在居鲁士大帝（Cyrus the Great）领导的波斯帝国获得耶路撒冷的控制权后，犹太人获许在公元前516年建造第二圣殿。罗马人在公元70年摧毁了犹太教的第二圣殿。圣殿的西墙留存了下来。

基督徒和穆斯林把西墙称为哭墙，因为在若干个世纪的时间里，犹太教徒每年只能造访一次幸存的西墙，哀悼被毁灭的圣殿。以色列在1967年六日战争期间占领整个耶路撒冷城之后，拆除了阻止犹太人造访和居住在耶路撒冷老城区（包括西墙在内）的屏障。西墙很快就成为虔诚犹太教徒日常祈祷的场所。

为阻止巴勒斯坦自杀式炸弹袭击者进入耶路撒冷和以色列的其他地区，以色列政府在西岸地区、加沙地带和耶路撒冷郊区建造了屏障。根据多个消息来源，西岸地区的屏障尤其具有争议性，因为它使以色列获得了巴勒斯坦地区约10%的土地，而这部分土地上居住着1万~5万巴勒斯坦人（见"辩论！"版块）。对于屏障的命名也有争议。以色列称这道屏障为"安全围栏"，巴勒斯坦人则称之为"种族隔离墙"。中立的各方则称它为"隔离屏障"。

伊斯兰教的耶路撒冷

耶路撒冷最重要的穆斯林建筑是建于公元691年的圆顶清真寺（Dome of the Rock）。穆斯林认为，清真寺穹顶下的巨石是穆罕默德升天的地方，还是亚伯拉罕准备献祭他儿子以撒（以撒是基督徒和犹太教徒的称呼，穆斯林的称呼是以实玛利）的祭坛。紧靠圆顶清真寺南边的是阿克萨清真寺（al-Aqsa Mosque）。犹太教徒和穆斯林面临的挑战是，阿克萨清真寺建在犹太教第二圣殿的遗址上。因此，犹太教圣殿的残存西墙就直接位于穆斯林神圣建筑之下。

以色列允许穆斯林无限制地进入耶路撒冷该地区的伊斯兰教神圣建筑，并给予他们对于这些建筑的部分控制权。由巴勒斯坦警卫巡逻的一条斜坡和多个通道，让穆斯林能够通往圆顶清真寺和阿克萨清真寺，不用从犹太教徒祈祷的西墙前面经过。然而，由于穆斯林的神圣建筑就位于犹太教徒的神圣建筑之上，所以这两部分神圣建筑自然不能在地图上被一条线分开。

思考题 6.4.4

为什么西墙在犹太教中很重要？为什么圆顶清真寺在伊斯兰教中很重要？

复习 关键议题 4
为什么宗教群体间会出现领土冲突？

- 被视为代表西方社会价值观的宗教原则遭到了亚洲群体的反对。
- 在以色列/巴勒斯坦这个被犹太教徒、基督徒和穆斯林认为神圣的地区，长期存在着难以解决的宗教冲突。

辩论！ 对隔离屏障的看法有何不同？

以色列在与西岸地区相邻的 70% 的边界上建造了安全围栏。

保留安全围栏

■ 以色列是小国，犹太人占多数，被带有敌意的邻国包围。

■ 在邻国多次发动攻击之后，以色列在边界附近修建围栏，阻止袭击者，保护公民。

■ 以色列回应人道主义方面的关切，对围栏的位置进行了大量调整。

拆除隔离墙

■ 隔离墙让犹太人定居者控制了更多领土。

■ 生活在西岸地区的巴勒斯坦人认为以色列建造定居点和隔离墙是敌对行为。

■ 以色列建造的隔离墙会阻止部分巴勒斯坦人前往他们的土地和工作场所（图 6-36）。

▲ 图 6-36　耶路撒冷的隔离障碍　前景区域是以巴勒斯坦人为主的东耶路撒冷，背景区域是以犹太人为主的西耶路撒冷。

总结与回顾

世界的各种宗教
分布在何处？

宗教分为普及性宗教和族群性宗教。信徒数量最多的三个普及性宗教是基督教、伊斯兰教和佛教。每个宗教都分为多个宗派和教派。印度教是最大的族群性宗教。其他信徒数量最多的族群性宗教，主要聚集在亚洲的其他地区。

地理学思维

1. 仅有 3% 的印度教徒生活在自己信仰的宗教在人数上占少数的国家，而这个数据在佛教徒那里为 72%。这两种宗教在哪些方面的不同，可以解释它们在少数宗教信徒比例上的明显差异？

▲ 图 6–37　**印度以外的印度教徒**　生活在英国伦敦的印度教徒在庆祝战车节［Ratha Yatra（Chariot）Festival］。

为什么宗教的
分布各不相同？

普及性宗教的起源已知，扩散模式明确；族群性宗教通常起源未知，扩散范围有限。信徒人数最多的三种普及性宗教，都起源于单独的历史人物，且都从起源地扩散到了世界的其他地区。印度教这样的族群性宗教通常起源未知，分布更集中。

地理学思维

2. 这张照片显示的是来自缅甸的难民正在被印度尼西亚渔民救起。这些难民属于一个叫作罗兴亚（Rohingya）的穆斯林群体。穆斯林相较于其他宗教信徒在缅甸的地位如何？为什么罗兴亚人要去印度尼西亚？

▲ 图 6–38　**宗教原因导致的被迫迁移**　缅甸的罗兴亚穆斯林被印度尼西亚渔民救起。

为什么各种宗教的空间组织模式不同?

普及性宗教中的圣地通常与创始人生命中的事件有关。在族群性宗教中，圣地通常源于宗教信徒聚集地的自然地理。族群性宗教的节日源自其信徒聚集地的自然地理，而普及性宗教的节日则源自其创始者的生活。

地理学思维

3. 罗马天主教会在 1980 年创建亚拉巴马州莫比尔总教区（Archdiocese of Mobile），在 2004 年创建了得克萨斯州加尔维斯顿 – 休斯敦总教区（Archdiocese of Galveston-Houston）。这些决定背后可能存在什么地理学模式和过程?

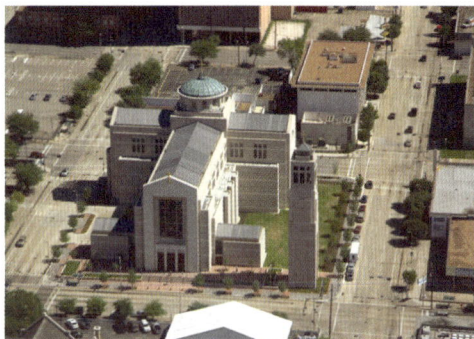

▲ 图 6-39　**新总教区**　建于 2005 年至 2008 年间的圣心共主教座堂（The Co–Cathedral of the Sacred Heart），是为新成立的加尔维斯顿 – 休斯敦总教区而建的。

为什么宗教群体间会出现领土冲突?

中东的冲突可以追溯到许多个世纪前。犹太教徒、穆斯林和基督徒为控制现在属于以色列 / 巴勒斯坦的中东地区而相互斗争。在耶路撒冷，穆斯林的最神圣空间建在犹太人的最神圣空间之上。

地理学思维

4. 以色列在西岸地区建造隔离屏障，美国在美墨边界建造围栏，两国这样做的原因有何异同?

▲ 图 6-40　**隔离屏障**　图中可以看到东耶路撒冷一所清真寺的宣礼塔。

关键术语

不可知论（第 185 页），相信上帝的存在无法凭经验证明。

泛灵论（第 193 页），相信植物和石头等无生命物体或者雷暴和地震等自然事件都具有独立的精神和有意识的生命。

无神论（第 185 页），相信神不存在。

自治宗教（第 211 页），没有中央权威，以非正式的方式进行沟通和合作的宗教。

宗派（第 188 页），一种宗教中的大型和基本的分支。

种姓（第 218 页），根据宗教律法来给印度教徒分配地位的阶级或明确等级制度。

教堂会众（第 188 页），指集合起来进行共同宗教礼拜的当地人群。

创世说（第 214 页），一系列关于宇宙起源的宗教观念。

教派（第 188 页），将多个地方的会众结合成合法管理组织的宗派分支。

族群性宗教（第 185 页），一种在空间上分布相对集中的宗教，其宗教原则可能源于信徒聚集地的自然特征。

原教旨主义（第 220 页），指在字面上阐释宗教（或宗派、教派、教会）的基本原则，并严格地遵守。

贫民区（第 205 页），中世纪城市中由法律隔离出来仅供犹太人居住的地区；现在被用来指代城市中少数民族成员因社会、法律和经济压力而聚居的地区。

等级制宗教（第 210 页），一种由中央权威机构高度控制的宗教。

传教士（第 200 页），帮助推广普遍化宗教的人。

一神教（第 194 页），信仰只有一个神的存在。

朝圣（第 212 页），出于宗教目的前往被认为神圣的地方。

多神教（第 194 页），相信或崇拜多位神。

至点（第 217 页），每年发生两次的天文事件，即地球轴线朝向或远离太阳倾斜到最大程度，造成太阳在天空中的位置达到最北或最南，进而造成白昼最长或最短。

混合性（第 192 页），混合几种宗教传统。

普及性宗教（第 185 页），一种试图吸引所有人，而非只吸引特定地方人们的宗教。

第七章

族群

族群性是人们自豪感的源泉，它将人们与祖先的经历和文化传统（如食物和音乐偏好）相连。一个人所属的族群具有重要的可衡量差异，如平均收入、预期寿命和婴儿死亡率。在拥有族群歧视历史的地方，族群性也很重要。

1

各种族群分布在何处？

　　不同的族群分布在不同的地方，在美国也是这样。

2

为什么族群的分布各不相同？

　　不同的族群有不同的空间分布情况，这些分布情况源自相互关联和孤立的不同模式。

世界越野锦标赛（World Cross Country Championships）
高水平女运动员比赛，摄于约旦安曼（Amman）。

3

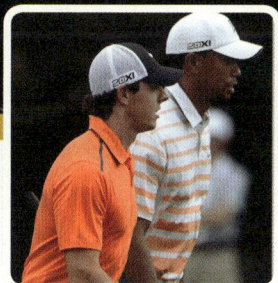

为什么族群会发生冲突？

地理因素是族群冲突的基本原因。许多地方发生族群冲突，是因为多个族群进行斗争，想要占领同一个地方。

4

为什么会发生族群清洗和屠杀？

族群冲突会在部分地区导致大规模的强迫迁移和屠杀。

各种族群
分布在何处？

- ▶ 介绍族群
- ▶ 族群与种族
- ▶ 族群飞地
- ▶ 巴西的复杂族群

学习成果 7.1.1

介绍美国的主要族群。

本章的主题是族群的定义，它常与种族和国族的定义混淆：

- **族群（ethnicity）**是指共享特定家乡或源地的文化传统的一群人的身份认同。
- **种族（race）**是指被认为具有共同生理特征（例如肤色）的一群人的身份认同。
- **国族（nationality）**是指在法律上共同依附于特定国家的一群人的身份认同。

原则上，这三种文化特征各不相同：国族是国籍，种族是肤色，族群是文化传统。在实际使用时，这三个概念的差异并不总是明确的。有些人可能无法识别自己的一个或多个个人特征。例如，一个人的父母可能会属于不同的族群、种族和国族。此外，许多社会都混淆这三个概念，有的是因为语言不清楚，有的则是故意为之。

本章的标题是"族群"，因为它是以地方为基础的文化特征。同样以地方为基础的"国族"将在本章介绍，在下一章更详细地讨论。"种族"虽然不以地方为基础，但也是很重要的概念，因为它经常被误用为"族群"的同义词。

美国总统巴拉克·奥巴马（Barack Obama）的例子，就能说明确定族群、种族和国族是一件复杂的事（图 7-1）。奥巴马总统的父亲老巴拉克·奥巴马（Barack Obama，Senior）出生于肯尼亚坎亚德良村（Kanyadhiang）。他是肯尼亚第三大族群卢奥族（Luo）的成员。奥巴马总统的母亲安·邓纳姆（Ann Dunham）出生于堪萨斯州。她的祖先大多都是在 19 世纪从英国迁移到美国的。奥巴马总统的继父——他母亲的第二任丈夫罗罗·苏托洛（Lolo Soetoro）——出生于印度尼西亚的日惹村（Yogyakarta）。他属于印度尼西亚人口最多的族群，即爪哇族（Javanese）。奥巴马总统是白人母亲和黑人父亲的儿子，自认为

(a)　(b)　(c)

▲ 图 7-1　**族群多样性：奥巴马的家庭**　巴拉克·奥巴马与（a）母亲安·邓纳姆、（b）父亲老巴拉克·奥巴马，以及（c）继父、母亲和继妹的合影。

是非裔美国人。

思考题 7.1.1
奥巴马总统将自己的族群定为非裔美国人。从他父母的族群所属来看，他还可以属于什么族群？

介绍族群

族群是地方多样性的重要文化元素，因为我们的族裔身份是永恒不变的。我们可以不表现出族群特征，但我们无法像使用新语言或信仰新宗教那样改变我们的族群所属。如果我们的父母来自两个族群，或四位祖父母来自四个族群，那么我们的族群身份就可能很复杂。

就像对其他文化元素那样，地理学者对族群的分布也感兴趣。族群与特定的地方联系紧密，是因为族群的成员——或他们的祖先——在这个地方出生并长大。族群展示的文化特征来源于该族群家乡的特定环境和习俗。

在美国，族群多样性的意义具有争议：

■ 少数族群，尤其是非裔美国人和西班牙裔美国人，受到的歧视在多大程度上持续存在？

■ 是否应该为了纠正过去的歧视模式，给予少数族群优先权利？

■ 应该在多大程度上鼓励或保护族群的鲜明文化特征？

族群对地理学者来说尤为重要，因为在文化和经济的全球化趋势中，族群成为维护地方多样性的最坚强堡垒。尽管各地都在努力保护地方性语言，但是我们可以想象，一个几乎所有受过教育的人都使用英语的世界并非遥不可及。而且，普及性宗教在世界各地的信徒在继续增加。然而，尽管许多族群都在相互斗争，企图控制特定的地方，但是没有哪个族群在尝试甚至渴望实现全球性的统治地位。即便全球化涵盖语言、宗教和其他文化元素，拥有鲜明族群特征的地区也仍然会存在。

美国的族群

美国的3个人口最多的族群是西班牙裔美国人（Hispanic American）、非裔美国人（African American）和亚裔美国人（Asian American）。约有17%的美国人认为自己是西班牙裔，12%认为自己是非裔，5%认为自己是亚裔。此外，2%的美国人将自己的族群定为美洲印第安人、夏威夷原住民或阿拉斯加原住民。

西班牙裔美国人。西班牙裔美国人是从拉丁美洲西班牙语国家迁移到美国的人或其后裔。拉丁裔（男性为"Latino"，女性为"Latina"）这个术语常与西班牙裔交替使用。美国政府于1973年采用"西班牙裔"，是因为它被认为是一个不会冒犯人的标签，适用于来自西班牙语国家的所有人，同时还可以避免"拉丁裔"这个词的阴阳性限制。1980年，美国人口普查首次将部分美国人归类为西班牙裔。

皮尤研究中心2013年的调查发现，在拉美裔美国人中，33%喜欢西班牙裔这个称谓，15%喜欢拉丁裔，其余52%的人表示不在意。这项调查发现，只有20%的拉美裔美国人在称呼自己时既会使用拉丁裔，也会使用西班牙裔。

相反，大多数拉美裔美国人喜欢将自己归类为更具体的族群或国族。近2/3拉美裔美国人来自墨西哥，1/4来自加勒比群岛（图7–2）。墨西哥裔美国人有时被称为奇卡诺（Chicano，男性）或奇卡娜（Chicana，女性）。

这两个词语最初被认为具有侮辱性，但是在20世纪60年代，洛杉矶的墨西哥裔美国青年开始自豪地用它们来称呼自己。

亚裔美国人。 亚裔美国人包括可以将血缘追溯到亚洲多个国家的美国人。在亚裔美国人中，只有19%的人认为自己的族群是亚裔美国人，62%的人认为自己的族群所属是他们自己或祖先的祖国（图7-3）。

非裔美国人。 要更准确地确定非裔美国人的族群起源更困难。大多数非裔美国人的祖先是在大约300年前从非洲尚未组织成独立国家的地方来到美国的。作为奴隶来到美国的非裔美国人，他们的族群起源没有相关记录。

DNA测试帮助缩小了非裔美国人族群起源的范围。大多数非裔美国人的祖先来自西非的3个地区。位于这3个地区的现代国家是：

- 塞内加尔、马里、冈比亚、几内亚、塞拉利昂和利比里亚。
- 加纳南部、多哥、贝宁、尼日利亚，以及科特迪瓦东南部。
- 刚果民主共和国的西部，以及安哥拉。

土著人的后裔。 在欧洲人到来之前就居住在北美的土著人，他们的后裔构成了许多族群。这些族群可分为3个大族群：美洲原住民（Native American）、阿拉斯加原住民（Alaska Native）和夏威夷原住民（Native Hawaiian）。人数最多的族群是夏威夷原住民、切诺基族（Cherokee）、纳瓦霍族（Navajo）、奇普瓦族（Chippewa）、苏族（Sioux）和乔克托族（Choctaw）。然而，美洲原住民中人数最多的几个族群并不能等同于一个群体。

土著人占加拿大人口的4%，也被称为原住民（aboriginal）。加拿大的原住民可分为3大族群：第一民族（First Nations）、因纽特族（Inuit）和梅蒂族（Métis）。因纽特族在大约3,000年前定居在加拿大北部，第一民族在2,500年前定居在更靠南的地方。梅蒂族是在400年前与欧洲人通婚的土著人的后裔。

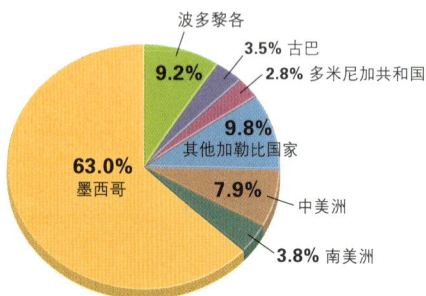

波多黎各 9.2%
3.5% 古巴
2.8% 多米尼加共和国
9.8% 其他加勒比国家
63.0% 墨西哥
7.9% 中美洲
3.8% 南美洲

▲ 图7-2　西班牙裔美国人的来源国

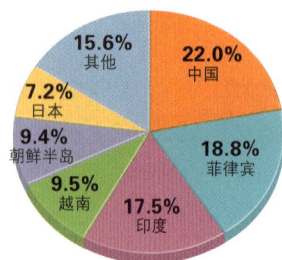

15.6% 其他
22.0% 中国
7.2% 日本
9.4% 朝鲜半岛
9.5% 越南
17.5% 印度
18.8% 菲律宾

▲ 图7-3　亚裔美国人的来源国

族群与种族

学习成果 7.1.2

分清族群与种族的差异。

族群往往与种族混淆。一个人的族群所属有关于地球表面的特定地方。种族的特征与地点并不相关。相反，种族与人类的生理特征有关，例如肤色、头发类型和头部形状。

人们曾经认为可以将种族特征分为少数几类。当代地理学者和其他科学家反对完全基于生物特征将人类分为少数几个种族。这些生物特征在种族成员中的变化很大，所以任何预先确定的分类都毫无意义。也许在几万或几十万年前，一部分早期"人类"（无论他们是如何作为独特种类而出现的）与其他早期"人类"相互隔离，以至于在遗传学上有真正的不同。但是，在有人开始穿过河流或爬上山坡时，保持生物特征在遗传上各不相同所需的隔离就消失了。

然而，传统上用于种族分类的一个特征仍然受到地理学者关注，那就是肤色。通过肤色来识别种族对地理学家而言很重要，因为在许多社会中，肤色是人们确定在何处居住、上学、休闲和进行其他日常活动的因素之一。

按种族进行极端的生物学分类正是**种族主义**（racism）的基础。种族主义认为，种族是人类特征和能力的主要决定因素，种族差异会使特定种族天生具有优越性（图7-4）。种族主义者是认同种族主义信念的人。

美国的种族与族群

美国的人口普查显示了区分种族和族群的困难。美国人数最多的3个族群——亚裔美国人、非裔美国人和西班牙裔美国人——就能表明这种困难。美国的人口普查将西班牙裔美国人视为族群，却将亚裔美国人和非裔美国人视为种族，尽管按照逻辑这二者也是以地方为基础的族群。

西班牙裔和非裔美国人在完成人口普查时面临特殊的挑战。由于人口普查认为西班牙裔是族群，所以西班牙裔美国人也要按自己的意愿选择任何种族。许多西班牙裔人在这样做的时候都感到困难。2010年，西班牙裔美国人中有53%选择白种人，37%选择其他种族，6%选择多个选项，4%选择其余13个选项中的一个。

在2000年至2010年间，将近1,000万

▲ 图7-4　伦敦的反种族主义游行

美国人在回答人口普查第8题或第9题时改变过答案。最常见的变化是西班牙裔将自己的种族从白种人改为其他选项，或者从其他选项改为白种人。

非裔美国人在完成人口普查时也面临着独特的挑战。尽管非裔美国人是族群——对于祖籍可以追溯至非洲的人来说——但是2010年的人口普查将"黑种人、非裔美国人或黑人"归类为种族。大多数美国黑人都是非洲移民的后裔，因此也属于非裔美国人这个族群。然而，部分美国黑人将自己的文化传统追溯到非洲以外的地区，包括拉丁美洲、亚洲和太平洋上的岛屿。"非裔美国人"这个词指的是具有广泛文化传统的群体，而

▲ 图 7-5　**巴黎的族群飞地**　巴黎古德多街区的穆斯林在街道上祈祷，因为当地的清真寺太小，无法容纳所有信徒。

"黑人"这个词原则上仅指黑皮肤的人。因为许多美国人仅仅通过观察肤色，就对他人的价值观和行为做出判断，所以黑人在日常语言中常被用来替代非裔美国人。

今天，许多美国人都有混合的血统，可能不会仅选择一个种族或族群。一些美国人将自己的传统追溯到欧洲的多个地方，如爱尔兰和意大利，而这些地方却没有包含在关于族群和种族的两个人口普查问题里。

思考题 7.1.2
如果将关于种族和族群的人口普查问题从选择题改变为简答题，会带来什么好处和挑战？

族群飞地

学习成果 7.1.3
描述城市区域的族群分布情况。

族群飞地（ethnic enclave）指一个高度集聚了特定族群的地方，且这个族群明显不同于周边的族群。大多数族群飞地都是大城市内的社区。具有独特外貌和社会结构的族群飞地，通常是通过人口迁移而形成的。

在一定程度上，族群是由其拥有的鲜明文化特征定义的，如语言、宗教和艺术。在创建具有族群特色外貌和社会结构的地方时，这些文化特征会造成影响。

在第 3 章讨论过，移民到达新的国家后，许多人也会跟随着迁移。也就是说，新移民经常迁移到已有相同族群成员集聚的地方。在族群飞地里，新到达的移民可以找到使用相同语言、信仰相同宗教、制作相同食物的人。他们还可以获得帮助，学会如何填写表格，如何获得公共和私人机构的援助，如何适应新国家的文化。最重要的是，族群飞地可以为新来者提供经济支持，如就业机会、廉价住房，以及贷款。

城市族群飞地
族群的聚集在社区范围内尤其突出。巴

黎的古德多街区（Goutte d'Or）就是一个例子（图7–5）。该街区1/3的居民都是从法国在非洲的前殖民地迁移过去的族裔。

英国的伦敦也发展出一些族群飞地。伦敦1/3的居民出生在英国以外，其中亚洲占18%，非洲占7%，加勒比地区占6%。这些族群都在伦敦的不同地区形成了飞地。南亚印度人聚集在西部，巴基斯坦人和孟加拉人在东北部，非洲黑人在东部，加勒比黑人在北部和南部。

在美国，非裔和西班牙裔美国人在多个城市飞地高度聚集。这些族群约90%的人口居住在都市区域，而对于所有美国人来说，这个数据只有75%。例如，芝加哥市白种人、非裔和西班牙裔的数量大致相等。白种人聚集在北区，非裔美国人聚集在南区和西区，西班牙裔聚集在西北区和西南区。族群在城市的分布模式，将会在第13章中更详细地讨论。

族群飞地的变化

各个族群所占据的区域会随时间而变化。在20世纪初，芝加哥、克利夫兰、底特律和其他中西部城市，吸引了主要来自南欧和东欧的族群到快速发展的钢铁、汽车和相关行业中工作。1910年，在底特律的汽车

产量不断扩大时，全市3/4的居民是移民和移民的子女。来自南欧和东欧的族群，聚居在按照族群命名的社区中，如底特律的希腊城和波兰城。

就在20世纪中叶，美国的大城市仍然有许多由欧洲移民建立的族群飞地。到了20世纪后期，欧洲移民的大部分子孙已经从城市中心的飞地搬到郊区，在某些情况下形成了**郊外族群区**（ethnoburb）。郊外族群区是有特定族群人口聚集的郊外区域。对欧洲移民的后裔而言，族群身份通过宗教、食物和其他文化传统，而非通过居住地，更可能得到保留。小意大利和希腊城等区域的餐馆聚集，就是20世纪早期的欧洲族群社区遗留下来的。

统计图显示了芝加哥族群飞地的变化。1910年，芝加哥市大多数居民是欧洲移民的后裔，但到了1990年，拉丁美洲和亚洲移民后裔的数量就和欧洲移民后裔相当了（图7–6）。

巴西的复杂族群

学习成果 7.1.4
描述城市区域的族群分布情况。

▼ 图7–6　芝加哥族群统计图　（a）1910年，大多数移民来自欧洲；（b）1990年，移民的来源更加多样化。

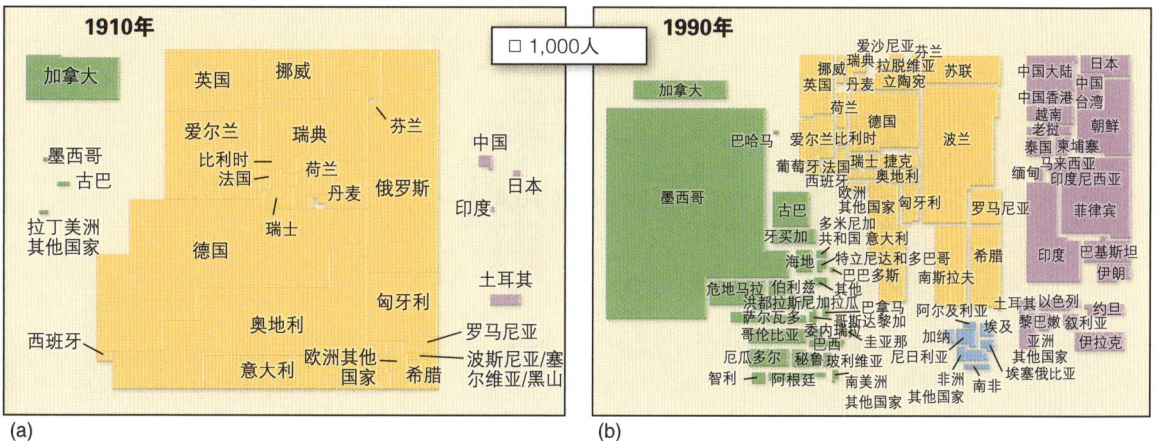

(a)

(b)

在根据种族或族群来定义人口方面，巴西也经历着困难。和美国一样，巴西的人口也由来自许多地方的移民后裔构成。葡萄牙和西非一直是主要的移民来源地，但是也有大量移民来自其他欧洲国家、日本、西南亚，以及其他地区。此外，在其他大陆的移民到达之前，巴西就已经存在大量土著人口。

巴西的种族和族群

巴西的人口普查根据肤色对人口进行分类。巴西地理和统计局（The Brazilian Institute of Geography and Statistics）是负责人口普查的政府机构，让巴西人在5个所谓种族中选择自己的所属：白种人、棕种人、黑种人、黄种人和土著人（图7-7a）。白种人和棕种人各占巴西人口的40%以上，总计占90%以上。

巴西地理和统计局研究员何塞·路易斯·彼得鲁切利（José Luiz Petrucelli）发现，巴西人并不在意人口普查中的这些选项，而这让巴西的种族分类更加复杂化。在回答关于自己种族所属的开放式问题时，巴西人给出了143个不同的答案。最为重要的是，有大量巴西人认为自己属于褐色或橄榄色人种，或者浅棕色人种，但是这些种族甚至都没有包括在人口普查中。一些巴西人同时认为自己属于两个种族，即黑种人（preto）和

黑人（negro）；另一方面，很少有巴西人认为自己属于棕色人种（图7-7b）。

遗传学研究表明，大约70%的巴西人主要是欧洲血统，20%主要是非洲血统，10%主要是美洲原住民血统（图7-8）。然而，通过多代的通婚和生育，大多数巴西人都是混合血统。

巴西的种族集聚

巴西的种族分布也有特别明显的区域差异：

■ **南方**。白种人聚集在南方。巴西最南方的4个州，包括最大的城市圣保罗，约有70%的人口是白种人，这个数据在巴西其他地区为40%。南方在殖民地时期是葡萄牙移民的主要目的地，在巴西独立后则是其他欧洲国家移民的主要目的地。

■ **北方**。巴西北部内陆地区大多被亚马孙热带雨林覆盖，土著人口的比例最高，这部分人口在巴西的人口普查中被归为棕色人种。欧洲移民到巴西内地的情况相对较少。

■ **东北地区**。居住在巴西北部海岸的也主要是被列为棕色人种的人口。曾经被迫作为奴隶从非洲迁移到巴西的黑种人，大多数来到该地区。近半数的巴西黑种人聚集在巴

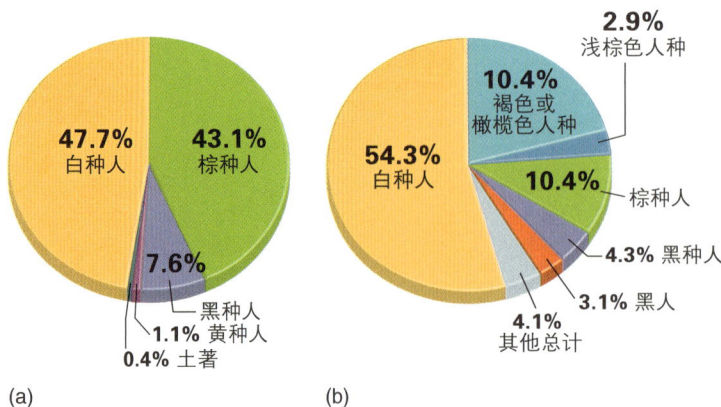

(a)

47.7% 白种人　43.1% 棕种人　7.6% 黑种人　1.1% 黄种人　0.4% 土著

(b)

2.9% 浅棕色人种　10.4% 褐色或橄榄色人种　54.3% 白种人　10.4% 棕种人　4.3% 黑种人　3.1% 黑人　4.1% 其他总计

◀ 图7-7 **巴西的种族**
（a）2010年人口普查的官方结果；（b）巴西地理和统计局开展的自我认同调查的结果。

▲ 图 7-8　巴西的多种族

伊亚州和里约热内卢之间的东海岸。

■ **中西部。**该地区既有白色人种，也有棕色人种。在 1960 年巴西利亚被建设成首都以前，该地区人口稀少。后来，各个种族的巴西人都迁移到该地区，在首都工作。

思考题 7.1.4
如果让你填写巴西的人口普查表，你会为自己选择什么种族？为什么？

圭亚那的族群分布

圭亚那仅有 80 万居民，分属几个族群。约有 30% 的圭亚那人是 17 世纪非洲奴隶的后代，当时圭亚那还是荷兰的殖民地。约 43% 圭亚那人的祖先，是在 19 世纪圭亚那还是英国殖民地时被从印度运来的契约劳工。圭亚那的人口中，还有 9% 是土著人，

17% 属于混合族群。

虽然圭亚那只有 215,000 平方千米（83,000 平方英里），和堪萨斯州差不多大，但主要的几个族群却聚集在不同的地区。印度人的后裔聚集在沿海地区，非洲后裔聚集在北部内陆，土著人在人烟稀少的西部地区则占多数。

复习　关键议题 1
各种族群分布在何处？

- ✔ 族群、种族和国族经常被混淆。
- ✔ 美国人数最多的族群是西班牙裔美国人、非裔美国人和亚裔美国人。
- ✔ 美国的三大族群在地区、州和城市层面都有独特的分布。

为什么族群的分布各不相同?

▶ 族群的国际迁移
▶ 非裔美国人的国内迁移
▶ 种族隔离

学习成果 7.2.1

描述来自非洲的被迫人口迁移。

美国境内各个族群的聚集情况,在一定程度上取决于那个能够帮助地理学者解释其他文化元素(如语言和宗教)分布情况的过程,即人口迁移。在第 3 章中,人口迁移划分为国际迁移(自发或被迫)和国内迁移(地区间和地区内)。非裔美国人在美国的分布就说明了所有这些人口迁移模式。

▼ 图 7–9 **运奴船** 这幅绘制于 1845 年左右的法国杂志图画,说明了非洲人在被运送到西半球成为奴隶时的拥挤程度和糟糕条件。

族群的国际迁移

大多数非裔美国人都是 18 世纪被迫作为奴隶移民到西半球的非洲人的后裔。大多数亚裔和西班牙裔美国人的祖先都是 20 世纪末和 21 世纪初期自发迁移到美国的移民,尽管部分移民——尤其是越南人和古巴人——是出于政治原因被迫迁移到美国的。

来自非洲的被迫迁移

在奴隶制中,一个人可能会被当作财产来拥有,并且作为奴隶被迫工作,为奴隶主赚取收益。首批作为奴隶被带到美国殖民地的非洲人于 1619 年乘坐荷兰商船抵达弗吉尼亚州的詹姆斯敦。18 世纪,英国将大约 40 万非洲人运送到 13 个后来成为美国州份的殖民地(图 7–9)。1808 年,美国禁止额外再引入非洲奴隶,但是在接下来的半个世纪里,估计还有 25 万人被非法运送到美国。

奴隶制普遍存在于大约两千年前的罗马帝国时期。在中世纪期间,奴隶制在欧洲被封建制度取代;在封建制度中,耕作土地的劳工(称为农奴)被束缚在土地上,不能自由地迁移到其他地方。在领主的要求下,农奴不得不上交部分收成,提供其他服务。

虽然奴隶制当初在欧洲非常罕见,但是将奴隶制扩散到西半球的却是欧洲人。在美洲拥有大型种植园的欧洲人将非洲奴隶视为丰富的劳动力来源,且成本比向其他欧洲人支付的工资低。

在 1710 年至 1810 年奴隶贸易的高峰期,至少有 1,000 万非洲人被迫离开家园,由欧洲船只运送到西半球,在奴隶市场上被出售。在此期间,英国人和葡萄牙人分别向西半球运送了约 200 万名奴隶;大多数英国奴隶被送去加勒比群岛,葡萄牙奴隶被送去巴西。

这种被迫迁移的初期,是非洲东部和西部沿海地区的人们利用更高级的武器,抓捕

▶ 图 7-10　纽约市的华人族群飞地　纽约皇后区法拉盛华埠的人们在观看春节游行。法拉盛华埠是美国华裔人口最多的区域之一。

生活在内陆的其他群体成员，将他们出售给欧洲人。欧洲人接着将被俘的非洲人运到美洲，通过托售或拍卖的方式将他们作为奴隶出售。西班牙人和葡萄牙人在 16 世纪初期最先参与奴隶贸易，英国人、荷兰人和法国人则在 17 世纪加入了奴隶贸易。

不同的欧洲国家在非洲的不同地区购买奴隶，又将奴隶卖到美洲的不同地方。在 18 世纪奴隶需求的高峰期，一些欧洲国家采用了高效的**三角奴隶贸易**（triangular slave trade）模式。

思考题 7.2.1

被运送到北美殖民地的奴隶大多数都来自非洲的哪个地区？

大规模的被迫迁移给非洲人造成了难以想象的痛苦，使他们家人离散，村庄被摧毁。奴隶贸易者通常抓走较强壮和年轻的村民，因为他们作为奴隶，能够卖出更高的价格。非洲人被塞到船上，极度拥挤，被链条锁住，食物和卫生设施都极其少。大约有 1/4 的非洲奴隶在横跨大西洋时死亡。

在后来形成美国的 13 个殖民地里，需要劳力的大型种植园大多位于南部，主要种植棉花和烟草。因此，几乎所有运往 13 个殖民地的非洲人最后都去了东南部。

19 世纪期间，对奴隶制的态度是美国政治的重头戏。在 19 世纪初，美国西部成立新的州份时，东北部反奴隶制的各州和东南部支持奴隶制的各州进行激励辩论，讨论是否允许新成立的州实行奴隶制。为防止支持奴隶制的 11 个南方州脱离联盟，美国爆发了南北战争（1861—1865 年）。1862 年，在南北战争期间，亚伯拉罕·林肯（Abraham Lincoln）发布《解放黑奴宣言》（Emancipation Proclamation），解放 11 个邦联州的奴隶。南方投降 8 个月后通过的《宪法第十三条修正案》（The Thirteenth Amendment to the Constitution）将蓄奴认定为非法。

来自拉丁美洲和亚洲的自发迁移

正如第 3 章所讨论的，移民配额限制了从拉丁美洲和亚洲迁移到美国的人数，直到 20 世纪后期。在 20 世纪 60 年代和 70 年代移民法律改变后，美国的拉美裔和亚裔人口迅速增加。最初，大多数西班牙裔和亚裔美国人是来美国寻求工作的新移民，但是在 21 世纪，大多数自称为拉美裔或亚裔的美国人都是移民的子孙（图 7-10）。

非裔美国人的国内迁移

学习成果 7.2.2

描述美国境内非裔美国人的迁移模式。

在 20 世纪期间，非裔美国人有两种鲜明的国内迁移模式：

■ 在 20 世纪上半叶从美国南部到北部城市的地区间迁移。

■ 20 世纪下半叶从城市中心的聚居区向城外和郊区的地区内迁移。

21 世纪非裔美国人的空间分布是在这两种迁移模式的影响下形成的。

地区间迁移

南北战争结束时，大多数非裔美国人都集中在南部农村。今天，由于地区间迁移，许多非裔美国人都居住在东北部、中西部和西部的城市。19 世纪后期，大多数非裔美国人在从奴隶制中解放出来后，仍留在南部农村当佃农（图 7-11）。

佃农（sharecropper）从地主那里租种土地，向地主缴纳部分收成作为租金。为获得种子、工具、食物和住所，佃农需要从土地所有者那里贷款，使用更多的收成偿还债务。佃农制度的高利率和重债务给贫穷的非裔美国人造成了沉重的负担。佃农无法种植供自己食用的粮食，而是被地主强迫大面积地种植棉花等能够卖成现金的作物。

进入 20 世纪后，农业机械的引进和棉花种植土地的减少降低了对劳动力的需求，因此佃农制度也变得不那么普遍。佃农在被推动离开农场的同时，也被北部繁荣工业城市中的就业前景拉动。

非裔美国人沿着几个清晰的渠道迁出南方（图 7-12）。大多数人都乘坐公车和汽车，通过几条建于 20 世纪早期、现在已经被州际公路取代的双车道长途道路向北迁移：

■ **东海岸**。从卡罗来纳州和其他南大西洋州份出发，沿着 1 号美国国道（平行于今天的 95 号州际公路），向北到巴尔的摩、费城、纽约和其他东北部城市。

■ **中东部**。从亚拉巴马州和田纳西州东部出发，沿着 25 号美国国道（今天的 75 号州际公路）到底特律，或者沿着 21 号美国国道（今天的 77 号州际公路）到克利夫兰。

■ **中西部**。从密西西比州和田纳西州西部出发，沿着 61 号和 66 号美国国道（今天的 55 号州际公路），向北到圣路易斯和芝加哥。

■ **西南部**。从得克萨斯州出发，沿着 80 号和 90 号美国国道（今天的 10 号和 20 号州际公路），向西到加利福尼亚州。

南方的非裔美国人在两波迁移潮中向北

▼ 图 7-11 **佃农** 1935 年摄于阿肯色州迪克湖（Lake Dick）附近。

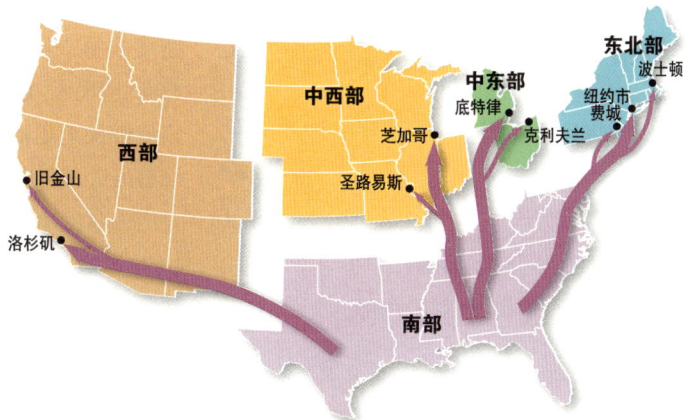

▶ 图 7-12 非裔美国人的地区间迁移 非裔美国人沿着美国东海岸、中东部、中西部和西南部的四条道路迁移。

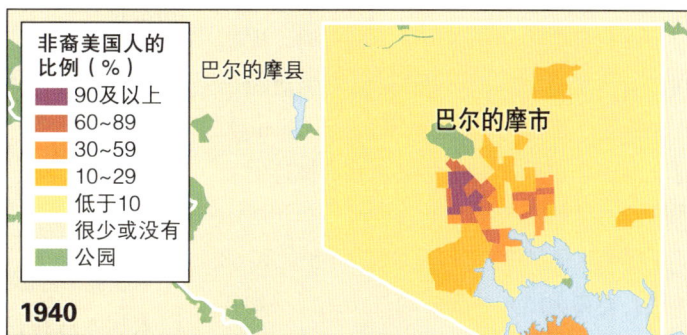

(a)

(b)

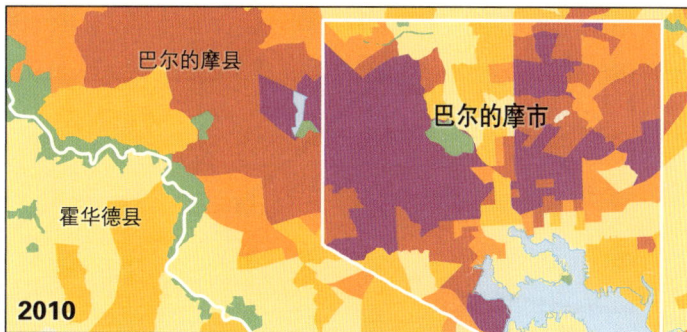

▶ 图 7-13 巴尔的摩贫民区的扩张

(c)

和向西迁移，第一波是在第一次世界大战前后的 20 世纪 10 年代和 20 年代，第二波是在第二次世界大战前后的 20 世纪 40 年代和 50 年代。两次世界大战分别在 20 世纪 10 年代和 40 年代刺激了军工厂的发展，而军队的需求却造成了工厂工人的短缺。在 20 世纪 30 年代和 50 年代的战后，工厂生产钢铁、汽车和其他平民社会所需的物品。

地区内迁移

地区内迁移——城市和都市区内的人口迁移——也改变了非裔美国人和其他族裔的分布。非裔美国移民在到达大城市时，聚集在已有少数 19 世纪移民及其后裔生活的一两个社区。这些区域被称为贫民区（ghetto），这个词语也用来指代中世纪犹太人被迫生活的地区（见第 6 章）。

贫民区的扩张。 在 20 世纪 50 年代和 60 年代，非裔美国人从拥挤的贫民区迁移到邻近的社区。贫民区通常沿着从市中心辐射出来的主要大道进行扩张。

例如，1950 年在巴尔的摩，25 万非裔美国人中大部分聚集在市区西北部、面积为 3 平方千米（1 平方英里）的社区（图 7–13）。其余的非裔美国人聚集在市区的东边，或者聚集在南边为战时港口行业的黑人劳工建造的大型偏远住房项目中。

贫民区的人口密度很高，每平方千米通常有 4 万居民（每平方英里 10 万居民）。与之形成鲜明对照的是，典型美国郊区的人口密度为每平方千米 2,000 居民（每平方英里 5,000 居民）。由于贫民区的住房短缺，许多家庭都被迫生活在一个房间里。许多住宅中没有浴室、厨房、热水和暖气。

巴尔的摩西部的非裔美国人贫民区，从 1950 年的 3 平方千米（1 平方英里）扩展到 1970 年的 25 平方千米（10 平方英里），东部面积为 5 平方千米（2 平方英里）的区域也主要由非裔美国人居住。在随后的几十年中，贫民区继续沿着主要大道扩张到西北部和东北部。

"白人群飞"（white flight）。美国城市中黑人贫民区的扩张，是由于"白人群飞"才实现的。"白人群飞"是指白种人在预计黑种人会迁入时离开一个地区。白种人没有选择融合，而是选择了逃离。

底特律就是例子。20 世纪初，非裔美国人拥入底特律（图 7–14）。许多人在快速发展的汽车行业找到了工作。从南方向底特律的人口迁移在 20 世纪 50 年代减少，但是随着种族混合的法律阻碍瓦解，白种人离开了底特律。从 1950 年到 1975 年，底特律的白种人数量减少了大约 100 万，1975 年到 2000 年又减少了 50 万。底特律的总人口从 1950 年近 200 万的历史高峰，下降到了 21 世纪初的 70 万左右。

无道德原则的房地产行业的做法，尤其

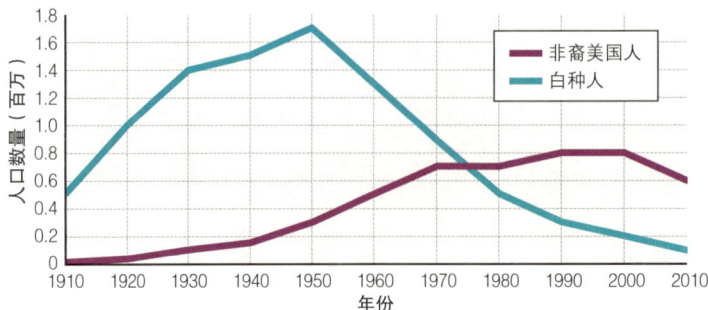

▶ 图 7–14 **底特律族群人口的变化** 1950 年至 2010 年，底特律白种人数量从 170 万下降到 10 万，非裔美国人的数量则从 30 万增加到 60 万。

是制造住宅区恐慌（blockbusting），更刺激了白种人的逃离。白种人房产所有者担心黑种人家庭很快就会搬入街区，进而造成房产贬值，制造住宅区恐慌的经纪人利用这种心理，说服他们低价出售房产。然后，经纪人再以高得多的价格，将房屋卖给急于逃离拥挤贫民区的黑种人家庭。由于住宅区恐慌，一个社区可能会在几个月内从全部白种人变为全部黑种人，然后房地产经纪人会到另外的白种人住宅区再次做同样的事情。

全国民事骚乱咨询委员会（The National Advisory Commission on Civil Disorders），即克纳委员会（Kerner Commission）在 1968 年写道，美国的城市分裂成两个不平等的社会，一个是黑种人社会，一个是白种人社会。半个世纪后，尽管美国认真努力地将两个社会融合和变得平等，但是隔离和不平等仍然存在。

思考题 7.2.2

在底特律，是非裔美国人的数量变化大，还是白种人的数量变化大？

种族隔离

学习成果 7.2.3

解释美国和南非曾经的种族隔离法律。

在解释空间上的规律时，地理学者会寻找空间上的互动模式。美国和南非族群关系的一个显著特征是曾使用法律手段阻碍种族的空间互动。虽然种族隔离的法律不再生效，但是它们的遗留影响仍然是这两个国家族群地理的特征。

美国："隔离但平等"

1896 年，美国最高法院支持了"隔离但平等"（separate but equal）的概念。路易斯安那州当初颁布法律，要求黑种人和白种人乘坐火车时坐在不同的车厢。在普莱西诉弗格森案（*Plessy v. Ferguson*）中，美国最高法院指出，路易斯安那州的这项法律是合宪的，因为它为白种人和黑种人提供了隔离但平等的待遇，而且平等并不意味着白种人必须在社会上与黑种人混合。

美国最高法院一允许对不同种族进行"隔离但平等"的对待，南方各州就颁布一系列全面的法律，尽可能地将黑种人与白种人隔离开来（图 7–15）。这些法律被称为吉姆·克劳法（"Jim Crow" laws），这个名字源于 19 世纪恶意模仿黑种人的歌舞表演。在公车上，黑种人必须坐在靠后的位置，而且商店、餐馆和酒店可以选择只接待白种人。这些法律还为黑种人和白种人分开设立学校。南方的白种人认为，这些做法是平等的，因为公交车能够将坐在前面的白种人和坐在后面的黑种人同时送到目的地，有些商业机构也只接待黑种人，而且所有的学校都有教师和教室。

▼ 图 7–15 "隔离但平等"的做法 直到 20 世纪 60 年代，美国南部的白种人和黑种人都必须分开使用饮水机、洗手间、公车座位、酒店房间和其他公共设施。

不仅在南方，在全美国范围内，房屋契约都包含限制性条约，阻止房主将房屋出售给黑种人、罗马天主教徒和犹太人。限制性条约还阻止黑种人搬进纯白种人的社区。而且，因为学校（尤其是小学）只满足个别社区的需求，所以即使没有法律规定，实际上也都实行了种族隔离。

1954 年，在布朗诉托皮卡教育局案（*Brown v. Board of Education of Topeka*）中，美国最高法院做出具有里程碑意义的判决，认为分别为白种人和黑种人设立学校是违宪做法，因为无论教育设施有多么对等，种族隔离都将属于少数种族的儿童定为低人一等的，因此本质上是不平等的。一年后，美国最高法院进一步规定，学校必须以"十分审慎的速度"废除种族隔离。20 世纪 50 年代和 60 年代期间，一场全国性的民权运动逼迫美国废除了种族隔离的法律（图 7-16）。

20 世纪 60 年代的《民权法案》（Civil Rights Acts）将种族歧视定为非法行为。然而，美国城市中仍然存在种族隔离的现象。由于经济和文化因素，许多非裔美国人、在那之后迁移到美国的非洲人，以及其他族群的移民，都仍然聚集在城市的社区里。那时，

在城市的学校中，黑种人和其他"少数种族"的学生通常占多数，因为白种人居民已经搬出了城区。

思考题 7.2.3

为什么在巴尔的摩和底特律等城市的学校中，仍然可能存在种族隔离的问题（请参阅图 7-13 和图 7-14）？

南非：种族隔离政策

在 20 世纪后期，种族歧视在南非达到顶峰。南非政策的基石是**种族隔离**（apartheid）制度，即按照法律将不同种族隔离在不同的地理区域内。在种族隔离政策下，新生婴儿会被划分为政府确定的 4 个种族：黑种人、白种人、有色人种（黑种人和白种人的混血），以及亚洲人。

为确保这些群体在地理上相互隔离，南非政府设立了 10 个所谓的黑人家园（homeland for blacks）。由作为少数的白种人控制的政府，希望每个黑种人都能够搬到黑人家园，成为那里的居民。10 个黑人家园中超过 99% 的人口都是黑种人。种族隔离法律规定了不同种族能够在什么地方生活、上学、工作、

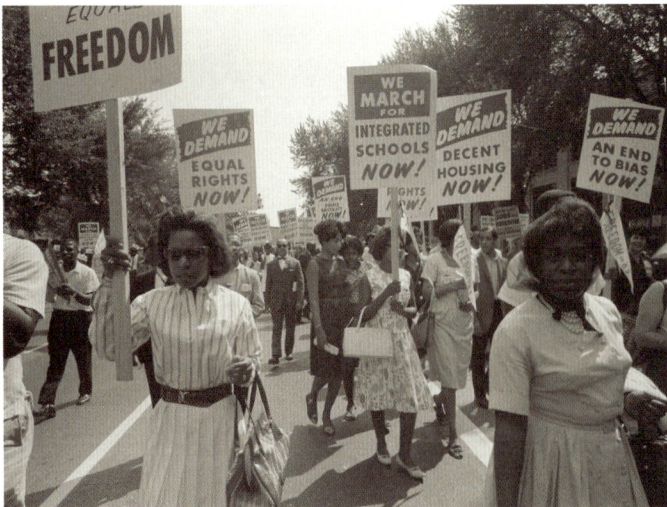

◀ 图 7-16　**民权游行**　华盛顿特区，1963 年。

▶ 图 7–17　**种族隔离制度**　南非的火车站曾经有隔离的白种人区和非白种人区。

购物、旅行和拥有土地（图 7–17）。黑种人只能从事某些职业，并且工资低于白种人。在全国性的选举中，他们既不能投票，也不能竞选。

创立种族隔离制度的，是 1652 年从荷兰抵达南非并定居在南非最南端开普敦的白人的后裔。他们被称为布尔人（Boer），这个词来自荷兰语中的"农民"，也被称为阿非利卡人（Afrikaner），这个称呼来自他们的语言——阿非利卡语（Afrikaans），一种荷兰语方言。英国在 1795 年占领这片荷兰殖民地，控制了南非政府，直到 1948 年以阿非利卡人为主的南非国民党（Nationalist Party）赢得选举。南非白人立誓反对将南非政府交给黑种人，于是南非国民党在接下来几年里创立多项种族隔离法律，将白种人在南非的统治地位永久化。

由少数白种人控制的政府在 1991 年废除了种族隔离法。主要的反种族隔离组织非洲人国民大会（African National Congress）得

到法律承认，其领袖纳尔逊·曼德拉在被监禁超过 27 年后获释。1994 年，南非首次所有人获许在全国选举中投票，曼德拉以压倒性的优势被选举为南非第一位黑人总统。

虽然南非的种族隔离法已被废除，但种族隔离的遗留影响将持续多年。南非的黑种人已经实现了政治平等，但是他们比南非白种人贫穷得多。例如，南非是葡萄酒的主要生产国，但是只有少数葡萄酒厂由黑人拥有。

复习　关键议题 2
为什么族群的分布各不相同？

✔ 一些非裔美国人的祖先是过去迁移到美国的奴隶。

✔ 在 20 世纪初，大量的非裔美国人从美国南方迁移到北方和西部。

✔ 在 20 世纪的大部分时间里，种族隔离在南非和美国是合法的。

▶ 族群和国族
▶ 划分族群
▶ 亚洲的族群多样性

学习成果 7.3.1

了解族群和国族之间的差异。

在本章开始时，国族被定义为在法律上共同依附于特定国家的一群人的身份认同。原则上，同一族群的人们共享的文化价值观来自宗教、语言和物质文化，而同一国族的人们共享的文化价值观则来自投票、获得护

▼ 图 7-18 **复杂的族群和国族：罗里·麦克罗伊和老虎伍兹** 老虎伍兹的国族显然是美国，但是他的族群所属很复杂。罗里·麦克罗伊的族群所属是爱尔兰天主教徒，但是他的国族却很复杂。

照和履行公民义务。但是，这种区分并不总是很明确。

族群和国族

要搞清楚族群和国族，可能会碰到挑战。以高尔夫球手罗里·麦克罗伊（Rory McIlroy）和老虎伍兹（Tiger Woods）为例（图7-18）。伍兹明确属于美国国族，但是他的族群所属就没有这么清楚。他父亲的血统来自非裔美国人、美洲原住民，可能还有中国人，而他的母亲则是泰国人、中国人和荷兰人的混血。伍兹发明了"Cablinasian"这个词来形容他的复杂族群所属。

麦克罗伊带来的挑战则正好相反。他将自己的族群定为爱尔兰天主教徒，但是他的国族却很复杂。他出生在属于英国的北爱尔兰，所以他的国族是英国，而且他还拥有英国护照。但是，麦克罗伊却表示他与爱尔兰共和国的人民拥有共同的族群身份。北爱尔兰人只要这样选择，就可以被爱尔兰共和国接受为公民，因此麦克罗伊的国族可以只是英国，可以只是爱尔兰，也可以二者都是。

北美的族群和国族

在美国的常见用法中，国族、族群和种族通常区分得还算清楚。

■ 国族表示一个人是美利坚合众国的公民，包括出生在美国的人，以及迁移到美国成为公民的人。

■ 族群指的是有独特血统和文化的群体，如非裔美国人、墨西哥裔美国人、华裔美国人或波兰裔美国人。

在加拿大，族群与国族之间的区别不太清晰，而且有争议。在文化传统上，尤其是

▲ 图 7-19 **魁北克独立支持者** 在蒙特利尔举行的魁北克独立游行上，人们挥舞着魁北克旗帜。

在语言方面，魁北克人与其他加拿大人显然不同。但是，魁北克人是加拿大国族范围内的独特族群，还是另一种使用法语的国族，完全不同于使用英语的加拿大人？这个区别至关重要，因为如果魁北克人被认为是独立于使用英语的加拿大人的国族，那么魁北克政府将有更有力的理由脱离加拿大，成立独立的国家（图 7-19）。

英国的族群和国族

在区分族群和国族方面存在困难的一个例子是不列颠群岛，该群岛包括 133 个有人居住的岛屿。两个岛屿——爱尔兰和大不列颠——占群岛陆地面积的 96%，拥有 99% 的人口。确定不列颠群岛居民的国族已经引起了争议。

不列颠群岛分为两个国家——大不列颠及北爱尔兰联合王国（英国）与爱尔兰共和国。爱尔兰共和国在爱尔兰岛的南边，面积占整个岛屿的 84%，英国由大不列颠与爱尔兰岛北边 16% 的区域组成。英国分为四个主要部分：英格兰、北爱尔兰、苏格兰和威尔士。

爱尔兰共和国公民的国族显然是爱尔兰人。但是，英国公民的国族却有争议。英国是否只有一个国族叫作不列颠人，还是包括 4 个国族：英格兰人、苏格兰人、威尔士人和北爱尔兰人？

■ **英格兰人。** 英格兰人是日耳曼部落的后裔，这个部落在 5 世纪越过北海，入侵英格兰。在第 5 章讨论英语的起源时，我们概述过这些入侵。

■ **威尔士人。** 威尔士人曾经是凯尔特族（Celtic），他们在 1282 年被英格兰征服，并通过 1536 年的《联合法案》（The Act of

▲ 图7-20 **支持独立** 苏格兰人在格拉斯哥游行，支持投票独立。

Union of 1536）正式与英格兰联合。威尔士的法律在当时被废除，威尔士成为地方政府单位。

■ **苏格兰人**。苏格兰人过去是凯尔特族，他们建立的独立国家存在了700多年，直到1603年苏格兰国王詹姆斯六世同时成为英格兰国王詹姆斯一世，将两个国家统一。1707年的《联合法案》（The Act of Union of 1707）正式合并两国政府，但是苏格兰获许保留了自己的教育体系和地方法律。

■ **爱尔兰人**。爱尔兰人也是凯尔特族，他们过去被英格兰人统治，直到20世纪爱尔兰岛的大部分地区变成独立的爱尔兰国。爱尔兰岛的北部仍然属于英国。

国际上的体育组织允许英国的4个地区在世界杯等重大比赛中派出自己的队伍参赛。最重要的年度国际橄榄球比赛六国锦标赛（Six Nations Championship），就包括来自英格兰、苏格兰、威尔士、爱尔兰共和国、意大利和法国的球队。鉴于在历史上被英格兰征服过，其他几个国族的人经常在英格兰与其他国家比赛时喝倒彩。

英国政府为北爱尔兰、苏格兰和威尔士设立了独立的政府。苏格兰政府的权力相当大，而威尔士政府的权力则小得多。2014年，苏格兰公投继续留在英国，但是苏格兰和英格兰的政治分歧或许最终会导致苏格兰独立（图7-20）。

国族主义

国族主义（nationalism）就是对国族的忠诚和热爱。国族主义通常会宣扬国族意识，使自己高于其他国族，只强调自己的文化和利益。人们支持一个保护和强化他们国族文化和观念的国家，这就是国族主义的表现。有些国家通过推广国家的标志，例如旗帜和歌曲，来培养国族主义。

国族主义是**向心力**（centripetal force）的一个重要例子，这种向心力常常将人们团结起来，增强对国家的支持。（向心这个词的意思是"朝向中心"，它与离心相反，离心的意思是"从中心向外扩散"。）大多数国家都认为，获得公民支持的最佳途径是强调那些能够将人民团结起来的共同观念。

划分族群

学习成果 7.3.2
描述族群会如何被分散到多个国族中。

很少有族群只居住在单个国族的领土上。族群有时会被分散到多个国族中。这种情况在亚洲就有几个例子。

南亚的族群

南亚有多个生动的例子，可以说明包含两个大族群的殖民地独立时会发生什么。1947 年，英国结束对南亚次大陆的殖民统治，将印度殖民地划分为两个形状不规则的国家——印度和巴基斯坦。巴基斯坦由两个不相邻的区域组成，即西巴基斯坦和东巴基斯坦，相距 1,600 千米（1,000 英里），中间隔着印度。东巴基斯坦在 1971 年成为独立的孟加拉国。印度东部的部分地区实际上也与印度其他国土分离，将二者相连的只有孟加拉国以北的狭窄地带，该地带在有些地方宽不足 13 千米（8 英里）。

英国将东巴基斯坦和西巴基斯坦从印度分离出来，根据的是族群。生活在巴基斯坦两个地区的人民主要是穆斯林，生活在印度的人民则主要是印度教徒。两个宗教群体之间的对立当初十分严重，所以英国人决定将印度教徒和穆斯林分在两个国家。印度教已成为印度国族团结的重要基础。在拥有数百种语言和族群的现代印度，印度教已成为被大多数人口共享的文化特征。

穆斯林长期以来都在与印度教徒争夺领土，在南亚尤其如此。在 19 世纪初期英国占领印度之后，印度就出现了三方参与的斗争，印度教徒和穆斯林相互斗争，他们还共同与英国殖民者抗争。倡导非暴力以及与穆斯林和解的印度教徒圣雄甘地在 1948 年遭到暗杀，使得创建穆斯林和印度教徒和睦相处的国家不再可能。

南亚被分成两个国家，导致了大规模的人口迁移，因为两个国家的领土与两个族群所生活的地域并不重合。在 20 世纪 40 年代后期，大约有 1,700 万被困在其他族群领域的人民被迫迁移。大约 600 万穆斯林从印度迁移至西巴基斯坦，还有约 100 万迁移至东巴基斯坦。迁移到印度的印度教徒包括来自西巴基斯坦的约 600 万人和来自东巴基斯坦的约 350 万人。在尝试迁移到新边界的另一边时，巴基斯坦的部分印度教徒和印度的部分穆斯林遭到敌对宗教信徒杀害。极端主义分子袭击了走公路的较小规模难民群体，还拦下火车屠杀乘客。

关于北部克什米尔地区内两国边界的位置，巴基斯坦和印度从未达成过一致。自 1972 年以来，两国都维持着"控制线"，巴基斯坦管理西北部分，印度管理东南部分。在这两个地区都占多数的穆斯林为争取克什米尔的统一而斗争，既有人将克什米尔视为巴基斯坦的一部分，也有人将其视为独立国家。印度指责巴基斯坦掀起动乱，并发誓要保留印度在克什米尔拥有的领土。巴基斯坦则认为边界两边的克什米尔人应该投票选择自己的未来，并相信大多数穆斯林人口将脱离印度。

印度还有 2,300 万锡克教徒，这使得宗教动乱更加复杂。在印度被分割时，锡克教徒没有获得属于自己的独立国家，他们为此长期感到愤慨（见第 6 章）。虽然仅占印度总人口的 2%，但是他们在印度与巴基斯坦交界处的旁遮普邦占多数。锡克教极端主义分子不断进行斗争，以争取对旁遮普的更多控制权，甚至争取旁遮普完全独立于印度。

库尔德人的分散

在亚洲，单个族群被分裂到多个国家的一个显著例子，是生活在高加索山脉的库尔德人（Kurds）。库尔德人是逊尼派穆斯林，他们使用的是属于印欧语系印度 – 伊朗语族的语言，并且拥有独特的文学、服饰和其他文化传统。

▼ 图 7–21　**库尔德人**　土耳其迪亚巴克尔（Diyar-bakir）的库尔德人庆祝 3 月春分时的诺鲁孜节（Nawroz，库尔德新年）。

第一次世界大战后，获胜的协约国在瓜分奥斯曼帝国时，根据 1920 年的《色佛尔条约》（Treaty of Sèvres），在凡湖（Lake Van）以南和以西创建了独立的库尔德斯坦国。然而，在这个条约生效前，土耳其人在穆斯塔法·凯末尔（Mustafa Kemal）——后来被称为凯末尔·阿塔图尔克（Kemal Ataturk）——的带领下，成功地通过战斗将控制的领土扩张到协约国分配给他们的小面积区域以外。1923 年的《洛桑条约》（Treaty of Lausanne）建立现代的土耳其国，三年后，国际联盟决定将库尔德斯坦的大部分地区变成土耳其的一部分。

今天，3,000 万库尔德人被分散在几个国家，1,450 万人在土耳其东部，600 万人在伊朗西部，550 万人在伊拉克北部，200 万人在叙利亚，还有 150 万人在其他国家（以德国为主）。库尔德人占土耳其人口的 18%，伊拉克人口的 17%，叙利亚人口的 9% 和伊朗人口的 8%。

为促进土耳其国族主义的发展，土耳其人反复试图压制库尔德文化。1991 年以前在土耳其使用库尔德语是非法行为，而且禁止在广播和课堂中使用库尔德语的法律如今仍然有效。反过来，库尔德国族主义者自 1984 年以来就在与土耳其军队打游击战。近年来，土耳其允许了库尔德人践行更多的库尔德文化传统（图 7–21）。

在 20 世纪 30 年代、40 年代和 70 年代，伊拉克库尔德人曾多次争取独立，但是并未成功。伊拉克在 1991 年海湾战争中被击败过后几天，国内的库尔德人就再次发动起义，但仍然未取得成功。美国及其盟国决定不为了库尔德叛军重新开始才结束不久的对伊战争，但是在库尔德起义被镇压后，他们派出军队保护库尔德人不受伊拉克军队的进一步攻击。在 2003 年美国攻击伊拉克，废除萨达姆·侯赛因（Saddam Hussein）后，伊拉克库尔德人获得了更多自主权。库尔德斯坦地区议会管辖了伊拉克北部，几乎不受伊拉克国家政府的控制。

亚洲的族群多样性

学习成果 7.3.3
认识和描述亚洲西部地区的主要族群。

在西南亚和中亚地区，族群和国族所占据领土的不重合程度尤其严重。前面讨论的库尔德人只是其中一个例子。该地区有数十个族群，分散在 7 个国家。如果按照主要族群来划分国界，那么亚洲西部地区的地图将会非常不同。

土耳其的族群
土耳其族占土耳其人口的约 3/4。土耳其族的祖先在约 1,000 年前迁移到今天土耳其所在的地区。土耳其人口最多的少数族群是库尔德人，占土耳其人口的 18%。

黎巴嫩的族群
黎巴嫩的人口约 54% 是穆斯林，41% 是基督徒，5% 是德鲁兹人（Druze）。黎巴嫩的基督徒中，数量最多的是自认为属于罗马天主教的马龙尼礼派（Maronite），其次是各种东正教的教派（图 7-22）。据估计，黎巴嫩的穆斯林平分为逊尼派和什叶派。德鲁兹人有时被归类为穆斯林，但是他们并不遵循第 6 章中所描述的伊斯兰五大支柱信仰，因此并不将自己视为穆斯林。黎巴嫩的宪法正式承认 18 个宗教，包括基督教和伊斯兰教中一些信徒很少的教派和教会。

黎巴嫩在 1943 年独立时，宪法要求众

▲ 图 7-22　**黎巴嫩的基督徒**　黎巴嫩贝鲁特的基督徒在圣乔治大教堂（St. George Cathedral）游行，庆祝棕枝主日（Palm Sunday）。

议院中各宗教的代表人数按照 1932 年人口普查中各宗教所占比例来确定。根据不成文的惯例，当时黎巴嫩总统是马龙尼礼派基督徒，总理是逊尼派穆斯林，众议院议长是什叶派穆斯林，外交部部长是希腊东正教基督徒。其他内阁成员和公务员职位也以类似的方式分配给不同信仰的信徒。

黎巴嫩的宗教群体往往生活在黎巴嫩的不同地区。马龙尼礼派集中在中西部，逊尼

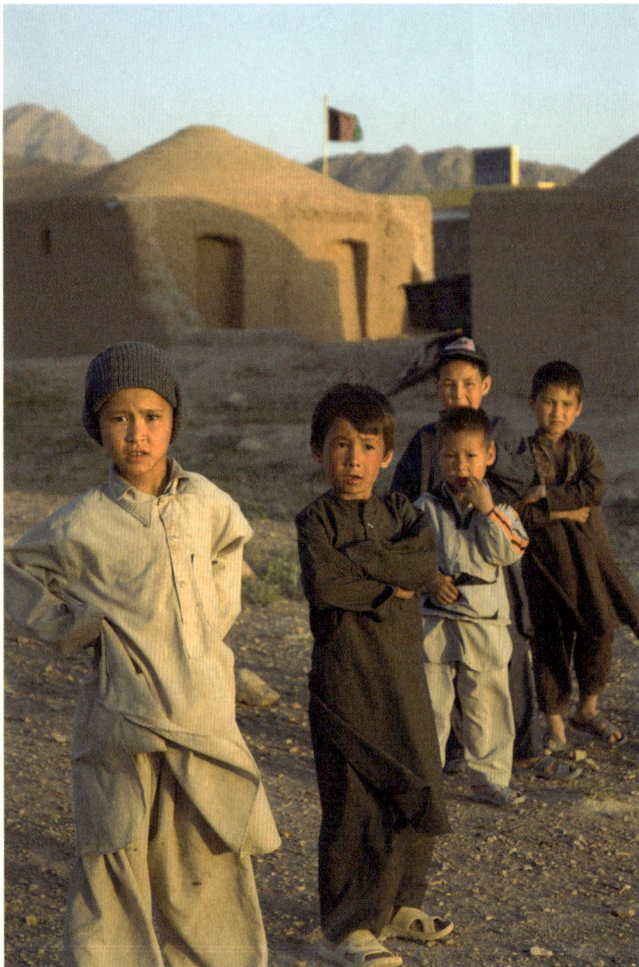

▲ 图 7-23　阿富汗普什图族的男孩

派在西北部，什叶派在南部和东部。黎巴嫩的首都和最大城市贝鲁特（Beirut）被划分为东部基督教区和西部穆斯林区。在 1975 年至 1990 年的内战期间，每个宗教群体都组建民兵组织来保护自己的领域。各个民兵组织控制的领域会因为与其他宗教群体的战斗而发生变化。

叙利亚的族群

从表面上看，叙利亚的族群构成很简单，阿拉伯人占 90%，库尔德人占 9%。然而，在阿拉伯人口中，逊尼派穆斯林占 64%，阿拉维派（Alawi）穆斯林占 11%，基督徒占 10%，德鲁兹人占 3%，其他穆斯林占 2%。信众最多的基督教教派是希腊东正教和希腊天主教。自 1970 年以来，属于伊斯兰教什叶派分支的阿拉维派就在叙利亚掌权。阿拉维派政府支持者和反对者之间的内战已经持续多年。

伊拉克的族群

伊拉克境内人数最多的几个族群包括占总人口 55% 的什叶派穆斯林（阿拉伯人）、21% 的库尔德人，以及 19% 的逊尼派穆斯林（阿拉伯人）。2003 年，美国对伊拉克发动袭击，导致伊拉克长期任职的总统萨达姆·侯赛因被推翻和处决。美国官员认为推翻萨达姆·侯赛因是正确的，因为他进行残酷的独裁，制造大规模杀伤性武器，而且据称与恐怖分子有密切的联系。在入侵伊拉克并推翻萨达姆政权后，美国卷入了多国族群之间复杂而激烈的斗争。伊拉克的政治局势将在第8章更详细地讨论。

伊朗的族群

大多数伊朗人都是波斯人，据信是几千年前从中亚迁移到现在伊朗的印欧部落的后裔（见第5章）。波斯人是世界上信仰什叶派伊斯兰教的最大族群。其他重要的族群是阿塞拜疆族和俾路支族（Baluchi）。伊朗和美国的关系自1979年以来就不佳；1979年，一场革命让原教旨主义什叶派上台，他们的一些支持者占领美国大使馆，将52名美国人质扣留一年多。最近，其他国家一直在努力阻止伊朗制造核武器。

阿富汗的族群

阿富汗境内人数最多的族群是普什图族（Pashtun）、塔吉克族（Tajik）和哈扎拉族（Hazara）（图7-23）。阿富汗族群间目前的动乱可以追溯到1979年，当时几个族群发动起义，反对阿富汗政府。经过族群间多年的战斗，名为塔利班的普什图族派系在1995年控制了阿富汗的大部分地区。塔利班按照自己对伊斯兰价值观的阐释，在阿富汗施行严苛的法律（见第6章）。2001年，美国入侵阿富汗并推翻塔利班领导的政府，塔利班的倒台使得阿富汗众多族群又开始争夺对国家的控制权。

巴基斯坦的族群

旁遮普族（Punjabi）自古以来就是现在巴基斯坦所在地区人口最多的族群，但是在与阿富汗接壤的山区，主要族群是俾路支和普什图族。与邻近的普什图人一样，旁遮普人在7世纪也皈依了伊斯兰教。但旁遮普人仍然是逊尼派穆斯林，没有像普什图人那样皈依什叶派伊斯兰教。

思考题 7.3.3

西南亚和中亚族群的复杂性如何导致该地区难以建立稳定的民主国家？

复习　关键议题 3
为什么族群会发生冲突？

- ✔ 国族是指在法律上共同依附于特定国家的一群人的身份认同。
- ✔ 一些族群，如库尔德族，被分散到多个国族当中。
- ✔ 在西南亚和中亚地区，族群和国族所占据领土的不重合程度尤其严重。

为什么会发生族群清洗和屠杀？

► 欧洲的被迫人口迁移
► 波斯尼亚和黑塞哥维那的族群清洗
► 巴尔干其他地区的族群清洗
► 非洲的族群清洗和屠杀
► 中非的族群清洗和屠杀

学习成果 7.4.1

描述族群清洗的过程。

纵观历史，许多族群都曾因为其他族群的军队更强大而被迫逃离。

联合国将**族群清洗**（ethnic cleansing）定义为：一个族群或宗教群体故意通过暴力和恐怖手段将另一个族群或宗教群体的平民驱赶出特定的地理区域。族群清洗对于文化地理学尤其重要，因为它会改变族群的空间分布，而且是通过武力和犯罪的暴力行为改变的。

族群清洗是为了完全驱除特定地区的某个族群，让留下来的族群能够独自生活在该地区。族群清洗并不像传统战争那样仅仅是为了打败或征服敌人。族群清洗不是在男性军队之间发生的冲突，而是要驱除弱势族群的所有成员——既包括女性，也包括男性；既包括儿童，也包括成年人；既包括身体虚弱的老年人，也包括强壮的年轻人。

欧洲的被迫人口迁移

第二次世界大战期间（1939—1945 年），引发战争的事件、战争本身，以及战后的调整，都导致了大量的人口被迫迁移。尤其臭名昭著的被迫迁移是德国纳粹将数百万犹太人、吉卜赛人和其他族群驱逐到恶名远扬的集中营，在那里将大多数人杀害。

第二次世界大战结束后，数百万德国人、波兰人、俄罗斯人和其他群体由于边界变化而被迫迁移。例如，在德国东部的部分地区被划分给波兰后，该地区的德国人被迫向西迁移到德国，而波兰人则获许迁移到该地区。同样，在波兰东部的部分地区被划给苏联后，波兰人也被迫迁移。

多族群的南斯拉夫

第二次世界大战期间那种规模的族群清洗并未再次出现，但是近来欧洲的巴尔干人中发生过族群清洗。非洲也在发生族群清洗（本章后面讨论）。

巴尔干地区的大小与美国得克萨斯州相当，得名于东西横贯该地区的巴尔干山脉〔在斯拉夫语中称为斯塔拉山脉（Stara Planina）〕。巴尔干地区包括阿尔巴尼亚、保加利亚、希腊、罗马尼亚，以及曾经组成南斯拉夫的几个国家。多个族群聚集的复杂状态，使得该地区长久以来就是动荡的温床。引发第一次世界大战、对世界其他地区来说影响极其深刻的事件，就发生在巴尔干地区——1914 年 6 月，奥匈帝国的王储在萨拉热窝被一名谋求波斯尼亚独立的塞尔维亚人暗杀。

思考题 7.4.1

主要由斯拉夫族居住的国家还有哪个？

第一次世界大战后，协约国创建新的国家南斯拉夫，将几个使用相似南斯拉夫语言的巴尔干族群联合起来。南斯拉夫国名"Yugoslavia"中的前缀"Yugo"，就是斯拉夫语中"南方"的意思。长期在任的领导人约瑟普·布罗兹·铁托（Josip Broz Tito，1943—1963 年任总理，1953—1980 年任总统）

在塑造南斯拉夫国族方面发挥了重要作用。在铁托对于南斯拉夫国族的设想中，最重要的是接受语言和宗教上的族群多样性。克罗地亚人、马其顿人、黑山人、塞尔维亚人和斯洛文尼亚人等 5 个人口最多的族群，被允许对各自所居住的地区拥有相当大的控制权。

在铁托去世后的 20 世纪 80 年代，南斯拉夫各族群之间的对抗重新出现，最终导致其分裂成 7 个小国。由于新国家的边界与族群的分布不匹配，所以南斯拉夫的解体并不和平。紧随其后发生了几次族群清洗。

波斯尼亚和黑塞哥维那的族群清洗

学习成果 7.4.2

解释波斯尼亚和黑塞哥维那的族群清洗概念。

南斯拉夫解体后的族群清洗主要发生在族群领域和新国家边界不匹配的地方。

族群清洗通常有以下步骤：

1. 将大量的军事装备和人员转移到一个没有战略价值的村庄。

2. 围捕村里的所有人。将男性与女性、儿童及老年人隔离开，再将男性关到拘留营，或者杀死他们。

3. 强迫其他人离开村庄。将他们统一带离被族群清洗过的地方。

4. 摧毁这个空出来的村庄，比如放火烧掉。

族群多元化的波斯尼亚和黑塞哥维那

波斯尼亚和黑塞哥维那是南斯拉夫中族群最多元化的共和国。在南斯拉夫解体时，波斯尼亚和黑塞哥维那的人口中，波斯尼亚人占 44%，塞尔维亚人占 31%，克罗地亚人占 17%。按照他们信仰的主要宗教，波斯尼亚人经常被称为波斯尼亚穆斯林。波斯尼亚和黑塞哥维那的塞尔维亚人和克罗地亚人

不愿意生活在穆斯林占多数的多族群独立国家，而是分别进行斗争，想要将各自族群所居住的地区与塞尔维亚和克罗地亚联合起来。

为了表明脱离波斯尼亚和黑塞哥维那的决心，塞尔维亚人和克罗地亚人对波斯尼亚人进行族群清洗（图 7-24）。联合国称，波斯尼亚的族群清洗包括"谋杀、酷刑、任意逮捕和拘留、法外处决、强奸和性侵、将平民关押在贫民窟地区、强迫平民迁离和出境、故意对平民和平民区进行军事袭击或威胁，以及肆意破坏财产"。

族群清洗确保这些地区不仅是塞尔维亚人和克罗地亚人占多数，而且在族群上是同质的，因而更适合与塞尔维亚和克罗地亚联合。塞尔维亚人对波斯尼亚人的族群清洗尤为严重，因为前者居住的领土包括几个不相连的地区，其中一些地区被由波斯尼亚人占多数的地区与塞尔维亚隔开。通过对波斯尼亚人进行族群清洗，塞尔维亚人创造出一个连续的塞尔维亚人统治区，不再是多个不相连的地区。

1996 年，波斯尼亚人、克罗地亚人和塞尔维亚人的领导人在美国俄亥俄州的代顿（Dayton）达成协议，将波斯尼亚和黑塞哥维那划分为 3 个区域，由 3 个族群分别控制。波斯尼亚人和克罗地亚人的地区合并为联邦，两个族群进行部分合作，但是塞尔维亚人的地区几乎完全独立于其他两个地区，只是名义上还与后者属于一个国家。

代顿和平协议让塞尔维亚人控制了大约 50% 的土地，尽管他们只占波斯尼亚和黑塞哥维那人口的 40%。克罗地亚人获得约 20% 的土地，但是他们只占人口的 15%。占人口总数 45% 的波斯尼亚人，只获得了 30% 的土地。尽管如此，波斯尼亚和黑塞哥维那再次成为一个相对和平的地方（图 7-25）。

(a)

(b)

(c)

▲ 图 7-24　波斯尼亚和黑塞哥维那的族群清洗　（a）波斯尼亚和黑塞哥维那莫斯塔尔市（Mostar）的莫斯塔尔古桥（Stari Most）是土耳其人于 1566 年在内雷特瓦河（Neretva River）上修建的；（b）1993 年，克罗地亚人在对波斯尼亚人进行族群清洗的过程中将桥梁炸毁；（c）随着波斯尼亚和黑塞哥维那国内的战争结束，这座桥在 2004 年得以重建。为什么克罗地亚人会认为炸毁这座桥梁在族群清洗中很重要？为什么波斯尼亚人认为在战后重建桥梁很重要？比较重建的桥梁与最初的桥梁，为什么波斯尼亚人要让新桥和最初的桥梁几乎相同？

▲ 图 7-25　今日的莫斯塔尔　莫斯塔尔的古桥现在成为旅游景点，每年都会举办国际跳桥比赛（International Bridge Jumping Competition）。

思考题 7.4.2
塞尔维亚人所获领土的大部分来自波斯尼亚和黑塞哥维那境内的哪些地区？

巴尔干其他地区的族群清洗

学习成果 7.4.3
解释巴尔干地区的族群清洗概念。

南斯拉夫境内的族群清洗并不限于波斯尼亚和黑塞哥维那。科索沃和克罗地亚也有族群清洗。

科索沃的族群清洗

在南斯拉夫解体时，科索沃人口中 82% 是阿尔巴尼亚人，10% 是塞尔维亚人。但是，科索沃当时由塞尔维亚控制。塞尔维亚在历史上拥有对科索沃的主权，在 12 至 14 世纪控制

科索沃。1389 年，塞尔维亚人在科索沃与奥斯曼帝国进行了战斗，虽然最终战败，但这场战斗很重要。20 世纪初期，在南斯拉夫成立时，由于在形成塞尔维亚族群中起了作用，塞尔维亚得到了对科索沃的控制权。

南斯拉夫解体后，塞尔维亚直接控制了科索沃，并针对占多数的阿尔巴尼亚人发动族群清洗（图 7-26）。在 1999 年的顶峰时期，塞尔维亚的族群清洗迫使科索沃 200 多万阿尔巴尼亚族居民中的 80 多万人流离失所，其中大多数去了阿尔巴尼亚的难民营。美国和西欧部分国家被这种族群清洗激怒，于是通过北大西洋公约组织（北约）的运作，对塞尔维亚发动了空袭。最终，塞尔维亚同意从科索沃撤离所有士兵和警察，轰炸才结束。

科索沃在 2008 年宣布从塞尔维亚独立，导致国内近 90% 的塞尔维亚人离开。

克罗地亚的族群清洗

随着南斯拉夫解体，克罗地亚在1991年宣布独立。当时，占克罗地亚人口12%的塞尔维亚族反抗克罗地亚新政府，试图在东部建立独立的国家，他们称之为塞尔维亚克拉伊纳共和国（Republic of Serbian Krajina）。

为了促进克拉伊纳的独立，塞尔维亚人进行了族群清洗。塞尔维亚人将大约17万克罗地亚人和其他非塞尔维亚人从克罗地亚东部驱逐出去。在一场持续4年、以克罗地亚胜利告终的战争之后，约有2万名塞尔维亚人被驱逐，有18万塞尔维亚人选择离开克罗地亚。国际刑事法庭（The International Criminal Tribunal）判决，塞尔维亚领导人在克罗地亚东部对克罗地亚人进行族群清洗，犯了战争罪。

思考题 7.4.3

在关于族群清洗的两节内容中，有哪两个从南斯拉夫分裂出来的国家没有被提及？为什么它们没有遭受族群清洗？

巴尔干化

巴尔干式和巴尔干化这两个术语曾被世界领导人和地理学者广泛使用：

巴尔干式（balkanized）指一个小面积的地理区域拥有多个族群，这些族群之间存在复杂、长久的敌意，使得该地区不能成功地组织成稳定的国家。

巴尔干化（balkanization）指一个国家由于族群冲突而分裂。

一个世纪前，世界上的领导人认为巴尔干式国家的巴尔干化进程是对世界和平的威胁：巴尔干化直接导致了第一次世界大战，因为巴尔干地区的各个国族都将与自己结盟的更强大国家拖入了战争。

经历了两次世界大战和20世纪的政权兴衰之后，巴尔干地区在21世纪再次成为一个巴尔干式的地区。巴尔干地区在21世纪实现和平，是因为族群清洗悲剧性地实现了它的目标。数以百万计的人因为是少数族群就被杀害或被迫迁移。在曾经有多个族群的地区，和平的代价就是族群同质化。

◀ 图7-26 **科索沃的族群清洗** 1999年，被塞尔维亚人进行族群清洗的科索沃人生活在马其顿边境营地的帐篷中。

非洲的族群清洗和屠杀

学习成果 7.4.4

认识非洲最近发生的族群屠杀事件。

族群间的竞争在少数极端的情况下会导致族群屠杀事件发生；**族群屠杀**（genocide）就是屠杀特定族群的人口，试图消灭整个族群。近年来，非洲的几个地区饱受族群冲突的影响，这些冲突还导致了族群屠杀。有些国家要么是没有能力阻止，要么是不愿意阻止族群屠杀。

非洲的族群和国族

传统上，非洲文化特征中最重要的元素是族群，而不是国族。非洲拥有几千个族群，它们的语言、宗教和社会习俗各不相同。非洲族群的确切数量无法确定，因为不同族群之间的界限很难确定。此外，还很难确定某个群体是独特的族群，还是属于由多个类似群体组成的更大集合的一部分。

在19世纪末和20世纪初，欧洲国家将非洲大陆划分为多个殖民地，同时又很少考虑族群的分布。在这些殖民地成为独立国家时，特别是在20世纪50年代和60年代，新国家的领域通常与欧洲人强加的殖民地行政单位相匹配，但与历史上的族群分布不一致。结果，大多数国家都拥有许多不同的族群，有些族群则被分散到多个国家。族群冲突在非洲普遍存在，主要是因为族群的历史分布与当今的国族鲜有关联。

思考题 7.4.4

为什么不同族群所占的区域在非洲北部要比在非洲其他地区大得多？

苏丹的族群清洗和屠杀

1983年以来，苏丹发生了多次内战，导致了族群屠杀和族群清洗。苏丹与达尔富尔（Darfur）、南苏丹的两次冲突造成的受害者数量最多。

族群多样性是苏丹多次冲突的根源。苏丹人口中，阿拉伯人约占70%，穆斯林占97%。其余的人口属于许多族群，这些族群在12世纪阿拉伯人到来之前就生活在苏丹。非阿拉伯族群通常生活在苏丹的西部、南部和东部。

达尔富尔。 达尔富尔的非洲黑人族群被由阿拉伯人主导的国家政府歧视和忽视，对此感到愤恨，在2003年发起叛乱。四处劫掠的阿拉伯游牧部落——被称为贾贾威德（Janjaweed）——在苏丹政府的支持下镇压了达尔富尔主要是定居农民的黑人。

据估计，达尔富尔有45万人是族群屠杀的受害者，还有250万人是族群清洗的受害者。大多数族群清洗受害者都生活在达尔富尔恶劣沙漠环境中的难民营里，生活条件极其糟糕（图7–27）。

南苏丹。 1983年至2005年，苏丹南部和北部族群之间的战争导致约190万苏丹人死亡，约70万人受到族群清洗。战争以2011年南苏丹独立告终。与主要为阿拉伯穆斯林的北方相反，南苏丹最大的两个族群是主要信仰基督教的丁卡族（Dinka）和主要信仰民间宗教的努尔族（Nuer）。苏丹南北战争的起因是北方人试图推行基于伊斯兰教信仰的法律体系，遭到南方人抵抗。然而，南方人虽然从北方的阿拉伯穆斯林中独立出来，但并未因此获得和平。南苏丹的多元族群始终未能合作建立稳定的政府。

阿卜耶伊地区（Abyei）。在2011年南

▲ 图 7-27 **达尔富尔** 苏丹达尔富尔难民营的露天教室。孩子们没有纸张，所以用木块学习写字。

苏丹独立后，冲突转移到苏丹与南苏丹新国际边界的沿线地区。有些族群与新国家南苏丹境内的族群结盟，和苏丹政府的支持者并肩作战。阿卜耶伊是一个面积不大的边境地区，那里生活的族群既有支持苏丹的，也有支持南苏丹的。该地区的地位本来要通过居民投票来决定，但是投票被推迟。在地位得以确定之前，阿卜耶伊的人们既被视为苏丹公民，也被视为南苏丹公民。来自埃塞俄比亚的维和部队正在防止苏丹或南苏丹控制阿卜耶伊。

南科尔多凡和青尼罗。 另外两个边境地区——南科尔多凡（South Kordofan）和青尼罗（Blue Nile）——也拥有大量分别支持苏丹和南苏丹的族群。与阿卜耶伊的情况相同，关于这两个地区归入苏丹还是南苏丹的公投被取消，让它们未来的地位悬而未决。

东部阵线。 苏丹东部的族群在邻国厄立特里亚的支持下与苏丹政府军队斗争。斗争的焦点是石油利润的分配。

中非的族群清洗和屠杀

学习成果 7.4.5

认识中非最近发生的族群屠杀事件。

卢旺达和布隆迪是非洲中部的小国，遭受过特别严重的族群屠杀。两个国家的两个族群——胡图族和图西族——的长期冲突，是非洲中部族群清洗和屠杀的核心。这两个族群的语言相同，宗教信仰和社会习俗类似，而且通婚还减少了两族之间的身体差异。然而，胡图族和图西族卷入了大规模的族群清洗和屠杀：

■ 胡图族（Hutus）原来是定居的农民，在今天卢旺达和布隆迪（中非的大湖地区）的肥沃山丘和山谷里种植庄稼。

■ 图西族（Tutsis）是 400 年前从肯尼亚西部的大裂谷迁移到如今卢旺达和布隆迪的牧民。

定居农民和牧民之间的关系往往不好，

对于美国是否应该派军队到发生族群清洗和屠杀的地方，美国公民和政府官员进行过辩论。

美国应该干预

- 在无辜的妇女和儿童被杀害时，美国不应该袖手旁观，无所作为（图 7-28）。
- 如果美国阻止族群屠杀，其他国家也会更有勇气去干预。
- 民主价值观要求美国帮助陷入困境的人们。

▲ 图 7-28　美国军队提供人道主义援助

美国不应该干预

- 美国不能当世界警察，必须让族群自己解决问题。
- 只有在国家利益受到直接威胁时，美国才应该进行干预。
- 干预会让美国陷入复杂的争端，最终伤害美国自身（图 7-29）。

▲ 图 7-29　反对美国干涉伊拉克的人们

这也是上述达尔富尔族群清洗中的要素。

胡图族在历史上占卢旺达和布隆迪人口的大多数，但图西族将该地区控制了数百年，并将胡图族变成了他们的农奴。这两个地区在 19 世纪 80 年代成为德国的殖民地，在 1924 年至 1962 年又成为比利时的殖民地。在殖民地时期，图西族像之前一样占据领导职位。

思考题 7.4.5
为什么欧洲殖民国家更愿意让作为少数的图西人，而不愿意让作为多数的胡图人占据领导职位呢？

1962 年卢旺达独立，胡图族掌权，并对图西族进行族群清洗和屠杀。1990 年，遭受过族群清洗的图西族后裔入侵卢旺达，发动了为期三年的内战。与此同时，在由图西族掌权的布隆迪，内战导致胡图族和图西族都发动和遭受了族群屠杀。

1993 年，两个族群签署在卢旺达共享权力的协议，但是在 1994 年，一架载有卢旺达和布隆迪两国总统（都是胡图人）的飞机被地空导弹击落，再次引发族群屠杀。国际情报组织和独立研究人员至今未能确定袭击者是可能试图破坏和平协议的胡图人，还是图西人。在这次袭击的几个月前，布隆迪前任总统被暗杀，他是首位当选布隆迪总统的胡图人。

在1994年两位总统被暗杀后，胡图族发起族群灭绝行动，估计在卢旺达杀死了80万图西人，在布隆迪杀死了30万图西人。然而，图西族在这两个国家都占优势，他们进行的报复，又增加了死亡人数。卢旺达现在仍然由图西人管理，但是布隆迪自2005年以来就由民主选举的胡图人领导。

胡图族和图西族之间的冲突蔓延到了刚果民主共和国。刚果是该地区面积最大、人口最多的国家，拥有丰富的矿产资源。它也是族群最多的国家之一，估计拥有200多个不同的族群。大多数刚果人被归类为班图族（Bantus），但班图族包括大量不同的族群团体。

刚果被认为在过去70年里经历了世界上最为致命的数场战争。在刚果内战中，有超过500万人死亡，大多数死于疟疾、腹泻、肺炎和营养不良，流离失所和不卫生、过度拥挤的生活条件加剧了这些疾病的发作。在1997年成功推翻刚果长期总统约瑟夫·蒙博托（Joseph Mobutu）的过程中，图西人发挥了重要作用。蒙博托通过矿产销售积累了数十亿美元的个人财富，同时让刚果的大部分地区陷入贫困。继蒙博托之后成为总统的洛朗·卡比拉（Laurent Kabila）极度依赖图西人，允许他们杀死部分在20世纪90年代初期指挥对图西人施暴的胡图人。但是，卡比拉很快就与图西人分道扬镳，而图西人则再次支持想要推翻刚果政府的叛军。

卡比拉转而支持胡图人和其他也憎恨图西人的族群。来自安哥拉、纳米比亚、津巴布韦和其他邻国的军队都为卡比拉提供了援助。卡比拉在2001年被暗杀，他儿子继位，并于次年与叛军谈判和解。尽管有这种和解，但刚果多族群之间的冲突仍在继续，人员伤亡也在增加。

复习 关键议题 4
为什么会发生族群清洗和屠杀？

✓ 族群清洗指强大的族群强行驱赶弱小的族群，以创造出族群同质的地区。

✓ 族群屠杀指屠杀特定族群的人口，试图消灭整个族群。

总结与回顾

各种族群分布在何处?

族群指共享特定家园或源地的文化传统的一群人。族群涉及一个人在文化传统中的地位,而种族则涉及生物特征,如肤色。美国人数最多的3个族群是西班牙裔美国人、非裔美国人和亚裔美国人。

地理学思维

1. 有什么食物原本属于某个族群,现在却被其他族群的人们食用?

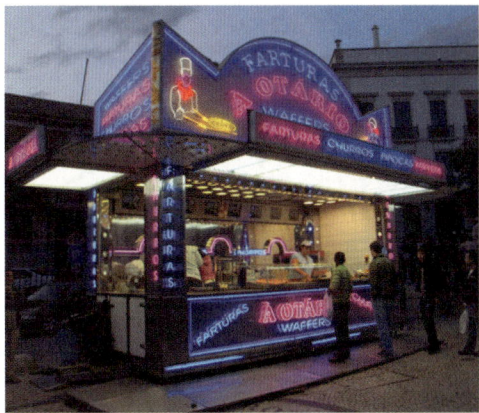

▲ 图 7-30　葡萄牙里斯本的墨西哥食物摊位

为什么族群的分布各不相同?

由于独特的迁移和隔离模式,不同族群会聚集在一起。例如,许多非裔美国人可以将血缘追溯到被迫从非洲迁移的奴隶。非裔美国人在20世纪初从美国南方大量迁移到北方和西部,并聚集在已经扩大的城内贫民区中。

地理学思维

2. 南非是世界主要的葡萄酒生产国。尽管种族隔离已经结束,但是酿酒厂和葡萄园很少由黑人拥有。为什么会出现这种情况?

▲ 图 7-31　黑人拥有的南非葡萄酒厂　穆慧迪葡萄酒(M'hudi Wines)是南非少数由黑人拥有的葡萄酒厂之一。

为什么族群会
发生冲突？

　　多个族群在一个国家内相互争夺控制权或支配地位，就会产生冲突。一个族群被分散到多个国家时，也会产生冲突。国族指在法律上依附于特定国家的一群人。有些族群被分散到多个国族当中。

地理学思维

　　3. 库尔德人声称自己是世界上未被国家控制的最大族群。还有哪些族群可能强烈要求重新规划领土界线，以便成为多数派？

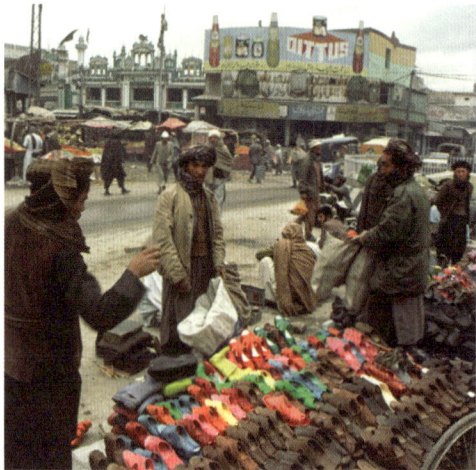

▲ 图 7-32　**俾路支地区**　巴基斯坦西北部的奎达市（Quetta）将成为俾路支地区的最大城市。

为什么会发生
族群清洗和屠杀？

　　族群清洗指强大的族群强行驱赶弱小的族群，以创造出族群同质的地区。族群屠杀指屠杀特定族群的人口，试图消灭整个族群。

地理学思维

　　4. 图 7-24 和图 7-25 中的莫斯塔尔古桥，被重建得几乎与原桥一模一样。为什么波斯尼亚人要复制原来的桥？

　　5. 专业跳水运动员从古桥跳下去，进行比赛。为什么古桥可以成为举办职业跳水比赛的重要地点？

▲ 图 7-33　**莫斯塔尔古桥跳水**　在桥上举行年度跳水比赛。

关键术语

种族隔离（第 245 页），将不同种族划分到不同地理区域的南非法律，现已经失效。

巴尔干化（第 256 页），一个国家由于族群冲突而分裂。

巴尔干式（第 256 页），一个小面积的地理区域拥有多个族群，这些族群之间存在复杂、长久的敌意，使得该地区不能成功地组织成稳定的国家。

住宅区恐慌（第 243 页），房地产经纪人利用白人业主担心有色人种很快就会搬到附近的心理，说服他们低价出售房屋。

向心力（第 247 页），一种会让人们团结起来，并让人们更加支持国家的态度。

族群清洗（第 252 页），一个族群或宗教群体故意通过暴力和恐怖手段将另一个族群或宗教群体的平民驱赶出特定的地理区域。

族群飞地（第 236 页），一个高度集聚了特定族群的地方，且这个族群明显不同于周边的族群。

族群（第 230 页），共享特定家园或源地文化传统的一群人。

郊外族群区（第 237 页），有特定族群人口聚集的郊外区域。

族群屠杀（第 258 页），屠杀特定族群的人口，试图消灭整个族群。

国族主义（第 247 页），对特定国族的忠诚和热爱。

国族（第 230 页），在法律上共同依附于特定国家的一群人。

种族（第 230 页），被认为具有共同生理特征（例如肤色）的一群人。

种族主义（第 232 页），认为种族是人类特征和能力的主要决定因素，种族差异会使得特定种族天生具有优越性。

种族主义者（第 232 页），认同种族主义信念的人。

佃农（第 242 页），从地主那里租种土地，向地主缴纳部分庄稼作为租金的人。

三角奴隶贸易（第 240 页），主要存在于 18 世纪的贸易实践：欧洲船舶将奴隶从非洲运到加勒比岛屿，将糖蜜从加勒比地区运到欧洲，再将货物从欧洲运到非洲进行贸易。

一名男子在曼谷的政治集会上挥舞泰国国旗。

第八章

政治地理学

　　你可以列举出世界上的多少个国家？旧式的地理学有时要求记忆国家及首都。人文地理学者现在强调使用主题学习方法。我们关注世界各地活动发生的地点、特定空间分布出现的原因，以及这些分布情况的重要性。尽管强调的重点不同，但是你仍然需要知道各个国家的位置。如果不知道，就缺乏基本的参考框架，难以明确事情的真相。

关键议题

1

国家分布在何处？

　　地球的陆地空间被分为多个国家，但是国家由什么构成并不总是明确的。

2

为什么很难创建民族国家？

　　地方多样性在政治事务中变得更重要，因为具体的文化群体要求对自己所居住地区有更多的控制权。

3

为什么边界会带来问题?

边界线不是画在地面上的,但是如果真是画在地上的会更好。边界就是不同国家相连的地方。

4

国家在什么地方面临威胁?

20 世纪的冲突主要是全球战争,包括两次世界大战。进入 21 世纪,许多袭击事件并非来自交战国,而是来自恐怖组织。

► 介绍政治地理学
► 国家的定义难题

学习成果 8.1.1

理解世界上"国"(state)与美国中"州"(state)的区别。

在查看地球的卫星图像时,我们可以轻松地区分陆地和水体。我们无法看到的是国家之间的边界位置。对许多人来说,国界比自然物更有意义。地球上最基本的一种文化特征,也是一种我们习焉不察的特征,是地球表面被划分成多个由具体国家占据的空间。

介绍政治地理学

国家(state)指一个组织成政治单位的区域,它由控制内政和外交事务的稳固政府统治。国家在地球表面占据确定的领土,拥有固定的人口。英语中,"state"和"country"都可以表示国家。美国的州也用"state"来表示,但是在政治地理学中,这个词语并不指代美国境内的 50 个地区政府。美国的 50 个州是国家内的分支。

在世界地图上,几乎所有可居住的土地都成为国家的一部分。但是,在直到最近的大部分历史时期里,情况都并非如此。就在不久前的 20 世纪 40 年代,世界上仅拥有约 50 个国家,而今天则大约有 200 个。

世界各国所占的土地面积差异很大。面积最大的国家是俄罗斯,为 1,710 万平方千米(660 万平方英里),占世界整个陆地面积

的 11%。其他面积超过 500 万平方千米(200 万平方英里)的国家有加拿大、中国、美国、巴西和澳大利亚。

约 20 个微型国家(microstate),即土地面积非常小的国家,是另一个极端。如果俄罗斯是本页纸张这么大,那么微型国家就是页面上的一个字。梵蒂冈是世界上最小的微型国家,面积为 0.44 平方千米(0.17 平方英里)。面积第二小的微型国家、联合国最小的成员国摩纳哥(图 8–1)只有 1.5 平方千米(0.6 平方英里)。

联合国中面积小于 1,000 平方千米(400 平方英里)的成员国还有安道尔、安提瓜和巴布达、巴林、巴巴多斯、多米尼克、格林纳达、基里巴斯、列支敦士登、马尔代夫、马耳他、密克罗尼西亚、帕劳、圣基茨和尼维斯、圣卢西亚、圣文森特和格林纳丁斯、圣马力诺、圣多美和普林西比、塞舌尔、新加坡、汤加和图瓦卢。许多微型国家都是岛屿,这也是它们面积较小的原因。

思考题 8.1.1

地球上几乎所有土地都划分给了各个国家,那么未来的国家数量会如何增加?

国家的定义难题

学习成果 8.1.2

解释为什么很难确定有些地区是否是主权国家。

一个国家拥有主权(sovereignty)。主权意味着独立控制国内事务,不受其他国家干涉。一个国家的所有地区都由国家政府、法律、军队和领导人管理,所以国家是形式地区或均质地区的良好范例。

▲ 图 8-1　**摩纳哥: 联合国成员国中最小的微型国家**　联合国中最小的成员国是摩纳哥公国。

▲ 图 8-2　**撒哈拉共和国 / 西撒哈拉**　摩洛哥在 20 世纪 80 年代建造了沙墙,隔离为争取独立而战的波利萨里奥阵线叛乱分子。

关于主权国家的数量存在分歧。这种分歧与所涉及地方的历史和地理密切相关，并且通常涉及邻国。

朝鲜半岛：一国还是两国？

朝鲜半岛分为朝鲜民主主义人民共和国（朝鲜）和大韩民国（韩国）。在第二次世界大战中，日本被击败，由日本殖民了35年的朝鲜半岛分裂为两个分别由苏联和美国占领的占领区。苏联在北部设立亲共产党的政府，南部则建立了亲美政府。1950年朝鲜进攻韩国，引发战争，持续了三年才停火。朝韩两国政府都致力于将朝鲜半岛重新统一为一个主权国家。但是，二者都认为自己应该对整个朝鲜半岛行使主权。

撒哈拉共和国/西撒哈拉：主权在哪国？

阿拉伯撒哈拉民主共和国（The Sahrawi Arab Democratic Republic），也称为西撒哈拉，被大多数非洲国家视为主权国家。然而，摩洛哥声称拥有该地区，而且为证明这种主张，在该地区周围修建了2,700千米（1,700英里）的围墙，阻止叛乱分子。

西班牙曾经控制非洲大陆西海岸摩洛哥和毛里塔尼亚之间的领土，直到1976年才撤离。波利萨里奥阵线（Polisario Front）宣布成立独立的撒哈拉共和国，得到大多数非洲国家的承认，但是摩洛哥和毛里塔尼亚分别强占它的北部和南部地区。三年后，毛里塔尼亚撤离，摩洛哥宣布占有整个地区。

摩洛哥控制着大部分人口稠密的地区，波利萨里奥阵线在广袤、人烟稀少的沙漠地区活动，在摩洛哥墙以东1/5的领土上尤其活跃（图8-2）。联合国尝试让各方和解，但是未能成功。

思考题 8.1.2

除军事行动外，还有什么方式可以解决这些有争议领土的主权问题？

复习　关键议题 1
国家分布在何处？

✔ 世界上有大约200个主权国家，不同国家的规模相差很大。

✔ 一些地区的主权在国家间有争议。

- ▶ 国家的发展
- ▶ 民族国家和多民族国家
- ▶ 俄罗斯:最大的多族群国家
- ▶ 苏联的民族国家
- ▶ 殖民地

学习成果 8.2.1

了解民族国家的发展。

民族国家(nation-state)指的是领土与特定族群所占据区域相吻合的国家。为保存和增强鲜明的文化特征,许多族群都试图在不受干扰的情况下自治。将世界分为许多独立的民族国家,是最近才出现的概念。

国家的发展

第一批国家出现于古时候的西南亚和北非。然而,在历史上,地球表面的大部分区域要么是没有组织的领土,要么是以其他方式组织的,比如帝国、王国,以及由世袭贵族阶级所控制的庄园。在现代,国家的概念最先发源于欧洲。

古代的国家

国家在古代的发展可以追溯到西南亚一个被称为新月沃土(Fertile Crescent)的地区。古代的新月沃土是波斯湾和地中海之间的一个弧形区域。该区域是欧洲、亚洲和非洲的相交点,是古代陆地和海上交通的中心。

最先在美索不达米亚(Mesopotamia)发展出来的国家被称为**城邦**(city-state)。城邦是由城镇及周围乡村构成的主权国家。城墙明确划定了城市的边界,城市在城墙外控制着农业土地,为城市居民生产食物。农村还是城市的外层防御线,可以抵挡其他城邦的攻击。

美索不达米亚某个城市或部落会周期性地在军事上强于其他城市或部落,进而形成帝国。苏美尔人、亚述人、巴比伦人和波斯人先后在美索不达米亚建立帝国。

美索不达米亚东端的中心是底格里斯河和幼发拉底河的河谷,也就是今天伊拉克所在的地区。新月沃土的西部在沙漠上弯曲,向南延伸,涵盖了今天叙利亚、黎巴嫩和以色列所在的地中海沿岸。埃及的尼罗河河谷有时也被视为新月沃土在北非的延伸。

思考题 8.2.1

新月沃土在宗教的发展中起了什么重要作用?该地区古代国家和宗教的发展有何关联?

中世纪的国家

随着罗马帝国的建立,古代世界的政治统一达到顶峰;罗马帝国控制着欧洲、西南亚与北非的大部分地区,从今天的西班牙到伊朗,从埃及到英国。罗马帝国在最大时包括 38 个行省,每个行省都使用在罗马创建的同一套法律。巨大的城墙帮助罗马军队捍卫了帝国的许多边界。

由于边境人民的攻击,以及内部的纷争,罗马帝国在 5 世纪瓦解。罗马帝国的欧洲部分被分裂成大量由相互竞争的君主、公爵、男爵和其他贵族拥有的庄园。从大约 1100 年开始,少数强大的君主和皇帝统治了许多欧洲庄园。君主或皇帝将邻近庄园合并控制,为英国、法国和西班牙等现代欧洲国家的发展奠定了基础。

20 世纪欧洲的国家

进入 20 世纪，欧洲的大部分领土都由少数皇帝、国王和皇后统治。在席卷几乎整个欧洲的第一次世界大战之后，战胜国的领导人召开巴黎和会，重新划分欧洲领土。伍德罗·威尔逊总统的首席顾问之一、地理学家艾赛亚·鲍曼（Isaiah Bowman），在决策中发挥了重要作用。

协约国领导人的目标是将欧洲划分为一系列民族国家，将语言作为识别族群的主要标准。最终，新国家得以成立，现有国界被调整，尽可能与不同语言使用者所生活的领土相重合。这种做法创造了一些明确的民族国家，但许多在一个世纪前建立的欧洲国家并没有成为民族国家。

民族国家和多民族国家

学习成果 8.2.2

理解民族国家和多民族国家之间的差异。

为保存和增强鲜明的文化特征，许多族群都试图在不受干扰的情况下自治。族群拥有自我管理的权力，叫作**自决**（self-determination）。族群推动了民族国家的建立，因为对自决的渴望是一种非常重要的、群族成员共有的态度。

没有完美的民族国家，因为特定族群占据的领域从来不会完全与国家的边界重合。尽管如此，一些国家仍然是民族国家的典型例子。例如，日本的族群构成是 98.5% 的日本人、0.5% 的朝鲜人、0.4% 的华人，以及 0.6% 的其他族群。

多族群国家和多民族国家

拥有多个族群的国家就是**多族群国家**（multiethnic state）。没有哪个国家的人口百分之百属于一个族群，所以世界上每个国家都在不同程度上是多族群国家。**多民族国家**（multinational state）指包含多个有自决和自治传统族群的国家。

在有些多民族国家中，不同族群和平共处，同时保持着各自的独特文化。每个族群都承认并尊重其他族群的独特传统。在部分和平的多民族国家中，每个族群都可以控制其居住地区的政府职能。在有些多民族国家，不同族群全都为形成单一的国族贡献文化力量。例如，美国拥有许多族群，它们全都认为自己属于单一的美国国族。

欧洲的多元族群复兴

在 20 世纪 30 年代，德意志民族社会主义工人党（German National Socialists，即纳粹）声称欧洲所有说德语的地区都属于一个民族，应该统一成一个国家。英国和法国对纳粹在中欧的扩张姑息多年，最终在纳粹入侵波兰这个非德语国家时宣战。

在第二次世界大战中失败后，德国被分为两个国家。1949 年至 1990 年之间存在两个德国。今天的德国所占的地区与 20 世纪动乱前德语群体所占地区几乎没有相似之处。然而，第二次世界大战后大量欧洲人被迫迁移，许多族群迁到欧洲各个民族国家新划定的领土上。随着共产主义统治在德国的结束，德意志民主共和国不复存在，其领土并入德意志联邦共和国。此外正如第 7 章所讨论的，南斯拉夫是欧洲失败民族国家的主要例子。

在一些多民族国家中，一个族群试图主宰另一个族群，尤其是在这个族群的人数远多于其他族群的时候。人数较少的族群可能会被另一族群的文化特征同化，这种同化有时是通过武力实现的。

欧洲人认为族群性已经成为不重要的历

史遗留物，比如穿着特色服装吸引游客。卡尔·马克思写道，国家主义是社会统治阶级控制工人的手段。他相信工人会与同阶级的其他人产生共鸣，而不是认同某个族群身份。正如之前所述，第一次世界大战后将欧洲分割成民族国家的做法并未带来和平。

在 21 世纪，族群认同在欧洲再次变得重要。南斯拉夫、捷克斯洛伐克和苏联这 3 个多民族国家分裂成了多个国家。一些新国家是典型的民族国家，但有些并不是：

■ 捷克斯洛伐克这个多民族国家在 1993 年和平地变为两个民族国家：捷克（捷克共和国）和斯洛伐克。斯洛伐克人只占捷克人口的 1%，捷克人在斯洛伐克人口中的占比不足 1%（图 8-3）。

■ 1991 年，在南斯拉夫这个多民族国家解体的过程中，斯洛文尼亚作为南斯拉夫的

▲ 图 8-3 **捷克和斯洛伐克** 捷克（左）和斯洛伐克（右）的国旗。波兰的国旗在中间。

可持续性与我们的环境 上升的海平面与瑙鲁的未来

由于海平面上升，世界上最小的岛国瑙鲁以及其他岛国的可持续性面临危险。在 20 世纪，海平面上升了约 17 厘米（6.7 英寸）。在联合国工作的科学家预测，海平面还会上升 18~59 厘米（7~23 英寸）。海平面上升将淹没很大一部分的小岛。另一个太平洋微型国家基里巴斯拥有约 32 个小岛，现在已经有两个岛由于海平面上升而消失。

瑙鲁、基里巴斯和其他太平洋微型岛国都是环礁，也就是由珊瑚礁组成的岛屿（图 8-4）。珊瑚是一种固定不动的小型海洋动物，具有角质或钙质的骨骼。珊瑚会形成群落，它们的骨架形成珊瑚礁。珊瑚非常脆弱，但十分美丽，支持着许多物种的生存，所以以对人类而言很有吸引力，然而搬动珊瑚会将其杀死。气候变化对珊瑚可持续性的威胁尤为

严重：珊瑚只能在 23℃~25℃（73 ℉~77 ℉）这个较小的海洋温度范围内存活，因此全球变暖威胁着岛屿在海平面以上部分的生态系统。

▲ 图 8-4 **瑙鲁：世界上最小的岛屿微型国家** 气候变化导致的海平面上升，威胁着这个面积仅为 21 平方千米（8 平方英里）的岛屿的未来。

一个共和国，和平地转变为一个民族国家。然而，正如前一章所讨论的，南斯拉夫的其他地区只有在族群清洗和其他暴行之后才成为民族国家。

思考题 8.2.2

非洲发生族群清洗和灭绝的地区，同时也是族群多元化程度最高的地区吗？这种相似或差异的原因是什么？

俄罗斯：最大的多族群国家

学习成果 8.2.3

了解俄罗斯作为多民族国家的情形。

俄罗斯：最大的多民族国家

1922 年至 1991 年，苏维埃社会主义共和国联盟（苏联）是世界上陆地面积最大的国家，也是世界上最大的多民族国家。苏联基于其 15 个最大的族群，由 15 个共和国组成。根据苏联解体前一年的估计，俄罗斯人占苏联人口的 51%，乌克兰人占 15%，乌兹别克人占 6%，其余 28% 的人口分布在苏联政府正式承认的 100 多个其他族群中。

1991 年苏联解体，15 个共和国成为 15 个独立国家。这 15 个国家分为 5 组：

■ 俄罗斯。

■ 3 个波罗的海国家：爱沙尼亚、拉脱维亚和立陶宛。

■ 3 个欧洲国家：白俄罗斯、摩尔多瓦和乌克兰。

■ 5 个中亚国家：哈萨克斯坦、吉尔吉斯斯坦、塔吉克斯坦、土库曼斯坦和乌兹别克斯坦。

■ 3 个高加索国家：亚美尼亚、阿塞拜疆和格鲁吉亚。

这些新国家中有些是典型的民族国家，有些显然是多民族国家。

苏联解体后，俄罗斯成为当今世界上最大的多民族国家。俄罗斯人口中有 81% 是俄罗斯族裔，在剩下的 19% 的人口中，政府承认的族群有 39 个。

俄罗斯的族群主要聚集在两个地点。有些族群位于边界地区，包括蒙古附近的布里亚特人（Buryats）和图瓦人（Tuvinian），以及苏联的两个共和国阿塞拜疆和格鲁吉亚附近的车臣人（Chechens）、达格斯坦人（Dagestani）、卡巴尔达人（Kabardins）和奥塞梯人（Ossetians）。其他族群聚集在俄罗斯的中心，尤其是伏尔加河流域和乌拉尔山脉之间。这个地区人数最多的族群是巴什基尔人（Bashkirs）、楚瓦什人（Chuvash）和鞑靼人（Tatars），他们使用的是与土耳其语类似的阿尔泰语言，还有莫尔多瓦人（Mordvins）和乌德穆尔特人（Udmurts），他们使用的是与芬兰语类似的乌拉尔语言。在伊凡四世〔Ivan Ⅳ，即恐怖的伊凡（Ivan the Terrible）〕的领导下，俄罗斯人在 16 世纪征服了这些族群的大多数。

俄罗斯的宪法将地方政府事务的自治权赋予 20 多个人口最多的族群。拥有大量族群人口的地方政府单位可以指定该族群的语言作为除俄语以外的官方语言。然而，俄罗斯有几个族群在活跃地进行独立运动。

乌克兰的俄罗斯人

苏联解体后，独立的乌克兰十分有希望建立稳定的民族国家，因为它拥有多方面的经济资产，如煤矿、钢铁工业，而且靠近西欧富裕国家。然而，乌克兰的少数族群俄罗斯人在他们聚集的东部地区起义。俄罗斯声称乌克兰的俄罗斯少数族群面临危险，于是出兵乌克兰东部，并占领了克里米亚。

面积为 27,000 平方千米（10,000 平方英里）的克里米亚半岛长期以来冲突频发。克里米亚的人口中，俄罗斯人约占 60%，乌克兰人占 24%，鞑靼人占 10%，其他族群占 6%。

俄罗斯在 1783 年控制克里米亚，1921 年，克里米亚成为俄罗斯苏维埃联邦社会主义共和国的自治共和国，后者又是苏联的共和国。1954 年，苏联政府将对克里米亚的责任转交给当时也是苏联一部分的乌克兰苏维埃社会主义共和国。

1991 年苏联解体，克里米亚成为新独立的乌克兰的一个自治共和国。2014 年，俄罗斯出兵克里米亚并将其吞并，自称属于俄罗斯族裔的大部分克里米亚人支持这个行动。世界上大部分国家都继续承认乌克兰对克里米亚的主权。然而，国际社会还没有找到方法来让俄罗斯人离开克里米亚，将克里米亚交还给乌克兰。

思考题 8.2.3

为什么俄罗斯的大部分地区都是人烟稀少的地区？

苏联的民族国家

学习成果 8.2.4

描述在苏联内部创建民族国家的挑战。

苏联的新国家是民族国家和多民族国家的混合体。这种国家的多样性为地理学者提供了很好的机会，可以了解各国族群构成的差异所带来的价值和挑战。

三个欧洲国家

白俄罗斯、摩尔多瓦和乌克兰位于俄罗斯以西，欧洲民主国家以东。白俄罗斯和平地从苏联的一个共和国过渡为独立的民族国家，但是摩尔多瓦和乌克兰经历了族群间紧张局势，而且这种紧张局势在乌克兰还导致了公开的战争。

白俄罗斯和乌克兰。白俄罗斯人、乌克兰人和俄罗斯人这 3 个族群的区别有些模糊。3 个族群使用相似的东斯拉夫语言，族群传统可以追溯到中世纪欧洲的相同源头。从 13 世纪开始，蒙古人、波兰人和立陶宛人入侵并征服白俄罗斯人和乌克兰人，让他们相互孤立开来，然后成为与俄罗斯人明显不同的族群。18 世纪后期，俄罗斯人征服了白俄罗斯和乌克兰，但是白俄罗斯人和乌克兰人已经被非斯拉夫族群影响 5 个世纪，所以拥有足够的文化差异，认为自己明显不同于俄罗斯人。

摩尔多瓦。摩尔多瓦人在族群性上与罗马尼亚人难以区分。摩尔多瓦（当时称为摩尔达维亚）曾是罗马尼亚的一部分，直到苏联在 1940 年占领它。1992 年，摩尔多瓦从苏联的共和国转变为独立国家，许多摩尔多瓦人都推动自己的国家与罗马尼亚的统一，既是为了让族群重新统一，也是为了能够改善该地区的经济发展前景。但是，事情并非如此简单。

1940 年，在摩尔多瓦成为苏联的共和国时，其东部的边界是德涅斯特河（Dniester River）。苏联政府通过将德涅斯特河东岸、属于乌克兰的 3,000 平方千米（1,200 平方英里）的狭长土地转移给摩尔多瓦，让摩尔多瓦的土地多了约 10%。在这个被称为"德涅斯特河沿岸"的地区，居民大多数都是乌克兰人和俄罗斯人。他们自然会反对摩尔多瓦与罗马尼亚统一。

三个波罗的海国家

爱沙尼亚、拉脱维亚和立陶宛毗邻波罗的海，因而被称为波罗的海国家。从1918年第一次世界大战结束，到1940年苏联根据其与纳粹的协议占领它们，这3个国家都是独立国家。

这3个毗邻波罗的海的小国，拥有明显不同的文化和独特的历史传统。大多数立陶宛人都是罗马天主教徒，使用的语言属于印欧语系波罗的－斯拉夫语族中的波罗的语支。拉脱维亚人主要信仰路德宗，也有不少人信仰罗马天主教，他们使用的语言属于波罗的语支。大多数爱沙尼亚人都是新教徒（路德宗），使用的是与芬兰语相关的一种乌拉尔语言。

高加索：族群众多

高加索地区的面积与美国科罗拉多州相当，位于黑海和里海之间，得名于将俄罗斯与阿塞拜疆和格鲁吉亚分开的山脉。该地区拥有若干个族群。

苏联解体后，亚美尼亚、阿塞拜疆和格鲁吉亚这3个小国得以建立。从统计数字上看，亚美尼亚和阿塞拜疆都是典型的民族国家，但是它们在划分两个族群分界线的问题上有过斗争。格鲁吉亚是多民族国家，几个族群正在发动起义和独立运动。

亚美尼亚。3,000多年前，亚美尼亚人在高加索地区控制着一个独立的王国。他们在303年改信基督教，在若干个世纪里，生活在土耳其穆斯林统治下一个孤立的基督教飞地中。一个世纪以前，估计有100万亚美尼亚人被土耳其人杀害，土耳其的这些行为现在被大多数观察家归类为族群屠杀。第一次世界大战后，协约国创建了独立的亚美尼亚国家，但是它很快就被邻国控制。1921年，土耳其和苏联同意瓜分亚美尼亚。亚美尼亚人

占亚美尼亚人口的98%，是该地区族群同质程度最高的国家。

阿塞拜疆。阿塞拜疆人的祖先是在8、9世纪入侵该地区的土耳其人，他们从中亚迁移而来，与该地区已有的波斯人口融合。1828年的一项条约将阿塞拜疆北部的领土划分给俄罗斯，将南部的领土划分给波斯（今伊朗）。阿塞拜疆的西部地区纳希切万（Nakhichevan，以该地区最大的城市命名），与阿塞拜疆的其他地区相互分离，将它们隔开的是一条属于亚美尼亚的长40千米（25英里）的走廊。

亚美尼亚人和阿塞拜疆人都已经实现了建立民族国家的长期愿望，但是从苏联独立出来后，两个国家却在边界开战。这场战争涉及纳戈尔诺－卡拉巴赫（Nagorno-Karabakh）的所有权；这个位于阿塞拜疆内部的飞地，面积5,000平方千米（2,000平方英里），主要居民是亚美尼亚人，但是在20世纪20年代被苏联交由阿塞拜疆控制。1994年两国停火，纳戈尔诺－卡拉巴赫在理论上并入阿塞拜疆，但它实际上是独立的共和国，名为阿尔扎赫（Artsakh）。此后，亚美尼亚和阿塞拜疆之间发生过多次冲突。

格鲁吉亚。格鲁吉亚的人口组成比亚美尼亚和阿塞拜疆的人口组成更复杂：格鲁吉亚人占71%，此外还包括约8%的亚美尼亚人、6%的阿塞拜疆人和俄罗斯人、3%的奥塞梯人，以及2%的阿布哈兹人、希腊人和其他族群。格鲁吉亚的文化多样性一直是动乱的源头，奥塞梯人和阿布哈兹人之间的斗争尤其明显。

20世纪90年代，阿布哈兹人争取控制格鲁吉亚的西北部，并宣布阿布哈兹为独立国家。2008年，奥塞梯人与格鲁吉亚人开战，

最终奥塞梯人宣布格鲁吉亚的南奥塞梯地区独立。俄罗斯承认阿布哈兹和南奥塞梯为独立国家，并向那里派兵。只有少数国家承认阿布哈兹和南奥塞梯的独立，尽管二者都在以看似独立于格鲁吉亚的方式运作。

中亚的国家

中亚地区从苏联独立出来的 5 个国家，对民族国家标准的符合程度各不相同。这 5 个国家一起给了我们一个重要的提醒，即多民族国家可以比民族国家更和平。

土库曼斯坦和乌兹别克斯坦是相对稳定的民族国家。相比之下，在塔吉克斯坦这个民族国家，以前信仰共产主义的塔吉克人，与穆斯林原教旨主义者和西化知识分子组成的不寻常联盟之间，曾经发生过战争。在1992 年至 1997 年的内战期间，有 15% 的人口变得无家可归。联合国维和部队帮助防止了战争再次发生。

哈萨克斯坦是相对和平的多民族国家，哈萨克人占 67%，俄罗斯人占 18%。哈萨克人信仰伊斯兰教，使用的是类似于土耳其语的阿尔泰语言。相反，吉尔吉斯斯坦则是一个族群冲突频发的多民族国家。吉尔吉斯坦的人口中，吉尔吉斯人占 69%，乌兹别克人占 15%，俄罗斯人占 9%。吉尔吉斯人和乌兹别克人都是使用阿尔泰语言的穆斯林。然而，在 21 世纪的头 10 年里，这两个族群之间的冲突导致吉尔吉斯斯坦的总统接连下台，还在 2010 年导致暴力事件。

思考题 8.2.4
如果阿布哈兹、阿尔扎赫和南奥塞梯被广泛认可为独立国家，那么和本章前面所述的几个微型国家相比，它们的面积是更大，还是更小？

殖民地

学习成果 8.2.5
解释殖民地的概念，描述殖民地目前的分布情况。

地球的陆地几乎全都被划分给约 200 个主权国家，但是有些地区仍未实现自决和建国。**殖民地**（colony）指一块并非完全独立、在法律上属于其他主权国家的领土。在某些情况下，主权国家只管理殖民地的军事和外交政策。在有些情况下，主权国家也控制着殖民地的内政。

殖民地的分布

联合国将世界上的 17 个地方称为"非自治领土"（non–self–governing territory）。在这 17 块非自治领土中，西撒哈拉的面积最大（26.6 万平方千米，即 10.3 万平方英里），人口最多（约 50 万）。接下来人口最多的两个是法属波利尼西亚（Polynesia）和新喀里多尼亚（New Caledonia），它们都受法国控制，各有约 25 万人口。除西撒哈拉以外，其他所有非自治领土都是岛屿。

人口最少的殖民地是皮特凯恩岛（Pitcairn Island），面积为 36 平方千米（14 平方英里），为英国所属。威廉·布莱（William Bligh）船长指挥的英国皇家海军邦蒂号战舰（Bounty）发生叛乱，叛军在 1790 年定居到这个位于南太平洋的岛屿上。岛上现有的 50 名居民以向收藏家卖鱼和邮票为生。

联合国的这个名单上没有包括无人居住的地区，例如由美国控制的贝克岛（Baker islands）和中途岛（Midway islands）。联合国也未将其认为拥有高度自治权的有人居住的领土列入名单。例如，联合国没有将这些地区归类为殖民地：

▲ 图 8-5　**大英帝国**　英国陆军元帅埃德蒙·艾伦比（Edmund Allenby）于 1917 年进入耶路撒冷，当时耶路撒冷城已经被大英帝国的军队占领。

■ **波多黎各**。美国的自治邦。波多黎各人是美国公民，但他们不参加美国的选举，在国会也没有表决席位。

■ **格陵兰**。丹麦王国的自治单位。格陵兰自己处理内政，外交和国防则由丹麦管理。

思考题 8.2.5

波多黎各人需要做什么改变，才能像其他美国公民一样？

殖民主义

殖民地曾经遍布全球。欧洲国家通过殖民主义控制世界的大部分地区；**殖民主义**（colonialism）指一个国家在其他领土上建立定居点，并在该领土上强加自己的政治、经济和文化原则。欧洲国家在世界其他地方建立殖民地的基本原因有三个：宗教、黄金和荣耀。

■ 传播基督教。

■ 开发有用的资源，将殖民地作为宗主国产品的垄断市场。

■ 通过自称拥有的殖民地数量来建立相对的权力。

殖民地时代始于 15 世纪头 10 年，当时欧洲探险家向西航行去亚洲，但是到了西半球，然后便定居下来。最终，欧洲国家失去大部分西半球殖民地：1776 年美国宣布独立，1800 年至 1824 年间大多数拉美国家也宣布独立。然后，欧洲国家将注意力转向非洲和亚洲。

英国在各个大陆上都创建了殖民地，包括非洲东部和南部的大部分地区、南亚、中东、澳大利亚和加拿大。英国是最大的殖民帝国，英国人宣称在他们的帝国"太阳永不落下"（图 8-5）。

法国拥有第二大的海外领土，主要在西非和东南亚。法国曾试图用法国文化将其殖民地同化，并培育精英团体作为地方行政领导。在殖民地独立后，这些领导人中的大多数都与法国保持着密切的联系。

大多数非洲和亚洲殖民地在二战后独立。1945 年联合国成立时，只有 15 个非洲和亚洲成员国，到 2012 年已经增加到 106 个。新国家的边界经常与前殖民区域重合，但也并非总是如此。

复习　关键议题 2
为什么很难创建民族国家？

✓ 有些国家是典型的民族国家，但是没有哪个民族国家是完美的。

✓ 苏联曾经是世界上最大的多民族国家；苏联解体后，俄罗斯是现在最大的多民族国家。

✓ 地球的大部分陆地区域曾经都是殖民地，但是今天只有少数地区还是殖民地。

- ▶ 文化边界
- ▶ 几何边界
- ▶ 有形边界
- ▶ 国家形状
- ▶ 管辖国
- ▶ 选举地理学
- ▶ 杰利蝾螈地理学

学习成果 8.3.1

描述国家之间文化边界的类型。

一个国家通过边界与邻国分开，**边界**（boundary）就是一条标识国家领土范围的无形的线。边界将国家完全包围，标识出国家的领土控制范围，赋予国家独特的形状。地理学者对边界感兴趣，是因为选择边界的过程通常很困难。

历史上，将国家划分开来的不是边界，而是边境。**边境**（frontier）指的是没有任何国家行使政治控制权的地区。它是一个有形的地理区域，而边界则是一条无限细的线。边境地区要么无人居住，要么人口稀少。国家间的边境已被边界取代。现代通信系统允许各国有效地监控和保护边界，即使边界位于以前无法进入的地方。

边界有 3 种类型：

■ **文化边界**（cultural boundary）参照的是文化特征的分布。

■ **几何边界**（geometric boundary）是人类绘制出来的，如直线。

■ **有形边界**（physical boundary）则是自然景观上的重要有形物。

没有哪种类型的边界会比其他边界更好或更自然，而且许多边界都是 3 种类型的结合。

边界的位置可能会在国家内部或国家间引发冲突。边界线必须由一个以上的国家共享，是两个相邻国家直接自然接触的唯一位置。因此，边界有可能成为国家间冲突的焦点。最好的边界是所有相关国家都认同的边界，无论划定界线所依据的根本理由为何。

文化边界

文化边界被尽可能地用于划分不同语言的使用者、不同宗教的信仰者，或不同族群的成员。

宗教边界：爱尔兰

宗教差异往往与国别差异相吻合，但是只有在少数情况下，宗教才被作为选择边界线的依据。最显著的例子在南亚，英国人当初就是根据宗教将印度分为两个国家的。以穆斯林为主的地区被分配给巴基斯坦，而以印度教徒为主的地区则成为独立国家印度。

宗教在某种程度上也被用来划定爱尔兰岛上两个国家之间的边界。该岛大部分区域成为一个独立国家，但是东北部——现在称为北爱尔兰——仍然属于英国。罗马天主教徒在爱尔兰共和国全部 26 个郡的人口中占 84%，而在北爱尔兰 6 个郡的人口中只占 41%。

语言是划定边界的重要文化依据，在欧洲尤其如此。法国、葡萄牙和西班牙就是在 19 世纪以前，围绕不同的语言结合而成的欧洲国家。德国和意大利也在 19 世纪由语言统一成国家。

思考题 8.3.1

参考第 5 章和第 6 章，文化边界还贯穿了欧洲的哪些国家？

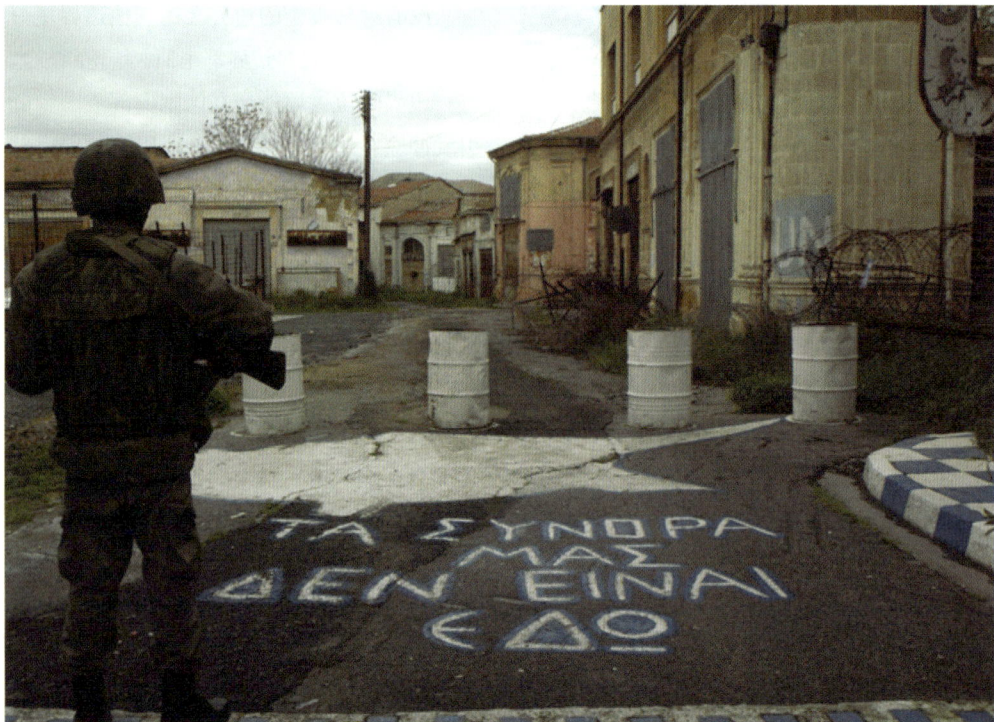

▲ 图 8-6　**族群边界：塞浦路斯绿线**　希腊裔塞浦路斯士兵守卫着绿线一侧属于自己的区域。白桶后面是联合国缓冲区。地上的希腊语涂鸦是："我们的边界不在这里。"

族群边界：塞浦路斯

塞浦路斯是地中海第三大岛，包含两个族群：希腊人和土耳其人。尽管塞浦路斯岛离土耳其较近，但土耳其人仅占该国人口的24%，而希腊人占63%。1960年塞浦路斯从英国独立时，其宪法确保了作为少数的土耳其人在当选职位中占有相当大的份额，并有权控制自己的教育、宗教和文化。但是，塞浦路斯从未能让希腊人和土耳其人这两个族群和平共处。

一些支持塞浦路斯与希腊合并的希腊裔塞浦路斯军官在1974年控制了政府。政变后不久，土耳其入侵塞浦路斯，保护作为少数的土耳其裔塞浦路斯人。发动政变的希腊裔领导人在几个月后被推翻，由选举产生的政府得以恢复，但是土耳其的军队留在了塞浦路斯。占塞浦路斯面积36%的北部区域被土耳其人控制，该地区在1983年宣布独立为北塞浦路斯土耳其共和国（Turkish Republic of Northern Cyprus），但是只有土耳其承认它是独立国家。

两个地区中间修建了隔离墙，而且还划定了由联合国巡逻、贯穿全岛的缓冲区（图8-6）。希腊裔和土耳其裔塞浦路斯人历来混居，但是在隔离墙和缓冲区建立后，这两个族群在地理上被分开了。塞浦路斯岛的北部现在绝大多数是土耳其人，南部则绝大多数是希腊人。大约1/3的希腊人被迫离开土耳其军队控制的地区，而近1/4的土耳其人离开现在被视为希腊区的区域。

双方的关系近年来有所缓和。一部分隔离墙被拆除，两个族群终于在30年后可以再次跨入对方的地区。欧盟在2004年接受整个塞浦路斯岛为其成员。

几何边界

学习成果 8.3.2

描述国家间几何边界的类型。

从世界地图上可以看出，几何边界特别明显的两个地区是北美和北非。这些边界现在和平无事，但是在过去并不总是和平的。

几何边界：北美

美国北部与加拿大接壤的部分边界是一条沿北纬 49° 延伸、长为 2,100 千米（1,300 英里）的直线，这条直线从明尼苏达州和曼尼托巴省之间的伍兹湖（Lake of the Woods），延伸到华盛顿州和不列颠哥伦比亚省之间的乔治亚海峡（Strait of Georgia）。魁北克省与纽约州和佛蒙特州的边界也是几何边界，沿北纬 45° 延伸。这两个国家在阿拉斯加州和育空地区（Yukon Territory）之间，还有一条沿西经 141° 延伸、长为 1,100 千米（700 英里）的几何边界。

美国和加拿大的边界是根据 1783 年至 1903 年美国和英国（当时仍然控制着加拿大）之间的一系列条约建立起来的。19 世纪 40 年代，许多美国人呼吁落基山脉与太平洋之间的美加边界再往北移，移到北纬 54°40′（阿拉斯加的南端）。倡导北移边界线的人们喊的口号是"要么北纬 54°40′，要么就打仗"，但是《俄勒冈条约》（The Oregon Treaty）在 1846 年和平地解决了争端。

几何边界：北非

北方阿尔及利亚、利比亚和埃及，与南方马里、尼日尔、乍得和苏丹之间的边界，大部分都是几何边界。这些边界许多都是由殖民地条约遗留下来的：欧洲国家间订立条约，将大部分非洲地区划分为殖民地。例如，乍得和利比亚之间长为 1,000 千米（600 英里）的边界，就是法国和英国在 1899 年为确定

▲ 图 8-7　几何边界：北美　加拿大与美国之间的边界横穿沃特顿 – 冰川国际和平公园（Waterton–Glacier International Peace Park）。树林被砍掉的那条地带，就是美国（左）和加拿大（右）之间的边界线。

法国殖民地北部界线而划定的一条横贯沙漠的直线。

利比亚独立后，声称这条直线应该在靠南100千米（60英里）的地方，被称为奥祖地带（Aouzou Strip）的地区应该在利比亚一侧。1973年，利比亚援引法国和意大利（当时控制着利比亚的大部分地区）在1935年达成的协议，占领了奥祖地带。乍得在1987年夺回奥祖地带，国际法庭在1994年裁决支持乍得的主张，此后利比亚便撤出了部队。

思考题 8.3.2

美加边界的哪些地方不是几何边界？

几何边界：南极

南极地区包含地球表面唯一一块不属于任何国家的大型陆地板块。有7个国家声称拥有南极的部分地区：阿根廷、澳大利亚、智利、法国、新西兰、挪威和英国。这些领土主张被以几何的方式划分，参照的是在南极汇合的几条经线。一些领土主张有重叠和冲突，但是也有部分南极地区没有被任何国家提出领土主张。美国、俄罗斯和其他一些国家不承认任何国家对南极洲的领土主张。1959年，47个国家签署《南极条约》（The Antarctic Treaty），为管理南极提供了法律框架。各国可在南极设立研究站，开展科学调查，但不得进行军事活动。

南极地区没有为解决北极周围的领土主张冲突提供有效的先例。在北极，加拿大、丹麦、冰岛、挪威、俄罗斯和美国的领土主张相互冲突。争议的核心是长1,800千米（1,100英里）、横跨北极地区的罗蒙诺索夫海岭（Lomonosov Ridge）。罗蒙诺索夫海岭高出北冰洋海床数千米，在有些地方离现在的海平面只有几百米。俄罗斯和丹麦（控制

着格陵兰）都声称罗蒙诺索夫海岭是自己陆地的延伸部分。各国在北极周围的领域主张都基于对《海洋法》（Law of the Sea）的不同解释。《海洋法》将在下一节讨论。

有形边界

学习成果 8.3.3

描述国家间有形边界的类型。

地球表面的重要有形物可以很好地充当边界，因为它们在地图上和地面上很容易被看到。国家之间的有形边界有3种：沙漠、山脉和水域。

沙漠边界

在沙漠中绘制的边界可以有效地划分两个国家，因为沙漠难以穿越，人烟稀少。沙漠边界在非洲和亚洲很常见。在北非，撒哈拉沙漠在大多数情况下被证明是一条稳定的有形（以及几何）边界，将北部的阿尔及利亚、利比亚和埃及，与南部的毛里塔尼亚、马里、尼日尔、乍得和苏丹分开。南美洲也有沙漠边界（图8-8）。

山脉边界

难以跨越的山脉也可以成为很有效的边界（图8-9）。如果冬天的风暴让山口无法通行，那么山脉两边国族的联系就可能受限，或完全不可能。山脉之所以是有用的边界，也是因为它们恒久不变，通常人烟稀少。

山脉并不总能为相邻国家提供友好的分隔。阿根廷和智利同意被安第斯山脉（Andes Mountains）的山顶分开，但是无法确定山顶的确切位置。山顶是连接山峰的锯齿状的线？或者是沿大陆分水岭（将降雨和融雪分向大西洋或太平洋的连续山脊）延伸的曲线？针对边界问题，两国几乎发生了战争。

▲ 图 8-8 **沙漠边界** 玻利维亚和智利之间的边界贯穿阿塔卡马沙漠（Atacama Desert）。

▲ 图 8-9 **山脉边界** 阿根廷和智利之间的边界贯穿安第斯山脉。

但是，在美国的调解下，它们最终将边界定为连接相邻山峰的线。

水域边界

河流、湖泊和海洋是最常用作边界的有形物。水域边界在地图和航空图像上很容易识别。从历史上看，水域边界可以很好地防止来自其他国家的攻击，因为入侵的国家必须通过飞机或船舶运送部队，还要在被攻击国家确定着陆点，而被入侵的国家可以将防御力量集中在着陆点。

水域边界在东非尤为常见：

■刚果民主共和国和乌干达之间的边界就贯穿阿尔伯特湖（Lake Albert）。

■肯尼亚、坦桑尼亚和乌干达之间的边界贯穿维多利亚湖（Lake Victoria）。

■布隆迪、刚果民主共和国、坦桑尼亚和赞比亚之间的边界贯穿坦噶尼喀湖（Lake Tanganyika）。

■马拉维和莫桑比克之间的边界贯穿尼亚萨湖（Lake Nyasa）——也被称为马拉维湖（Lake Malawi）。

水域边界似乎可以恒久不变，但水域的精确位置可能会随时间而变化。尤其是河流，它们可以缓慢地改变流经路线。将美国和墨西哥分开的里奥格兰德河（Rio Grande River），自1848年成为边界的一部分以来，流经的线路就经常改变。曾经在美国这边的土地，变到了墨西哥那边，反过来的情况也曾发生。美国和墨西哥缔结条约，将受河道变化影响的土地交还给19世纪最初划定边界时的控制国。由美国和墨西哥联合提供雇员的国际边界和水域委员会（The International Boundary and Water Commission）负责监督边界条约的执行，解决分歧。

《海洋法》

由165个国家签署的《海洋法》确定了3种水域边界（图8-10）：

■**领水**（territorial waters）。在离海岸最远12海里（约22千米或14英里）的范围内，一个国家可以制定法律来管理其他国家船只的通行。

■**毗连区**（contiguous zone）。在离海岸12海里到24海里之间的范围内，一个国家可以执行有关污染、税收、海关和移民的法律。

■**专属经济区**（exclusive economic zone）。

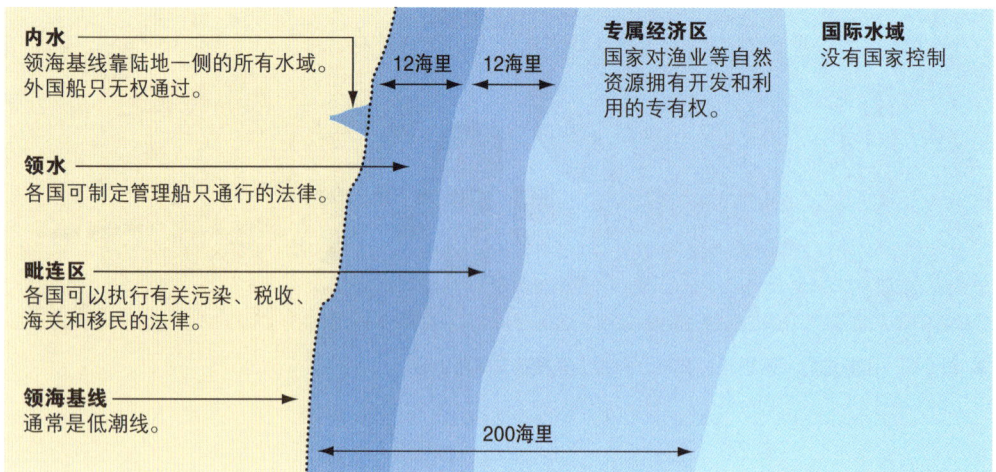

内水
领海基线靠陆地一侧的所有水域。外国船只无权通过。

领水
各国可制定管理船只通行的法律。

毗连区
各国可以执行有关污染、税收、海关和移民的法律。

领海基线
通常是低潮线。

12海里　12海里

专属经济区
国家对渔业等自然资源拥有开发和利用的专有权。

国际水域
没有国家控制

200海里

▲ 图8-10 《海洋法》

在离海岸 24 海里到 200 海里之间，一个国家对鱼类和其他海洋生物拥有专有权。

争议可以提交给国际海洋法法庭或国际法院解决。

通过在专属经济区执法，与海洋相接的国家能够占领大片海洋，控制宝贵的资源。在划定极地地区的边界时，这方面尤为重要。

思考题 8.3.3

到目前为止，你在本章中看到哪些有形物被用作和平的边界？

国家形状

学习成果 8.3.4

描述 5 种国家形状。

一个国家的形状影响着它与其他国家边界的长度。因此，国家形状会影响与邻国沟通和冲突的可能性。正如美国或加拿大那样，形状也是国家独特身份的一部分。除了作为向心力的价值之外，国家的形状还可以影响内部管理的难易程度，影响社会的团结。

国家有 5 种基本形状：紧凑型、拉长型、延伸型、碎片型和穿孔型。这 5 种形状在撒哈拉以南的非洲都有例子。每种形状都有其独有的特征和挑战。

紧凑型国家：高效

在**紧凑型国家**（compact state）中，从中心到边界各点的距离不会有很大差异。理论上，理想的紧凑型国家是圆形，首都在中心，边界尽可能短，便于防御。

对较小的国家而言，紧凑型会有好处，因为与所有地区的交流都可以更容易地实现，首都位于中心附近时尤其如此。然而，

紧凑并不一定意味着和平，因为紧凑型国家与其他国家一样，可能发生内战和族群冲突。

拉长型国家：可能出现孤立

拉长型国家（elongated state）具有狭长的形状。撒哈拉以南非洲的拉长型国家包括：

■ 马拉维，南北相距约 850 千米（530 英里），东西相距则只有 100 千米（60 英里）。

■ 冈比亚，从东向西沿冈比亚河岸延伸约 500 千米（300 英里），但南北相距仅 25 千米（15 英里）。

智利是南美洲拉长型国家的一个重要例子，南北长达 4,000 多千米（2,500 多英里），但东西相距很少超过 150 千米（90 英里）。智利被楔在南美洲太平洋海岸和崎岖的安第斯山脉之间，安第斯山脉的海拔超过 6,700 米（2 万英尺）。

拉长型国家可能出现内部沟通不畅。位于条形两端的地区，可能会孤立于通常位于中心附近的首都。

延伸型国家：获取资源或扰乱交流

拥有大面积向外延伸领土的紧凑型国家，就是**延伸型国家**（prorupted state）。国家"延伸"领土主要有两个原因：

■ 为了获取某种资源，如水资源。例如，在非洲南部，刚果民主共和国沿扎伊尔河（Zaire，刚果河）向西延伸 500 千米（300 英里）。比利时人当时利用这个延伸地区，让殖民地获取了大西洋的资源。

■ 为了将两个原本会共享边界的国家分开。例如，在非洲南部，纳米比亚在东部拥有被称为卡普里维地带（Caprivi Strip）的延伸领土，长达 500 千米（300 英里）。在纳米比亚是德国的殖民地时，这个延伸地区扰乱了非洲南部英国殖民地之间的交流。它还让

德国人能够获取非洲最重要的河流之一赞比西河（Zambezi River）的资源。

穿孔型国家：南非

穿孔型国家（perforated state），是指将另一个国家完全包围在内的国家。在这种情况下，被包围的那个国家可能会有依赖外围国或被外围国干涉的问题。例如，在撒哈拉以南的非洲，南非就完全包围着莱索托。莱索托的货物进出口几乎必须完全依赖于南非。在南非政府由白人控制，歧视占多数的黑人时，莱索托对南非的依赖尤其困难。在世界的其他地方，还有意大利包围着教廷（梵蒂冈）和圣马力诺。

碎片型国家：问题频发

碎片型国家（fragmented state）包括几部分不相连的领土。严格说来，所有拥有离岸岛屿领土的国家都是碎片型国家。但是，对一些国家而言，碎片化尤其重要。

有两种碎片型国家：被水隔开的和被国家隔开的。在进行沟通和维持国家团结方面，这两种国家都可能出现问题，需要付出代价。

在撒哈拉以南的非洲地区，被水分隔开的碎片型国家是坦桑尼亚，该国建立于1964年，由桑给巴尔岛（island of Zanzibar）和大陆领土坦噶尼喀（Tanganyika）联合构成。虽然拥有不同的族群，但两个实体都同意合并，因为它们拥有共同的发展目标和政治重点。在世界的其他地方，碎片型国家还有印度尼西亚，它包括13,677个岛屿，在印度洋和太平洋之间延伸超过5,000千米（3,000英里）。这种碎片化阻碍了交流，使得居住在偏远岛屿的人们几乎不可能相互融合。为促进国家融合，印度尼西亚政府鼓励居住在爪哇岛和苏门答腊岛的人们（占全国人口80%以上）向人口稀少的岛屿迁移。

在撒哈拉以南的非洲，被其他国家隔开的碎片型国家是安哥拉，它被上述刚果的延伸领土分成两部分。卡宾达（Cabinda）发生的独立运动，试图使卡宾达从安哥拉独立，理由是卡宾达的人口属于不同的族群。除此以外，俄罗斯也有一块叫作加里宁格勒（Kaliningrad）——又称哥尼斯堡（Konigsberg）——的碎片领土，一个面积为16,000平方千米（6,000平方英里）的实体，在俄罗斯以西400千米（250英里），立陶宛和白俄罗斯这两个国家将其与俄罗斯本土隔开。这个地区曾经属于德国，直到第二次世界大战结束，德国战败，苏联将它占领。二战过后，德国人口向西逃离，现在该地区的43万居民几乎都是俄罗斯人。俄罗斯想要加里宁格勒，是因为该地区拥有俄罗斯在波罗的海的最大海军基地。

内陆国家

内陆国家（landlocked state）没有直接的出海口，因为它完全被其他几个国家包围，或者如莱索托那样只被一个国家包围。内陆国家在非洲最为常见，非洲大陆的55个国家中，有15个没有直接通往海洋的途径。非洲内陆国家较多，这种情况源自殖民时期，当时英国和法国控制了非洲大片地区。欧洲列强建造铁路，将非洲内陆与大海连接起来。铁路将矿物从内陆矿山运送到海港，反过来又将采矿设备和供应品从海港运输到内陆。

现在大英帝国和法兰西帝国都已经消亡，众多前殖民地已经成为独立国家，有些重要的殖民地铁路线会穿过多个独立国家。新的内陆国家必须与有海港的邻国合作。对国家而言，与海洋直接相连至关重要，因为这能够促进国际贸易。大宗商品，如石油、粮食、矿石和车辆，通常通过船舶长途运输。这意味着一个国家需要海港，让货物可以在陆地和海洋之间转运。内陆国家若要通过海运寄送和接收货物，就必须想办法使用别国的海港。

思考题 8.3.4

指出非洲以外的一个内陆国家。

管理国家

学习成果 8.3.5

描述三种政体类型之间的差异。

一个国家有两种类型的政府：国家政府和地方政府。在国家层面上，政府的民主程度有高有低。在地方层面上，国家政府可以决定分配给地方政府多少权力。

国家层面：政体类型

一些国家政府更具有促进和平与繁荣所需的领导力。陷入战争的腐败专制政府缺乏有效应对经济难题的能力。

国家政府可以分为民主制、专制，或无支配体制：

■ **民主制**（democracy）指领导人由公民选举，且公民能够竞选公职的国家。

■ **专制**（autocracy）指按照统治者的利益，而不是人民的利益来运作的国家。

■ **无支配体制**（anocracy）指既不是完全民主，也不是完全专制，而是民主和专制相互混合的国家。

根据系统和平中心（Center for Systemic Peace）的研究，民主制和专制国家有三个基本元素上的不同：领导人的选择、公民的参与，以及分权制衡（表 8-1）。

世界已经变得比以前更民主（图 8-11）。系统和平中心援引了这些理由：

■ 君主政体越来越无关紧要和落后，被提倡个人权利和自由的民选政府取代。

■ 选举权和在政府中的任职权让越来越多的公民可以参与决策。

■ 创建于欧洲和北美的民主政府结构扩散到了其他地区。

思考题 8.3.5

世界上哪个地区的专制政体最集中？

由系统和平中心计算的国家脆弱指数（State Fragility Index）衡量政府管理国家的有效性及其在人们心中的合法性。该指数综合了若干因素，包括心怀不满的公民引发的地区动荡程度、法律制度执行合同和财产权的能力、公民依法纳税的程度，以及表达不同政见的自由度。

最脆弱的国家聚集在撒哈拉以南的非洲。这并不奇怪，因为我们已经讨论过，该地区的人口增长率最高，健康状况最差（第 2 章），族群清洗和族群屠杀的范围最广（第 7 章），

表 8–1　比较民主制和专制

元　素	民主制	专　制
领导人的选择	公民可以通过多种机构和程序，有效地表达对候选政策和领导人的偏好	根据明确定义的继承规则（通常是世袭），在已确立的政治精英阶层中选择领导人
公民的参与	对行政部门的权力行使有制度化的限制	公民的参与受到严格限制或压制
分权制衡	保障所有公民在日常生活和政治参与中的公民自由权	领导者行使权力，不受立法、司法或民间社会机构的有效制约

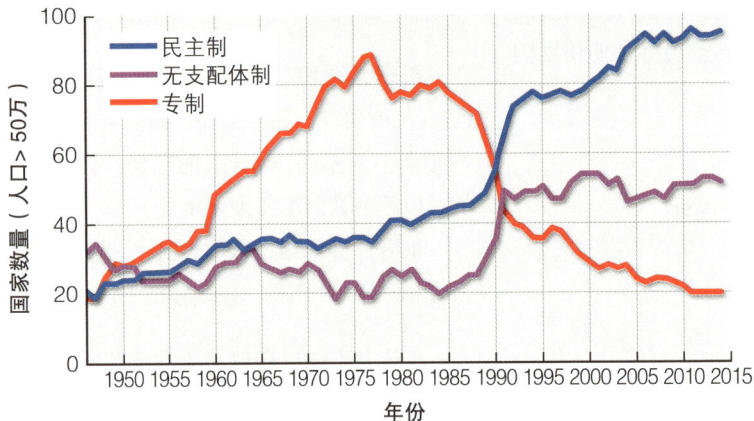

图 8-11 **民主制的趋势** 自20世纪80年代以来，专制政体的数量急剧下降。欧洲共产主义国家解体后，民主制国家的增长最快。

而且国家的形状最容易引发问题（见前一节）。该地区近期发生的内战，也是数量最多的。

地方层面：中央集权国家和联邦国家

国家的政府根据以下两种方式进行组织：

■ **中央集权国家**（unitary state）将大部分权力交给中央政府的官员。

■ **联邦国家**（federal state）给地方政府分配强大的权力。

中央集权国家。 原则上，中央集权的政府制度在民族国家中表现最好，因为民族国家内部的文化差异少，民族团结感强。中央集权制度需要中央与全国所有地区进行有效的沟通，所以更有可能被较小的国家采用。

有些多民族国家采用中央集权制度，以便将一个民族的价值观强加给其他民族。例如，在肯尼亚和卢旺达，中央集权的体制就使一个族群能够支配其他弱势族群。

法国是民族国家的典范，其中央集权政府的传统悠久，强大的国家政府主导着地方政府的决策。法国的基本地方政府单位是96个省（département）。省以下的地方政府单位是36,686个市镇（commune）。

联邦国家。 在像美国这样的联邦国家中，地方政府拥有相当大的权力，能够制定自己的法律。多民族国家可能采用联邦政府制度，将权力赋予不同的民族，当这些民族生活在国内不同地区时尤其如此。在联邦制度下，地方政府的范围可以与不同族群生活的地区相对应。

世界上的大型国家多为联邦制，包括俄罗斯、加拿大、美国、巴西和印度。然而，国家规模并不总是政府形式的准确预测指标：面积不大的比利时就是联邦国家（目的在于容纳两个主要的文化群体——佛兰德人和瓦隆人），而中国却是人民民主专政的国家。

近年来，联邦政府在全球有强劲的发展趋势。中央集权体制在有些国家已经被大幅限制，在有些国家则已经完全废止。越来越多的族群要求更多的自决权，所以许多国家都对政府进行了重组，将部分权力从国家政府转移到地方政府。人数较少、不足以控制国家政府的族群，可能会满足于控制地区或地方政府。

选举地理学

学习成果 8.3.6

解释杰利蝾螈的概念，以及它的三种实现方式。

在民主国家，政治必须遵循法律规定的规则。但是，参与政治进程的各方往往都会找到方法，改变规则来为自己争取优势。国会选区边界的绘制就是一个恰当的例子。在美国和其他国家，国会选区之间的界线会定期重新划定，以确保每个选区的人口大致相同。必须重新绘制选区界线，是因为人口迁移会不可避免地导致一些地区的人口增加，另一些地区的人口减少。每隔 10 年，美国众议院的 435 个区就会根据人口普查局公布的人口统计数据重新划分。

重新划定选区以使执政党受益的做法，被称为**杰利蝾螈**（gerrymandering）。杰利蝾螈有三种形式：

■ **让选票浪费**。让反对党支持者分布在许多选区，但在每个选区都占少数（图 8-12）。

■ **让选票过多**。让反对党支持者集中在少数几个地区（图 8-13）。

■ **让选票聚集**。用形状奇怪的界线将拥有相同想法的选民，但相距遥远的地区连接起来（图 8-14）。

让选票聚集的杰利蝾螈，尤其被用于创建倾向于选举少数族群的选区。因为美国最大的两个族群（非裔美国人，以及除古巴人以外的大多数西班牙裔）倾向于投票支持民主党——在一些选举中，超过 90% 的非裔美国人投票支持民主党——所以创建非裔美国人占多数的选区，几乎可以保证民主党人当选。共和党人支持"让选票聚集"的民主党选区，是因为他们能够在国内的其他地区划出有利于自己候选人的选区。

杰利蝾螈这个词是以埃尔布里奇·杰利（Elbridge Gerry，1744—1814 年）命名的，他曾经是马萨诸塞州州长（1810—1812 年在任）和美国副总统（1813—1814 年在任）。

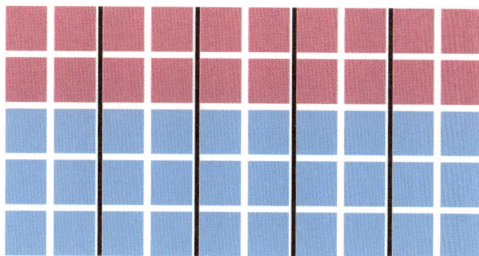

▲ 图 8-12　**让选票浪费的杰利蝾螈**　反对党支持者分散在多个选区，都只占少数。假设有 50 名选民，20 名支持红色的政党，30 名支持蓝色的政党。如果蓝色政党控制选区的重新划分，那么它就可以采用不公正的划分方法，让所有 5 个选区中蓝色政党的支持者都稍微占多数，进而让红色政党支持者的选票无效。

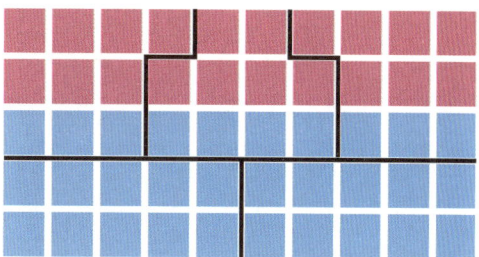

▲ 图 8-13　**让选票过多的杰利蝾螈**　反对党支持者被集中在少数几个选区。虽然 50 名选民中只有 20 名是红色政党的支持者，但是如果红色政党控制选区的重新划分，那么它就可以采用不公正的划分方法，让蓝色政党的支持者集中在少数选区。3 个选区的红色政党选民稍微占多数，2 个选区的蓝色政党选民占绝大多数。

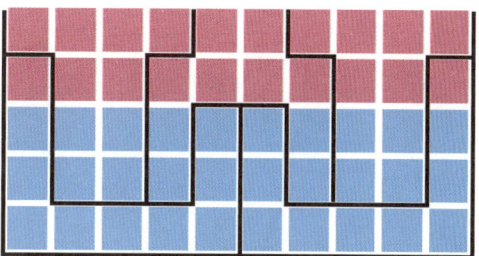

▲ 图 8-14　**让选票聚集的杰利蝾螈**　拥有相同想法的选民，但相距遥远的地区被形状奇怪的界线连接起来。在这个例子中，红色政党控制选区的重新划分，它创建 5 个形状奇特的选区，其中 3 个的红色政党选民占多数，另外 2 个的蓝色政党选民占绝大多数。

在美国，大多数选区的边界都是由政治领导人划定的。相反，其他国家则广泛将确定选区界线的任务交由独立的委员会。

不使用独立的委员会

■ 当选的官员是选举出来的，最能代表人民的意愿（图 8-15）。

■ 把权力交给未经选举的委员会，会导致选区划分的过程不需要对人民负责。

■ 政治家能够确保少数种族和族群在某些选区占多数。

▲ 图 8-15 佛蒙特州费斯顿的市镇会议

使用独立的委员会

■ 选区会更紧凑，边界会更合理，与市或县的边界相符（图 8-16）。

■ 不支持多数党的社区将会被分到多个选区，削弱它们的权力。

■ 一个政党获得席位的比例，能够比其总票数占比所表明的更多。

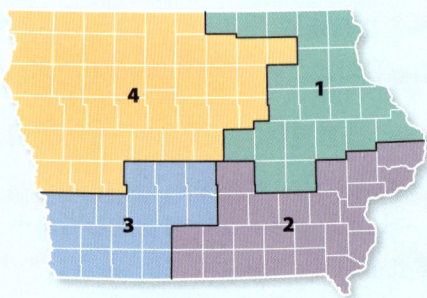

▲ 图 8-16 独立的委员会：爱荷华州 爱荷华州没有以杰利蝾螈方式划分的国会选区。每个选区都比较紧凑，选区边界与县界相符。一个无党派委员会每 10 年划分一次爱荷华州的选区，不受过去的选区边界或现任人员的影响。

▲ 图 8-17 原始的杰利蝾螈漫画 这幅漫画由埃尔卡纳·蒂斯代尔（Elkanah Tisdale）在 1812 年绘制，描绘的是马萨诸塞州的选区边界。

在担任州长时，杰利签署了一项有利于自己政党的重新划分选区的法案。一位反对者观察到其中一个形状奇怪的新选区看起来就像一只蝾螈，另一个反对者便因此说它是"杰利蝾螈"。一家报纸随后印刷了一幅漫画，画的是一个叫作"杰利蝾螈"的怪物，怪物的身体就是那个选区的形状（图 8–17）。

在大多数欧洲国家，重新划定选区的工作委托给了独立的委员会。委员会通常会尝试创建紧凑的同质选区，不考虑投票的偏好或在任人员。在美国，爱荷华州是杰利蝾螈这种做法的例外（参见"辩论！"版块）。爱荷华州立法机构的无党派雇员，在不参考过去选举数据的情况下，划分出与县际边界重合的紧凑选区。

在美国的大多数州，重新划分选区的工作都交给州议会。控制州议会的政党，通常会试图重新划定选区边界，以提升支持者赢得议会席位的机会。全美国只有约 1/10 的议会席位可供竞争，所以除非有特殊情况，美国的选举中不可能有大量席位出现政党交替。相比之下，爱荷华州的所有 4 个选区通常都有激烈的竞争。

美国最高法院在 1985 年裁定杰利蝾螈非法，但并未要求废除现有的形状奇怪的选区。2001 年，一项裁决又允许北卡罗来纳州增加一个形状奇怪的选区，以确保一位非裔美国民主党人当选。2015 年的一项裁决允许各州设立独立的委员会。

思考题 8.3.6

爱荷华州的国会选区与 3 种形式的杰利蝾螈相比有何异同？

杰利蝾螈中的地理学

学习成果 8.3.7

描述杰利蝾螈的例子。

《华盛顿邮报》（ *The Washington Post* ）根据杰利蝾螈的程度给每个国会选区打分，分数由选区面积与同周长圆的面积的比例确定。形状紧凑、规则的选区，得分会低于形状不规则的选区。计算出来的结果是，杰利蝾螈最多的州是北卡罗来纳州。

复习　关键议题 3
为什么边界会带来问题？

✔ 边界的类型主要有有形边界和文化边界。

✔ 沙漠、山脉和水域都可以作为国家之间的有形边界。

✔ 几何和族群可以创造出国家之间的文化边界。

✔ 国家的 5 种形状是紧凑型、拉长型、延伸型、碎片型和穿孔型。

✔ 国家的统治方式可以分为民主制、专制、无支配体制；民主制国家的数量一直在增加。

✔ 国家内部的选区边界可以通过几种杰利蝾螈的方式来不公正地划分，以对某个政党有利。

- ▶ 全球合作与竞争
- ▶ 欧洲的竞争与合作
- ▶ 美国遭受的恐怖袭击
- ▶ 恐怖组织

学习成果 8.4.1

描述联合国的职能。

国家间对抗的原因很多，包括领土的控制权、贸易和资源的获取，以及对其他国家的影响力。为进一步实现竞争目标，一个国家可能会与其他国家结盟。近年来，越来越多的暴力事件和战争都是由不隶属于特定国家或联盟的恐怖组织发起的。

全球合作与竞争

国家间最重要的全球合作组织是联合国，它是在第二次世界大战结束后由获胜的同盟国建立的。早年的联合国受到冷战时代（20 世纪 40 年代末至 90 年代初）的影响。冷战时代指美国与苏联及各自盟国之间的对抗与紧张时期。

联合国

联合国在 1945 年成立，最初拥有 51 个成员国，其中包括 49 个主权国家，再加上当时属于苏联的白俄罗斯和乌克兰。2011 年联合国成员数量达到 193 个。联合国的成员数量迅速增加过 3 次（图 8–18）：

- **1955 年。** 1955 年有 16 个国家加入联合国，其中大部分是在二战期间从纳粹德国解放出来的欧洲国家。

- **1960 年。** 1960 年联合国增加了 17 个新成员，其中只有 1 个国家不是英国或法国在非洲的前殖民地。只有 4 个非洲国家是联合国的原始成员——埃及、埃塞俄比亚、利比里亚和南非，而且在 20 世纪 50 年代只有 6 个非洲国家加入联合国。

- **1990 年 至 1993 年。** 1990 年至 1993 年期间联合国新增 26 个成员国，这主要是由于苏联和南斯拉夫的解体。联合国的成员国数量在 20 世纪 90 年代增加，也是因为它接受了若干个微型国家。

联合国并非世界上第一次国际维和尝试。联合国取代的是国际联盟；国际联盟成立于第一次世界大战后，从未成为有效的维和组织。尽管国际联盟是美国总统伍德罗·威尔逊（Thomas Woodrow Wilson）发起

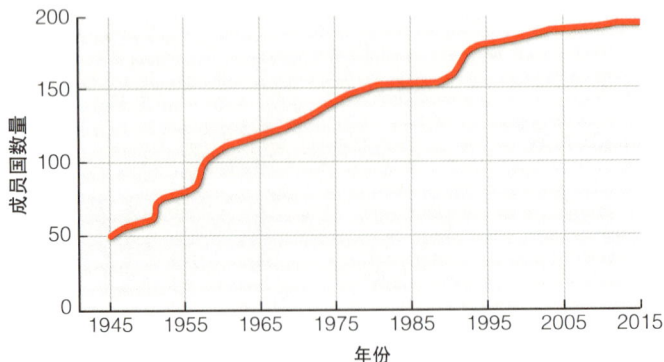

◀ **图 8–18 联合国成员国的增加** 联合国的成员国从最初的 51 个增加到 2011 年的 193 个。

▲ 图 8-19 **联合国维和人员** 巡逻叙利亚和以色列之间唯一的过境处。

的，但是美国并没有加入，因为美国参议院拒绝批准入会条约。到 20 世纪 30 年代，德国、意大利、日本和苏联全部退出，国际联盟无法阻止这些国家对各自邻国的侵略。

联合国有时会干涉成员国之间或内部的冲突，授权采取军事与维和行动。联合国成员国可以投票设立维和部队，要求各国提供军事力量（图 8-19）。在调停多个地区——尤其是东欧、中亚和西南亚，以及撒哈拉以南的非洲——的冲突上，联合国发挥了重要的作用。联合国必须依靠具体的国家来提供部队，因此往往缺乏足够的军队以有效地维持和平。联合国试图在调停冲突时保持严格的中立性，但是在波斯尼亚和黑塞哥维那这样的地方，事实证明要保持中立很困难；世界上的大多数人都认为那里的两个族群（塞尔维亚人和克罗地亚人）是对弱势受害者（波斯尼亚人）进行种族清洗的侵略者。

尽管如此，联合国仍然是一个众多国家都能参与的组织。在这个国家和国家关系都迅速变化的时代，世界上几乎所有国家都能在这个组织开会和投票，而不用诉诸战争，

这种情况在历史上是首次。更重要的是，联合国在促进国际合作解决全球经济问题、改善人权状况，以及提供人道主义救援方面发挥了重要作用。

冷战

在冷战时代，美国和苏联是世界上的两个超级大国。两个超级国家都可以在世界的不同地区迅速部署军队。为了在与本国领土不相连的地区保持军事力量，美国和苏联都在其他国家建立了军事基地。借由这些军事基地，地面和空中支援得以靠近冲突区域。海军舰队也在重要的水域巡逻。

两个超级大国都反复表明，必要时会使用武力来阻止盟国变得过于独立。苏联在 1956 年派军进入匈牙利，在 1968 年派军进入捷克斯洛伐克。这些国家明显处于苏联的势力范围内，所以美国选择不进行军事干预。同样，美国在 1965 年派军去多米尼加共和国，1983 年派军去格林纳达，1989 年派军去巴拿马，以确保这些国家仍然是盟友。

在冷战之前，世界不只是由两个超级大

(a)

4辆导弹运输车

氧化剂拖车

燃料拖车

(b)

◀ 图8-20　古巴导弹危机
航拍照片显示苏联在古巴增加军备。（a）三艘运载导弹设备的苏联船舶正在古巴的马列尔海军港（Mariel naval port）卸货。（b）上图方框内（已经被放大和旋转）是苏联导弹运输车、燃料拖车，以及用于导弹燃料燃烧的氧化剂拖车。

国所主导。例如，在20世纪初第一次世界大战爆发之前，世界上就有八大列强：奥地利、法国、德国、意大利、日本、俄罗斯、英国和美国。当大量国家被列为实力相当的大国时，没有哪个国家可以占主导地位。相反，多个大国联合起来，形成了临时的联盟。两个相对抗联盟之间的力量大致相等，这种状况被称为权力平衡（balance of power）。相比之下，二战后的权力平衡是在美国和苏联这两极之间达成的。由于这两个国家的力量远远大于其他所有国家的力量，所以世界上有两个阵营，每个阵营受到一个超级大国的影响。其他国家没有能力让天平大幅度倾斜，以有利于其中一个超级大国。它们被降级到盟国或卫星国的新角色。

古巴导弹危机。冷战时期，美苏之间在1962年发生了重大的对抗事件，当时苏联秘密地开始在古巴建造导弹发射场，距离美国领土不到150千米（90英里）。约翰·肯尼迪（John F. Kennedy）总统在电视上要求苏联拆除导弹，并命令进行海上封锁，防止苏联还有额外材料运到古巴。在联合国，就在苏联大使瓦莱里安·佐林（Valerian Zorin）否认苏联曾在古巴部署导弹之后，美国大使阿德莱·史蒂文森（Adlai Stevenson）迅速展示了美国国防部拍摄的航拍照片，照片清楚地显示了苏联所做的准备（见图8-20中的例子）。面对铁证，苏联最后拆除了导弹，以结束这场危机。

思考题 8.4.1
为什么自2000年以来只有少数国家加入了联合国？

欧洲的竞争与合作

描述欧洲主要的军事和经济联盟。

在第二次世界大战后的冷战期间，欧洲形成了两个军事联盟和两个经济联盟。到21世纪，其中一个军事联盟和一个经济联盟继续存在，另外两个联盟则已经解散。

冷战时期的军事联盟

第二次世界大战后，大多数欧洲国家都加入了两个军事联盟中的一个：

■ **北大西洋公约组织**（North Atlantic Treaty Organization，NATO），简称北约，是由16个民主国家组成的军事联盟，包括美国、加拿大，以及14个欧洲国家。

■ **华沙条约组织**。《华沙条约》（The Warsaw Pact）是东欧共产主义国家之间的军事协议。1991年，华沙条约组织解散。

北约和华约旨在维持欧洲的两极平衡。对北约盟国而言，主要目标是防止苏联侵占西德等小国。《华沙条约》让苏联和德国之间有盟国缓冲，以防止德国在20世纪第三次入侵苏联。

当欧洲不再被两个阵营的军事对抗影响后，华约组织解散，北约军队数量也大幅减少。北约将成员国增加到29个，吸收了除俄罗斯之外的前华约国家，以及苏联的几个共和国。加入北约让东欧国家有安全感，不用担忧未来受到俄罗斯的威胁，同时也能加入一个团结的欧洲共同体。

冷战时期的经济联盟

在冷战期间，欧洲形成了两个经济联盟：

■ **欧洲联盟**（European Union，EU），简称欧盟。欧盟（以前分别被称为欧洲经济共同体、共同市场和欧洲共同体）在1958年成立，拥有6个成员国。欧盟旨在恢复第二次世界大战（当时仅结束13年）带来的创伤。

■ **经济互助委员会**（Council for Mutual Economic Assistance，COMECON），简称经互会。经互会成立于1949年，到1960年时有6名成员国。蒙古、古巴和越南也加入了经互会。经互会旨在促进东欧的贸易，以及自然资源的共享。和华沙条约组织一样，经互会也在1991年解散。

21世纪的欧盟

随着冷战的结束，整个欧洲的经济合作变得越来越重要。

欧盟最初只有6个国家，20世纪80年代增加到12个，21世纪头10年增加到28个。最近增加的是经互会的前成员国。

欧盟的主要任务是通过经济和政治合作，促进成员国的发展：

■ 欧洲议会由各成员国的人民同时选出。

■ 向农民和经济萧条地区提供补贴。

■ 大多数货物可以通过卡车和火车畅通无阻地运过成员国边界。

■ 除少数例外情况，欧盟成员国的公民可以在其他成员国工作。

■ 银行或零售商可以在任何成员国开设分支机构，只受公司的母国监管。

将欧洲众多民族国家纳入一个区域组织，这个过程中最具戏剧性的一步是创建欧元区。欧洲中央银行独家负责设定利率，负责最小化整个欧元区的通货膨胀。

最重要的是，共同货币欧元从1999年开始用于电子交易，从2002年开始有了纸币和硬币。法国的法郎、德国的马克、意大利的里拉——主权民族国家的强大象征——

都已经消失。25 个国家使用欧元，其中包括 28 个欧盟成员国中的 19 个。

欧洲领导人认为，如果用欧元取代本国货币，那么欧盟每个国家的经济实力都会更强。在最初几年里情况确实如此，但是 2008 年开始的全球严重经济衰退，使得欧元的未来遭到了质疑。欧元区内经济较弱的国家，如希腊、爱尔兰、意大利和西班牙，被迫实施不受欢迎的紧缩政策，例如大幅削减公共服务和提高税收，而经济强国，尤其是德国，则被迫补贴较弱的国家。在欧盟的南北对抗中，希腊始终首当其冲。德国和其他北欧国家指责希腊未能实施经济改革。

尽管欧盟内部存在南北关系紧张的局势，但成员国的数量未来仍有可能增加：阿尔巴尼亚、马其顿、黑山、塞尔维亚和土耳其都处于不同的谈判阶段。

思考题 8.4.2

对还未加入欧盟的国家而言，加入欧盟有什么好处和坏处？对欧盟而言，吸纳新成员有什么好处和坏处？

其他地区的联盟

经济合作一直是创建国际组织的重要因素。国际组织在西欧以外的地区也已屡见不鲜。其中著名的区域组织包括：

■ **欧洲安全与合作组织**（Organization on Security and Cooperation in Europe，OSCE），简称欧安组织。欧安组织的 57 个成员包括美国、加拿大、俄罗斯、所有欧洲国家，以及以前属于苏联的所有国家。欧安组织成立于 1975 年，最初主要由西欧国家组成，发挥的作用有限。随着 20 世纪 90 年代冷战的结束，欧安组织成为一个更活跃的平台，供想要结束欧洲多地冲突（尤其是巴尔干和高加索地区的冲突）的国家商讨事宜。

■ **美洲国家组织**（Organization of American States，OAS）。西半球的 35 个国家是美洲国家组织的成员。美洲国家组织旨在促进成员国之间的社会、文化、政治和经济联系。古巴是成员国，但在 1962 年被暂停参加美洲国家组织的大部分活动。随着古巴和美国关系正常化，古巴正在重新融入美洲国家组织的活动。

■ **非洲联盟**（African Union，AU），简称非盟。非盟成立于 2002 年，包括 54 个非洲国家。非盟的前身是早期的非洲统一组织（Organization of African Unity），该组织成立于 1963 年，主要目的是结束非洲的殖民主义和种族隔离。非洲联盟则更加强调促进非洲经济的一体化。

■ **英联邦**（Commonwealth）。英联邦包括英国和曾经是英国殖民地的其他 52 个国家，包括澳大利亚、孟加拉国、加拿大、印度、尼日利亚和巴基斯坦。其他大多数成员国都是非洲国家，或加勒比海和太平洋地区的岛国。英联邦成员国寻求经济和文化合作。

美国遭受的恐怖袭击

学习成果 8.4.3

解释恐怖主义的概念，举例说明美国遭受的恐怖主义袭击。

恐怖主义（terrorism）指一个团体系统性地使用暴力，目的是在特定地区的人口中制造恐惧和恐慌的气氛，或迫使政府改变其决策。恐怖分子的特点包括：

■ 试图通过有组织的行为来实现目标，这些行为会在人群中传播恐惧和焦虑，如炸弹袭击、绑架、劫机、劫持人质和暗杀。

■ 通过暴力事件让广大公众关注未得到和平处理的事情和不满情绪。

■ 特别热烈地相信某种事业，以至于就算知道会在袭击中丧命，也会毫不犹豫。

"恐怖"（terror）这个词源于拉丁语中的"恐吓"，最先被用在法国大革命1793年3月至1794年7月的这段时期，即恐怖统治时期（Reign of Terror）。马克西米利安·罗伯斯庇尔（Maximilien Robespierre）领导的公共安全委员会（Committee of Public Safety）以保护革命原则的名义，把数千名政治对手送上了断头台。在现代，"恐怖主义"这个术语指的是非政府团体的行动，而不是政府团体的行动，尽管有些政府会为恐怖分子提供军事和财政支持。

恐怖主义不同于暗杀和其他政治暴力行为，因为它的攻击目标是普通人，而不是军事目标或政治领导人。其他类型的军事行动也可能导致平民死亡——炸弹可能偏离方向，军队可能认错攻击目标，或者敌方军备可能隐藏在民用建筑物中——但在大多数冲突中，普通人都是意外的受害者，而不是主要的攻击目标。恐怖分子则认为所有公民都要为他们所反对的行动负责，因此将平民视为正当的攻击目标。

经济与和平研究所（Institute for Economics and Peace）记录了2000年至2013年期间发生的恐怖事件数量。恐怖事件的数量从2000年的约1,000次增加到2013年的约10,000次（图8-21）。恐怖袭击造成的死亡人数，从2000年的3,500人左右增加到2013年的18,000人（图8-22）。大约2/3的恐怖袭击和伤亡发生在5个国家：伊拉克、阿富汗、巴基斯坦、尼日利亚和叙利亚。

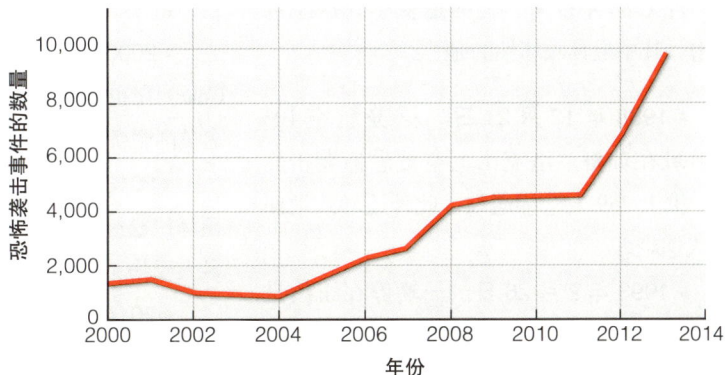

▶ 图 8-21　国际恐怖主义袭击事件的数量

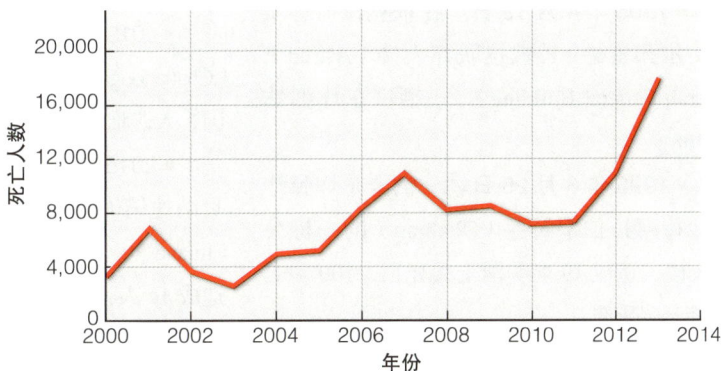

▶ 图 8-22　国际恐怖主义导致的死亡人数

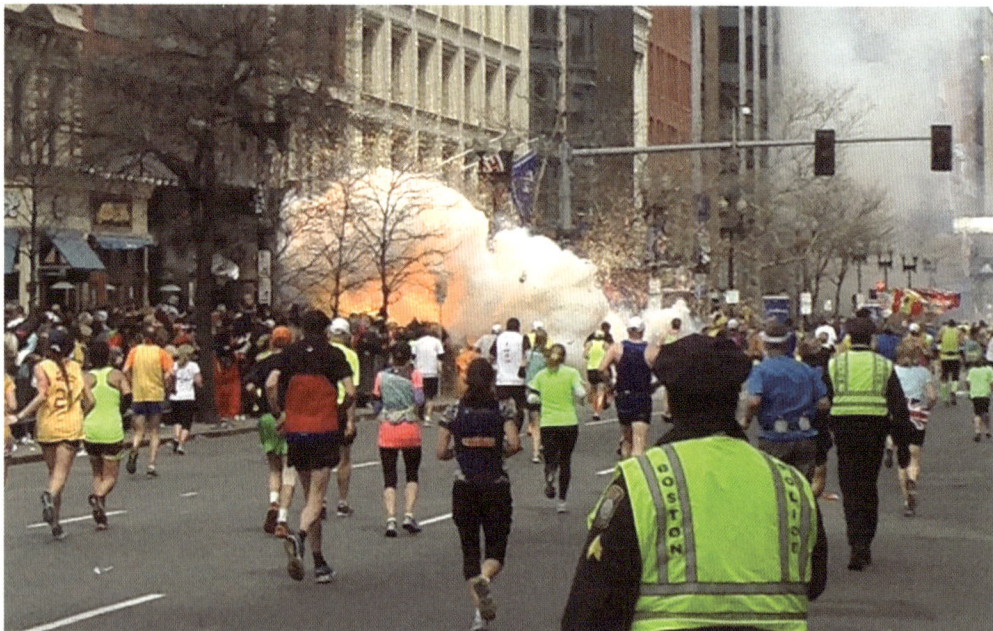

▲ 图 8-23　2013 年 4 月 15 日波士顿马拉松比赛遭恐怖袭击

针对美国人的恐怖主义

自 1988 年以来，美国遭受了几次恐怖袭击。其中最具破坏性的是：

■ 1988 年 12 月 21 日。泛美航空 103 号航班在苏格兰洛克比上空被恐怖袭击炸毁，机上 259 人全部遇难，此外还导致地面 11 人遇难。

■ 1993 年 2 月 26 日。一辆停在纽约世界贸易中心地下车库的汽车炸弹爆炸，造成 6 人死亡，约 1,000 人受伤。

■ 1995 年 4 月 19 日。在俄克拉荷马城的艾尔弗雷德·P. 默拉联邦大楼（Alfred P. Murrah Federal Building），一辆汽车炸弹炸死 168 人。

■ 1996 年 6 月 25 日。一辆卡车炸弹炸毁沙特阿拉伯宰赫兰（Dhahran）的一栋公寓大楼，造成 19 名美国士兵死亡，100 多名美国士兵受伤。

■ 1998 年 8 月 7 日。美国驻肯尼亚和坦桑尼亚的使馆遭到炸弹袭击，造成 190 人死亡，近 5,000 人受伤。

■ 2000 年 10 月 12 日。科尔号驱逐舰（USS Cole）在也门亚丁港遭到炸弹轰炸，造成 17 名美国服务人员死亡。

■ 2013 年 4 月 15 日。两枚炸弹在波士顿马拉松终点附近爆炸，造成 3 人死亡，180 多人受伤（图 8-23）。

■ 2014 年 4 月 2 日。得克萨斯州胡德堡（Fort Hood）军事基地遭到袭击，造成 4 人死亡，14 人受伤。

■ 2015 年 7 月 16 日。田纳西州查塔努加（Chattanooga）两处军事设施遭到袭击，5 名美国军人遇难。

■ 2015 年 12 月 2 日。加利福尼亚州圣贝纳迪诺（San Bernardino）的内陆地区中心（Inland Regional Center）发生大规模枪击事件，造成 14 人死亡，21 人受伤。

20 世纪 90 年代的一些恐怖分子是美国

公民，他们单独行动，或与其他少数人合作：

■希欧多尔·约翰·卡辛斯基（Theodore J. Kaczynski）被称为"大学炸弹客"（Unabomber），他在 17 年的时间里通过邮寄炸弹炸死 3 人，炸伤 23 人。他的目标主要是技术类学科的学者和企业高管，他认为这些人的行为会对环境造成不利影响。

■蒂莫西·詹姆斯·麦克维（Timothy J. McVeigh）因俄克拉荷马市爆炸案被定罪和处决。特里·林恩·尼科尔斯（Terry L. Nichols）因协助麦克维，被判阴谋罪和非故意非预谋杀人罪，但未被处决。麦克维声称他的恐怖主义行为是出于对美国政府所作所为的愤怒，例如联邦调查局对得克萨斯州韦科附近的大卫教派（Branch Davidians）活动场所进行为期 51 天的围困，最终在 1993 年 4 月 19 日发起攻击，导致 80 人死亡。

■乔卡·沙尼耶夫（Dzhokhar Tsarnaev）因波士顿马拉松爆炸案被定罪，并被判处死刑。他的哥哥塔米尔南·沙尼耶夫（Tamerlan Tsarnaev）在与警察的枪战中死亡。沙尼耶夫兄弟是车臣人。乔卡·沙尼耶夫在被捕之前写下纸条批评美国在伊拉克和阿富汗对穆斯林的打击。

2001 年 9 月 11 日的恐怖袭击

美国遭受的最严重的恐怖袭击发生在 2001 年 9 月 11 日（图 8-24）。美国最高的建筑——纽约世界贸易中心高 110 层的双子塔——被摧毁，华盛顿特区附近的五角大楼遭到破坏。袭击造成近 3,000 名平民死亡：

(a)

(b)

▲ 图 8-24　2001 年 9 月 11 日世界贸易中心的恐怖袭击　（a）早上 9 点 03 分，美国联合航空 175 号班机飞向世界贸易中心 2 号楼，并且（b）撞毁在大楼中。早上 8 点 45 分被美国航空 11 号班机撞击的 1 号楼已经在燃烧。

■ 美国航空 11 号班机撞上世界贸易中心 1 号楼（北塔），造成飞机上的 88 人（77 名乘客和 11 名机组人员）死亡。

■ 美国联合航空 175 号班机撞上世界贸易中心 2 号楼（南塔），造成飞机上 60 人（51 名乘客和 9 名机组人员）死亡。

■ 世界贸易中心的地面上有 2,605 人死亡。

■ 美国航空 77 号班机撞上五角大楼，造成 59 人（53 名乘客和 6 名机组人员）死亡。

■ 五角大楼的地面上有 125 人死亡。

■ 美国联合航空 93 号班机上的乘客与恐怖分子搏斗，阻止飞机撞击华盛顿特区的另一个目标，后来飞机在宾夕法尼亚州尚克斯维尔附近坠毁，造成机上的 40 人（33 名乘客和 7 名机组人员）死亡。

另外，4 架被劫持飞机上有 19 名恐怖分子死亡。20 世纪 90 年代的大部分恐怖袭击，以及 2001 年 9 月 11 日的袭击，都由基地组织发动，或与该组织有牵连。

恐怖组织

学习成果 8.4.4

描述主要的几个恐怖组织。

一些恐怖袭击是由一个或两个与恐怖组织没有正式关联的人制造的。但是，最近的袭击事件大多都是由恐怖组织的成员发动的。近年来的 3 个著名恐怖组织是基地组织、伊斯兰国和博科圣地。

基地组织

基地组织（Al-Qaeda）是奥萨马·本·拉登（Osama bin Laden）在 1990 年左右创立的，旨在联合阿富汗的几个战斗团体，以及他在西南亚其他地方的支持者。奥萨马的父亲穆罕默德·本·拉登（Mohammed bin Laden）

是也门人，在沙特阿拉伯开办建筑公司，并通过与沙特皇室的密切关系成为亿万富翁。穆罕默德·本·拉登和几位妻子共同生育了约 50 个孩子，奥萨马·本·拉登就是其中之一，他使用从父亲那里继承而来的几亿美元遗产资助基地组织。

在 20 世纪 80 年代中期，本·拉登迁移到阿富汗，以反抗苏联军队和苏联在阿富汗建立的政府。本·拉登把反苏战斗称为圣战（或吉哈德），从阿拉伯国家招募好战的穆斯林加入这一事业。在 1989 年苏联从阿富汗撤军后，本·拉登回到沙特阿拉伯，他反对沙特政府允许美国在 1991 年伊拉克战争期间在沙特驻扎部队，并因此被驱逐出境。本·拉登迁移到苏丹，但是在 1994 年因煽动人们攻击也门和索马里的美军而被驱逐，所以他再次回到阿富汗。

由于美国支持沙特阿拉伯和以色列，本·拉登在 1996 年宣布对美国发动战争。在 1998 年的一项法特瓦（fatwa，伊斯兰法令）中，本·拉登认为穆斯林有义务对美国公民发动圣战，因为正是美国维持着沙特王室对沙特阿拉伯的统治，维持着以色列国。他声称，摧毁沙特君主国和以色列犹太国，可以将 3 个圣地——麦加、麦地那和耶路撒冷——解放出来。

"9·11"以后基地组织最致命的多次袭击事件发生在伊拉克，特别是在 2007 年至 2011 年期间。基地组织也与发生在埃及、伊拉克、约旦、巴基斯坦、沙特阿拉伯、土耳其和英国的恐怖袭击有牵连。

基地组织不是单一、团结的组织，与其有牵连的组织的数量不得而知。本·拉登有一个不大的领袖议会给他提供建议，该议会里还有几个专注于金融、军事、媒体和宗教政策等领域的委员会。除了由奥萨马·本·拉登创立、发动世贸中心恐怖袭击的原始组织以外，基地组织还包括多个与特定国家问题相关的地方分支机构，以及多个在意识形态上效仿基地组织，但是在财政上与其无关的组织。

近年来，基地组织最活跃的附属机构一直位于也门。基地组织在也门的分支控制了也门领土的很大一部分。2015 年 1 月 7 日，它发动了其最臭名昭著的恐怖袭击事件，攻击法国讽刺杂志《查理周刊》(Charlie Hebdo)的巴黎办事处。基地组织也门分支的 2 名成员在《查理周刊》总部杀害 11 人，在其他地方杀害 6 人，并造成 22 人受伤。袭击者抗议的是《查理周刊》上描绘穆罕默德的漫画。受害者中包括几名漫画家（图 8-25）。

思考题 8.4.4

翻译"Je suis Charlie"。为什么巴黎的人们会举着写有这行字的标牌？

伊斯兰国

伊斯兰国（Islamic State）建立于 1999 年，并于 2004 年成为基地组织的分支。然而，在 2014 年，这两个组织由于在合作和协商方式上的不和而决裂。伊斯兰国也被称为伊拉克和叙利亚伊斯兰国（Islamic State of Iraq and Syria, ISIS）和伊拉克和黎凡特伊斯兰国（Islamic State of Iraq and the Levant, ISIL）。

伊斯兰国的成员是逊尼派穆斯林，他们试图在整个西南亚地区施行严格的宗教法律。他们通过侵犯人权，如斩首、屠杀和酷刑，来维持对领土的控制。该组织声称有权统治世界各地的穆斯林。伊斯兰国成功通过互联网和社交媒体招募成员，在网络上展示斩首和破坏重要历史遗址（如什叶派穆斯林的圣地）的内容（图 8-26）。

▲ 图 8-25　基地组织袭击造成的创伤　巴黎的游行者支持在基地组织对《查理周刊》发动的恐怖袭击中受害的人们。

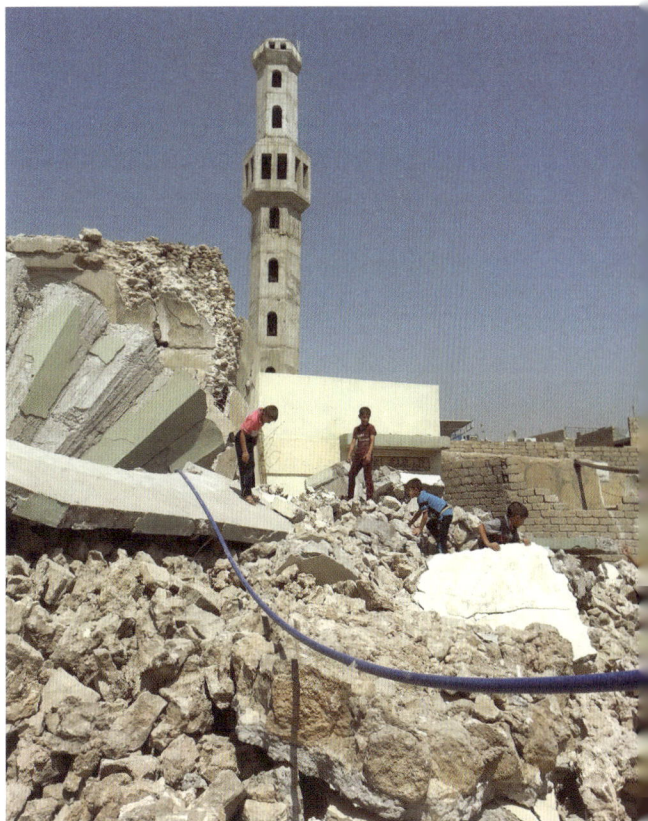

▲ 图 8-26　伊斯兰国造成的破坏　伊斯兰国的恐怖分子摧毁了伊拉克摩苏尔的多处古墓，因为他们不同意埋葬在那里的神职人员的学说。

伊斯兰国控制着伊拉克北部和叙利亚东部的大部分地区。它还在欧洲发动了多起袭击，包括 2015 年巴黎的恐怖袭击事件。

博科圣地

博科圣地（Boko Haram）是阿拉伯语，意为"禁止西方教育"。该组织于 2002 年在尼日利亚东北部成立。它试图将尼日利亚变成伊斯兰国家，并且反对采用西方的文化习俗，特别是尼日利亚南部基督徒的习俗。

在最初的 7 年中，该组织和平地经营了一处吸引贫困穆斯林家庭的宗教场所和学校。2009 年 7 月发生的一起暴动事件导致数百名追随者被捕，创始人穆罕默德·优素福（Mohammed Yusuf）死亡。第二年，600 名被监禁的博科圣地成员逃离监狱。

从那时起，博科圣地就开始采用恐怖手段。博科圣地的领导人，优素福此前的副手阿布巴卡尔·谢考（Abubakar Shekau），最初让博科圣地与基地组织结盟，但是在 2014 年改为与伊斯兰国结盟。和伊斯兰国一样，博科圣地也特别擅长利用社交媒体来宣传观点。

基地组织、伊斯兰国和博科圣地等团体利用宗教为恐怖袭击辩护，这对穆斯林和非穆斯林都构成了挑战。对许多穆斯林来说，挑战在于既要表达对美国和欧洲政府政策的不同意见，同时也要拒绝使用恐怖主义。对许多美国人和欧洲人而言，挑战在于既要辨别全球 16 亿穆斯林的和平但陌生的原则和做法，也要看清伊斯兰恐怖组织对伊斯兰教的误用和滥用。

> **复习　关键议题 4**
> **国家在什么地方面临威胁？**

✔ 冷战时期，世界被划分为分别由两个超级大国领导的两个阵营。

✔ 随着冷战的结束，经济联盟变得更加重要。

✔ 一些国家支持恐怖主义活动。

总结与回顾

关键议题 1

国家
分布在何处?

地球上的陆地几乎全都被划分给约 200 个主权国家。英语中,"state"和"country"都可以表示国家,即一个被组织成政治单位的地区。美国的 50 个州是地方政府的一种形式。有些地区是属于一个国家,还是属于两个国家,存在着争议。

地理学思维

1. 钓鱼岛尽管面积极小,但日本希望控制它,原因是什么?

▲ 图 8–27　**钓鱼岛抗议**　台湾地区抗议者焚烧代表日本军舰的画像,抗议日本非法占领这些岛屿。

关键议题 2

为什么
很难创建民族国家?

民族国家指的是领土与特定族群所占据领域相吻合的国家。古代和中世纪的国家被组织为城邦、王国和其他形式的政府。民族国家的创建始于现代欧洲。殖民地是一块在法律上属于其他主权国家的领土。世界上曾经有大量的殖民地,现在只剩下少数。

地理学思维

2. 为什么欧洲的一些国家将来可能会像 20 世纪 90 年代的南斯拉夫和苏联那样,分裂成多个国家?

▲ 图 8–28　**加泰罗尼亚独立的支持者**　巴塞罗那街头的游行者支持加泰罗尼亚从西班牙独立。

为什么
边界会带来问题？

国家如今由边界将彼此分开。边界可以是文化边界或有形边界。国家分为民主国家、专制国家或者无支配体制国家。民主国家的数量始终在增加。有时候立法选区会被不公正地重新划分，即所谓的杰利蝾螈，以便让掌权的政党获益。

地理学思维

3.什么因素可能会促使专制国家衰落？

▲ 图 8-29　哈萨克斯坦的首都阿斯塔纳　系统和平中心将哈萨克斯坦列为专制国家。

国家在什么地方
面临威胁？

几乎所有国家都是联合国的成员国。欧洲在冷战时期分为两个军事联盟和两个经济联盟。现在大多数欧洲国家都加入了欧盟。恐怖主义是指系统性地对全体人民使用暴力。目前世界上最活跃的 3 个恐怖组织是基地组织、伊斯兰国和博科圣地。

地理学思维

4.个人电子设备和社交媒体的扩散，在哪些方面可能有助于促进民主力量，又在哪些方面可能向恐怖分子提供帮助？

▲ 图 8-30　**反恐怖主义示威**　这场活动抗议的是英国的几项法律，这些法律限制公众在警察认为可能存在恐怖袭击威胁的活动中拍照。

关键术语

无支配体制（第288页），既不是完全民主，也不是完全专制，而是民主和专制相互混合的国家。

专制（第288页），按照统治者的利益，而不是人民的利益来运作的国家。

权力平衡（第295页），两个相对抗国家或联盟之间力量大致相等的情况。

边界（第280页），一条标识国家领土范围的无形的线。

城邦（第270页），一个由城镇及周围乡村构成的主权国家。

殖民主义（第278页），一个国家试图在其他领土上建立定居点，并强加自己的政治、经济和文化原则。

殖民地（第278页），一块并非完全独立、在法律上属于其他主权国家的领土。

紧凑型国家（第286页），一个从中心到边界各点的距离都不会有很大差异的国家。

民主制（第288页），领导人由公民选举，且公民能够竞选公职的国家。

拉长型国家（第286页），一个形状狭长的国家。

联邦国家（第289页），一个给地方政府分配强大权力的国家。

碎片型国家（第287页），一个包含几部分不相连领土的国家。

边境（第280页），一个将两个国家隔开、在政治上不由这两个国家控制的区域。

杰利蝾螈（第290页），为了使执政党受益而重新划定立法选区的做法。

内陆国家（第287页），一个没有直接出海口的国家。

微型国家（第266页），一个国土面积非常小的国家。

多族群国家（第272页），一个包含多个族群的国家。

多民族国家（第272页），一个包含两个或两个以上族群的国家，且这些族群拥有自决传统，相互承认为不同的民族，进而能够和平共处。

民族国家（第270页），一个领土与特定族群所占据领域相吻合的国家。

穿孔型国家（第287页），一个将别国完全包围在内的国家。

延伸型国家（第286页），拥有大面积向外延伸领土的一种紧凑型国家。

自决（第272页），族群拥有自我管理的权力。

主权（第268页），一个国家独立管理自己的领土，内政不受其他国家干涉的能力。

国家（第266页），一个组织成政治单位的区域，它由控制内政和外交事务的稳固政府统治。

恐怖主义（第298页），一个团体系统性地使用暴力，目的是在特定地区的人口中制造恐惧和恐慌的气氛，或迫使政府改变其决策。

中央集权国家（第289页），一个将大部分权力交给中央政府官员的国家。

乌干达生产公平贸易咖啡（fair trade coffee）的农民在收获作物。

第九章

食物和农业

所有人都需要食物才能生存。我们以两种方式获取食物：购买或自己生产。在发达国家，人们购买几乎所有的食物，这些食物主要通过商业化的农业生产。在发展中国家，人们通过自给性农业为自己生产大部分粮食。

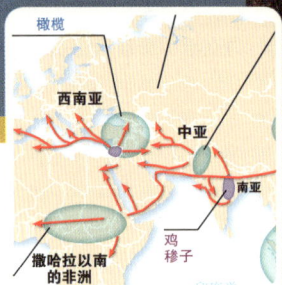

橄榄

西南亚

中亚

南亚

撒哈拉以南的非洲

鸡穆子

1

农业起源于何处？

农业起源于大约一万年前的多个地方。在农业革命之前，人们依靠狩猎和采集食物生存。

2

为什么人们消费不同的食物？

人类消费的食物有独特的空间分布。人们消费的食物数量和种类各不相同。

关键议题

3

农业分布在何处？

　　世界各地的文化和环境因素不同，农业实践也各不相同。在发达国家和发展中国家，不同地区的农业实践也各不相同。

4

为什么农民面临可持续性难题？

　　农业是全球性的产业，农业和其他行业之间存在许多联系，与国际贸易也密切相关。与此同时，在农业实践和食物获取方面，地方性的范围也越来越重要。

农业
起源于何处？

▶ 介绍食物和农业
▶ 自给性农业和商业性农业

学习成果 9.1.1
了解农业的起源。

农业（agriculture）指通过栽培植物和饲养动物来刻意地改变地球表面，以获得食物或经济收益（图9-1）。农业起源于人类培育植物和驯化动物。"栽培"（cultivate）这个词的意思是"照料"，作物（crop）就是人类栽培的任何植物。

介绍食物和农业

农业的起源无法确定，因为它始于有记录的历史之前。学者们试图根据有关古代农业实践和历史环境条件的信息片段，重建相关事件的逻辑顺序。几千年来，植物栽培和动物驯养在不断改进。本节将解释农业的起源和扩散。

农业的出现

农业革命（agricultural revolution）指人类开始栽培植物和驯化动物，不再完全依赖狩猎和采集。地理学者和其他科学家认为，农业革命发生在公元前8000年左右，因为那时的世界人口开始以比过去更快的速度增长。通过栽培植物和饲养动物，人类创造出更大、更稳定的食物来源，因此也让更多人能够生存。

农业革命的出现主要是因为环境因素还是因为文化因素，科学家们在这个问题上持不同意见。或许两种因素都有贡献：

■ **环境因素**。人类首次栽培作物和驯化动物的时间，与气候变化的时间一致。这次气候变化指最后一次冰河时代的结束，当时永久冰盖从地球中纬度地区融化到极地地区，导致人类、动物和植物的分布出现大规模的变化。

■ **文化因素**。猎人和采集者可能因为喜欢生活在固定地点，不喜欢游牧生活，所以建立永久定居点，并在那里储存多余的植物。在收集野生植物时，人们不可避免地会砍伐植物，让浆果、水果和种子掉下来。他们可能观察到，被损坏或丢弃的食物会

▼ 图9-1 **农业** 农业包含对地球表面的刻意改变。

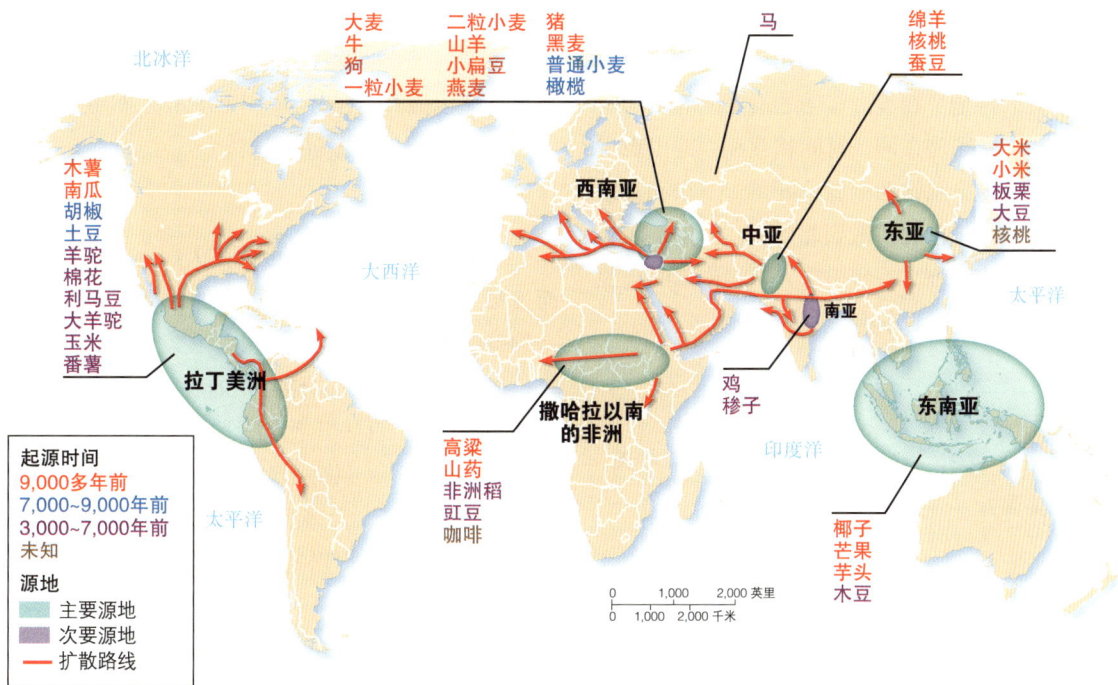

▲ 图 9-2 **农业的源地** 作物的栽培和动物的驯化在多个源地出现。

随着时间的推移长出新植物。他们或许故意将植物砍倒，把浆果扔在地上，看它们是否会长出新植物。后来的几代人学会了在有植物的地上浇水，学会了使用粪便和其他改良土壤的材料。植物栽培显然是在几千年的时间里通过偶然事件和刻意实验不断演化的。

农业的源地

关于农业的扩散过程，以及游牧群体从狩猎、采集和捕鱼转变到农业的原因，科学家们意见不一。科学家们一致认为，作物的栽培发端于世界上的多个源地（图 9-2）。动物也是在不同时期的多个源地中被驯化的。重要的源地包括：

■ **西南亚**。大约一万年前，西南亚最早栽培的作物被认为是大麦、小麦、小扁豆和橄榄。西南亚也被认为是在 8,000~9,000

年前驯化动物数量最多的源地，这些动物后来对农业十分重要，包括牛、山羊、猪和绵羊。人们认为狗的驯化甚至更早，大约是在 12,000 年前。从这个源地，植物的栽培向西扩散到欧洲，向东扩散到中亚。

■ **东亚**。大米被认为是一万多年前在中国东部的长江沿岸开始栽培的。小米早期种植于黄河沿岸。

■ **中亚和南亚**。鸡是在大约 4,000 年前从南亚扩散到其他地方的。马被认为是在中亚驯化的。驯马的扩散与第 5 章中所述的印欧语言的传播有关。

■ **撒哈拉以南的非洲**。高粱在大约 8,000 年前的非洲中部被人栽培。山药的栽培时间可能更早。小米和大米也在撒哈拉以南的非洲被人培植，独立于它们在东亚的源地。作物的培育或许从非洲中部向更南部扩散。

■ **拉丁美洲**。在 4,000~5,000 年前，墨西

哥和秘鲁出现了两个重要的作物栽培源地。墨西哥被认为是豆类和棉花的源地，秘鲁是土豆的源地。在美洲栽培的最重要的作物是玉米，它可能在同一时间相互独立地出现于两个源地。从这两个源地开始，玉米和其他作物的种植向北扩散到北美洲，向南扩散到热带的南美洲。一些研究人员将南瓜的起源定于现今美国的东南部。

思考题 9.1.1

根据图 9-2，哪些作物最先扩散到了今天的美国？

农业有多个起源地，这意味着从最早期开始，人们就在不同的地区以独特的方式生产食物。这种多样性是因为每个地区都有独特的野生植物、气候条件和文化偏好。近几个世纪以来，交通联系的改善促使一些植物向世界各地扩散。许多植物和动物大量生长在地球表面的大部分地区，而不仅仅是在它们最初被栽培和驯化的地方。例如，小麦、燕麦和大麦传入西半球，玉米传入东半球，仅仅是 1,500 年前的事情。

自给性农业和商业性农业

学习成果 9.1.2

描述自给性农业和商业性农业之间的主要差异。

农业实践中最根本的差异存在于发展中国家和发达国家之间。发展中国家的农民普遍开展**自给性农业**（subsistence agriculture），而发达国家的农民则开展**商业性农业**（commercial agriculture）。出现在发展中国家的自给性农业，指的是以农民自己食用为主要目的而进行的农业生产。出现在发达国家的商业性农业，指的是以产品销售为主要目的而进行的农业生产。区分商业性农业与自给性农业的主要特征包括农民在劳动力中的比例、机械的使用程度，以及农场的规模。

农民的比例

发达国家直接从事农业的工人约为 3%，而发展中国家约为 42%。人类的首要任务是确保能获得生存所需的食物。在发展中国家，很大一部分人是自给自足的农民，他们从事农业活动，生产出他们及家人所需的食物。在发达国家，只有相对较少的商业性农民从事农业生产，大多数人都通过在工厂、办公室工作或通过提供其他服务赚钱来购买食物。

在北美，农民的比例甚至更低，仅为 2% 左右。然而，美国和加拿大农民的比例虽不高，但是他们生产出的食物不仅能够满足他们自己和他们所在地区人们的需求，还能将多余的食物供应给其他地区的人们。

20 世纪，发达国家的农民数量急剧下降。与 1900 年相比，2000 年美国的农场减少了约 60%，农民减少了 85%。美国农场的数量从 1940 年的约 600 万个减少到 1960 年的 400 万个，到 1980 年又减少到 200 万个。人口迁移的推动和拉动因素是造成这种情况的原因：人们因缺乏获得体面收入的机会而被推动离开农场，同时又被高薪工作岗位拉动到城市区域。自 1980 年以来，美国农民数量稳定在 200 万左右。

机械、科学和技术的作用

在发达国家，少数的商业性农民可以养活许多人，因为他们依靠机器而不是人或动物来工作。在发展中国家，自给自足的农民用手动工具和畜力来开展大部分工作。

传统上，农民或当地工匠用木材制造设

备，但是在 18 世纪末，农业机械开始由工厂生产。18 世纪 70 年代出现了第一个全铁犁，19 世纪和 20 世纪又出现许多发明，降低了农业生产对人力和畜力的依赖。如今，农民使用拖拉机、联合收割机、玉米采摘机、种植机，以及其他由工厂制造的农业机械来提高生产效率。

大学实验室、工业行业以及研究组织开展实验，生产出新的肥料、除草剂、杂交植物、动物品种和耕作方法，从而提高了作物的产量和动物的健康水平。对其他科学信息的获取，使得农民能够在选择适当的农业实践时做出更明智的决策。一些农民还会在农场中自己进行研究。

电子产品也能够帮助商业性农民。农民使用全球定位系统设备确定精确坐标，方便播种，以及施用不同类型和数量的肥料。大型牧场上的农民还使用全球定位系统设备来监控牛和拖拉机的位置。他们还使用卫星图像衡量作物的生长情况，用附加在联合收割机上的产量监测器测定收获粮食的精确数量。

农场规模

商业性农业中农场的平均面积相对较大。美国农场的平均面积为 178 公顷（441

▲ 图 9-3　使用手动工具的小型中国农场　中国彭州的农民在挖掘番薯藤。

英亩），而中国农场的平均面积约为 1 公顷（2.5 英亩）（图 9-3）。农场规模部分取决于机械化水平。联合收割机、采摘机和其他机械设备，在超大规模的农场中运行效率最高，而且它们的费用昂贵，在小农场中使用不合算。商业性农业的农场规模大，机械化水平高，所以是一个昂贵的行业。在开始运营之前，农民要花费数十万美元购买或租用土地和机器。这笔钱经常是银行借款，在农作物出售后偿还。

商业性农业越来越多地由少数大型农场主导。在美国，最大的 5% 的农场的产量占全国农业总产量的 75%。尽管规模很大，但发达国家的大多数商业性农场——美国 90% 的商业性农场——都由家庭拥有和经营。商业性农民经常通过租用附近的土地来扩大自己的农场。

尽管美国 2000 年的农场和农民数量低于 1900 年，但是用于农业的土地面积增加了 13%，增长主要来自灌溉和开垦。然而，在 21 世纪，美国的 4 亿公顷（10 亿英亩）耕地，每年都减少 120 万公顷（300 万英亩），这主要是因为城市区域的扩张。

思考题 9.1.2
除了全球定位系统设备之外，还有哪些电子设备可以帮助超大型农场上的农民？

复习　关键议题 1
农业起源于何处？

✓ 在农业出现之前，大多数人类都是猎人和采集者。

✓ 在大约一万年前，农业开始在多个源地出现。

✓ 现代农业分为发展中国家的自给性农业和发达国家的商业性农业。两种农业在农民比例、机械化水平和农场规模上有差异。

为什么
人们消费不同的食物？

▶ 饮食和营养
▶ 营养的来源

学习成果 9.2.1

解释发达国家和发展中国家在食物消费方面的差异。

当你在超市购买食物时，你会想起农场吗？不太可能。肉被切碎，用纸或塑料薄膜包裹，没有了动物原来的样子。蔬菜通常是罐装或冷冻的。牛奶和鸡蛋都装在纸箱里。

美国和加拿大的食品产业规模巨大，但是只有少数人是全职农民，他们可能比工厂或办公室里的工人更熟悉计算机和先进机械的操作。美国和加拿大的机械化农场生产率很高，与世界大部分地区的自给性农场形成了鲜明对比。自给性农场中最"典型"的人——如果存在这样一个人——是一个亚洲农民，他种植的食物仅够生存，几乎没有剩余。农业实践中的这种鲜明对比，是世界上较发达国家和欠发达国家之间最根本的差异之一。

饮食和营养

每个人都必须有食物才能生存。世界各地的食物消费在总量和营养来源方面都各不相同。这种差异源于以下几个因素：

■ **发展水平**。与发展中国家的人民相比，发达国家人民消费的食物总量更多，营养来源也更丰富。

■ **自然条件**。气候因素很重要，它影响发展中国家最容易种植的作物类型，进而也影响最常消费的食物种类。但是，在发达国家，食品可以长途运输到气候不同的地方。

■ **文化偏好**。如第 4 章所述，有些食物偏好和禁忌与自然和经济因素无关。

食品消费的总量

膳食能量消耗（dietary energy consumption）指个人消耗的食物量。膳食能量的衡量单位是千卡（kcal）或卡路里。每克（或盎司）食物提供的千卡数，可以由营养师测量出来。

大多数人通过食用**谷粒**（cereal grain）或者**谷类植物**（cereal）来获得大部分卡路里。谷类植物是能够产出供食用谷粒的植物。谷粒就是谷类植物的种子。三种主要谷物——小麦、大米和玉米——占全球粮食产量的近90%，占全球所有膳食能量的 40% 以上：

■ **小麦**。欧洲和北美发达地区人们食用的主要谷物是小麦，食用形式主要是面包、面食、蛋糕等。它也是中亚和西南亚发展中地区人们食用最多的谷物。这些地区相对干燥，小麦比其他谷物更适宜种植。

■ **大米**。东亚、南亚和东南亚发展中地区人们食用的主要谷物是大米。它是最适合在热带气候中生产的作物。

■ **玉米**。世界上最主要的农作物是玉米（maize，在北美称为 corn），尽管其中大部分不是为人类直接食用而生产的，而是用于其他目的，尤其是喂养动物。它也是撒哈拉以南非洲一些国家的主要作物。

■ **其他作物**。在少数国家，尤其是在撒哈拉以南的非洲，人们的膳食能量大部分来自其他作物。这些作物包括木薯、高粱、小米、大蕉、番薯和山药。糖是委内瑞拉人膳食能量的主要来源。

膳食能量的需求

根据联合国粮食及农业组织（U.N. Food and Agricultural Organization）的数据，为了维持适度的身体活性，一般人每天需要摄入至少 1,844 千卡。全球人口的平均摄入量为每天 2,902 千卡，远高于建议的最低摄入量。因此，大多数人都有足够的食物来生存。

发达国家人们的平均摄入量几乎是建议最低值的两倍，每天 3,400 千卡。美国的摄入量是世界上最高的，每人每天 3,800 千卡。食物消耗量如此之高，是美国等发达国家肥胖比饥饿更普遍的原因之一。

在发展中地区，人们平均每日摄入量为 2,800 千卡，仍高于建议的最低摄入量。然而在撒哈拉以南的非洲地区，有很大一部分人没有足够的食物。在人们不得不花费高比例的收入来获取食物的国家，日常食物更有可能缺乏。

思考题 9.2.1

许多餐馆现在会告诉你他们的饭菜中有多少卡路里（千卡）。这些信息会影响你选择食物吗？为什么？

营养的来源

学习成果 9.2.2

解释发达国家和发展中国家在营养来源上的差异。

联合国将粮食安全定义为：在任何时候都能通过物质、社会和经济手段获得安全和富有营养的食物，满足膳食需要和饮食偏好，过上有活力和健康的生活。根据这个定义，

▼ 图 9-4　**非洲的食物**　莫桑比克的这个群体正在准备木薯。在家里，他们将把这些木薯捣碎，打破其纤维，然后煮成粥。

▲ 图 9-5　**世界上最大的养牛场**　牛群在内布拉斯加州的布罗肯鲍（Broken Bow）肥育，然后再被加工成牛肉切块。

世界上大约 10% 的居民没有粮食安全。

蛋白质

　　蛋白质是人体生长和维持健康所需的营养物。许多食物都能提供蛋白质，但是蛋白质的质量和数量各不相同。发达国家和发展中国家之间最根本的差异之一就是蛋白质的主要来源不同（图 9-4）。

　　在发达国家，蛋白质的主要来源是肉类产品，包括牛肉、猪肉和家禽（图 9-5）。肉类在发达国家占所有蛋白质摄入量的约 1/3，而在发展中国家则约为 1/10。在大多数发展中国家，大部分蛋白质来自谷物。

思考题 9.2.2

你的蛋白质主要来源于什么食物？

复习　关键议题 2
为什么人们消费不同的食物？

✔ 人们食用的大多数食物都是谷物，尤其是小麦、大米和玉米。

✔ 发达国家人们摄入的卡路里总量更高，食用的动物制品也更多。

✔ 大多数人摄入的热量都超过建议的最低卡路里值，而且营养不良的人数正在下降，但是在亚洲和撒哈拉以南的非洲，营养不良的情况仍然很常见。

▶ 农业区与气候
▶ 干旱地区的自给性农业
▶ 热带地区的自给性农业
▶ 人口集中地区的自给性农业
▶ 渔业
▶ 作物型商业性农业
▶ 作物和畜牧混合型商业性农业
▶ 畜牧型商业性农业

学习成果 9.3.1

认识农业地图和气候地图之间的关系。

人们已经能够在各种各样的地方从事农业。使用最广泛的世界农业区地图,其基础是地理学者德文特·惠特尔西(Derwent Whittlesey)在 1936 年所做的工作。自那以后,世界发生了很大的变化,但惠特尔西对世界农业区的清楚划分在今天仍然被人使用。

农业区与气候

农业区地图和气候地图之间有十分惊人的相似之处。例如,在气候干燥的西南亚和北非,游牧是主要的农业类型,而撒哈拉以南的非洲属于热带气候,那里主要的农业类型则是轮耕。请注意中国东南部(中纬度温暖气候,集约化自给性农业,以水稻为主)和中国东北部(中纬度寒冷气候,集约化自给性农业,不以水稻为主)之间的划分。

在美国,西部大部分地区的气候(干旱)和农业(牲畜业)与其他地区不同。此外,在发展中国家的干旱地区和热带地区之间,以及在发展中国家和发达国家的干旱地区之间,农业实践各不相同。

由于环境决定论概念(参见第 1 章)所涉及的多个问题,地理学者担心气候的作用被过分强调。文化偏好和发展水平的差异,也能解释类似气候地区的农业差异。

干旱地区的自给性农业

学习成果 9.3.2

解释低密度干旱地区自给性农业的主要形式。

惠特尔西划分出 11 个主要农业区,以及几个没有农业的区域。惠特尔西划分的 11 个农业区中,有 5 个是发展中国家的重要农业形式,有 6 个是发达国家重要的商业性农业形式。

在发展中国家占主导地位的 5 种农业形式是:

■ **集约化自给性农业,以水稻为主。**东亚和南亚人口集中的地区。

■ **集约化自给性农业,不以水稻为主。**东亚和南亚人口集中、种植大米很困难的地区。

■ **游牧。**西南亚、北非、中亚和东亚的干旱地区。

■ **轮耕。**拉丁美洲、撒哈拉以南的非洲和东南亚的热带地区。

■ **种植园农业。**拉丁美洲、撒哈拉以南的非洲、南亚和东南亚热带及亚热带的发展中国家的一种商业性农业。

在发达国家占主导地位的 6 种农业形式是:

■ **作物和畜牧混合型农业。**美国的中西部和欧洲中部。

■ **乳品业。**美国东北部、加拿大东南部和欧洲西北部的人口聚集区附近。

■**谷物种植**。美国中北部、加拿大中南部和欧洲东部。

■**畜牧业**。北美洲西部、拉丁美洲东南部、中亚、撒哈拉以南的非洲和南太平洋的干旱地区。

■**地中海型农业**。地中海周围、美国西部、非洲南端和智利。

■**商业性园艺**。美国东南部和澳大利亚东南部。

猎人和采集者

在农业出现之前，人类或许都通过捕猎动物、捕鱼或采集植物（包括浆果、坚果、水果和根茎）来获得生存所需的食物。猎人和采集者通常生活在少于 50 人的小群体中，因为群体如果更大，就会迅速耗尽步行可达到范围内的可用资源。

这个群体会经常迁移，建立新的家庭基地或营地。迁移的方向和频率取决于猎物的移动和各个地方植物的季节性增长。我们可以假设，不同群体在狩猎权、通婚和其他特定主题方面相互沟通。在大多数情况下，他们会避开彼此的领土，保持和平。

男人打猎或捕鱼，女人收集浆果、坚果

和根茎。这种分工听起来很模式化，却有考古学和人类学证据证明。他们经常——也许是每天——收集食物。根据当地的不同情况，搜索食物可能只会花费一天中很短的时间，也可能花费大部分时间。

今天，大约还有 25 万人，或 0.005% 以下的世界人口，仍然靠狩猎和采集而不是农业来生存。比如：生活在澳大利亚维多利亚大沙漠中的斯皮尼菲克斯人〔Spinifex，也称为皮拉恩格鲁人（Pila Nguru）〕、生活在印度安达曼群岛的桑提内尔人（Sentinelese），以及生活在博茨瓦纳和纳米比亚的萨恩人（San，图 9-6）。当代的狩猎和采集群体是生活在世界定居点边缘的孤立群体，但是他们能让我们洞见在农业出现之前的史前时代，盛行的人类实践是什么样的。

游牧

游牧（pastoral nomadism）是自给性农业的一种形式，牧民在无法种植作物的干燥气候中放牧驯化的动物。与其他自给性农民不同，游牧民主要靠动物而不是作物来生存。沙特阿拉伯和北非的贝都因人（Bedouins），以及东非的马赛人（Masai），都是游牧部落的

▶ 图 9-6 **狩猎和采集** 纳米比亚萨恩族的两名成员用弓箭捕猎。1. 在 8,000 年前农业还未出现时，为什么人们要使用弓箭而不是弹药呢？2. 为什么今天的猎人会使用弓箭，而不使用步枪呢？

▲ 图 9-7　**游牧**　蒙古戈壁沙漠里的奶山羊。

例子。动物可以产奶，它们的皮毛可以用于制作衣服和帐篷。游牧民通常不会屠宰动物，但是会食用死亡的动物。对游牧部落来说，牧群的大小既是衡量权力和威望的重要指标，也是在恶劣环境条件下生存的主要保证。

然而，与其他自给性农民一样，游牧民主要食用谷物，而不是肉类。为了获得谷物，今天的许多游牧部落会种植作物，或交易动物产品。

游牧民根据当地的文化和自然特征，选择放牧的动物类型和数量。这种选择取决于动物的相对名声，以及物种适应特定气候和植被的能力：

■ 骆驼非常适合干旱气候，因为它们可以长时间不喝水，能运输沉重的行李，而且移动速度较快。但它们尤其会受到苍蝇和昏睡病的困扰，并且怀孕时间相对较长，从受孕到产崽要 12 个月。

■ 山羊比骆驼需要更多的水，但是它们坚韧而敏捷，可以在几乎任何植被上生存，无论植被多么贫瘠（图 9-7）。

■ 绵羊移动相对缓慢，会受气候变化的影响；它们比骆驼和山羊需要更多的水，并且对食物更挑剔。

游牧民不会在景观中随意移动，而是有强烈的领土感。每个群体控制一块领土，只有在紧急情况下或者宣布战争时，才会入侵另一个群体的领土。一个群体的目标是控制面积足够大的领土，以拥有生存所需的草料和水。一个群体实际控制的土地面积取决于其财富和力量。精准的迁移模式源于游牧民对本地区自然和文化特征的深入了解。

一些游牧部落实行**季节性迁移**（transhumance），即根据季节在山区和低地牧场（pasture）之间迁移牧群。"pasture"既指为饲养食草动物而种植的草或其他植物，也指用于放牧的土地。绵羊或其他动物夏天会在高山草甸放牧，冬天则回到山谷里的冬季牧场。

农业专家曾经把游牧视为农业发展的一个阶段，介于为寻找食物在地球表面迁移的猎人和采集者，与在一个地方种植谷物的定居农民之间。游牧民有驯化的动物，没有栽培的植物，所以被认为比猎人和采集者更先进，但是不如定居农民先进。

游牧现在被普遍认为是定居农业的分支，而不是它的原始前身。这只是一种在雨水稀少、不适宜种植作物的土地上生存的实用方法。

今天，游牧这种农业形式日渐衰落，部分是由于现代科技的影响。在近代的交通和通信技术出现之前，游牧部落在人烟稀少的干旱地区发挥了重要作用，运输货物，传递信息。他们曾经是干旱地区最强大的居民，但是现在各国政府借助现代武器，可以更有效地控制他们。

政府想要土地来做其他事情，所以迫使游牧群体放弃游牧。可以灌溉的土地从游牧农业用地转变为定居农业用地。在某些情况下，曾经被游牧民占据的干旱地区，已经成为采矿和石油工业的场地。一些游牧民被鼓励尝试定居农业，或者在采矿或石油公司工作。一些人仍然可以游牧，但是被限制在边界固定的牧场里。未来，游牧农业将越来越局限于无法灌溉或缺乏有价值原料的地区。

热带地区的自给性农业

学习成果 9.3.3
解释低密度热带地区自给性农业的主要形式。

世界上大部分热带区域，或 A 类气候区，温度较高，雨量充沛，都开展**轮耕**（shifting cultivation）农业。这种农业形式覆盖约 2.5 亿人、3,600 万平方千米（1,400 万平方英里），尤其见于拉丁美洲、撒哈拉以南的非洲和东南亚的热带雨林中。这些地区也有**种植园农业**。

轮耕

轮耕的两个鲜明特点是：

■ 农民通过砍伐植被和焚烧残渣开垦土地。轮耕有时也被称为**刀耕火种农业**（slash-and-burn agriculture）。

■ 农民只会在开垦出来的土地上种植几年作物，土壤的养分耗尽后，会休耕（不种植作物）多年，让土壤修复。

轮耕农民通常生活在小村庄，在周围由村庄控制的土地上种植作物。村民每年都会在定居点周围选定一个耕种区。种植前，他们必须清除热带土地上常见的茂密植被。他们使用斧头砍伐大部分树林，只留下有经济价值的树木，并使用大砍刀或其他长刀清除灌木丛。在没有风的时候，他们会在谨慎控制的条件下焚烧残渣。雨水将灰烬冲入土壤，为植物提供所需的营养（图 9-8）。

在种植之前，农民会将开垦出来的临时**耕地**（在不同的地方有不同的叫法，包括 swidden、lading、milpa、chena 和 kaingin）准备好，或许会借助于锄头之类的简单工具，但很少使用犁头和动物（图 9-9）。农民们可以使用的肥料，通常就是开垦土地时焚烧残渣得到的钾碱。在作物被种植的第一年里，农民们很少除草；在随后的几年中，他们会用锄头来清除杂草。

开垦的土地只能种两三年作物。在许多地区，焚烧后的第二年收成最好。此后，土壤的养分会迅速耗竭，土地变得过于贫瘠，

▲ 图 9-8　**轮耕：刀耕火种**　莫桑比克的农民先焚烧地上的残渣，然后进行耕种。

▲ 图 9-9　**轮耕：开垦土地**　科特迪瓦的人们在准备临时耕地。

不能滋养作物。杂草在几年后生长迅速，也会让农民放弃临时耕地。在临时耕地没有肥力后，村民们会寻找新的地点，再次开垦。他们会将旧的临时耕地闲置几年，让它再次被天然植被覆盖。这块土地其实并没有被抛弃，村民们会在数年后，少则 6 年，多则 20 年，再次开垦这片土地。在休耕期间，他们仍然会照料土地上的果树。

如果村庄外面的临时耕地太小，无法为村里的人口提供食物，那么就会有人建立新的村庄，在那里进行轮耕；如果要开垦的耕地太远，那么有些农民就会暂时搬到另一个定居点。

轮耕的作物。每个村庄种植的农作物会因当地的习俗和偏好而异。主要作物包括东南亚的旱稻、南美的玉米和木薯，以及非洲的小米和高粱。一些地区也种植山药、甘蔗、大蕉和蔬菜。这些作物起源于某个轮耕区，后来扩散到了其他地区。

巴西亚马孙热带雨林中的卡亚波人（Kayapo），不会像我们熟悉的那样按行把作物种在矩形的田地里。他们将作物种植成同心的圆形。他们在内部区域种植番薯和山药。接下来的几圈种植的是玉米、大米、木薯，以及更多的山药。在种植几年后，番薯和山药的内部区域会扩大，取代玉米和大米。最外面的几圈种植的是需要更多营养的植物，包括木瓜、香蕉、菠萝、芒果、棉花和豆类。开垦田地时被砍倒的树木，其茂盛的树冠就倒在这几圈，树冠腐烂时会将更多的养分释放到土壤中。

大多数家庭种植作物都只是为了满足自己的需求，所以一块临时耕地里可以有多种作物，分别在最佳的时间收获。轮耕农业中的"农地"看起来比发达国家的耕地更混乱；发达国家的耕地只会大面积地种植一种作

物，如玉米或小麦。在某些情况下，有些家庭可能专门种植几种作物，与拥有多余的其他作物的村民贸易。

轮耕农业中土地的所有权和使用权。传统上，土地由整个村庄拥有，不由每个居民单独拥有。村庄的首领或统治议会给每个家庭分配一块土地，允许这个家庭保留土地上的收成。个人也可能有权拥有或保护村庄周围的特定树木。今天，特别是在拉丁美洲，有些社区的土地由私人拥有。

轮耕农业占世界土地面积的约 1/4，高于任何其他类型的农业。然而，世界上只有不到 5% 的人从事轮耕。这种差异并不奇怪，因为与其他类型的农业相比，每隔几年就要从一块耕地迁移到另一块耕地的做法，其人均所需土地面积更多。

轮耕农业的未来。根据联合国的数据，热带地区轮耕的土地面积正在以每年约 7.5 万平方千米（3 万平方英里）或 0.2% 的速度减少。地球表面热带雨林的面积已经减少到不足最初的一半，因为直到最近几年，世界银行还在支持滥伐森林，贷款给需要砍伐森林的开发项目。伐木、养牛和种植经济作物正在取代轮耕。向建筑商出售木材，或者为快餐店饲养肉牛，是比维持轮耕更有效的发展策略。发展中国家也将轮耕视为一种在贫瘠土地上种植粮食的低效方式。实际上，与其他形式的农业相比，轮耕农业只有在支持一个地区的小规模人口时，才能不造成环境破坏。

对批评者来说，轮耕农业充其量只是经济发展的初级阶段。开拓者们利用轮耕来清除热带地区的森林，在农业从未存在的地方开辟土地，谋求发展。从事轮耕的人也可能是在其他地方无法找到农业用地的人。

批评者认为，轮耕应该被能够提高单位土地产量、更先进的农业技术取代。捍卫轮耕的人则认为，轮耕是热带地区最环保的农业方式。其他农业形式中的做法，如使用化肥、杀虫剂，以及永久利用耕地，可能会破坏土壤，造成严重的侵蚀，破坏生态系统的平衡。

大规模破坏雨林也可能导致全球变暖。大量的树木在被砍伐后，燃烧和腐烂过程会释放出大量的二氧化碳。二氧化碳可以在大气中积聚，就像温室的玻璃窗户一样，将太阳能保存在大气中，从而导致温室效应（见第 11 章）。终止轮耕则可能破坏热带地区传统的地方文化多样性。轮耕的活动与其他社会、宗教、政治等习俗相互交织。农业经济的剧变可能扰乱日常生活中的其他活动。

随着热带雨林对全球环境的重要性得到承认，发展中国家始终受到压力，被要求进一步限制对热带雨林的破坏。在一项创新战略中，玻利维亚同意划出 150 万公顷（370 万英亩）森林作为保护区，换取发达国家撤销 6.5 亿美元的债务。与此同时，在巴西的亚马孙雨林中，被滥伐的森林从 20 世纪 90 年代的每年 270 万公顷（700 万英亩）增加到 2000 年以来的每年 310 万公顷（800 万英亩）。

思考题 9.3.3

人口的快速增长将如何让实施轮耕变得困难？

种植园农业

大多数种植园位于热带和亚热带地区，尤其是拉丁美洲、非洲和亚洲的热带和亚热带地区。种植园一般位于发展中国家，却通常由欧洲人或北美人拥有或经营，而且它们种植的作物主要出售给发达国家。种植园最重要的作物是棉花、甘蔗、咖啡、橡胶和烟草。它们还大量生产可可、黄麻、香蕉、茶叶、椰子和棕榈油。

在美国内战之前，种植园在美国南部很重要，主要作物是棉花，其次是烟草和甘蔗。大部分的劳动都由从非洲贩卖而来的奴隶进行，直到奴隶制被废除，南方在内战中落败。此后，美国的种植园数量便减少；它们被分割开来，要么出售给个体农民，要么由佃农租种。

人口集中地区的自给性农业

学习成果 9.3.4

解释高密度发展中地区的主要农业形式。

世界上 3/4 的人口生活在发展中国家，集约化自给性农业养活了这些人口中的大多数。"集约"一词意味着农民必须集中精力耕种一块土地来维持生活。

集约化自给性农业的特征

在发展中国家，大多数人生产食物供自己食用。在**集约化自给性农业**（intensive subsistence agriculture）中尤其如此，这种农业形式在人口稠密的东亚、南亚和东南亚实行得最广泛。

集约化自给性农业包含了几千年来根据当地环境和文化模式而改良的精细农业实践。在东亚和南亚部分地区，由于农业密度即农民与耕地的比例很高，所以农民家庭必须在非常小的土地上生产足够的粮食来维持生存。大多数农活都是通过手工或动物，而不是通过机器完成的，这种情况的部分原因是劳动力充足，但主要还是因为缺乏购买设备的资金。

亚洲集约化自给性农业区的典型农场，比世界其他地方的农场小得多。许多亚洲农民拥有几块零散的土地，这通常是几个世纪以来继承人分割土地的结果。为最大限度地提高粮食产量，集约化自给性农民几乎不浪费土地。田地的角落和不规则形状的土地都被种植了作物，而不是被闲置。道路和道路之间也尽可能窄，以尽量减少耕地损失。牲畜很少能够在可用于种植作物的土地上放牧，而且种植的谷物很少被用来喂养动物。

亚洲有些地方土地利用的集约化程度更高，一块田地每年会收获两次，这个过程被称为**双季种植**（double cropping）。在冬季温暖的地方，如中国大陆的南部和台湾地区，双季种植很常见，但在大多数地区冬季都干燥的印度，双季种植相对罕见。通常，双季种植是交替种植两种作物，在夏季降水较多时种植水稻，在较干燥的冬季种植小麦、大麦或其他喜干作物。夏季时，在水稻区的旱地上可以种植水稻以外的作物。

以水稻为主

亚洲的集约化农业区可以分为以水稻为主的地区和不以水稻为主的地区。**水稻**（wet rice）指首先栽种在苗圃，在长成幼苗后移植到水田以促进其生长的稻子。水稻占亚洲农业用地的比例相对较小，却是该地区最重要的粮食来源。

集约化水稻种植是中国东南部、印度东部和东南亚大部分地区的主要农业类型。世界大米产量的近 50% 来自中国和印度，90% 以上来自东亚、南亚和东南亚。

成功生产大量水稻是一个复杂的过程，很耗费时间，而且主要依靠手工。大米的消费者也从事水稻种植，所有家庭成员——包括儿童——都要为水稻种植做出贡献。种植水稻涉及四个主要步骤。正如集约化农业这个名称所示，所有四个步骤的集约化程度都很高：

1. 通常使用畜力耕田（图 9-10）。种植水稻需要平地，所以山坡上都是梯田。

2. 在田里放满水（图 9-11）。用水淹没的稻田在印度尼西亚被称为"水田"（sawah），也被越来越多的人称为"稻田"（paddy）。"paddy"这个词在马来语中实际上就是指

▼ 图 9-10　种植水稻：耕田　印度的牛在拉犁。

▼ 图 9-11　种植水稻：水田淹水　印度尼西亚的水田。

▲ 图 9-12　种植水稻：移植秧苗　印度农民手工移植秧苗。

水稻。

3. 在苗圃中生长了一个月的水稻秧苗被移植到水田里（图 9-12）。

4. 用刀收获水稻（图 9-13）。通过在地面拍打使水稻脱粒。将脱粒后的水稻放入簸箕中风选，较轻的谷壳会被风吹走。

不以水稻为主

在亚洲的部分地区，尤其是在夏季降水过少、冬季过于严寒的地区，气候阻碍了农民种植水稻。印度内陆和中国东北部大部分地区种植的都是水稻以外的作物。小麦是这些地区最重要的作物，其次是大麦。其他谷物和豆类是为家庭食用而种植的，包括小米、燕麦、玉米、高粱和大豆。此外，农民会种植供销售的作物，例如棉花、亚麻、大麻和烟草。

除种植的作物不同以外，这些地区与水稻区的大部分特征都相同。土地使用的集约化程度高，主要依靠人力耕种，也有一些手动工具和动物的协助。在不以水稻为主的较温和地区，农民通过熟练地进行**轮作**（crop rotation），可以在某些年份收获不止一次。轮作指每年在不同的土地上轮流种植不同的作物，以避免土壤的营养耗竭。在较冷的气候下，农民在春季种植小麦或其他作物，在秋季收获，但是不能在冬季播种。

思考题 9.3.4

东亚和南亚的农民如果想要从事劳动集约度低于种植水稻的农业实践，会面临哪些挑战？

▼ 图 9-13　种植水稻：收获　缅甸的农民依靠手工收割水稻，给水稻脱粒。

渔业

学习成果 9.3.5

描述渔业对世界粮食供应的贡献。

从地球水域中获得的食物包括鱼类、甲壳类动物（如虾和蟹）、软体动物（如蛤蜊和牡蛎）和水生植物（如西洋菜）。水产食物的获得有两种方式：

- **捕捞**（fishing），即捕获生活在水中的野生鱼类和其他海产品。
- **水产养殖**（aquaculture 或 aquafarming），即在受控条件下培育海产品。

自给性农业和商业性农业中都有捕捞和水产养殖。

海洋的面积辽阔，覆盖了地球表面近 3/4 的区域，离大多数人口集中地较近。从历史

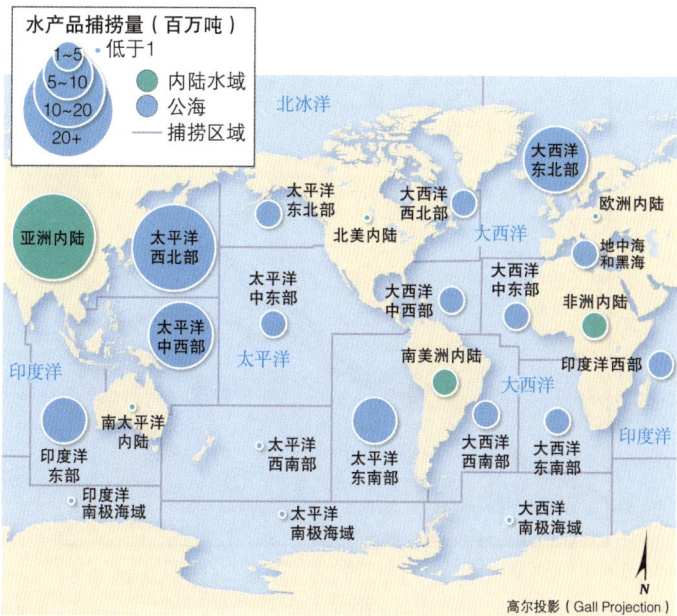

▶ 图 9-14　主要捕捞区域

▶ 图 9-15　**水产养殖**　希腊科孚岛（Corfu）卡西奥皮（Kassiopi）的养鱼场在网箱中养鱼。

上看，海洋只占了世界粮食供应的一小部分。因此，初看上去，增加对海洋食物的使用很有吸引力。然而，过度捕捞已减少了许多地区的鱼类供应。

鱼类产量

世界上的海洋分为 18 个主要捕捞区域，其中大西洋和太平洋各拥有 7 个，印度洋拥有 3 个，地中海拥有 1 个（图 9–14）。湖泊和河流之类的内陆水域也有渔业。产量最高的捕捞区域是太平洋西北部和亚洲的内陆水域。

在过去的半个世纪中，全球鱼类产量从大约 3,600 万吨增加到 1.58 亿吨。增长完全来自水产养殖的扩张（图 9–15）。自 20 世纪 90 年代以来，尽管人口增长，鱼类消费需求增加，但海洋和湖泊里的野生鱼类捕捞却并未增多。产量高于人类消费的原因是捕获的鱼有相当一部分被制作成鱼粉，喂给家禽和

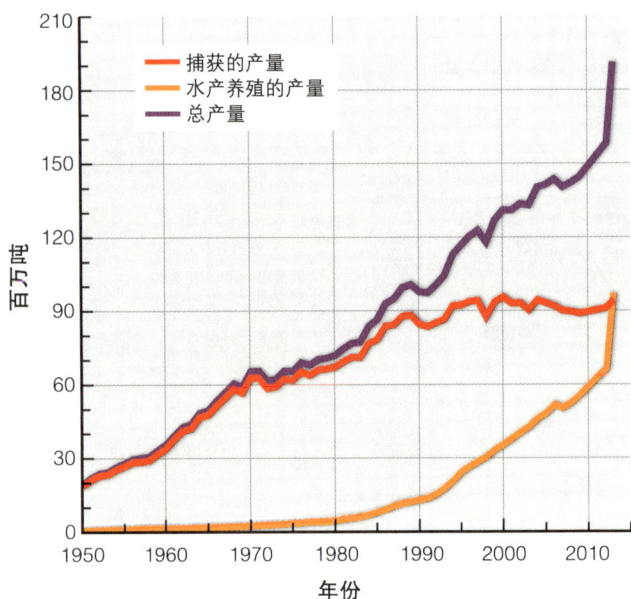

◀ 图 9–16　鱼类产量的增长

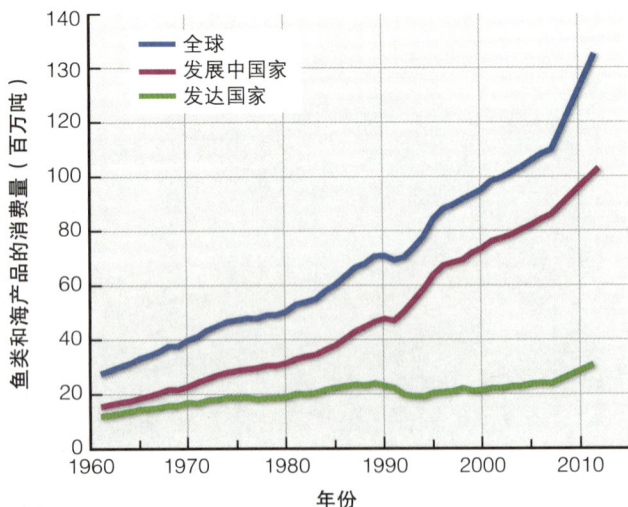

◀ 图 9–17　人类对鱼类消费的增长

由于水产养殖的发展，人们开始养殖非本地物种。其中一个例子是亚洲鲤鱼，它在20世纪70年代进口到美国，在阿肯色州的一个养鱼场饲养。洪水让这类鲤鱼从养鱼场逃入了美国水道。亚洲鲤鱼的生长速度快，食欲旺盛，可长到45千克（100磅）以上（图9-18）。一旦进入水道，极具侵略性的亚洲鲤鱼就会成功地抢夺本地鱼类的食物和栖息地，威胁本地物种的存续。它们甚至袭击过在小船上钓鱼的人。

亚洲鲤鱼已经扩散到密西西比河和伊利诺伊河的上游，现在占这些河流中鱼类的97%。如今亚洲鲤鱼就要威胁到五大湖。亚洲鲤鱼最有可能通过芝加哥地区的水道进入五大湖。美国陆军工程兵部队（The U.S. Army Corps of Engineers）已经安装电动屏障，试图阻止亚洲鲤鱼穿越运河到达密歇根湖。

长远来看，将亚洲鲤鱼赶出五大湖的唯一有效方法是关闭运河。但是，运河在维持芝加哥的经济方面发挥着重要作用，因此关闭运河可能破坏芝加哥的经济。

▲ 图9-18   伊利诺伊河中的亚洲鲤鱼

猪。从海洋捕获的鱼只有2/3被人类直接食用（参见"可持续性与我们的环境"版块）。

鱼类消费

人类对鱼类和海鲜的消费量从1960年的2,700万吨增加到了2012年的1.32亿吨。5/6的增长来自发展中国家。

鱼类消费增长的速度超过了人口增长的速度。在过去的半个世纪中，发达国家和发展中国家的人均鱼类消费量几乎翻了一番。尽管如此，鱼和海鲜仅占人类摄入的所有卡路里的1%。

比较图9-16和图9-17就可以看出，鱼的产量远高于人类的消费量。大约85%的鱼类由人类直接消费。剩下的都被制作成鱼粉，然后喂给家禽和猪。

过度捕捞

世界鱼类产量的1/3来自中国。其他主要的产鱼国家自然是那些拥有广泛海洋边界的国家，如智利、印度尼西亚和秘鲁。

海洋和湖泊中一些鱼类的种群数量因过度捕捞（overfishing）而下降，过度捕捞是指捕捞鱼类的速度高于鱼类繁殖的速度。20世纪中期，很多人希望鱼类消费量的增加可以满足全球迅速增长的人口的需求。然而，由于过度捕捞，一些鱼类的种群数量减少了。据联合国估计，1/4的鱼类资源被过度捕捞，另有一半被完全开发，只剩下1/4捕捞不足。

思考题 9.3.5

发达国家的普通居民平均每周消耗约6盎司（170克）鱼。为什么你的消费量会高于或低于此平均水平？

作物型商业性农业

学习成果 9.3.6

描述几种作物型商业性农业的基本原则。

发达国家的商业化农业系统被称为**农业综合企业**（agribusiness），因为农业融入了一个大型食品生产行业中。农民占美国劳动力的比例不足 2%，但是约有 20% 的美国劳动力从事与农业综合企业相关的食品生产和服务工作，包括食品加工、包装、储存、分销和零售。农业综合企业还包括拖拉机制造、化肥生产和种子分销等多种事业。

大多数农场由个体家庭拥有，但农业综合企业的其他方面大多由大公司控制。农产品没有直接销售给消费者，而是销售给食品加工公司。大型的食品加工公司，如通用磨坊（General Mills）和卡夫食品（Kraft），通常与商业性农民签订合同，购买他们的作物和动物。

发达国家的商业性农业可分为六大类：谷物种植业、地中海型农业、商业性园艺和水果种植业、作物和畜牧混合农业、乳品业和畜牧业。前 3 种的收入主要来自作物销售，后 3 种的收入主要来自动物产品销售。

谷物种植业

大多数农场的主要作物是谷物，如小麦、玉米、燕麦、大麦、大米和小米。商业性谷物种植业不同于作物和畜牧混合农业，因为在谷物农场上种植的作物主要由人类而不是牲畜食用。与发达国家的其他商业性农业企业一样，大规模谷物生产的机械化水平很高，主要存在于大型农场，以消费者偏好为导向。

商业性的谷物农场将产品出售给食品制造商，后者制造如早餐谷物和面包之类的产品。最重要的作物是用于制作面粉的小麦。小麦的售价通常可以比其他谷物（如黑麦、燕麦和大麦）更高，而且它作为人类食物具有更多好处。它的存储相对方便，不易腐坏，而且能够远距离运输。由于每单位重量的价值相对较高，因此小麦可以从偏远的农场运输到市场销售，且能够赢利。

与牛奶的产量一样，发展中国家在世界小麦产量中所占的份额迅速增加。大部分产量增长是大规模商业化农业增长的结果。发展中国家占 2013 年世界小麦产量的一半以

▼ 图 9-19　地中海型农业　意大利韦尔纳扎（Vernazza）山坡上的葡萄园俯瞰地中海。

上，而 1960 年仅占 1/4。美国是发达国家中最大的小麦生产国，但是它如今在所有国家中排名第三，位于中国和印度之后。自 1983 年以来，中国一直是世界领先的小麦生产国，印度自 1999 年以来始终位居第二。

商业性谷物农场通常位于过于干燥，从而不适合作物和畜牧混合农业的地区。在北美洲，大规模的粮食生产集中在 3 个区域：

■ 贯穿堪萨斯州、科罗拉多州和俄克拉荷马州的冬小麦生产带，秋季播种，初夏收割。

■ 贯穿达科他州、蒙大拿州和加拿大萨斯喀彻温省南部的春小麦生产带，春季播种，夏末收割。

■ 华盛顿州的帕卢斯地区。

小麦的重要性不只体现在种植土地面积和参与种植的人数上。与其他农产品不同，小麦种植在很大程度上是针对国际贸易，小麦是世界上最主要的出口作物。美国和加拿大约占世界小麦出口量的 1/4。为世界其他地方的许多人提供食物，这种能力是美国和加拿大的经济和政治力量的重要来源。

地中海型农业

地中海型农业主要存在于南欧、北非、西亚与地中海接壤的土地上。加利福尼亚州、智利中部、南非西南部和澳大利亚西南部的农民也从事地中海型农业。

这些地中海型农业地区拥有相似的自然环境。每个地中海型农业地区都临海（图 9-19）。盛行的海风可以提供水分，缓和冬季的气温。夏天炎热干燥，但海风能够稍微缓解。土地多为丘陵，山脉经常直接临海，让海岸上的平地非常狭窄。

地中海型农业区土地上的大多数作物都是供人类食用的，不用于饲养动物。园艺

▲ 图 9-20　商品园艺业　佐治亚州的农民在收获花生。

（horticulture，水果、蔬菜和花卉的种植）和木本作物是地中海型农业的商业基础。在与地中海相连的土地上，两种最重要的经济作物是橄榄和葡萄。加利福尼亚州的大部分耕地都专用于果蔬园艺，提供美国消费的大部分柑橘类水果、坚果和落叶果。

商业性园艺和水果种植业

商业性园艺和水果种植业是美国东南部的主要农业类型。该地区植物的生长季节长，气候湿润，而且能够接触到美国东北部的大量消费者。这个类型的农业通常被称为 truck farming（商品园艺业），这个名称来自中古英语中的单词 "truck"，意思是 "以物易物"。

商品园艺业会种植许多发达国家消费者

所需的水果和蔬菜，如苹果、芦笋、樱桃、生菜、蘑菇和西红柿（图9-20）。其中一些水果和蔬菜会在新鲜时出售给消费者，但大多数都会出售给大型加工商，用于罐装或冷冻。一个农场往往专注种植几种农作物，而且有少数农场可以在部分果蔬的全国产量中占主导地位。

一种称为特产种植（specialty farming）的商品园艺业形式遍及新英格兰等地。农民通过种植那些需求有限但在增长的作物来获利，例如芦笋、辣椒、蘑菇、草莓和菜苗。如今，经营成本相对较高，乳品价格较低，导致乳品业式微，此时特产种植业就是新英格兰农民营利的另一个选择。

思考题 9.3.6

与商品园艺业的产品相比，为什么小麦更容易出口？

作物和畜牧混合型商业性农业

学习成果 9.3.7

描述作物和畜牧混合农业几种形式的基本原理。

在美国阿巴拉契亚山脉西部和西经98°之间，以及欧洲从法国到俄罗斯之间的大部分地区，作物和畜牧混合农业是最常见的商业性农业形式。

作物和畜牧混合

作物和畜牧混合农业（mixed crop and livestock farming）的最显著特点是作物和畜牧的结合。大多数作物都用于喂养动物，而不是人类直接食用。反过来，牲畜能够供应肥料，以提高土壤肥力，种植更多的作物。

典型的作物和畜牧混合农场会将几乎所有的土地用于种植作物，但其收入的3/4以

▼ 图9-21　**作物和畜牧混合**　爱荷华州的农民在收获玉米。

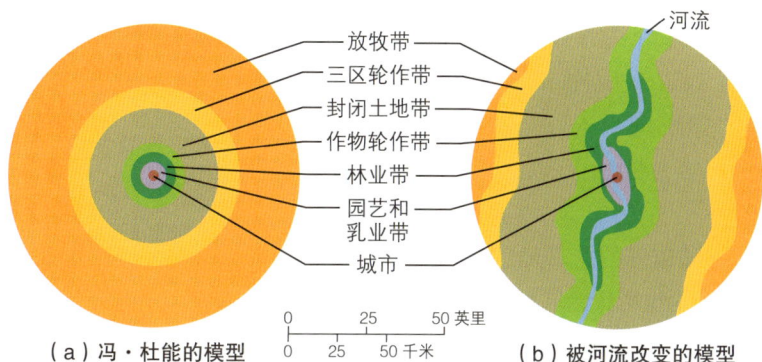

▲ 图 9-22　冯·杜能的模型　（a）根据冯·杜能的模型，在没有地形因素影响的情况下，与城市距离不同的地区从事不同类型的农业，这种选择取决于运输成本和产品价值；（b）冯·杜能认识到他的模型会受到区位因素（如图中的河流）的影响，不同地块到达市场中心的便利性会被改变。对交通便利度需求高的农业实践需要靠近河流。

上来自销售牛肉、牛奶和鸡蛋等动物产品。在美国，猪通常直接在养殖场饲养，而牛可以放到田地里靠玉米育肥。

作物和畜牧混合，使农民能够在一年中更均匀地分配工作量。冬季作物栽种到地里之后，以及秋季作物收获之后，田地都不需要太多照料。牲畜则需要全年关注。作物和畜牧的混合，也减少了收入的季节性变化；农作物的大部分收入来自收获季节，而畜牧产品则可以全年销售。

在美国，玉米是作物和畜牧混合地区最常种植的作物，因为它的单位面积产量高于其他作物。部分玉米被制成油、黄油等食品，供人食用，但是大多数玉米都用于喂养猪和牛。美国最重要的作物和畜牧混合农业区——从俄亥俄州延伸到达科他州，中心位于爱荷华州——通常被称为玉米带，因为大约一半的农田都种植玉米（图 9-21）。

大豆已成为美国商业性混合农业区中第二重要的作物。与玉米一样，大豆主要用于制作动物饲料。豆腐（由豆浆制成）是重要的食物来源，对中国人和日本人而言尤其如此。大豆油在美国食物中被广泛使用。

市场的重要性

发达国家的土地使用主要取决于市场供求关系。土地的价值影响着商业性农业的形式。一块农业用地，如果有人愿意花钱将它用于其他目的，那么它就会被完全用作其他目的。

因为商业性农业的目的是在农场外销售农产品，所以农场到市场的距离会影响农民对农作物的选择。地理学者使用冯·杜能的模型来帮助解释市场距离对商业性农场作物选择的影响。曾经是德国北部一名地主的约翰·海因里希·冯·杜能（Johann Heinrich von Thünen），在 1826 年一本名为《孤立国》（*The Isolated State*）的书中首次提出该模型，后来地理学者对其进行了修改。根据这个模型，商业性农民最初会根据市场位置，考虑种植哪些作物，饲养哪些动物。在选择作物和动物时，农民会比较两种成本：土地成本和将产品运输到市场的成本。

冯·杜能在 19 世纪早期的德国北部拥有大型庄园，他根据自己的地主经验，建立了不同作物的空间布局模型。他发现，当地城市周围不同土地环域中种植的是不同的植物（图9-22）：

- **第一环**。以市场为导向的园艺和奶品生产商位于城市外的第一环。这些产品的运输成本高，而且容易变质，所以必须快速运到市场。

- **第二环**。城市外的第二环包含林场，林场里的木材被砍伐用作建筑材料和燃料；因为木材重量大，所以临近市场很重要。

- **第三环**。第三环土地被用来种植各种作物，放牧各种动物；每年轮换着养殖和种植不同的产品。

- **第四环**。最外面的一环专门用于放牧空间需求很大的动物。

该模型假设，被研究区域内的所有土地都具有相似的区位特征，并且质量均匀，尽管冯·杜能认识到该模型可能因为地形和其他独特的自然条件而变化。例如，河流可能会改变圆环的形状，因为当产品通过水路而不是陆路运输时，运输成本会发生变化。该模型也没有考虑到，社会习俗和政府政策会影响植物和动物对商业性农民的吸引力。

表9-1说明了运输成本对小麦种植赢利能力的影响。表中的例子表明，农民可以通过在离市场不到10,000千米的土地上种植小麦来获利。超过10,000千米，小麦种植就无利可图，因为运输成本超过了毛利润。这些计算表明，靠近市场的农场倾向于选择每公顷产量的运输成本较高的作物，而较远的农场更有可能选择那些能够以较低成本运输的作物。

表9-1　冯·杜能模型中的运输成本

根据冯·杜能的模型，运输成本对小麦种植赢利能力的影响有：
运输费用除外，1公顷土地所产小麦的毛利润为： a. 小麦能以每吨250美元的价格出售。 b. 每公顷小麦的产量为4吨。 c. 毛利润为每公顷1,000美元（每吨250美元×4吨）。
包括运输费用在内，1公顷土地所产小麦的净利润为： a. 向市场运输4吨小麦的成本为每千米0.1美元。 b. 在距离市场1,000千米的农场上种植的4吨小麦，其销售净利润为900美元（1,000美元毛利润−1,000千米的运输费用100美元）。 c. 在离市场10,000千米的农场上种植的4吨小麦，其销售净利润为0美元（1,000美元毛利润−10,000千米的运输费用1,000美元）。

思考题 9.3.7

如果小麦的价格跌至每吨200美元，小麦可以赢利的最大距离是多少？

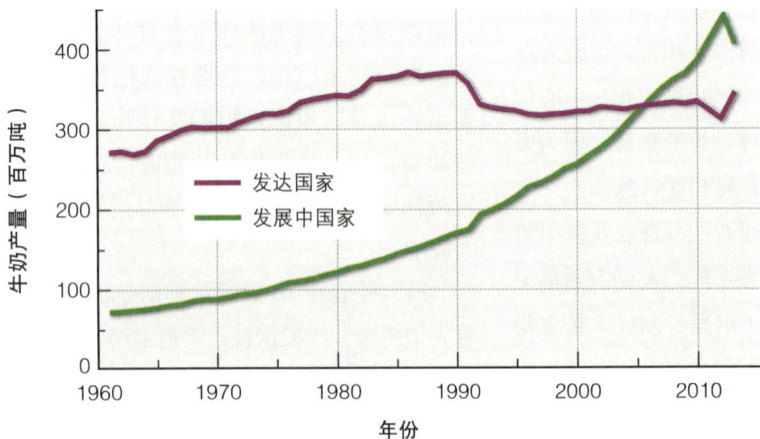

◀ 图9-23　牛奶产量的变化　发展中国家现在生产的牛奶比发达国家多。

畜牧型商业性农业

描述商业性农业中的乳品业和畜牧业。

乳品业是发达国家大城市附近最重要的农业形式。畜牧业适合半干旱或干旱土地，多实践于植被太稀疏，土壤太贫瘠，从而无法种植作物的发达国家。

乳品业

乳牛场（dairy farm）专门生产牛奶和其他乳制品。由于牛奶易变质，所以乳牛场必须比其他产品的生产地更靠近市场。城市周围可以供应新鲜牛奶的地带被称为**牛奶供应区**（milkshed）。

传统上，大多数牛奶是在发达国家生产和消费的。然而，近年来发展中国家在全球奶牛养殖量的占比大幅上升，总量现在已超过发达国家（图 9-23）。城市居民的收入增加，从而可以购买更多的奶制品。

与其他商业性农民一样，奶农通常不会直接向消费者销售产品。相反，他们通常向批发商出售牛奶，批发商又分销给零售商。然后，零售商在商店或家中向消费者出售牛奶。农民还向奶油和奶酪制造商出售牛奶。在美国乳制品区域内，农民对生产何种产品的选择各不相同，这取决于农场是否在大城市区域的牛奶供应区内。一般而言，农场距离大城市人口聚集地越远，鲜奶产量的百分比就越小。离消费者较远的农场更有可能将产品出售给生产黄油、奶酪、奶粉、淡奶和炼乳的加工商，原因是这些产品的保鲜时间比牛奶长，可以安全地从偏远农场运输到市场。

在美国东部，几乎所有牛奶都销售给居住在纽约、费城、波士顿和其他大城市区域的消费者。在靠西部的地方，大多数牛奶被加工成奶酪和黄油。例如，威斯康星州的大部分牛奶都经过加工，而宾夕法尼亚州加工的牛奶只有 5%。美国东北部的农民与几个大市场距离较近，是造成这些地区差异的原因。

其他国家同样会倾向于专注生产某些产品。新西兰是世界上人均奶制品产量最大的国家，约有 5% 的奶制品是液体牛奶，而这个数据在英国是 50%。新西兰农民不卖太多液态奶，是因为新西兰远离北美和西北欧这两个最大的、相对富裕的人口集中地。

与其他商业性农民一样，奶农面临经济上的困难，收入下降，成本上升。退出乳品业的奶农通常认为自己退出的原因是缺乏赢利能力和工作量过大。乳品业的鲜明特征加剧了经济上的困难：

■ **劳动密集**。奶牛必须每天挤奶两次。虽然挤奶可以通过机器完成，但奶牛的养殖仍需要全年持续照料。

■ **冬季饲料**。奶牛在冬天可能无法在草地上吃草，所以奶农要负担喂养奶牛的费用。在欧洲西北部和美国东北部，农民通常购买干草或谷物作为冬季饲料。在美国乳制品地区的西部，作物更有可能在夏季种植，并储存在农场用作冬季饲料。

畜牧业

畜牧业（ranching）指在面积广阔的地区进行商业性的牲畜放牧。除美国以外，还有几个发达国家也有畜牧业，而且畜牧业在发展中国家也越来越多。例如，澳大利亚的内陆从 19 世纪开始允许放牧，但是绵羊比牛更常见。

美国是鸡肉和牛肉的主要生产国，但与其他形式的商业性农业一样，畜牧业的增长一直是在发展中国家。2013 年，发达国家仅占世界肉类产量的 1/3，而在 1980 年为 2/3。中国是最大的肉类生产国，领先于美国，巴西排名第三。中国在 1990 年超过美国，成为世界最大的肉类生产国，现在产量是美国的两倍。在南美洲，涵盖阿根廷、巴西南部和乌拉圭的潘帕斯草原，大部分专用于放牧牛羊。阿根廷的养牛业增长迅速，部分原因是牧场到海洋相对容易，使得肉类可以运往海外市场。

与此同时，由于灌溉技术和更耐寒作物的普及，美国的部分土地已经从放牧转变为作物种植。虽然牧场的运营成本较低，但每单位土地的收入也更低。牧场上仍然养牛，但牛经常被送到主要铁路和公路沿线的农场或养殖场肥育，而不是直接送去肉类加工厂。

思考题 9.3.8

你认为畜牧业最重要的两种动物是什么？

复习　关键议题 3
农业分布在何处？

✔ 农业可分为 11 个主要区域，其中 5 个是自给性农业区，6 个是商业性农业区。

✔ 在自给性农业中，游牧盛行于干旱地区，轮耕常见于热带森林，集约化自给性农业常见于人口密度高的地区。

✔ 在商业性农业中，作物和牲畜混合是最常见的农业形式。乳品业、商品园艺、谷物种植、地中海型农业和畜牲业也很重要。

为什么
农民面临可持续性难题？

▶ 农业用地的损失

▶ 提高农业生产力

▶ 保护农业资源

▶ 将生物技术应用于农业

▶ 全球粮食贸易

▶ 全球农业和营养不良

▶ 可持续农业

学习成果 9.4.1

解释农业用地损失的原因。

自给性农业和商业性农业都面临着若干挑战，需要以保持和保护地球未来农业资源的方式，为不断增长、食物需求量越来越大的世界人口生产更多粮食。本章讨论农业面临的七大挑战：

■ 农业用地被占用。

■ 提高现有农业用地的生产力。

■ 保护稀缺资源，如水和表层土。

■ 确定生物技术在农业中的恰当角色。

■ 平衡针对国际贸易而非国内消费的粮食生产。

■ 满足营养不良人群的需求。

■ 更多地利用有机农业。

农业用地的损失

从历史上看，世界粮食产量的增加主要是通过扩大农业用地面积实现的。当世界人口在 18 世纪末和 19 世纪初工业革命期间开始以更快的速度增长时，开拓者们迁移到无人居住的地方，耕种那里的土地。在北美西部、俄罗斯中部和阿根廷的潘帕斯草原，当时还有人烟稀少、适合农业的土地。

两个世纪以前的人们相信，只要愿意去开拓，就会有合适的农业用地。今天，很少有科学家认为进一步扩大农业用地可以满足不断增长的世界人口对粮食的需求。全球仅有 11% 的土地被耕种，初看起来似乎仍然还有土地可以用于农业。然而，近几十年来人口的增长速度远远超过了农业用地的增长速度（图 9-24）。

城市化占用农业用地

冯·杜能的模型显示，一块土地与城市市场的接近程度，会影响该土地上开展的农业形式。城市区域的扩张导致农业用地减少。

在美国东海岸沿线的大都市区边缘，城市扩张导致的农业用地损失尤其严重。随着城市区域人口和面积的增长，周边的农场被城市用地取代。美国的一个严重问题是，城市区域向周围的乡村蔓延，占用了 20 万公顷（50 万英亩）被称为**优质农业用地**（prime agricultural land）的最高产土地。

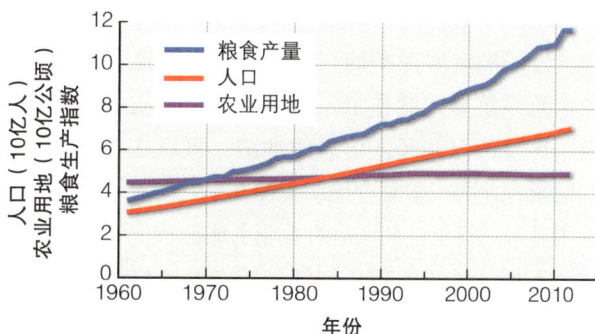

▶ 图 9-24 **世界人口增长、农业用地和粮食产量** 2005 年的粮食生产指数设定为 10。

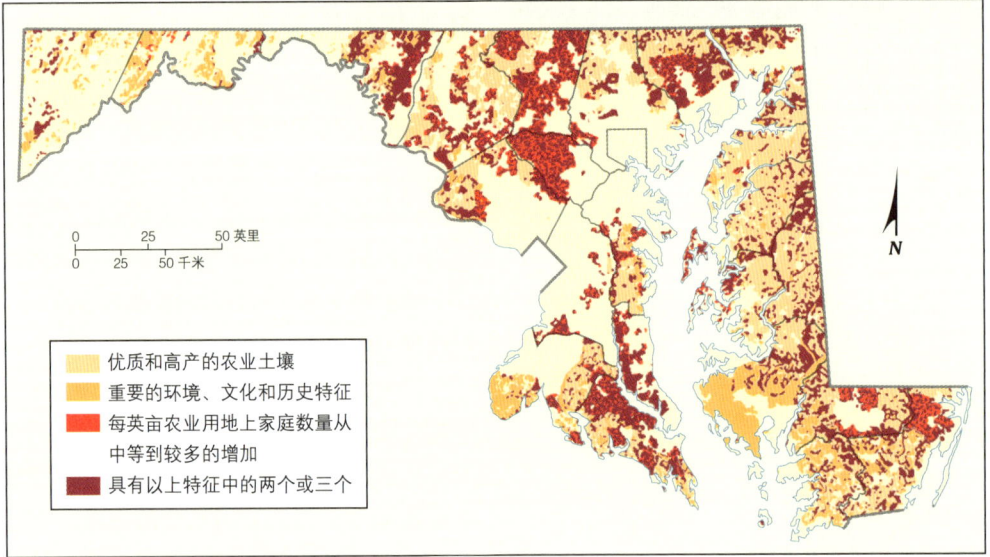

▲ 图 9-25 **保护马里兰州的农业用地** 优质农业用地通常是平坦的，排水良好。重要的环境特征包括水质、防洪设施、物种栖息地、历史遗迹，以及尤其迷人的风景。

一些受威胁最严重的农业用地位于马里兰。马里兰州的面积不大，它的两个主要城市——华盛顿和巴尔的摩已经合并为一个连续的建成区（见第13章）。在马里兰州，地理信息系统被用于确定哪些农场应该保留。通过地理信息系统生成的地图，对于确定保护哪些农业用地至关重要，因为最适合保护的农场不一定就是土壤质量最高的农场。为什么国家和非营利组织要花费稀缺的资金来保护远离城市扩张路径的"优质"农业用地？以及，在相同数量的资金可以在其他地方购买几个有效阻止城市扩张的大型连续农场时，为什么要购买已经被住宅区完全包围的、昂贵的孤立农场？

为了确定要保护的"最佳"土地，地理信息系统顾问制作了一系列包含土壤质量、环境信息和经济信息的地图，再将这些地图合并为一张复合地图（图9-25）。该地图显示，马里兰州4%的农业土地拥有优质的土壤、重要的环境特征和较高的人口增长预期，25%的农业土地拥有这3个因素中的两个。

沙漠化

在一些地区，农业用地由于缺水而被废弃。特别是在半干旱地区，人类的行为导致土地退化至类似沙漠的状态，这个过程称为**沙漠化**（desertification），或者更确切地说是半干旱土地退化（semiarid land degradation）。由于人口迅速增长，仅能支持少数游牧民的半干旱土地被过度使用。过度的作物种植、动物放牧和树木砍伐会耗尽土壤的养分，阻碍农业生产。

地球政策研究所（The Earth Policy Institute）估计全球已有20亿公顷（50亿英亩）的土地退化。究其原因，过度放牧被认为占34%，森林砍伐占30%，农业使用占28%。联合国估计，沙漠化每年减少2,700万公顷（7,000万英亩）的农业土地，这大致相当于美国科罗拉多州的面积。

水量过多也会威胁到一些地区，尤其会威胁到从人工灌溉系统中获得水资源的较干燥土地。如果灌溉土地的排水不畅，地下水位就会上升到根部，形成水涝。据联合国估计，全球所有灌溉土地中有10%是水涝地，大多位于亚洲和南美洲。水中如果含有盐分，就会损害植物。美索不达米亚的古代文明之所以瓦解，部分原因就是底格里斯河和幼发拉底河附近农业用地出现水涝和盐分过高。

提高农业生产力

学习成果 9.4.2
了解绿色革命的重要性。

如第2章所述，20世纪下半叶世界人口增长的速度是历史上最快的。由于用于农业的土地数量没有增加，许多专家曾经预测会出现大规模的全球饥荒。但是这种可怕的预测并未成为现实。相反，生产力的提高增加了食品的供应。新的农业实践使世界各地的农民能够从相同面积的土地上获得更高的产出。

自给性农民的强化

数百年甚至数千年来，在没有发生干旱、洪水或其他自然灾害的情况下，发展中国家的自给性农业为生活在农村的人们提供了足以生存的粮食。20世纪后期，自给性农业突然需要为快速增长的人口，以及越来越多无法自己种植食物的城市居民提供足够的食物。

经济学家埃斯特·博塞拉普（Ester Boserup）曾经指出，人口增长会影响不同类型的自给性农业的分布。它将迫使自给性农民考虑采用新的农业方法，以生产足够的食物来满足更多人的需求。根据博塞拉普的理论，自给性农民通过两种方式实现集约化生产，增加

粮食供应。首先是采用新的耕作方法。犁头替代了斧头和棍棒。农民更频繁地除草，施加更多的粪肥，从山坡上开垦出更多的梯田，以及挖出更多的灌溉沟渠（图9-26）。进行这些活动所需的额外劳动力，就来自人口增长。单位土地的产量变得更高，但是由于人口的增长，人均产量保持不变。

其次是减少土地休耕时间。这扩大了在特定时间里用于种植作物的土地面积。博塞拉普明确了减少休耕农田的5个基本阶段：

1. **森林休耕。**土地被开垦和利用至多2年，然后休耕超过20年，让森林重新长出来。

2. **灌丛休耕。**土地被开垦和利用至多8年，然后休耕至多10年，让较小的树木和灌木重新长出来。

3. **短期休耕。**土地被开垦和利用或许有

▼ 图9-26 **集约化农业** 不丹赖堤村（Radi）的山坡被开垦成梯田，用于集约地种植水稻。

2 年（博塞拉普不确定），然后休耕至多 2 年，让野草重新长出来。

4. **种植一年生作物。**土地每年都会被利用，轮流种植豆类和根茎类作物。

5. **种植多种作物。**土地每年会被使用多次，从不休耕。

将在低人口密度地区（如撒哈拉以南的非洲）实行的轮耕，与高人口密度地区（如东亚）实行的集约化自给性农业进行对比。在轮耕农业中，开垦出来的土地被利用几年，然后会休耕 20 年甚至更长时间。这种类型的农业只能养活低密度的少数人口。随着一个地区的人口数量增加（人口密度增加），农民必须种植更多的作物，因而土地的休耕时间就会缩短。最终，农民对土地使用的集约化程度非常高，这是高人口密度地区的一个特征。

绿色革命

20 世纪 70 年代和 80 年代更高效农业技术的发明和迅速扩散被称为**绿色革命**（green revolution）。绿色革命主要涉及两个实践：引入新的高产种子和增加肥料使用。由于绿色革命，全球范围内农业生产力的增长速度快于人口增长。

20 世纪 50 年代，科学家开始进行一系列密集的实验，以开发产量更高的小麦。10 年后，"奇迹小麦种子"（miracle wheat seed）被开发出来。新品种的小麦比传统品种更矮，更坚硬，对日长变化不敏感，对肥料的反应更好，而且成熟得更快。洛克菲勒基金会（The Rockefeller Foundation）和福特基金会（The Ford Foundation）给这项研究提供了很多赞助，该项目的主任诺曼·博洛格（Norman Borlaug）博士在 1970 年获得诺贝尔和平奖。

由洛克菲勒基金会和福特基金会在菲律宾建立的国际水稻研究所（The International Rice Research Institute），则致力于开发一种奇迹水稻种子（图 9-27）。在 20 世纪 60 年代，研究所的科学家们推出了印度尼西亚水稻和台湾矮秆水稻的杂交品种，这种水稻更加坚硬，而且产量更高。最近，科学家开发出了新的高产玉米。

新品种的"奇迹"种子迅速扩散到世界各地。例如，印度的小麦产量在 5 年内增长了一倍多。在 20 世纪 60 年代中期，印度每年进口 1,000 万吨小麦，到 1971 年却有数百万吨小麦贸易顺差。亚洲其他国家和拉丁美洲也有相似的生产力增长。绿色革命在很大程度上防止了这些地区在 20 世纪 70 年代和 80 年代发生粮食危机。但这种科学突破会在 21 世纪继续出现吗？

为了充分利用新的"奇迹"种子，农民必须使用更多的肥料和机器。几千年来，农

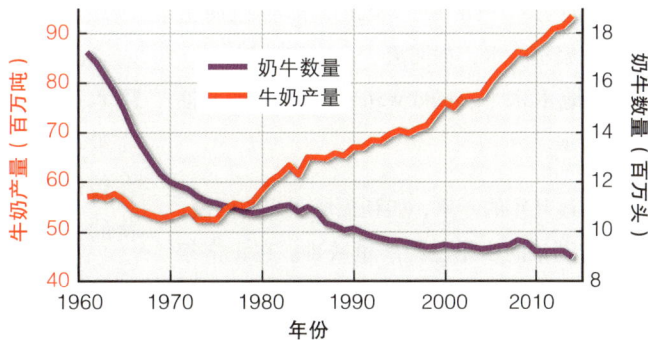

► 图 9-28 美国乳品业的生产力 尤其是自 20 世纪 80 年代以来，美国每头奶牛的产量迅速增加。

民已经知道粪肥、骨骼和灰烬的施用会以某种方式增加或至少维持土地的肥力。直到 19 世纪，科学家才发现了氮、磷和钾，知道它们是那些提高土壤肥力的物质中的关键元素。今天，这三种元素构成了肥料的基础。肥料就是农民用于恢复土壤养分，增加土壤肥力的产品。

最重要的肥料氮是一种普遍存在的物质。中国是氮肥的主要生产国。欧洲人最常生产一种称为尿素的肥料，其中含有 46% 的氮。在北美，氮能够以氨气的形式存在，氨气中的氮含量为 82%，但是它比尿素更难以运输和储存。尿素和氨气都结合了氮和氢。问题在于，生产这两种氮肥的最便宜方法是从天然气或石油中获得氢。当化石燃料价格上涨时，氮肥的价格也会上涨，对发展中国家的许多农民而言会过于昂贵。

与氮相比，磷和钾的储备并未均匀分布在地球表面。磷矿石储量集中在中国、摩洛哥和美国。已探明的钾储备集中在加拿大、俄罗斯和乌克兰。

农民需要拖拉机、灌溉泵和其他机械来最有效地利用新的"奇迹"种子。在发展中国家，农民买不起这种设备，而且由于能源成本高，他们买不起燃料来运行设备。为了维持绿色革命，发展中国家的政府必须拨出稀缺的资金来补贴农民在种子、肥料和机械上的花费。

思考题 9.4.2

能源价格下跌会对绿色革命有什么影响？

提高生产力：商业性农民

近年来，商业性农民的生产力也有所提高。新的种子、肥料、杀虫剂、机械设备和管理体系使商业性农民能够大幅提高单位土地产量。

美国乳品业的经历就能说明生产力的增长。1980 年至 2014 年间，美国的奶牛数量从 1,080 万减少到 930 万，但牛奶产量从 5,800 万吨增加到 9,300 万吨。因此，在这 34 年期间，每头奶牛的产量增加了 78%，从 5.4 吨增加到 10.1 吨（图 9-28）。

保护农业资源

学习成果 9.4.3

了解水在农业中的重要性。

植物和动物需要水来生存和繁盛。水资源的缺乏让许多地区的农业面临压力。水资源太多又会导致土壤被侵蚀。

美国加利福尼亚州的农业和水资源

加州有限的水资源主要来自两个方面：

■ 地表水（surface water），即在地面上流动或聚集的水，如河流、溪流和湖泊。

■ 地下水（ground water），是从地下抽出来的水。

经过几年的干旱，加利福尼亚州的河流、溪流和湖泊的水量已经严重减少。在正常年份，加利福尼亚 70% 的水来自地表水，但经过几年的干旱后，这个比例下降到了 40%。

加利福尼亚州的水资源分布与需求分布不相符。该州的大部分水资源在北部，而大部分需求来自中部和南部。城市区域的用水量约占加利福尼亚州水量的 20%，其中大部分需求来自洛杉矶和南部与洛杉矶相邻的较小都市区。农业占用了加利福尼亚大约 80% 的水量，其中大部分需求来自该州的中部（图 9–29）。

可持续的土地管理

在美国中西部地区，耕地更容易受到降水过多而非干旱的破坏。大雨会冲走高质量表层土的保护层，将它沉积在水体中。在传统的农业中，农民在收获后会清除作物的残留物，如玉米秸秆。在第二年的播种之前还要耕犁土壤。这种做法使土壤颗粒变得松散，让它们更容易被雨水冲走或被风吹走。

保护性耕作（conservation tillage）是一种土壤耕作方法，可以减少土壤侵蚀和水土流失。在保护性耕作下，收获农作物后，部分或全部残留物会被留在土地里过冬。免耕法（no tillage），顾名思义就是不耕犁土壤，将作物收获后的全部残留物原封不动地留在土地上（图 9–30）。垄作

▼ 图 9–29 加利福尼亚的农业和干旱　灌溉农田与未灌溉旱地之间的对比。

▲ 图 9-30　**免耕农业**　在去年玉米收获后留下的秸秆上种植大豆。

（ridge tillage）是一种在垄台上种植作物的系统。耕地时或作物收获后，农民堆起宽10至20厘米（4至8英寸）的垄台，然后在垄台上种植作物。每年种植在垄台上的作物都是相同的。

思考题 9.4.3
加利福尼亚州的主要农业形式是什么？

将生物技术应用于农业

学习成果 9.4.4
了解关于种植转基因种子的争论。

当代农业中最具挑战性的一个问题是应该在多大范围内种植转基因种子。数千年来，农民一直在操纵农作物和牲畜。农业的本质就是刻意操纵自然。人类有选择性地控制植物和动物的繁殖，以筛选出大量更强壮和健康的品种。

从 19 世纪开始，遗传学让人们更懂得如何操纵植物和动物，以保证它们的最有利特征占主导地位。然而，在 20 世纪后期广泛传播的转基因技术，标志着我们与过去几千年的农业实践明显断裂。生物体的基因构成不仅是被研究，实际上还被改变了。

转基因生物

转基因生物（genetically modified organism, GMO）指一种通过现代生物科技拥有新基因物质的生物体。转基因种子由于经过基因修饰，所以在农民喷洒除草剂和杀虫剂时能够存活下来。这些种子被称为"抗草甘膦"

（Roundup-ready）种子，因为它们的生产者孟山都公司（Monsanto）销售的草甘膦除草剂的品牌就是"Roundup"。转基因生物混合了两个或多个物种在自然状态下不会混合的遗传物质。

2010年，全世界有1.6亿公顷土地——占所有耕地的10%——用于种植转基因作物，世界上77%的大豆、49%的棉花和26%的玉米是转基因作物。转基因在美国尤为普遍：94%的大豆、90%的棉花和88%的玉米都是转基因作物；在21世纪的第一个10年中，转基因作物的使用量迅速增加（图9-31）。美国人消费的加工食品中，有3/4至少含有一种转基因成分。北美消费了世界转基因食品的一半，发展中国家，特别是在拉丁美洲的发展中国家消费了另一半。

美国鼓励发展中国家，尤其是撒哈拉以南非洲地区的发展中国家，通过增加使用转基因生物技术来提高粮食供应。非洲人对是否接受转基因生物技术存在分歧。转基因作物的好处是产量高，营养更多，对害虫的抵抗力更强。对部分人来说，转基因食品也合口味。尽管有这些好处，但是由于以下几个原因，非洲人对转基因生物的反对很强烈：

■ **健康问题**。食用大量转基因食品可能会降低抗生素的效用，而且可能破坏当地农业长期以来的生态平衡。

■ **出口问题**。作为非洲农产品出口的主要市场，欧洲国家要求对转基因食品进行标识。欧洲人特别强烈地反对转基因生物，因为他们认为转基因食品不像传统的农作物和牲畜那样有营养。由于欧洲消费者不食用转基因食品，所以非洲农民担心，如果他们不再能够证明自己出口的食品不是转基因的，那么欧洲客户就会停止购买。

■ **增加对美国的依赖**。大部分转基因种子都由美国的跨国公司（如孟山都公司）生产。非洲人担心生物技术公司能够并且会在转基因种子中加入所谓的"终结者"基因，以防止农民在收获后重新种植它们，这样他们就必须每年都从跨国公司购买种子。

"我们不想养成这种习惯，即种植我们自己国家无法生产种子的转基因玉米。"莫桑比克的总理解释道。如果农业被视为一种生活方式，而不仅仅是一种粮食生产的事业，那么在许多非洲人看来，转基因生物就是对发达国家的不健康依赖。

许多国家——包括大多数欧洲国家、中国和印度——都要求进行转基因标识。关于

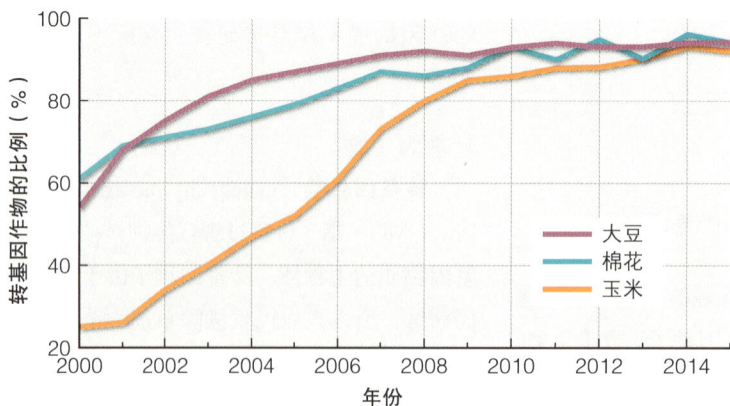

▶ 图9-31 **美国转基因作物** 美国大约90%的主要作物都是用转基因种子种植的。

欧洲要求对大多数转基因生物进行标识（图 9-32 和图 9-33）。在美国，食品行业反对对转基因生物进行标识，而且选民的意见也存在分歧。

转基因生物应该标识

■ 强制对转基因产品进行标识，可以为消费者提供必要的信息，方便他们选择是否使用转基因生物。

■ 除美国以外的大多数国家都签署了管理转基因生物的协议，包括对转基因生物进行标识。

■ 在了解转基因生物对生态系统和人体健康的长期影响之前，美国消费者可能希望减少消费它们。

▲ 图 9-32　欧洲的转基因标识

转基因生物不应该标识

■ 转基因标识会不必要地刺激消费者，因为标识的目的是显示健康和安全，而不是区分种子类型。转基因生物的营养成分与非转基因的相当。

■ 强制标识会严重扰乱美国的农业，因为转基因产品已经在食品系统中广泛存在。

■ 私营行业越来越多地标识非转基因产品，因此不需要进行转基因标识。

▲ 图 9-33　非转基因标识

转基因食品是否应进行标识，美国的争论尤其激烈（见"辩论！"版块和图 9-32、图 9-33）。

思考题 9.4.4

你的家人会避免食用转基因食物吗？为什么？

全球粮食贸易

学习成果 9.4.5

解释出口量增加对世界粮食供应的贡献。

粮食贸易在 21 世纪迅速增长。全球所有国家的农业出口总额从 2000 年的 0.4 万亿美元，增加到 2012 年的 1.3 万亿美元（图 9-34）。出口国可以获得经济收入，进口国可以满足人民的粮食需求。但是，粮食贸易的增长也给出口国和进口国带来了挑战。

欧洲是第二次世界大战前唯一的主要粮食进口地区。从历史上看，欧洲国家把殖民地用作粮食供应地。殖民地成为独立国家之后，便向欧洲出售粮食。东亚和苏联在 20 世纪 50 年代，西南亚和北非在 20 世纪 70 年代，南亚和撒哈拉以南的非洲在 20 世纪 80 年代，以及中亚在 2008 年，都成了粮食净进口地区。这些地区的粮食生产无法跟上

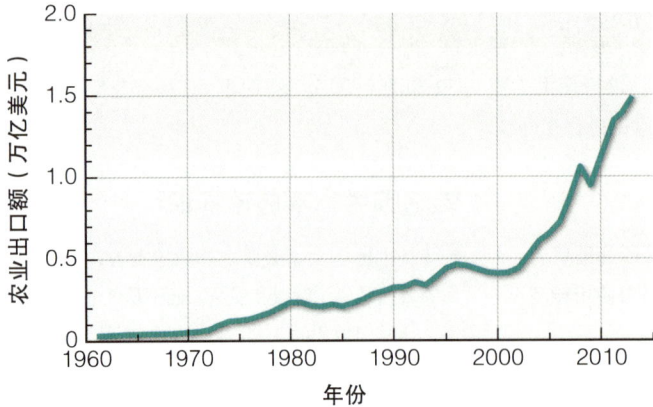

◀ 图 9-34　农业出口额　农业贸易额从 2000 年的 4,000 亿美元增加到 2012 年的 1.3 万亿美元。

人口迅速增长的步伐，而且由于它们走了依靠国际贸易的发展道路，所以农业越来越多地致力于种植能够出口到发达国家的作物。日本是迄今最大的粮食进口国，其次是英国、中国和俄罗斯。

为应对全球对粮食进口需求的增加，美国通过了《1954 年农业贸易发展和援助法案》（Agricultural Trade Development and Assistance Act of 1954），即《480 号公法》（Public Law 480，简称 P. L. 480）。该法案的第一部分为粮食销售提供低利率贷款，第二部分向有需要的人群提供土地。美国仍然是世界上最大的粮食出口国，占世界玉米出口量的近一半。

全球贸易格局

在全球范围内，农产品主要从西半球出售到东半球。以巴西和阿根廷为主的拉丁美洲是农产品出口的最主要地区；北美、东南亚和南太平洋是其他主要的出口地区。美国在世界农产品出口量中的总体份额迅速下降，从 20 世纪 70 年代的 18% 至 19%，下降到 21 世纪的 10% 至 11%。美国的农产品出口继续快速增长，但发展中地区——尤其是拉丁美洲和东南亚——的增长速度更快。

为了扩大产量，自给性农民需要更高产的种子、肥料、杀虫剂和机械。有些需求可以通过与城市居民进行粮食贸易而得到保障。但是，对许多非洲和亚洲国家而言，获得农业用品的主要途径是从其他国家进口。然而，自给性农民缺乏从发达国家购买农业设备和材料的资金。为了获得购买农业用品所需的资金，发展中国家必须生产可以在发达国家销售的产品。发展中国家会出售一些制成品（见第 11 章），但大多数都通过在发达国家销售粮食来筹集资金。对于反季节的水果和蔬菜，或由于气候原因无法在本国种植的作物，如咖啡和茶，发达国家的消费者愿意花高价购买。

在肯尼亚这样的发展中国家，一个家庭可能会按照性别分工，分别从事传统的自给性农业和国际贸易相关工作。除了烹饪、清洁和从井中打水之外，妇女还从事大部分自给性农业，即为家庭种植粮食。男人可能会去工作挣钱，要么是种植出口农作物，要么是去较远的城市做工。由于肯尼亚的男性通常不与家人分享工资，因此许多女性尝试通过在当地市场上出售衣服、珠宝、烘焙食品和其他物品来为家庭创收。

销售出口作物给发展中国家带来外汇，其中一部分外汇可用于购买农业用品。但是，发展中国家的政府面临两难境地：用于种植出口作物的土地越多，那么用于种植供国内消费的作物的土地就越少。通过销售出口作物得到的资金，可能不会被用于提高生产力，而需要用来为那些从自给性农业转变到种植出口作物的人们提供食物。

毒品贸易

可卡因和海洛因是两种主要的、特别危险的毒品，每种都被 1,600 万至 1,700 万人滥用。吸食人数最多的毒品是大麻，据估计全世界有 1.4 亿人吸食：

- 可卡因来自古柯叶，大部分古柯叶是在哥伦比亚或其邻国秘鲁和玻利维亚种植的。大多数消费者位于发达国家，尤其是北美。主要走私路线是从哥伦比亚海运到墨西哥或其他中美洲国家，然后从墨西哥陆运到美国。

- 海洛因提取自生鸦片，生鸦片又来自罂粟。全世界近 90% 的鸦片来自阿富汗，其余大部分来自缅甸和老挝。大多数海洛因从阿富汗经过伊朗、土耳其和巴尔干地区，走私到消费人数最多的西欧。第二条走私路线是穿过中亚运到俄罗斯。

- 大麻毒品是由大麻植物生产的，这种植物在世界各地被广泛种植。走私到美国的绝大多数大麻都是在墨西哥种植的。人们认为大麻植物的种植在世界范围内并没有扩大，而罂粟和古柯叶的种植却在增加。

思考题 9.4.5

为什么可卡因和海洛因的消费者大多来自发达国家？

全球农业和营养不良

学习成果 9.4.6

了解营养不良现象的分布。

关于粮食和农业的未来，在全球化和地方化之间存在着张力。一方面，日益一体化的全球农业系统致力于以最低成本为全世界 70 亿人口生产最多的粮食。21 世纪的全球粮食产量变得更高，营养不良的现象变得更少。

但是，批评者认为，全球农业系统为了短期的产量，对环境和当地生态系统造成严重、长期的破坏。他们认为，本章讨论的抗草甘膦种子、国际贸易、森林砍伐等做法，并不是满足人类食物需求的可持续方式。

与此同时，发达国家现在需求增长最大的是通过可持续农业方法在地方种植的粮食。但是，对地方和有机食品运动的批评也很激烈。批评者认为，地方和有机食品运动无法为世界 70 亿人口提供廉价的食物。

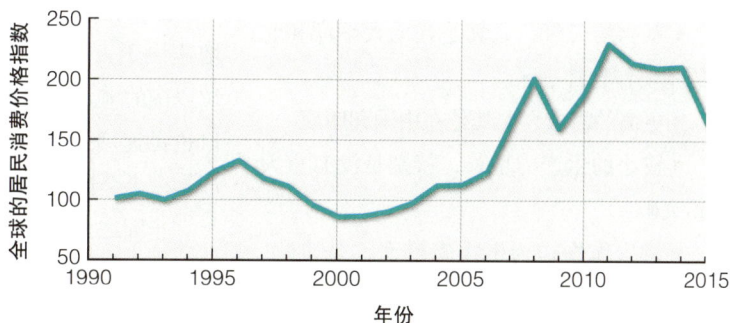

▶ 图 9–35 **粮食价格** 2006 年至 2008 年全球粮食价格快速上涨，2014 年维持在高位，2015 年又迅速下降。

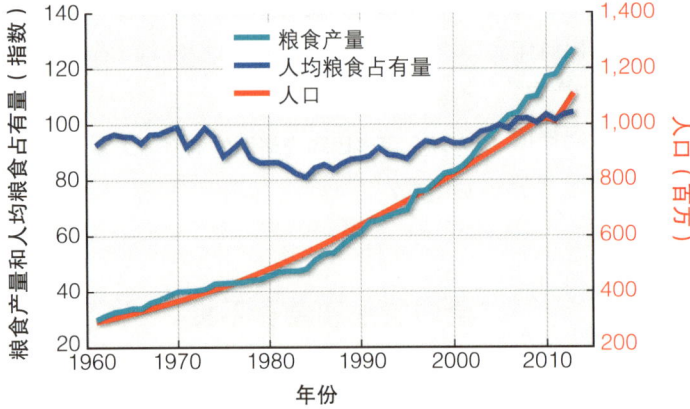

▲ 图 9-36 非洲的人口和粮食 2005 年的粮食产量和人均粮食占有量的指数为 100。非洲粮食产量的增长率与人口的增长率大致相同，所以人均粮食占有量保持不变。

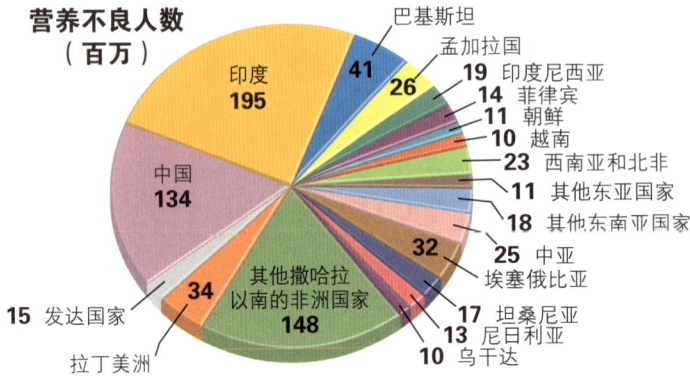

▲ 图 9-37 各国人口的营养不良情况

全球范围：供应和需求

21 世纪世界粮食供应面临的最大挑战在于粮食价格而非粮食供应量。粮食价格在 2006 年至 2008 年间增加了一倍以上，在 2014 年保持在历史最高水平，到 2015 年又急剧下降（图 9-35）。联合国将 2014 年创纪录的高粮价归因于以下 4 个因素：

- 恶劣的天气，尤其是在南太平洋和北美的主要作物种植区。
- 更高的需求，尤其是在中国和印度。
- 较小的生产力增长，特别是没有重大的新突破。
- 将农作物作为生物燃料而不是食物，尤其是在拉丁美洲。

2015 年粮价的大幅下降归因于供应量的增加。

另一方面，创纪录的粮食价格也使得优质农业用地的价格创下新高。由于通货膨胀，美国爱荷华州的农田价格翻了一番，从 2000 年的每英亩 2,500 美元增加到 2010 年的每英亩 5,000 美元。

撒哈拉以南的非洲正努力让粮食产量的增速快于人口增长。自 1961 年以来，撒哈拉以南的非洲的粮食产量大幅增加，但是人口也迅速增加（图 9-36）。结果，人均粮食产量在半个世纪里几乎没有变化。

非洲之角（Horn of Africa）和萨赫勒地区（Sahel）受到的饥荒威胁尤为严重。该地区一直以来农业产量有限。由于人口快速增长，所以农民过度种植，且牲畜规模超出了土地的承受能力。动物聚集在稀缺的水资源附近，过度啃食有限的植被。

营养不良

营养不良（undernourishment）指饮食能量的摄入持续低于健康生活和轻体力活动所需的能量消耗。据联合国估计，全世界有7.95亿人营养不良，其中一半在南亚和东亚。营养不良人数最多的是印度和中国，它们也是世界上人口最多的两个国家。印度占世界营养不良人口的1/4（图9-37）。总体而言，世界上营养不良人口中有98%在发展中国家。

从营养不良人口占全国人口的比例来看，撒哈拉以南的非洲和南亚的营养不良现象最为普遍。撒哈拉以南的非洲地区有1/4的人口营养不良，南亚地区有1/5的人口营养不良。

在21世纪，世界整体上在减少饥饿方面取得了进展。2000年至2015年间，全球营养不良人口数量从9.24亿减少到7.95亿，营养不良人口的比例从2000年的15%下降到11%（图9-38）。以中国为主的东亚地区的营养不良人数和营养不良人口比例下降幅度最大，其次是东南亚。撒哈拉以南非洲的营养不良人数有所增加，但是比例

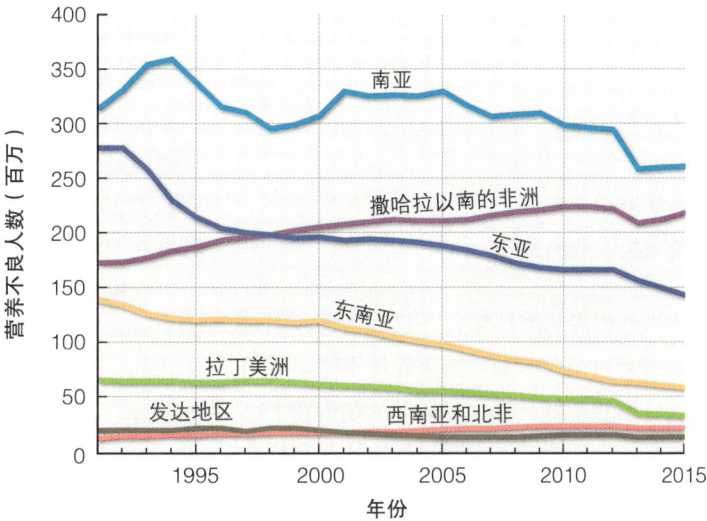

► 图9-38 营养不良的变化

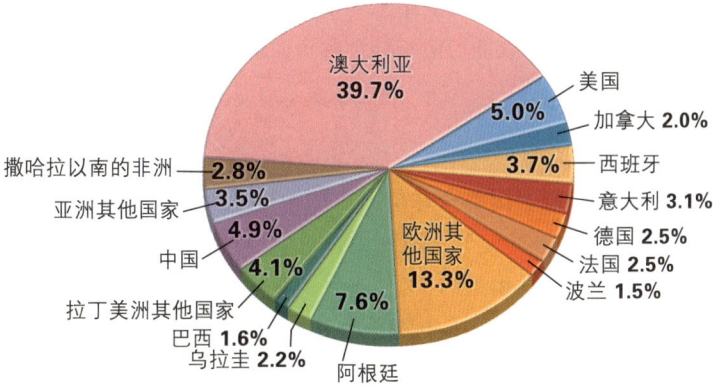

► 图9-39 有机农业的分布 澳大利亚拥有世界有机农场的比例最大。

◀ 图 9-40　有机农场　英国汉普郡放养的鸡。

略有下降。

可持续农业

了解有机农业的原理。

尽管世界的整体粮食产量在增加，但是发达国家对粮食的总体需求保持不变，原因是人口增长率低，且大多数产品在市场上已经饱和。发达国家需求增长最快的是有机食品，包括非转基因食品。发达国家的一些消费者质疑，通过大量使用化学品生产出来的生物技术食品，会在食用后给人体带来健康上的风险，还会给农业造成长期性的负面环境影响。

有机农业

2013 年，联合国将全球范围内的 4,300 万公顷（7,500 万英亩）土地列为有机农业用地，占全球农业用地的 1%。澳大利亚是拥有有机农业用地最多的国家，拥有 1,700 万公顷，占全球总数的近 40%（图 9-39）。

阿根廷约占全球总数的 8%，美国和中国各占 5%。美国农业部的经济学家报告称，有机食品的销售额从 1997 年的 34 亿美元，估计将飙升至 2014 年的 359 亿美元。2014 年，有机食品占美国食品采购量的 5%，而这个数据在 1997 年不到 1%。

有机农业对作物和牲畜在生物和经济方面复杂的相互依赖很敏感。在个体农场上，农作物的种植和牲畜的饲养被尽可能地融合起来。这种融合反映了历史上那种作物和畜牧混合的农业实践的回归，在这种农业实践中，作物种植和动物饲养被视为互补的农业活动。这种实践进行了几个世纪，直到 20 世纪中叶的技术、政府政策和经济因素让农民变得更加专业化。

在有机农业中，农民在种植作物时不使用除草剂和杀虫剂。此外，农民也不使用转基因种子。

在有机农业中，动物会食用农场种植的作物，而且没有被关在小型的围栏中。在涉及牲畜圈养体系时，关于动物福利的道德和伦理争论尤其激烈（图 9-40）。圈养牲畜会污染地表水和地下水，在动物密度高的地方尤其如此。如果不进行圈养，动物粪便可以给土壤增肥。

在有机农业中，抗生素仅用于治疗目的。许多传统的畜牧场会给动物喂抗生素，让动物增重。欧盟已经禁止出于非医疗的原因在牲畜中使用抗生素。美国允许出于非医疗原因使用抗生素，但美国食品和药物管理局（U.S. Food & Drug Administration）已经下令逐步淘汰这种做法。

我们的农产品有多洁净？

美国农业部会测试水果和蔬菜样品中的农药。2013 年，美国农业部测试了 3,015 种农产品，其中近 2/3 含有 165 种不同杀虫剂中至少一种的残留物。即使在洗涤或去皮后，农产品上还是会有这些杀虫剂的残余。

杀虫剂残余最多的 5 种水果是苹果、桃子、油桃、草莓和葡萄。美国农业部在 99% 的苹果、98% 的桃子和 97% 的油桃中发现了杀虫剂残留。绿叶蔬菜（如羽衣甘蓝和绿叶甘蓝）和辣椒含有浓度特别高的高毒性杀虫剂。被检测的农产品中，最洁净的 5 种是鳄梨、玉米、菠萝、卷心菜和冷冻香豌豆。在这些食品中检测到的杀虫剂相对较少；只有 1% 的鳄梨中检测到了杀虫剂。

将最洁净 5 种农产品与最不洁净 5 种区分出来的是什么特征？想想农产品最外面的部分。水果或蔬菜的可食用部分是如何被保护，不受环境影响的？

环境工作团体（The Environmental Working Group）每年会在网站 ewg.org 上发布调查结果，公布 12 种受污染最严重的农产品，以及 15 种最洁净的农产品。针对受污染最严重的 12 种农产品，环境工作团体鼓励消费者考虑购买有机产品（表 9–2）。

表 9–2　2015 年美国最洁净和最不洁净的农产品

最不洁净的 12 种	最洁净的 15 种
苹果	鳄梨
桃子	甜玉米
油桃	菠萝
草莓	白菜
葡萄	冷冻香豌豆
芹菜	洋葱
菠菜	芦笋
甜椒	芒果
黄瓜	木瓜
圣女果	猕猴桃
进口甜豌豆	茄子
土豆	葡萄柚
	哈密瓜
* 羽衣甘蓝	花椰菜
* 绿叶甘蓝	番薯

* 未列入表中，但建议购买有机产品，因为非有机产品含有微量的剧毒化学品。

政府的政策

政府的政策加剧了粮食短缺的危机。为了使城市居民能够买得起食品，政府要保持较低的农产品价格。受价格控制的约束，农民出售商品无法赢利，因此没有动力增加产量。

美国政府制定了 3 项旨在改善农民财务状况的农业政策：

■ 鼓励农民避免生产供应过剩的作物。由于土壤侵蚀的威胁持续存在，政府鼓励种植诸如苜蓿之类的休耕作物，以恢复土壤养分，避免土壤被侵蚀。这类作物可制作成干草，可以喂猪，其种子也可以销售。

■ 当某些商品价格很低时，政府会向农民提供补贴。政府为部分商品设定目标价格，在市场价格低于政府设定的目标价格时，政府会补贴差额。政府参照其他消费品和服务的价格，计算出目标价格，以为农民提供与过去相同的商品价格。

■ 政府购买过剩的产品，出售或捐赠给外国政府。此外，政府还向低收入的美国人提供食品券，以激励他们购买额外的食物。

近年来，美国平均每年有大约 200 亿美元的农业补贴。不同年份的补贴额度相差很大。在市场价格上涨和产量下降的年份，补贴额度会降低；市场价格上涨和产量下降通常是恶劣的天气条件或其他国家的政治问题造成的。

欧洲的农业补贴甚至比美国还多。获得补贴的欧洲农民更多，他们获得的补贴额度也比美国农民多。高额的补贴源自欧盟长期致力于维护其成员国（尤其是法国）农业的做法。支持者认为这样能保护欧洲部分地区的乡村生活，而批评者则认为高额的农业补贴让欧洲人为食品支付了不必要的高价。

发达国家的政府政策反映出全球农业模式的一种根本性讽刺：北美和欧洲等发达地区鼓励农民减少粮食产量，而发展中国家则努力增加粮食产量，以匹配人口增长速度。

思考题 9.4.7

你的家人是否会尽可能地购买当地生产的食品或有机食品？为什么？

复习　关键议题 4
为什么农民面临可持续性难题？

✔ 其他竞争性用途——如城市化——正在占用农业用地。

✔ 绿色革命提高了一些国家的农业生产力。

✔ 一些农业区面临严重的水资源短缺。

✔ 在一些国家，尤其是在美国，转基因作物的种植正越来越多。

✔ 国际粮食贸易正在增长，但是在某些地方，国际贸易却牺牲了供国内消费的粮食的生产。

总结与回顾

关键议题 **1**

农业
起源于何处?

在农业出现之前，人类大多数都是猎人和采集者。农业出现于多个源地，并相互独立地扩散到许多地方。自给性农业指以农民自己食用为主要目的而进行的农业生产。商业性农业指以销售农产品为主要目的而进行的农业生产。与自给性农业相比，商业性农业的农场更大，农民更少，机械化程度更高。

地理学思维

1.哈萨克斯坦首都阿斯塔纳的中心有几尊大型的马匹雕像。为什么哈萨克斯坦会特别尊敬马匹呢?

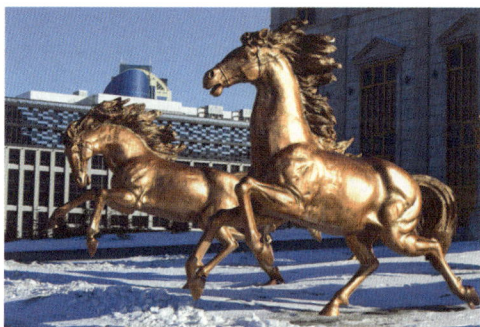

▲ 图 9-41　哈萨克斯坦首都阿斯塔纳的马匹雕像

关键议题 **2**

为什么
人们消费不同的食物?

人们的食品种类受到发展水平、文化偏好和环境限制的影响。大多数人从谷物中获取大部分膳食能量，但不同地区的谷物食用量差别很大。发达国家的人们通过动物产品摄入更多蛋白质。全球有 10% 的人口营养不良。全球营养不良人口的比例一直在下降。

地理学思维

2.回顾你今天吃的食物。你是否知道这些食物是在哪里种植或养殖的?

3.你是否关注食物的来源? 为什么?

4.你家附近是否有农贸市场或有机杂货店? 如果有的话，你会去吗? 为什么?

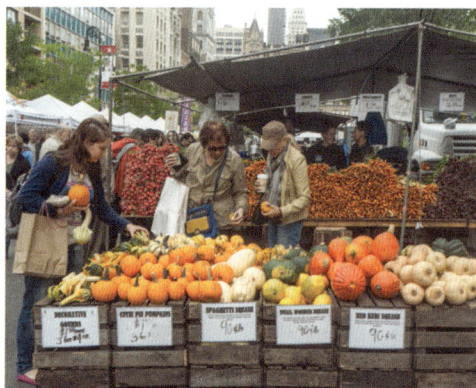

▲ 图 9-42　**农贸市场**　位于纽约市联合广场（Union Square）的绿色市集。

农业
分布在何处？

主要农业区的分布与气候区的分布密切相关。自给性农业的主要形式是集约化自给性农业、游牧业和轮耕。发达国家的商业性农业包括3种以作物为主的形式（谷物种植业、地中海型农业、商业性园艺和水果种植业）和3种以动物为主的形式（作物和畜牧混合农业、乳品业和畜牧业）。

地理学思维

5. 日本虽然是世界上最富裕的国家之一，但其农业却被归类为以水稻为主的集约化自给性农业。日本的水稻种植主要由老年人完成。为什么日本尽管很富裕，但还是要保留传统的水稻生产？

▲ 图9-43　日本的老年人在稻田里劳作

为什么
农民面临可持续性难题？

自给性农民和商业性农民在以可持续方式生产粮食上面临着挑战。全球粮食生产系统正在扩大，为更多人提供食物。通过引入新的高产种子和增加肥料使用，绿色革命提高了自给性农业的产量。与此同时，人们对当地生产的食品和有机食品的需求也在增加。

地理学思维

6. 许多学校和大学的食品服务商现在会提供一些健康的当地生产的食品和有机食品。如果你的学校也提供这类食品，那么你会选择购买吗？为什么？如果你的学校没有提供，那么你有没有要求学校提供更健康的选择？为什么？

▲ 图9-44　**学校食堂**　纳帕高中（Napa High School）提供加利福尼亚州种植的食物。

关键术语

农业综合企业（第326页），通过大型公司将食品加工业的不同步骤整合起来的商业性农业。

农业革命（第308页），指人类开始栽培植物和驯化动物，不再完全依赖狩猎和采集。

农业（第308页），通过栽培植物和饲养动物来刻意地改变地球表面，以获得食物或经济收益。

水产养殖（第324页），在受控条件下培育海产品。

谷类作物（第312页），一种能够产出可食用谷物的植物。

商业性农业（第310页），以销售农产品为主要目的的农业。

作物（第308页），在特定季节从田地收获的植物。

轮作（第323页），每年在不同的土地上轮流种植不同的作物，以避免土壤的营养枯竭。

乳品业（第330页），专门从事牛奶和其他乳制品生产的商业性农业形式。

沙漠化（第333页），主要由人类活动（如过量种植作物、放牧和砍伐树木）导致的土地退化，尤其常见于半干旱地区，也称为半干旱土地退化。

膳食能量消耗（第312页），个人消耗的食物量，单位为千卡（在美国为卡路里）。

双季种植（第322页），每年从同一土地上收获两次。

捕捞（第324页），捕获生活在水中的野生鱼类和其他海产品。

粮食安全（第314页），在任何时候都能通过物质、社会和经济手段获得安全和富有营养的食物，满足膳食需要和饮食偏好，过上有活力和健康的生活。

转基因生物（第338页），一种借由现代生物科技而拥有新基因物质的生物体。

谷物（第312页），谷类作物的种子。

绿色革命（第324页），新农业技术——尤其是新的高产种子和肥料——的快速扩散。

园艺（第327页），水果、蔬菜和花卉的种植。

集约化自给性农业（第322页），亚洲主要人口集中地区特有的一种自给性农业，在这种农业形式中，农民必须付出相对大量的努力才能从一块土地上获得可能的最大产量。

牛奶供应区（第330页），城市周围供应牛奶的区域。

作物和畜牧混合农业（第328页），以作物和牲畜一体化为特征的商业性农业，在这种农业中，大多数作物都用于喂养动物，而不是供人类直接食用。

免耕法（第337页），一种不耕犁土壤，将作物收获后的全部残留物原封不动地留在土地上的种植方法。

过度捕捞（第325页），捕捞鱼类的速度高于鱼类繁殖的速度。

稻田（paddy，第323页），在马来语中指水稻，越来越多地被用于指代淹水田。

游牧（第318页），自给性农业的一种形式，在无法种植作物的干燥气候中放牧驯化的动物。

种植园（第320页），热带和亚热带气候中的大型农场，专门生产一种或两种作物，产品通常出售给较发达的国家。

优质农业用地（第332页），生产力最高的农田。

畜牧业（第331页），商业性农业的一种形式，在面积广阔的地区放牧牲畜。

垄耕（第337页），一种在垄台上种植作物的系统，目的是降低农业生产成本，保持水土。

水田（Sawah，第322页），用于种植水稻的淹水田。

轮耕（第320页），自给性农业的一种形式，在这种形式中，人们会定期更换他们耕种的土地；他们在每块土地上耕种少数几年，然后让这块土地休耕较长的时间。

刀耕火种农业（第320页），轮耕的另一种说法，因为人们通过砍伐植被和焚烧残渣来开垦土地而得名。

自给性农业（第310页），以农民及其家庭的食物消费为主要目的而进行的农业。

临时耕地（第320页），通过砍伐植被和焚烧残渣开垦出来的一片土地。

季节性迁移（第319页），在山区和低地牧场之间季节性地迁移牧群。

商品园艺业（第327页），商业性园艺和水果种植，得名于中古英语中的单词"truck"，意思是"以物易物"。

营养不良（第343页），饮食能量的摄入持续低于健康生活和轻体力活动所需的能量消耗。

水稻（第322页），首先栽种在苗圃，在长成幼苗后移植到水田以促进其生长的稻子。

发展的一个重要因素——道路建设，摄于肯尼亚。

第十章

发展

今天世界上的普通人比 30 年前幸福。普通人拥有更多财富，受过更多教育，而且比 30 年前的人更长寿。但不是每个人都比以前更幸福。发展指一个让人能够活得更健康长寿、获取知识以及得到足够资源的过程。

1

为什么各国的发展程度不同？

地理学者根据发展水平将世界分为 9 个地区。发达国家和发展中国家的发展水平不同，因此分别聚集在不同的地区。

2

发展中的不平等出现在哪里？

发展水平因性别和经济群体而异。男女之间和贫富之间的不平等程度，是一个国家发展水平的重要元素。

3

为什么有的国家面临发展方面的挑战?

　　一个国家可以通过孤立政策谋求发展，但近年来大多数国家采取的政策，都要求它们与其他国家建立更多的联系。

4

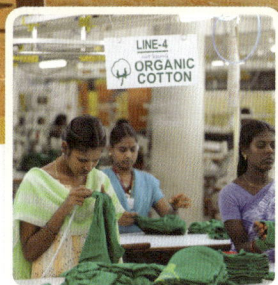

为什么有的国家在发展方面有进步?

　　从总体的发展指标来看，大多数国家都取得了相当大的进展。人们现在更加考虑在地方之间建立更公平和公正的联系，对发展中国家的生产者和工人，以及发达国家的消费者而言尤其如此。

为什么
各国的发展程度不同?

▶ 介绍发展

▶ 体面的生活水平

▶ 知识的获取

▶ 健康与财富

学习成果 10.1.1

了解人类发展指数。

地球上的近 200 个国家可以根据发展的水平进行分类。**发展**(development)就是通过知识和技术的传播来改善人们的状况。每个地方都处于发展进程上的某个阶段。发展是持续的、永不停止的过程,不断改善人民的健康和繁荣状态。

介绍发展

许多国家都集中在发展进程的高端或低端,因此可分为两组:

▪ **发达国家**(developed country)——也

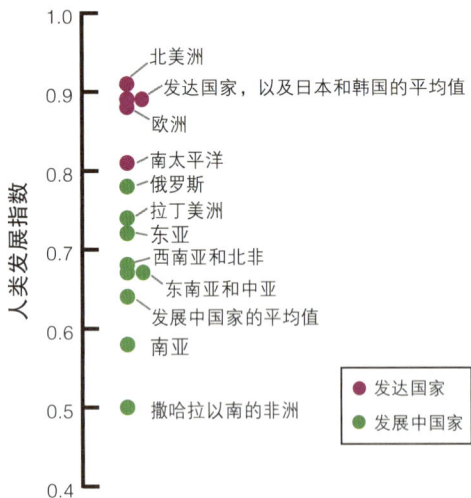

▲ 图 10-1　各地区的人类发展指数

称为较发达国家(more developed country,MDC),被联合国称为高度发达国家(very high developed country)——在发展过程中取得的进步更大。

▪ **发展中国家**(developing country)——也经常称为欠发达国家(less developed country,LDC)——虽然不及发达国家,但在发展方面也取得了一定进步。

联合国认识到发展中国家间的发展程度差别很大,于是将它们分为高度、中度和低度发展中国家。

人类发展指数

为衡量每个国家的发展水平,联合国创建了**人类发展指数**(Human Development Index,HDI)。自 1980 年以来,联合国尽管偶尔会改变计算的方法,但每年都会计算各国的人类发展指数。最高的人类发展指数是1.0,或 100%。

联合国的人类发展指数将发展视为取决于 3 个因素。每个国家都根据这 3 个因素得出总体人类发展指数得分:

▪ 体面的生活水平。

▪ 长寿和健康的生活。

▪ 知识的获取。

发展可以让人们更有能力过上长寿和健康的生活,获取知识,以及获得体面生活所需的资源。有了这 3 个方面的能力,人们就有更多机会发挥创造力和生产力,享受自尊,保障人权。

发展区

地理学者将世界划分为 2 个发达地区和7 个发展中地区。每个地区都有一个整体人类发展指数(图 10-1)。撒哈拉以南的非洲和南亚是人类发展指数最低的地区。

除了这 9 个地区外，还可以确定 3 个独特的地区。日本和韩国没有被包括在东亚，因为它们的发展水平远远高于邻国。南太平洋比其他 9 个地区的人口都要少得多；澳大利亚（该地区人口最多的国家）和新西兰都是发达国家，但该地区的其他国家都是发展中国家。联合国以前将俄罗斯列为发达国家，但由于它在共产党统治期间以及之后的发展程度有限，所以联合国现在将它列为高度发展中国家。

思考题 10.1.1

在哪些发展中地区，国家间人类发展指数的区别相对较大？

体面的生活水平

学习成果 10.1.2

明确人类发展指数中的生活水平因素。

拥有足够的财富以获得体面的生活水平，这是发展的关键。发达国家普通人的收入高于发展中国家。地理学者观察到，发达国家人们生产和消费财富的方式不同于发展中国家。

收入

联合国通过按购买力平价计算的人均国民总收入，来衡量各国的生活水平：

■ **国民总收入**（gross national income，GNI）是一个国家一年内生产的商品和服务的价值，来自境外和付给境外的财富也包括在内。

■ **购买力平价**（purchasing power parity，PPP）是对国民总收入的调整，可以说明各国在商品成本方面的差异。例如，如果 A 国居民的收入与 B 国居民的收入相同，但是 A 国的巨无霸汉堡或星巴克拿铁咖啡更贵，那么 B 国居民的生活状况就更好。

用国民总收入除以总人口，可以衡量普通人在一年中为创造国家财富所做的贡献。例如，2014 年美国的国民总收入约为 17.8 万亿美元，人口约为 3.19 亿，所以人均国民总收入约为 55,860 美元。2014 年，发达国家的人均国民总收入约为 40,000 美元，发展中国家约为 10,000 美元。

有些研究会涉及**国内生产总值**（gross domestic product，GDP），它也是一个国家一年内生产的商品和服务的价值，但是不包括来自境外和付给境外的财富。

人均国民总收入，或者其他任何单一的指标，都不能完全衡量一个国家的发展水平。在人均国民总收入为几千美元的发展中国家，可能很少有人会挨饿。在人均国民总收入为 40,000 美元的发达国家，也并非每个人都富裕。人均国民总收入衡量的是平均财富，而非财富的分配。如果国民总收入由少数人占有，那么大多数人的生活水平就可能不如平均值所暗示的那么高。人均国民总收入越高，所有公民享受舒适生活的可能性就越大。

经济结构

发达国家的人均收入平均较高，因为发达国家人们的谋生方式通常不同于发展中国家。工作岗位分为 3 类：

■ **第一产业**（primary sector）包括通过农业（见第 9 章），有时还有矿业、渔业和林业等直接从地球获取材料的活动。

■ **第二产业**（secondary sector）包括加工、转化和组装原材料来生产有用产品的制造业，还包括将制成品制造成消费品的行业（见第 11 章）。

■ **第三产业**（tertiary sector）涉及以收费

的形式向人们提供货物和服务，例如零售业、银行业、法律业、教育业和政府部门等（见第 12 章和第 13 章）。

第一、第二和第三产业分别对国民总收入的贡献，在发达国家和发展中国家各不相同（图 10-2）：

■ 发展中国家第一产业占国民总收入的比例有所下降，但仍高于发达国家。发达国家第一产业所占比例较低，这表明少数农民能够为社会其他人生产足够的粮食。

■ 发达国家第二产业占国民总收入的比例大幅下降，现在低于发展中国家。

■ 第三产业占国民总收入的比例，在发达国家相对较高，在发展中国家也在增长。

思考题 10.1.2

思考题 10.1.2
农业工人（agricultural worker）比例较高的国家，人类发展指数通常是高还是低？

生产率

发达国家的工人比发展中国家的工人生产率更高。**生产率**（productivity）是特定产品的价值与生产所需的劳动量之比。生产率可以通过人均增加值来衡量。制造业**增加值**（value added）是产品的总价值减去原材料和能源的成本。美国人均增加值约为每小时 67 美元，而墨西哥则为 16 美元左右。

发达国家的工人用更少的精力生产更多产品，因为他们可以使用更多的机器、工具和设备来完成大部分工作。相反，发展中国家的生产过程更多地依赖人力和畜力。发达

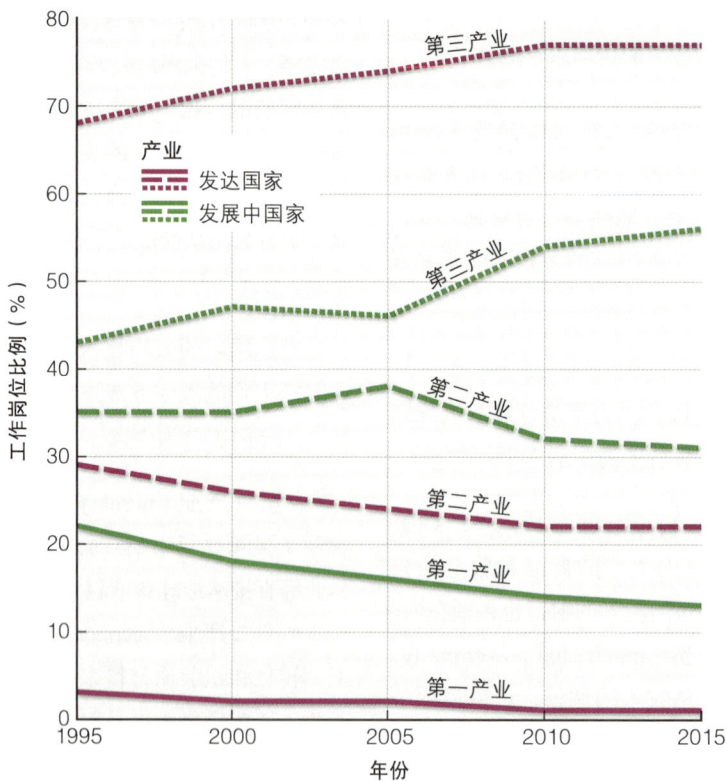

▲ 图 10-2　**经济结构**　该图显示了 3 个产业对国民总收入贡献的变化。

国家人均国民总收入的较大部分都用于机器的制造和购买，从而使工人的生产率更高，创造更多财富。

知识的获取

认识人类发展指数中的教育因素。

发展不仅仅与财富有关。联合国认为，发展是为了让人们变得更健康、更聪明，而不仅仅是更富裕。

联合国认为，**受教育年数**（years of schooling）是衡量个人获取发展所需知识的能力的最关键指标。其中的假设是，无论学校的教育质量多么差，学生上学的时间越长，就越有可能学到东西。

联合国通过结合两个受教育年数，来衡量人类发展指数中的知识获取因素：

■ **今天成年人的受教育年数。** 这衡量的是一个国家中 25 岁或以上普通人的上学年数。发达国家成年人的平均受教育年数是 11.5 年，而在南亚和撒哈拉以南的非洲，只有 4.7 年。

■ **今天未成年人的预期受教育年数。** 这衡量的是联合国预测的普通 5 岁儿童将接受教育的年数。联合国预计，发达国家 5 岁儿童平均的预期受教育年数为 16.3 年；换句话说，在发达国家，5 岁儿童中大约有一半未来将从大学毕业。但是，撒哈拉以南非洲地区 5 岁儿童平均的预期受教育年数为 9.3 年，南亚地区的预期平均值为 10.2 年——相较于目前的数据有所改善，但增幅仍小于发达国家。

其他指标也可以衡量在知识获取上的区域差异：

■ **学生／教师比**（pupil/teacher ratio）。学生／教师比是入学学生的人数除以教师人数。学生／教师比越低，每个学生接受有效教学的可能性就越大。

■ **识字率**（literacy rate）。识字率指一个国家能够读写的人占全部人口的比例。

改善教育是许多发展中国家的主要目标，但是资金稀缺。在发展中国家，教育投入现在占国民总收入的比例或许有所增加，但是这些国家的国民总收入本来就很低，所以在每个学生上的花费远低于发达国家。

对发展中国家的教学造成挑战的还有，大部分书籍、报纸和杂志都是在发达国家出版的，这在一定程度上是因为发达国家有更多的居民能够阅读和写作，而且买得起出版物。发达国家主导着全世界的科学和非虚构出版（这本教材就是一个例子）。发展中国家的学生必须使用通常不是用母语写作的书籍来学习技术信息。

美国的学生／教师比低于加拿大。与加拿大相比，美国的学生／教师比是更有利，还是更不利？

健康与财富

认识人类发展指数中的健康因素。

联合国认为，良好的健康状况和财富、知识一样，是衡量发展水平的重要指标。发展的目标之一，就是为人们提供过上长寿、健康生活所需的营养和医疗服务。第 2 章详细讨论了全球卫生和医疗服务的许多差异。

长寿和健康的生活

联合国从许多健康和医疗指标当中，选择出生时的预期寿命来衡量人类发展指数（图10-3）。在第2章中，我们将出生时的预期寿命定义为新生婴儿预期可以生活的平均年数。2015年出生的婴儿，预计平均寿命在全世界范围内为71岁，在发达国家为80岁，在撒哈拉以南的非洲仅为57岁。

发达国家的人们比发展中国家的人们更健康。发达国家的人们生病时，国家拥有治疗他们的资源。发达国家利用部分财富来保护因各种原因而无法工作的人。在这些国家中，政府会提供部分公共援助，帮助病人、老人、穷人、残疾人、孤儿、退伍军人、寡妇、失业人员或单身父母。发达国家更好的医疗和福利，使人们能够长寿。

随着预期寿命变得更长，发达国家退休并接受公众赡养的老年人比例变得更高，15岁以下儿童的比例变得更低。这部分儿童年龄太小，无法工作，所以也必须得到工作的成年人的抚养。在发展中国家，年轻人的数量比老年人的数量高6倍，而在发达国家，二者的数量几乎相同。

发达国家更好的医疗和福利让婴儿的存活率更高。在发展中国家，婴儿的存活率约为94%，死亡率约为6%，而在发达国家，婴儿存活率高于99.5%。发展中国家的婴儿死亡率更高，有若干个原因，可能是营养不良，或缺少必要的药物来治疗脱水和腹泻之类的疾病。教育水平不足导致的医疗质量低下，也可能进而导致婴儿死亡。

消费品

发达国家生产的部分财富被用于购买商品和服务，特别重要的是与交通和通信有关的商品和服务，包括汽车、电话和计算机。

■汽车能够让个人获得工作和为他人服务的机会，让企业分销自己的产品。每千人拥有的汽车数量，在全世界约为170辆，在发达国家为630辆，在发展中国家为80辆。

■电话增强了原材料供应商和商品、服务消费者之间的互动。每千人拥有的手机数量，在全世界约为800部，在发达国家为1,100部，在发展中国家为700部。

■计算机让消费者和供应商的信息共享更便利（图10-4）。每千人中的互联网用户数量，在全世界约为300人，在发达国家为700人，在发展中国家为200人。

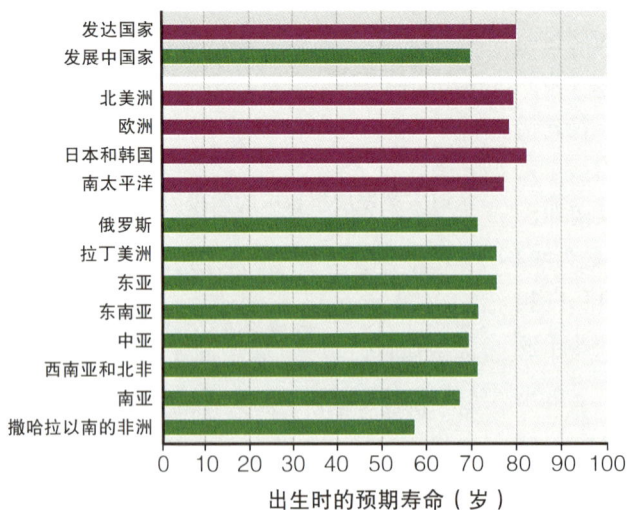

出生时的预期寿命（岁）

▲ 图10-3　**出生时的预期寿命**　9个发展区域中预期寿命最高的是北美洲，最低的是撒哈拉以南的非洲。

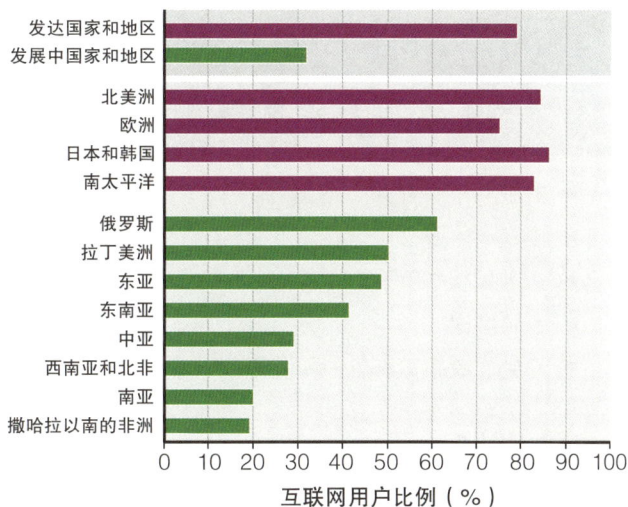

发达国家和地区
发展中国家和地区

北美洲
欧洲
日本和韩国
南太平洋

俄罗斯
拉丁美洲
东亚
东南亚
中亚
西南亚和北非
南亚
撒哈拉以南的非洲

0　10　20　30　40　50　60　70　80　90　100
互联网用户比例（%）

▶ 图 10-4　**消费品：互联网用户**　互联网用户比例最高的是北美洲，最低的是撒哈拉以南的非洲。

发达国家的几乎所有居民都可以获得让交通和通信更便捷的产品，这对于经济的运作和增长都至关重要。相比之下，在发展中国家，这些产品并没有在许多人的日常生活中发挥核心作用。对于与朋友和亲戚同住在一个村庄、整天都在附近的田地里种植庄稼的人来说，汽车、计算机和电话并非必不可少。但是，即使负担不起，发展中国家的大多数人也都熟悉这些商品，并可能希望拥有它们，作为发展的象征。

在发展中国家，人们并不普遍拥有消费品，因此"富人"和"穷人"之间就可能会出现差距。拥有这些商品的少数人可能包括政府官员、企业主和其他精英，而无法进入精英圈子的大多数人则没有这些商品，这种状况可能引发政治动荡。在许多发展中国家，拥有这些产品的人集中在城市地区，而不是在农村地区。技术创新会从城市向农村传播。由于家庭、工厂、办公室和商店相互分散，所以在城市地区获得这些商品更为重要。

技术变革有助于缩小发达国家与发展中国家之间在通信方面的差距。例如，拥有移动电话的人数在发展中国家迅速增多，因为移动电话不需要花大价钱安装连接每栋建筑物的电缆，让更多的个人能够从信号塔或卫星获得服务。

思考题 10.1.4

在发展中国家，除手机以外，还有什么电子设备可能因为器材便宜、不需要昂贵的基础设施而迅速扩散？

复习　关键议题 1
为什么各国的发展程度不同？

✔ 人类发展指数可以衡量每个国家的发展水平。

✔ 人类发展指数基于 3 个因素：体面的生活水平、长寿和健康的生活，以及知识的获取。

- ► 发展的不平等和不均衡
- ► 性别不平等
- ► 女性赋权和就业
- ► 生殖健康
- ► 人类发展指数和性别不平等

学习成果 10.2.1

描述联合国对不平等的衡量标准。

联合国认为，每个人都应该有机会享有体面、健康的生活，并有机会获取知识。但每个国家都存在一定程度的不平等。

发展的不平等和不均衡

国家内部在收入、性别和地区上可能存在不平等。位于发展核心和处于边缘的国家之间，也存在不平等。

不平等调整后人类发展指数

为衡量不平等的程度，联合国创立了**不平等调整后人类发展指数**（Inequality–adjusted Human Development Index，IHDI）。该指数将一个国家的不平等考虑在内。在完全平等的情况下，人类发展指数和不平等调整后人类发展指数是相同的。

不平等调整后人类发展指数低于人类发展指数，就表明该国存在不平等现象；两个指数之间的差异越大，不平等的程度就越高。例如，一个高收入、大学学位和良好医疗都只由少数人拥有的国家，与一个收入、教育和医疗水平差距最小的国家相比，不平等调整后人类发展指数要更低。人类发展指数和不平等调整后人类发展指数，这二者的

差距在发达国家最小，说明按照全球的标准，发达国家的不平等程度相对较低。

不平等调整后人类发展指数在撒哈拉以南的非洲和南亚最低，即这两个地区的不平等程度最高。该指数在西南亚和北非可能较低，但联合国没有该地区许多国家的数据。

思考题 10.2.1

在美国，人类发展指数是 0.914，而不平等调整后人类发展指数是 0.755。在加拿大，人类发展指数是 0.902，而不平等调整后人类发展指数是 0.833。请问哪个国家的不平等程度更高？

发展中国家内部的不平等

巴西和土耳其都是世界上面积最大、人口最多的国家之一。按照国家来排名，这两个国家的人类发展指数处于中间位置。在有人类发展指数评分的 186 个国家中，土耳其排名第 69 位，巴西排名第 79 位。

这两个国家内部的不平等程度可以从两个方面看出来。首先是人类发展指数和不平等调整后人类发展指数之间的区别。这两个国家的人类发展指数得分相似，但巴西的不平等调整后人类发展指数较低，这表明土耳其的不平等程度更高。

不平等也可以通过国家内部各省或各州人均国民总收入的差异看出来。在土耳其，靠近欧洲的西部地区更富有。东部地区的财富则少得多，该地区是库尔德人的家乡，其中许多人都在寻求独立（见第 7 章）。在巴西，最大的城市圣保罗及其附近州份最富有。

发达国家内部的不平等

发达国家内部地区间的人均国民总收入

差异，没有发展中国家内的差异那么极端。例如，在美国最富裕的地区（新英格兰），人均国民总收入是全国平均水平的122%，在最贫困地区（东南部）则是全国平均水平的90%。

在20世纪的大部分时间里，发达国家内部的贫富差距都在缩小。发达国家内部的不平等程度缩小，是因为它们将部分财富用于向更多人提供医疗和教育，向贫困人口提供经济援助。然而，自1980年以来，在包括美国和英国在内的大多数发达国家，不平等的程度有所增加（图10-5）。

性别不平等

学习成果 10.2.2
描述联合国对性别不平等的衡量标准。

一个国家的整体发展水平可能会掩盖男女地位的不平等。所有国家的人民都希望提高生活水平，获取知识、医疗和可持续的未来。然而，长期存在的文化和法律障碍，可能限制妇女参与发展，获得发展带来的好处。

联合国使用两个指标来衡量性别不平等：**性别不平等指数**（Gender Inequality Index，GII）和**性别发展指数**（Gender-related Development Index，GDI）。联合国发现，如果以性别不平等指数来衡量，世界上没有哪个国家男女待遇相同，如果以性别发展指数来衡量，也只有少数国家做到了这点。部分国家的女性与男性最多算是接近平等，但是在部分国家，女性的发展水平远远落后于男性。联合国认为，男女不平等是阻碍一个国家实现更高发展水平的主要因素。

性别发展指数

性别发展指数从人类发展指数的3个维度，即收入、教育和预期寿命，来衡量性别不平等程度。性别发展指数的衡量方法与上一节所述的人类发展指数相同。根据在人类发展指数3个方面上的性别不平等程度，联合国给各国进行了排名。

如果女性和男性的人类发展指数得分完全相同，那么性别发展指数就为1.000。事实上，世界总体的性别发展指数是0.920，这意味着世界上所有女性的平均人类发展指数（0.655）是所有男性的平均人类发展指数（0.712）的0.920倍或92%。发达地区的平均性别发展指数为0.975，这意味着男女接近平等，而发展中国家的平均值则为0.904。评分最低的是南亚、撒哈拉以南的非洲、西

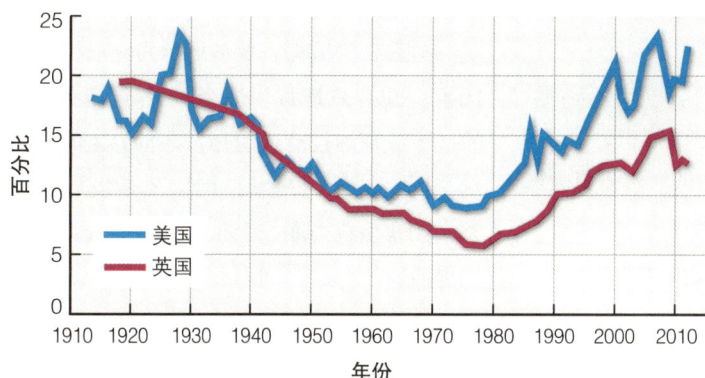

◄ 图10-5 **不平等加剧** 美国和英国最富有的1%的公民所持有的国民财富，在20世纪的大部分时间里都在下降，但近几十年来又有所增加。

南亚和北非。

性别不平等指数

性别不平等指数从 3 个方面的成就水平来衡量性别差距：生殖健康、女性赋权和劳动力市场。性别不平等指数的衡量方法与前一页讨论的不平等调整后人类发展指数类似。性别不平等指数越高，男女之间的不平等程度就越大。性别不平等指数为 0，则意味着男性和女性的成就平等；性别不平等指数为 1，则意味着女性在所有指标上的成就极差。

发展中国家的性别不平等指数高于发达国家。撒哈拉以南的非洲、南亚、中亚、西南亚和北非是性别不平等程度最高的发展中地区。生殖健康是这些地区性别不平等的最大因素。南亚、西南亚和北非的女性赋权得分也相对较低。与之相反的是，欧洲10 个国家的性别不平等指数低于 0.1，这意味着男性和女性几乎平等。一般而言，人类发展指数较高的国家性别不平等指数较低，反之亦然。

思考题 10.2.2

美国性别不平等指数是 0.262，加拿大的是 0.136。请问哪个国家的性别不平等程度更高？

性别不平等指数的变化

联合国发现，自 20 世纪 90 年代以来，在 138 个有时间序列数据的国家中，有 134 个的性别不平等程度已经降低。进步最大的是西南亚和北非的国家。

在美国，性别不平等的改善程度不大。此外，尽管美国在人类发展指数上排名世界第 5，但是性别不平等指数排名仅为 47。针对美国性别不平等指数排名较低，联合国指出了两个因素：

■ 与其他人类发展指数非常高的国家相比，美国的青少年女性生育率更高，女性分娩期间的死亡率更高。

■ 美国国家立法机构中女性所占的比例，低于其他人类发展指数较高的国家。

女性赋权和就业

学习成果 10.2.3

描述性别不平等中与女性赋权相关的组成部分。

性别不平等指数从 3 个维度为性别不平等的程度进行综合评分。本节关注其中两个维度：女性赋权和就业。第三个维度将在下一节讨论。

女性赋权

在性别不平等的背景下，女性赋权指妇女改善自身地位的能力，亦即实现经济和政治权利的能力。

性别不平等指数中的女性赋权由两个指标衡量，一是女性在国家立法机构中所占席位的比例，二是接受并完成中学教育的女性比例。

国家立法机构。要被选举为立法机构的代表，并有效地提供服务，并不需要特别的基于性别的技能。但是，在世界上的几乎每个国家，无论是发达国家还是发展中国家，在政治权力职位上工作的女性人数都少于男性。

尽管在大多数地方，女性选民的人数多于男性，但是在国家议会中女性占大多

▲ 图 10-6　**妇女的就业**　印度比哈尔邦（Bihar）的银行代表与申请贷款创业的妇女会面。

数的国家只有卢旺达。除少数例外，女性在国家议会中占比最高的是欧洲，约占议会成员总数的 1/4。比例最低的是西南亚和北非的国家。

在 2015 年的美国，100 名参议员中有 20 名女性，435 名众议员中有 84 名女性。这个 20% 左右的比例，远低于发达国家的平均水平，也略低于世界所有国家的平均水平。例如，在 2015 年的加拿大，83 名参议员（不包括空缺职位）中有 30 名女性，338 名众议院议员中有 88 名女性。

思考题 10.2.3

你所在社区的管理机构中，男性与女性的比例是多少？

中等教育。在全球范围内，54% 的女性完成了中学（高中）学业，而男性则为 64%。在北美，女生从高中毕业的人数多于男生，而在欧洲，则是男生多于女生。在发展中国家，男生比女生更有可能完成高中学业。发展中国家男高中生与女高中生的比例为 10∶6。南亚的男女生在教育方面的差距特别大。

就业

女性劳动力参与率（female labor force participation rate）指在家庭以外从事全职工作的女性比例。在全球范围内，51% 的女性在家庭以外工作，而男性则为 77%。一般而言，发达国家的女性比发展中国家的女性更有可能在家庭以外从事全职工作。不同发展中地区的数据差别很大。南亚、西南亚和北非在男女劳动力参与方面存在巨大差距，而东亚和撒哈拉以南非洲的差距则较小（图 10-6）。撒哈拉以南非洲的女性会从事农业或服务工作，即使她们的生育率在世界上最高。

生殖健康

学习成果 10.2.4
描述性别不平等指数中的生殖健康要素。

性别不平等指数的第三个组成部分是生殖健康。生殖健康状况不佳是导致全世界性别不平等的主要原因。

生殖健康

性别不平等指数的生殖健康方面基于两个指标：

■ **孕产妇死亡率**（maternal mortality rate）指每 10 万例活产中孕产妇的死亡人数。发达国家每 10 万例活产中的孕产妇死亡人数为 16 人，发展中国家则为 171 人。孕产妇死亡率最高（死亡人数最多）的是撒哈拉以南非洲的国家。联合国估计，从分娩期间到分娩后的 48 小时内，每年有 15 万名妇女和 160 万名婴儿死亡。

■ **青少年生育率**（adolescent fertility rate）是每千名 15 至 19 岁女性的生育数量。

在发达国家，每千名 15 至 19 岁女性的生育数量为 19，在发展中国家则为 53。在大多数欧洲国家，由于避孕措施的普及率高，青少年生育率低于 10‰。在性别不平等程度较高的撒哈拉以南的非洲，由于避孕药具的使用率低于 10%，所以青少年生育率为 110‰。

联合国将生殖健康作为性别不平等指数的重要组成部分，是因为在有效节育措施得到普及的国家，妇女生育的子女较少，母婴健康得到改善。不发达地区的女性与发达地区的女性相比，更有可能在分娩时死亡，也更有可能在青少年时生育。为女性提供全方位生殖健康选择的国家，总生育率都很低。

核心和边缘

发达国家与发展中国家的关系通常被描述为南北分裂，因为大多数发达国家位于赤道以北，而许多发展中国家则位于赤道以南。美国社会科学家伊曼纽尔·沃勒斯坦（Immanuel Wallerstein）将发达国家和发展中国家的关系描述为核心和边缘的关系。根据沃勒斯坦的世界体系分析，在日益统一的世界经济中，发达国家形成了位于内部的核心地区，而发展中国家则位于边缘地区。

在第 1 章中，发展不均衡被定义为经济全球化导致的核心和边缘地区之间越来越大的经济差距。北美洲、欧洲、日本和韩国占世界经济活动和财富的很大比例。边缘地区的发展中国家很难成为世界的消费、通信、财富和权力中心，这些中心都集中在核心地区。

自世界体系理论形成以来，一个越来越重要的因素是半边缘国家的出现。这些国家要么处于经济发展水平的中等位置，要么既靠近核心区，也靠近边缘区。

特定的核心区和边缘区之间具有特殊的联系。拉丁美洲的发展前景主要与北美的政府和企业相连，非洲和东欧的发展前景与西欧的政府和企业相连，而亚洲的发展前景与日本政府和企业，以及在较小程度上与欧洲和北美的政府和企业相连。随着中国、印度和巴西等国的发展，核心与边缘国家之间的关系正在发生变化，它们的类别可能需要重新划分。

思考题 10.2.4
哪些发展特征的组合，可能会让拉丁美洲和亚洲的几个国家被视为半边缘国家，而非边缘国家？

人类发展指数和性别不平等

学习成果 10.2.5
比较所选国家的人类发展指数和性别不等指数。

人类发展指数衡量的是一个国家的发展水平，得分越高表明发展水平越高。性别不平等指数衡量的是一个国家性别不平等的程度，得分越高表明性别不平等程度越高。发展分析专家预计，较发达国家的性别不平等程度一般而言低于发展中国家。

思考题 10.2.5
总的来看，发展与性别不平等之间的关系有多密切？

> **复习　关键议题 2**
> 发展中的不平等出现在哪里？

- ✔ 不平等调整后人类发展指数衡量的是一个国家的不平等程度。
- ✔ 性别发展指数根据收入、教育和预期寿命来衡量性别不平等程度。
- ✔ 性别不平等指数根据生殖健康、女性赋权和劳动力参与度来衡量男女之间的不平等程度。

▶ 两条发展道路
▶ 世界贸易
▶ 为发展融资
▶ 艰难时期的发展挑战

学习成果 10.3.1

总结发展的两条道路。

富国和穷国之间的差距很大。许多东西在发达国家的人们看来理所当然，如电力、安全的饮用水和铺设的道路，但是在较贫穷国家则十分缺乏。为减少富国与穷国之间的差距，发展中国家必须加快发展。这意味着要更快地增加人均国民总收入，利用额外资金更快地改善社会和经济条件。

发展中国家促进更快速发展时会面临两个根本障碍：

■ 采取能够成功促进发展的政策。

■ 寻找发展所需的资金。

两条发展道路

发展中国家会选择两种模式中的一种来促进发展：自给自足和国际贸易。两种模式都有各自的重要优势和严峻挑战。

自给自足的道路

在自给自足的模式中，一个国家会鼓励国内企业生产商品，阻止外国人拥有企业和资源，并保护自己的企业免受国际竞争的影响。自给自足发展道路的关键要素包括：

■ 限制进口货物。3 种被广泛使用的限制措施包括：对进口商品设定高税率（关税），以使其比国内商品更昂贵；对进口商品的数量设定配额限制；实行审批制度，限制合法进口商的数量。

■ 扶持新兴企业，使其避免与大型跨国公司竞争，进而获得成功。这种方法可以避免发达国家企业和政府决策的潜在不利影响，进而促进一个国家脆弱的企业实现独立。

■ 投资尽可能平均地分布在国内经济的所有行业和所有地区。

■ 农村收入与城市收入保持同步，优先减少贫困，而非鼓励少数人成为富裕的消费者。

案例研究：印度。 在 1947 年从英国独立后的几十年里，印度是采用自给自足战略的一个典型例子。相关的政策包括：限制外国公司将产品进口到印度，以及对在印度经营的外国公司实施强有力的控制。

以下是对进口进行限制的例子：

■ 要将货物进口到印度，大多数外国公司必须获得许可证，审批过程漫长而烦琐，因为有数十个政府机构负责审批。

■ 持有进口许可证的公司，其实际进口到印度的商品数量受到严厉限制。

■ 进口商品被征收高额关税，提高了商品的价格。

■ 印度货币无法兑换为其他货币。

以下是对印度公司进行控制的例子：

■ 企业想要销售新产品、使工厂现代化、扩大生产、设定价格、雇佣或解雇工人，以及改变现有工人的工作分类，都需要事先得到政府的允许（图 10-7）。

■ 不赢利的企业会获得政府补贴，如廉价电力或债务清偿。

■ 政府本身不仅拥有通信、运输和电力

公司，还拥有保险、汽车制造等企业，而这些企业在大多数国家都是私营的。

国际贸易的道路

在依靠国际贸易的发展模式中，一个国家会向外国投资和国际市场开放。在20世纪的大部分时间里，自给自足或平衡增长是更受欢迎的发展选择。从20世纪后期开始，国际贸易变得更加流行。

国际贸易的发展模式要求一个国家明确其独特的经济资产。这个国家有什么充足的动物、蔬菜或矿产资源，其他国家愿意去购买？与其他国家相比，这个国家能以更高的质量和更低的成本生产和分销哪些产品？根据国际贸易方法，一个国家可以集中稀缺的资源发展有鲜明特色的地方产业，从而实现经济发展。在世界市场上销售这些产品，可以为这个国家提供用于资助其他行业发展的资金。

罗斯托模型。 国际贸易方法的开拓性倡导者是 W.W. 罗斯托（W. W. Rostow），他在20世纪50年代提出了一个包含5个阶段的发展模型。根据国际贸易模式，每个国家都处于这5个发展阶段中：

1. **传统社会阶段。** 传统社会未开始发展进程。在传统社会中，从事农业的人口比例非常高，国家财富中的大部分都分配到罗斯托所说的"非生产性"活动中，如军事和宗教。

2. **起飞准备阶段。** 精英团体发起创新的经济活动。在这些受过良好教育的领导人的影响下，国家开始投资新的技术和基础设施，如供水和运输系统。来自其他国家的资金，通常会强调建设新基础设施的重要性。这些基础设施项目最终将促进生产力的提高。

3. **起飞阶段。** 少数经济活动实现快速增长，例如纺织品和食品产业。在这些为数不多的起飞行业中，技术进步得以实现，生产率得以提高，而其他经济行业则仍然由传统做法主导。

4. **走向成熟阶段。** 以前仅限于少数起飞行业的现代技术扩散到了各行各业，然后这些行业也像起飞行业那样经历相当快速的增长。工人变得更加熟练和专业。

5. **大规模消费阶段。** 经济从重工业（如钢铁和能源）转向消费品生产（如汽车和

▶ 图 10-7　**自给自足：印度**　印度昌迪加尔（Chandigarh）的一位官员在办公室签署秘书呈交给他的文件。

◀ 图 10-8　国际贸易：阿拉伯联合酋长国　购物者在一家专卖欧洲进口食品的超市购物。

冰箱）。

国际贸易的例子。 当大多数发展中国家在 20 世纪采用自给自足的发展方法时，两批国家和地区选择了国际贸易的发展方法：

■ **亚洲四小龙。** 首批走国际贸易发展道路的国家和地区是韩国、新加坡、中国台湾和香港，它们被称为"亚洲四小龙"。新加坡和中国香港，都是被极少量的农村土地包围、几乎没有自然资源的大城市。由于缺乏自然资源，亚洲四小龙通过专注于生产少量制成品，特别是服装和电子产品来促进发展。劳动力成本低廉使这些国家和地区能够在发达国家廉价销售产品。

■ **石油资源丰富的阿拉伯半岛国家。** 阿拉伯半岛包括沙特阿拉伯（该地区面积最大、人口最多的国家）、科威特、巴林、阿曼和阿拉伯联合酋长国。它们曾经是世界上最不发达的国家，但是由于石油价格从 20 世纪 70 年代开始不断上涨，所以它们迅速成为富裕的国家。阿拉伯半岛国家利用石油收入资助大型项目，如住房、高速公路、医院、机场、大学和电信网络。它们的钢铁、铝和石化工厂在政府补贴的帮助下参与了世界市场的竞争。汽车和电子产品之类消费品的扩散，进一步改变了这些国家的景观。阿拉伯半岛国家的超市里有从欧洲和北美进口的食品（图 10-8）。

思考题 10.3.1

许多采用国际贸易发展模式的国家都是相对较小的国家（见第 8 章）。为什么国家的大小会影响一个国家在早期选择国际贸易的发展道路？

世界贸易

学习成果 10.3.2

分析国际贸易成功促进发展的原因。

大多数国家都将国际贸易作为刺激发展的首选方案。特别是在 20 世纪 90 年代，长期倡导自给自足方法的国家也转向了国际贸易。

国际贸易的成功

在 20 世纪末和 21 世纪初，贸易增长的速度超过财富（以国内生产总值衡量）增长的速度。这说明国际贸易的方法越来越重要，在发展中国家尤其如此（图 10-9）。

人们基于 3 个方面的观察，看好国际贸易发展模式的优势：

■ 20 世纪下半叶，南欧和东欧的国家，以及日本，都加入了欧洲和北美洲发达国家的队列。如果它们可以通过国际贸易变得更加发达，为什么其他国家不能呢？

■ 发展中国家拥有丰富的原材料资源，而这些资源正是发达国家的制造商所需要的。过去，欧洲殖民国家在没有向殖民地支付补偿的情况下，开采了许多这些资源。在全球经济中，这些原材料的销售可以为发展中国家提供资金，促进它们的发展。

■ 一个专注于国际贸易的国家，会通过其他国家消费者的需求和偏好受益。为了保持竞争力，起飞行业会不断评估国际消费者的偏好、市场策略、生产工艺和设计技术的变化。出口起飞行业对国际竞争力的关注可以渗透到其他经济部门。

在 20 世纪 90 年代，长期倡导自给自足方法的国家转向了国际贸易。例如，印度就废除了其强大的国际贸易壁垒：

■ 外国公司获许在印度设厂和销售产品。

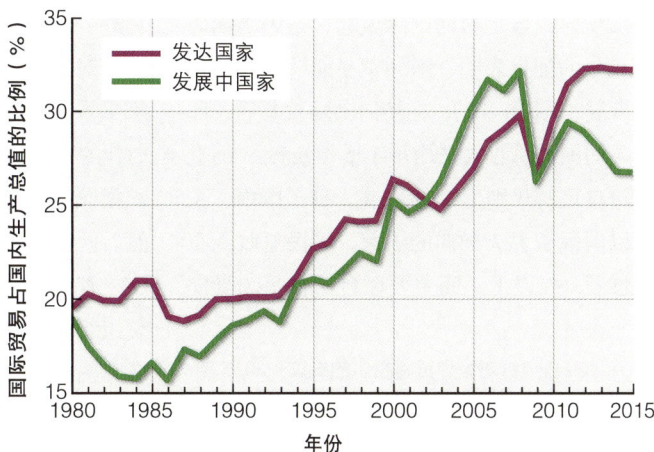

▶ 图 10-9　国际贸易占国内生产总值的比例

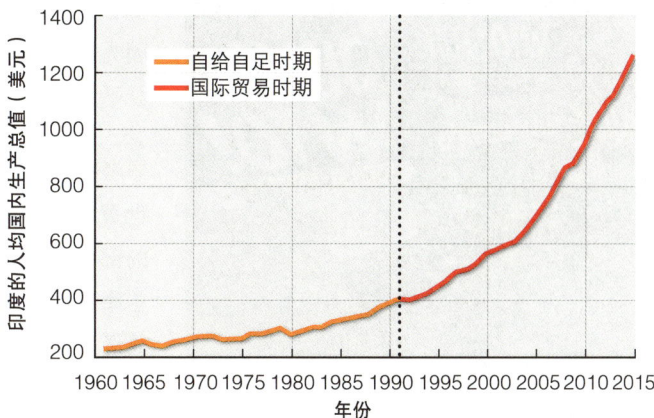

▶ 图 10-10　印度人均国内生产总值的变化　从自给自足的道路转变为国际贸易的道路以后，印度人均国内生产总值的增长速度更快。

■ 货物进出口的关税和限制被减少或废除。

■ 通信、保险和其他行业的垄断被消除。

随着竞争的加剧，印度公司提高了产品的质量。例如，在自给自足的时代，印度的汽车工业由国营的马鲁蒂·乌德西葛公司（Maruti Udyog Ltd.）主导。印度的进口关税从 1984 年的 15% 上升到 1991 年的 66%，马鲁蒂公司因此获益，通过销售在其他国家被认为已过时的汽车，占据了印度 80% 以上的市场份额。在国际贸易的时代，政府将马鲁蒂公司的控制权卖给日本的铃木公司（Suzuki），该公司现在只占印度市场 45% 的份额。

20 世纪 90 年代，像印度这样的国家之所以从自给自足转向国际贸易，是因为当时有充分的证据表明，国际贸易能够更好地促进发展（图 10-10）。在转向国际贸易后，印度人均国民总收入平均每年增长 6.5%，而在自给自足时代则为 1.8%。在全球范围内，主要以国际贸易为导向的国家，国民总收入每年增长 4% 以上，而主要以自给自足为导向的国家，增长则不到 1%。然而，这种朝国际贸易的转向并非没有争议（见"辩论！"版块）。

世界贸易组织

为促进国际贸易的发展模式，占全球贸易 97% 的国家于 1995 年建立了世界贸易组织（World Trade Organization，WTO）。世界贸易组织主要以两种方式努力减少国际贸易壁垒。首先，通过世界贸易组织，各国会进行谈判，以减少或取消对制成品的国际贸易限制，例如政府的出口补贴、进口配额限制，以及进出口关税。此外，还会减少或消除对银行、公司和富人在国际货币流动上的限制。

世界贸易组织还通过执行协议来促进国际贸易。一个国家可以向世界贸易组织指控另外一个国家违反世贸组织协议。世贸组织有权对指控的有效性做出裁决，要求相关国家采取补救措施。世贸组织还会保护互联网时代的知识产权。个人或公司也可以向世贸组织指控另一个国家的某人侵犯了版权或专利，然后世贸组织可以下令停止非法行为。

有人对世贸组织进行了猛烈抨击。在世贸组织高层开会地点外的街道上经常有抗议者（图 10-11）。进步的批评者指责世贸组织是反民主的，因为暗中制定的决策有利于大公司，无益于穷苦人民。保守派批评者则指责世贸组织损害了部分国家的权力和主权，因为它可以命令这些国家改变在它看来是不公平贸易行为的税收和法律。

▼ 图 10-11　针对世界贸易组织的抗议　2015 年，世界贸易组织干事在菲律宾发表演讲时，人们在菲律宾农业部外面抗议。

思考题 10.3.2

世贸组织的高级官员每两年举行一次所谓的部长级会议。最近的部长级会议是在哪里举行的？利用互联网搜索"世贸组织部长级会议"（WTO ministerial conference），看会议上是否有抗议活动。

近年来，大多数国家都采用了国际贸易的发展方式。

不采用国际贸易

■ 部分依赖销售某种商品的国家遭受了损失，因为该商品的价格没有生活必需品的价格上涨得快。

■ 建立起飞产业，向发达国家的人民出售产品，迫使部分发展中国家减少为自己人民生产食品、衣服和其他必需品。

■ 依赖销售低成本制成品的国家发现，近年来许多产品在世界市场上的行情已经变差。

▲ 图10-12 **印度的自给自足** 马鲁蒂牌的老汽车仍然被用作出租车。

采用国际贸易

■ 在自给自足的发展模式下，企业几乎没有动力提高质量、降低生产成本、降低价格或增加产量。

■ 免于国际竞争的公司没有压力，无法跟上快速的技术变革。

■ 管理、控制贸易所需的复杂系统需要许多政府雇员，会造成效率低下、权力滥用和腐败。

■ 在自给自足的发展模式下，潜在的企业家会觉得，努力生产商品或提供服务得到的经济收益，还比不上向别人提供咨询，教别人如何绕过复杂的政府法规。

▲ 图10-13 **印度的国际贸易** 印度最大港口坎德拉（Kandla）一艘船舶上装载的集装箱。

为发展融资

学习成果 10.3.3

确定发展的主要资金来源。

发展中国家缺乏发展所需的资金，因此，会从发达国家获得资金支持。资金的主要来源有两个：跨国公司的直接投资，以及银行和国际组织的贷款。

外商直接投资

在国际贸易中，特定国家的公司需要在其他国家投资。外国公司在别国经济中的投资，被称为**外商直接投资**（foreign direct investment，FDI）。自20世纪90年代以来，外商直接投资增长迅速，从1990年的1,300亿美元和2000年的1.5万亿美元，增加到2013年的16.4万亿美元（图10-14）。

外商直接投资在全球的分布并不均匀（图10-15）。2013年，只有1/3的外商直接投资流向发展中国家，另外2/3则流向发达国家。外商直接投资在发展中国家之间的分配也不均匀。2013年，在发展中国家获得的

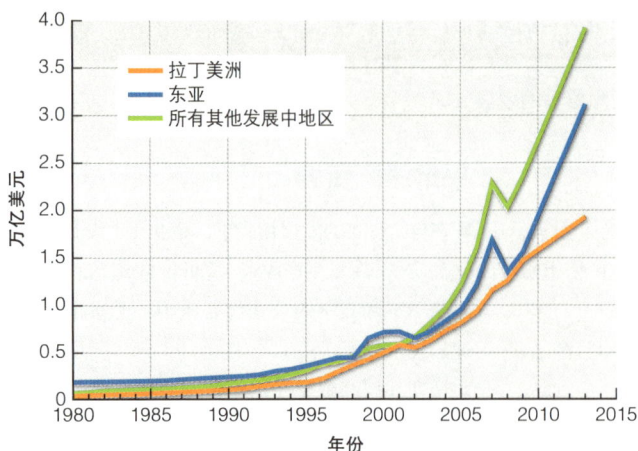

◀ 图 10-14　外商直接投资　在发展中地区当中，东亚和拉丁美洲的外商直接投资水平最高。

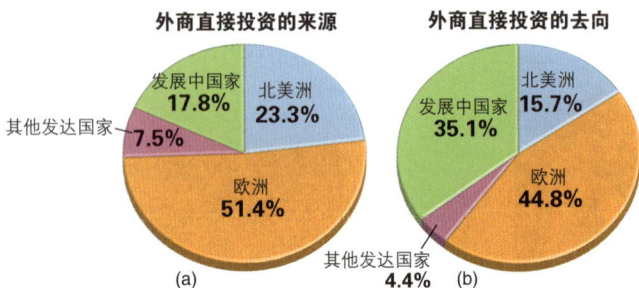

外商直接投资的来源

发展中国家 17.8%　北美洲 23.3%

其他发达国家 7.5%

欧洲 51.4%

(a)

外商直接投资的去向

北美洲 15.7%

发展中国家 35.1%

欧洲 44.8%

其他发达国家 4.4%

(b)

◀ 图 10-15　外商直接投资的来源和去向　大多数外商直接投资的（a）来源和（b）去向。

所有外商直接投资中，有 1/3 流向中国，还有 1/3 流向巴西、俄罗斯和墨西哥等国。

外商直接投资的主要来源是跨国公司，这些公司在总部所在国以外的国家投资和经营。2014 年，美国拥有 8 家最大的跨国公司，即苹果（Apple）、埃克森美孚（Exxon Mobil）、微软（Microsoft）、字母表（Alphabet，即谷歌母公司）、伯克希尔·哈撒韦（Berkshire Hathaway）、强生（Johnson & Johnson）、富国银行（Wells Fargo），以及通用电气（General Electric），此外还拥有世界百强公司中的 47 个，500 强公司中的 203 个。世界 500 强公司中，另外还有 211 个公司的总部位于美国以外的发达国家。500 强公司中仅有 86 个公司位于发展中国家，其中 32 个位于中国（包括香港）。

思考题 10.3.3

为什么苹果、微软和字母表公司被列为世界上最大的三家跨国公司？

贷款

发展中国家的两个主要贷款来源是世界银行（World Bank）和国际货币基金组织（International Monetary Fund，IMF）：

■ 世界银行。世界银行包括国际复兴开发银行（International Bank for Reconstruction and Development，IBRD）和国际开发协会（International Development Association，IDA）。国际复兴开发银行向各国提供贷款，以改革公共行政和法律机构，发展和加强金融机构，并推进交通和社会服务项目。国际开发协会向风险评估太高而无法获得国际复兴开发银行贷款的穷国提供支持。国际复兴开发银行的资金来自向私人投资者出售债券，而国际开发协会的资金则来自政府筹款。大约有 2,700 亿美元的贷款尚未偿还，其中印度约占 14%，中国、墨西哥、土耳其、巴西、印度尼西亚、巴基斯坦、孟加拉国和越南各占约 5%。

■ **国际货币基金组织**。国际货币基金组织向遇到国际收支问题，进而影响国际贸易发展的国家提供贷款。国际货币基金组织的援助旨在帮助一个国家重建国际储备，稳定货币汇率和购买进口货物，让这个国家不用实行可能阻碍世界贸易增长的严厉贸易限制或资本管制。与开发银行不同，国际货币基金组织不会为特定项目提供贷款。国际货币基金组织提供的资金取决于每个成员国在世界经济中的相对规模。

世界银行和国际货币基金组织是 1944 年在美国新罕布什尔州布雷顿森林（Bretton Woods）举行的联合国货币和金融会议（United Nations Monetary and Financial Conference）

上提出的，目的是在第二次世界大战后的废墟上，促进经济发展和稳定，并避免导致 20 世纪 30 年代大萧条的灾难性经济政策再次出现。国际货币基金组织和世界银行在 1945 年成立时，成为联合国的专门机构。

发展中国家借钱新建基础设施，如水电大坝、输电线路、防洪系统、供水设施、道路和酒店（图 10-16）。理论上，新的基础设施将更有利于国内外企业开放或扩张。毕竟，没有企业想要在缺乏硬化道路、自来水和电力的地方经营。原则上，因基础设施改善而设立的新企业，或因此扩大规模的企业，能够带来额外的税收，然后发展中国家将部分税收用于偿还贷款，部分用于改善公民的生活条件。实际上，世界银行已经认为其在非洲资助的项目中有半数是失败的。常见的原因包括：

■ 由于工程设计有缺陷，项目无法正常运行。

■ 受资助国浪费援助资金，或将资金用于购买军备，或资金被盗。

▶ 图 10-16 **世界银行资助的项目** 阿富汗喀布尔（Kabul）在建的一条由世界银行资助的道路。为什么在人类发展指数低的国家，例如阿富汗，修建道路很重要？为什么有很多人都在看修路？道路建设完成后，那些观看的人很少会有自己的车辆。道路开放后，路上会有什么类型的交通工具？

■ 新的基础设施未能吸引其他投资。

一些国家无法支付贷款利息，更不用说偿还本金。债务实际上超过了许多国家的年收入。在有些国家无法偿还债务时，发达国家的金融机构会拒绝再次贷款，导致所需基础设施的建设停工。许多国家无力偿还贷款，也损害了发达国家银行的金融稳定性。

艰难时期的发展挑战

学习成果 10.3.4

解释应对经济衰退的备选策略。

始于 2008 年的严重经济衰退带来持久影响，让许多国家难以进一步发展。南欧国家受到的影响尤其严重。

刺激还是紧缩？

政治领导人和独立分析师在应对经济衰退的最佳策略上存在严重分歧：

■ **刺激策略**（stimulus strategy）。刺激策略的支持者认为，在经济低迷时期，政府的支出应该多于税收。政府应该通过让人们建造桥梁和其他所需的基础设施项目来刺激经济。他们认为，在经济复苏后，人们和企业将能够缴纳更多税，并偿还债务。

■ **紧缩策略**（austerity strategy）。紧缩策略的支持者认为，政府应该大幅减税，让人民和企业可以花费节省下来的税收，进而促进经济复苏。在政府项目上的支出也应大幅削减，以防债务膨胀，经济发展受阻。

在美国，布什总统和奥巴马总统最初采用刺激策略，帮助美国从 2008 年的严重经济衰退中恢复。在 2010 年茶党（Tea Party）候选人取得成功后，人们更加关注紧缩策略。欧洲国家在支持刺激策略和紧缩策略之间存在分歧，这使欧洲面临了严重的困难，并可

▲ 图 10-17 **反紧缩抗议** 针对政府削减工资和福利以符合欧盟紧缩要求的做法，希腊工人游行抗议。

能最终导致欧元贬值（图 10-17）。

结构调整方案

并非每个国家都可以在紧缩策略和刺激策略之间做出选择。国际货币基金组织、世界银行，以及经济健康的发达国家担心，在没有附加条件的情况下提供贷款、取消债务或再筹资金，将使经济困难国家的坏习惯长期存在。因此，要申请减免债务，一个国家必须采取紧缩方案。

紧缩政策是通过政策框架文件（policy framework paper，PFP）实施的，该文件会对结构调整计划进行概述。**结构调整方案**（structural adjustment program）包含经济上的"改革"或"调整"，例如经济目标、实现目标的战略，以及外部融资的要求。发展中国家需要实行的改革通常包括：

- 只在可承受范围内花钱。
- 为穷人而不仅仅是精英提供福利。
- 将军费开支转用于医疗和教育支出。
- 将稀缺资源投入到能产生最大影响的地方。
- 鼓励私营行业提高生产力。
- 改革政府，包括提高公务员效率、加强财政管理问责制、实施更稳定的规章制度，以及公布更多信息。

批评者指责，结构调整方案使得贫困恶化。结构调整方案优先考虑减少政府支出和降低通货膨胀，可能会产生以下后果：

- 削减有益于穷人的健康、教育和社会服务。
- 失业率增高。
- 国有企业工人和公务员失业。
- 最需要帮助的人，例如贫穷的孕妇、哺乳的母亲、幼儿和老年人，获得的帮助减少。

简而言之，批评者指控结构调整方案让最贫穷的人们因为并不由他们负责的事情（如铺张浪费、贪污腐败和军备建设）而受到惩罚。

国际组织回应称，如果一个国家不进行改革，那么穷人会受更多苦。从长远来看，经济增长最有利于穷人。然而，为了回应批评，国际货币基金组织和世界银行现在鼓励创新方案，以减少贫困和腐败，并与普通公民进行更多的协商。创新方案中必须包括"安全网"，以缓解穷人所经历的短期困难。

思考题 10.3.4

对于一个国家来说，结构调整方案的条款是苛刻还是公平？为什么？

欧洲主权债务危机

在应对 21 世纪初的严重经济下滑方面，欧洲面临着特别艰巨的挑战。经济困难使该地区继续支持国际贸易发展道路的能力受到质疑。

大多数欧洲国家在 1999 年采用欧元作为共同货币。欧洲人当时相信，如果欧洲的每个国家都使用相同的货币，那么欧洲内部的贸易将会得到加强。实际上，一旦严重的经济衰退袭来，使用相同的货币被证明是经济较弱的欧洲国家的一种负担。

以德国和希腊为例。德国拥有强大的经济，其企业生产的汽车、电子产品和其他商品，质量高于希腊企业生产的同类产品，而且成本也更低。德国出口许多产品，获得了额外的收入。如果德国和希腊像过去那样使用两种不同的货币，那么希腊就可以让自己的德拉克马（drachma）货币相对于德国马克贬值。这样将使德国的商品更加昂贵，希腊的商品更便宜，从而刺激希腊的经济活动。

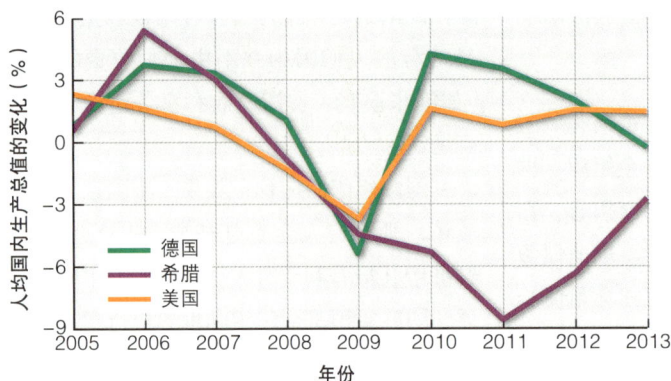

◀ 图 10-18　人均国内生产总值的变化　在 2008 年严重经济衰退之前，德国和希腊的经济形势相似。在紧缩政策下，希腊经济自 2008 年以来每年都在萎缩。德国的人均国内生产总值最初有所增加，但后来又几乎没有增长。

但是，由于希腊和德国使用相同的货币欧元，所以希腊没办法让自己的货币相对于德国货币贬值。

北欧国家认为，经济较弱的南欧国家需要采用紧缩方案。南欧国家则认为，经济较强的北欧国家应该为刺激方案提供资金，这种做法从长远来看能够让整个欧洲更加繁荣。图 10-18 显示的是欧洲南北分裂的影响。在 2008 年的严重经济衰退之前，德国和希腊的经济增长模式相似。在严重经济衰退期间，两国的人均国内生产总值都急剧下降。在紧缩方案下，希腊的经济状况恶化；人均国内生产总值自 2008 年以来每年都在下降。德国的人均国内生产总值最初有所增加，但后来又几乎没有增长。与此同时，自 2009 年以来，美国经济表现出缓慢但稳健的增长。

刺激发展的微型金融

发展中国家的许多潜在创业者都太贫穷，无法获得正常的银行贷款。另一种贷款来源是**微型金融**（microfinance），即向无法从商业银行获得贷款的发展中国家的个人和小企业提供小额贷款和其他金融服务（参见图 10-6）。

微型金融的一个突出例子是成立于 1977 年的格莱珉银行（Grameen Bank）。总部设在孟加拉国的格莱珉银行专门为女性提供贷款，

女性占其借款人的 3/4。提供公平贸易手工制品的工匠中，约有 2/3 是女性。这些女性通常是母亲，也是家中唯一的雇佣劳动者。女性借钱购买奶牛、制作香水、装帧书籍，以及做火柴、镜子和香蕉的生意。穆罕默德·尤努斯（Muhammad Yunus）因为建立格莱珉银行，在 2006 年获得了诺贝尔和平奖。

格莱珉银行已经向孟加拉国和邻近南亚国家的女性提供了数十万笔贷款，只有 1% 的借款人未能每周偿还贷款，这个比例对银行而言非常低。孟加拉国农村促进委员会（Bangladesh Rural Advancement Committee）还向女性提供了数百万笔贷款。平均贷款额约为 60 美元。该银行贷款额最小的是 1 美元，借款人是一位想要挨家挨户销售塑料手镯的女性。

复习　关键议题 3
为什么有的国家面临发展方面的挑战？

✔ 发展的两条道路是自给自足和国际贸易。

✔ 近几十年来，大多数国家都采用了国际贸易的发展道路。

✔ 发展所需的资金来自外商直接投资以及国际组织的贷款。

✔ 紧缩和刺激是应对经济衰退的两种策略。国际贷款机构经常要求各国选择紧缩政策。

为什么有的国家在发展方面有进步？

▶ 公平贸易标准
▶ 衡量发展水平

学习成果 10.4.1

解释公平贸易的原则。

公平贸易（fair trade）是促进可持续性的国际贸易发展模式的一种变体。公平贸易是使工人、小企业和消费者受到更多公平对待的一种国际贸易。公平贸易产品的生产和交易符合保护发展中国家工人和小企业的标准。

公平贸易标准

公平贸易运动关注的主要是从发展中国家出口到发达国家的产品。发展中国家的生产者和工人获得更好的贸易和工作条件，促进了贸易的可持续性。公平贸易组织得到消费者的支持，让人们认识到传统国际生产和贸易的缺陷，以及公平贸易在改善生产者和工人的经济、社会和环境条件方面发挥的作用。

公平贸易有 3 套标准，分别适用于生产者、农场和工厂的工人，以及消费者，特别是生活在发达国家的消费者。

针对生产者的公平贸易

国际贸易的批评者指出，在消费者为产品花费的金钱中，发展中国家负责制造或种植产品的个人只能获得一小部分。例如，据美国国家劳工委员会（National Labor Committee）的数据，为美国市场生产衣服的海地人只能挣到不足该衣服零售价 1% 的收益。获得其他收益的是批发商、进口商、经销商、广告商、零售商，以及其他没有实际生产该产品的人。相比之下，通过公平贸易，发展中国家生产者能得到产品价格 1/3 的收益。

公平贸易是一系列旨在推进多个经济、社会和环境目标的商业实践。这些目标包括：

■ 通过消除部分中间环节，提高小农和工匠的收入。

■ 让生产商、分销商、零售商和金融家更公平地分配利润，承担与生产和销售商品相关的风险。

■ 提高生产者的创业和管理技能。

■ 推广安全和可持续的耕作方法和工作

▶ 图 10-19 **针对生产者的公平贸易标准** 平等交易公司（Equal Exchange）就是公平贸易的例子，该公司从事公平贸易咖啡、茶、巧克力和其他食品的营销。

▲ 图 10-20　**针对工人的公平贸易标准**　印度蒂鲁普（Tiruppur）一家工厂的工人在使用有机种植的棉花生产公平贸易服装。

▲ 图 10-21　**公平贸易和消费者**　英国哈伍德（Harwood）的一家杂货店由当地购物者合作拥有。

环境，例如禁止使用危险的杀虫剂和除草剂，以及促进农民生产经过认证的有机作物（图10-19）。

国际公平贸易组织为实施这些原则制定了标准，并监督、审核和证明相关实践符合标准。

针对工人的公平贸易

批评者认为，国际贸易发展方式并未重视保护工人的权利。批评者指责：

- 政府和国际借贷机构很少重视工人的状况。
- 有的工人在条件恶劣的情况下长时间工作，工资却十分低。
- 有童工或强迫劳动力的情况存在。
- 糟糕的卫生条件可能带来健康问题，安全预防措施不当可能导致工人受伤。
- 受伤、生病或下岗的工人得不到赔偿。

公平贸易要求：

- 必须向工人支付恰当的工资，至少足以让工人支付在食物、住所、教育、医疗和其他基本需求方面的开支（图10-20）。
- 必须允许工人组织工会，让工人有权进行集体谈判。
- 工人必须受到环境和安全方面高标准的保护。

合作社也能够让小农和工匠进行公平贸易生产。生产者和工人的合作社有以下几个优势：

- 合作社有资格获得信贷，能借钱购买设备和改善农场。
- 能够以较低的成本购买材料。
- 种植或制造产品的人们能够民主地管理资源分配，确保工作环境安全和卫生。

- 利润被再投资到社区中，而不是流向来自外地的企业主。

大多数公平贸易产品都是食品，包括咖啡、茶、香蕉、巧克力、可可、果汁、葡萄酒、糖和蜂蜜。公平贸易产品主要通过合作商店卖给消费者。

合作商店（cooperative store）是由成员所有和管理的企业，根据国际合作社区商定的共同原则运作，为成员争取收益（图10-21）。根据国际合作的原则，合作社：

- 由在合作社内购物的人拥有，而非由某个公司拥有。
- 由成员选举委员会进行民主管理，而不是由公司所有者任命的委员会管理。
- 其资金主要来自成员所有者的投资，而非商业贷款人的投资。
- 由居住在合作社的人而非远方的股东控制。
- 要让公众了解可持续发展的重要性，而不是隐藏有关恶劣工作环境的信息。
- 通过分享专业知识和分享公平贸易产品的来源以帮助其他合作社，而不是与其他合作社竞争。
- 帮助改善合作社所在的社区，而不是寻求从社区中获取最大利润。

由消费者拥有的合作社起源于19世纪，在当时是对工业革命期间恶劣工作条件和不平等的反应。在过去的一个世纪里，由消费者拥有的合作社在3个时期蓬勃发展。在这3个时期里，正好有许多人认为传统的营利性零售商和其他服务提供商无法满足他们的需求：

- 第一个时期是20世纪30年代的大萧条时期，当时生活在赤贫中的人们联合起来，

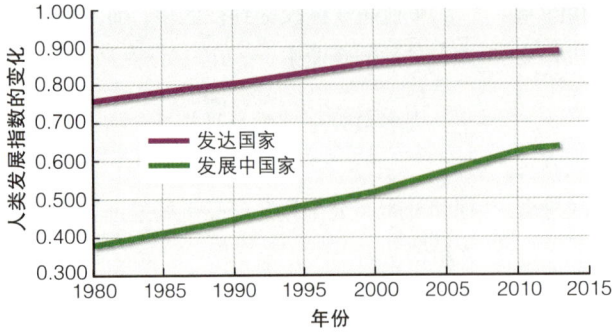

◀ 图 10-22　**人类发展指数的变化**　发达国家和发展中国家的人类发展指数均有所增加。

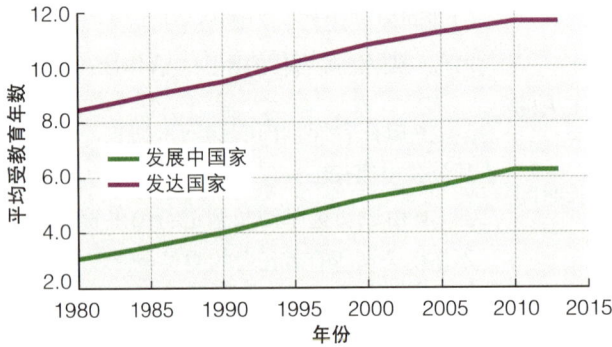

◀ 图 10-23　**教育方面的变化**　发达国家和发展中国家的平均受教育年数都增加了大约 3 年。

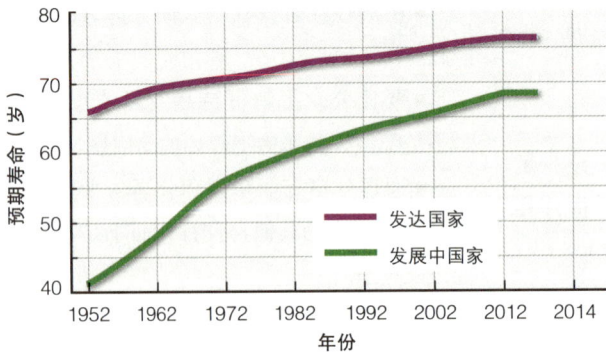

◀ 图 10-24　**预期寿命的变化**　发达国家和发展中国家的预期寿命都有所增加。

自助改善生活。在向人口密度太低、私营公司无利可图的农村地区输送电力方面，合作社发挥了尤其重要的作用。

■ 第二个时期是 20 世纪 60 年代和 70 年代，合作社的发展是反文化运动（counterculture movement）的一部分。与营利性公司疏远的年轻人联合起来开设杂货店和工艺品店。

■ 第三个时期，也就是现在所处的时期，开始于 2000 年左右。已有数百家合作经营的杂货店，让人们能够买到比大型超市所售商品更健康的食品。通常无法通过大型连锁超市销售产品的当地农民，可以在合作社出售他们饲养和种植的肉类和农产品，以及不使用化学品和转基因技术的全国性品牌产品。

从合作社购买公平贸易产品，有助于消费者更直接地与负责这些产品的公司和工人联系。公平贸易产品的价格，并不一定比传统种植或生产的商品高。由于公平贸易组织绕过剥削中介，直接与生产者合作，所以他们能够削减成本，让生产者获得更多收益。产品的成本与传统交易模式中的商品相同，但产品成本的分配有所不同，因为中间商所占的大部分成本都已经被去除。

思考题 10.4.1

你所在的社区中是否有公平贸易产品？是否有合作社？

衡量发展水平

学习成果 10.4.2

描述发展水平差异缩小或增加的几种方式。

自 1980 年联合国开始计算人类发展指数以来，发达地区和发展中地区的人类发展指数都有长进，与人类发展指数相关的 3 个指标也有所增长。然而，3 个指标的增长各不相同。

发展的指标

以下是人类发展指数及其组成部分的进步情况：

■ **人类发展指数**。自 1980 年以来，发达国家和发展中国家的人类发展指数差距已经缩小（图 10−22）。发展中地区人类发展指数的增长速度超过发达地区。

■ **人均国民总收入**。自 1980 年以来，发达国家人均国民总收入的增长速度远远超过发展中国家（参见图 1−20）。

■ **教育**。自 1980 年以来，发达国家和发展中国家平均受教育年数的增幅大致相同（图 10−23）。

■ **预期寿命**。自 1980 年以来，发达国家和发展中国家预期寿命的增幅大致相同（图 10−24）。

可持续发展目标

为减少发达国家与发展中国家的差距，联合国的 193 个成员国在 2015 年通过了 17 个可持续发展目标（Sustainable Development Goals，见"可持续性与我们的环境"版块）。所有联合国成员都同意到 2030 年实现这些目标。可持续发展目标取代了 2002 年通过、要在 2015 年实现的 8 项千年发展目标（Millennium Development Goals）。

思考题 10.4.2

在哪些可持续发展目标上取得的进展最有限？为什么会出现这种情况？

复习　关键议题 4
为什么有的国家在发展方面有进步？

✔ 公平贸易是使工人、小企业和消费者受到更多公平对待的一种国际贸易。

✔ 大多数地区的发展水平都有所提升，但发达国家和发展中国家的差距依然存在。

以下是联合国在 2015 年通过的 17 项可持续发展目标。

1. 消除世界各地一切形式的贫困。1990 年至 2010 年期间，世界贫困人口减少了一半，但仍有 10 亿人生活在赤贫之中。

2. 消除饥饿，实现粮食安全，改善营养状况和促进可持续农业。联合国希望到 2030 年结束所有形式的营养不良，农业产量翻番，并确保可持续的粮食生产。

3. 确保健康的生活方式，促进所有年龄段人群的福祉。除撒哈拉以南的非洲外，大多数地区的婴儿死亡率均有所下降。1990 年至 2013 年，孕产妇死亡率下降了一半，但联合国希望进一步降低。如第 2 章所述，2001 年至 2012 年期间艾滋病毒感染人数下降了 44%，但联合国希望到 2030 年结束这种流行病。

4. 确保包容和公平的优质教育，以及全民终身享有学习机会。在 21 世纪的头 10 年，入读小学的儿童比例从 82% 增加到 90%。联合国的目标是让所有孩子都入学。

5. 实现性别平等，增强所有妇女和女童的权能。如关键议题 2 所述，性别不平等现象现在已经减少，但在所有地区都仍然存在。联合国的目标是消除对妇女和女童的一切形式的歧视和暴力。

6. 确保为所有人提供可持续管理的水和卫生设施。

7. 确保提供人人负担得起、可靠和可持续的现代能源。联合国的目标是增加替代能源（见第 11 章）的使用。

8. 促进包容和可持续的经济增长，促进充分的生产性就业。联合国希望发展中国家的人均国内生产总值每年至少增加 7%。

9. 建造具备抵御灾害能力的基础设施，促进包容和可持续的工业化，推动创新。

10. 减少国家内部和国家之间的不平等。联合国的目标是让最贫穷的 40% 人口的收入增长快于平均水平。

11. 建设包容、安全、有抵御灾害能力和可持续的城市和人类住宅区。关于城市居住区的讨论见第 12 章和第 13 章。

12. 采用可持续的消费和生产模式，例如减少食物浪费和增加废品回收。

13. 采取紧急行动应对气候变化及其影响。如第 11 章所述，1990 年至 2015 年间，全球二氧化碳的排放量增加了 50% 以上。

14. 保护海洋和海洋资源以促进可持续发展。海洋水质已经有所好转，但过度捕捞仍然是个问题。

15. 保护、恢复陆地生态系统并促进对其的可持续利用，可持续地管理森林，防治沙漠化，制止和扭转土地退化，遏制生物多样性的丧失。

16. 创建和谐、包容的社会以促进可持续发展，让所有人都能诉诸司法，在各级建立有效、负责和包容的机构。

17. 重振可持续发展的全球伙伴关系。发达国家向发展中国家的总体援助有所增加，但对极度不发达国家来说仍然很少。

总结与回顾

关键议题 1

为什么
各国的发展程度不同？

联合国利用人类发展指数来衡量每个国家的发展水平。人类发展指数基于 3 个因素：体面的生活水平、长寿和健康的生活，以及知识的获取。在较发达国家，人们更有可能拥有足够的收入、更多的学校教育和更长的预期寿命。

地理学思维

1. 联合国在 2015 年举办了人类发展数据可视化竞赛（Human Development Data Visualization Competition），鼓励参会者创造描述人类发展数据的新方法。获胜者是来自荷兰的约里恩·费尔哈亨（Jurjen Verhagen）创建"人类发展树"（Human Development Tree，图 10–25）。要查看"人类发展树"和其他 8 位入围者的作品，请在搜索引擎中输入"人类发展数据可视化竞赛"，或访问 http://hdr.undp.org/en/dataviz-competition。你认为哪种可视化作品最有效？获奖的可视化作品是否有效？为什么？

▲ 图 10–25　**人类发展树**　在这项获奖作品中，树叶代表的是国家，用户认为不符合发展标准的国家，就不会出现在树上。

关键议题 2

发展中的
不平等出现在哪里？

每个国家都存在一定程度的性别和经济不平等。不平等调整后人类发展指数可以衡量一个国家内部的不平等。性别发展指数从人类发展指数的 3 个维度来衡量性别不平等的程度。性别不等指数从生殖健康、女性赋权和劳动力市场这 3 个方面的成就水平衡量性别差距。

地理学思维

2. 世界上哪两个地区的不平等最严重？这两个地区的人类发展指数是高还是低？

3. 哪些因素能够解释这两个地区的高度不平等和独特的人类发展指数？

4. 在图 10–26 中，与宝马汽车共享道路的人力车夫可能有什么反应？宝马司机可能有什么反应？

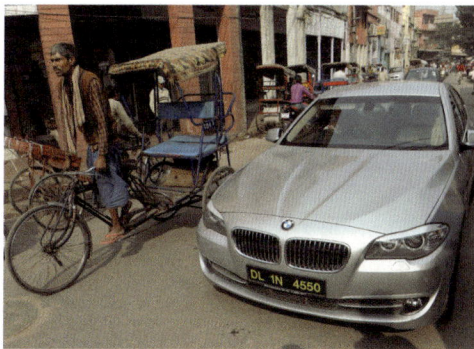

▲ 图 10–26　**发展不平等**　人力车和宝马汽车共享印度德里（Delhi）的道路。

为什么有的国家
面临发展方面的挑战？

为促进发展，发展中国家在自给自足和国际贸易道路之间做出选择。大多数国家都采用了依靠国际贸易的发展道路，因为证据表明这条道路比自给自足更能带来好结果。发展所需的资金来自外商直接投资和国际发展机构的贷款。为了获得发展援助，各国往往需要采取可能给人民造成短期困难的紧缩措施。

地理学思维

5. 卡拉哈里走廊（The Trans-Kalahari Corridor）由连接纳米比亚与博茨瓦纳和南非的几条新公路和铁路线组成。道路所处的环境是什么样的？

6. 除了道路以外，在图 10-27 中还可以看到哪些重要的发展要素？为什么纳米比亚与南非之间的联系很重要？

7. 纳米比亚是非常贫穷的国家，缺乏建设这种基础设施所需的资源，那么你认为它是如何建成这条道路的？

▲ 图 10-27 **发展的证据** 卡拉哈里走廊包括贯穿纳米比亚、博茨瓦纳和南非的几条新高速公路。

为什么有的国家在
发展方面有进步？

在实现联合国千年发展目标方面，各国都取得了相当大的进展。发展中国家的人类发展指数增长速度更快，而发达国家的人均国民总收入增长更快。发达国家和发展中国家在教育和预期寿命方面取得了相似的进展。

地理学思维

8. 联合国允许你更改用于计算人类发展指数的数据，以查看该数据对国家发展水平的影响。访问 hdr.undp.org，搜索"使用 Excel 计算指数"（Calculating the Indices using Excel）工具。选择"人类发展指数工作表"（HDI worksheet）。国家 A是一个高度发展中国家的例子。联合国认定发达国家的最低人类发展指数是 0.80。更改 4 个数据列中的 1 个或多个，直到人类发展指数高于 0.80。

9. 为了使国家 A 从发展中国家变为发达国家，4 个数据列中哪个数据需要改变最多？要将国家 D 变为发达国家，需要改变哪个数据最多？

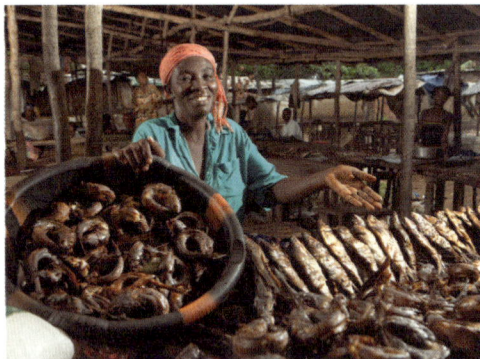

▲ 图 10-28 **发展水平** 利比里亚蒙罗维亚（Monrovia）的一名妇女在微型金融的帮助下开设了一家卖鱼的商店。

关键术语

青少年生育率（第364页），每千名15至19岁女性的生育数量。

合作商店（第377页），由成员所有和管理的企业，根据共同商定的原则运作，为成员争取收益。

发达国家（第350页），在发展进程上相对领先的国家。

发展中国家（第350页），位于发展进程相对早期阶段的国家。

发展（第350页），通过知识和技术的传播来改善人们的状况。

公平贸易（第376页），使工人、小企业和消费者受到更多公平对待的一种国际贸易，关注的主要是从发展中国家出口到发达国家的产品。

女性劳动力参与率（第363页），在家庭以外从事全职工作的女性比例。

外商直接投资（第372页），外国公司在别国经济中的投资。

性别发展指数（第360页），联合国构建的指标，用于从收入、教育和预期寿命的维度衡量性别不平等的程度。

性别不平等指数（第360页），联合国构建的指标，用于衡量每个国家在生殖健康、女性赋权和劳动力市场方面的性别不平等程度。

国内生产总值（第352页），一个国家一年内生产的商品和服务总值，不包括来自境外和付给境外的财富。

国民总收入（第352页），一个国家一年内生产的商品和服务的价值，包括来自境外和付给境外的财富。

人类发展指数（第350页），联合国建立的指标，用于从收入、教育和预期寿命方面衡量一个国家的发展水平。

不平等调整后人类发展指数（第358页），对人类发展指数的调节，以衡量不平等的程度。

识字率（第355页），一个国家能够读写的人占全部人口的比例。

孕产妇死亡率（第364页），每10万例活产中孕产妇的死亡人数。

微型金融（第375页），向发展中国家的个人和小企业提供小额贷款和其他金融服务。

千年发展目标（第379页），联合国于2002年通过的8项目标，旨在到2015年缩小发达国家与发展中国家之间的差距。

第一产业（第352页），从地球上直接获得材料的经济活动，典型的例子是农业。

生产率（第353页），特定产品的价值与生产所需的劳动量之比。

学生/教师比（第355页），入学学生的人数除以教师人数。

购买力平价（第352页），在一个国家购买与其他国家相同的产品和服务所需的金额。

第二产业（第352页），通过加工、转化和组装原材料来生产有用产品的经济活动。

结构调整方案（第374页），国际机构对欠发达国家施加的经济政策，目的是创造能够促进国际贸易的环境。

可持续发展目标（第379页），联合国在2015年设定的17个目标，旨在到2030年减少发达国家和发展中国家之间的差距。

第三产业（第352页），与运输、通信和公用事业有关的经济活动，有时还包括有偿向人们提供商品和服务。

增加值（第353页），产品的总价值减去原材料和能源的成本。

第十一章

工业和能源

工业曾经高度集中在少数几个发达国家的少数几个地区，但现在已扩散到许多发展中国家的许多地区。世界各地的社区都将制造业的工作岗位视为特殊资产，在工厂关闭时会感到悲伤，在工厂开业时会感到高兴。

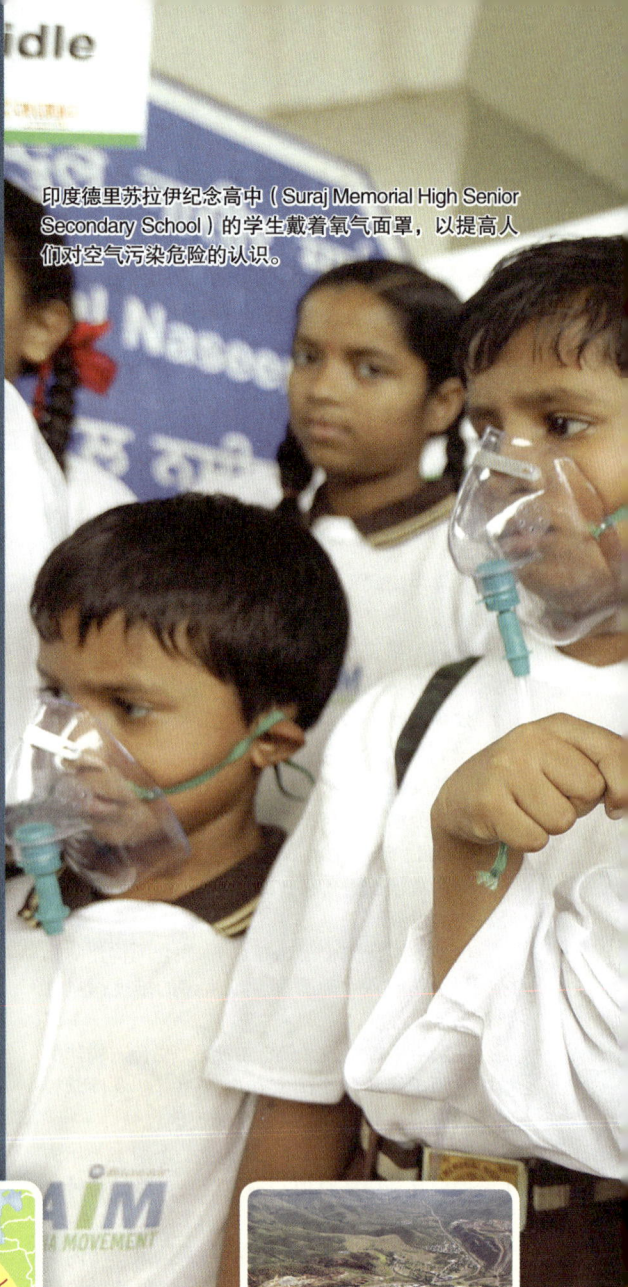

关键议题

1

工业分布在何处？

工业高度集中在几个地区，尤其是北美洲、欧洲和东亚。

2

为什么区位因素和地域因素很重要？

工业有独特的分布模式。相关的因素涉及一个地方独有特征的组合，以及不同地方的联系。

3

为什么工业会面临资源上的挑战？

　　工业是能源的主要消耗者和污染的主要生产者。资源问题的产生，是因为工业的空间分布与资源的分布不匹配。

4

为什么工业的地点会变化？

　　工业的分布有两个层面上的变化：一些发展中地区的工业正在增长，发达地区内非传统工业区的工业也在增长。

工业
分布在何处?

▶ 介绍工业和能源
▶ 工业区

学习成果 11.1.1

了解工业革命的起因。

工业（industry）涉及工厂里的货物制造。"Industry"这个词也指在创造价值方面的坚持或勤奋。工厂利用大量人员，以及大量的机器和金钱，生产有价值的产品。

介绍工业和能源

现代工业（工厂里的货物制造）的源地是 18 世纪下半叶的英格兰北部和苏格兰南部。工业在 19 世纪从这个源地扩散到欧洲和北美，在 20 世纪扩散到其他地区。

工业革命

第 2 章将工业革命定义为一系列改变了商品制造流程的工业技术改进。在工业革命之前，工业的地理分布在景观上很分散。人们在自己的家中制造家用工具和农业设备，或者从当地的村庄获得它们。家庭制造被称为**家庭手工业**（cottage industry）。

▼ 图 11-1 **瓦特蒸汽机** 瓦特制造了第一台有用的蒸汽机，它的抽水效率比人们通常使用的水磨机更高，更不用说人力或畜力。注入汽缸的蒸汽推动连接到曲轴（蒸汽机顶部）的活塞，曲轴让大轮（蒸汽机的右侧）转动，从而驱动机械。这台瓦特蒸汽机在德国慕尼黑的德意志博物馆（Deutsches Museum）展出。

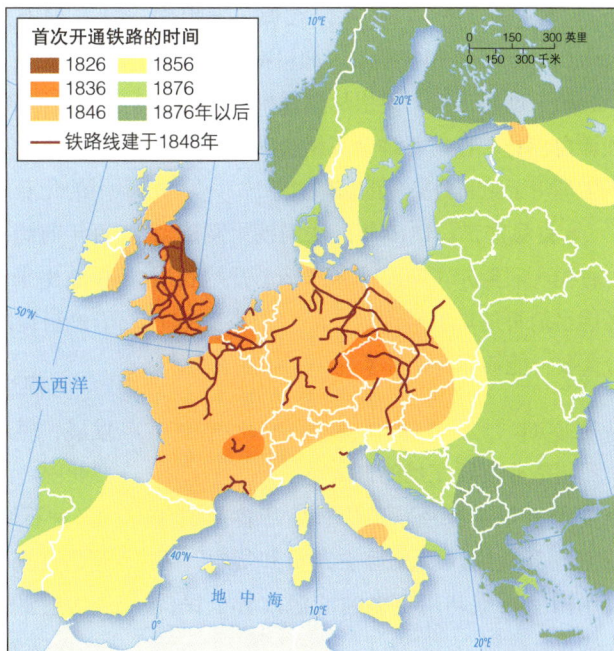

▶ 图 11-2 **工业革命的扩散** 英国和欧洲大陆的铁路建设，反映出工业革命的扩散。欧洲的政治问题阻碍了铁路的扩展。关于建立有效的铁路网络，以及为建设和运营该网络筹集所需资金，较小邻国之间的合作至关重要。由于这种合作难以实现，所以欧洲部分地区的铁路比英国铁路晚了50年才出现。

工业革命的催化剂是技术，一些发明改变了货物的制造方式。对工厂发展最重要的发明是蒸汽机，苏格兰格拉斯哥（Glasgow）的机械工程师詹姆斯·瓦特（James Watt）在1769年申请了蒸汽机的专利（图11-1）。瓦特蒸汽机提供的大量蒸汽动力，促使企业将所有生产步骤集中在一个连接到单个动力源的建筑物中。

工业技术革命前所未有地提高了生产力，并提高了人们的生活水平。例如，在第2章中，我们提及工业革命是人口过渡第2阶段中人口增长的主要原因。瓦特蒸汽机和其他发明使英国成为19世纪世界上的主要工业强国。

"工业革命"这个词有误导性：

■ 转型不局限于工业范围；工业革命带来了新的社会、经济和政治制度，而不仅仅是工业发明。

■ 工业革命是新思想和新技术在数十年间的逐渐传播，而不是瞬间完成的革命。

尽管如此，"工业革命"这个术语通常用于指代18世纪后期在英国开始的进程。

最先受工业革命影响的行业包括：

■ **铁具生产**。最先受益于瓦特蒸汽机的行业是生产铁工具的行业。几百年来，人们已经知道了铁的用处，但是在蒸汽机发明之前，由于熔炉需要持续加热，所以铁很难生产。

■ **交通**。运河和后来的铁路使工厂能够吸引大量工人，将大而重的原材料运输进来，如铁矿石和煤炭，并将成品运送给消费者（图11-2）。

■ **纺织品**。在18世纪后期，纺织品生产从分散的家庭手工业转变为集中的工厂系统。1768年，英国普雷斯顿（Preston）的理发师和假发生产者理查德·阿克赖特（Richard Arkwright）发明了细纺机。细纺机体积太大，不适合安装在小屋内，所以被安装在靠近快速流动水源的工厂内，利用水动力运作。

■ **化学品**。化学品行业的产生是为了给布料漂白和染色。1746 年，约翰·罗巴克（John Roebuck）和塞缪尔·加贝特（Samuel Garbett）创建工厂，使用从燃煤中获得的硫酸漂白棉花。在与各种金属结合时，硫酸会产生可用于给布料染色的硫酸盐。

■ **食品加工**。1810 年，法国糖果制造商尼古拉·阿佩尔（Nicolas Appert）开始利用经沸水消毒的玻璃瓶罐装食品。罐头食品十分重要，能够养活离开了农场的工厂工人。

化石燃料

制造业需要充足的低成本能源。发达国家使用大量能源经营工厂、生产食品、保持家庭舒适度，以及运输人员和货物。发展中国家希望利用更多的能源改善公民的生活。

过去的人们主要依靠**生物动力**（animate power），即由动物或人自己提供的动力。**生物质燃料**（biomass fuel），例如木材、植物材料和动物粪便，是生物动力的补充，它们可以直接燃烧，或者转化为木炭、酒精或甲烷气体。生物质燃料仍然是一些发展中国家的重要燃料来源，但是在过去的 200 年中，发达国家主要通过化石燃料获得能源。

化石燃料（fossil fuel）是由数百万年前埋藏在地下的植物和动物残余形成的能源。随着沉积物积聚在这些残余物上，强大的压力和化学反应将它们慢慢转化为我们目前使用的化石燃料。在这些化石燃料燃烧时，数百年前储存在植物和动物体内的能量就会被释放出来。世界上 5/6 的能源需求由 3 种化石燃料提供（图 11-3）：

■ **煤炭**。19 世纪后期，北美和欧洲迅速发展，煤炭取代了木材，成为这些地区的主要能源。

■ **石油**。首次石油开采出现于 1859 年，但是直到 20 世纪机动车广为扩散，石油才成为重要的能源。

■ **天然气**。天然气最初被当作石油钻探产生的废物烧掉，现在被用于家庭供暖和发电。

在第 1 章中，我们区分了可再生资源（在自然界中被生产的速度，快于人类对它的消耗速度）和不可再生资源（在自然界中被生产的速度，慢于人类对它的消耗速度）。由于化石燃料是不可再生的，所以未来的可持续发展需要更多地依靠可再生能源，而非化石燃料。

思考题 11.1.1

21 世纪，美国对 3 种化石燃料中某一种的使用在增加，请问是哪一种？为什么会出现这种情况？

工业区

学习成果 11.1.2

描述 3 个主要工业区的位置。

工业在世界上的分布并不均匀。它集中

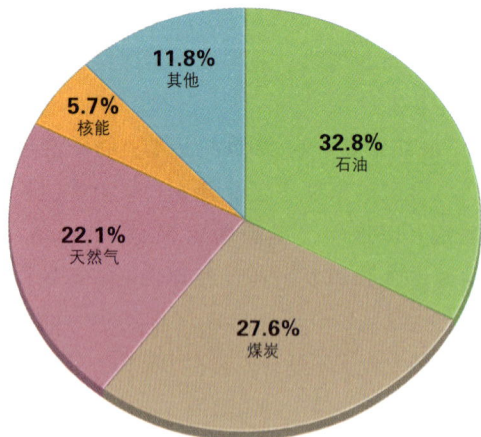

▲ **图 11-3 化石燃料需求** 石油、煤炭和天然气占世界能源消耗的大部分。

- 32.8% 石油
- 27.6% 煤炭
- 22.1% 天然气
- 11.8% 其他
- 5.7% 核能

在 3 个地区：

■ **欧洲**。在 19 世纪，欧洲是最先开始工业化的地区。欧洲各国都在竞争工业实力，所以出现了许多工业中心。

■ **北美洲**。工业在北美出现的时间稍晚于欧洲，但是在 19 世纪，北美的工业增长速度比欧洲快得多。过去，北美洲的制造业高度集中在美国东北部和加拿大东南部。近年来，由于南方的工资较低，以及法律使得工厂工人难以组织工会，所以制造业逐渐迁移到南方。

■ **东亚**。从日本开始，东亚在 20 世纪下半叶逐渐成为重要的工业区。进入 21 世纪，中国在许多方面都已经成为世界主要制造国。

4 个国家占了世界工业产量的一半：中国、美国、日本和德国。

思考题 11.1.2

工业区一般是位于人口密度高还是低的地区？为什么？

复习 关键议题 1
工业分布在何处？

✔ 工业革命涉及一系列促进了制造业发展的技术改进。大多数改进首先出现在英国。

✔ 工业依赖于丰富且价格合理的化石燃料资源。

✔ 世界三大工业区是欧洲、北美和东亚。

▶ 区位因素:接近资源
▶ 区位因素:接近市场
▶ 区位因素的变化:钢铁
▶ 卡车、火车、轮船或飞机?
▶ 工业中的地域因素
▶ 地域因素的变化:服装制造业

学习成果 11.2.1
确定两种区位因素。

地理学者试图解释,为什么一个地方可能比其他地方更能赢利。公司通常会面临两个方面的地理成本:

■ **区位因素**(situation factor)涉及进出工厂的材料运输。公司要将资源运输进来,将成品运输给消费者,所以要选择运输成本最低的地方。

■ **地域因素**(site factor)涉及一个地方的独有特征,包括劳动力、资本和土地。

区位因素:接近资源

制造商从资源供应商那里购买资源,例如矿物、材料、能源、机械和支持服务,再将产品销售给其他公司或个人。货物运输的距离越远,成本就越高,因此制造商在为工厂选址时,要尽可能靠近其资源和市场。

■ **接近资源**。如果将原材料运输到工厂的成本大于将产品运输到市场的成本,那么工厂的最佳位置要尽可能接近资源。

■ **接近市场**。如果将原材料运输到工厂的成本小于将产品运输到市场的成本,那么

工厂的最佳位置要尽可能接近市场。

矿物资源

对许多行业而言,矿物是特别重要的资源。地球有 92 种自然元素,但地壳的约 99% 由其中 8 种元素组成(图 11-4)。8 种最常见的自然元素与其他稀有元素结合,形成约 3,000 种不同的矿物质,所有这些矿物都具有硬度、颜色、密度以及空间分布等特征。这些矿物许多都具有重要的工业用途。

矿物分为非金属矿物和金属矿物:

■ **非金属矿物**(nonmetallic mineral)。人类使用的矿物当中,90% 以上是非金属矿物。重要的非金属矿物包括建筑石材、钻石等宝石,以及用于制造肥料的矿物质,如氮、磷、钾、钙和硫。

■ **金属矿物**(metallic mineral)。金属矿物的部分特性,对制造机械、车辆以及当代社会的其他基本产品而言特别有价值。它们具有不同程度的延性(能够被拉长成细线)和展性(能够被锤击成薄板),并且是热和电的良好导体。

许多金属能够与其他金属结合,形成具有独特性质的合金,这对于工业来说非常重要。合金分为铁合金和有色合金。铁合金含

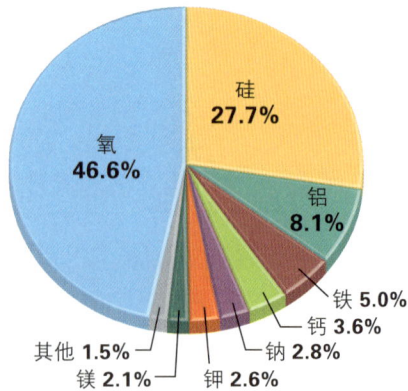

硅 **27.7%**

氧 **46.6%**

铝 **8.1%**

铁 5.0%

钙 3.6%

钠 2.8%

钾 2.6%

镁 2.1%

其他 1.5%

▲ 图 11-4 地壳中的元素

▲ 图 11-5　美国亚利桑那州比斯比（Bisbee）的铜矿

铁，有色合金不含铁：

■ **铁合金**（ferrous alloys）。"ferrous" 这个词来自拉丁语，意为"铁"。铁是从铁矿石中提取的，铁矿石是世界上使用最广泛的矿石。人类在 4,000 年前就开始用铁制造工具和武器。用于制造铁合金的重要金属包括铬、锰、钼、镍、锡、钛和钨。

■ **有色合金**（nonferrous alloy）。用于制造有色合金的重要金属包括铝、铜、铅、锂、镁、锌、贵金属（银、金和铂族），以及稀土金属。

接近资源：铜工业

原材料比最终产品重的行业就是**减体积行业**（bulk-reducing industry）。为了最大限度地降低运输成本，减体积行业会为工厂在原材料产地附近选址。铜生产的大部分步骤就是减体积行业的例子。

铜生产涉及几个步骤：

1. **采矿**。广义上的采矿业是减体积行业，因为从矿中提取出来的沉重、大体积矿石大多都是废物，称为脉石（图 11-5）。

2. **选矿**。矿石被粉碎并研磨成细颗粒，与水和化学品混合，然后过滤并烘干。选矿厂靠近铜矿，因为选矿流程将沉重、庞大的铜矿石转化为每单位重量更高价值的产品。

3. **冶炼**。冶炼厂的原材料是铜精矿，冶炼厂可以去除其中更多的杂质。由于冶炼是减体积行业，所以冶炼厂会建在主要原料来源即选矿厂的附近，同样是为了最小化运输成本。

4. **精炼**。由冶炼厂生产的纯化铜由精炼厂加工，生产出阴极铜，即纯度约为 99.99% 的铜。大多数精炼厂都位于冶炼厂附近。

5. **铸造**。铸造厂生产出可用于其他产品的铜。

思考题 11.2.1

消费者购买的什么产品是由铜制成的？

区位因素：接近市场

学习成果 11.2.2

解释为什么有些行业会位于市场附近。

对许多公司而言，最佳位置就是靠近消费者的位置。靠近市场是 3 类行业的关键区位因素：增体积行业、依赖单一市场的制造业，以及生产易腐产品的行业。

增体积行业

物品在生产过程中会增加体积或重量的行业是**增体积行业**（bulk-gaining industry）。为了最大限度地降低运输成本，增体积行业会将工厂选址在市场附近。

使用钢和其他金属制造零件和机械，是增体积行业的一个突出例子。金属加工厂将钢铁和以前制造的零件等金属作为主要原材料，并将它们转化为更复杂的产品。加工厂使用诸如弯曲、锻造（在两个模具之间锤击或轧制金属）、冲压（在两个模具之间压制金属）和成形（使用模具压制金属）之类的工艺，制作单个金属件，并通过焊接、黏结，以及使用螺栓和铆钉固定，将单独的零部件连接在一起。

饮料装瓶也是增体积行业的一个很好的例子。在饮料装瓶的过程中，产品的重量会增加。因为水是啤酒或可乐中的主要成分，所以装满的饮料瓶比空瓶重得多。运输装满的饮料瓶比运输空瓶更贵，因此为了最大限度地降低运输成本，灌装商会靠近市场，而非饮料瓶的生产商。

思考题 11.2.2

为什么葡萄酒不同于啤酒和可乐，不会在市场附近灌装？

依赖单一市场的制造商

依赖单一市场的制造商是只有一两个客户的专业制造商。这类制造工厂的最佳位置，通常是非常靠近客户的位置。

纽扣、拉链、夹子、别针等衣服配件的生产商就是依赖单一市场的制造商。服装制造商可能会在非常短的时间内需要额外的服装配件。例如，世界上最大的拉链制造商

YKK 就在 68 个国家设有工厂，以便靠近它的客户，即服装制造商。

汽车零部件制造商也是依赖单一市场的制造商，生产的配件专供一两个客户，如通用汽车和丰田汽车。品牌车辆价值的 30% 左右来自汽车制造商的装配厂，其余 70% 的价值来自独立的零件生产商。过去，美国大多数汽车零部件都在密歇根州生产，然后运往附近由主要汽车生产商维护的仓库和配送中心，再由汽车生产商从仓库将零件送到全国各地的车辆装配厂。现在，零件制造商将大部分产品直接运送到装配厂，因此比过去更有可能聚集在装配厂附近。

生产易腐产品的行业

为了尽快向消费者提供产品，易腐产品行业的公司必须位于市场附近。因为没有人想要变质的面包或酸奶，所以面包生产公司和牛奶灌装公司等食品生产商必须靠近顾客，以确保快速交货。然而，将新鲜食品进行速冻、罐装和腌制的加工商，可以离客户较远。例如，美国的奶酪和黄油很多都是在威斯康星州生产的，因为保质期较长的产品，不需要快速运送到市场，而且该地区非常适合饲养奶牛。

汽车的生产和销售

汽车生产是需要靠近市场的行业的一个突出例子。全球每年销售约 9,000 万辆新车，其中中国占 27%，其他亚洲国家占 22%，北美（包括墨西哥）占 23%，欧洲占 17%（图 11-6）。

由于在市场附近生产汽车很重要，所以汽车生产和销售的区域分布十分相似。中国和亚洲其他地区各占世界汽车总产量的 26%，欧洲和北美（包括墨西哥）各占 19%。例如，北美销售的汽车中约有 80% 是在北美生产的，只有大约 10% 来自日本，10% 来自

2014年世界汽车销量（百万辆）

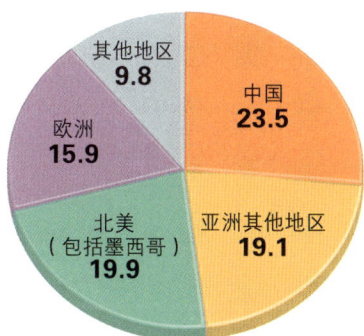

- 其他地区 **9.8**
- 欧洲 **15.9**
- 北美（包括墨西哥） **19.9**
- 亚洲其他地区 **19.1**
- 中国 **23.5**

▲ 图 11–6　**汽车的销售**　中国、亚洲其他地区、北美洲和欧洲占世界汽车销量的近 90%。

其他地方（图 11–7）。同样，在欧洲销售的大多数车辆都是在欧洲组装的，大多数在日本销售的车辆都是在日本组装的，而在中国销售的大多数车辆也都是在中国组装的。

虽然大多数车辆都是在销售地附近生产的，但制造商可能来自外国。2014 年，8 家汽车制造商至少销售了 400 万辆汽车，占全球销量的 70%。这些汽车制造商是：

- 2 家位于北美的公司：福特（Ford）和通用汽车（GM）。
- 3 家位于欧洲的公司：德国的大众（Volkswagen）、法国的雷诺［Renault，控制着日产（Nissan）］和意大利的菲亚特克莱斯勒（Fiat Chrysler）。

- 3 家位于东亚的公司：日本的丰田（Toyota）和本田（Honda），以及韩国的现代（Hyundai）。

这些汽车制造商在所有 3 个主要工业区都有装配厂。

区位因素的变化：钢铁

学习成果 11.2.3

描述钢铁生产的最佳位置是如何变化的。

钢是铁的合金，它是通过去除铁中的杂质（例如硅、磷、硫和氧），并添加合适的元素（如锰和铬）制造的。钢铁生产行业的两种主要原料是铁矿石和煤炭。大多数钢都是在大型综合工厂中生产的。这些工厂加工铁矿石，将煤转化为焦炭，将铁转化为钢，并将钢加工成片、条等多种形状。

美国钢铁产业分布的变化

过去，钢铁生产是典型的减体积行业，选址会靠近原材料产地。由于需要大量的、体积较大的铁矿石和煤炭，炼钢厂传统上聚集在这两种关键原材料的生产地附近。在美国，由于原材料分布的变化，钢铁生产的分布发生了多次变化。随着原材料的来源和重要性发生变化，美国钢铁生产行业的最佳位

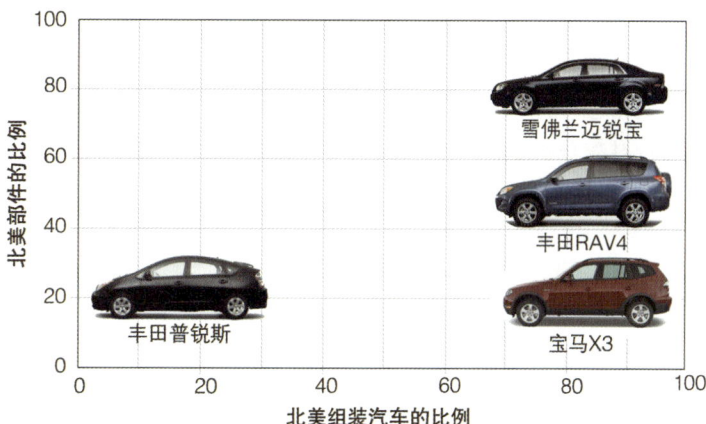

▶ 图 11–7　**"美国"和"外国"汽车**　横轴是 2015 年北美销售的汽车中，在北美组装的汽车所占的比例。竖轴显示的是这些车辆中北美部件所占的比例。

雪佛兰迈锐宝

丰田RAV4

宝马X3

丰田普锐斯

（纵轴）北美部件的比例 100 80 60 40 20 0

（横轴）北美组装汽车的比例 0 20 40 60 80 100

大多数新建的钢铁厂都位于密歇根湖南端附近。它们的主要原材料仍然是铁矿石和煤炭，但炼钢业的变化让铁矿石的需求增加，煤炭的需求减少。因此，新的钢铁厂建在靠近梅萨比岭的地方，以最大限度地降低运输成本。煤炭可以从附近的伊利诺伊州南部以及阿巴拉契亚地区获得。

19世纪晚期

钢铁厂建在伊利湖周围。钢铁厂从宾夕法尼亚州向西转移，是因为在明尼苏达州北部的梅萨比岭（Mesabi Range）发现丰富的铁矿资源。铁矿石通过五大湖运输。煤炭通过火车从阿巴拉契亚山脉运来。

19世纪中期

钢铁厂集中在匹兹堡附近，因为那里拥有铁矿石和煤炭资源。该地区现在不再拥有钢铁厂，但仍然是研究和管理的中心。

20世纪中期

美国大多数新建的钢铁厂位于东海岸和西海岸附近，包括巴尔的摩、洛杉矶和新泽西州的特伦顿（Trenton）。越来越多的铁矿石进口自其他国家，特别是加拿大和委内瑞拉，而大西洋和太平洋附近的地区更容易获得这些外国资源。废铁和钢铁——在东部和西部沿海的大都市地区很容易获得——成为钢铁生产过程中的重要原材料。

梅萨比岭

阿巴拉契亚煤田

内陆煤田

20世纪后期

大多数美国钢铁厂倒闭。没有倒闭的钢铁厂大多位于五大湖南部。与靠近资源的传统区位因素相比，靠近市场的因素变得更加重要。沿海工厂为东海岸的大型人口中心提供钢铁，而五大湖南部的工厂位于中心位置，可以在全国范围内分销产品。

钢铁工业	主要矿藏
● 综合性工厂	■ 铁矿
历史上的中心	■ 烟煤

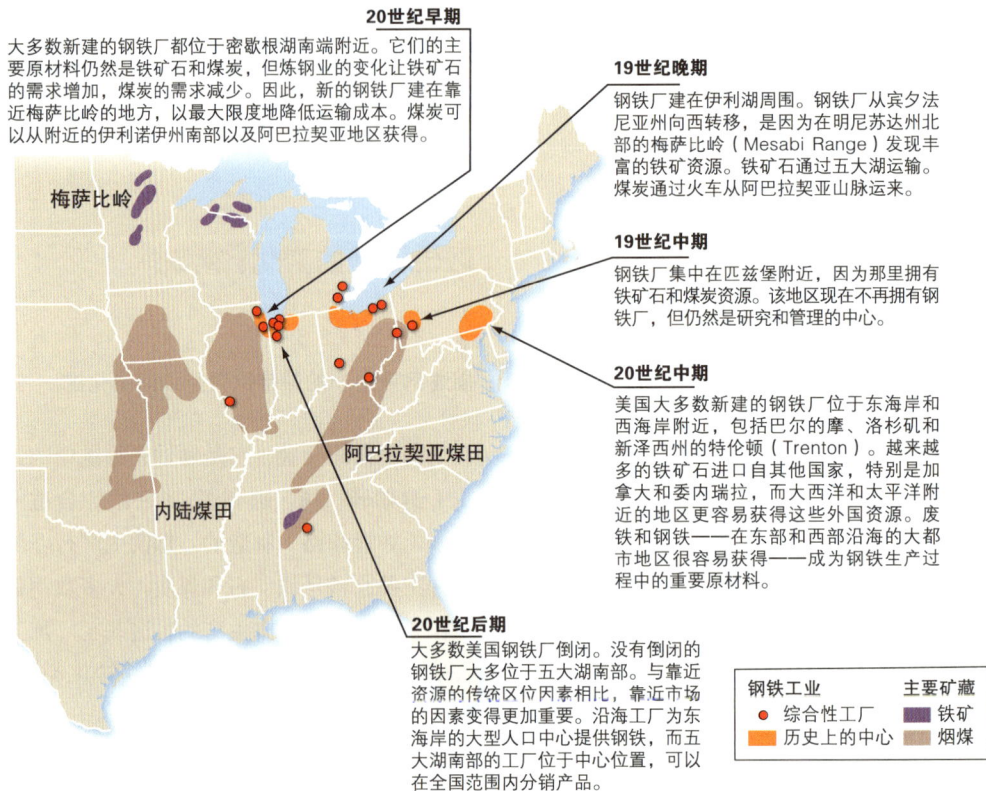

▲ 图 11-8　**美国综合性钢铁厂**　综合性钢铁厂高度聚集在五大湖南部附近，尤其是伊利湖和密歇根湖以南。从历史上看，钢铁厂的最关键因素是最大限度地降低原材料的运输成本，尤其是体积和重量都很大的铁矿石和煤矿。近年来，许多综合性钢铁厂都已经关闭。大多数幸存下来的工厂位于五大湖南部，以最大限度地靠近消费者。

置也发生了变化（图 11-8）。

最近，钢铁生产已经迁移到更接近市场的地方。占美国钢铁市场一半的小型钢铁厂在近期的增长，说明了接近市场的重要性在日益增加。小型钢铁厂的主要原材料不是铁矿石和煤，而是废金属。小型钢铁厂通常仅从事钢铁生产，所以与综合性钢铁厂相比，其建造和运营成本更低，而且由于它们的主要原材料废金属可以广泛地获取，所以它们可以更靠近市场。

思考题 11.2.3

匹兹堡的足球队被称为"钢人"（Steelers），但是根据图 11-8，哪个城市的球队可能更适合用这个名字？

世界钢铁产业分布的变化

世界制造业向新工业区的转变，可以从钢铁生产中清楚地看出来。1980 年，世界上 81% 的钢铁产自发达国家，19% 产自发展中国家。

1980 年至 2013 年间，发达国家占世界钢铁产量的比例下降至 27%，发展中国家所占的比例增加至 73%。

从 1980 年到 2013 年，世界钢铁产量增加了一倍以上，从 7 亿吨增加到 15 亿吨。中国的钢产量增加了 7 亿吨，其他国家（主要是印度和韩国）的钢产量则增加了 2 亿吨。发达国家的钢产量下降了 1 亿吨。中国的钢铁工业之所以增长，部分原因是拥有丰富的铁矿石和煤炭资源。然而，近年来中国钢铁工业增长的主要原因是需要大量钢铁的行业（如汽车制造）在不断发展。

卡车、火车、轮船或飞机？

解释为什么不同的行业会使用不同的运输方式。

原材料和产品的运输方式有 4 种：船运、铁路运输、公路运输和空运。企业会使用成本最低的运输方式，但 4 种方式中哪种是最便宜的，会随着货物的运送距离而变化。

运输距离越远，每千米（或英里）的成本就越低，部分原因是无论运输 10 千米还是 10,000 千米，公司都必须支付装卸费用。4 种运输方式的每千米成本会以不同的速率降低，因为每种运输方式的装卸费用不同：

- 卡车最常用于短距离运输，因为给卡车装卸货物的速度很快，且装卸费用便宜。如果驾驶员可以在一天之内到达目的地，不用停下来长时间休息，那么卡车运输就尤其有利。

- 火车通常用于远距离的货物运送，例如在美国东海岸和西海岸之间运送货物。火车装货所需的时间长于卡车，但是只要出发，列车就不需要像卡车那样每天休息。

- 船舶常用于超远距离的货物运输，因为每千米的运输成本非常低。船运比陆上运输慢，但是与火车或卡车不同，船舶可以跨越海洋，例如从欧洲或亚洲到达北美。

- 无论运输距离长短，飞机的运输成本都是最高的，因此空运通常用于快速交付小体积、高价值的货物。

货物装卸点

多种运输模式通常会被混合使用。例如，航空货运公司会在下午收集包裹，使用卡车将包裹运送到最近的机场。深夜，装满包裹的飞机前往内陆的中央枢纽机场，如美国田纳西州孟菲斯或肯塔基州路易斯维尔的机场。包裹被转移到其他飞机，飞往离目的地最近的机场，然后转移到卡车，在第二天早上交付给收货人。

许多使用多种运输模式的公司都位于**货物装卸点**（break-of-bulk point），即一个可以在多种运输方式之间转移货物的地方。重要的货物装卸点包括海港和机场。例如，位于美国印第安纳州加里（Gary）的一家钢厂，可以利用密歇根湖上的船舶运来铁矿石，利用火车从阿巴拉契亚山运来煤矿。

集装箱化（containerization）使得不同运输模式之间的切换更方便。集装箱可以装入火车的车厢，快速转移到集装箱船上穿越海洋，然后卸到另一端的卡车上。有些大型船舶专门用于运输大量形状规则的集装箱。

无论运输方式如何，每次转换原材料或产品的运输模式，运输成本就会上升。例如，工人必须从卡车上卸下货物，然后再将它们重新装载到飞机上。在转换运输模式的过程中，公司可能还需要建设或租用仓库来临时存储货物。一些公司可能会通过计算，知道对特定的原材料或产品而言，某一种的运输模式成本更低。

及时交付

近年来，由于**及时交付**（just-in-time delivery）的出现，靠近市场变得更加重要。顾名思义，及时交付旨在将零件或材料及时运送到工厂，以便工厂使用。对于汽车和计算机等产品的制造商而言，及时交付零件或原材料尤其重要。

在及时交付体系下，零件和材料运送到工厂的频率很高，在许多情况下会每天运送，甚至每小时运送。零件和材料的供应商会提前几天得知未来一周或两周内的需求，然后明确每天所需交付的产品，以及交付的时间。为适应紧迫的时间表，零件和材料的供应商必须在客户附近设厂。如果交付时间只有一两个小时，那么供应商就必须在一小时能到达客户所在地的范围内设厂。

及时交付减少了制造商在仓储中花费的资金。通过及时交付，制造商还可以减小工厂的规模来省钱，因为它们不再需要浪费空间来堆积大量的库存商品。

领先的计算机制造商已经完全消除了库存。他们仅按照客户主要通过互联网或电话下的订单组装计算机。

及时交付意味着制造商的库存较小，如果所需零件的交付受阻，那么就会受到较大影响。及时交付可能会受到 3 方面因素的影响：

■ **自然灾害**。在世界上的任何地方，恶劣的天气都会影响货物交付。例如，暴风雪可能导致高速公路、铁路线和机场关闭。

■ **交通状况**。在交通事故、施工或拥堵导致通行缓慢时，货物交付可能会被延迟。

■ **劳工骚乱**。供应商工厂如果出现罢工，就可能会在几天内完全停止生产过程。

思考题 11.2.4
天气条件如何影响美国北方和南方的工厂选址？

工业中的地域因素

学习成果 11.2.5
了解 3 种类型的地域因素。

地域因素是与工厂内生产要素成本相关的工业场所因素。对一些公司而言，在选址建厂的时候，地域因素比区位因素更重要。可能因地域而异的 3 个生产要素是劳动力、资本和土地。

劳动力

在全球范围内，最重要的地域因素是劳动力。最大限度地降低劳动力成本，对某些行业来说很重要，而且全球不同地方的劳动力成本差异很大。根据联合国国际劳工组织（UN International Labor Organization）的数据，全球约有 5 亿工人从事工业相关的工作。中

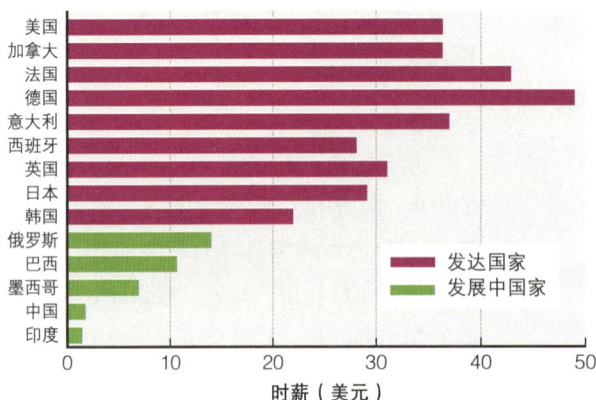

◀ 图 11-9 **地域因素：劳动力** 图表显示的是 2014 年 15 个工业生产大国中 14 个国家制造业工人的平均时薪。

▲ 图 11-10　**地域因素：资本**　谷歌等高科技产业集中在加利福尼亚州的硅谷，主要是因为资本的可用性。

国约占全球制造业工人总数的 1/4，印度约占 1/5，发达国家总计约占 1/5。

劳动密集型产业（labor-intensive industry）指工资支出和其他补偿支出在总支出中所占比例很高的行业。在美国，劳动力成本平均占整体制造业成本的 11%，因此美国劳动密集型产业中劳动力成本所占的比例要远高于此。相反的情况是资本密集型产业（capital-intensive industry），也就是劳动力支出占总支出比例远低于平均水平的产业。

发达国家制造业工人的平均工资约为每小时 35 美元，欧洲部分地区每小时超过 40 美元（图 11-9）。此外还有大量的医疗费用、退休金和其他福利。在中国和印度，制造业工人的平均工资低于每小时 2 美元，而且额外福利极少。对部分制造商而言，每小时 2 美元和每小时 35 美元的工资差异至关重要。

劳动密集型产业并不等同于高薪产业。劳动密集程度以比例来衡量，而高薪程度则以美元或其他货币来衡量。例如，汽车制造工人的工资比纺织工人高得多，但纺织业是劳动密集型，而汽车制造业却不是。虽然汽车制造工人的工资相对较高，但汽车的大部分价值来自零件和组装零件所需的机器。另一方面，在毛巾或衬衫的生产中，劳动力成本占了总成本的大部分，而材料和机械成本所占的比例则较低。

思考题 11.2.5

劳动力成本占汽车制造成本的 5% 左右。这是否意味着汽车制造业是劳动密集型产业？

资本

制造商通常会借入资本，也就是建立新工厂或扩大现有工厂所需的资金。美国汽车工业在 20 世纪早期集中在底特律，主要是因为该地区的金融机构比东部的银行更愿意向汽车工业的先驱者提供贷款。

高科技产业集中在加利福尼亚州的硅谷，其中最重要的因素——甚至比靠近熟练劳动力更重要——是资本的可用性。硅谷的银行长期以来都愿意为新开设的软件和通信公司提供资金，而其他地方的银行则犹豫不决。高科技行业存在风险——约 2/3 高科技公司会失败——但硅谷的金融机构仍然会向有良好创意的工程师提供贷款，让他们可以购买创业所需的软件、通信和网络（图 11-10）。

美国全部资本的 1/4 用于硅谷的新兴产业。

借款能力已成为发展中国家工业分布的关键因素。许多发展中国家的金融机构缺乏资金，因此新兴产业必须向发达国家的银行借贷。但是，企业如果位于政治体系不稳定、债务水平较高或经济政策不完善的国家，就可能无法获得贷款。

土地

在许多地方都可以找到适合建造工厂的土地。如果将能源和其他自然资源也包括在内，而不仅仅是指地面，那么土地就是一个特别关键的地域因素。生产中的能源投入将在下一节讨论。

由于区位因素和地域因素的结合，早期的工厂都位于城市内部。城市提供了有吸引力的区位因素——靠近当地的大型市场，而且通过铁路运输可以便利地将产品运到全国市场。城市也提供了有吸引力的地域因素——靠近大量的劳动力和资本来源。城市始终缺乏的地域因素是土地。为了在城市中

获得必要的空间，早期的工厂通常都是多层建筑。原材料被升到楼上制造较小的零件，然后零件通过滑槽和滑轮送到楼下，进行最终组装和运送（图 11-11）。水储存在屋顶上的水箱中。

建设在单层建筑里的现代工厂运行效率最高（图 11-12）。原材料通常存储在一端，然后通过输送机或叉车送到工厂的各个区域。产品则按逻辑顺序组装，并从另外一端运送出去。如今，在郊区和农村地区，更有可能获得建造单层工厂所需的土地。此外，郊区和农村地区的土地比城市中心附近便宜得多。

除了有足够的空间可供建设单层建筑以外，城市以外的地点还便于原材料和产品的运输。过去，大多数材料都通过铁路运入和运出工厂，所以铁路线汇集的中心位置就很有吸引力。现在，大多数原材料和产品由卡车负责运输，所以靠近主要的高速公路对工厂来说更为重要。特别有吸引力的是靠近长

◀ 图 11-11 **历史上的多层工厂** 20 世纪初，福特在密歇根州高地公园（Highland Park）的多层工厂组装 T 型车。车身从二楼滑下斜坡，连接从一楼传送出来的底盘。福特公司在 20 世纪初建造的这座工厂，为什么外墙几乎完全由玻璃制成？一个世纪前，在多层工厂中装配汽车之类的大型产品有什么优点和缺点？在过去的一个世纪中，有哪些技术进步促使单层工厂取代了多层工厂？

▲ 图 11–12　现代的单层工厂　位于英国斯温顿（Swindon）的本田装配厂就是单层工厂。

途公路和大多数城市都有的环形公路的交会处。因此，工厂会集中在郊区公路交会处附近的工业园区。

地域因素的变化：服装制造业

学习成果 11.2.6
解释服装制造业的分布。

纺织品和服装制造业是一个明显需要低技能、低成本工人的行业。纺织品和服装制造业占世界制造业美元价值的 6%，但其就业人数占世界制造业就业人数的 14%，这表明它是劳动密集型产业。纺织品和服装制造业雇佣的女性比例比其他劳动密集型产业更高。

纺织品和服装制造业包括 3 个主要步骤：

- 将纤维纺成纱线。
- 将纱线织成布料。
- 将布料组成产品。

与其他行业相比，纺纱、织布和缝制都是劳动密集型工作，但劳动力的重要性在这 3 个步骤之间各不相同。它们在全球的分布并不完全相同，因为它们的劳动密集程度不同。

纺纱

纤维包括天然纤维和合成纤维。主要的天然纤维是棉花，合成纤维现在占世界纱线产量的 3/4。由于纺纱业是劳动密集型产业，所以主要在低薪水的国家运行。中国占全球棉线产量的 1/4，印度占 1/5。

织布

几千年来，布料都是通过手工在织布机上制作的。在织布机上，两组线的位置是相互垂直的。纵向的一组线叫作经线（warp），另一组线是纬线（weft）。纬线由梭子带动，从经线的上方和下方穿过。因为手工织布是艰苦的体力工作，所以传统上织工都是男性。在机械化的织布过程中，劳动力占总生产成

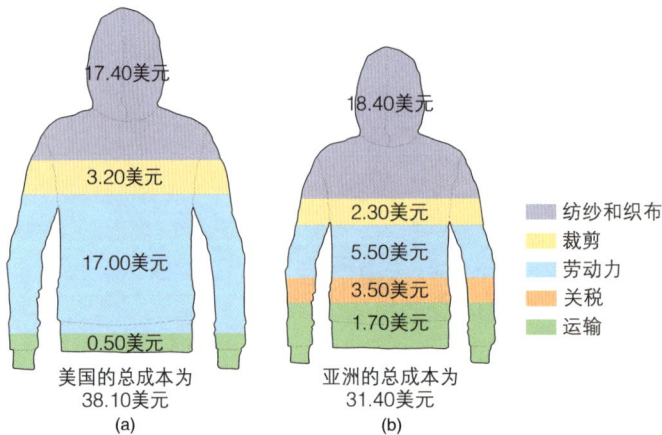

17.40美元

18.40美元

3.20美元

2.30美元

17.00美元

5.50美元

3.50美元

1.70美元

0.50美元

纺纱和织布
裁剪
劳动力
关税
运输

美国的总成本为
38.10美元
(a)

亚洲的总成本为
31.40美元
(b)

◀ 图 11-13　生产一件帽衫到美国出售的成本是多少？　由于支付给制衣工人的工资较低，（b）亚洲的生产成本低于（a）美国的生产成本。

本的比例很大。因此，织布业高度集中在工资水平低的国家。尽管远离欧洲和北美市场，但中国和印度已成为主要的布料生产国，因为它们较低的劳动力成本抵销了长途运输原料和产品的费用。中国占世界棉织物产量的近 60%，印度占 30%。

缝制

　　手工缝制是非常古老的人类活动。由动物角或骨头制成的针可追溯到数万年前，铁针可以追溯到 14 世纪。1830 年，法国裁缝巴特勒米·蒂莫尼埃（Barthelemy Thimonnier）发明了第一台实用的缝纫机。19 世纪 50 年代，艾萨克·辛格（Isaac Singer）在美国制造了第一台在商业上大获成功的缝纫机。

　　纺织品主要被裁剪和缝制成 4 种类型的产品：服装、地毯、床单和窗帘等家居产品，以及机动车顶篷等工业产品。与纺纱和织布方面相比，发达国家在缝制方面发挥的作用更大，因为大多数缝制产品的消费者都位于发达国家。尽管如此，大多数服装都是在发展中国家缝制的。发展中国家的总体生产成本普遍较低，因为与发达国家相比，大幅降低的劳动力成本抵销了更高的运输和税收成本（图 11-13）。

思考题 11.2.6

看一看你穿的衬衫上的标签。它是在哪里生产的？

复习　关键议题 2
为什么区位因素和地域因素很重要？

✔ 区位因素涉及进出工厂的材料运输。

✔ 减体积行业位于其原材料的来源附近。

✔ 增体积行业、单一市场行业，以及易腐产品行业都位于市场附近。

✔ 地域因素源自特定地点的独有特征，包括劳动力、资本和土地。

为什么工业会面临资源上的挑战？

▶ 能源供应

▶ 能源需求

▶ 化石燃料储量

▶ 石油的未来

▶ 核能

▶ 替代能源

▶ 太阳能

▶ 空气污染

▶ 水污染

▶ 固体废物污染

学习成果 11.3.1

描述 3 种化石燃料产地的分布。

地球提供了大量资源，供人们在工厂、家庭和车辆中使用。在第 1 章中，我们把资源定义为环境中对人们有用的物质，其在经济和技术上可以获取，且社会能接受对它的使用。地理学者观察到与资源相关的两种挑战：

■ 我们的能源生产会耗尽稀缺资源，特别是石油、天然气和煤炭。

■ 我们会通过污染空气、水和土壤而破坏资源。

能源供应

化石燃料的分布并不均匀。有些地区拥有多种化石燃料，有些地区则很少。化石燃料的不均匀分布，在一定程度上反映了化石燃料的形成方式：

■ **煤炭**。煤炭形成于植被茂密的热带沼泽地区。由于地球的大陆漂移，2.5 亿年前的热带沼泽地移动到了中纬度地区。因此，今天的主要煤炭储量位于中纬度国家，而不是热带地区。中国占世界煤炭产量的近一半，其他发展中国家占 1/4，发达国家（主要是美国）占 1/4。

■ **石油**。石油在数百万年前由沉积在海底的残渣形成。有些石油仍然位于波斯湾和北海（North Sea）等海洋之下，但有些石油则储藏于陆地之下，这些地方在数百万年前也是海洋。俄罗斯和沙特阿拉伯总计占世界石油产量的 1/4，其他发展中国家（主要是西南亚和中亚的国家）占一半，发达国家（主要是美国）占 1/4。

■ **天然气**。与石油一样，天然气也是在数百万年前由海底沉积物形成的。俄罗斯和西南亚占全球天然气产量的 1/3，其他发展中国家和地区占 1/3，发达国家（主要是美国）占 1/3。

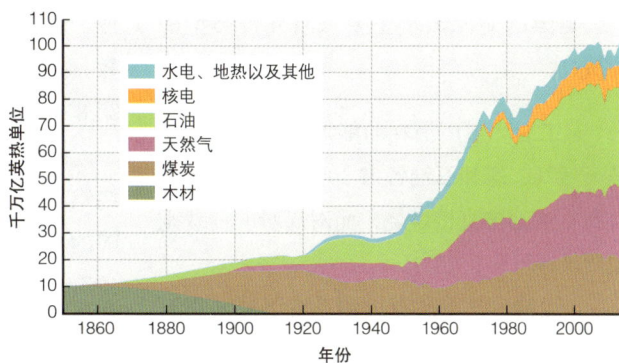

▶ 图 11-14 **美国能源供应的变化** 石油、天然气和煤炭占美国所有能源供应量的近 90%。

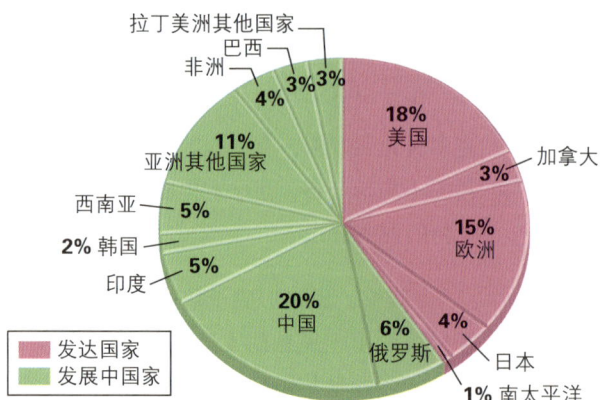

▲ 图 11–15 **世界各国的能源需求** 发展中国家消耗全球约 60% 的化石燃料。

美国高度依赖这 3 种化石燃料（图 11–14）。木材是 19 世纪美国的主要能源。煤炭在 19 世纪末期变得最为重要，石油和天然气的地位在 20 世纪下半叶变得突出。

思考题 11.3.1

哪个国家的 3 种化石燃料产量都至少有 20 千万亿英热单位？

能源需求

学习成果 11.3.2

解释化石燃料需求的主要来源。

工业需要丰富的低成本能源。运营工厂将原材料运到工厂，以及将产品从工厂运输到市场，都需要大量的能源。生产食物，保持家庭舒适，以及运送人员，也需要能源。

美国的能源需求主要来自 4 种类型的消费：

■ **工业。** 工厂消耗的能源中，大约 40% 是天然气，煤和石油各占 30%。大多数天然气和石油都被直接燃烧，而对煤炭的消费则主要是通过购买电力。

■ **运输。** 几乎所有运输系统都要使用石油产品。

■ **家庭。** 家庭使用的天然气和煤炭比例大致相同。天然气是家庭供热和空调的主要能量来源，而电力的主要能源来源是煤电。

■ **商业。** 商店和办公室的能源用途和来源与家庭类似。

2006 年，发展中国家的能源使用量首次超过发达国家（图 11–15）。美国的能源需求长期位于世界前列，但是中国现在是能源需求最大的国家。发达国家人均能源消耗量最高。发展中国家化石燃料消耗量的增长速度更快，每年约增长 3%，而发达国家每年增长 1%。因此，在未来几年里，发展中国家与发达国家之间的能源需求差距将大幅扩大（图 11–16）。

石油的挑战

近年来，满足世界对石油的需求尤其具有挑战性。世界上大部分石油都是在西南亚、北非和中亚生产的，而这两个地区是宗教、族群和政治冲突的中心（参见第 6 章到第 8 章）。

由于国内的供应有限，许多发达国家始终依赖进口石油，但是在 20 世纪上半叶，美国的石油产量大于石油消耗量。从 20 世纪 50 年代开始，控制国际石油分销的少数大型跨国公司认为，在美国开采石油比从西南亚

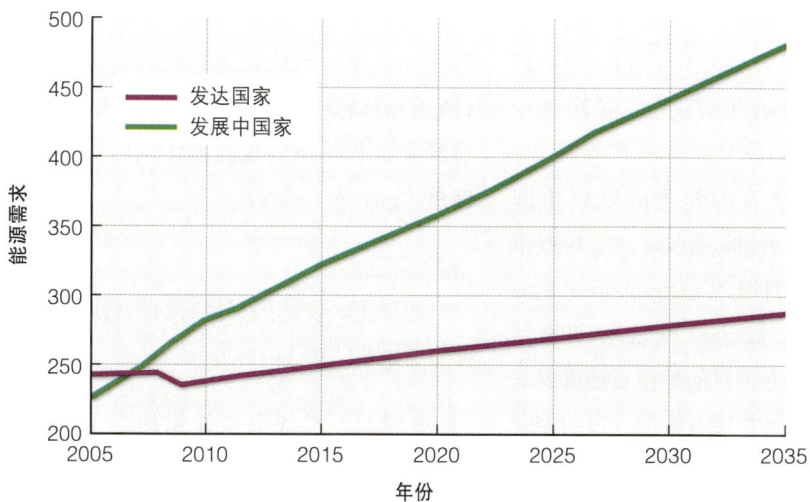

◀ 图 11-16 未来的能源需求 发展中国家占世界能源使用量的比重，将在未来几年里不断增加。

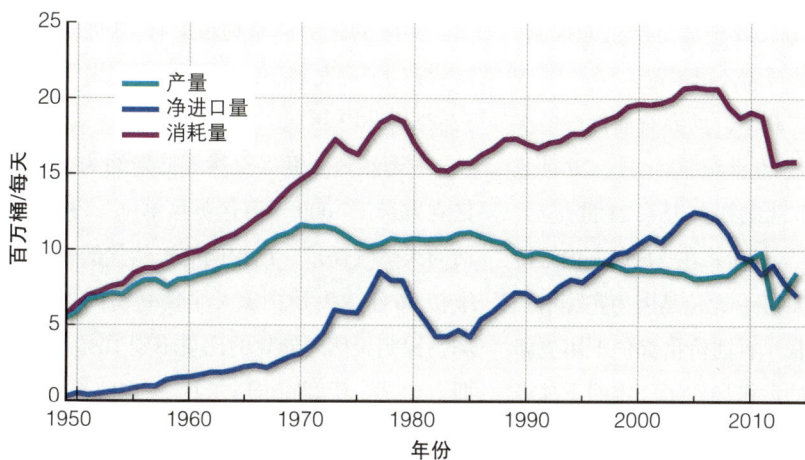

◀ 图 11-17 美国的石油供应和需求 为满足石油消费需求，美国进口的石油总量超过国内石油产量。

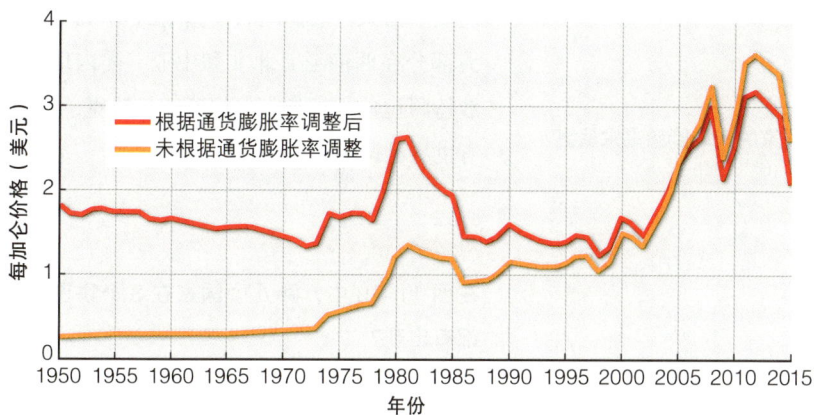

◀ 图 11-18 美国的汽油价格 在 20 世纪 70 年代和 21 世纪初期，燃油价格分别大幅上涨，但在这两个时期后的几年都有所下降。

和中亚进口石油更昂贵。美国的石油进口量占总消费量的比例从 1955 年的 14% 增加到 2005 年的 60%，然后开始下降，到 2014 年下降到 44%（图 11–17）。

一些拥有丰富石油储量的发展中国家，主要是西南亚和北非的国家，在 1960 年建立了石油输出国组织（Organization of the Petroleum Exporting Countries，OPEC），即欧佩克。欧佩克最初成立的目的是使石油资源丰富的国家能够更好地控制其资源。最初探索和开采油田的美国和欧洲跨国公司，当时正以低价向发达国家的消费者出售石油，并且保留了大部分利润。拥有石油储备的国家因此对油田进行国有化或施加更严格的控制，价格由政府而不是石油公司制定。

在欧佩克的控制下，世界石油价格多次大幅上涨，尤其是 20 世纪 70 年代、20 世纪 80 年代，以及 21 世纪初。进入 21 世纪后，发达国家乐观地认为油价将在一段时间内维持低位。但是在 2008 年，无论是因为实际增长还是因为通货膨胀，石油价格都创下历史新高。2008 年的石油危机导致了严重的全球经济衰退。目前美国的汽油价格较低，在按照通货膨胀率计算后尤其如此（图 11–18）。然而，在大多数发达国家，一加仑汽油的平均价格超过了 8 美元。

思考题 11.3.2
世界上哪些发展中国家的人均能源需求最高？

化石燃料储量

学习成果 11.3.3
了解 3 种化石燃料储量的独特分布情况。

由于石油、天然气和煤炭都储藏在地球表面之下，因此要对它们进行定位，估计它们的储量，需要相当多的技术和技能。已经在沉积物中发现的能源供应称为**探明储量**（proven reserve）。

探明储量

历史上，发达国家拥有的化石燃料探明储量特别高（图 11–19）：

■ **煤炭**。世界煤炭储量约为 1 万亿吨（23,000 千万亿英热单位）。根据目前的能源需求，已探明的煤炭储量将维持 130 年。发达地区和发展中地区各拥有约一半探明储量。美国的探明储量约占 1/4，其他发达国家合占 1/4。发展中地区的煤炭储量大多都在俄罗斯和中国。

■ **天然气**。世界天然气储量约为 200 万亿立方米（7,000 千万亿英热单位）。根据目前的天然气需求，已探明的天然气储量可以维持 56 年。发达国家（主要是美国）占全球已探明天然气储量的比重不到 10%，俄罗斯占 25%，伊朗和卡塔尔共占 30%。

■ **石油**。世界石油储量约为 1.6 万亿桶（10,000 千万亿英热单位）。根据目前的石油需求，已探明的石油储量可以维持 55 年。发展中国家占已探明石油储量的 87%，其中大部分在西南亚、北非和中亚。委内瑞拉、沙特阿拉伯、加拿大、伊朗和伊拉克，共拥有世界已探明石油储量的近 2/3。

思考题 11.3.3
在图 11–19 中，哪几个国家在 3 个饼图中都有出现？

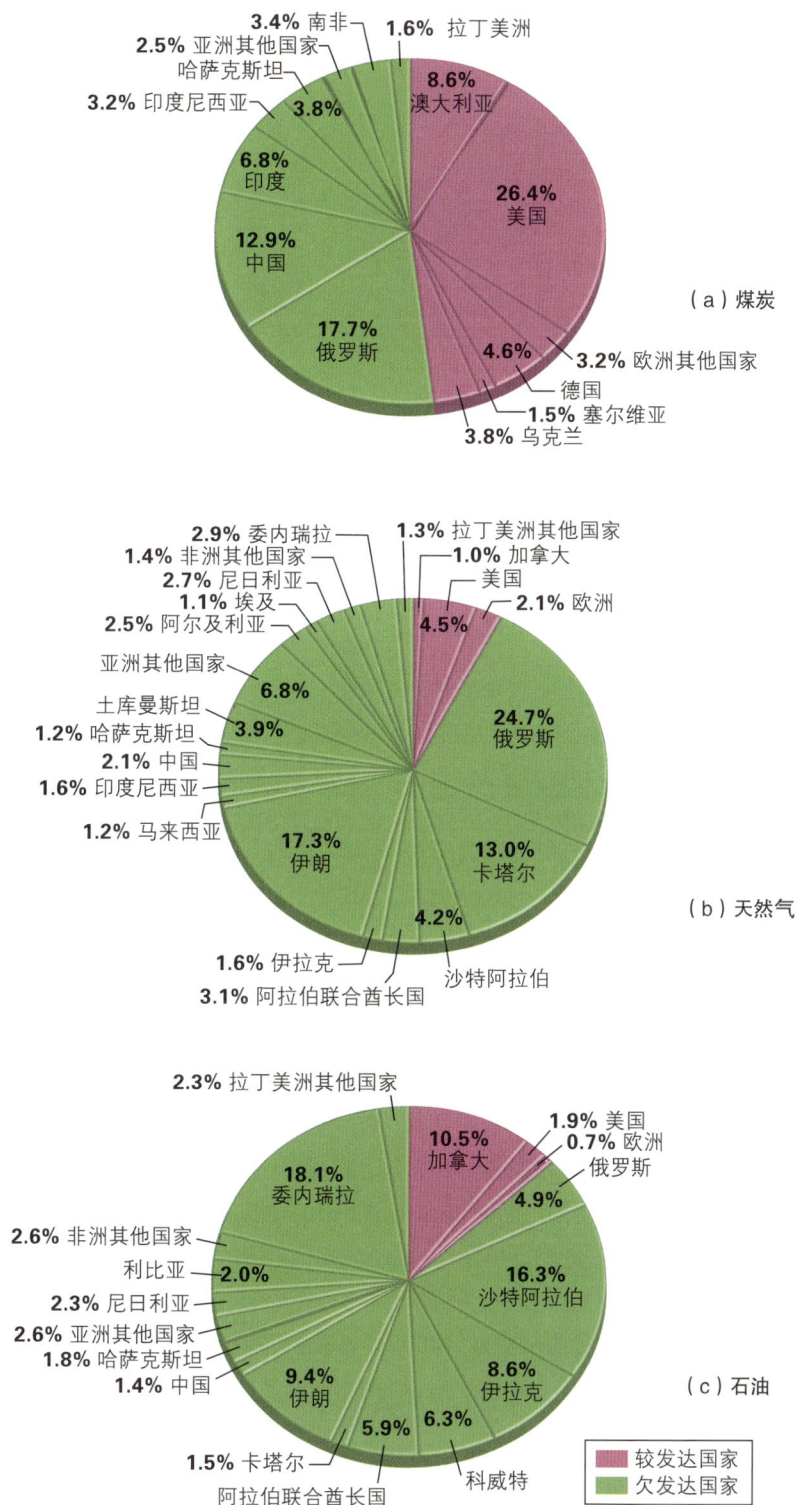

▲ 图 11–19　化石燃料的探明储量　（a）煤炭；（b）天然气；（c）石油。

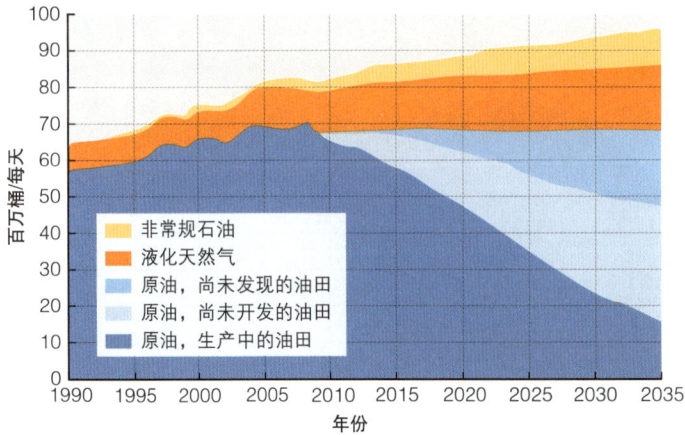

◀ 图 11-20　石油产量展望　国际能源机构（International Energy Agency）预测，通过发现和开发新油田，将潜在储量转变为探明储量的速度与探明储量被耗尽的速度差不多相同。

图例：
- 非常规石油
- 液化天然气
- 原油，尚未发现的油田
- 原油，尚未开发的油田
- 原油，生产中的油田

（纵轴：百万桶/每天；横轴：年份，1990–2035）

潜在储量

　　未被发现但被认为存在的能源供应就是**潜在储量**（potential reserve）。潜在储量在被发现时就成了探明储量（图 11-20）。潜在储量可以通过以下几种方式转换为探明储量：

　　■ **尚未开发的矿田**。石油在初次开采时，是通过钻井从富含石油的岩石层中"喷涌"出来的。煤炭则是在露天矿井中开采的。但是，现在的开采已经变得更加困难。从已探明煤田和油田中开采剩余的能源，就像是拧干打湿的毛巾。一开始迅速拧出大部分的水很容易，但是要拧出剩下的几滴水，则需要更多的努力；也就是说，要开采剩下的石油，则需要更多时间、更多费用和特别的技术。

　　■ **尚待发现的矿田**。最大的，最容易获得的石油、天然气和煤炭储量已经被开采。新发现的储量通常较小，比较偏远（例如在海底以下），所以开采成本高昂。勘探成本也已经增加，因为勘探的方法变得更精细，而且找到新储量的可能性更低。但是，随着能源价格的攀升，勘探成本可能会变得可以承受。

非常规资源

　　缺乏经济上可行或环境上无害的技术来开采的资源，就是**非常规资源**（unconventional resource）。随着资源需求的增加和价格的上涨，非常规资源的开采变得可以赢利。以下是两个当前的例子：

　　■ **油砂**。加拿大阿尔伯塔省、委内瑞拉和俄罗斯都有丰富的油砂资源。油砂富含黏稠的石油，呈深色，气味强烈，因此常被称为焦油砂。阿尔伯塔省油砂的开采已经变得可以赢利，而且近年来该省的丰富油砂储量，已经从潜在储量被重新归类为探明储量。因此，加拿大现在被认为占世界石油探明储量的 11%，仅次于沙特阿拉伯。

　　■ **水力压裂**（hydraulic fracturing）。岩石会自然地分裂，之后天然气会填充岩石之间的空间。水力压裂，通常称为压裂（fracking），是通过往岩层中高压注水，让岩石进一步分裂，从而释放出更多可被开采的天然气。美国拥有广泛的天然气田，其中一些现在正通过水力压裂来开采。水力压裂的反对者担心，地球表面下方的高压水会造成环境破坏。采取安全预防措施，可以最大限度地减少对环境的威胁，但是水力压裂确实需要使用大量的水，而其他重要方面，比如人类消费和农业的水需求量也很高。在美国，主要的天然气田位于得克萨斯州、俄克拉荷马州和阿巴拉契亚山脉。

► 图 11-21 沙特
阿拉伯的炼油厂

石油的未来

了解石油贸易和需求的变化模式。

世界上很大一部分的化石燃料来自发达国家，但是发达国家的能源需求高于产量，所以它们必须从发展中国家进口化石燃料，尤其是石油（图 11-21）。

世界石油贸易

世界上最大的石油贸易流量是从俄罗斯去往欧洲，以及从西南亚去往欧洲和日本。美国和欧洲消耗的石油有一半以上是进口的，日本的石油进口量更超过 90%。

自 1973 年以来，美国的石油进口国家发生了变化。目前，美国从加拿大和沙特阿拉伯进口的石油量比过去都高（图 11-22）。随着发展中国家的需求快速增长，发达国家在获取世界上剩余的化石燃料供应上面临着更大的竞争。许多人类发展指数较低的发展中国家也缺乏能源，而且还缺乏进口能源的资金。

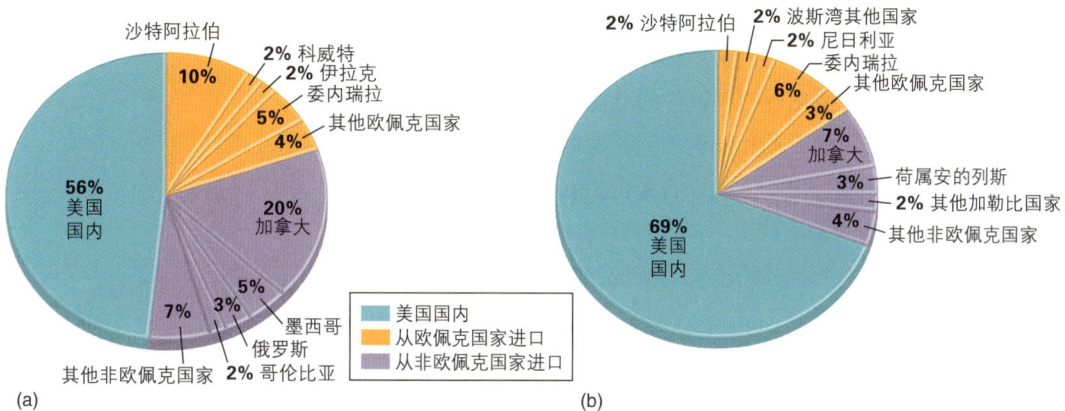

(a)

沙特阿拉伯 **10%**
2% 科威特
2% 伊拉克
委内瑞拉 **5%**
其他欧佩克国家 **4%**
56% 美国国内
20% 加拿大
5% 墨西哥
3% 俄罗斯
7% 其他非欧佩克国家
2% 哥伦比亚

(b)

2% 沙特阿拉伯
2% 波斯湾其他国家
2% 尼日利亚
委内瑞拉 **6%**
其他欧佩克国家 **3%**
加拿大 **7%**
荷属安的列斯 **3%**
2% 其他加勒比国家
其他非欧佩克国家 **4%**
69% 美国国内

美国国内
从欧佩克国家进口
从非欧佩克国家进口

▲ 图 11-22 **美国的石油来源** 美国（a）现在的石油进口量比（b）20 世纪 70 年代的石油进口量更高。从加拿大和沙特阿拉伯进口的石油量增幅最大。

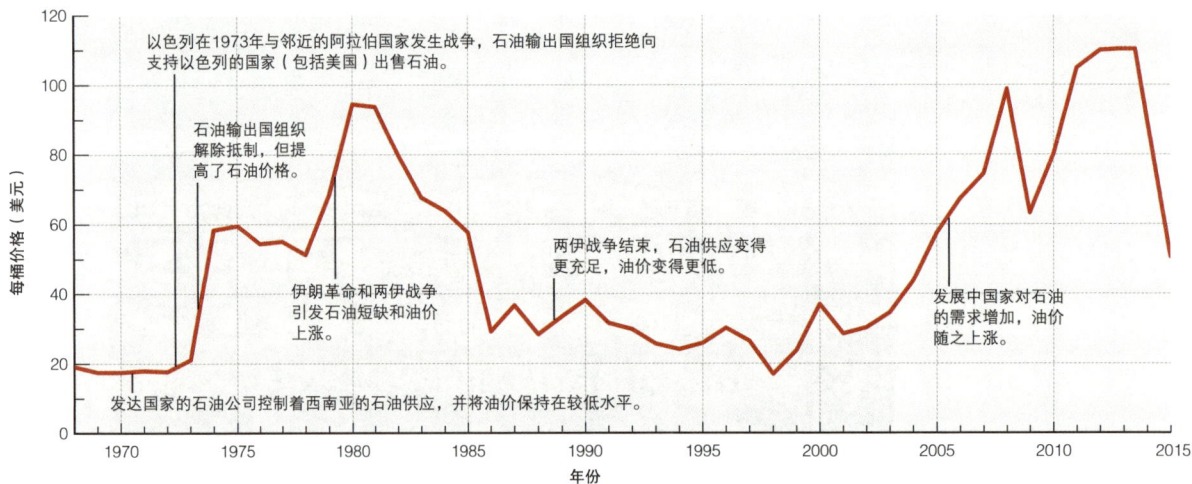

以色列在1973年与邻近的阿拉伯国家发生战争，石油输出国组织拒绝向支持以色列的国家（包括美国）出售石油。

石油输出国组织解除抵制，但提高了石油价格。

伊朗革命和两伊战争引发石油短缺和油价上涨。

两伊战争结束，石油供应变得更充足，油价变得更低。

发展中国家对石油的需求增加，油价随之上涨。

发达国家的石油公司控制着西南亚的石油供应，并将油价保持在较低水平。

▲ 图 11-23　**油价历史**　油价在历史上有过多次大幅波动。

需求的降低

发达国家采取资源保护措施，减少了对石油的需求。工厂减少了对石油的需求，主要的替代方式是使用更多的天然气。1975年，美国车辆平均每加仑行驶 14 英里，1985 年为 22 英里，到 2025 年将达到 54 英里。这种更高的标准来自政府法规《公司平均燃料经济标准》（Corporate Average Fuel Economy，CAFE）。

其他国家也制定法规提高车辆的燃油效率（见第 13 章）。美国能源部预测，美国的能源消耗将从 2013 年的 97.1 千万亿英热单位增加到 2040 年的 105.7 千万亿英热单位。由于人口增长，人均消费量预计将下降 10%。天然气和其他化石燃料以外的能源消耗量预计将增加，而石油和煤炭的消耗量则预计基本保持不变。但是，如果石油价格上涨，那么对石油的需求就会下降；如果石油价格下降，那么对石油的需求就会增加（图 11-23）。

世界的石油储量不会在 21 世纪真的"耗尽"。然而，到了某个时候，开采剩余的石油储备将会十分昂贵且对环境有害，因此

人们对替代能源的使用将增加，对石油的依赖将减少。世界面临的问题在于是否能够明智地处理正在减少的石油储量，以及其他能源是否能够和平地被替代。由于中国和印度等发展中国家的石油消费量预计将大幅增长，美国和其他发达国家对油价上涨和石油供应下降时间的影响可能不大。在这个充满挑战的环境中，所有国家都需要实施可持续发展战略，更多地依赖可再生能源。

思考题 11.3.4

你或家人在买车时会考虑燃油效率吗？为什么？

核能

学习成果 11.3.5

描述核能的分布和核能应用面临的挑战。

核能是不可再生能源，但是有人认为它是化石燃料的替代品。核能的一大优势，是可以从少量材料中释放出丰富的能量。1 千

克浓缩核燃料含有的能量，是 1 千克煤所含能量的 200 万倍之多。然而，核能面临着严峻的挑战。

核能的分布

世界电力的 14% 来自核能。世界上 2/3 的核电由发达国家生产，欧洲和北美各占 1/3。在世界上的近 200 个国家中，只有 30 个国家在利用核电，包括 19 个发达国家和 11 个发展中国家。最依赖核能的国家集中在欧洲，核电占法国电力的 80%，占比利时、斯洛伐克和乌克兰电力的 50% 以上。

美国各州对核能的依赖程度差异很大。核电占佛蒙特州电力的 70% 以上，占康涅狄格州、新泽西州和南卡罗来纳州电力的 50% 以上。但是，20 个州和哥伦比亚特区没有核电站。

可能发生的事故

铀原子在受控环境中分裂（裂变）会释放能量，核电厂就利用这种能量来发电。所有核反应都产生放射性废物，某些放射性废物会致命。核电厂会采取精心设计的安全预防措施，防止核燃料从发电厂泄漏。

核电厂不会像核弹那样爆炸，因为铀的数量太少，而且不能足够快地聚集。然而，核电厂可能发生反应失控，导致反应堆过热，引起核心熔毁，还可能引起蒸汽爆炸，最终将放射性物质散布到大气中。1986 年的切尔诺贝利就发生过这种事故。切尔诺贝利属于苏联，位于现在的乌克兰北部，靠近白俄罗斯边界。这次事故导致 56 人因高剂量辐射而死亡，约 4,000 名生活在核电厂附近的人因癌症而死亡。

2011 年，由于地震和海啸，日本福岛第一核电站的 6 座反应堆中有 3 座完全熔毁，导致放射性物质泄漏。事故直接导致 3 名工人死亡，几年来核电厂附近由于暴露于高放射性物质而死亡的人数则不得而知。

放射性废物

核裂变产生的废物具有高放射性和致命性，而且会持续多年。制造核武器的钚就可以从这种废物中获得。管道、混凝土，以及裂变燃料附近的水也会充满辐射。暂时还没有永久存储放射性废物的方法，放射性废物不能焚烧或化学处理，必须隔离数千年，直到它们失去放射性。美国的乏燃料"暂时"储存在核电厂的冷却罐中，但这些储罐几乎已经被装满。

美国是国土面积第三大的国家，但是由于担心地下水污染，所以未能找到合适的核废物地下储存地点。2002 年，美国能源部批准了一项计划，将放射性废物储存在内华达州的尤卡山脉（Yucca Mountains）。但是，奥巴马政府在 2009 年上台后不久就推翻了这项决定，并叫停了已经快完成的存储库建设。

炸弹的材料

1945 年 8 月，核能被两次用于战争：美国在日本广岛和长崎投下原子弹，结束第二次世界大战。此后，没有哪个政府敢于在战争中使用核弹，因为各国领导人认识到全面的核冲突可能会终结人类文明。

美国和俄罗斯（以前的苏联）各有几千枚核武器。中国、法国和英国各拥有数百枚核武器，印度和巴基斯坦各有数十枚核武器，而朝鲜则拥有少数几枚。以色列被怀疑拥有核武器，但它尚未承认。伊朗也一直在研制核武器。其他许多国家多年来都在实施核计划，但是尚未进入武器制作的阶段。核项目可能扩散到支持恐怖主义的国家，这尤其令世界其他国家感到担忧。

世界铀储量（百分比）

较发达国家
欠发达国家

其他 **3.8%**
巴西 **5.1%**
南非 **8.0%**
尼日尔 **5.0%**
纳米比亚 **5.0%**
约旦 **2.0%**
蒙古 **1.1%**
中国 **1.2%**
印度 **1.3%**
乌兹别克斯坦 **2.0%**
哈萨克斯坦 **14.9%**
俄罗斯 **10.0%**
乌克兰 **3.7%**
美国 **6.3%**
加拿大 **7.7%**
澳大利亚 **22.7%**

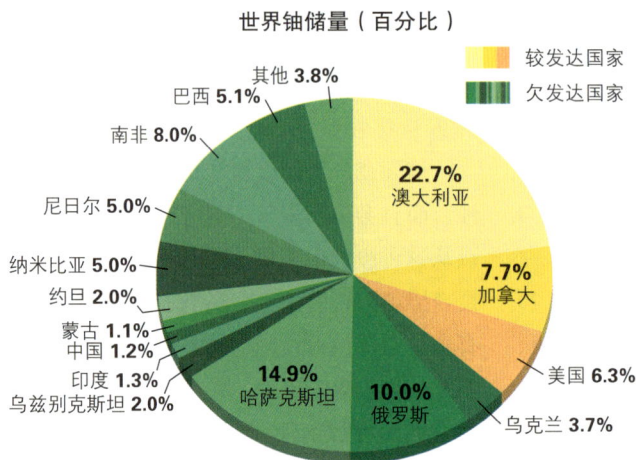

◀ 图 11-24　世界上的铀储量

思考题 11.3.5

对核能的依赖应该增加还是减少？为什么？

有限的储量

与化石燃料一样，铀也是不可再生的资源。按目前的使用速度，已探明的铀储量可以维持约 124 年。铀资源在世界范围内的分布并不均匀，澳大利亚拥有世界上已探明铀储量的 23%，哈萨克斯坦拥有 15%，俄罗斯拥有 10%（图 11-24）。

天然铀的化学成分更加剧了稀缺的问题。铀矿石天然仅含有 0.7% 的铀 235，发电需要更高的浓度。

增殖反应堆通过生成钚（也是核燃料），将铀转化为可再生资源。然而，钚比铀更致命，在事故中可能造成更多的死亡和伤害。用钚制造炸弹也更容易。由于存在这些风险，所以世界上已建成的增殖反应堆很少。

高成本

核电厂的建造成本高达数十亿美元，这主要是因为需要采取精心设计的安全措施。如果核电厂没有双重和三重备用系统，那么核能将过于危险而无法使用。铀矿的开采、提炼和使用地点都不同。与煤炭一样，开采铀矿会污染土地和水，损害矿工的健康。安全运输的复杂性也增加了成本。因此，核电厂发电的成本比燃煤电厂高得多。与降低风险相关的高成本，严重损害了核电的未来。

一些核电问题可能通过核聚变来解决，核聚变就是将氢原子融合形成氦。核聚变只能在非常高的温度（数百万度）下发生，而当前发电厂反应堆的技术无法持续产生这种温度。

替代能源

学习成果 11.3.6

认识几种替代能源，以及在使用它们时面临的挑战。

地球的能源分为可再生能源和不可再生能源：

■ **不可再生能源**（nonrenewable energy）形成的速度非常慢，无法为实际用途而再生。目前满足世界大部分能源需求的 3 种化石燃料就是例子。

■ **可再生能源**（renewable energy）的供应基本上无穷无尽，不会被人类用尽。水、风和太阳提供的都是可再生能源。

水力发电

利用水的运动生产电力，称为水力发电（图 11-25）。水电现在是世界上仅次于煤电的第二大电力来源。世界 2/3 的水电来自发展中国家，1/3 来自发达国家。许多发展中国家的大部分电力来自水力发电。

主要依靠水力发电的人口大国是巴西。巴西在可持续发展方面取得了相当大的进展，其中 80% 的电力来自水力发电，7% 来自其他可再生能源。在发达国家中，加拿大 60% 的电力来自水力发电。美国是水电的主要生产国，但是水电仅占全部电力的 8%。这个比例可能还会降低，因为适合建造新水坝的地点很少。

生物质

生物质燃料是源自植物材料和动物粪便的燃料。生物质能源包括木材和农作物。从森林中慎重砍伐的木材，是一种可用于发电和供热的可再生资源。搭建和拆除建筑物等加工木材时产生的废料，也可以用于发电和供热。甘蔗、玉米和大豆等作物可以加工成机动车燃料。全球的生物质燃料产量约为 3 千万亿英热单位，其中北美、欧洲和发展中地区各占 1/3。巴西大量使用生物质为汽车和卡车提供燃料。

由于以下几个原因，生物质燃料应用增长的潜力有限：

- 燃烧生物质的效率可能不高，因为用于生产作物的能量，可能与作物提供的能量一样多。
- 除作为能源之外，生物质还起着重要作用，例如提供人类需要的大部分食物、衣物和住所。
- 如果木材被当作燃料燃烧，而不是留在森林中，那么森林的肥力可能会降低。

风力发电

风力发电具有特别明显的好处。与建造大坝相比，建造风力涡轮机对环境的改变更小。而且，增加风电应用的潜力更大，因为现在只有一小部分风力资源得到利用。

尽管很有吸引力，但是风力发电只在少数地方得到了应用。中国、北美和欧洲共占世界总风力发电量的 90%。对发展中国家

▼ 图 11-25 **水电站** 位于美国田纳西州塔波科（Tapoco）的齐奥阿大坝（Cheoah Dam）为附近美国铝业公司（Alcoa）的铝厂提供电力。

▲ 图 11-26　风力发电站　新西兰惠灵顿附近的马卡拉风力发电站（Makara Wind Farm）。

而言，建造风力涡轮机的一个重大障碍是高成本。

美国各地建造了数百个由大量风力涡轮机组成的风力发电场。美国 1/3 的土地风能充足，风力发电在经济上具有可行性。

环保界对风力发电的意见不一。有人反对建造风力涡轮机，因为风力涡轮机的噪声很大，会杀死鸟类和蝙蝠。有人还认为，在风景亮丽的地方建造风力涡轮机会玷污风景（图 11-26）。

地热能

来自地下热水或蒸汽的能量称为**地热能**（geothermal energy）。自然的核反应使地球内部变热。在火山区域的地表附近，这种热量尤其明显。高温岩石与地下水相遇，产生可以通过钻井来开采的热水或蒸汽。

在地壳板块相接的地区利用地热能最可行，这些地区也是火山和地震多发的地区。美国、菲律宾和印度尼西亚是地热能发电的主要国家（图 11-27）。有趣的是，在以冰川命名的冰岛，首都雷克雅未克几乎所有家庭和企业的供热都来自地热蒸汽。

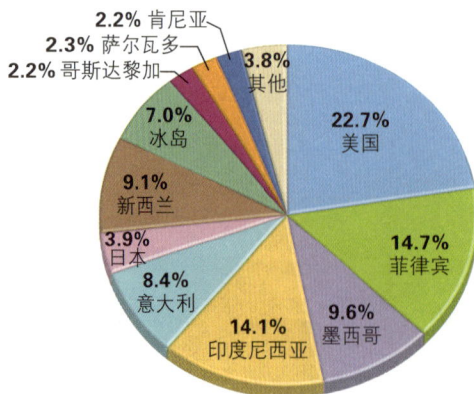

太阳能

学习成果 11.3.7

比较被动式和主动式太阳能。

可持续发展的终极可再生资源是太阳提供的太阳能。太阳能让发展水平较低的国家有可能促进可持续发展。通过太阳能，目前无法获得电力的发展中国家的人民和企业就可以生产经营企业、学校和医院所

2.2% 肯尼亚
2.3% 萨尔瓦多
2.2% 哥斯达黎加
3.8% 其他
22.7% 美国
7.0% 冰岛
9.1% 新西兰
3.9% 日本
8.4% 意大利
14.1% 印度尼西亚
14.7% 菲律宾
9.6% 墨西哥

▲ 图 11-27　地热能的分布

需的电力。

　　仅有 1% 的美国电力供应来自太阳能，但是其增长的潜力无限。太阳的剩余寿命估计为 50 亿年，人类似乎无法摧毁或耗尽这种资源。太阳能是免费的，无处不在，不能由任何特定的个人或企业独有、购买或出售。利用太阳能不会像开采和燃烧不可再生的化石燃料那样破坏环境或造成污染。

被动式太阳能

　　太阳能的利用包括主动式和被动式。**被动式太阳能系统**（passive solar energy systems）无须使用特殊设备即可捕获太阳能。这类系统在晴天使用朝南的窗户和黑色的表面，来进行加热和照明。太阳光线穿透窗户，转化为热量。人们在感受到阳光的温暖时，就像是被动式太阳能收集器。而且，由于深色物体比浅色物体吸收的能量更多，因此穿着深色衣物可以让阳光下的人感觉更加温暖。

　　19 世纪，建筑方法的创新首次使得在细钢框架内悬挂巨大玻璃幕墙成为可能，人类对被动式太阳能的依赖也随之增加。温室使人们能够种植和观察需要更温暖环境才能繁茂生长的植物。早期的摩天大楼有效地利用了被动式太阳能。第二次世界大战期间，由于化石燃料要定量供给，所以人们开始寻找替代能源。大型玻璃制造商利比－欧文斯－福特公司（Libbey-Owens-Ford Glass Co.）对此做出回应，在 1947 年出版了书籍《你的太阳能房屋》（*Your Solar House*）。但是，在第二次世界大战之后和 20 世纪的大部分时间里，电力和石油的价格便宜，供应充足，所以被动式太阳能在建造住房和商业建筑方面很少发挥重要作用。

　　近年来，在楼房的新建和改建过程中，玻璃技术的进步让人们得以更多地利用被动式太阳能。双层和三层的玻璃窗具有更高的保温值（insulating value），而且可以在低辐射率的玻璃上涂层，让热量只进不出。在两层玻璃中间充满氩气或其他气体，可以让这种窗户的保温值高于玻璃间只有空气的窗户。相变技术还可以使用电压将玻璃从不透明切换为半透明。

思考题 11.3.7

为什么警告人们在夏天不要让狗或孩子单独留在停着的汽车里？

主动式太阳能

　　主动式太阳能系统（active solar energy systems）收集太阳能，将其转换为热能或电

▼ 图 11-28　**太阳能**　尼日利亚奥多鲁（Odoru）的太阳能电池板在发电。

▲ 图11-29 **太阳能电池板** 在耶路撒冷老城，安装在公寓屋顶上的太阳能电池板可以加热储罐中的水。圆顶建筑是圣墓教堂，它就建在耶稣被钉死、埋葬和复活的地方（见第6章）。

能（图11-28）。这种转换过程可以是直接的，也可以是间接的。

在直接电能转换中，人们使用光伏电池捕获太阳辐射，将光能直接转换为电能。贝尔实验室（Bell Laboratories）在1954年发明光伏电池。每个电池仅产生很小的电流，但是大量电池相互连接后，就能产生大量的电流。这些电池主要由硅制成，硅是地壳中第二丰富的元素，也被用于计算机当中。在与一种或多种其他材料结合后，硅会在阳光下表现出独特的电气性能，称为**光伏效应**（photovoltaic effect）。由光激发的电子穿过硅，产生直流电。

在间接电能转换中，太阳辐射首先转换为热量，然后再转换为电能。太阳光线被反射器聚集到装满合成油的管道上。油管的热量产生蒸汽，运行涡轮机。在热能转换过程中，太阳辐射被大反射器和透镜聚集，以加热水或岩石。水和岩石可以储存能量，供夜间和阴天使用。在阳光较少的地方，可以通过使用更多的反射器和透镜，以及更大的存储容器，来利用太阳能。

太阳能电力

就像煤电和核电一样，太阳能电力可以由一个中心发电站生产，然后由电力公司销售。然而，由于煤炭仍然相对便宜，而且对核设施的投资已经很充足，所以国有和私营的公共事业公司对太阳能技术不太感兴趣。

在发达国家，太阳能电力用于航天器、太阳能计算器，以及传统电力不足的偏远地区，如美国加利福尼亚州的莫哈韦沙漠。太阳能主要被用作电力的替代品来加热水。例如，以色列和日本的公寓楼，以及美国的个人住宅利用屋顶设备收集太阳能，并用其加热水（图11-29）。安装太阳能热水器的初始成本高于连接中央系统的成本，但是如果一个人计划长时间生活在某处，那么这种成本则是合理的。

在早期的汽车中，电力很受欢迎。1900年美国销售的4,000辆汽车中，38%由电力驱动，40%由蒸汽驱动，只有22%由汽油驱动。这种电动汽车当时在美国东北部的大城市特别受欢迎，如纽约和费城，因为它们相对安静和清洁，常被用作出租车。女性也更喜欢电动汽车，因为它们比汽油或蒸汽动力的汽车更容易启动。

20世纪初电动汽车的主要缺点，在一个世纪后仍未改变。与汽油动力相比，电动汽车的行驶距离更有限，而且驾驶成本更高，给电池充电可能需要几个小时。为解决这些问题，汽车制造商提供各种结合电力和汽油动力的车辆。在低速行驶时，混合动力汽车会使用电力，以达到省油的目的。有些车辆仅使用电池里的电力来运转，并且使用汽油发动机为电池充电（参见第 13 章）。

在发展中国家，有 20 亿人缺少电力供应，偏远村庄的居民尤其缺乏，所以光伏电池的市场在这些国家最大，增长最快。例如，在撒哈拉以南的非洲，近年来越来越多的家庭使用光伏电池供电，而不是接入中央电网。在摩洛哥，集市和开放市场上有太阳能电池板出售，紧挨着地毯和锡制品。

全球的太阳能目前只有 0.3 千万亿英热单位。无论是否有政府支持，都必须降低太阳能电池的成本，提高其效率，才能使太阳能发电量迅速增长。随着其他能源变得更加昂贵，太阳能将变得更具吸引力。美国主要的光伏电池制造商，现在由石油公司拥有，这就能表明太阳能拥有光明的前景。

空气污染

学习成果 11.3.8

描述全球、区域和地方范围内空气污染的原因和影响。

工业是空气、水和土地的主要污染源。人们依靠空气、水和土地来清除和分散工厂以及其他人类活动产生的废物。废物的数量超过空气、水和土地的处理能力时，就会发生污染。

靠近地面的地球大气层由大约 78% 的氮气、21% 的氧气和不到 1% 的氩气组成。其余的 0.04% 包含几种痕量气体，其中一些气体十分关键。空气污染指的是空气中微量物质的浓度高于平均水平。这类痕量气体的浓度过高，会损害人们的财产，对人、动物和植物的健康造成不利影响。

大部分空气污染来自工厂、发电厂，以及机动车辆。工厂和发电厂燃烧煤炭，排出二氧化硫和固体颗粒。机动车辆燃烧石油，产生一氧化碳、碳氢化合物和氮氧化物。

全球范围内的空气污染

地理学者关注 3 个范围内的空气污染，即全球范围、区域范围和地方范围。两个全球性的问题是气候变化和臭氧破坏。

气候变化。1880 年至 2014 年，地球表面的平均温度上升了 0.89°C（图 11–30）。联合国多位科学家组成的国际团队认为，这种温度升高与人类活动直接相关，尤其是工厂和车辆燃烧化石燃料。

化石燃料在燃烧时会将二氧化碳排放到大气中。根据联合国科学家的说法，植物和海洋吸收了大部分的二氧化碳排放，但过去 200 年中化石燃料燃烧的增加，导致大气中的二氧化碳含量上升了 1/3 以上（参见图 11–30）。大气中的痕量气体浓度过高会阻碍部分热量离开地球表面前往太空，从而提高地球的温度。二氧化碳的增加将地球表面散发出来的部分辐射困住，导致地球温度升高，这就是**温室效应**（greenhouse effect）。

一个国家的人均收入增加，其人均二氧化碳排放量通常也会增加。人均国民总收入在 30,000 美元至 50,000 美元之间的部分最富裕国家（主要位于欧洲），则出现了污染减少的情况。然而，一部分最富裕国家，包括美国和西南亚的几个国家，污染程度最高（图 11–31）。

臭氧破坏。**臭氧**是一种能够吸收平流层紫外线辐射的气体，臭氧层位于地球上空 15~50 千米（9~30 英里）之间。如果没有平流层中的臭氧，紫外线就会破坏植物，导致

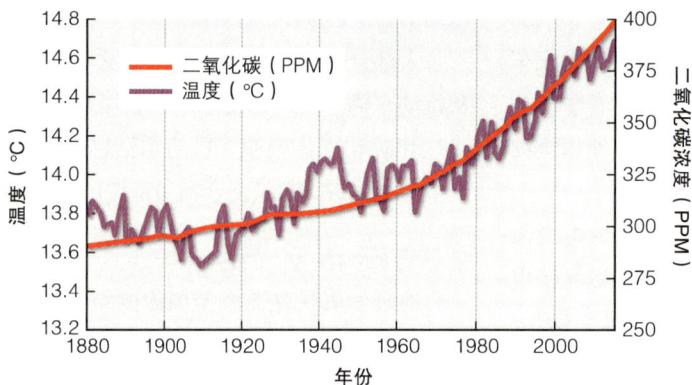

▶ 图11-30 气候变化和二氧化碳浓度 自1880年以来，二氧化碳的浓度已增加超过1/3，地球温度升高了大约1℃（2℉）。

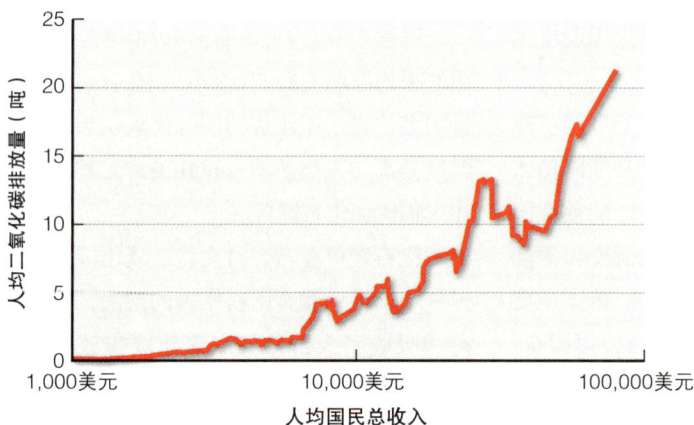

▶ 图11-31 国民总收入和污染

皮肤癌症，并破坏食物链。

地球的保护性臭氧层受到污染物氯氟烃（chlorofluorocarbons，CFCs）的威胁。氟利昂等氯氟烃曾被广泛用作冰箱和空调的制冷剂。它们从这些设备中泄漏后会被带入平流层，在那里会破坏地球的保护性臭氧层。2007年，世界上几乎所有国家都同意到2020年在发达国家停止使用氯氟烃，到2030年在发展中国家停止使用氯氟烃。

思考题 11.3.8

除氯氟烃以外，现在最常用作制冷剂的气体是什么？使用搜索引擎查找答案。

区域范围内的空气污染

在区域范围内，空气污染可能通过酸性沉降破坏该区域的植被和水资源。世界三大工业区受酸性沉降的影响尤其严重。

酸性沉降（acid deposition）指地球表面酸性物质的积累。燃烧化石燃料排放的硫氧化物和氮氧化物进入地球大气层，与氧气和水结合，形成硫酸和硝酸，并沉降到地球表面。**酸性降水**（acid precipitation）是硫氧化物和氮氧化物转化为酸，以雨、雪或雾的形式返回地球。酸性物质也会以灰尘的形式沉降。

酸性沉降会破坏湖泊，杀死鱼类和植物。在陆地上，土壤中的酸浓度过高，会导致土壤营养物质受损，进而损害植物，还会伤害蠕虫和昆虫。由大理石和石灰石建成的建筑物和纪念碑也会遭受酸雨的腐蚀。近年来，美国大幅减少了二氧化硫的排放量。

地理学者特别关注酸性沉降的影响，因为受酸性沉降损害最严重的地方，可能并不是排放污染物的地方。在到达地球表面之前，酸雨可能会移动数百千米。在美国，主要的酸性沉降生产者位于俄亥俄州和五大湖南部的其他工业州，但是受酸雨影响最严重的则是东部的几个地区。

地方范围内的空气污染

从地方范围来看，在排放源集中的地方，例如都市区，空气污染尤为严重。都市区的空气可能受到污染，因为大量工厂、机动车辆和其他污染源都在这里集中排放污染物。

城市空气污染有 3 个基本组成部分：

■ **一氧化碳**。吸入一氧化碳会降低血液中的氧气含量，损害视力和警觉性，并威胁有呼吸系统疾病的人。

■ **碳氢化合物**。在阳光照射下，碳氢化合物和氮氧化物会形成**光化学烟雾**（photochemical smog），导致呼吸疾病、眼睛疼痛，以及城市上空的雾霾。

■ **颗粒物**。这类污染物包括灰尘和烟雾颗粒。工厂烟囱的烟雾和柴油卡车的废气就是颗粒物排放。

根据世界卫生组织的统计，20 个污染最严重的城市中大多数都在南亚。世界上空气污染最严重的城市（以空气中颗粒物的含量来衡量）是印度的德里（图 11-32）。德里的污染水平是世界卫生组织认为的安全上限的 6 倍。

水污染

学习成果 11.3.9

比较和对比点源和非点源水污染。

有些制造商是用水大户。例如，铝生产商需要大量的电力来分离纯铝和铝土矿，因此通常位于水力发电源附近（参见图 11-25）。美铝公司是全球最大的铝生产商，在北卡罗来纳州和田纳西州都拥有水坝。

人类在很多地方都要使用水。人类必须喝水才能生存。水被用于烹饪和沐浴。划船、游泳、钓鱼和其他娱乐活动的场所也需要水。

▼ 图 11-32 印度德里的空气污染

水是鱼类和其他水生生物的家园。水还被用于大多数经济活动，包括农业、服务业以及制造业。

上面这些用途都需要清新、干净、无污染的水。但是，干净的水并不总是可得，因为人们会在使用水的过程中污染水。水污染很普遍，因为人们很容易将废物倒入河中，让河水把废物冲到下游，给别人造成问题。水可以在不对其他活动产生不利影响的情况下分解一些废物，但是人类倒入水中的废物的数量往往超出许多河流和湖泊可容纳的能力。

对水的需求

人类每年使用约 3.6 万亿立方米（9500亿加仑）的水，人均约 500 立方米（13.2 万加仑）。需求最大的是发电，其次是农业和城市排污水系统（图 11-33）。

水的利用包括**非消耗性用水**（nonconsumptive water usage）和**消耗性用水**（consumptive water usage）：

■ 非消耗性用水中的水会作为液体返回自然界。大多数工业和市政用水都是非消耗性的，因为废水主要排放到湖泊和溪流中。

■ 消耗性用水中的水会蒸发，而不是作为液体返回自然界。大多数农业用水都是消耗性用水，因为水主要用于灌溉植物，水分

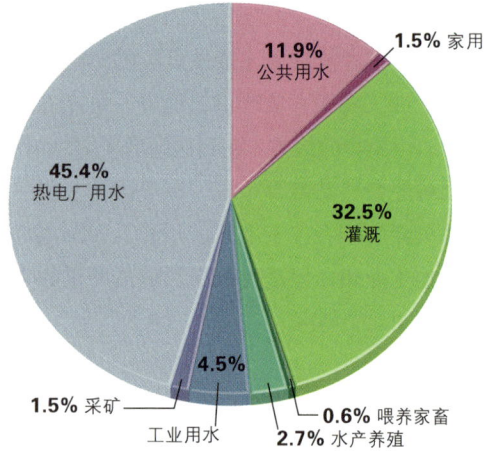

▲ 图 11-33　按用途分类的水消耗

经由植物蒸发，导致水无法被处理和再利用。

北美的人均水消耗量是世界上最高的，是世界平均水平的 3 倍多（图 11-34）。美国的耗量非常高，主要是因为农业，而非工业。美国农民饲养大量动物，以满足美国人对肉类的高需求（参见第 10 章）。这些动物一生中会喝大量水。此外，美国农业也需要大量的水灌溉农田。

水生生物受到的影响

水污染会危害水生生物。一种常用的水污染测量指标是**生化需氧量**（biochemical oxygen demand，BOD），即水生细菌分解给定量有机废物所需的氧气量。水生植物和动

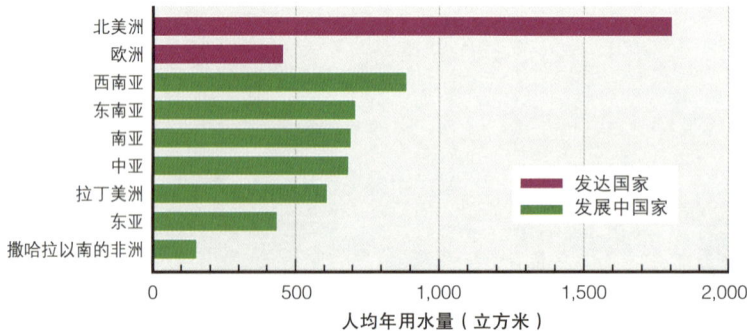

◀ 图 11-34　人均耗水量　北美的人均耗水量最高。

物要消耗氧气，分解人类倒入水中的有机废物也需要氧气。

如果将太多的废物排放到水中，水就会缺氧，鱼就会死亡。这种情况在水中充满市政污水或工业废物时很常见。污水和工业污染物消耗大量的氧气，让水体不再适宜普通植物和动物生活，进而导致出现"死亡的"溪流或湖泊（图11-35）。

同样，在径流将肥料从农田冲入溪流或湖泊后，肥料会在水中滋生过多的水生植物——被称为"池塘浮渣"的藻类——这类水生植物会消耗过多的氧气。这两种污染都会降低正常的氧气水平，威胁水生植物和动物。一些废物还可能会集中到鱼的体内，使鱼类不适合食用。

思考题 11.3.9

为什么改变工厂使用的能源有助于改善水质？

点源污染

水污染源可分为点源和非点源：

■ **点源污染**（point source pollution）进入特定地方的水体。

■ **非点源污染**（nonpoint source pollution）来自大面积的扩散区域。

点源污染物的数量通常较少，比非点源污染物更容易控制。点源水污染源自特定的点，如废水处理厂的管道。点源水污染的两个主要来源是：

■ **耗水的制造商**。许多工厂和发电厂使用水进行冷却，然后将温水排放回河流或湖泊。温水没有受到化学物质的污染，但是会升高水体的温度。鲑鱼和鳟鱼等冷水鱼可能无法在温暖的水中生存。钢铁、化学品、纸

▲ 图 11-35　印度的河流污染

制品和食品的制造商是主要的水污染者。这些产品的制造过程都需要使用大量的水，并产生大量的废水。

■ **市政污水**。在发达国家，下水道将来自水槽、浴缸和厕所的废水输送到市政废水处理厂。废水处理厂可以去除大部分但不是全部的污染物。然后，经过处理的废水通常被排回河流或湖泊。

在发展中国家，下水道系统很少见，废水经常在未经处理的情况下排入河流和湖泊。通常从相同河流中提取的饮用水也可能得不到充分的处理。在一些发展中国家，未经处理的污水和恶劣的卫生条件会使得饮用水危害生命（图11-36）。霍乱、伤寒和痢

疾等经水传播的疾病是导致人类死亡的主要原因。

非点源污染

非点源通常污染程度较大，并且比点源污染更难控制（图 11-37）。农业是主要的非点源。施用在农田上以提高农业生产力的肥料和农药，会通过灌溉系统或自然径流进入河流和湖泊。增加这些产品的使用量或许有助于避免全球粮食危机，但是也可能污染河流和湖泊，摧毁水生生物。

固体废物污染

学习成果 11.3.10

描述减少固体废物污染的几种主要策略。

美国人平均每天产生大约 2 千克（4 磅）

固体废物。总体而言，固体废物 60% 来自居民，40% 来自企业。瓦楞纸板和报纸等纸制品占美国固体废物的比例最大，在家庭住宅和零售商中尤其如此。制造商会丢弃大量金属和纸张。

卫生填埋场

卫生填埋场（sanitary landfill）是美国最常见的固体废物处理场所。美国一半以上的垃圾被运往填埋场，掩埋在土壤中。这种策略与气态和液态废物的处理策略相反：我们将空气和水污染物分散到大气、河流和海洋中，但是将固体废物集中到数千个填埋场。集中填埋似乎可以解决固体废物污染问题，但是这种方法或许只是暂时隐藏了它们。固体废物分解释放出来的化学物质，可能从填埋场泄漏到地下水中。这会污染水井、土壤和附近的溪流。

▲ 图 11-36 **点源污染** 德国沃尔芬（Wolfen）的一家工厂排放的污染物。

▲ 图 11-37 印度德里的非点源污染

在美国，卫生填埋场的使用量出现了大幅下降。卫生填埋场处理的固体废物比例，从 1980 年的 89% 下降到了 2010 年的 54%；美国的卫生填埋场数量，也从 1986 年的 7,683 个减少到 2009 年的 1,908 个。已经有成千上万个小镇"垃圾场"被关闭，并被少数大型的区域性填埋场取代。更好的压实方法，以及一些大型区域填埋场面积的扩大，提升了填埋垃圾的能力。

美国一些社区现在要付钱在其他地方使用卫生填埋场。纽约州、新泽西州和伊利诺伊州是出口固体废物最多的州。宾夕法尼亚州、弗吉尼亚州和密歇根州是主要的进口州。低廉的运输成本，意味着将固体废物运往低价提供填埋服务的州，比在当地处理更便宜。

世界上最大的垃圾"填埋场"被认为是漂浮在太平洋上的大太平洋垃圾带（Great Pacific Garbage Patch）。它的面积据估计是得克萨斯州的两倍。这个垃圾带由缓慢移动的洋流汇聚而产生。来自世界各地的垃圾都被聚到这里。塑料占海洋上漂浮垃圾的 90%（图 11-38）。

危险废物

危险废物的处置尤其困难。危险废物包括重金属（如汞、镉和锌）、电气设备的多氯联苯油、氰化物、强溶剂、酸性物质，以及腐蚀剂。这些可能是在制造过程中产生的不需要的副产物，也有可能是在使用后被丢弃的废物。

根据美国环境保护署（Environmental Protection Agency，EPA）公布的有毒废物清单，2013 年美国 100 个污染最严重的地点释放了 12.5 亿千克（27.5 亿磅）有毒化学物质。最大的 4 个污染者是红狗公司（Red Dog Operations）在阿拉斯加州科策布（Kotzebue）的锌矿、纽蒙特矿业公司（Newmont Mining Corporation）

◀ 图 11-38　**大太平洋垃圾带**　一只信天翁站在塑料垃圾旁边。这些垃圾是大太平洋垃圾带的一部分，被冲到中途岛环礁（Midway Atoll）的岸上。

在内华达州戈尔孔达（Golconda）双子溪（Twin Creeks）的金矿和铜矿、必和必拓公司（BHP Billiton）在亚利桑那州圣曼努埃尔（San Manuel）的铜矿，以及肯尼科特犹他铜业公司（Kennecott Utah Copper）在犹他州科珀顿（Copperton）的浓缩厂。

如果有毒的残余物未谨慎地装进保护容器，那么化学品就可能渗入土壤并污染地下水，或逃逸到大气中。呼吸被有毒废物污染的空气，或使用被有毒废物污染的水，会导致癌症、基因突变、慢性病，甚至死亡。

思考题 11.3.10

你产生的固体废物都去了什么地方？

复习　关键议题 3
为什么工业会面临资源上的挑战？

- 3 种化石燃料——煤、天然气和石油——的供应分布不均匀。
- 工业是 4 个主要的能源消耗者之一，此外还有运输、家庭和商业活动。
- 替代能源包括水电、风能、核能、太阳能和地热能。
- 工业是空气、水和土地的主要污染源。
- 空气污染会在全球范围、区域范围和地方范围内发生。
- 水污染包括点源污染或非点源污染。
- 固体废物要么被运往卫生填埋场，要么被焚烧。

为什么
工业的地点会变化？

► 新兴工业区
► 发达国家的工业变革
► 熟练或非熟练劳动力？
► 回收利用和再制造

学习成果 11.4.1

解释新兴工业区出现的原因。

世界各地的工业都在发展。地域因素，特别是劳动力成本，刺激了新工业区的增长。区位因素，尤其是靠近不断增长的市场，也在新兴工业区的出现中发挥了作用。

新兴工业区

1970 年，世界工业近一半在欧洲，近 1/3 在北美；现在这两个地区各占 1/4。自 20 世纪 70 年代以来，发达国家的工业在经济总产出中的占比稳步下降（图 11–39）。世界工业在其他地区的份额从 1970 年的 1/6 增加到 2010 年的一半。

外包

跨国公司特别积极地在发展中国家使用低成本劳动力。为了在全球经济中保持竞争力，跨国公司会仔细审查其生产流程，以确定哪些生产步骤可以交由发展中国家低收入、低技能工人负责。

尽管运输成本较高，但是跨国公司仍然可以将部分工作转移到发展中国家，因为与发达国家相比，发展中国家工人的工资要低很多。与此同时，需要高技能工人负责的业务仍然留在发达国家的工厂里。选择性地将部分工作转移到发展中国家被称为**新国际分工**（new international division of labor）。

跨国公司通过**外包**（outsourcing）将生产分配给低薪水国家；外包就是将生产的大部分责任转交给独立供应商。外包对制造业的分布产生了重大影响，因为生产流程中的每个步骤都会被仔细审查，以确定其最佳的位置。

外包截然不同于以传统大规模生产为特色的生产方法，即**垂直整合**（vertical integration）。在垂直整合中，公司要控制高度复杂的生产过程中的所有阶段。垂直整合过去被认为是制造商的力量源泉，因为它使制造商能够进行所有步骤，并控制一切。例如，汽车制造商曾经要制造几乎所有零件，但现在大部分业务都外包给其他能够制作物美价廉的零件的公司。

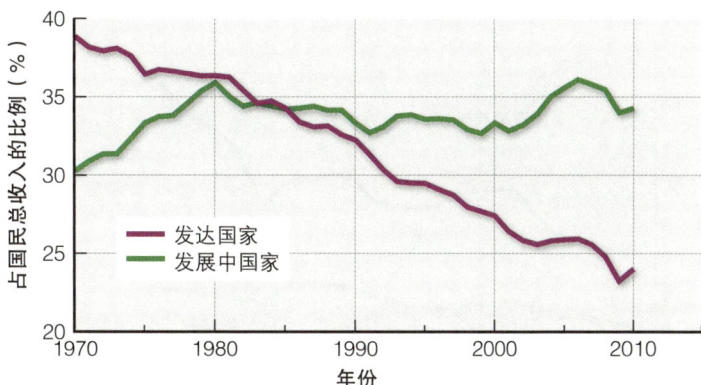

► 图 11–39 **制造业价值占国民总收入的比例** 自 20 世纪 90 年代以来，发展中国家制造业占国民总收入的比例高于发达国家。

▲ 图 11-40　位于中国江苏省的富士康工厂

外包在电子行业尤为重要。全球最大的电子承包商是富士康，它是苹果和英特尔等公司的芯片和其他电子元件的主要供应商。富士康在中国拥有约 100 万员工，其中包括位于深圳富士康城的数十万人（图 11-40）。富士康的工作条件已经受到中国机构和国际组织的细致审查。富士康的很大一部分员工住在工厂附近的宿舍里，他们的工作时间很长，但是薪水不高，福利有限。更引起争议的是富士康在暑假期间雇用实习的年轻人，批评者指责富士康这样做是为了获得免费童工。

墨西哥和北美自由贸易区

墨西哥的制造业一直在增长。《北美自由贸易协定》（The North American Free Trade Agreement，NAFTA）于 1994 年生效，消除了墨西哥、美国和加拿大之间运输货物的大多数障碍。墨西哥是距离美国最近的低工资国家，所以吸引了关注地域因素（低成本劳动力）和区位因素（靠近美国市场）的行业。

例如，北美几乎所有的汽车产量增长都位于墨西哥，而不是美国或加拿大（图 11-41、图 11-42）。美国边境附近的墨西哥工厂被称为加工出口工厂（maquiladoras）。在墨西哥

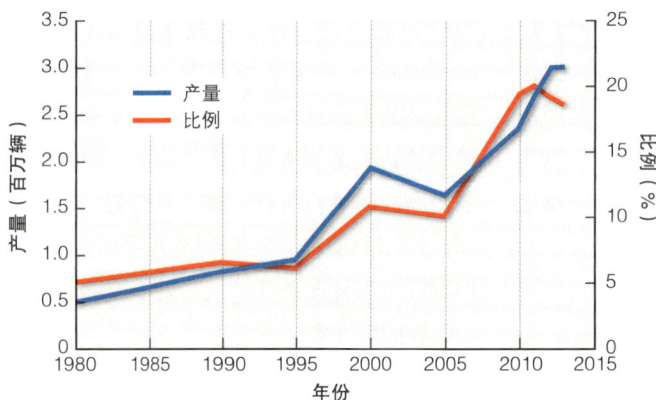

◀ 图 11-41　墨西哥的汽车产量

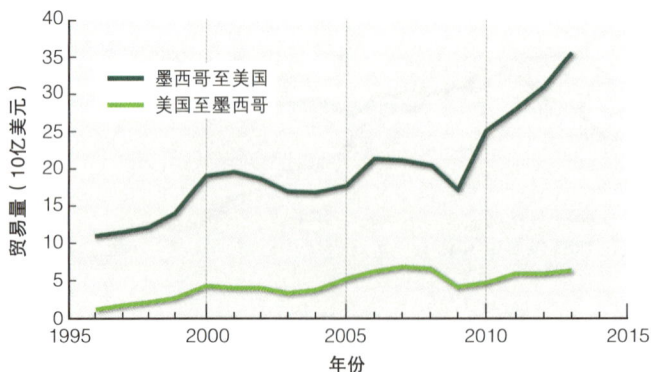

◀ 图 11-42　美国与墨西哥之间的汽车贸易

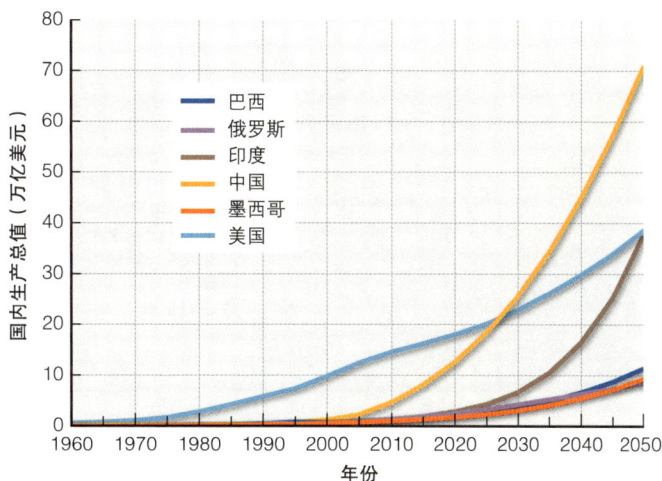

▶ 图 11-43 **金砖四国、墨西哥和美国的国内生产总值** 中国的国内生产总值预计在 21 世纪 20 年代成为世界最高，印度预计将在 21 世纪 50 年代成为第二大经济体。

是西班牙殖民地时，"maquiladoras" 这个术语最初被用于指代税收。根据美国和墨西哥的法律，如果公司从美国运输材料，在墨西哥边境的加工出口工厂装配部件，再将成品出口回美国，那么公司就可以获得减税优惠。超过 3,000 家墨西哥加工出口工厂雇佣了超过 100 万名墨西哥人。

北美工业的整合在美国和加拿大引起了恐慌。劳工领袖担心更多的制造商会将生产转移到墨西哥，以利用那里较低的工资水平。食品加工、电子和纺织品制造等劳动密集型产业，尤其想要搬迁去普遍工资水平较低的地区。

环保主义者担心《北美自由贸易协定》鼓励企业将生产转移到墨西哥，因为墨西哥管理空气和水体质量的法律并不像美国和加拿大的法律那样严格。墨西哥已采取措施减少墨西哥城的空气污染，但是环保主义者指责墨西哥仍未严格执行环境保护法律。

墨西哥自己也面临着挑战。墨西哥的工资水平虽然远低于美国，但却高于中国。尽管劳动力成本较高，但墨西哥仍然与中国进行了有效的竞争，因为它朝美国和欧洲的运输成本远低于中国。除美国外，墨西哥还与其他许多国家签署了自由贸易协定。

思考题 11.4.1

仔细看看你或你朋友的苹果手机。你能找到任何证据证明它是在中国的富士康生产的吗？

金砖国家

世界制造业未来的大部分增长，预计将集中在少数几个被称为金砖四国（BRIC）的国家；这个词由投资银行高盛（Goldman Sachs）创造，指代巴西、俄罗斯、印度和中国。这 4 个国家的外交部长于 2006 年开始会晤。

4 个金砖国家共占世界土地面积的 1/4，拥有世界 70 亿居民中的 30 亿人，但它们合计仅占世界国内生产总值的 1/6（图 11-43）。几个国家的经济排名分别是：中国第二，巴西第七，俄罗斯第九，印度第十一。中国预计将在 21 世纪 20 年代超过美国，成为世界最大经济体；印度预计将在 2050 年左右成为第二大经济体。

中国和印度拥有最丰富的劳动力，而俄罗斯和巴西则拥有特别重要的工业原材料。中国、印度和俄罗斯可能形成连续的工业区，

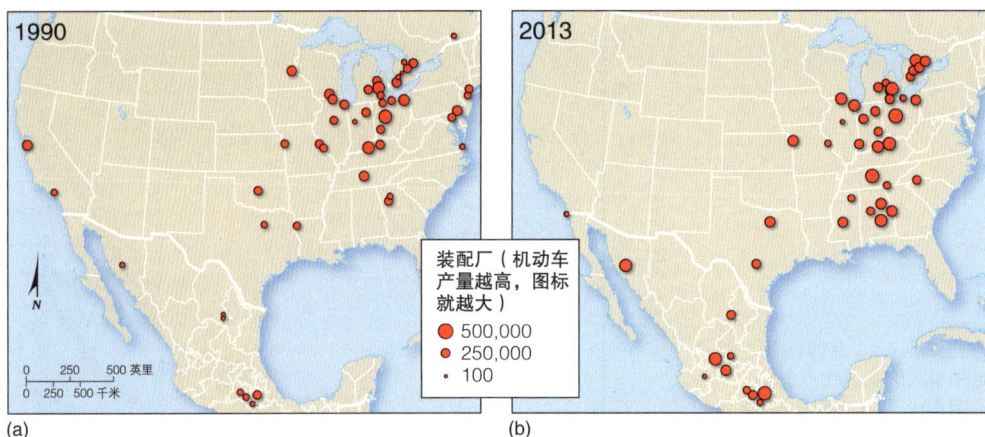

▲ 图 11-44　北美的机动车产量　（a）1990 年；（b）2013 年。圆圈大小代表装配厂的产量多少。

但是长期存在的矛盾限制了它们的经济互动。巴西与其他 3 个国家并不相邻。金砖四国的概念是，4 个大国如果共同努力，可以成为 21 世纪世界占主导地位的工业阵营。

发达国家的工业变革

学习成果 11.4.2

解释发达地区工业分布变化的原因。

在发达地区，工业正在从欧洲西北部和美国东北部的传统工业区转移。在美国，工业已经从东北部转移到南部和西部。在欧洲，政府政策鼓励工业搬迁到经济困难的边缘地区。

北美洲内部的转移

在 1950 年至 2015 年，美国减少了 230 万个制造业工作岗位。在此期间，东北地区减少了 370 万个制造业岗位，五大湖各州减少了 160 万个制造业岗位。另一方面，美国南部增加了 130 万个制造业岗位，最西部的各州增加了 110 万个。

在 19 世纪末和 20 世纪初，工业化在很大程度上绕过了还没有从内战失败中恢复过来的美国南部。南部缺乏工业发展所需的基础设施：公路和铁路网络的发展程度较低，电

力供应也不如北部普遍。所以，南部是美国最贫穷的地区。自 20 世纪 30 年代以来，政府施行旨在减少历史差异的政策，在一定程度上刺激了南部的工业增长。田纳西河流域管理局（The Tennessee Valley Authority）为南部的大部分地区供应了电力，此前无法通行的阿巴拉契亚山区、皮埃蒙特山区（Piedmont）和奥沙克山区（Ozarks）也建设了道路。空调使南方夏季的生活和工作更加舒适。

汽车生产是一个被南方吸引的行业案例。大部分汽车生产位于被称为汽车巷（auto alley）的走廊中，由密歇根州和亚拉巴马州之间南北向的 65 号和 75 号州际高速公路构成，并延伸到加拿大安大略省的西南部（图 11-44）。较新的工厂位于汽车巷的南部。

钢铁、纺织品、烟草制品和家具行业已经分散到南部较小的社区中，那里许多找工作的人愿意接受低于北部的工资，也愿意放弃加入工会。由于石油和天然气资源丰富，墨西哥湾沿岸已成为重要的工业区。墨西哥湾沿岸拥有炼油、石化生产、食品加工和航空航天产品制造行业。

吸引许多制造商的主要是**工作权利法**（right-to-work laws）。工作权利法要求工厂

实行自由雇佣（open shop），禁止只雇佣工会会员（closed shop）。在只雇佣工会会员的体系中，公司和工会商定，每个人都必须加入工会，才能在工厂工作。在自由雇佣的体系中，工会和公司不得协商要求工人以加入工会作为就业条件。

美国有 25 个州拥有工作权利法，工作权利法使得工会更难以组织工厂的工人、收取会费，以及站在强势地位与雇主议价。工作权利法释放出一个强有力的信号，即反工会的观点将被容忍，甚至得到积极的支持。因此，美国南部工会成员的比例远低于美国其他地区。更重要的是，对想要完全阻止工会的公司而言，该地区尤其具有吸引力。

欧洲内部的转移

制造业已从欧洲西北部的传统工业中心扩散到南欧和东欧。在某种程度上，欧洲各国政府的政策鼓励了这种工业转移。欧盟结构基金（The European Union Structural Funds）为其所谓的融合区域、竞争区域和合作区域提供援助：

■ 融合区域主要在东欧和南欧，收入低于欧洲的平均水平。

■ 竞争和就业区域主要是西欧传统的核心工业区，近年来制造业岗位大量减少。

■ 领土合作区域靠近欧盟国家和邻国的边界。

在 20 世纪后期制造业增长最快的西欧国家是西班牙，它在 1986 年加入欧盟之后尤其如此。在此之前，西班牙的制造业增长受到自然和政治孤立的阻碍。尽管完全是外资企业，但西班牙的汽车工业已经排名欧洲第二，仅次于德国。西班牙的主要工业区位于东北部的加泰罗尼亚，以巴塞罗那市为中心。该地区拥有西班牙最大的汽车工厂，同时也是西班牙纺织工业的中心。

自 20 世纪 90 年代初以来，位于德国以东和俄罗斯以西的几个欧洲国家逐渐成为工业投资的主要中心。波兰、捷克、匈牙利和斯洛伐克的工业发展最为活跃。中欧拥有最重要的地域因素和区位因素，即劳动力丰富和接近市场，所以吸引了制造商。中欧的工人为制造商提供物有所值的服务；与西欧的工人相比，他们的技术水平较低，但工资水平也低得多，与亚洲和拉丁美洲的工人相比，他们的工资水平较高，但技术水平也高许多。与此同时，该地区比其他新兴工业中心更接

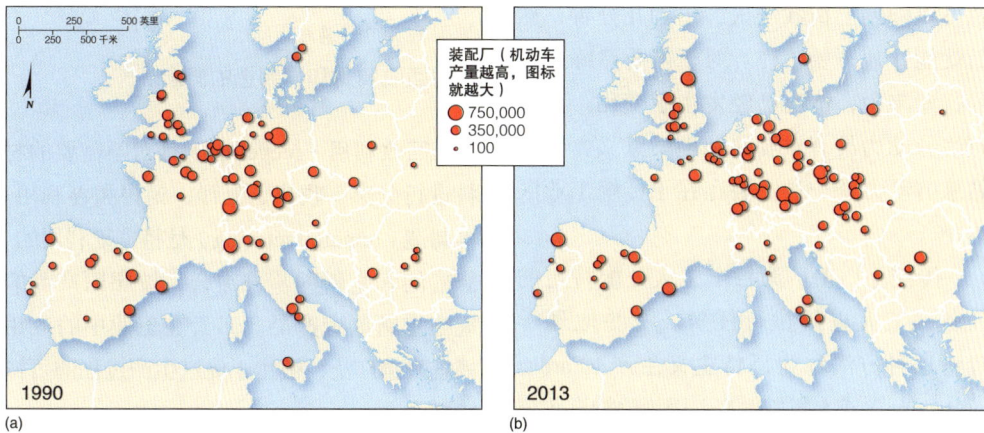

▲ 图 11-45　欧洲的机动车产量　（a）1990 年；（b）2013 年。圆圈大小代表装配厂产量的多少。

装配厂（机动车产量越高，图标就越大）
750,000
350,000
100

近西欧的富裕市场。中欧在欧洲汽车生产中所占的比例越来越大（图11-45）。

思考题 11.4.2

土耳其和摩洛哥的机动车产量有所增加。在这两个国家生产汽车可能有哪些优势和挑战？

熟练或非熟练劳动力？

学习成果 11.4.3

了解分别拥有熟练劳动力和非熟练劳动力的地方各有什么吸引力。

拥有低技能、低成本劳动力的地区和拥有高技能、高成本劳动力的地区各有好处，许多制造商在二者之间难以抉择。

熟练劳动力

既然新兴工业区的劳动力成本较低，那么为什么还有行业要留在传统工业区，尤其是美国东北部或欧洲西北部的传统工业区？让有些行业留在传统工业区的有两个地点因素，即熟练劳动力的工作效率，以及能够向市场迅速运输商品。

亨利·福特（Henry Ford）曾经吹嘘，他可以随便上街找个人，培训几分钟，然后就能让他开始工作。对于需要熟练工人的行业来说，情况已经发生了变化。寻找熟练劳动力具有重要的地理学意义，因为熟练劳动力是一种主要存在于传统工业区的资产。

传统上，工厂为每个工人分配特定的任务，工人重复执行任务。一些地理学者将这种方法称为**福特主义生产**（Fordist production）或大规模生产，因为福特汽车公司是最早在20世纪早期使用这种生产方式

的公司之一。许多行业现在采用精益或灵活的生产方法。与福特主义生产形成对比的是**后福特主义生产**（post-Fordist production），这个术语有时用于描述精益生产。丰田就是以开拓精益生产而闻名的一家汽车制造商。

4个方面的工作规则可用于识别后福特主义精益生产：

- **团队**。工人被安排在团队中，靠自己摸索如何执行各种任务。公司将工厂建设在工人愿采用更灵活工作规则的社区。

- **解决问题**。通过与受影响的各方协商、达成一致来解决问题，而不是通过投诉来解决。

- **一视同仁**。工厂里的工人待遇相同，经理和退伍军人没有得到特殊待遇；他们要穿着同样的制服，在同样的自助餐厅吃饭，在同样的地方停车，并且参加相同的体育运动和社交活动。

- **生产效率**。工厂通过引入新的机器和工艺，提高生产效率。这些新机器和工艺不需要体力工作，而是需要熟练的操作员，这类操作员通常具有大学学位。

回收利用和再制造

学习成果 11.4.4

了解回收利用和再制造的概念。

回收利用（recycling）是对不需要的材料进行分离、收集、处理、销售和再利用。**再制造**（remanufacturing）是将重复利用的、修缮的和全新的零件组合，按照原产品的规格重新制造产品。二者在工业中的应用都越来越广泛，被用于促进生产过程的可持续性。

服装的原产国

在美国销售的大多数服装都是在其他国家生产的，其中五大原产国是中国、越南、孟加拉国、印度尼西亚和洪都拉斯。

就在20世纪90年代，在美国销售的大多数服装还都是在美国制造的，但是现在美国制造的服装十分少（图11-46）。来自其他国家的服装更便宜，进口到美国的成本更低，而美国东南部的工厂每小时要支付10至15美元的工资，无法与时薪不足1美元国家的制造商竞争。美国的制衣工人数量在1990年为90万，在2000年减少到50万，在2010年减少到了15万。

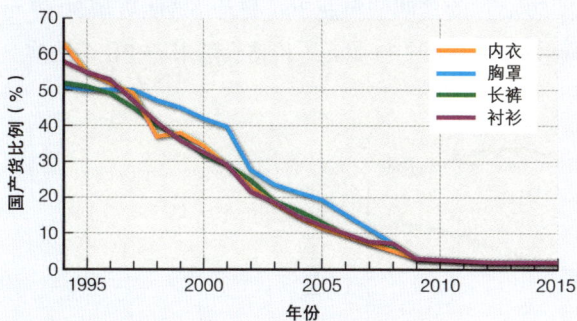

◀ 图11-46 **美国的国产和进口服装** 在美国销售的服装中，国产货所占的比例从20世纪90年代的约50%下降到了今天的3%。

你与工业地理学

你所穿服装的原产国

在美国销售的服装都有显示其原产国的标签（图11-47a）。

1. 查看你的10件T恤上的标签。记录每件T恤的原产地区（非洲、亚洲、欧洲、拉丁美洲或北美）。

2. 哪个地区生产的T恤数量最多？哪个地区最少？

3. 结合班上每个人的记录。在世界地图（如图11-47b）上记录数据。你的结果与全班的结果相比有何区别？

4. 3个发展中地区（非洲、亚洲和拉丁美洲）中哪个的总数最高？哪个的总数最低？发展中地区之间的巨大差异，原因可能是什么？

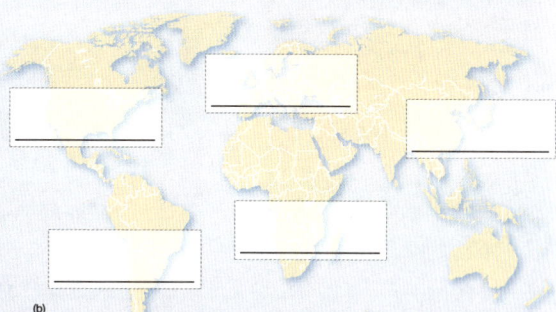

▲ 图11-47 **你的衣服的原产地** （a）服装标签示例；（b）你的T恤的原产地。

回收利用

美国的回收量从 1970 年所有固体废物的 7% 增加到 1980 年的 10%、1990 年的 17% 和 2013 年的 34%（图 11-48）。由于回收利用，2013 年美国产生的 2.54 亿吨固体废物中，约有 8,700 万吨不用进入垃圾填埋场和焚烧炉，而 1990 年产生的 2 亿吨固体废物中，只有 3,400 万吨不用填埋和焚烧处理。

不同产品的回收利用率差异很大：50% 的纸制品和 24% 的庭院装饰品得以回收利用，其他固体废物的回收利用率则不足 10%（图 11-49）。本来会被"扔掉"的材料被收集和分类，主要方式有 4 种：路边回收、废品中心、回购中心，以及寄存计划。无论收集方法如何，可回收物都被送到材料回收场所进行分类，并为被制成可销售的制造商品做准备。可回收物的购买和出售方式与其他任何商品一样。近年来每吨可回收物的典型价格为透明塑料瓶 300 美元，透明玻璃 30 美元，报纸 100 美元。价格会随市场变化而波动。

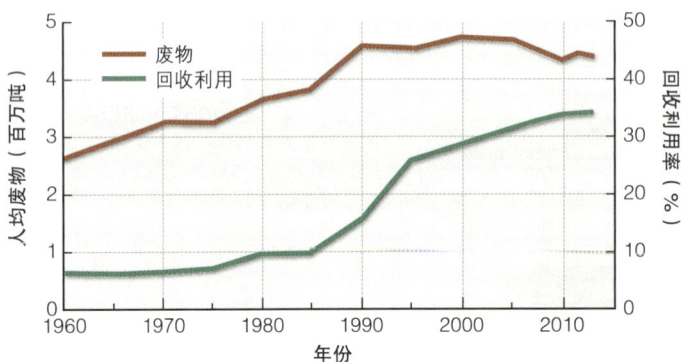

▶ 图 11-48 美国的回收利用率 回收利用率从 1980 年的约 10% 增加到了今天的 35% 左右。

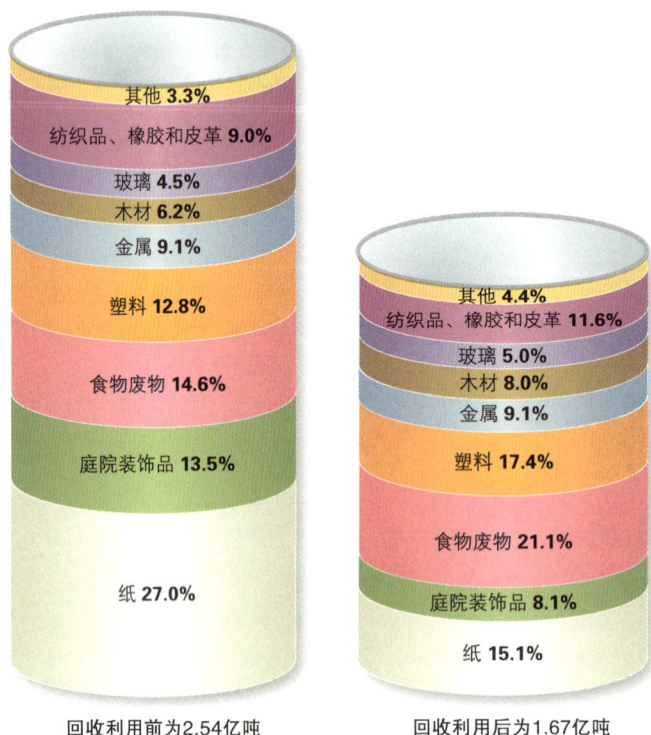

回收利用前为2.54亿吨

回收利用后为1.67亿吨

▶ 图 11-49 回收利用前后的固体废物 大约 1/2 的纸和 1/4 的庭院废物被回收利用，而其他废物只有 10% 被回收利用。

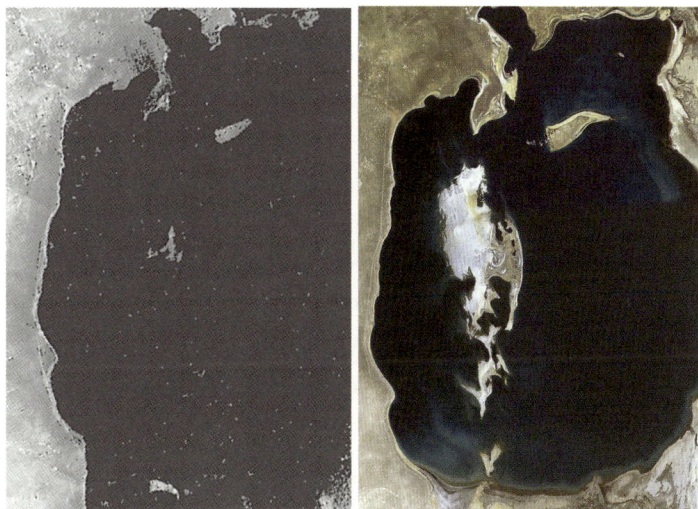

(a) 1975年　　　　　　　　　(b) 1989年

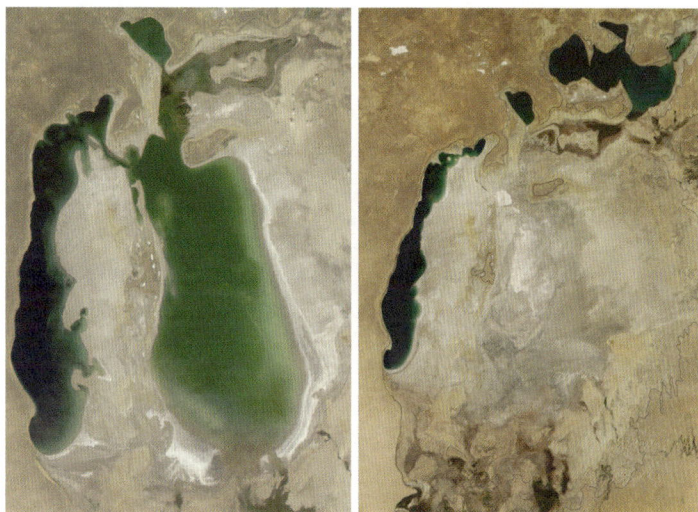

(c) 2003年　　　　　　　　　(d) 2014年

▶ 图 11–50　逐渐消失的咸海
（a）1975 年;（b）1989 年;（c）
2003 年;（d）2014 年。

思考题　11.4.4

4 种回收方式中,你最常使用哪一种? 为什么?

再制造

　　回收利用的材料可以再制造成新产品。回收利用的材料有一半以上涉及四大制造业:造纸厂、钢厂、塑料加工厂和钢铁铸造厂（参见"可持续性与我们的环境"版块）。包含再制造材料的普通家用品包括报纸和纸巾,铝、塑料和玻璃软饮料容器,钢罐,以及塑料洗衣液瓶。回收利用的材料也用于多种工业建设,如在道路沥青中使用回收的玻璃,在地毯、公园长椅和人行天桥中使用回收的塑料。

　　世界上最需要再制造的一个极端例子是分属哈萨克斯坦和乌兹别克斯坦两国的咸海。咸海在 1960 年是世界第四大湖,面积 6.8 万平方千米（2.6 万平方英里）。它在 2010 年缩减到大约 5,000 平方千米（2,000 平方英里）,在 21 世纪 20 年代它可能会完全消失再制造有助于环境变得更具有可持续性。主要的挑战是提高其经济的可持续性。

■ 纸。大多数类型的纸张都可以回收利用。几十年来，报纸一直在被回收利用，而其他纸张，特别是电脑用纸的回收也在增长。原纸浆价格的快速上涨，使得更多能够使用废纸的工厂出现。回收利用的关键是收集大量干净的、分类良好的、未受污染的、干燥的纸。

■ 塑料。塑料产业已经开发出一种在三角形里面标记的数字体系。符号 2（牛奶壶等）、符号 4（购物袋等）和符号 5（酸奶瓶等）被认为是最安全的回收利用品。符号 3（食品包装等）、符号 6（聚苯乙烯泡沫塑料等）和符号 7（iPad 包装盒等）中的塑料可能含有致癌物质。符号 1（水瓶等）会让细菌积聚。

■ 铝。再生铝的主要来源是饮料罐。铝罐在 20 世纪 50 年代开始取代装啤酒的玻璃瓶，在 20 世纪 60 年代开始取代软饮料的玻璃瓶。废铝很容易被回收利用，而其他金属则很少被回收。

■ 玻璃。玻璃可以重复利用，不会降低质量，并且 100% 可回收。使用旧玻璃制造新玻璃的过程非常高效，几乎不会产生任何废物或多余的副产品。完整的透明玻璃很有价值，混色玻璃几乎不值钱，破碎的玻璃则难以分类。

▲ 图 11-51 **再制造** 废旧汽车等着被粉碎，以便重复使用钢材。

（图 11-50）。从航空照片和卫星图像上可以看出它的萎缩。

咸海的萎缩是因为苏联从 1954 年开始引阿姆河（Amu Dar'ya）和锡尔河（Syr Dar'ya）来灌溉棉田。具有讽刺意味的是，该地区的棉花现在正在枯萎，因为咸海干枯湖床上的盐被风吹起，沉积到棉田上。鲤鱼、鲟鱼和其他鱼类已经在 1983 年完全消失。大型船只搁置在曾经是湖床的盐滩上，湖水迅速消退，离岸边数十千米的渔村也已经废弃。

复习 关键议题 4
为什么工业的地点会变化？

✓ 在不属于传统工业区的地方，工业正在增长，主要原因在于低成本的劳动力。

✓ 在发达地区，非传统工业区的工业也在增长。

总结与回顾

关键议题 1

工业分布在何处?

工业在世界上的分布并不均匀。它高度依赖能源,尤其是化石燃料的利用率。在工厂制造商品的概念起源于英国的工业革命。世界上大多数工业集中在 3 个地区:欧洲、北美和东亚。

地理学思维

1. 什么区位因素和地域因素使得英国在 19 世纪末能保持工业领先地位?

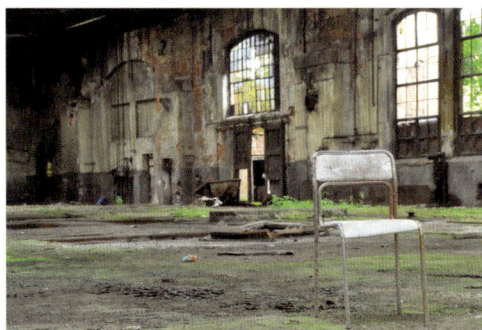

▲ 图 11-52　英国倒闭的工厂

关键议题 2

为什么区位因素和地域因素很重要?

公司通常会考虑区位因素和地域因素的组合。区位因素涉及将原材料输送到工厂,将制成品运输到市场。三大地域因素是劳动力、资本和土地。原材料和产品的运输方式有船运、铁路运输、公路运输和空运。最佳的运输方式取决于运输的距离。

地理学思维

2. 2012 年,大众汽车获得了 5.77 亿美元的政府奖金,用于在美国田纳西州的查塔努加建设工厂。你认为政府提供这样巨大的激励措施是否值得? 为什么?

▲ 图 11-53　田纳西州查塔努加的大众组装厂

关键议题 3

为什么工业会面临资源上的挑战？

能源和其他资源对工业而言至关重要。能源目前主要通过3种化石燃料获得：煤、石油和天然气。化石燃料高度集中在少数几个国家。能源需求主要来自4个方面：工业、交通、家庭和商业活动。化石燃料的替代品包括水力发电、核能、风力发电、地热能和太阳能。工业是空气、水和土地的主要污染源。

地理学思维

3. 你所在的社区采取了哪些策略来鼓励回收利用？在你的社区中，还有哪些鼓励回收利用的策略可能有效？为什么？

▲ 图 11–54　伊利诺伊州奥克帕克（Oak Park）的回收利用

关键议题 4

为什么工业的地点会变化？

制造业地点发生了变化。发展中国家和发达地区内部分区域的工业正在增长。地域因素，尤其是劳动力成本，刺激了新地区，特别是金砖四国的工业增长。在北美洲和欧洲，非传统制造业聚集区的制造业正在增长。

地理学思维

4. 加拿大对北美汽车装配厂分布的变化有何影响？

5. 与墨西哥相比，为什么区位因素和地域因素会使加拿大工厂处于劣势？

▲ 图 11–55　墨西哥的卡车在美国边境排队

关键术语

酸性沉降（第415页），地球表面酸性物质的积累。

酸性降水（第415页），硫氧化物和氮氧化物转化为酸，以雨、雪或雾的形式返回地球。

主动式太阳能（第412页），光伏电池捕获太阳辐射，将光能直接转换为电能。

空气污染（第414页），空气中微量物质（如一氧化碳、二氧化硫、氮氧化物、碳氢化合物和固体颗粒）的浓度高于平均水平。

生物动力（第385页），由动物或人提供的动力。

生物质燃料（第385页），源自植物材料和动物粪便的燃料。

生化需氧量（第416页），水生细菌分解给定量有机废物所需的氧气量。

货物装卸点（第395页），一个可以在多种运输方式之间进行转换的地方。

增体积行业（第390页），最终产品的重量或体积大于原材料的行业。

减体积行业（第389页），最终产品的重量或体积小于原材料的行业。

氯氟烃（第414页），一种用作溶剂、喷射剂、制冷剂、塑料泡沫发泡剂和灭火剂的气体。

消耗性用水（第416页），一种用水的方式，它会让水蒸发，而不是让水作为液体返回自然界。

家庭手工业（第384页），以家庭而非工厂为基础的制造业，在工业革命之前最常见。

裂变（第408页），分裂原子核以释放能量。

福特主义生产（第424页），一种大规模生产的形式，工厂为每个工人分配特定的任务，工人重复执行任务。

化石燃料（第385页），由数百万年前埋藏在地下的植物和动物残余形成的能源。

聚变（第409页），通过将两个氢原子的核融合成氦来产生能量。

地热能（第411页），由地下灼热或熔化的岩石产生水蒸气或热水而形成的能量。

温室效应（第414页），二氧化碳（来自化石燃料的燃烧）将地球表面散发出来的部分辐射困住，导致地球温度升高。

及时交付（第395页），将零件或材料及时运送到工厂，以便工厂使用。

劳动密集型产业（第366页），劳动力成本在总支出中所占比例很高的行业。

加工出口工厂（第421页），由美国公司在墨西哥靠近美国边境建造的工厂，目的是利用墨西哥更低的劳动力成本。

新国际分工（第420页），将一些类型的工作从较发达国家转移到欠发达国家，特别是那些需要低薪、低技能工人的工作。

非消耗性用水（第416页），一种用水的方式，它会使水作为液体返回自然界。

非点源污染（第417页），源自较大扩散区域的污染。

不可再生能源（第410页），供应量有限、会被耗尽的能源。

外包（第420页），公司将生产的大部分责任转交给独立供应商。

臭氧（第414页，）地球上空15至50千米（9至30英里）之间的一层气体，能够吸收平流层的紫外线辐射。

被动式太阳能系统（第412页），在不使用机械装置的情况下收集能量的太阳能系统。

光化学烟雾（第415页），一种因天气条件和空气污染（尤其是汽车尾气）结合而形成的大气状况。

点源污染（第417页），从特定来源进入水体的污染。

污染（第414页），空气、水或土地中的废物浓度高于平均水平。

后福特主义生产（第424页），公司采用灵活的工作规则，例如将工人分配给执行各种任务的团队。

潜在储量（第404页），尚未确定但被认为存在的资源数量。

探明储量（第404页），已被发现的资源数量。

回收利用（第426页），对不需要的材料进行分离、收集、处理、销售和再利用。

再制造（第426页），将重复利用的、修缮的和全新的零件组合，按照原产品的规格重新制造产品。

可再生能源（第410页），一种在理论上拥有无限供应量，并且不会被耗尽的能源。

工作权利法（第422页），美国的一种法律，禁止工会和公司协商要求工人以加入工会作为就业条件。

卫生填埋场（第418页），一种填埋固体废物的地方，被填埋的固体废物每天都会被盖上泥土，以减少腐烂垃圾中的气体和气味排放，减少火灾，以及驱除害虫。

地域因素（第388页），与工厂内生产要素成本相关的位置因素，如土地、劳动力和资本。

区位因素（第388页），与进出工厂的材料运输相关的位置因素。

垂直整合（第420页），以传统大规模生产为特色的生产方法，公司要控制高度复杂的生产过程中的所有阶段。

中国新疆喀什市的一个市场。

第十二章

服务业和定居区

在发达国家，大多数人从事服务行业，例如在商店、办公室、餐馆、大学和医院等地工作。大多数人都从服务提供商那里获得他们需要的服务。服务业与定居区密切相关，因为服务业就位于定居区之内。在服务业中，地理发挥着特别重要的作用，因为一种服务的最佳位置是由地理学原理决定的。

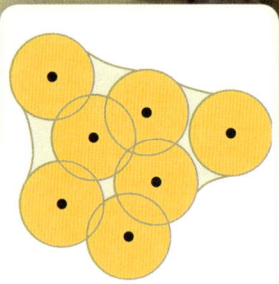

1

服务业分布在何处？

服务业分为 3 种类型：消费性服务业、商业性服务业和公共服务业。它们在空间上的分布各不相同。

2

消费性服务业分布在何处？

在发达国家，消费性服务业的分布很规律，其基础是具有特定半径的市场区域中的人数。消费性服务业的最佳位置通常是极其地方化的位置，例如交叉路口的角落。

3

商业性服务业分布在何处?

　　商业性服务业绝大多数集中在相对较少的全球城市,这些城市在全球经济中相互关联。

4

为什么服务业聚集在定居区?

　　定居区包括乡村定居区和城市定居区。在发达地区,生活在城市定居区的人口比例较高,但是现在世界上人口最多的城市定居区位于发展中地区。

服务业
分布在何处？

▶ 介绍服务业和定居区

学习成果 12.1.1
描述3种类型的服务业。

发达国家的大多数人都在商店、办公室、餐馆、大学和医院等地工作。这些机构属于第三产业或服务业。**服务业**（service）是以收费为基础，满足人类需求的活动。少数人在农场或工厂里工作，也就是从事第一产业和第二产业。

介绍服务业和定居区

在大多数发达国家，服务业占国内生产总值的2/3以上，而在大多数发展中国家，这个比例不到一半。从逻辑上讲，服务业工作者的分布与第一产业工作者成反比。如果服务业仅位于人们居住的地方，那么服务业最多的就应该是中国和印度，而不是美国和其他发达国家。服务业聚集在发达国家，是因为发达国家人们的购买力更强。在发达国家内部，较大城市的服务业规模大于小城镇，因为较大城市的消费者更多。

地理学者认为，服务业和定居区之间存在密切联系，因为服务业就在定居区之内。**定居区**（settlement）是人们生活、工作和获得服务的建筑物的长久聚集地。它们在地球表面占很小一部分，远低于1%，但定居区几乎是所有人的家园，因为很少有人孤立地生活。

要解释为什么服务业聚集在定居区，在

某种层面上对于地理学家来说很简单。从地理学来看，对服务业至关重要的位置因素只有一个，那就是靠近市场。正如第11章所描述的，工业的最佳位置需要平衡许多地域因素和区位因素，但是服务业的最佳位置只需靠近客户。

与工厂选址相比，服务业选址需要更多的地理学技能。工厂的最佳位置可以是几百平方千米的区域，而服务业的最佳位置可能是非常具体的地方，例如街角。

三种服务业

服务业分为3种类型：消费性服务业（consumer services）、商业性服务业（business services）和公共服务业（public services）。每种类型的服务业又可以细分为几个种类（图12–1）：

■ **消费性服务业**。消费性服务业的主要目的是为有需要和有购买力的消费者提供服务。美国约有半数的工作岗位属于消费性服务业。4种主要的消费性服务业类型是零售、医疗、教育和休闲。

■ **商业性服务业**。商业性服务业的主要目的是促进其他企业的活动。美国1/4的工作岗位属于商业性服务业。专业服务、运输服务和金融服务是3种主要的商业性服务业。

■ **公共服务业**。公共服务业的目的是为公民和企业提供安全保障。美国约有10%的工作岗位属于公共服务业。除了教育工作者，1/6的公共服务业工作人员在联邦政府工作，1/4在州政府工作，3/5在上万个地方政府工作。

服务业就业的变化

图12–2显示的是美国就业情况的变化。美国就业的所有增长都来自服务业，而第一

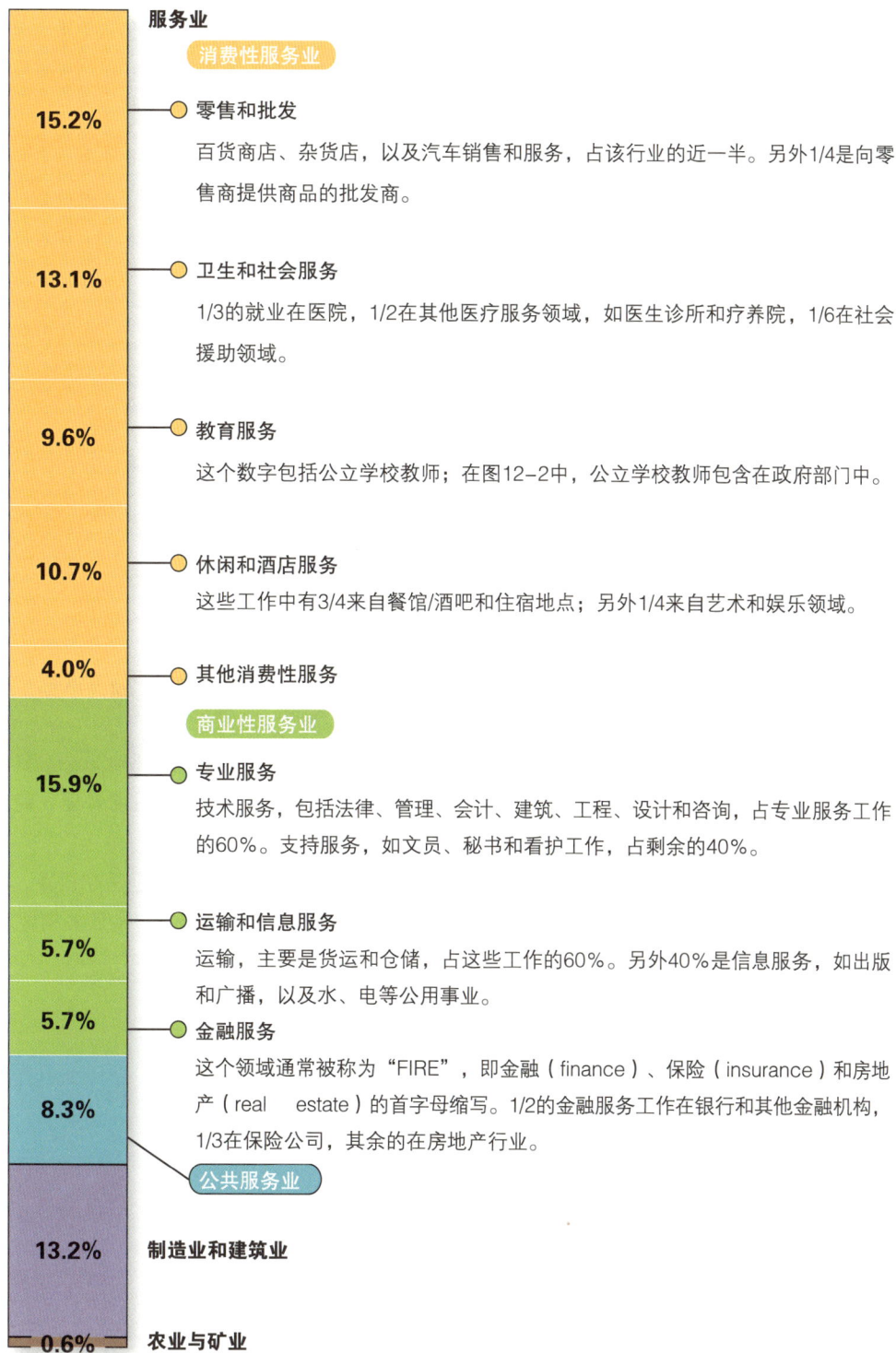

服务业

消费性服务业

15.2% ○ 零售和批发
百货商店、杂货店，以及汽车销售和服务，占该行业的近一半。另外1/4是向零售商提供商品的批发商。

13.1% ○ 卫生和社会服务
1/3的就业在医院，1/2在其他医疗服务领域，如医生诊所和疗养院，1/6在社会援助领域。

9.6% ○ 教育服务
这个数字包括公立学校教师；在图12-2中，公立学校教师包含在政府部门中。

10.7% ○ 休闲和酒店服务
这些工作中有3/4来自餐馆/酒吧和住宿地点；另外1/4来自艺术和娱乐领域。

4.0% ○ 其他消费性服务

商业性服务业

15.9% ○ 专业服务
技术服务，包括法律、管理、会计、建筑、工程、设计和咨询，占专业服务工作的60%。支持服务，如文员、秘书和看护工作，占剩余的40%。

5.7% ○ 运输和信息服务
运输，主要是货运和仓储，占这些工作的60%。另外40%是信息服务，如出版和广播，以及水、电等公用事业。

5.7% ○ 金融服务
这个领域通常被称为"FIRE"，即金融（finance）、保险（insurance）和房地产（real estate）的首字母缩写。1/2的金融服务工作在银行和其他金融机构，1/3在保险公司，其余的在房地产行业。

8.3% 公共服务业

13.2% 制造业和建筑业

0.6% 农业与矿业

▲ 图 12-1 **美国的就业情况** 美国约有一半的工作岗位属于消费性服务业，1/4 的工作岗位属于商业性服务业。

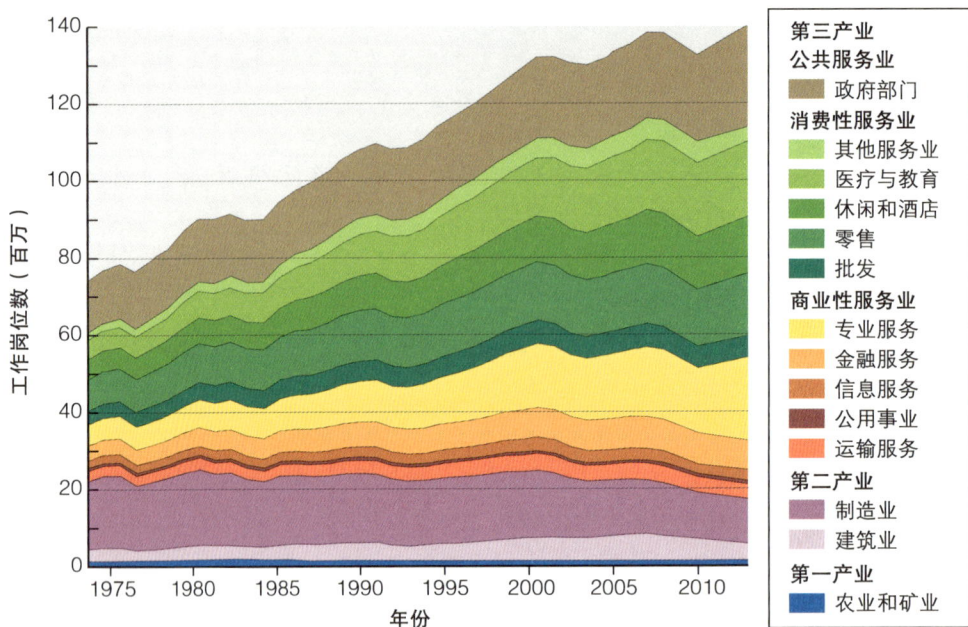

▲ 图 12-2 美国就业情况的变化 第三产业就业人数有所增加，消费性服务业尤其明显。

和第二产业的就业率则有所下降。在商业性服务业内，专业服务领域的就业增长最快，而金融和运输服务方面的增长速度较慢，出现这种情况的原因是效率的提升，例如运行火车和接听电话需要的劳动力变得越来越少。在消费性服务业中，就业增长最快的是医疗保健、教育、娱乐和休闲。

思考题 12.1.1

你或你家人的工作属于第几产业？如果属于服务业，那么属于哪种类型的服务业？

复习　关键议题 1
服务业分布在何处？

✓ 3 种类型的服务业是消费性服务业、商业性服务业和公共服务业。

✓ 增长最快的消费性服务业是医疗领域，增长最快的商业性服务业是专业服务领域。

消费性服务业分布在何处?

▶ 中心地理论
▶ 消费性服务业的层次结构
▶ 市场区域分析
▶ 集市

解释市场区域、市场范围和市场门槛的概念。

消费性服务业和商业性服务业的分布各不相同。消费性服务业的规模通常基于定居区的大小,定居区越大,消费性服务业的规模就越大。在关键议题 3 中,我们将描述商业性服务业如何在特定的定居区聚集,从而创建出一种专门的模式。

中心地理论

为新店铺选择合适的位置,可能是消费性服务业盈利能力的最重要因素。**中心地理论**(central place theory)可以解释如何识别盈利能力最高的位置。

中心地理论是在 20 世纪 30 年代由德国地理学者沃尔特·克里斯塔勒(Walter Christaller)根据对德国南部的研究提出的。德国的奥古斯特·勒施(August Lösch)和美国的布莱恩·贝里(Brian Berry)等人在 20 世纪 50 年代进一步发展了这个概念。

服务业的市场区域

中心地(central place)就是周边地区人们交换商品和服务的市场中心。之所以称它为中心地,是因为它位于中心位置,可以最大限度地提高可达性。中心地的企业相互竞争,要为周边地区的市场提供商品和服务。根据中心地理论,这种竞争创造出一种规律的定居区模式。

吸引顾客的服务业区域就是**市场区域**(market area)或**腹地**(hinterland)。市场区域是结节区域(nodal region)的一个很好的例子;结节区域指一个具有核心的区域,核心的特征最为明显。要确立市场区域,就要在地图上围绕服务节点画一个圆圈。圈内的区域就是市场区域。

为了描绘中心地理论中的市场区域,地理学者在定居区的周围绘制了六边形(图

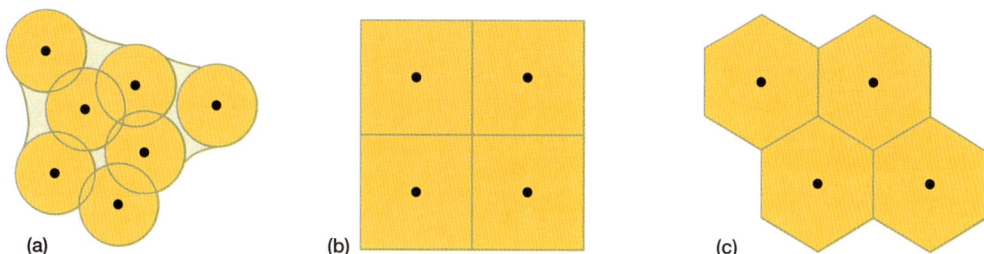

▲ **图 12–3 为什么地理学者使用六边形来划分市场区域** (a)圆形的问题。圆从中心到边缘是等距的,但圆在排列时会相互重叠,或在彼此间留下间隙。圆圈在排列时留下间隙,这表明生活在间隙中的人们不在任何市场区域内,而这是不符合常理的。圆圈在排列时重叠,也无法令人满意,因为最近的服务中心只可能有一个,而它也是人们倾向于光顾的。(b)正方形的问题。正方形在排列时可以无间隙,但它们的边与中心不等距。如果市场区域是圆形的,那么就可以测量半径,即从中心到边缘的距离,因为圆周上的每个点到圆心的距离都相同。但是,在正方形中,四边上各点到中心的距离各不相同。(c)折中的六边形。地理学者使用六边形来描绘商品或服务的市场区域,因为六边形是圆形和正方形几何属性的折中。像正方形一样,六边形在排列时不会产生间隙。尽管六边形边上各点到中心的距离各不相同,但是这种距离的变化小于正方形。

12-3）。六边形是圆形和正方形的折中。像正方形一样，六边形在排列时不会产生间隙。尽管六边形边上各点到中心的距离各不相同，但是这种距离的变化小于正方形。

由于大多数人更喜欢从最近的地方获取服务，因此靠近市场区域中心的消费者会从当地的机构获得服务。越接近市场区域的外围，选择从其他节点获得服务的消费者就越多。处于圆形市场区域边缘的人们，在本地或去其他地方获取服务的可能性相同。

基于最大的城市定居区，美国可分为多个市场区域。由 C. A. 道萨迪亚斯（C. A. Doxiadis）、布莱恩·贝里和美国商务部进行的研究，将美国 48 个相连的州划分成 171 个功能区域，这些区域的中心是通勤枢纽，也就是他们所说的"日常城市系统"（daily urban systems）。

思考题 12.2.1

自然界中有什么事物是六边形？你可以在互联网上搜索"自然界里的六边形"（naturally occurring hexagons）。

服务范围

每种服务都有独特的市场区域。为了确定市场区域的大小，地理学者需要两条有关服务的信息：范围（range）和阈值（threshold）（图 12-4）。你愿意走多远去买比萨？愿意走多远去看医生，治疗严重的疾病？愿意走多远去观看球赛？范围就是人们为获得服务而愿意移动的最大距离。范围是表示市场区域的圆（或六边形）的半径。

人们只愿意为日常消费服务（如杂货或药店）走很短的距离。但是，人们会为其他服务移动更长的距离，例如音乐会或职业球赛。因此，便利店的服务范围较小，而体育

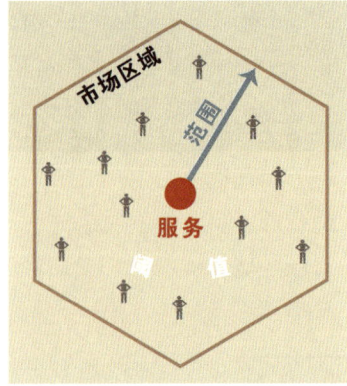

▲ 图 12-4　**市场区域、范围和阈值**　市场区域是六边形的区域，市场范围是半径，市场阈值是让服务项目得以开展的人数。

场的服务范围较大。例如，在大型的城市定居区，麦当劳等连锁快餐店的服务范围大约为 5 千米（3 英里），牛排与奶昔（Steak'n Shake）等休闲餐饮连锁店的服务范围大约为 8 千米（5 英里），而体育场的服务范围则超过 100 千米（60 英里）。

通常，人们倾向于获取距离最近的服务。例如，想要购买麦当劳汉堡的人，可能会去最近的麦当劳。因此，在确定服务范围时，不能参照完美的圆，而应该参照形状不规则的圆。在不规则圆占据的区域内，拟定服务地点要比竞争对手的地点更近。

服务范围必须进一步修正，因为大多数人都会考虑时间上的距离，而不是线性的距离，如千米或英里。如果你问人们愿意去多远的餐馆吃饭或多远的现场看棒球比赛，他们回答的形式更可能是时间，而不是距离。如果用行程时间来表示商品或服务的范围，那么就必须绘制不规则形状的圆，因为道路状况会影响行程时间。1 小时的行程时间，在高速公路上可能意味着 100 千米（60 英里），在城市街道上则可能只意味着 50 千米（30 英里）。

服务阈值

计算市场区域所需的第二条地理信息是

阈值，即让服务项目得以开展的最小人数。

每个企业都需要能够让它实现足够销售量，从而赢利的基本顾客数。因此，一旦确定了服务范围，服务提供商就必须通过计算不规则圆内的潜在客户来确定位置是否合适。人口普查数据可用于估计服务圈内的潜在人口。

如何计算服务范围内的预期消费者取决于产品。便利店和快餐店几乎面向所有人，而其他商品和服务则主要针对某些消费群体。例如：

■ 电影院主要面向年轻人，按摩服务主要面向老年人。

■ 较贫穷的人会去旧货店，较富裕的人则可能经常去高档百货商店。

■ 游乐园针对的是有孩子的家庭，夜总会面向的则是单身人士。

购物中心、百货商店和大型超市的开发商，可能会只计算收入较高的人——或许是年收入超过 50,000 美元的人。尽管这些商店可能吸引各种收入水平的人，但是高收入人群可能会花更多钱购买商品，给零售商带来更高的利润。在决定建立新店时，大型零售商有许多可选择的地方。能够实现足够销售量，让新店物有所值的地址才是合适的。

消费性服务业的层次结构

学习成果 12.2.2
解释不同规模的定居区的分布。

我们会花费尽可能少的时间和精力去获得消费服务，所以会去最近的服务地点。如果附近的商店里有相同的商品，那么就没有必要去远处的商店。只有在远处商品价格低得多时，或者在当地买不到我们想要的商品时，我们才会去更远的地方。

服务业和定居区的嵌套

根据中心地理论，如果没有被山脉和水体等自然物打断，发达国家的市场区域就是一系列大小不同的六边形。在发达国家，服务阈值和范围较小的小型定居区很多，而服务阈值和范围较大的大型定居区则很少。沃尔特·克里斯塔勒在他最初的研究中表明，德国南部不同定居区之间的距离有规律。

北达科他州的中北部也是如此。迈诺特（Minot）是该地区最大的城市，拥有 46,000 名居民。它的周围有：

■ 11 个人口在 1,000 到 3,000 之间的小城镇，平均的服务范围为 30 千米（20 英里），市场区域的面积约为 2,800 平方千米（1,200 平方英里）。

■ 20 个人口在 100 到 999 之间的村庄，服务范围为 20 千米（12 英里），市场区域的面积约为 1,200 平方千米（500 平方英里）。

▲ 图 12-5　北达科他州的小村庄马克斯巴斯　位于迈诺特北部，靠近 83 号和 5 号公路的交会点。

▲ 图 12-6 中心地理论

■ 22 个人口少于 100 的小村庄，服务范围为 15 千米（10 英里），市场区域的面积约为 800 平方千米（300 平方英里），包括图 12-5 所示的马克斯巴斯（Maxbass）。

较大定居区提供的消费性服务，其阈值、范围和市场区域较大。只有在小型的定居区，才会出现阈值、范围和市场区域较小的消费性服务，因为小型定居区的人口太少，不足以支持太多服务。大型商店无法在小型定居区中生存，因为阈值（所需的最少人数）超过了定居区范围内的人口数量。例如，迈诺特是北达科他州唯一一个拥有沃尔玛的定居区。

服务业和定居区的嵌套模式，可以用不同尺寸、相互重叠的六边形来说明。市场区域极小的小村庄，由最小的连续六边形表示。较大的六边形代表较大定居区的市场区域，并且覆盖在较小的六边形上，因为较小定居区的消费者会在较大定居区购买某些商品和服务。图 12-6 中包含 4 个不同级别的市场区域——小村庄、村庄、城镇和城市。

中心地的企业相互竞争，以成为周边地区商品和服务的市场。根据中心地理论，这种竞争创造出一种规律的定居区模式。在美国内陆的大部分地区，都可以观察到定居区的规律。

等级 – 规模分布

在许多发达国家，根据人口从多到少对定居区排序，就可以观察到一种规律。这种规律就是**等级 – 规模法则**（rank-size rule），在这种法则中，一个国家第 n 大定居区的人口数量是最大定居区人口的 1/n。

根据等级 – 规模法则，第 2 大城市的人口规模是最大城市的一半，第 4 大城市的人口规模是最大城市的 1/4，依此类推。绘制到对数坐标纸上，等级 – 规模分布模式就形成相对较直的线。在美国，定居区的分布符合等级 – 规模法则（图 12-7）。

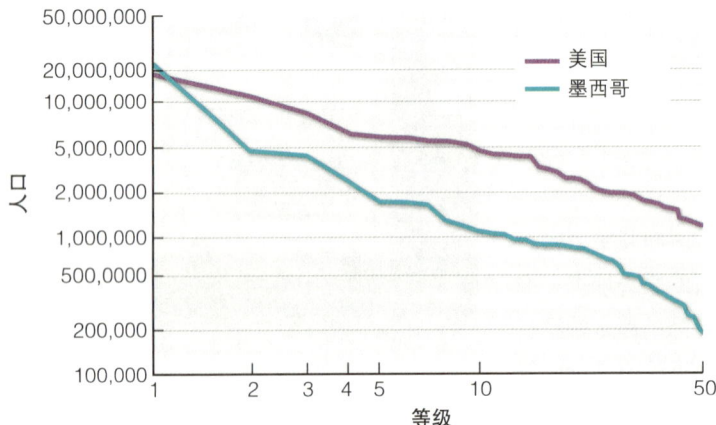

◀ 图 12-7 聚居区的等级 – 规模分布

▲ 图 12-8 **首位城市分布：墨西哥** 克雷塔罗（Querétaro）是墨西哥第 10 大定居区，其人口规模是最大定居区墨西哥城的 1/20，而不是等级 – 规模法则里的 1/10。

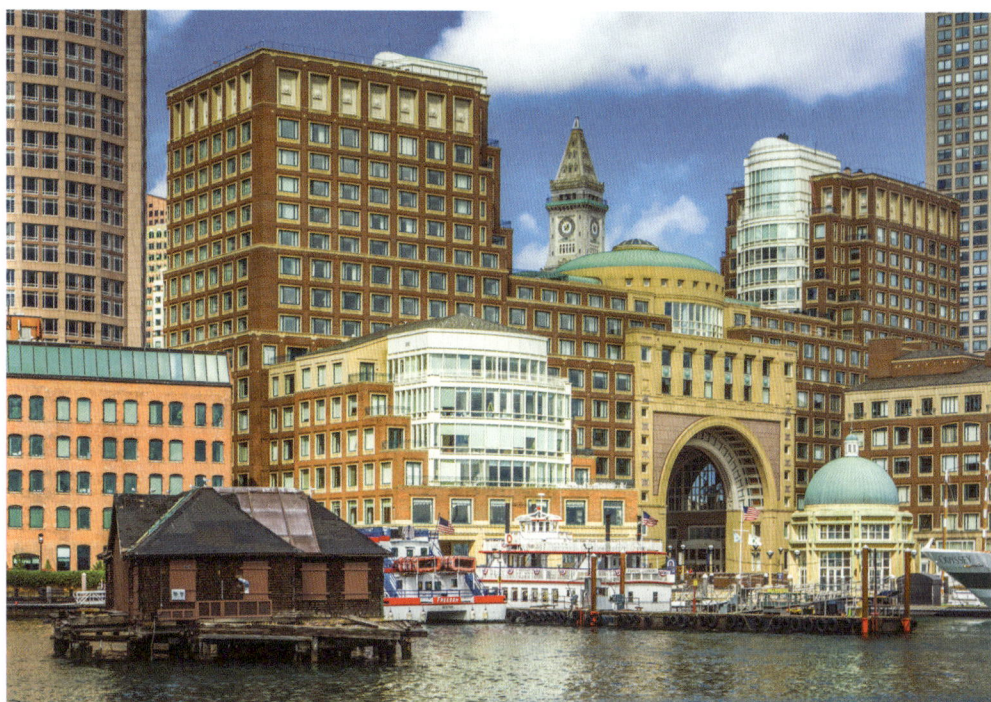

▲ 图 12-9 **等级 – 规模分布：美国** 波士顿是美国第 10 大定居区，其人口规模是最大定居区纽约市的 1/4，比等级 – 规模法则所表明的还要多。

辩论！ 沃尔玛对定居区是好还是坏？

沃尔玛是全球最大的消费性服务提供商（图 12-10）。它的一些商业行为引发了争议（图 12-11）。沃尔玛对定居区的好处和坏处是什么？你怎么看？

沃尔玛对定居区有好处

- 消费者能够以更低的价格买杂货。
- 为那些技术不足、找工作有困难的人提供就业机会。
- 商店通常选址在农村地区和缺乏其他购物选择的城市低收入社区。

▲ 图 12-10　**沃尔玛的员工**　摄于佛罗里达州迈阿密。

沃尔玛对定居区有坏处

- 沃尔玛的工资和福利水平太低，无法使工作人员摆脱贫困。
- 沃尔玛销售的大部分产品都来自海外，导致美国的就业岗位减少。
- 沃尔玛开业后，当地人拥有的商店被迫停业。

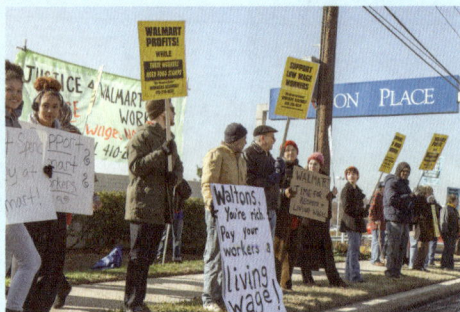

▲ 图 12-11　**抗议沃尔玛**　马里兰州陶森市（Towson）的人们进行抗议，要求沃尔玛支付基本生活工资。

如果一个国家或地区的定居区层次结构不是直线图形，那么该国家或地区就不符合等级 – 规模法则。相反，它符合的可能是**首位城市法则**（primate city rule）。在这种法则中，一个国家的最大城市被称为**首位城市**（primate city），最大定居区的人数是第 2 大定居区人数的两倍多。墨西哥就是符合首位城市分布的国家。墨西哥的最大定居区墨西哥城，比第 2 大定居区瓜达拉哈拉（Guadalajara）大 5 倍，而不是 2 倍（图 12-8）。

定居区的等级 – 规模分布模式，并不仅仅是数学上的趣事。它对一个国家居民的生活质量有实际影响。有规律的层次结构——

如美国定居区的分布情况——表明社会足够富裕，能够为全国消费者提供商品和服务（图 12-9）。相反，发展中国家缺乏规律的层次结构，说明社会中没有足够的财富来购买各种各样的服务。等级层次分布的缺乏，意味着人们必须辛苦地跋涉很长距离，才能到达提供商店和医院等服务的城市定居区。

思考题　12.2.2

秘鲁符合等级 – 规模法则，还是首位城市法则？使用搜索引擎搜索"秘鲁人口最多的城市"（most populous cities in Peru）。

大型零售商会雇用地理学者来确定建立新店的最佳位置。以下是为超市选址的典型流程：

1. **估计范围**。地理学者估计的服务范围，是大多数人到与拟建商店类似的现有商店的距离。这个距离，就是 2/3 至 3/4 消费者从住所到现有商店的距离。消费者的家庭地址是从信用卡记录中得到的。

2. **估计阈值**。接下来，地理学者要确定拟建新店服务范围内的居民人数是否足以证明建造新店的合理性。大型超市的阈值约为 25,000人，生活在 15 分钟能够到达的范围内。

3. **修正阈值**。必须通过两种方式来修正阈值：

● 计划新建的超市肯定要与竞争对手共享客户，所以要分析已存在的类似商店的市场份额。

● 拥有足够收入、能够定期在商店购物的人才被计算在内。零售商会避免在收入低于平均水平的社区开店。例如，在俄亥俄州代顿市（Dayton），主要连锁超市克罗格（Kroger）的大部分商店都位于相对富裕的南部和东部。

超市以及大多数其他零售商，都会避开低收入社区。这可能导致**食物沙漠**（food desert）的出现。美国政府将食物沙漠定义为一个拥有大量低收入居民、离杂货店距离较远的地区。在大多数情况下，政府将这个"距离较远"定义为超过 1 英里。对于有车的人来说，1 英里并不算远，但是对没有车的低收入人群来说，1 英里则很远。

你与零售地理学

1. 从你家到你家人最常去的杂货店，距离有多远？

2. 你的家人通常使用什么交通工具去杂货店购物？

3. 你的家人是否在最近的杂货店购物？如果没有，请问为什么？

4. 画出你所在社区中的食物沙漠。在互联网上搜索"食物可用性研究地图册"（Food Access Research Atlas），或者访问美国农业部的"食物可用性"（Food Access）网页。放大你所在的社区。

5. 你家位于食物沙漠内吗？你家所在的社区位于食物沙漠之内还是之外？这样归类准确吗？为什么？

市场区域分析

学习成果 12.2.3
解释如何使用阈值和范围来确定服务的最佳位置。

地理学者使用中心地理论来研究市场区域，帮助服务提供商新建和扩建其设施（参见"地理学实践"版块）。在严重的经济衰退期间，市场区域分析有助于确定要关闭何处的设施。

地理学者还改用了物理学中的**引力模型**（gravity model）。引力模型预测，服务的最佳位置与区域中的人数直接相关，并且同人们与它的距离成反比。一项服务的最佳位置能够将潜在客户到达服务点的距离最小化。

根据引力模型，消费者行为有两种模式：

1. 生活在特定地点的人数越多，一项服务的潜在客户数量就越多。一个包含 100 个家庭的区域，其潜在客户比只有 1 个家庭的

▲ 图 12-12 **集市** 巴提（Bati）的每周集市被认为是埃塞俄比亚最大的集市。

▲ 图 12-13 **将食物带去集市** 中国龚滩的人们将食物带去集市上销售。

住所多。

2. 人们离一项服务的距离越远，使用它的可能性就越小。离商店 1 千米远的人，比离商店 10 千米远的人更可能光顾商店。阈值也必须调整，因为消费者离服务点越远，就越不可能光顾。

集市

描述发展中国家集市的概念。

集市（periodic market）可能提供中心地层次结构下端的服务。集市指的是许多独立的小商贩在特定的日期汇集起来提供商品和服务。集市通常开设在清晨的街道或其他公共场所，在傍晚结束，第二天又开设在其他的地点（图 12–12）。

集市向发展中国家乡村区域的居民提供商品，这些地区人口稀少，人们收入低，购买力不足，无法支持全时的零售服务。集市至少能够在部分时间里让更多的村庄获得服务。在城市区域，集市为居民提供当天早晨从农村运来的新鲜食物（图 12–13）。

集市中的许多商贩都是移动的，他们开着卡车从农场到市场，然后回到农场补给，再去其他市场。有些商贩，尤其是没有能力或不愿去其他村庄的当地居民，则是兼职工作，也许每年只参加几次集市。有些兼职的

个体商贩只能够生产少量食品或手工艺品。

集市开设的频率因文化而异：

■ **伊斯兰国家**。伊斯兰国家的集市要符合每周历法，6 个市镇轮流每周开设一次，周五是穆斯林休息日，不开设集市。

■ **中国农村**。根据施坚雅（G. William Skinner）的说法，中国农村有基于 3 个镇、周期为 10 天的集市。中心地点的集市在第 1、4 和 7 天开设，第 2 个地点在第 2、5 和 8 天开设，第 3 个地点在第 3、6 和 9 天开设，第 10 天不开设集市。农历每月有 3 个 10 天的周期。

■ **朝鲜半岛**。朝鲜半岛每个农历月有两个 15 天的集市周期。

■ **非洲**。在非洲，集市每 3 至 7 天开设一次。集市周期的变化源自族群的差异。

举出发达国家集市的一个例子。

复习　关键议题 2
消费性服务业分布在何处？

✔ 中心地理论有助于确定赢利能力最高的位置。

✔ 中心地四周是有范围和阈值的市场区域。

✔ 不同大小的市场区域会嵌套和重叠。

✔ 尤其是在发达国家，提供消费性服务的定居区有规律。

商业性服务业
分布在何处？

▶ 商业性服务业的层次结构
▶ 发展中国家的商业性服务业
▶ 定居区的经济专业化

学习成果 12.3.1

描述用于识别全球城市的因素。

　　每个城市定居区都为周边地区的人们提供消费性服务，但是并非每个特定规模的定居区都有相同数量和类型的商业性服务。商业性服务业绝大多数都集中在少数城市定居区，不同的定居区有自己专注的商业性服务。

商业性服务业的层次结构

　　地理学者确定了一些被称为全球城市（global citiy，也称为世界城市）的城市定居区，它们在全球商业服务中发挥着特别重要的作用。全球城市可以根据许多标准来细分。

▼ 图 12-14　**华尔街的金融机构**　纽约证券交易所旁立着一尊乔治·华盛顿的塑像。

全球城市的商业性服务业

　　全球城市处于信息和资本流动的中心，因此极其紧密地融入全球经济体系。绝大多数集中在全球城市中的商业性服务业包括：

　　■ **金融机构。**全球城市作为金融中心，集中了大型银行、保险公司和专业金融机构的总部，这些专业机构为企业扩大生产提供和存储资金（图 12-14）。

　　■ **大公司的总部。**这些公司的股票在全球城市的证券交易所买卖。要以合理的价格买卖股票，及时获取信息就极其重要。远离工厂的制造公司高管做出关键决策，确定产品、产量和价格。远离工厂的支持人员负责工厂的资金和材料出入。这些工作是在全球城市的办公室里完成的。

　　■ **律师、会计和其他专业服务。**专业服务集中在全球城市，为大型企业和金融机构提供建议。广告代理商、营销公司以及其他与时尚相关的服务位于全球城市，帮助企业预测消费者品味的变化，并帮助塑造这些变化。

全球城市的排名

　　全球城市分为 3 个级别：一档（alpha）、二档（beta）和三档（gamma）。这 3 个级别可以进一步细分。商业性服务业的层次结构也适用于国家或大陆。可以结合多种因素，来识别全球城市，并对它们进行排名：

　　■ **经济因素。**影响全球经济的跨国公司、金融机构和律师事务所的总部数量。

　　■ **政治因素。**重要国际组织的总部，以及在国际活动中发挥主导作用的国家首都。

　　■ **文化因素。**拥有知名的文化机构，有影响力的媒体机构、体育设施和教育机构。

　　■ **基础设施因素。**拥有重要的国际机场、医疗设施和先进的通信系统。人们本来以为技术能够减少服务业在大城市的聚集，但事实并非如此。

■ **通信。** 19 世纪的电报和电话，以及 20 世纪的计算机，使得世界各地的同行、客户和消费者能够进行即时沟通。

■ **运输。** 19 世纪的铁路和 20 世纪的汽车及飞机使得人们能够快速旅行，产品和原材料能够快速交付。如第 11 章所述，现代交通和通信使工业能够去中心化，但是它们强化而不是削弱了全球城市在世界经济中的重要地位。

思考题 12.3.1

你认为芝加哥这样的一档城市，与休斯敦等二档城市或凤凰城等三档城市有何不同？

全球城市的消费性服务业和公共服务业

全球城市规模庞大，所以其消费性服务业的市场区域广泛，但是它们的消费性服务业之大，不只是来自城市的规模。数量极其

庞大的富人生活在全球城市，因此奢侈品和高度专业化的产品尤其可能在全球城市销售。

在全国具有重要性的休闲服务尤其可能聚集在全球城市，部分原因是它们需要较大的阈值和较大的范围，部分原因是富裕顾客的存在。全球城市提供的戏剧、音乐会、歌剧、夜总会、餐厅、酒吧和专业体育赛事通常是最多的。它们拥有规模最大的图书馆、博物馆和剧院（图 12-15）。

全球城市可能是国家或国际政治权力的中心。大多数全球城市都是国家首都，拥有国家元首的豪宅或宫殿、国家立法和司法机关的高楼大厦，以及政府机构的办事处。同样聚集在全球城市的，还有与政府有业务往来的团体的办公室，如外国的使馆、行业协会、工会，以及专业组织。

与其他全球城市不同，纽约并非国家首都。但是，作为世界主要国际组织联合国的所在地，纽约有数千名外交官和官员，还有

▼ 图 12-15 **伦敦剧院区** 剧院等休闲服务场所集中在全球城市。

与联合国有业务往来的组织的雇员。布鲁塞尔是欧盟最重要的活动中心，所以也是全球城市。

发展中国家的商业性服务业

学习成果 12.3.2
描述发展中国家的两种商业性服务。

在全球经济中，发展中国家专注于两种不同类型的商业性服务：**离岸金融服务**（offshore financial services）和**后勤服务**（back-office functions）。提供这些服务的企业往往位于发展中国家，原因有很多，包括法律上的利好、规章制度的薄弱，以及较低的工资水平。

离岸金融服务

小国家——通常是岛屿国家和微型国家——通过提供离岸金融服务在全球资本流通中获利。离岸中心在全球资本流动中有两项重要职能：

■ **税收**。针对收入、利润和资本收益的税收，在离岸中心通常很低或根本没有。在离岸中心注册的公司具有免税资格，无论公司所有者的国籍在哪里。美国每年损失的税收估计为 1,500 亿美元，因为很多在美国经营的公司将其资产隐藏在离岸避税天堂。

■ **隐私**。离岸中心的银行保密法律可以帮助个人和企业逃避在其本国的信息披露。可能被指控渎职的公司和人员，例如医生或律师，或者豆腐渣建筑物的开发商，可以通过将他们的资产存放在离岸中心，保护他们的部分资产免受诉讼影响。富裕的个人也能够在离婚时以这样的方式保护资产。债权人无法在破产听证会上获得此类资产。离岸中心的诉讼时效较短，也能保护离岸账户免受长期的调查。

离岸中心的隐私法和低税率也可以为避税和其他非法行为提供避风港。因此，离岸中心非法活动的范围是未知的，也是不可知的。

国际货币基金组织、税收正义网络（Tax Justice Network）的金融保密指数（Financial Secrecy Index），以及经济合作与发展组织（Organisation for Economic Co-operation and Development）都拥有离岸金融服务中心的名单。

业务流程外包

发展中地区专注的第二种商业性服务是后勤服务，也称为**业务流程外包**（business-process outsourcing，BPO）。典型的后勤服务包括保险索赔处理、工资管理、转录工作和其他常规文书活动。后勤工作还包括回复与信用卡、货件和索赔相关的账单查询，以及与安装、操作和维修相关的技术咨询。

传统上，公司对后勤员工和管理员工一视同仁，将他们安排在市中心，或附近的建筑物中。例如，以前市中心的银行大楼有大部分员工负责分类纸质支票和存款单。过去，人们认为距离近，对监督工作和周转信息而言至关重要。

市中心的租金上涨，导致许多商业性服务企业将日常工作转移到租金较低的地方。在大多数情况下，郊区或附近小城镇的建筑物的租金就足够低。对许多商业性服务而言，电子通信的改善是消除空间邻近需求的最重要因素。

后勤工作转移到部分发展中国家，是出于与劳工有关的两个原因：

■ **低工资**。大多数后勤工作人员每年收入几千美元，这高于大多数经济行业的工资，但是仅为发达国家类似工作人员工资的 1/10。因此，在发达国家被视为卑微和无希望的工作，在发展中国家则会被视为地位较高的工作，进而更有可能吸引受过更好教育、更有动力的雇员。

■ **英语能力。** 在亚洲，印度、马来西亚和菲律宾等国家拥有大量具有英语技能的工人——这种情况源自英国和美国的殖民统治（图 12-16、图 12-17）。美国运通（American Express）和通用电气等大型跨国公司在这些国家拥有大量后勤设施。

工人能够通过电话以英语进行交流，这是这些国家与邻国（如不常使用英语的印度尼西亚和泰国）竞争后勤工作的优势。熟悉英语的工作人员不仅可以直接接听电话，还可以通过接触英语音乐、电影和电视，更好地了解美国消费者的喜好。

后勤工作人员经常必须在深夜工作，因为这个时间刚好是美国的白天，查询需求最高。许多员工必须早到晚退，因为他们没有

▶ 图 12-16　呼叫中心　摄于印度班加罗尔。

▶ 图 12-17　呼叫中心的培训　摄于印度马杜赖（Madurai）。

自己的交通工具，依赖公共交通，而公共交通通常不会在深夜运营。公司会提供休息室和娱乐室，供他们在工作外的时间使用。

思考题 12.3.2

如果你所在地的时间是星期二下午3点，那么印度的呼叫中心是什么日期和时间？

定居区的经济专业化

学习成果 12.3.3

解释经济基础的概念。

定居区可以根据其独特类型的经济活动来分类。所有经济行业——无论是各种类型的农业、各种类型的制造商，还是各种类型的服务业——都具有独特的地理分布。

经济基础

定居区中的经济活动可分为两种类型：

■ **基础行业**（basic business）主要向定居区以外的客户出口服务。

■ **非基础行业**（nonbasic business）主要服务于定居区内的客户。

定居区中独特的基础行业集群就是其**经济基础**（economic base）。

定居区的经济基础很重要，因为基础行业的出口为当地经济带来了更多的资金，从而刺激定居区获得更多的非基础服务。原理如下：

■ 新的基础行业吸引新员工来到定居区。

■ 新基础行业的工人会带来他们的家人。

■ 开设新的非基础服务，以满足新工人及其家属的需求。

例如，在新的汽车装配厂开业后，新超市、餐馆和其他消费性服务也很快会出现。但是，这个过程不会反过来：新超市不会带来新的汽车装配厂。

美国的定居区可以通过其独特的基础行业集合来进行分类。基础行业最初指的是制造业，但随着服务业的增长，许多社区的基础行业开始存在于消费性服务业、商业性服务业和公共服务业中（图12-18）。

定居区的基础行业如果正在增长，就会吸引其他可以在附近受益的基础和非基础行业。结果可能是多种行业集群，促进彼此的增长。例如，波士顿生物技术的基础行业就

▼ 图12-18 拉斯维加斯的经济基础：赌博业

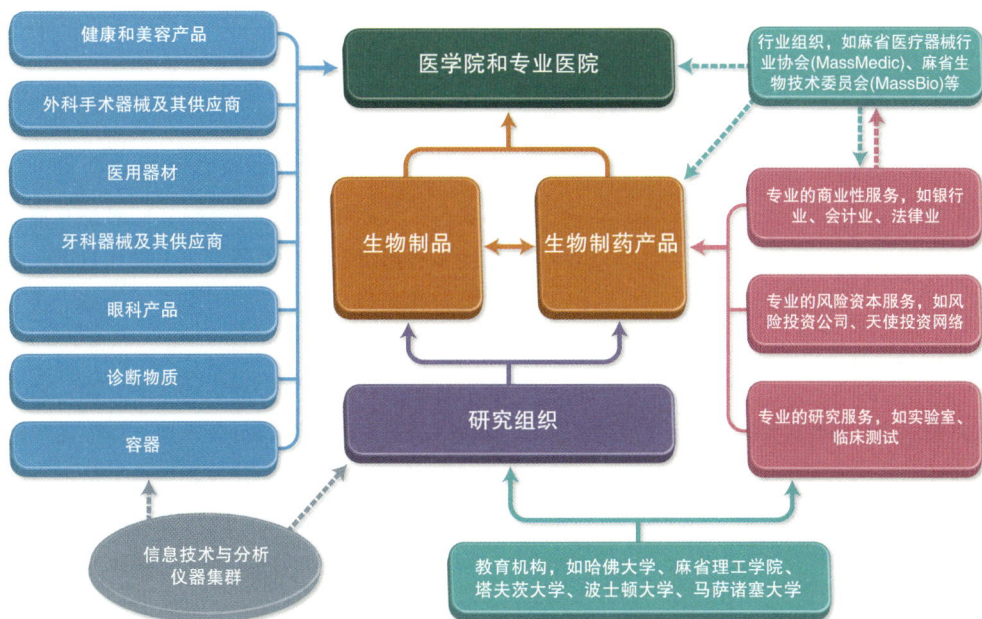

▲ 图 12-19　**波士顿的经济基础**　与生物技术相关的行业集群。

由一系列相互补充的商业部门组成（图 12-19）。相反，如果定居区的基础行业正在裁员——例如底特律的汽车产业——那么集群中的其他行业也可能会衰退。

人才的分布

　　人才在不同城市的分布并不均匀。一些城市的科学家和专业人才比例较高。吸引有才能的人很重要，因为他们能够促进经济创新。他们还可能会开设新的企业，为当地经济注入新的观念。

　　在某种程度上，有才能的人会被吸引到就业机会和经济激励最多的城市。但是，根据理查德·佛罗里达（Richard Florida）的研究，对人才的主要吸引力是文化而非经济。佛罗里达发现，有特殊才能的人会倾向于选择文化多样化程度更高的城市。他使用的是《POV 杂志》（*POV Magazine*）提出的"酷"

指数（coolness index），这个指数结合了 20 至 29 岁人口的比例、人均酒吧和其他夜生活场所的数量，以及人均艺术画廊的数量。

思考题 12.3.3
科学家和专业人士高度集中的定居区，其"酷"指数的排名是靠前还是靠后？原因可能是什么？

复习　关键议题 3
商业性服务业分布在何处？

✔ 商业性服务业集中在全球城市。

✔ 发展中国家会提供离岸金融服务和业务流程外包。

✔ 不同的社区专注于提供不同的服务；专业服务是一个社区的经济基础。

► 乡村定居区的服务业
► 早期城市定居区的服务业
► 城市化
► 城市定居区的规模

学习成果 12.4.1
描述集中式和分散式乡村定居区之间的区别。

服务业主要位于定居区。乡村定居区是农业中心，会提供少量服务。城市定居区是消费性和商业性服务业的中心。世界上有一半的人生活在乡村定居区，另一半生活在城市定居区。

乡村定居区的服务业

乡村定居区分为集中式（clustered）和分散式（dispersed）：

■ 集中式乡村定居区是以农业为基础的社区，其中许多家庭彼此靠近，住宅和农场建筑物的周围是田地。

■ 分散式乡村定居区的特点是农民生活在与邻居相隔较远的独立农场中。

集中式乡村定居区

集中式乡村定居区通常包括住宅、谷仓、工具棚和其他农场建筑，同时还有消费性服务建筑，如宗教建筑、学校和商店。少数公共和商业性服务也可能存在于集中式乡村定居区。

生活在集中式乡村定居区的人们，都会在周围的田地里分得部分土地。集中式乡村定居区的住宅、公共建筑和田地，是根据当地的文化和自然特征来排列的。

集中式乡村定居区通常以两种模式来排列，即环形和线形：

■ **环形的集中式乡村定居区。** 环形的集中式乡村定居区拥有一个中央开放空间，它的四周是建筑物。在撒哈拉以南的非洲，游牧民族马赛人建立了被称为"克拉尔"（kraal）的环形定居区（图 12-20）。建设这种定居区的主要是女性。克拉尔村庄的中心是牲畜围栏，四周环绕着房屋。19 世纪早期，冯·杜能在他标志性的农业研究中，在德国观察到了这种环形的模式（参见图 9-22）。

◀ 图 12-20 环形的集中式乡村定居区 坦桑尼亚梅塞拉尼（Meserani）的一个克拉尔村庄，也称为博马（boma）村庄。

▲ 图 12-21　**线形的集中式乡村定居区**　魁北克省圣劳伦斯河沿岸的长条形田地。

▲ 图 12-22　**新英格兰的集中式定居区**　佛蒙特州纽芬（Newfane）的法院大楼和教堂建筑围绕在中央公共区域的周围。

■ 线形的集中式乡村定居区。线形的集中式乡村定居区包括沿道路、河流或堤坝聚集以方便交流的建筑物。狭长的田地位于建筑物后面。今天在魁北克的圣劳伦斯河沿岸，也可以看到长条形的农场（图 12-21）。魁北克的这种体系源自法国。

集中式乡村定居区曾经是殖民地新英格兰的特征。新英格兰殖民者通常从英格兰结队而来，他们希望生活在一起，以强化共同的文化和宗教价值观。在当代新英格兰地区的景观中，就有过去集中式乡村定居区的痕迹。许多新英格兰城镇仍然有一个被教堂、学校和各种房屋包围的中心公共区域（图 12-22）。

分散式乡村定居区

孤立的农场在美国大部分农村地区很常

◀ 图 12-23 分散式乡村定居区 新泽西州的孤立农场。

◀ 图 12-24 英国的乡村定居区 康迪克特（Condicote）最初是集中式的乡村定居区，但是在圈地运动期间，四周的土地被整合成了大型农场。

▲ 图 12-25　**史前城市定居区遗址：乌尔**　今天伊拉克的乌尔遗址为早期城市文明提供了证据。古乌尔并不大，可能占地 100 公顷（250 英亩），有围墙。最著名的建筑乌尔塔庙（ziggurat）最初建于大约 4,000 年前。乌尔塔庙最初是一个三层建筑，底部面积为 64 米 × 46 米（210 英尺 × 150 英尺），上面两层逐渐变小。公元前 6 世纪，乌尔塔庙上又增加了 4 层。早期，乌尔塔庙周围是许多密集的小型住宅，这些住宅的中央是庭院，大门对着狭窄的通道。在伊拉克的两次战争中，发掘现场遭到了破坏。图中是 2009 年一架美国陆军黑鹰直升机在乌尔塔庙上空盘旋。

见。这种分散的模式源自最初的中大西洋殖民地，因为那些殖民地的大多数移民都是分批到达的，而不是像新英格兰的移民那样成群到达。人们从中大西洋地区向西移动，带去了他们对孤立农场的偏好。西部的土地丰富，而且便宜，因此人们尽可能多地购买了土地（图 12-23）。

在欧洲，一些集中式的定居区被转变为分散式，目的是提高农业效率。在人口较少时，集中式的乡村定居区有很好的作用，但是它们没有多余的土地来满足不断增长的人口的需求。在引入机械后，农场的运作效率变得更高。例如，英国 1750 年至 1850 年之间的**圈地运动**（enclosure movement），导致村庄周围个人拥有的土地被合并为由单个人拥有的大型农场（图 12-24）。政府在必要时还强迫人们放弃他们的财产。流离失所的农民迁移到城市居住区，集中式乡村居住区的人口大幅减少。由于圈地运动与工业革命同时发生，流离失所的农民成了城市工厂里的工人。

思考题 12.4.1

你认为佛蒙特州纽芬或英国康迪克特的大多数居民会在第几产业工作？为什么？

早期城市定居区的服务业

学习成果 12.4.2

认识史前、古代和中世纪重要的城市定居区。

在作为服务中心的永久定居区被建立之前，人们以游牧的形式生活，以小群体的形式在整个景观中迁移，寻找食物和水。他们收集野生浆果和根茎或猎杀野生动物作为食物（见第 9 章）。发展到了一定的阶段，游牧群体决定建立永久的定居区。若干个家庭聚集在一个农村地区，并在周边地区获得食物。这些游牧群体需要哪些服务？他们为什么要建立永久定居区来提供这些服务？

没有人知道他们建立定居区来提供服务的确切事件顺序。根据考古研究，人们最初建立定居区的目的或许是提供消费性服务和公共服务。商业性服务出现的时间稍晚。

史前的城市定居区

定居区可能起源自属于西南亚新月沃土的美索不达米亚，最早向西扩散到埃及，向东扩散到中国和南亚的印度河谷。定居区也可能是在这四个地方独立出现的。不管怎样，定居区从这四个源地，扩散到了世界其他地方。

美索不达米亚历史最悠久的城市定居点之一是今天伊拉克的乌尔（Ur）。根据《圣经》的说法，乌尔——意思是"火"——是亚伯拉罕在公元前1900年左右去往迦南之前居住的地方。考古学者在乌尔发掘出可以追溯到大约公元前3000年的遗迹（图12-25）。

思考题 12.4.2

在定居区还未出现的史前时代，为什么洞穴发挥了重要的作用？

早期的消费性服务业。最早的永久定居区，其目的或许是提供消费性服务，尤其是提供埋葬死者的地方。在为死者建立永久性的安息之地后，人们可能会在埋葬场地任命"牧师"，为死者祈祷。这促使人们建造了用于举行仪式和居住的建筑物。在大约5,000年前，有记录的历史出现时，已经有许多定居区存在，其中部分定居区拥有礼拜场所。

定居区是家庭居住的地方，让男性可以在没有负担的情况下以更快的速度、去更远的地方寻找食物。女性负责维持"家庭和火炉"，制作家用物品，如盆、工具和衣服，并负责教育孩子。因此，定居区就成为制造

业中心。人们收集制作各种物品所需的材料：用于制作工具和武器的石头、用于制作容器和垫子的草、用于制作衣物的动物皮毛，以及用于建造住所和取暖的木材。女性使用这些材料制造家用物品，并维护住所。

早期的商业性服务业。早期的城市定居区是人类群体存储剩余食物、与其他群体进行贸易的地方。人们将植物、动物、矿物、工具、衣服和容器带到城市居住区，用它们交换其他人带来的物品。为促进这种交易，定居区的官员设定了公平的价格，保留了记录，并创造了货币。

早期的公共服务业。早期的定居区内居住着政治领导人和防卫部队，部队保护定居区居民，也防止四周的腹地被其他群体占领。

古代的城市定居区

在大约公元前2500年，定居区建立于地中海东部。这些定居区是爱琴海和地中海东部数千个岛屿的交易中心，为周边的腹地提供治理、军事保护和其他公共服务。它们的组织形式是城邦；在第8章中，我们将城邦定义为独立的自治社区，包括定居区及其附近的乡村。

雅典是古希腊最大的城邦（图12-26），为文化、哲学和西方文明其他要素的发展做出了重大贡献。城市定居区不仅提供公共服务，还提供集中的消费性服务，特别是在小型定居区没有的文化活动。

罗马帝国的崛起刺激了城市定居区的发展。由于欧洲、西南亚和北非的大部分地区都处于罗马帝国的统治之下，定居区被确立为行政、军事和其他公共服务，以及零售等消费性服务的中心。交通运输和公用事业服务的发展，尤其是许多道路和水渠的建设，

▲ 图 12-26　**古代城市定居区遗址：雅典**　最高处是雅典卫城（Acropolis）的遗址。古希腊人选择了这个高地，是因为它易守难攻，而且他们还将这里作为建造神龛的地方。雅典卫城上最显眼的建筑是帕特农神庙（Parthenon），它建于公元前 5 世纪，为了纪念女神雅典娜。雅典卫城右边是山门（Propylaea），也就是雅典卫城的入口。

以及罗马军团提供的安全保障，都刺激了贸易。罗马——罗马帝国行政、商业、文化等服务的中心——是 2,000 年前世界上人口最多的城市，可能是首个人口达到 50 万的城市。

罗马帝国在 5 世纪垮台，城市定居区也随之衰落。罗马帝国的繁荣取决于其安全的贸易环境。但是，随着罗马帝国瓦解成数百个小国，贸易也开始衰落。大型城市居住区开始萎缩或被遗弃。在数百年的时间里，欧洲的文化遗产主要保存在修道院和偏远的农村地区。

中世纪的城市定居区

罗马帝国垮台后，世界上最大的城市定居区大多都集中在中国。据估计，在 600 年到 1500 年之间的不同时期，中国的几个城市分别成为世界上人口最多的城市，其中包括北京、长安、杭州、金陵和开封。

11 世纪，随着封建领主建立新的城市定居区，欧洲的城市生活开始复兴。领主授权居民建立独立的城市，以换取他们的军事服务。领主和城市居民都受益于这种协议。领主有人守卫自己的领土，而且成本比供养常备军更低。对城市居民而言，他们更倾向于定期服兵役，而不愿意承受农村农奴的那种负担。农奴为领主种地，只能留下很少的一部分收成。

城市居民不再承受农村农奴制的沉重负担，于是开始扩大贸易。来自农村的盈余粮食被运到城市销售或交换，而且通过与其他自由城市进行贸易，市场也得到了扩大。新道路的建设，以及河流利用的增加，也促进了城市定居区之间的贸易。到了 14 世纪，欧洲被一个密集的小市镇网络覆盖，这些小市镇能够满足特定领主的需求。

中世纪欧洲最大的城市定居区，是领主和教会领袖的权力中心，也是主要的市场中心。最重要的公共服务建筑是位于中央市场广场周围的宫殿、教堂和其他重要的建筑。最高和最精致的建筑通常是教堂，其中许多教堂在今天欧洲较小的城镇里，仍然是景观中最重要的特征。

城市化

学习成果 12.4.3

解释城市化的两个维度。

城市化指城市定居区人口增长的过程，它有两个维度：

- 生活在城市定居区的人口比例增加。
- 生活在城市定居区的人数增加。

这两个维度之间的区别很重要，因为它们出现的原因不同，而且在全球的分布也不同。

城市定居区与乡村定居区的差异

一个世纪以前，社会科学家观察到城乡居民之间存在着明显的差异。路易斯·沃斯（Louis Wirth）在 20 世纪 30 年代论证，城市居民的生活方式与农村居民不同。因此，沃斯将城市定义为具有 3 个特征的永久性定居区：巨大的人口规模、高人口密度，以及具有社会异质性的人口。这些特征产生了城乡居民在社会行为上的差异。

巨大的人口规模。 如果你生活在乡村定居区，你会认识其他大多数居民，甚至可能与他们中的许多人有亲属关系。与你共同休闲的人，可能就是你在当地商店或教堂见到的人。相比之下，如果你生活在城市定居区，你只认识少数其他居民。他们都有具体的身份——你的主管、你的律师、你去超市时的收银员，或者你的电工。这些关系中的大部分都是契约性的：你根据合同获得工资，以及向其他人付费获得商品和服务。因此，

▼ 图 12-27 **中世纪的围墙：阿维拉**　西班牙阿维拉·德·洛斯·卡瓦列罗斯（Ávila de los Caballeros）的城墙始建于公元 1090 年。为什么古代和中世纪的城市要建造围墙？城市化的哪些变化影响了围墙城市的兴衰？哪些技术变革导致了围墙城市的衰落？

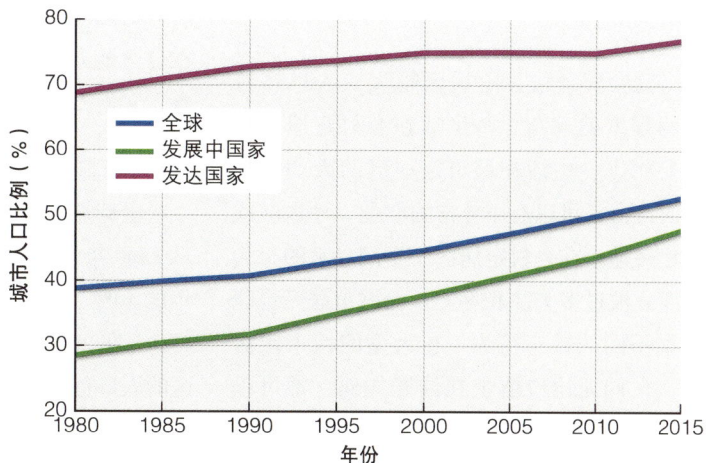

▶ 图 12-28 **城市人口比例的变化** *发展中国家城市人口比例的增长更快，但是发展中国家和发达国家的差距仍然很大。*

大规模城市定居区的社会关系不同于农村定居区。

高人口密度。 根据沃斯的研究，高人口密度也会给城市居民带来社会影响。在较小区域内要养活大量人口，唯一的方法就是专业化。城市定居区中的每个人都要扮演特定的角色或执行特定的任务，才能使复杂的城市系统顺利运作。与此同时，高人口密度也促使社会群体为同一领域而相互竞争。

在中世纪，欧洲的城市定居区通常被城墙包围，即使围墙能够被炮弹摧毁（图12-27）。围墙内的居住区很紧凑，人口密集，缺乏建筑空间，因此普通的商店和房屋就坐落在城墙和大型建筑物的一侧。这些中世纪的商店、住宅和城墙大多都在现代被拆除，只有大量的教堂和宫殿幸存下来。现代游客可以欣赏这些中世纪教堂和宫殿的建筑之美，但是他们没法准确地想象中世纪城镇内建筑

物鳞次栉比的样子。

社会异质性。定居区越大，人口多样性的程度就越高。与生活在乡村定居区的人们相比，生活在城市定居区的人们有更大的自由，可以有不寻常的职业、性取向或文化兴趣。在乡村定居区，不同寻常的行为可能会被过多关注和嘲笑，而城市居民更能容忍不同的社会行为。在大型的城市定居区，人们无论价值观和偏好如何，都可以找到兴趣相似的人。然而，尽管生活在城市定居区的人有更多的自由和独立，但是人们也可能感到孤独和孤立。生活在拥挤城市定居区的居民常常会觉得四周的人都很冷淡和缄默。

沃斯总结的这 3 点区别，仍然适用于发展中国家的城市定居区和乡村定居区。但是，在发达国家，城乡生活之间的社会差异已经变得模糊。按照沃斯的定义来看，发达国家的几乎每个人现在都是城市化的。发达国家中只有 1% 的工人没有"城市"类型的工作。几乎人人都拥有汽车、电话、电视等现代通信和交通工具，这也减少了发达国家城乡生活方式之间的差异。在发达国家，无论居住在什么地方，你都可以接触到城市工作、服务、文化和娱乐。

城市人口的比例

全球城市定居区人口的比例迅速增加，从 1800 年的 3% 增加到 1850 年的 6%、1900 年的 14%、1950 年的 30%，以及 2000 年的 45%。在 2008 年左右，人类历史上城市定居区的人口首次超过了乡村定居区。

城市定居区的人口比例反映出一个国家的发展水平。在发达国家，77% 的人口生活在城市区域，而这个数据在发展中国家则为 48%。从图 12-28 来看，发展中国家和发达国家的城市化差距正在迅速缩小。1980年，发达国家的城市人口比例为 69%，而发展中国家只有 29%。拉丁美洲的城市人口比例与发达国家的水平相当。另一方面，南亚地区只有 33% 的人生活在城市区域，撒哈拉以南的非洲只有 38%，这两个地区正好也是人类发展指数最低的两个发展中地区（见第 10 章）。

发达国家的城市人口比例较高，源于过

▼ 图 12-29 **世界上最大的城市：东京** 东京 – 横滨都市区估计有 3,800 万居民。

▲ 图 12-30　增长第三快的城市：萨那　也门的萨那每年增加居民 10 万以上，年增长率为 5%。

去两个世纪经济结构的变化——首先是 19 世纪的工业革命，然后是 20 世纪服务业的增长。在过去的 200 年里，发达国家的农村居民迁移到城市，为集中在那里的工厂和服务部门工作。

农业工人的需求减少，推动人们离开乡村区域，而制造业和服务业的就业机会不断增加，又拉动他们进入城市区域。人们要么生活在城市定居区，要么生活在乡村定居区，所以城市人口的比例增加，就意味着乡村人口比例的下降。

思考题　12.4.3

第 3 章讨论的哪些人口迁移因素可以用来解释为什么发达国家的城市人口比例可能不会继续增加？

城市定居区的规模

学习成果　12.4.4

描述发展速度最快的城市的位置。

发达国家的城市人口比例较高，但发展

中国家的特大型城市居住区更多。根据人口统计数据，世界上人口最多的10个城市中，有7个位于发展中国家：雅加达、德里、马尼拉、上海、卡拉奇、北京和广州。此外，50个最大的城市定居区中有41个在发展中国家。

100个增长最快的城市定居区中，只有3个不是在发展中国家。每年增长4%以上的13个城市定居区中，有5个在非洲，3个在印度，4个在亚洲其他地区，1个在拉丁美洲。位于发达国家的那3个是拉斯维加斯、奥斯汀和亚特兰大。

在19世纪，伦敦由于工业革命，获得了世界上最大城市定居区的头衔。纽约在20世纪中叶短暂地占据过这个头衔，而东京现在被认为是世界上最大的城市定居区（图12-29）。但是，东京、首尔和纽约是发达国家跻身十大城市之列的仅有的3个城市。增长最快的3个城市定居区是相对陌生的地方：中国的北海、印度的加济阿巴德（Ghaziabad）和也门的萨那（Sana'a）（图12-30）。

在世界上规模最大和增长最快的城市定居区中，发展中国家占主导地位，这是非常了不起的，因为城市化曾经与经济发展相关联。

1800年，世界10大城市中有7个位于亚洲。1900年，在工业革命从英国扩散到今天的发达国家后，世界上10个最大的城市全都位于欧洲和北美。

在发展中国家，尽管就业机会可能有限，但城市居住区人口的增长半数来自农村人口迁移。另外一半来自高水平的自然增长率；在非洲，城市人口增长的3/4来自人口自然增长。

复习 关键议题 4
为什么服务业聚集在定居区？

✔ 定居区包括乡村定居区和城市定居区；专门从事农业服务的乡村定居区可以分为集中式和分散式。

✔ 在19世纪以前，很少有人生活在城市定居区。

✔ 发达国家的城市人口比例较高，但发展中国家的特大型城市定居区最多。

总结与回顾

关键议题 1

服务业
分布在何处？

大多数工作都属于服务业，在发达国家尤其如此。服务业的 3 种类型是消费性服务业、商业性服务业和公共服务业。

地理学思维

1. 爱彼迎（Airbnb）等住房共享服务在美国和欧洲的许多城市都是非法的。优步（Uber）等交通运输共享服务在许多地方都遭到强烈反对。图 12-31 显示的是匈牙利布达佩斯的出租车司机在抗议优步。为什么有些城市会禁止或限制这些服务？

▲ 图 12-31　**抗议优步**　匈牙利布达佩斯的出租车司机抗议优步提供服务。横幅上匈牙利语文字的意思是"禁止优步"。

关键议题 2

消费性服务业
分布在何处？

消费性服务业的规模通常基于定居区的大小。服务范围就是人们为获得服务而愿意移动的最大距离。服务阈值是让服务项目得以开展的最小人数。市场区域是吸引顾客的服务业区域。较大定居区提供阈值、范围和市场区域较大的消费性服务。

地理学思维

2. 教育服务业经常吸引其他类型的消费性服务来到附近的地方。

你所在社区的大学附近有哪些独特的消费性服务？为什么这些消费性服务会选择大学附近的位置？

▲ 图 12-32　**大学城的消费性服务**　堪萨斯州劳伦斯市（Lawrence）的马萨诸塞街。

商业性服务业
分布在何处?

　　绝大多数商业性服务业集中在全球城市,全球城市是全球信息和资本流动的中心。一些发展中国家会提供离岸金融服务,并吸引后勤业务。主要为其他企业和其他地方的消费者提供服务的经济活动,就是一个定居区的基础行业。基础行业是定居区发展和财富的主要来源。

地理学思维

　　3. 你所在社区有什么与特等(alpha++)或强一线(alpha+)全球城市相关的事物?可以参考图12-33 中的例子。

▲ 图 12-33　**与全球城市的关系**　摩根大通是美国最大的银行,在美国各地设有分支机构,图中这个分支机构位于佛罗里达州的温特黑文(Winter Haven)。

为什么
服务业聚集在定居区?

　　服务业集中在乡村定居区和城市定居区。乡村定居区分为集中式和分散式。在现代以前,很少有人生活在城市定居区。城市化涉及城市定居区人口比例的增加。发达国家的城市人口比例比发展中国家高。城市化还涉及城市定居区规模的扩大。大多数特大型城市定居区都位于发展中国家。

地理学思维

　　4. 职业运动队是具有大范围、大阈值和大区域的服务,因此聚集在大型城市定居区。在谷歌上搜索"最大的美国大都市统计区"(Largest U.S. Metropolitan Statistical Areas)。将该列表与美国职业棒球大联盟球队的分布进行比较。

　　哪些最大都市区没有职业棒球队?哪些最小的定居区拥有职业棒球队?

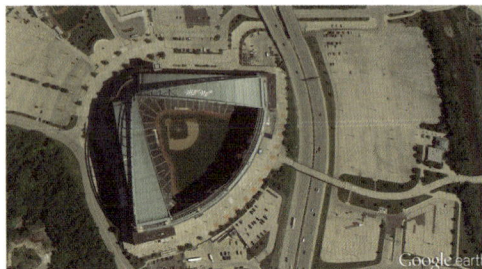

▲ 图 12-34　美国职业棒球大联盟中最小的定居区

关键术语

基础行业（第446页），主要向定居区以外的消费者销售产品或服务的行业。

商业性服务业（第432页），以满足其他企业需求为主的服务业，包括专业服务、金融服务和运输服务。

中心地（第434页），周边地区人们交换服务的市场中心。

中心地理论（第434页），一种解释服务业分布的理论，它将定居区视为服务业市场区域的中心；与较小定居区相比，较大定居区的数量更少，相距更远，为更多愿意去更远地方的人提供服务。

集中式乡村定居区（第448页），一种乡村定居区，其中每个家庭的房屋和农场建筑彼此靠近，周围是田地。

消费性服务业（第432页），以满足个人消费者需求为主的服务业，包括零售、教育、健康和休闲服务。

分散式乡村定居区（第448页），一种乡村定居区，其特点是孤立的农场，而不是集中的村庄。

经济基础（第446页），一个社区的基础行业的集合。

圈地运动（第449页），英格兰在18世纪期间将小块土地合并成少数较大农场的过程。

食物沙漠（第439页），一个拥有大量低收入居民、离杂货店距离较远（大多数情况下超过1英里）的地区。

重力模型（第438页），这种模型认为特定地点服务业的潜在客户数量，与该地点的人口数量直接相关，与人们为获得该服务而必须移动的距离成反比。

腹地（第434页），中心地四周的区域，该区域的人们会被吸引到中心地购买商品或服务，也称为市场区域。

非基础行业（第446页），主要向同一定居区中的消费者销售产品的行业。

首位城市（第437页），一个国家的最大定居区，其人口数量是第二大定居区的两倍以上。

首位城市法则（第437页），一种定居区模式，其中最大定居区的人口数量是第二大定居区的两倍以上。

公共服务业（第432页），政府提供的服务业，旨在为公民和企业提供安全保障。

服务范围（第435页），人们为获得服务而愿意移动的最大距离。

等级—规模法则（第436页），一种定居区模式，其中第n大定居区的人口是最大定居区人口的1/n。

服务业（第432页），一种有偿满足人类需求的活动。

定居区（第432页），人们生活、工作和获得服务的建筑物的永久性集合。

服务阈值（第435页），让服务项目得以开展的最少人数。

城市化（第452页），城市定居区人口数量和比例的增加。

古巴哈瓦那市中心的舞者在表演。

第十三章

城市模式

大城市既振奋人心又令人不安，既使人愉快又让人害怕，既给人温暖又冷漠无情。一座城市可以给每个人很多东西，但是每个人得到的东西各不相同。城市地理学旨在厘清城市区域熟悉和不熟悉模式的复杂性。

1

为什么市中心独具特色？

市中心是一座城市大部分商业性服务和公共服务集中的地方。

2

城市区域的人们分布在何处？

人们在城市区域内占据的空间各不相同。

3

为什么城市区域会扩张?

　　城市的周边是郊区, 郊区通过交通系统与城市的其他区域相连。

4

为什么城市面临可持续性挑战?

　　由于地球上的大多数人现在都生活在城市, 因此全球性的可持续性问题, 如污染和资源枯竭, 现在要越来越多地在城市的层面解决。

为什么
市中心独具特色？

▶ 介绍城市模式
▶ 中央商务区
▶ 中央商务区的空间竞争

学习成果 13.1.1

了解城市定居区的各种定义。

在看到帝国大厦时，你就知道你身处城市之中（图 13-1）。站在爱荷华州的玉米地里时，你会毫不怀疑自己身处乡村。地理学者帮助解释为什么城市定居区和乡村定居区不同。

介绍城市模式

第 12 章和本章都与城市地理学有关，只是层面不同。前一章讨论的是城市定居区在国家和全球层面上的分布。本章着眼于人类和人类活动在城市区域的分布。地理学者已经开发出多种模式来解释为什么城市区域内会出现差异。在发展中国家，人们大量迁移到城市，而在发达国家，人们越来越倾向于搬到郊区。

中心城市

历史上的城市定居区非常小，而且紧凑。然而，随着城市定居区的迅速发展，人们创造出指代它们不同部分的多个术语：**中心城市**（central city）、**城市区域**（urban area），以及**大都市区**（metropolitan area）。

中心城市（或简称城市）是一个城市定居区，它已经依法组织成一个独立的、自治的、被称为市（municipality）的单位（图 13-2）。几乎所有国家都有地方政府系统，将城市视为具有固定边界的法律实体。一座城市有当地选举产生的官员，有提高税率的能力，还有提供基本服务的责任。城市的边界明确了当地政府拥有合法权力的地理区域。

自 1950 年以来，在布法罗、克利夫兰、底特律、匹兹堡和圣路易斯等中心城市，人口减少了一半以上，而在美国其他十多个中心城市，人口减少了至少 1/3。相比之下，其他定义下的城市定居区则见证了人口增长。

城市区域

城市区域包括中心城市及其周围已有建筑物的郊区。美国的人口普查承认两种类型的城市区域：

- **城市化区域**（urbanized area）是一个拥有至少 50,000 居民的城市区域。

- **城市群**（urban cluster）是一个拥有 2,500 至 50,000 居民的城市区域。

根据人口普查，美国截至 2013 年有 486 个城市化区域和 3,087 个城市群。大约 70% 的美国人口都居住在城市化区域，其中约 30% 居住在中心城市，40% 生活在周边的地区。大约 10% 的美国人口居住在城市群。

▼ 图 13-1 纽约市

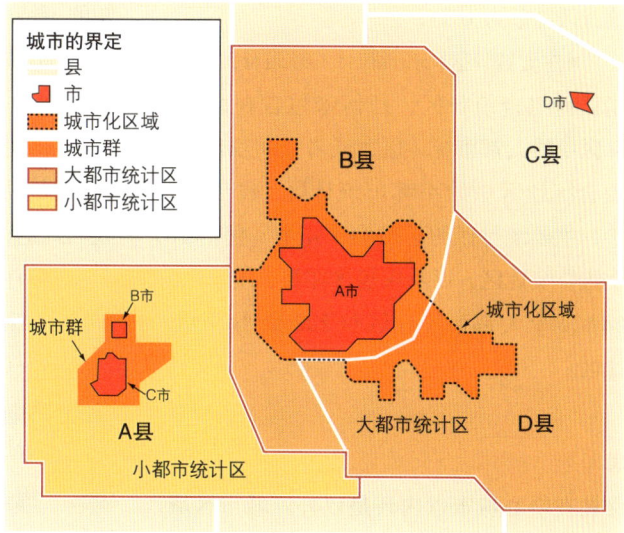

▶ 图 13-2 **城市定居区的界定** 人口普查中的几种定义可用于此图:

· 大都市统计区:B 县和 D 县
· 小都市统计区:A 县
· 核心基础统计区:图中有两个,即由 B 县和 D 县组成的大都市统计区,以及由 A 县构成的小都市统计区。
· 组合统计区:如果人口普查局认为相邻的大都市统计区和小都市统计区联系紧密,则 A 县、B 县和 D 县构成一个组合统计区。
· 主要统计区:如果存在组合统计区,则该组合统计区就是主要统计区;如果不存在组合统计区,则大都市统计区和小都市统计区就是两个独立的主要统计区。

大都市区

在美国和其他国家,定居区的经济和文化影响超过了城市区域(图 13-3)。美国人口普查局创建出一种方法来测量定居区的较大功能区域,即**大都市统计区**(metropolitan statistical area,MSA)。大都市统计区包括:

■ 一个人口至少为 50,000 的城市化区域。

■ 该城市所在的县。在新英格兰,有时使用镇(town),而不是县。

■ 相邻的多个县,这些县人口密度高(至少为每平方英里 25 人),且大部分人(至少 50%)在中心城市所在的县工作。

对美国大都市区的研究,通常会基于有关大都市统计区的信息。大都市统计区被广泛使用,因为许多统计数据都是针对县发布的;在大多数州,县是大都市统计区的基本构成要素。截至 2013 年,人口普查局确立了 388 个大都市统计区,涵盖美国人口的 84%。

美国人口普查还将较小的城市区域划为**小都市统计区**(micropolitan statistical areas,µSAs)。一个小都市统计区包括一个人口在 10,000 到 50,000 的城市化区域、它所在的县

及相连的邻近县。截至 2013 年,美国有 541 个小都市统计区,大部分位于以前被认为是乡村的南部和西部社区。大约 9% 的美国人生活在小都市统计区。

人口普查以多种方式结合了大都市统计区和小都市统计区:

■ **核心基础统计区**(core-based statistical area,CBSA)指任何一个大都市统计区或小都市统计区;截至 2013 年,核心基础统计区总数为 929 个,包括 388 个大都市统计区、541 个小都市统计区)。

■ **组合统计区**(combined statistical area,CSA)指根据通勤模式连接起来的两个或多个相连核心基础统计区;截至 2013 年,组合

▼ 图 13-3 **墨西哥城大都市区** 墨西哥城的大都市区面积近 10,000 平方千米(4,000 平方英里)。

统计区总数为 169 个。

■ **主要统计区**（primary statistical area, PSA）指任何组合统计区、任何未包含在组合统计区中的大都市统计区，或者任何未包含在组合统计区中的小都市统计区；截至 2013 年，主要统计区的总数为 574 个，包括 169 个组合统计区，以及未包含在组合统计区中的 122 个大都市统计区和 283 个小都市统计区。

思考题 13.1.1

你住在中心城市以内还是以外？城市区域以内还是以外？大都市区以内还是以外？

中央商务区

学习成果 13.1.2

描述中央商务区的特征。

市中心（downtown）是大多数城市中最著名和最具视觉特色的区域。用地理学者熟知的更精确术语来讲，市中心是**中央商务区**（central business district, CBD）。中央商务区很紧凑，占地面积不足整座城市的 1%，但是包含了很大比例的公共服务、商业性服务和消费性服务（图 13-4）。中央商务区方便人们到达，所以吸引了服务业。中央商务区是从城市中其他地方最容易到达的部分，它也是所在区域交通网络的焦点。

中央商务区是城市中历史最悠久的地区之一，通常位于城市定居区的原址或其附近。较古老城市的中央商务区通常位于水体旁边，因为水路是 20 世纪之前的主要交通路线。

中央商务区的公共服务业

过去，位于中央商务区的公共服务机构通常包括市政厅、法院、县和州的机构，以及图书馆（图 13-5）。在历史上，这些设施都聚集在市中心，而且在许多情况下都是大型建筑。今天，这些设施中许多仍然位于中央商务区，以方便生活在城市各地区的人们。同样，礼拜场所和社会服务机构等半公

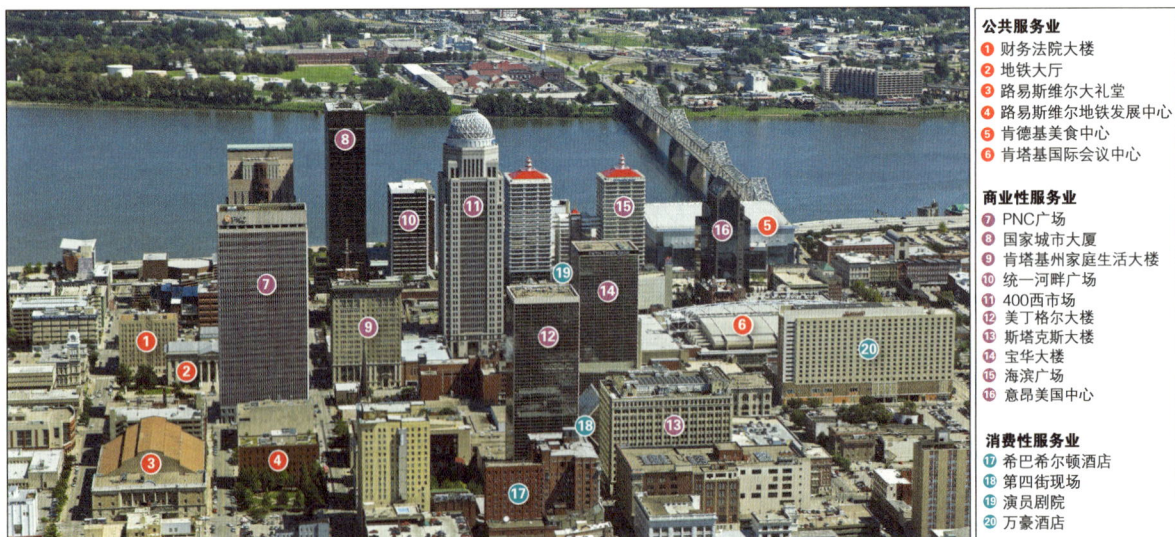

公共服务业
❶ 财务法院大楼
❷ 地铁大厅
❸ 路易斯维尔大礼堂
❹ 路易斯维尔地铁发展中心
❺ 肯德基美食中心
❻ 肯塔基国际会议中心

商业性服务业
❼ PNC广场
❽ 国家城市大厦
❾ 肯塔基州家庭生活大楼
❿ 统一河畔广场
⓫ 400西市场
⓬ 美丁格尔大楼
⓭ 斯塔克斯大楼
⓮ 宝华大楼
⓯ 海滨广场
⓰ 意昂美国中心

消费性服务业
⓱ 希巴希尔顿酒店
⓲ 第四街现场
⓳ 演员剧院
⓴ 万豪酒店

▲ 图 13-4　肯塔基州路易斯维尔的中央商务区

立的事业机构，也聚集在市中心漂亮的历史建筑中。

许多城市的市中心建造或扩建了体育设施和会议中心。这些建筑吸引了许多人，包括许多郊区居民和外地人。许多城市将这些设施建在中央商务区，是想要刺激城中心餐馆、酒吧和酒店的生意。

中央商务区的商业性服务业

大量的办公室也聚集在中央商务区，以方便到达。广告、银行、金融、新闻和法律等商业性服务业工作人员，尤其需要靠近同行。例如，律师就会选择政府办公室和法院附近的地点。临时文秘机构和即时打印店等服务位于市中心，靠近律师事务所，形成相互依赖的关系，又吸引其他办事机构来到市中心。

即使现代电信已经普及，许多专业人士与同事交换信息的方式仍然主要是面对面交谈（图13-6）。金融分析师要面对面讨论有潜力的股票或即将进行的企业收购。律师要在庭外通过会面来解决纠纷。办公室位于城市的中心位置，相互靠近，便于快速传播紧急的信息。面对面的接触还有助于在职业价值观相同的基础上建立信任关系。

企业位于城市中心，还有助于雇佣来自各个社区的工人。顶层管理人员、高层管理人员、文秘人员，以及监管人员，可能生活在各不相同的社区。所有群体都能够轻松到达的中心位置只有一个。需要高度专业化员工的公司，更有可能在中心区域找到这类员工，他们也许目前正在市中心的另一家公司工作。

中央商务区的消费性服务业

过去，有3种类型的零售服务因为需要方便当地的每个人，所以聚集在中央商务区：

▲ 图 13-5　路易斯维尔中央商务区的公共服务业
穆罕默德·阿里中心（Muhammad Ali Center）

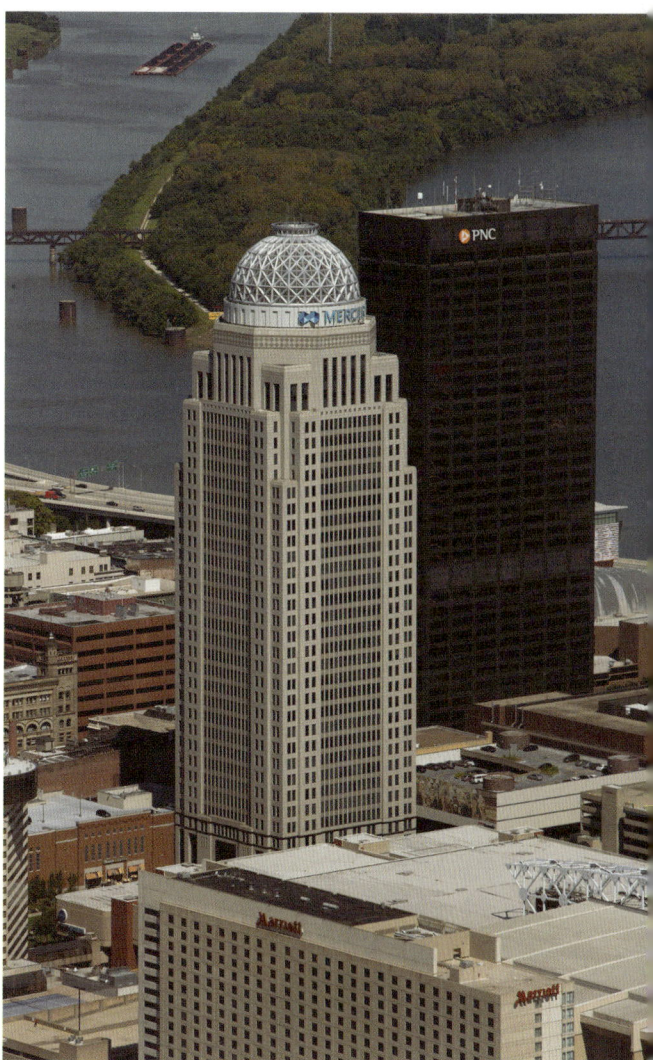

▲ 图 13-6　路易斯维尔市中央商务区的商业性服务业
400 西市场（400 West Market），即原来的伊冈中心（Aegon Center），是路易斯维尔最高的建筑。

高阈值的零售服务、大范围的零售服务，以及面向中央商务区工作人群的零售服务。不断变化的购物习惯和住宅模式，降低了中央商务区里零售服务的重要性。

高阈值的零售商。具有高阈值的零售商，例如百货商店，传统上更喜欢中央商务区的位置，以便许多人可以到达。中央商务区的大型百货商店过去会聚集在被称为"百分街角"（100 percent corner）的交叉路口附近。

▲ 图 13-7　路易斯维尔中央商务区的消费性服务业　第四街现场（Fourth Street Live）的餐厅和娱乐区。

这个位置的租金最高，因为大多数消费者都能很容易到达。

大型百货商店等大多数高阈值的商店，如今都关闭了市中心的分店。曾经拥有三四家商店的中央商务区，现在一家都没有，或者也许有一家在挣扎求存。市中心百货商店的消费者现在包括市中心办公室的工作人员、内城的居民，以及游客。高阈值的百货商店现在更有可能进驻郊区商场。

大范围的零售商。服务范围大的零售商通常专卖某类产品，消费者光顾的频率不高。这些零售商曾经更喜欢选址在中央商务区，因为它们的客户分布较广。例如，珠宝或服装店吸引了来自城市各地的购物者，但是每个顾客都不会经常光顾。与高阈值的百货商店一样，大范围的零售商也搬到了郊区。

一些大范围的零售商仍然位于中央商务区，因为会有游客光顾那里。当地居民会在晚上和周末光顾中央商务区里的商店，作为一种休闲活动（图 13-7）。

为中央商务区工作人员提供服务的零售商。第三类零售活动的服务对象，是在中央商务区工作并在午餐或工作时间购物的人。这些零售商销售办公用品、电脑和服装，或提供修鞋、快速复印、干洗等服务。与其他两种类型的零售商不同，吸引附近办公室工作人员的商店正在中央商务区扩张，部分是因为市中心办公室工作人员的数量增加，部分是因为市中心办公室需要更多的服务。

越来越多市中心的工作人员在午餐时间光顾市中心的商店。因此，尽管市中心的销售总量稳定，但是需求格局已发生变化。大型百货商店难以吸引老顾客，而满足市中心工作人员特殊需求的小商店正在扩大。

思考题 13.1.2

你去过中央商务区吗？如果去过的话，是去做什么呢？

中央商务区的空间竞争

学习成果 13.1.3

了解中央商务区的垂直空间利用，以及被排除在中央商务区以外的土地用途。

中央商务区的位置便利，针对有限可用土地的竞争极其激烈，因此，中央商务区的土地价格非常高。在乡村区域，一公顷土地的价格可能只有数千美元。在郊区，买一公顷土地可能要花数万美元。然而，在伦敦等全球城市的中央商务区，一公顷可以利用的土地价格超过两亿美元。在伦敦的中央商务区，像本书页面这么大的土地，售价会高达1,000美元。

由于土地竞争激烈，所以中央商务区具有鲜明的特点：

■ 中央商务区具有三维特征，地面以上和以下的空间利用比城市区域的其他地方多。

■ 在其他地方常见的土地用途，在中央商务区很少见。

被中央商务区排除在外的活动

高租金和土地短缺阻碍了工业和住宅这两项主要活动在中央商务区的发展。

中央商务区缺少制造业。 现代工厂需要大面积的土地，才能在一层楼的建筑物中运转。适合建设工厂的土地通常位于郊区。过去，内城的工厂和零售企业依赖于濒临江河的中央商务区，河岸上建有供船只装卸货物的码头，以及可以存储货物的

(a)

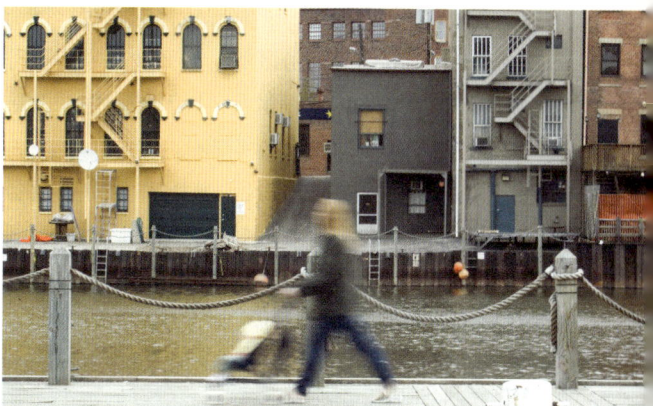

(b)

▲ 图 13-8　**克利夫兰市中心的制造业** （a）克利夫兰市中心的凯霍加河（Cuyahoga River）沿岸，仍然有一家钢铁厂和其他一些工厂；（b）克利夫兰市中心的大部分工厂都已经改建为住宅和商铺。

仓库（图13-8）。今天的大型远洋船只无法进入中央商务区旧港口的浅水区，因此港口业务已转移到下游更现代化的设施中。

港口城市已将滨水地区的业务从工业转变为商业和娱乐活动。废弃的仓库和腐烂的码头已被新的公寓、办公室、商店、公园和博物馆取代。因此，中央商务区滨水区已成为北美许多城市的主要旅游景点，包括波士顿、多伦多、巴尔的摩和旧金山，在巴塞罗那和伦敦等欧洲城市也是如此。这些城市率先清理工业场地，建造新的公园、码头、人

行道、博物馆和停车场。它们还建立了大型的会议中心，以举办专业会议和贸易展览。私人开发商又建造了酒店、餐馆、精品店和娱乐中心，以满足游客和参会者的需求。

中央商务区缺少居民。过去，许多人都生活在中央商务区或附近。较贫穷的人们居住在拥挤不堪的小公寓，富人们则在市中心建造了豪宅。在20世纪，由于拉动因素和推动因素的结合，大多数居民放弃了市中心的生活。他们被吸引到郊区，那里的住房更大，有私人庭院，还有现代化的学校。推动他们离开中央商务区的，是商业和零售服务业需要支付的高额租金，以及城市生活的肮脏、犯罪活动、拥堵和贫困。

然而，在21世纪，美国许多中央商务区的人口都有所增加。中央商务区建设了新的公寓楼和联排别墅，废弃的仓库和过时的办公楼也改建为公寓。对家中没有学龄儿童的人而言——无论是孩子离家的"空巢老人"，还是还没有生孩子的年轻上班族——市区生活尤其具有吸引力。这两个群体被集中在市中心的娱乐、餐馆、博物馆和夜生活吸引，并不担心社区里学校的质量不佳。尽管美国一些城市中心的人口有增长，但是杂货店等消费性服务可能仍然缺乏。

思考题 13.1.3
中央商务区的部分公寓是以前的工厂改造而来的，生活在这样的公寓里有什么好处？

中央商务区的垂直特征

中央商务区更加集中地利用地面下和地面上的空间。

地下的中央商务区。大多数中央商务区都有巨大的地下网络。典型的"地下城"包括车库、向办公室和商店运送货物的装卸码头，以及供水和污水管道。电话、电力、电视和宽带的线缆也位于地下，因为中央商务区没有足够的空间，无法建造这些密集网络所需的电线杆，而且电线拉在空中很难看，也很危险。地铁在大型中央商务区的街道下面运行。气候寒冷的城市，如明尼阿波利斯、蒙特利尔和多伦多，已建成大量的地下人行通道和商店。这些地下区域将行人与机动车

(a)

(b)

◀ 图13-9　**地下的蒙特利尔**　（a）蒙特利尔的地下城（Underground City）是世界上最大的地下综合体。它被称为"RÉSO"，即"地下网络"（Réseau Souterrain）的缩写，与法语单词"réseau"（网络）的读音相同；（b）蒙特利尔的冬季不适合户外购物。

隔离开来，让人们免受冬季恶劣天气的影响（图 13-9）。

摩天大楼。中央商务区的空间需求也使得建设高层建筑在经济上是可行的。市中心的摩天大楼为城市提供了最独特的风景和统一的符号。郊区的房屋、购物中心和工厂在每座城市看起来都差不多，但每座城市都有独特的市中心天际线，这得益于其高层建筑的特殊布局和建筑风格。

第一座摩天大楼建于 19 世纪 80 年代的芝加哥，它的建设得益于几项发明，包括电梯、钢梁，以及玻璃结构。人工照明、通风设施、中央供暖以及空调有助于解决摩天大楼中的照明和空气流通问题。大多数北美和欧洲城市在 20 世纪早期颁布分区法令，部分原因是为了控制摩天大楼的位置和高度。

摩天大楼是"垂直地理学"（vertical geography）的一个有趣例子（图 13-10）。一项经济活动在高层建筑中位于哪一层，取决于这项活动的性质。

没有摩天大楼的美国中央商务区是华盛顿特区，那里没有任何建筑物可以比美国国会大厦高。华盛顿市中心的写字楼最高不超过 13 层。所以，华盛顿典型的办公楼使用的水平空间，也就是面积，比其他城市更大。因此，华盛顿的中央商务区比同类城市中央商务区的面积更大。

▲ 图 13-10　芝加哥约翰·汉考克中心和水塔广场　约翰·汉考克中心（John Hancock Center）的较低楼层和邻近的建筑物，如水塔广场（Water Tower Place），都用于开展商业活动。中间的楼层是办公室，较高楼层是公寓，最高的两层是商业活动中心（观景台、餐厅和酒吧）。1. 为什么零售服务商愿意为临街的空间支付高额租金？　2. 为什么居民更喜欢高层？　3. 在汉考克中心的图像中，请注意较低商业服务楼层和较高住宅楼层的窗户有何不同。为什么两种类型的土地用途会偏好不同的窗户风格？

复习　关键议题 1
为什么市中心独具特色？

✔ 商业性服务业、公共服务业和一些消费性服务业业集中在中央商务区。

✔ 中央商务区的制造商和居民相对较少。

✔ 北美中央商务区在地上和地下都有建筑。

- ▶ 城市结构模型
- ▶ 北美的城市结构模型
- ▶ 欧洲的城市结构模型
- ▶ 发展中国家的前现代城市
- ▶ 发展中国家的城市结构模型
- ▶ 墨西哥城的城市结构变化

学习成果 13.2.1

描述城市区域内部结构的模型。

城市区域的人口分布并非随机的。人们根据社会特征集中在特定的社区。地理学者描述具有特定特征的人们在城市区域的分布情况，并且解释为什么会出现这种分布模式。

城市结构模型

社会学者、经济学者和地理学者开发出三种模型来解释不同类型的人们在城市区域的分布情况：**同心圆模型**（concentric zone model）、**扇形模型**（sector model）和**多核模型**（multiple nuclei model）。**边缘模型**（peripheral model）是多核模型的一种改进版本。这三种模型已应用于美国和其他国家的城市，并且取得了不同程度的成功。

描述城市内部社会结构的三个模型是在位于北美大草原上的芝加哥提出的。芝加哥有个中央商务区叫卢普区（Loop，意为"圆圈"），因为交通线路（最初是缆车，现在是高架列车）环绕着它。卢普区的南边、西边和北边是郊外住宅区。除东部的密歇根湖以外，很少有自然物打断芝加哥的扩张。

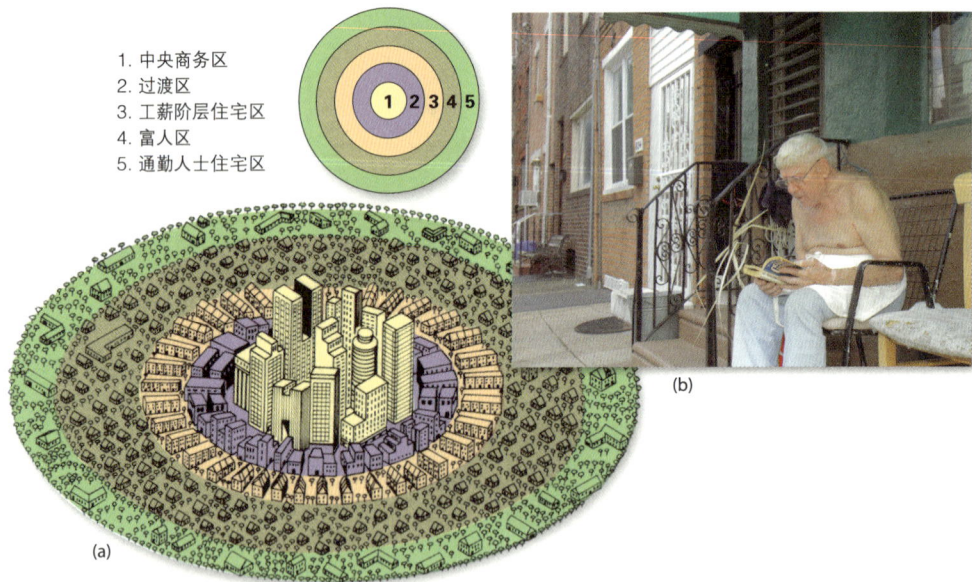

1. 中央商务区
2. 过渡区
3. 工薪阶层住宅区
4. 富人区
5. 通勤人士住宅区

(a)

(b)

▲ 图 13–11 **同心圆模型** （a）根据这种模型，一个城市在围绕中央商务区的多个圆中发展。①中央商务区：最内圈，非居民活动集中的地方。②过渡区：工业建筑和质量较低的住房；迁移到该城市的人们，最初就居住在这个区域的小住宅单元，这类住宅单元经常是通过将较大的房屋细分为公寓而建造出来的。③工薪阶层住宅区：由稳定的工薪阶层家庭居住的稍微老旧的房子。④富人区：中产阶级家庭居住的更新、更宽敞的房屋。⑤通勤人士住宅区：在城市的连续建筑区域以外，人们居住在较小的社区里，通勤去中央商务区工作。（b）费城的工薪阶层住宅区。

1. 中央商务区
2. 运输和工业
3. 低档住宅区
4. 中档住宅区
5. 高档住宅区

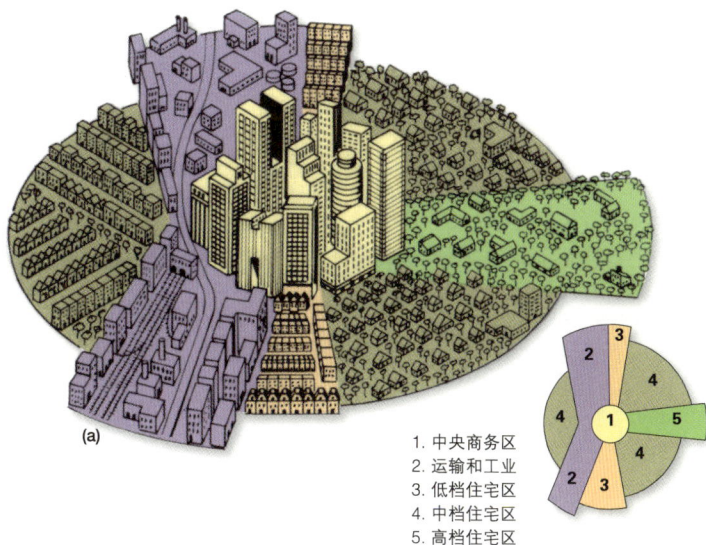

▲ 图 13-12 **扇形模型** （a）根据该模型，一个城市在多个从中央商务区向外延伸的扇形区发展；（b）芝加哥的北部，一个高收入的扇形区。

同心圆模型

根据社会学者 E.W. 伯吉斯（E. W. Burgess）提出的同心圆模型，一个城市会在围绕着中央商务区的多个同心圆中发展，就像树木年轮的增长一样。圆环的具体尺寸和宽度因城市而异，但是所有环形城市都有相同的基本圆环类型和圆环次序。早在 20 世纪 20 年代，伯吉斯就明确了 5 个圆环（图 13-11）。

扇形模型

根据土地经济学者霍默·霍伊特（Homer Hoyt）在 1939 年提出的扇形模型，一个城市会在一系列扇形中发展（图 13-12）。这类城市的不同区域吸引了不同的行业，最初是因为环境，甚至仅仅是因为机会。随着城市的发展，各种活动从中心向外扩展成楔形或扇形。

一个拥有高收入人群住房的地区建立起来，然后该地区的外围就会建造最昂贵的新住房项目，离中心更远。因此，最好的住房会位于从市中心延伸到城市外缘的扇形中。工业和零售业会在其他扇形区域发展，通常会位于良好的运输线旁。

多核模型

根据地理学者 C.D. 哈里斯（C. D. Harris）和 E.L. 厄尔曼（E. L. Ullman）在 1945 年提出的多核模型，城市是一个包括多个行业中心的复杂结构（图 13-13）。这些中心包括港口、社区商业中心、大学、机场和公园。

多核理论指出，某些行业会被特定的节点吸引，有些行业则会避开这些节点。例如，大学节点就可能吸引受过良好教育的居民、比萨饼店，以及书店，而机场则可能会吸引酒店和仓库。另一方面，相互不兼容的土地利用活动会避免聚集在相同的地点。例如，重工业和高收入住房就很少位于相同社区。

环形公路周围的消费性服务和商业性服

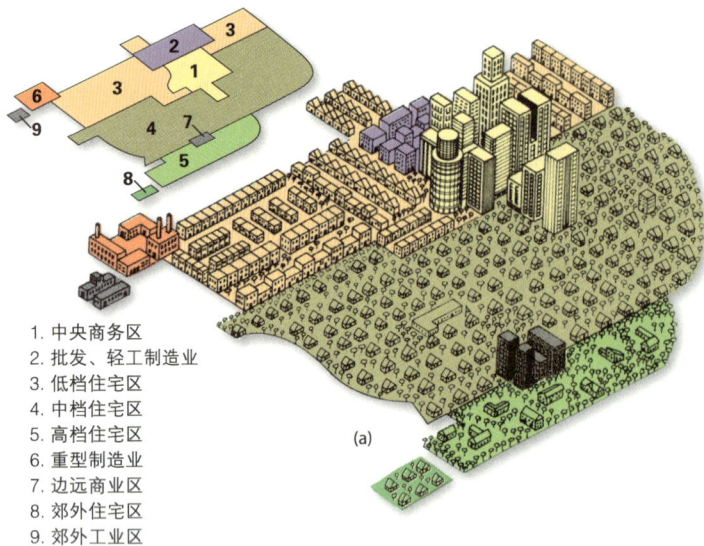

1. 中央商务区
2. 批发、轻工制造业
3. 低档住宅区
4. 中档住宅区
5. 高档住宅区
6. 重型制造业
7. 边远商业区
8. 郊外住宅区
9. 郊外工业区

(a)   (b)

▲ 图 13-13　**多核模型**　（a）根据此模型，城市由多个节点或中心组成，不同类型的人和活动围绕在它们周围；（b）剑桥的哈佛广场（Harvard Square）是波士顿市区一个与学生有关的活动节点。

务节点被称为**边缘城市**（edge city）。边缘城市最初是中心城市工作人士在郊外的住宅区，后来住宅区附近又建造了购物中心。现在，边缘城市也包含商业性服务业。

思考题　13.2.1

如果砍下一棵大树，树的截面会和哪种模型相似？为什么树的横截面是城市结构模型很好的类比？

北美的城市结构模型

学习成果　13.2.2

分析这三个模型如何用于解释人们生活在什么地区。

　　三种城市结构模型有助于我们了解，具有不同社会特征的人们倾向于生活在城市区域内的什么地方。它们还可以帮助解释，为什么某些类型的人倾向于生活在特定的地方。

社会区分析

　　对城市区域中不同生活水平、种族背景和生活方式的人们的居住地进行研究，称为**社会区分析**（social area analysis）。社会区分析可以根据各种类型人们的具体特征，从整体上描述他们倾向于生活的地方。

　　社会区分析取决于具体社区层面上的数据可用性。在美国和许多其他国家，这些信息来自人口普查。美国的城市区域细分为**人口普查区**（census tract），每个人口普查区包含大约 5,000 名居民，其边界尽可能与社区的边界对应。人口普查还将整个美国划分为多个统计街区（block），每个街区通常包含几十所房屋；在城市区域内，统计街区通常由 4 条街道包围起来。街区群（block group），顾名思义就是几个相邻街区的集合。

　　美国人口普查局每隔 10 年就会发布一次数据，总结每个地区居民和住房的特征。美国社区调查（American Community Survey）的美国人口普查数据检索系统（American Fact Finder）会发布年度估计数据。人口普查提供的人口普查区层面的信息，包括非白人人数、所有家庭的收入中位数，以及成年人高中毕业的比例。

这些社会特征的空间分布都可以在人口普查区的地图上绘制出来。在这项任务中，计算机的作用十分重要，因为它们能够迅速地创建地图，存储每个人口普查区的大量数据。街区层面的信息相对较少，因为街区的人数太少，以至于发布信息可能会侵犯个人隐私。

社会区分析表明：

■ **同心圆模型**。假设有两个收入和族群背景相同的家庭，一个家庭居住在新建的房子里，另一个家庭居住在较旧的房子里。新房子里的家庭更有可能生活在外环，而老房子里的家庭更可能生活在内环。

■ **扇形模型**。假设两个家庭拥有自己的住房，高收入家庭不会与低收入家庭生活在相同扇形区。

■ **多核模型**。具有相同族群或种族背景的人可能生活在彼此附近。

将这三个模型综合，我们就可以确定不同类型的人们（如一位拥有房产的高收入亚裔美国人）可能居住在什么社区（图 13-14）。

思考题 13.2.2
你认为有子女家庭的分布情况最符合同心圆模型、扇形模型，还是多核模型？为什么？

三种模型的局限性

三种模型都没有部分解释为什么不同类型的人生活在城市的不同部分。批评者指出，这三种模型过于简单，未能全面考虑导致人们选择特定住宅区的各种原因。由于这三种模型的基础都是两次世界大战之间美国城市的情况，所以批评者还质疑它们与美国或其

(a)

(b)

(c)

▲ 图 13-14 **比较哈里斯县的环形和扇形** （a）外环和高收入扇形区域的房屋；（b）与（a）图房屋位于相同环形区域，但位于不同扇形区域的房屋；（c）与（a）图房屋位于相同扇形区域，但位于内环的房屋。

他国家的当代城市模式是否有相关性。

然而，如果将这三种模型组合起来看，那么它们可以帮助地理学者描述不同类型的人们在城市中生活的位置。人们倾向于居住在什么地方，这取决于他们的具体特征。这并不意味着具有相同特征的每个人都必须生活在相同的社区，但是三种模型认为，大多数人都生活在其他具有相似特征的人附近。

欧洲的城市结构模型

学习成果 13.2.3

描述三种模型如何解释欧洲城市的模式。

美国的城市区域与世界其他地区的不同。这些差异并没有证明美国内部城市结构的三种模式是错误的，但是它们确实表明，其他国家的社会群体在城市内选择特定社区的原因或许与美国居民并不相同。

欧洲的中央商务区

欧洲的中央商务区对土地的利用不同于北美。之所以会有差异，是因为欧洲许多中央商务区都起源于中世纪。欧洲城市有许多古老的低层建筑和狭窄街道，这些建筑和街道早在中世纪就已建成。

■ **居民区**。在北美以外的地方，更多的人生活在市中心。巴黎的中央商务区占地约20平方千米（8平方英里），拥有约45万居民。底特律中央商务区和巴黎中央商务区差不多大，但是只拥有约2.5万居民。

■ **消费性服务业**。在欧洲，生活在中央商务区的人更多，在一定程度上是因为他们被消费性服务业的集中吸引，例如文化活动和夜生活。随着居民越来越多，中央商务区也吸引来更多的日常消费性服务，例如杂货店、面包店和肉店（图13–15）。

■ **公共服务业**。欧洲中央商务区最突出的

▲ 图 13–15　**巴黎的消费性服务业**　阿里格市场（Aligre market）是巴黎的许多街头市场之一。

建筑通常是公共和半公共服务业的建筑，如教堂和以前的皇家宫殿，它们都位于最重要的公共广场上。欧洲中央商务区的公园通常是以前的贵族私人花园，现在面向公众开放。

■ **商业性服务业。** 欧洲的中央商务区拥有专业服务和金融服务。然而，与北美相比，欧洲中央商务区的商业性服务不太可能位于摩天大厦中。一些欧洲城市试图限制高层建筑，以此保护其历史悠久的中央商务区（图13-16）。尽管新建大型建筑物很困难，但欧洲许多商店和办公室仍然希望留在城市的中心。无法建造新建筑，但是可以翻新旧建筑。然而，翻新更昂贵，而且并不能总是带来足够的空间，满足需求。因此，欧洲城市中心的租金远高于同等规模的美国城市。

欧洲的三种模型

巴黎的城市结构可以用来说明美国和欧洲城市人口分布的相似点和不同点：

■ **同心圆。** 与美国城市区域一样，巴黎城市区域的新住房位于外环，较旧的住房则靠近中心。然而，与美国城市区域不同，巴黎城市区域大部分较新的郊区住宅都是高层公寓，而不是单户住宅。

■ **扇形。** 同样，与美国城市区域一样，巴黎城市区域的高收入人群聚集于一个扇形

▶ 图 13-16 **巴黎的公共服务业和商业性服务业** 图中靠前的是军事学院（École Militaire），靠后的是蒙帕纳斯大楼（Tour Montparnasse）。当初，公众极力抗议蒙帕纳斯大楼毁坏巴黎的天际线，所以政府从此限制了新建楼房的高度。

(a)

(b)

(c)

▲ 图 13-17　比较巴黎的环形和扇形 （a）外环和高收入扇形区域的房屋；（b）与（a）图房屋位于相同环形区域，但位于不同扇形区域的房屋；（c）与（a）图房屋位于相同扇形区域，但位于内环的房屋。

区域。巴黎的富人从 12 世纪开始居住在皇宫（卢浮宫）附近，从 16 世纪开始居住在凡尔赛宫附近，直到 1789 年法国大革命爆发。在 19 世纪的工业革命期间，巴黎富人变得更加喜欢聚集在西南的扇形区域，当时的工厂沿着塞纳河和马恩河河谷，建在南部、东部和北部（图 13-17）。

■ **多核。**包括巴黎在内的欧洲城市区域，都经历过来自世界其他地区的移民大幅增长（见第 3 章）。与美国的城市区域不同，巴黎的大多数少数族群和少数种族都居住在郊区。

思考题 13.2.3

欧洲的著名旅游景点主要位于内环还是外环？为什么会这样？

发展中国家的前现代城市

学习成果 13.2.4

描述发展中国家沦为殖民地前和殖民地时期城市的模式。

发展中国家的城市可以追溯到古代。在有史以来的大部分时间里，世界上最大的城市都在亚洲。然而，直到现代，大多数亚洲人都生活在乡村定居点。这些城市的古代和中世纪建筑，受到当地人民文化价值观的影响。在大多数情况下，这些城市在欧洲殖民统治者手中都经历了一段重建期。

古代和中世纪的城市：北京

考古学证据表明，北京的历史可以追溯到公元前 1045 年，但这座城市可能在数千年前就已经建立。一系列入侵者和王朝塑造了现在北京的中心区域。元、明两代对北京的早期建筑产生了特别强烈的影响。

元朝时期的北京。元朝的创始人忽必烈在 1267 年建立了了名为大都的新城市。鼓楼建造在市中心（图 13-18）。元大都的核心是在太液池中琼华岛上建造的三座宫殿。太液池西边的两个宫殿里住着皇室，东边的宫殿是皇帝处理国事的地方。住宅区以棋盘式样布局，由较宽的道路和较窄的小巷分隔开来。住宅区内有三个市场。围绕着住宅区的是外墙，围绕着宫殿的是内墙。

明朝时期的北京。明朝在 1368 年占领大都，并在随后几十年里重建了它。元朝的皇宫被拆除，取而代之的是新建筑，包括紫禁城和天坛（图 13-19）。明朝在 16 世纪又新建了几处祭坛。这座城市在 1403 年得名北京，意为"北方的首都"。

殖民影响

欧洲人曾经控制过非洲、亚洲和拉丁美洲的大部分地区，他们的殖民政策在许多城市都留下了明显的印记。欧洲殖民的一个特点，就是对城市实施标准化的规划。例如，拉丁美洲的所有西班牙殖民城市都是根据 1573 年起草的《东印度群岛法》（Laws of the Indies）建造的。这些法律明确规定了如何建造殖民城市——以教堂和中央广场为中心规划格状街道，围绕单所房屋建设外墙，以及围绕中央较小的广场和教区教堂或修道院建造社区。

在一些地方，欧洲殖民大国会在现有城市旁边建造新城市。摩洛哥的菲斯（Fez）就是例子，它由两个独立的、截然不同的节点城市组成，一个城市是在法国殖民前就存在的，一个是由法国殖民者建造的。殖民前就存在的穆斯林城市是以清真寺为中心建设的。城市中心还有一个被称为麦地那（Medinah）的市场，它是城市的商业核心。老城的街道狭窄而蜿蜒，开放空间很少，而

▲ 图 13-18　**北京鼓楼**　鼓楼建于 13 世纪。该图是从同样建于 13 世纪的钟楼上拍摄的。

▲ 图 13-19　**北京天坛**　天坛建于 15 世纪。

且拥挤（图 13-20）。

新城市是行政、军事指挥和国际贸易等殖民服务的所在地，还是欧洲殖民者的住房所在地。与殖民前就存在的城市相比，殖民城市的街道和公共广场更宽，住房更大，而且有花园环绕，人口密度也更低。同样，印度城市新德里是英国人在已有的城市德里附近建造的。旧德里的特点是街道狭窄而蜿蜒，建筑物密集，而新德里有宽阔的林荫大道和

▲ 图 13-20　**摩洛哥菲斯的老城和新城**　图中靠前的是麦地那（老城），靠后的是法国建造的新城。在老城和新城之间可以看到围绕麦地那的一部分围墙。

▲ 图 13-21　**胡志明市圣母大教堂**（Cathedral of Notre Dame）　由法国人在 1863 年建造。

巨大的政府建筑。

在有些情况下，欧洲殖民国家会拆毁殖民前就存在的城市。例如，法国在越南的殖民城市西贡（现为胡志明市）就是在完全拆除现有城市之后建造的（图 13-21）。即将在下一个关键议题中讨论的墨西哥城，也是一个例子。

思考题 13.2.4

你认为菲斯中哪个城区更有趣，麦地那还是法国殖民地中心？为什么？

发展中国家的城市结构模型

学习成果 13.2.5

了解三种城市结构模型如何描述发展中国家城市的模式。

本章前面描述的三种城市结构模型，可

以解释发展中国家城市区域的现代模式（图13–22）。人口和土地面积的快速增长，加强了三种模型在一些城市的适用性，但也降低了它们在另一些城市的适用性。

发展中国家的同心圆模型

同心圆模型最常用于发展中国家的城市。地理学者哈姆·德布莱（Harm deBlij）的撒哈拉以南的非洲城市模型就是例子（图13–22a）。内环生活着高收入人群。内环的住宅区最具吸引力，因为它们靠近商业性服务业和消费性服务业，拥有水、电、硬化道路和垃圾收集等重要的公共服务。

随着发展中国家城市的快速发展，外围地区不断新建环道，以容纳被就业机会吸引而来的农村移民。外环中的大部分住房位于**非正式定居区**（informal settlement），也称为**棚户区**（squatter settlement）（图13–23）。联合国对非正式定居区的定义是：一个居住区域，其中的住房不由住户合法所有，或者建造得不符合城市的合法建筑物标准。棚户区有多种名称，包括拉丁美洲的"barriada"和"favela"、北非的"bidonville"、土耳其的"gecekondu"、马来西亚的"kampong"，以及菲律宾的"barong–barong"。全世界生活在非正式定居区的人口数量估计在1.75亿至10亿之间。

非正式定居区的服务很少，因为城市和居民都负担不起。非正式定居区的住房很原始，由纸板、木箱、粗麻布和压扁的饮料罐搭建而成。厕所可能由定居区的领导者指定，水从中央水井运输而来，或者用卡车配送。居民可能通过从附近的电力线路搭线来偷电。在没有公共汽车服务或私家车的情况下，居民可能需要步行两个小时才能到达工作地点。

发展中国家的多核模型

T.G. 麦基（T. G. McGee）的东南亚城市

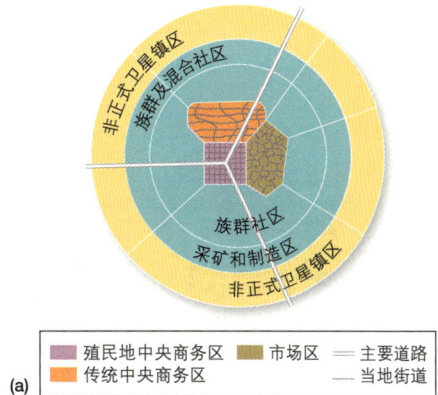

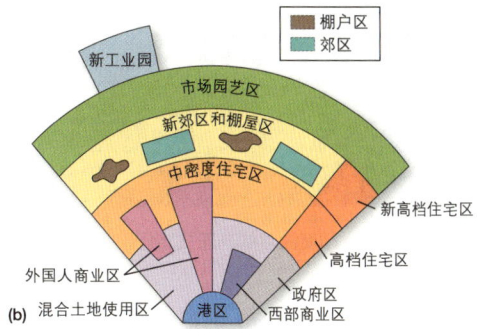

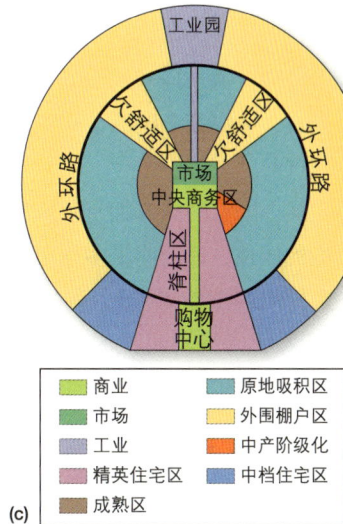

(a)

■ 殖民地中央商务区	■ 市场区
■ 传统中央商务区	— 主要道路
	— 当地街道

■ 棚户区
■ 郊区

(b)

(c)

■ 商业	■ 原地吸积区
■ 市场	■ 外围棚户区
■ 工业	■ 中产阶级化
■ 精英住宅区	■ 中档住宅区
■ 成熟区	

▲ **图 13–22　发展中国家的城市结构模型**（a）德布莱的撒哈拉以南非洲城市的同心圆模型；（b）麦基的东南亚城市的多核模型；（c）格里芬和福特的拉丁美洲城市的扇形模型。

▲ 图 13-23　**印度孟买的非正式定居区**　达拉维（Dharavi）的非正式定居区位于中央商务区北部的外环。

模型，在同心圆模型上叠加了几个棚户区节点，以及他所谓的"外国人区"，外国人（通常是华人）在那里生活和工作（图 13-22b）。麦基发现，东南亚城市通常没有强大的中央商务区。相反，中央商务区的各种功能被分散到几个节点上。

　　一些发展中国家的城市拥有复杂的种族群体，他们的居住方式证明了多核模型的适用性。在实行种族隔离（见第 7 章）的时期，南非的城市表现出特别明显的多核模型特征，因为每个种族都被分隔在不同的社区。

发展中国家的扇形模型

　　地理学者欧内斯特·格里芬（Ernest Griffin）和拉里·福特（Larry Ford）认为，在拉丁美洲的城市中，富人位于一个界线分明、由中央商务区向外延伸的精英住宅区。精英区域位于狭窄脊柱区（spine）的两侧，脊柱区包含办公室、商店和富有吸引力的设施，如餐馆、剧院、公园和动物园（图 13-22c）。富人被吸引到中心和脊柱区，还因为这两个地方的水、电等服务比其他地方更容易获得和更可靠。富裕阶层和中产阶级避免生活在欠舒适区（disamenity）附近，这个区域可能过于嘈杂，污染严重，适合低收入居民。

　　例如，巴西的圣保罗就有一个精英区域从中央商务区向外延伸。第 10 章讨论的联合国人类发展指数，可用于说明精英区域的多项元素，包括相对较高的收入、教育水平和预期寿命。与此同时，圣保罗也展现出同心圆模型的元素，大多数非正式定居区都位于外环。非正式定居区占圣保罗土地面积的23%，约有 180 万人口，占全市人口的 17%。

思考题 13.2.5

在发展中国家，有子女家庭的分布情况最符合同心圆模型、扇形模型，还是多核模型？为什么？

墨西哥城的城市结构变化

描述墨西哥城的发展阶段，并分析其城市模型。

墨西哥城是发展中国家的典型城市，它经历了三个发展阶段：欧洲殖民前的起源期、欧洲殖民时期，以及殖民后的独立时期。现代的墨西哥城展现出三种城市结构模型的特征。

殖民前的墨西哥城

阿兹特克人（Aztecs）在被称为"查普尔特佩克"（Chapultepec，意为"蚂蚱山"）的小山上定居。在被迫离开这座小山后，他们向南移动了几千米，到达今天的墨西哥大学附近，然后又在1325年迁移到特斯科科湖（Lake Texcoco）里一个10平方千米大的湿地岛上（图13-24），在那里建立了墨西哥城，称其为"特诺奇蒂特兰"（Tenochtitlán）。

大神庙（Great Temple）当初是墨西哥城

▶ 图13-24 **殖民前墨西哥城的区位** 阿兹特克人的城市特诺奇蒂特兰，建在特斯科科湖里的岛上。

▶ 图13-25 **殖民前墨西哥城市的中心** 特诺奇蒂特兰中心最重要的建筑是大神庙。神庙顶部的两座神龛，供奉的是阿兹特克人的雨和农业之神（蓝色），以及阿兹特克战神。

宗教生活的节点（图13-25）。三条带有吊桥的堤道将特诺奇蒂特兰与大陆连接起来，同时也有助于控制洪水。一条渡槽从查普尔特佩克引来淡水。大多数食物、商品和建筑材料都是从大陆船运到岛上的，岛上有方便运输的运河。在接下来的两个世纪里，阿兹特克人征服了邻近的民族，将控制权扩展到今天墨西哥的大部分地方。随着财富和权力的增长，特诺奇蒂特兰的人口增长到了50万。

殖民时期的墨西哥城

西班牙人经过两年的围攻，在1521年征服了特诺奇蒂特兰。他们摧毁了特诺奇蒂特兰，驱散了大部分居民，并在那里建造了新城。和其他殖民地城市一样，西班牙人围绕着被称为"索卡洛"（Zócalo）的重要广场建造了墨西哥城；索卡洛位于岛中心，那里是阿兹特克人的神圣区域。街道以网格模式从索卡洛向外延伸（图13-26）。

思考题 13.2.6

西班牙人为什么要摧毁大神庙？为什么当代墨西哥人想要挖掘和探索大神庙的废墟？

独立后的墨西哥城

墨西哥城在独立时是一个相对较小的城市。它的人口在19世纪稳定增长，在1900年达到约50万。进入20世纪后，人口迅速增长，到1950年达到300万，2015年，城市区域的人口达到2,100万。有数百万人迁移到城市寻找工作。

人口的快速增长导致墨西哥城的土地面积扩大。1903年，特斯科科湖的大部分被一条巨大的运河和隧道工程排干，使墨西哥城向北和向东扩展。与湖泊的西侧相比，干涸的湖床不太适合建造住宅区，因为来自东北的盛行风会引发沙尘暴。非正式居住区在外环中迅速增加。

▲ 图13-26　**殖民时期修建的墨西哥城**　墨西哥城中心的重要广场索卡洛是由西班牙人规划的。大都会大教堂（The Metropolitan Cathedral）位于广场的近端。国家宫（The National Palace）位于广场左侧，市政厅位于广场远端，在大教堂的对面。大神庙的发掘场地位于左下方的露天区域，包括两个绿色屋顶下的区域。

▶ 图 13-27 墨西哥城的精英区域 改革大道是贯穿精英区域核心的主要通道。

马克西米利安皇帝（Emperor Maximilian，1864—1867 年在位）参照法国的香榭丽舍大街，设计了一条有 14 车道的林荫大道。这条林荫大道——现称为改革大道（Paseo de la Reforma）——从市中心向西南延伸 3 千米，到达查普尔特佩克（图 13-27）。市中心和查普尔特佩克之间的改革大道，成为精英区域的脊柱区。在 19 世纪末期，富人们沿着大道建造了奢华的官殿。自然因素促使富人沿着改革大道向西部迁移。由于海拔高于城市里的其他地方，所以查普尔特佩克的污水会向东和向北流动。随着墨西哥城的人口在 20 世纪迅速增长，从 19 世纪延续下来的社会模式得到了强化。

复习 关键议题 2
城市区域的人们分布在何处？

✔ 城市区域展现出同心圆模型、扇形模型和多核模型的增长特征。

✔ 三种模型展示出北美和其他地区城市模式的相似点和不同点。

✔ 发展中国家的城市受到殖民历史的深远影响。

▶ 郊区的起源与发展
▶ 郊区的无序蔓延
▶ 郊区的隔离
▶ 公共交通的影响
▶ 对汽车的依赖

学习成果 13.3.1

了解郊区发展对地方政府的影响。

郊区是位于城市区域内,但是位于中心城市之外的住宅区或商业区。郊区自古以来就存在,面积并不大。古时候郊区的住宅区通常位于城墙以外。19 世纪,许多城市都在工业革命中迅速发展,面积更大的郊区也随之出现。

郊区的起源与发展

1950 年,只有 20% 的美国人生活在郊区,40% 生活在城市,40% 生活在小城镇和乡村区域。自那以后,生活在郊区的人口比例迅速攀升。10 年后,1/3 的美国人生活在城市,1/3 生活在郊区,1/3 生活在小城镇和乡村区域。2000 年,50% 的美国人生活在郊区,生活在城市的只有 30%,生活在小城镇和乡村区域的只有 20%。

郊区有许多吸引人的地方:独立的单户住宅,而不是联排房屋或公寓;房屋周围有私人土地和停放车辆的空间;更容易购买住房。郊区的房子宽敞而清静,每天都可以远离城市生活的压力。有孩子的家庭尤其会被郊区吸引,因为郊区有更多的游玩空间,没有内城那么高的犯罪率,也没有繁忙的交通。

随着人们的收入在 20 世纪上升,首先是在美国,最近在其他发达国家,越来越多的家庭能够买得起郊区的住房。

合并

直到最近,美国的城市在发展过程中会通过合并边缘地区的土地来扩张。现在,城市周围有多个郊外管辖区,那里的居民更愿意在法律上独立于大城市。合法地将土地并入城市,这个过程叫**合并**(annexation)。

不同州的合并规则有所不同。通常,只有在受影响地区的大多数居民投票同意时,土地才能被合并入城市。在 19 世纪,城市边缘的居民普遍希望合并,因为城市能够提供更好的服务,如供水、污水处理、垃圾收集、硬化街道、公共交通、警察和消防。因此,随着美国城市在 19 世纪迅速发展,法定的城市界线经常发生变化,以容纳新开发的地区。例如,芝加哥市就从 1837 年的 26 平方千米(10 平方英里)扩大到 1900 年的 492 平方千米(190 平方英里)。

相比之下,近几十年来,城市不太可能合并周边的土地,因为那里的居民更愿意组建自己的服务业,而不是向城市交税来享受服务。最初,这类外围管辖区域部分是小型的、孤立的城镇,在被城市发展吞并之前具有独立的地方政府。有些则是新建的社区,那里的居民希望住在大城市附近,但不愿意被城市合并。

地方政府的分散

由于难以合并郊外管辖区,所以美国的地方政府极为分散。根据 2012 年的政府普查,美国有 89,004 个地方政府,包括 3,031 个县、19,522 个市、16,364 个镇、12,884 个学区和 37,203 个特区。设立特区是为了提供消防、供水、图书馆和公共交通等服务。到目前为止，伊利诺伊州的地方政府数量最多（6,968），夏威夷的地方政府数量最少（21）。

较大的大都市区有数千个地方政府，资源水平差异很大。许多地方政府都呼吁建立大都市政府，这种大都市政府可以协调——即使不能取代——城市区域内的众多地方政府。美国地方政府的分散，使得交通管理、固体废物处理和经济适用房建设等区域问题难以解决。

大多数美国大都市区都有政府委员会，一个由该地区各个地方政府的代表组成的合作性机构。政府委员会可能有权对地方政府无法合理规划的地区进行一些总体规划。北美的一些地方已经建立了强大的大都市政府。大都市政府有两种情况：

■ **市政府和县政府的合并**。市政府和县政府合并的例子有印第安纳波利斯和迈阿密。印第安纳波利斯的边界被改变，以便与印第安纳州马里恩县（Marion County）的边界相匹配。此前由市和县分别负责的政府职能，现在被合并起来，在同一栋办公楼里开展。在佛罗里达州，迈阿密市和周围的戴德县（Dade County）已经合并了部分服务，但是迈阿密市的边界没有被改变以匹配戴德县的边界。

■ **联合政府**。联合政府的例子包括多伦多和其他加拿大大型城市。多伦多的大都市政府成立于1954年，联合了13个市的政府。在这些市于1998年合并之前，多伦多存在两个等级的政府。

精明增长

美国几个州已经采取措施来遏制郊区的增长。这样做的目的是创造一种紧凑和连续发展的模式，并为农业、休闲和野生动物保护农村土地。设立法律法规限制郊区增长和保护农田被称为**精明增长**（smart growth）。俄勒冈州和田纳西州已经确定增长边界，新的郊区发展不得超过边界。城市只能合并已纳入城市增长区的土地。新泽西州、罗得岛州和华盛顿州，也率先在全州实施了强力的精明增长计划。马里兰州的精明增长法律不鼓励州政府资助新建高速公路和其他可能会扩大郊区的无序蔓延或破坏农田的项目。州政府的开发资金必须用于已经城市化的区域。

思考题 13.3.1
城市增长边界如何帮助减缓郊区发展？

郊区的无序蔓延

学习成果 13.3.2
描述郊区的无序蔓延。

无序蔓延（sprawl）指对人口密度相对较低的郊区，以及与现有建筑区域不相邻的地区进行开发。当私人开发商选择新的住宅用地时，他们会寻找便宜的土地，这些土地可以很容易被用于建筑住宅，而且通常不会与现有的建成区域相邻。许多家庭希望拥有大片的土地，这也促进了无序蔓延。

边缘模型

多核模型的提出者之一 C.D. 哈里斯对多核模型进行修改，提出了**边缘模型**（peripheral model）。根据边缘模型，城市区域包括一个内城，内城周围是大型的郊区住宅和服务节点，或者是由环形公路连接起来的多个核心（图13-28）。

密度梯度

当你从城市中心向外移动时，你可以观

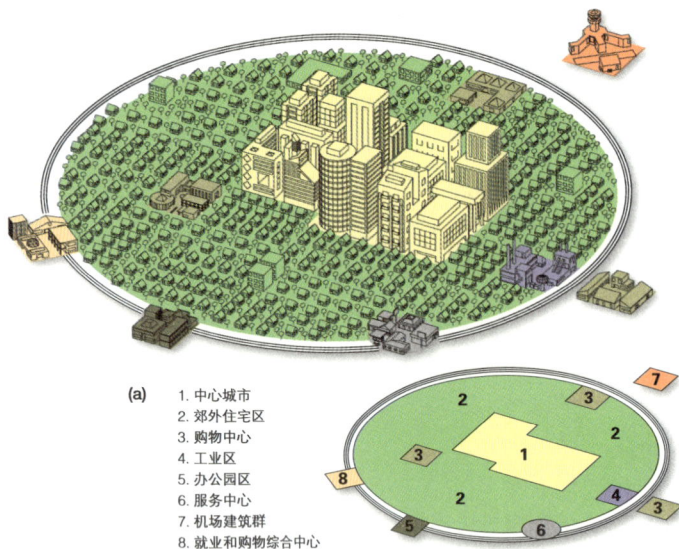

(a)
1. 中心城市
2. 郊外住宅区
3. 购物中心
4. 工业区
5. 办公园区
6. 服务中心
7. 机场建筑群
8. 就业和购物综合中心

(b)

▲ 图 13-28　**边缘模型**　（a）根据边缘模型，中心城市被环形公路包围。环形公路周围是郊外住宅区和节点，或称为边缘城市，那里也有消费性和商业性服务业集中；（b）弗吉尼亚州的泰森角（Tysons Corner）是华盛顿特区外的边缘城市。

察到人们居住密度的下降。在内城，1 公顷土地上可以容纳多达 250 套公寓或联排房屋（每英亩 100 套）。较旧的郊区有较大联排房屋、半独立房屋和建在小块土地上的独立房屋，密度约为每公顷 10 间房屋（每英亩 4 间）。独立式住房通常位于新郊区，占地面积为 0.25 至 0.5 公顷（0.6 至 1.2 英亩），还可能位于建筑区的边缘，占地面积为 1 公顷（2.5 英亩）或更大。

城市区域的住房密度变化称为**密度梯度**（density gradient）。根据密度梯度，离中心城市的距离越大，每单位土地上的住房数量越少。近年来有两个变化影响密度梯度：

■ 居住在中心的人越来越少。因此，在居住人口较少的城市中心，密度梯度有一个缺口。

■ 城市区域内的密度差异变得更小。由于人口减少和旧房屋被遗弃，中央居民区每公顷土地上的人数减少。与此同时，由于公寓和城镇住宅项目的建造和郊区的扩张，边缘区域的密度有所增加。

这两个变化使密度梯度变平，并减小了过去城市里中央和边缘之间极端的密度差异。

大都市区密度梯度的扁平化，意味着其人口和服务业分布在更大的区域内。美国郊区的特点是无序蔓延和隔离（segregation）。

只要人们对单户独立式住宅的需求仍然很高，城市边缘的土地就将从开放空间转变为住宅用地。土地并不会立即从农场转变为住房开发区。相反，开发商会先购买农场，以便将来由独立的建筑商建造房屋。美国城市的边缘区域看起来像瑞士奶酪，有成块的开发区，也有将开发区隔开的开放空间。

无序蔓延有代价：

■ 地方当局必须花更多资金扩建道路和公用设施，以便将与现有建筑区域不相邻的开发项目连接起来。

■ 建造独立住房导致更多的农业用地

丧失。

- 由于距离工作地点和服务所在地更远，所以需要消耗更多的能源。

大都市带

美国东北部的大都市统计区形成了一个连续的城市综合体，从波士顿北部延伸到华盛顿南部。地理学者让·戈特曼（Jean Gottmann）将这个地区命名为**大都市带**（Megalopolis）。"Megalopolis"是个希腊语单词，意为"伟大的城市"。其他美国城市综合体还包括密尔沃基和匹兹堡之间的五大湖南部，以及洛杉矶和蒂华纳之间的加利福尼亚州南部。其他发达地区的大都市带有：德国鲁尔（包括多特蒙德、杜塞尔多夫和埃森等城市），荷兰兰斯台德（包括阿姆斯特丹、海牙和鹿特丹等城市）和日本东海道（包括东京和横滨）。

在大都市带中，巴尔的摩、纽约和费城等中心城市保留了鲜明的特征，而城市区域被公园、军事基地和农场明显地分开。但是，在边缘地区，城市区域的边界会重叠。

思考题 13.3.2

你认为大都市带中有哪个城市会在不远的将来成为大都市统计区？为什么是这个城市？

郊区的隔离

学习成果 13.3.3

解释郊区隔离的几种方式。

许多郊区都有两种形式的隔离：

- **社会阶层的隔离**。特定郊外社区的住房通常是为某个社会阶层的人建造的，其他社会阶层的人则因为住房的成本、大小或位置而被排除在外。部分郊区也存在种族隔离和族群隔离（见第7章）。

- **土地用途的隔离**。居住区域与商业、制造业相互隔离，后二者仅限于较小、独特的区域。

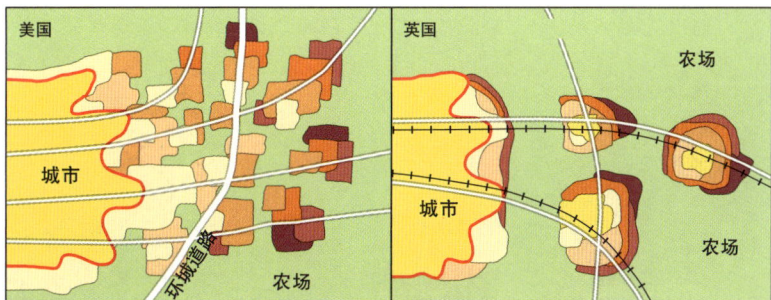

新开发区
- 20世纪50年代
- 20世纪60年代
- 20世纪70年代
- 20世纪80年代
- 20世纪90年代
- 21世纪头10年
- 1950年城市界线
- 道路
- 铁路

▶ 图13-29 **英国和美国的郊区发展模式**（a）美国郊区无序蔓延的程度远远超过英国；（b）在英国，新住房更可能集中在新城镇或（c）计划扩建的现有的小城镇。

美国和英国的郊区

在欧洲的城市区域，新住房的土地供应受到的限制比在美国严格（图 13-29）。政府试图通过指定强制性的开放空间来限制无序蔓延。几个英国城市的四周围绕着绿化带或开放空间。新住房要么建在绿化带内的旧郊区，要么建在绿化带以外的新城镇和计划扩建的小城镇。另一方面，城市边缘的土地供应限制还推动了欧洲的房价上涨。

住宅隔离

低收入人群和少数族群无法居住在美国的许多郊区，因为那里的住房成本高，且现有居民的态度不友善。郊区的居民不欢迎低收入群体和少数族群入住，因为他们担心，如果社区的高端地位发生变化，房产的价值会下降。大面积的郊区已经被开发，上面建造着内部装修、占地面积和成本都相似的住房，吸引具有相似收入和生活方式的人群。

郊外社区的同质性受到分区法令的保护。**分区法令**（zoning ordinance）是一种限制土地用途、规定社区中最大开发密度的法律。分区法令通常会为单户住宅区、公寓区或商业划定专门的区域。有些规定要求住房建在大块的土地上，禁止建设公寓，这导致低收入家庭可能难以找到负担得起的住所。一些郊外住宅区有围栏，访客必须在大门口登记，然后才能进去（图 13-30）。

郊区的服务业

消费性服务业和商业性服务业也在郊区扩张。出现这种趋势的原因有多种。

消费性服务业的郊区化。 消费性服务业之所以在郊区扩张，是因为大多数消费者都生活在郊区（图 13-31）。过去，城市居民在住宅区的小型社区商店购买食品和其他日用品，在中央商务区购买其他产品。但是，自第二次世界大战结束以来，市中心的销售额停滞不前，而郊区的销售额则以每年 5% 的速度增长。

▲ 图 13-30 **设有大门的社区** 摄于佛罗里达州奥兰多市。

郊区零售业集中在不同规模的购物中心。较大的购物中心包含曾经仅位于中央商务区的百货商店和专卖店。商店周围有宽敞的停车场。购物中心由开发商建造，开发商购买土地，建造楼房，并将空间租赁给商家。

郊区居民不再愿意去远距离的中央商务区，而街角商店也被购物中心的超市所取代。住宅建筑的密度较低，所以人们不愿意步行去商店，而且分区限制也通常将商店排除在住宅区之外。

思考题 13.3.3

你能从家里走到商店吗？你想住在商店附近吗？为什么？

商业性服务业的郊区化。越来越多不需要面对面交流的公司迁移到租金低于中央商务区的郊区。管理人员可以更轻松地开车上班，停车也不用交费。工厂和仓库也越来越多地位于郊区，以便获得更多的空间、更便宜的土地和更好的卡车利用。

公司位于郊区，给部分工人带来了困难，尤其是级别较低的工人，如秘书和门卫。这些人可能生活在离工作地点较远的社区。他们可能没有汽车，而且公共交通可能无法到达他们的工作地点。一些工人会想念城市中心的活力，特别是在吃午餐的时候。

公共交通的影响

学习成果 13.3.4

描述公共交通的利与弊。

由于很少有人住在离工作地点很近的地方，所以城市区域的一个特点是远距离的通勤。人们在早上进入中央商务区，晚上离

▲ 图 13-31　俄亥俄州哥伦布市的郊区购物中心
伊斯顿城市中心（Easton Town Center）是一个设计得像中央商务区的郊区购物中心。

开，这是通勤流量最大的两个时间。**高峰时段**（rush hour 或 peak hour）指交通最繁忙的时段。

工作时间段中央商务区的人员高度集中，让运输系统饱受压力，因为许多人必须在早上的相同时间点到达较小的工作区域，又要在下午的相同时间点离开。每天进出中央商务区的人流有 40% 出现在 4 个小时内——早上和下午各两个小时。

美国的公共交通

美国的公共交通主要用于通勤者进出中央商务区。公共交通尽管方便通勤，但是仅占美国通勤出行的 5%。公共交通在纽约占

通勤出行的 50%，在波士顿占约 30%，在芝加哥和费城占 25%。但是，在其他大多数城市，公共交通服务很少或根本不存在。单独驾车的人占通勤总人数的 76%，拼车的占 10%。

过去，郊区的增长受到交通不畅的制约。人们生活在拥挤的城市，因为他们必须能够步行到达商店和工作场所。19 世纪铁路的发明使人们能够生活在郊区，工作在中心城市。建造于 19 世纪的许多所谓的有轨电车郊区（streetcar suburb）仍然存在，并保留了独特的视觉特征。它们包括聚集在车站或以前有轨电车站附近的房屋和商店，密度远高于较新的郊区。为满足通勤者的需求，城市在不同空间建造了轨道交通，在街道上的叫有轨电车（trolley、streetcar 或 tram），在空中的叫高架铁道（El），在地下的叫地铁（subway）。

20 世纪郊区的爆炸式增长依赖的是机动车而不是铁路，在美国尤其如此。在 19 世纪，轨道交通将郊区的发展限制在步行能够到达车站的狭窄条状区域内。汽车使得郊区在轨道交通无法覆盖的地方大范围地发展，离中心的距离更远。拥有汽车的人在选择住所时有了前所未有的灵活性。

20 世纪 40 年代，美国的公共交通发展达到顶峰，每年载客量达 230 亿人次。1970年，美国的公共交通乘客数量下降到 60 亿人次左右。然而，后来又从 1994 年的不到80 亿人次，增加到 2014 年的近 110 亿人次。

有轨电车——现在有个更优雅的名字，叫轻轨交通——在新奥尔良和旧金山曾一度仅作为旅游景点，但是现在正在整个北美重新发展起来。自 1975 年以来，美国新建了21 个轻轨系统。长期完全依赖机动车的达拉斯和洛杉矶，在 20 世纪 90 年代建造了轻轨线路，现在是美国最大的两个轻轨系统，各自的里程都超过 100 千米（60 英里）。另外还有 10 个美国城市和 2 个加拿大城市新建的轻轨里程在 50 到 100 千米（30 到 60 英里）之间。

1972 年至 1993 年间，美国有 6 个城市开放了全新的地铁系统：亚特兰大、巴尔的摩、洛杉矶、迈阿密、旧金山和华盛顿。地铁系统已经存在上百年的城市，如波士顿和芝加哥，通过建造新线路、改造已有线路来吸引更多的乘客。芝加哥率先在高速公路的中间带内建设了重轨快速交通路线。联邦政府允许波士顿、纽约等城市将最初分配给州际高速公路的资金，用于实现快速公交服务的现代化。纽约的地铁车厢曾经被帮派成员喷满涂鸦，现在已经被清洁，乘坐环境得以改善。尽管最近取得了一定成功，但是美国的公共交通陷入了恶性循环，因为售票收入无法覆盖运营成本。乘客人数下降，以及运营成本的增加，导致票价也在增长，进而导致乘客更少，最后导致服务水平降低，票价涨得更高。政府用于补贴公共交通建设和运营的公共支出有所增加，但是美国并没有充分认识到公共交通是至关重要的公用事业，补贴力度没有其他发达国家和发展中国家政府长期提供的补贴那么大。

美国大多数城市的公共交通服务水平极其低，这意味着低收入人群可能无法到达工作地点。低收入人群往往居住在内城社区，但是就业机会，特别是那些对教育水平和个人服务技能要求不高的，都位于公共交通不便利的郊区。郊区的公司难以吸引工人，同时内城社区的失业率又很高。在一些城市，政府和企业会提供补贴，用面包车运送内城的低收入居民到郊区工作。

其他国家的公共交通

全球数百个城市拥有公共汽车、有轨电车和地铁线路的广泛交通网络，近年来还提供了建造新设施的资金。根据维基百科的数据，截至 2014 年，全球 148 个城市拥有地下重轨交通系统，371 个城市拥有轻轨系统。另外，有 36 个重轨系统计划在 2015 年之后的数年间开放，其中 16 个在中国。已经拥有公共交通服务的城市，也一直在扩建它们的交通网络。

通过比较美国印第安纳州的印第安纳波利斯和德国的慕尼黑，可以看出美国以外的国家对公共交通的重视程度。这两个城市区域都有大约 140 万居民，都有大约 500 千米的公交线路。但是，印第安纳波利斯没有轨道交通，而慕尼黑有 95 千米的地下重轨（称为 U–Bahn）、442 千米的高架重轨（称为 S–Bahn）和 71 千米的有轨电车（图 13–32）。

(a)

思考题 13.3.4

你经常使用公共交通工具吗？为什么？

(b)

对汽车的依赖

学习成果 13.3.5

描述减少城市区域汽车带来的影响的几种策略。

美国人平均每天出行 58 千米（36 英里）。人们不会漫无目的地出行，他们的出行有明确的起点、目的地，以及目标。在美国，19% 的出行是为了工作，10% 是去学校或教堂，28% 是去参加社交和娱乐活动，43% 是去进行其他个人活动（如购物和医疗）。

在城市区域，公共交通比机动车更适合运送大量人员，因为每个乘客占用的空间相对

(c)

▲ 图 13–32　德国慕尼黑的公共交通　（a）地下重轨；（b）高架重轨；（c）有轨电车。

要小得多。与私人汽车相比，公共交通更便宜，污染更少，能源效率更高。公共交通还特别适合将大量人员迅速运送到一个小区域。一辆公共汽车仅占用一辆轿车的空间，却可以容纳 30 人；双轨快速公交线路的运载能力，与 16 道城市高速公路的运载能力相同。

美国人 83% 的出行是乘私人汽车或卡车，12% 是步行或骑自行车，2% 是乘坐公共交通工具或校车，1% 是乘坐其他交通工具。尽管乘坐公共交通工具的人数很少，但是公共交通仍然是大城市交通系统的重要组成部分。

不同时期的交通

交通的改善在城市区域结构变化中发挥了关键作用。地理学者约翰·博彻特（John Borchert）按照交通系统的变化，将美国城市区域划分为 5 个时代：

- **帆船 – 马车时代**（1790—1830 年）。城市区域聚集在大西洋沿岸。主要的交通工具是在大西洋沿岸来回航行的依靠风力的帆船。

- **火车时代**（1830—1870 年）。蒸汽机使船舶可以更快地行驶，并能够到达内陆地区。运河将新建立的内陆城市与东海岸的已有城市连接起来。蒸汽动力的火车为边远地区提供了能够到达现有城市中心的交通。

- **钢轨时代**（1870—1920 年）。长途铁路线将全国各地的城市区域连接起来。

- **汽车 – 飞机 – 便利时代**（1920—1970 年）。内燃机使机动车辆成为城市区域内和城市区域之间的主要交通工具。用汽油驱动的飞机让城市中心之间的长途旅行更便利。

- **卫星 – 电子 – 喷气式推进器时代**（1970 年至今）。当前时代的特点是能够以电子方

▲ 图 13-33　**城市高速公路**　宽阔的 75 号州际公路从亚特兰大市中心穿过。

式进行通信，以及用电子方式控制运输系统。

不同城市在这几个时代的繁荣程度不同，这取决于与重要经济资源的距离，以及人口迁移的模式。此外，有些城市保留了早期的自然特征，这些特征在未来可能是利好，也可能是阻碍。

汽车的好处和成本

世界上有大约 12 亿辆汽车，其中美国拥有 2.55 亿辆。美国实际上拥有的注册汽车数量超过了持证驾驶员的数量。几乎每个美国家庭都拥有汽车，除了一些贫困家庭、老年人和居住在纽约等大城市中心的人。机动车主要有两个好处：

■ **舒适、方便和灵活。**有车的人可以生活在他们想生活的地方，去他们想去的地方。他们不受公共交通服务班次表的限制。汽车有舒适的座椅，乘坐汽车可以听音乐，不用像在公共汽车或地铁上那样拥挤。

■ **感知成本。**有车的人认为用车成本低于使用公共交通工具的成本。每次使用公共交通工具都必须支付车费，而且车费高于燃料费用，至少在美国是这样。与汽车相关的大部分成本，例如保险和许可证，都是按年支付的，无论实际的驾驶量如何。

美国政府鼓励使用小汽车和卡车，全国 77,000 千米（48,000 英里）分道高速州际公路的开支，90% 由美国政府承担。政府也实行相关政策，保持燃料价格低于欧洲水平，以此支持人们使用机动车。

汽车的使用成本不止购买和驾驶成本。大多数驾驶者都没有注意到如下这些费用：

■ **土地的消耗。**机动车是城市土地的重要使用者（图 13-33）。道路和停车场占一般城市土地的 1/4。多车道的高速公路穿过市

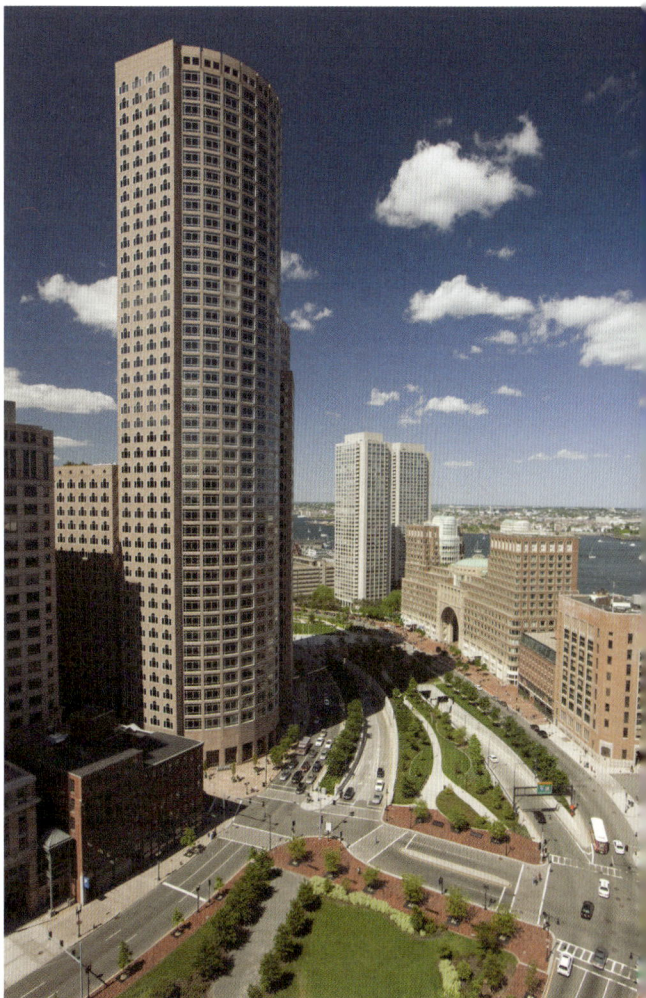

▲ 图 13-34 **高速公路被拆除之后** 波士顿的中央干道高速公路被拆除，取而代之的是玫瑰肯尼迪林荫道（Rose Kennedy Greenway）。

中心，占据宽 23 米（75 英尺）的土地，而精心设计的互通式立体交叉线路占用的空间更多。尽管昂贵的地下停车场和多层停车建筑可以减少所需的地面空间，但车辆停放还是会占用中心城市宝贵的土地。由于政府尝试在过去的中心区域内部或附近建造新的道路和停车场，欧洲和日本的城市变得尤其分散。

■ **交通拥堵。**根据德克萨斯交通研究所（Texas Transportation Institute）编制的《城

市流动性报告》（Urban Mobility Report），美国人均每年因交通拥堵而浪费 18 加仑汽油，损失 42 小时。美国每年拥堵的总成本为 1,600 亿美元。但是，大多数美国人仍然喜欢开车上下班。大多数人都不在意这些成本，因为他们更重视汽车提供的私人空间和时间上的灵活性。

曾经从中央商务区穿过的高速公路，在包括波士顿、旧金山和首尔在内的多个城市都已经被拆除。例如，波士顿的中央干道（Central Artery）已经被公园取代（图 13-34）。

自动驾驶车辆

未来的交通系统可能包括各种形式的自动驾驶车辆。目前，车辆具备支持自动驾驶的技术能力，例如传感器和全球定位系统，并且可以自动执行某些功能，例如自动制动、平行停车以及防止不安全的变道。

自动驾驶车辆可能减少由人为错误导致的事故，为年龄太小或身体残疾而无法驾驶的人提供便利，还能减小车辆之间的安全距离，从而增加道路可容纳的车辆数量。

自动驾驶车辆造成的许多实际问题，例如责任划分和保险，仍未得到解决。自动驾驶车辆的最大障碍可能是消费者的接受度。你愿意放弃对车辆的部分或全部控制吗？你的父母和祖父母呢？自动驾驶车辆是让他们激动，还是害怕？

复习　关键议题 3
为什么城市区域会扩张？

✔ 美国城市曾经通过合并周边的土地来扩张，但是现在这种做法并不常见。

✔ 城市的周围通常是无序蔓延的独立郊外管辖区。

✔ 郊区的无序蔓延会消耗大量土地，并需要投资新建许多道路和公用设施。

✔ 郊区经常因社会阶层和土地用途而隔离开来。

✔ 郊区居民依赖汽车去其他地方，而大多数城市都提供多种形式的公共交通。

为什么城市面临可持续性挑战?

▶ 城市面临的挑战
▶ 城市的改造
▶ 城市的清洁
▶ 城市的控制

学习成果 13.4.1

了解城市面临的挑战。

本书的最后一个关键议题回归到第一个关键议题中介绍的主题。第一个关键议题介绍了地理学者使用的 5 个基本概念:地方、地区、范围、空间、关联。他们使用这些基本概念来解释为什么地球上的每个地方都在某些方面是独特的,都在某些方面与其他地方相关联。这 5 个概念有助于我们理解城市。

地方和地区有助于解释为什么每个城市都是独特的:

■ 地方是地球上具有某种特征的具体地点。每个城市都在地球表面占据着独特的位置。此外,一个城市本身也包含多个独特的地方,例如中央商务区和独具文化和经济特征的住宅区。

■ 地区是地球上具有一种或多种特征的一片区域。城市区域已经发展得特别大,包含了多个各具特色的地区。

范围、空间和关联有助于解释为什么不同的城市是相互关联的:

■ 范围指地球上被研究的某个部分与整个地球之间的关系。城市反映出从地方到全球的各个范围的重要性。在地方范围内,城市是多样性的中心。居住在城市中,你可以

近距离接触具有不同文化特色和经济条件的人。与此同时,城市的经济福祉和文化活力,取决于全球范围内经济和文化的模式和进程。

■ 空间指两个物体之间的物理间隙或间隔。人们和活动因属性不同而分布在城市内的不同地区,密度随着与城市中心的距离增加而下降(尽管下降幅度比过去低)。不同的人群和活动集中在城市的各个区域,城市的自然结构(如街道布局)有特定的规律。

■ 关联指人或物在空间上的关系。城市是各种关联的节点。它们是交通网络的中心,将多个城市以及城市内的多个区域联系在一起。

城市面临的挑战

100 年前,美国的低收入内城社区里充满了来自欧洲的新移民。当时能容纳近 10 万居民的这种社区,现在却可能不足 5,000 居民。如今,居住在这些社区的人们面临着各种各样特殊的社会和自然挑战,这些挑战与郊区居民所面临的挑战截然不同。

社会挑战

下层阶级(underclass)是社会中由于各种社会和经济方面的困难而不能共享发达社会物质利益的群体。下层阶级中绝大部分人生活在内城社区,在那里陷入无休止的艰难困境:

■ **工作技能不足。**内城居民越来越无法竞争工作机会。他们半数以上的人没有高中毕业,因而缺乏大多数工作所需的技能。尽管教育经历在找工作时很重要,但是下层阶级中许多人的生活环境不重视良好的学习习惯,例如定期上学和完成家庭作业。过去,受教育程度有限的人可能成为工厂里的工人

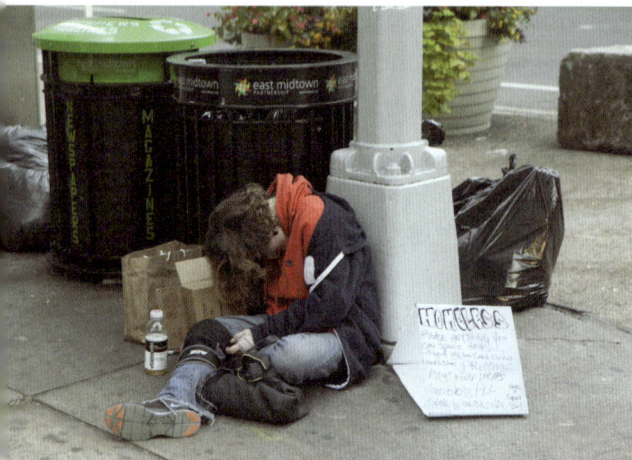

▲ 图13–35　无家可归者　摄于纽约市。

或负责填表的文员，但是今天这些工作都需要操作计算机等电子产品的技能。内城居民甚至无法从事剩余的低技能工作，例如门卫和快餐服务工作，因为这些工作越来越多地位于遥远的郊区，而那里的公共交通服务很差。

■ **贫困文化**。在美国的内城社区，2/3 的婴儿是未婚母亲所生，4/5 的儿童生活在单亲家庭中。由于儿童托管服务不足，单身母亲可能面临两难，要么工作挣钱，要么留在家中照顾孩子。原则上，政府希望看到更多的父亲与妻子、孩子共同生活，但是很少采取激励措施。只有小部分"无良父亲"（deadbeat dad）因为未能抚育孩子而被追查。而如果丈夫搬回家，那么他的妻子可能会失去福利津贴，使夫妻的经济状况比分开时更糟糕。

■ **无家可归**。美国有数百万人无家可归。大多数人无家可归，是因为他们买不起房，没有固定收入。在城市中越来越难以找到负担得起的住房。无家可归也可能是由家庭问题或失业引发的（图 13–35）。根据政府调查，无家可归者中有 1/4 是儿童。

■ **毒品**。一些内城居民被困在无望的环境中，进而转向吸毒。尽管吸毒的问题在郊区也存在，但内城的吸毒率却增长最快。一些吸毒者会通过犯罪活动获取资金。在内城社区，一些人可能会组成帮派，以控制利润丰厚的毒品分销。

■ **犯罪**。大都市区的严重犯罪，例如谋杀，发生于内城社区的比例相对较高。城市中的受害者，以及因谋杀而被捕的人，少数族群在其中所占的比例相对较高。两个团伙争夺毒品分销区域时，可能会发生暴力事件。

■ **服务欠缺**。内城社区缺乏足够的警察、消防、商店、医院、诊所和其他医疗设施。食物沙漠在低收入的内城地区尤为常见。

■ **市政财政**。内城社区中的低收入居民需要公共服务，但是他们缴纳的税收很少，难以支持这些服务。在中心城市，内城社区所需服务的成本与可用资金之间的差距正在越来越大。

思考题　13.4.1

教育方面的额外投资如何能够解决下层阶级的某些问题？

自然挑战

美国城市的内城区域有成千上万的房屋被房东抛弃，从而空置（参见"辩论！"版块）。许多学校和商店都已经关闭，因为人口迅速下降的内城社区不再需要它们。

住房过滤（filtering）指一所房屋的用途变化过程——从自有的单户住宅，变化为租赁公寓，最终被废弃。许多在 19 世纪由富裕家庭建造的内城房屋，被不再居住在其中的房东划分为较小的住宅，出租给低收入家庭。在收取的租金低于房屋维护所需资金和税收成本时，房东就会停止维护房屋。在这种情况下，房屋的状况就会很快恶化，变得不适合入住。

一些金融机构的**红线政策**（redlining）

加速了内城住房的废弃。红线政策指金融机构在地图上绘制红线，拒绝借钱给人们购买或改造红线内的房产。红线政策让想要修理红线地区房屋的家庭难以借到钱。虽然红线政策是非法的，但是对这种行为进行执法通常很困难。《社区再投资法》（The Community Reinvestment Act）要求美国银行根据人口普查区的数据来决定是否提供贷款。银行必须证明其服务区域内的内城社区获得了合理额度的贷款。

城市的改造

学习成果 13.4.2
描述中产阶级化的过程。

中产阶级化（gentrification）指将一个城市社区从以低收入人群租赁房屋为主，转变为以中产阶级自有房屋为主。大多数城市都至少拥有一个经过大幅翻新的内城社区，这个社区吸引了收入更高的居民，特别是不关心内城学校质量的单身人士和未生育夫妇。

一个衰败的内城社区在如下方面很有吸引力：

- 房屋可能比郊区的房屋更大，建造得更结实，而且也更便宜。
- 房屋可能拥有吸引人的建筑特征，如华丽的壁炉、飞檐、挑高天花板和木质装饰。
- 对在市中心工作的人来说，生活在内城可以避免拥挤高速公路或公共交通工具上的通勤压力。
- 社区靠近剧院、酒吧、餐馆、体育馆和其他文化娱乐设施。

因为翻新内城的旧房子可能比在郊区购买新房子更贵，所以许多城市会通过提供低利率贷款和减税来鼓励人们翻新住房。政府在内城住房改造上的支出，被批评是牺牲低收入人群的利益来补贴中产阶级，因为低收入人群有时会由于房租猛涨而被迫搬出中产阶级化的社区（图 13-36）。

取消公共住房

鉴于城市内的住房成本高，政府有时会采取措施，以实际负责或支持低收入家庭的住房管理。在美国，**公共住房**（public housing）是由政府所有、租赁给低收入个人、租金固定为租户收入 30% 的住房。在其他国家，地方政府或慈善团体等非营利组织会在

(a)

(b)

▲ **图 13-36　辛辛那提的中产阶级化**　（a）21 世纪初，辛辛那提内城的越莱茵河区（Over-the-Rhine）拥有许多废弃的住宅和商店；（b）这些建筑物中有许多都经过翻修，现在变成了吸引人的商店和成本较高的住房。

全国政府补贴下建造大部分公共住房，住房归地主政府或慈善团体所有。

20世纪中叶，许多不合标准的内城房屋被拆除，取而代之的是公共住房。几十年后，这些公共住房的生活环境有许多不能令人满意，于是也被拆除（图13-37）。尤其令人不满的是高层公共住房项目。电梯经常出故障，走廊里有少年犯恐吓其他人，吸毒率和犯罪率很高。一些观察家认为，高层建筑是造成这种问题的原因，因为有太多的低收入家庭集中在高密度的环境中。

在1980年至2010年期间，由于总体的资助水平降低了许多，美国公共住房和其他政府补贴住房的供应量减少了约100万套。但是，就在这段时间，需要廉租房的家庭数量却增加了200多万。在英国，公共住房——以前称为统建住房（council estate）——的供应量也有所下降，因为政府强迫地方当局将部分住房出售给居民。英国还增加了对非营利性住房协会的补贴，这些协会为有特殊需求的群体建造住房，包括单身母亲、移民、残疾人、老年人和穷人。

许多城市试图为被迫迁移的贫困家庭纾困。美国法律规定，这些家庭搬家的花费，以及在4年内的房租增长，都可以得到补偿。西欧国家也有类似的法律。许多城市还通过公共住房等项目，专门为低收入家庭翻新旧房。通过出租经过翻新的房屋，一座城市也能将低收入家庭分散在全市，而非让它们集中在大型的内城公共住房项目中。然而，部分公共住房项目位于正在中产阶级化的社区，因此高层住宅楼被拆迁后建造的新住房项目，对之前生活在公共住房中的居民来说，可能会过于昂贵（图13-38）。

振兴消费性服务业

大多数消费性服务都位于郊区，靠近郊区的居民。然而，一些消费性服务正在返回内城，部分原因是为了满足中产阶级化社区居民的日常需求。内城的消费性服务也吸引

◀ 图13-37　**拆除公共住房**　最臭名昭著的高层公共住房项目之一，圣路易斯的普鲁伊特－伊戈公寓（Pruitt-Igoe）建于20世纪50年代，在20世纪70年代被拆除。

▶ 图 13-38 公共住房和中产阶级化 在芝加哥，名为卡布里尼·格林（Cabrini Green）的高层公共住房项目曾经位于一个逐渐中产阶级化的社区。该项目已经被拆除，取而代之的是中产阶级家庭的新住房。2003 年的这张照片显示，卡布里尼·格林的两座大楼等着被拆除，它们的旁边是新建的住房。

▶ 图 13-39 旧金山的渡轮大厦 旧金山市中心的轮渡码头已经被改造成了一个零售中心。

着寻求休闲活动的人们，例如繁华市中心环境中不寻常的商店或海港景观。北美的几个中央商务区已经将新的零售服务与休闲服务相结合。例如：

■ 波士顿的法尼尔厅市场（Faneuil Hall Marketplace）位于经过翻修的 18 世纪建筑中。

■ 巴尔的摩的港湾广场（Harbor Place）建于内港（Inner Harbor），毗邻海滨的博物馆、旅游景点、酒店和文化设施。

■ 芝加哥的海军码头（Navy Pier）过去是货运码头，现在已经改建为商店和景点。

■ 纽约的南街海港（South Street Seaport）将旧鱼市与零售、娱乐活动相结合。

■ 费城的瑞汀车站市场（Reading Terminal Market）建于 19 世纪，在 20 世纪的郊区化运动中勉强留存下来，现在被改造为繁荣的市场，由不同商家经营单独的摊位。

■ 旧金山的渡轮大厦（Ferry Building）是旧金山湾的轮渡码头，也是一个美食中心（图 13-39）。

思考题 13.4.2

在瑞汀车站市场或渡轮大厦等地方购买杂货，可能会有什么吸引人的地方和挑战？

辩论！ 收缩能使衰落的城市变得更强大吗？

底特律从 1950 年的 200 万人缩减到现在的不到 70 万人。根据汽车城地图网站（Motor City Mapping），底特律 30% 的土地是空地，13% 的土地有空置建筑，只有 54% 的土地上的建筑物被使用。市政官员正在辩论，是应该帮助所有社区，还是应该集中帮助小部分社区？

只帮助部分社区

- 底特律没有足够的资金来改善每个社区，所以应该帮助那些有最好改善前景的社区。
- 前景最光明的是那些空置房屋数量较少的社区。
- 可以为这些还有人居住的社区提供更好的警察、消防和垃圾收集服务。

帮助所有社区

- 空置最严重的社区中留下的人们太贫穷，无法搬迁。
- 人们将被迫在违背自己意愿的情况下搬迁。
- 空置房屋可以交给需要地方居住的无家可归者。
- 即使是空置最严重的地区也需要服务。

城市的清洁

学习成果 13.4.3

描述改善城市空气的策略。

从现在起的 10 年或 20 年后你将在哪里生活？你很有可能会在城市区域。现在世界上半数以上的居民生活在城市中，这个比例在未来几年内将继续增加。

未来的城市会是什么样的？在某些方面，未来的城市可能看起来很熟悉。它可能会有商业区和住宅区。具有相似兴趣和背景的人可能仍然会聚集在环形区、扇形区和节点中。

未来的城市能否实现可持续？联合国认为，**可持续发展**（sustainable development）是"能满足当代人需要，又不对后代满足其需要的能力构成危害的发展"。城市以及地球在未来的可持续性，很大程度上取决于我们如何构建未来的交通。

美国人平均每年驾驶 600 多个小时。这差不多是一整个月的时间。我们未来的交通肯定会更节能，污染更少。在对我们的人文地理学研究的总结部分，我们关注未来交通的两个关键变化：动力源和车辆控制。

全世界需要怎么做，才能在未来几年减少污染和对化石燃料的依赖？根据联合国的调查，不同国家的策略各不相同（图 13-40）。与联合国合作的美国科学家提出了一个有三大关键要素的策略（图 13-41）：

- 大幅减少三种化石燃料的使用。
- 增加可再生能源的使用。
- 使用**碳捕获和储存技术**（carbon capture and storage，CCS），将二氧化碳废气捕获，运输到储存地点，存放在不会泄漏入大气层的地方，通常是地下。

这一策略对普通美国人的影响很大，因为几乎所有家庭活动和交通都要依赖电力。这种电力将几乎全部由三种化石燃料以外的其他能源产生。减少**碳足迹**（carbon footprint）对美国而言将会很艰难，但对发展中国家，尤其是对世界主要的制造国中国而言，减少碳足迹的挑战更大。要减少全球污染，需要国际合作与配合。

思考题 13.4.3

你所在的社区或附近在采取什么措施减少使用化石燃料生产电力？

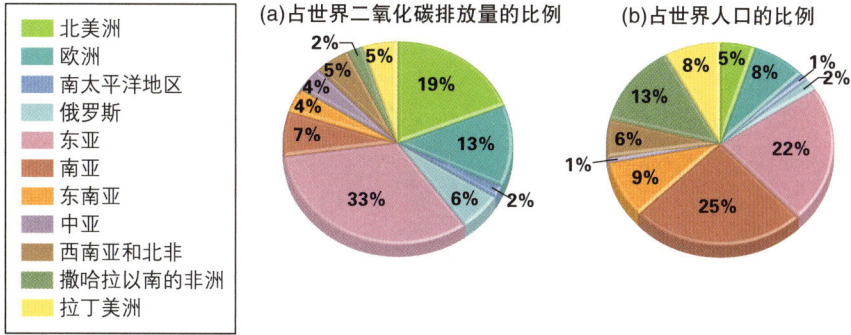

▲ 图 13-40　**二氧化碳排放与人口占全球的比例**　（a）东亚，特别是中国，占世界二氧化碳排放量的比例最大；（b）东亚和北美的二氧化碳排放占世界二氧化碳排放量的比例高于各自的人口占世界人口的比例。

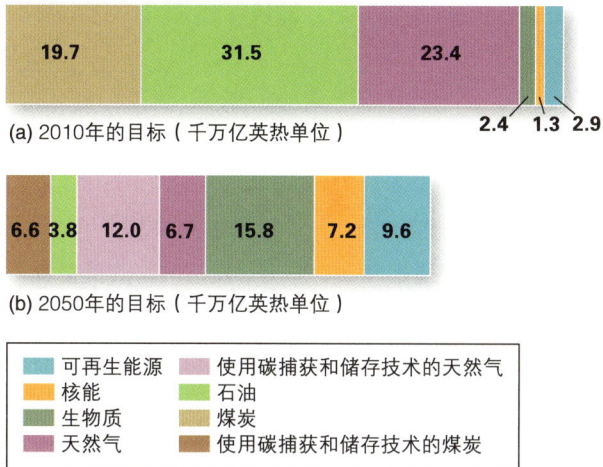

▲ 图 13-41　**联合国减少美国二氧化碳排放的目标**　二氧化碳排放的减少主要是通过减少对化石燃料的使用。

城市的控制

学习成果 13.4.4

思考未来城市的车辆。

城市区域未来的健康状况取决于交通拥堵的缓解。美国人平均每年被堵在路上的时间大约是 42 个小时（但是在洛杉矶是 80 个小时）。地理学工具，包括全球定位系统和电子地图，在智能交通系统的设计中发挥着核心作用，无论是通过增加道路容量，还是通过减少需求。

控制车辆

当前增加道路容量的创新技术旨在为驾驶员提供信息，以便他们能够做出明智的决策，避开交通拥堵。有关交通拥堵的信息通过计算机、手持设备和车辆监视器传输。电子地图和图像上能够显示交通热点，信息来自安装在路基里的传感器和重要地点的摄像头。希望了解特定路线情况的个人，可以对电子设备下指令，接收拥堵警报和更换线路的建议。城市区域的广播电台会播放报告，向司机提供事故或拥堵信息。

使用拥挤道路的需求正在以几种方式减少：

▲ 图 13-42 **交通拥堵费** 摄于伦敦市中心。

■ **交通拥堵费**。在伦敦，驾驶者必须支付高达 12 英镑（18 美元）的交通拥堵费，才能在周一至周五上午 7 点至下午 6 点之间进入中心区域（图 13-42）。斯德哥尔摩也有类似的系统，收费标准根据一天中的不同时间而变化。

■ **通行费**。在多伦多和加利福尼亚州的几个城市，驾驶者在拥堵的时候会被收取较高的通行费。装在车辆上的转发器会记录车辆在高速公路上的时间。车主收到的月度账单上会反映出收费级差。

■ **许可证**。在新加坡，驾驶者若要在一天中最繁忙的时段驾车前往市中心，就必须购买许可证，并提供停车位所有权证明。政府会限制许可证的数量，并向驾车前往市中心的车主收取高额费用。中国的几个城市也计划针对拥堵区域实行许可证制度。

■ **限行**。欧洲许多城市的中心区域限制汽车驶入，包括哥本哈根（图 13-43）、慕尼黑、维也纳和苏黎世。

替代燃料车辆

发达国家的消费者不愿意放弃汽车，发展中国家对汽车的需求也在飙升。减少污染和保护不可再生资源的最大挑战之一是减少汽车对石油的依赖，因此汽车制造商正在争先恐后地将替代燃料汽车推向市场。以下是几种替代技术：

■ **柴油**。与传统的汽油发动机相比，柴油发动机的燃烧效率更高，压缩程度更高，温度也更高。欧洲大多数新车都采用柴油发动机，因为它们在拥堵道路上的加速度极快，并且具有很高的燃油效率。然而，柴油会产生高水平的氮氧化物。柴油机在美国取得的进展有限，它们过去被用于重型卡车，在 20 世纪 80 年代表现不佳，产生的污染物更多。生物柴油燃料将化石柴油与生物柴油（通常为 5%）混合，生物柴油由植物油或回收的餐馆油脂生产。

■ **混合动力**。在丰田成功推出的混合动力车普锐斯的带动下，混合动力车的销量在

21 世纪的前 10 年迅速增长。汽油发动机在高速和低速时为车辆提供动力，汽油发动机效率最低时，则由电动机提供动力。原本在滑行和制动时会被浪费的能量，也被捕获为电力存储起来，在需要时使用。

■ 乙醇。乙醇是通过蒸馏甘蔗、玉米和大豆等作物生产出来的燃料。在巴西，大多数汽车都使用生产自甘蔗的乙醇。在美国，玉米一直是乙醇生产的主要原料，但事实证明这样做有争议，因为种植和蒸馏玉米所需的化石燃料，其数量与节省的燃料数量相当，甚至可能更高。此外，种植玉米来生产乙醇，会使玉米从食物链中转移，据称这导致了美国和全球的食品价格上涨。使用纤维素物质，例如树木、草和藻类，来蒸馏乙醇更有前景。

■ 纯电动。纯电动汽车没有燃油发动机。在电池没电时，车辆无法移动，只有插入电源进行充电。驾驶者可以在白天开车出行，在晚上为电池充电。远距离出行很困难，因为充电的机会很少。在大城市，市中心的一些车库和购物中心都有充电站，但是农村地区的充电站很少。

■ 插电式混合动力。在插电式混合动力车中，车辆在所有速度下的动力都由电池提供。它可以通过以下两种方式进行充电：当汽车行驶时，可以通过燃油发动机进行充电；当汽车停放时，可以通过插入电源插座进行充电。纯电动汽车的主要缺点是，电池的续航距离太短。使用燃油发动机为电池充电，将插电式混合动力汽车的续航范围扩展到与传统燃油发动机相当。

■ 氢燃料电池。强制通过聚合物电解质膜或质子交换膜的氢气，可以与空气中的氧气结合，产生电荷，为电动机提供动力。氢燃料电池现在广泛用于小型车辆，例如叉车。氢燃料电池汽车正在美国东海岸和西海岸少数建有氢燃料站的大型城市得到使用。

思考题 13.4.4

你所在的大学或学区正在采用哪些策略推广替代燃料车辆？

复习　关键议题 4
为什么城市面临可持续性挑战？

✓ 城市有大量下层阶级人民生活在贫困文化中。

✓ 许多城市都有中产阶级化和翻新的区域。

✓ 未来城市的交通可能会依赖替代燃料车辆。

▶ 图 13–43　无车区　斯楚格街（Strøget）是哥本哈根的主要购物街，禁止车辆行驶，仅限于行人通行。

总结与回顾

为什么
市中心独具特色？

城市区域包括中心城市及其周围已有建筑物的郊区。中央商务区占城市区域公共和商业性服务的很大一部分。一些消费性服务，特别是休闲服务，也位于中央商务区。

地理学思维

1. 部分专业体育场馆位于中央商务区，部分则位于郊区。对于体育爱好者而言，这两个地点分别有哪些优点和缺点？

▲ 图13-44 **市中心体育场** 旧金山巨人队（Giants）在旧金山市中心附近的AT&T公园比赛。

关键议题 2

城市区域的人们
分布在何处？

三种模型有助于解释不同人群在城市区域的分布情况。根据同心圆模型，一座城市以环形的方式向外发展。根据扇形模型，一座城市沿着交通走廊发展。根据多核模型，一座城市围绕几个节点发展。这三种模型可用于描述不同特征的人群在城市区域倾向于聚集的地方。

地理学思维

2. 指出你（或你的朋友、亲戚）所居住城市区域的环形区、扇形区和节点。你所在地的情况是否符合三种模型预期的整体模式？为什么？

▲ 图13-45 **亚利桑那州太阳城** 城市的街道是一系列同心圆。

为什么
城市区域会扩张？

城市增长主要集中在老城区周围的郊区。过去，城市扩张会合并边远地区，但是现在城市周围都是独立的郊区管辖区。公共交通工具，如地铁和公共汽车，比私人汽车更适合运送大量人员出入中央商务区，但是在美国，私人汽车在城市交通中占主导地位。

地理学思维

3. 优步或来福车（Lyft）等汽车共享服务对城市的交通模式有何影响？

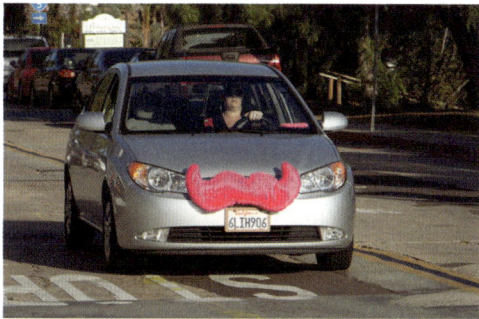

▲ 图 13-46　**来福车共享服务**　来福车司机通过在车前面安装巨大的粉红色胡须突显自己的汽车。

为什么城市面临
可持续性挑战？

城市面临着自然、社会和经济方面的困难，但也有了一些改善。内城旧住房的状况可能会因住房过滤和红线政策而恶化。一些城市经历了中产阶级化，高收入的人群迁入并改造了以前恶化的社区。

地理学思维

4. 中产阶级化对低收入的内城居民有何影响？在中产阶级化的社区为低收入居民提供住房有哪些好处和挑战？

▲ 图 13-47　**中产阶级化和经济性住房**　图中这座建筑位于辛辛那提的一个中产阶级化社区，里面居住着曾经无家可归的低收入人群。

关键术语

合并（第 478 页），美国城市的一种增长方式，即合法地将土地纳入到城市以内。

碳捕获和储存（第 494 页），将二氧化碳废气捕获，运输到储存地点，存放在它不会进入大气层的地方，通常是地下。

人口普查区（第 468 页），美国人口普查局划定的统计数据公布区域；在城市区域内，人口普查区大致与社区相对应。

中央商务区（第 462 页），城市中零售业和办公活动聚集的地区。

中心城市（第 460 页），一个城市定居区，它已经依法组织成一个独立的、自治的、被称为市的单位。

组合统计区（第 461 页），美国根据通勤模式连接起来的两个或多个相连核心基础统计区。

同心圆模型（第 466 页），一种城市内部结构模型，社会群体在空间上排列成一系列环形。

核心基础统计区（第 461 页），美国的任何一个大都市统计区或小都市统计区。

密度梯度（第 480 页），城市区域内从中心到边缘的密度变化。

边缘城市（第 467 页），位于城市区域边缘的办公和零售活动的大型节点。

住房过滤（第 489 页），一所房屋的用途变化过程——从自有的单户住宅，变化为租赁公寓，最终被废弃。

中产阶级化（第 490 页），将一个城市社区从以低收入人群租赁房屋为主转变为以中产阶级自有房屋为主。

非正式定居区（第 474 页），欠发达国家城市内的一种区域，其中人们在不属于自己的或租赁的土地上建造住房，非法定居。

大都市带（第 481 页），美国东北部连续的城市综合体。

大都市统计区（第 460 页），美国的一种区域，包括至少拥有 50,000 人口的城市化区域、该区域所在的县，以及与该区域相关的邻近县。

小都市统计区（第 461 页），美国的一种区域，包括一个人口在 10,000 到 50,000 的城市化区域、它所在的县及相连的邻近县。

多核模型（第 467 页），一种城市内部结构模型，社会群体在空间上排列在一系列节点周围。

边缘模型（第 480 页），北美城市区域的一种模型，包括一个内城区，内城周围是由环形公路连接起来的大型郊外住宅和商业区。

主要统计区（第 461 页），美国的任何组合统计区、任何未包含在组合统计区中的大都市统计区，或者任何未包含在组合统计区中的小都市统计区。

公共住房（第 490 页），由政府所有的住房，租赁给低收入个人，租金固定为租户收入的 30%。

红线政策（第 489 页），指金融机构在地图上绘制红线，拒绝借钱给人们购买或改造红线内的房产。

高峰时段（第 484 页），早上和晚上交通最繁忙的时段。

扇形模型（第 466 页），一种城市内部结构模型，社会群体排列在从中央商务区辐射出来的一系列扇形或楔形周围。

精明增长（第 479 页），设立法律法规限制郊区增长和保护农田。

社会区分析（第 468 页），对城市区域中不同生活水平、种族背景和生活方式的人们的居住地进行统计研究。

无序蔓延（第 480 页），对人口密度相对较低的郊区，以及与现有建筑区域不相邻的地区进行开发。

郊区（第 478 页），位于城市区域内，但是在中心城市之外的住宅区或商业区。

可持续发展（第 494 页），能满足当前需要，同时又不损害后代满足自身需要的能力的发展。

下层阶级（第 488 页），社会中由于各种社会和经济方面的困难而不能共享发达社会物质利益的群体。

城市区域（第 460 页），指中心城市及其周围已有建筑物的郊区。

城市群（第 460 页），一个居民在 2,500 到 50,000 之间的美国城市区域。

城市化区域（第 460 页），一个拥有至少 50,000 居民的美国城市区域。

分区法令（第 482 页），一种限制土地用途、规定社区中最大开发密度的法律。

后 记

地理学职业

你觉得自己在毕业 5 年或 10 年后会在哪里工作？你可能在为大型零售商分析客户行为；你可能在评估某个公民监督委员会的重新分区计划是否公平；你可能在为国际救济组织记录难民的迁移；或者，你还可能在为某个环境行动小组评估可持续的商业实践。

所有这些职业有什么共同之处？它们都利用创造性的方法，使用地理学的核心概念和技能。越来越多的学生认识到地理学教育既实用又有意思。受过地理学教育的学生，在地理空间技术、教学、政府服务、商业和非营利组织领域的就业机会越来越多。

美国地理学家协会（Association of American Geographers）列举了地理学有利于增加地理学者就业机会的三个显著特征：

■ 日常生活越来越多地依赖地理技术，例如手机和汽车中的全球定位系统，以及手持设备中的即时在线地图服务。

■ 在地球上的文化特征和自然系统中，全球层面的共性和地方层面的多样性越来越重要。

■ 学校和大学课程的跨学科研究越来越受到重视。

地理空间技术

在过去的 20 年里，由于地理信息科学中的新成果，如地理信息系统、地理标记、自发地理信息和遥感，地理空间技术领域

▲ 图 AF-1 **空中航线** 标出了主要航线的北美夜间卫星图像。

取得了快速的进展。"随时可用、一致、准确、完整和最新的地理信息，以及先进技术的广泛传播和利用，为人们提供了大量的就业机会。"美国劳工部就业和培训管理局（U.S. Department of Labor's Employment and Training Administration）的网站写道。根据美国劳工部的数据，地理空间技术领域的工作岗位每年增加 35%。

私营和公共部门都有需要利用地理空间技术和地理信息系统的工作，如环境咨询、软件开发、空中导航服务（图 AF-1）、地图公司的空间数据库管理、零售和房地产行业的区位分析、货物运输的物流安排、公用事业的选址、资源管理等等。

美国劳工部认识到地理信息科学日益重要，所以已经开发出用于寻找地理空间技术领域工作的能力素质模型。核心能力素质包括使用投影、全球导航卫星系统、遥感、制图、地理信息系统和地理空间信息技术等工具来理解地球几何结构。

教学

美国和加拿大有 100 多所大学提供地理

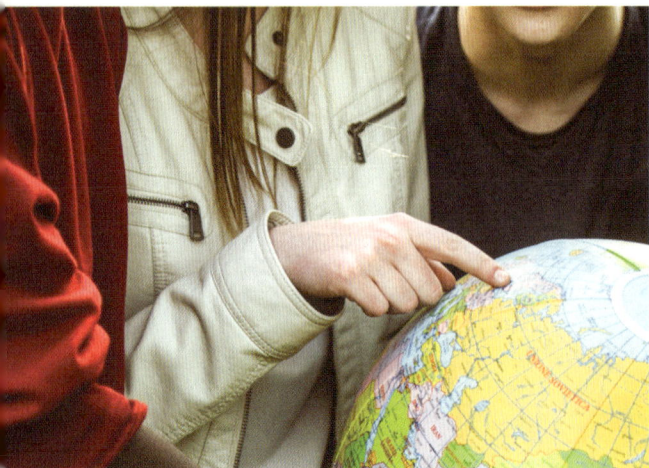
▲ 图 AF-2　地理教学

学博士或硕士学位。地理老师的职业很有前途，因为很多学校都在增加地理课程（图AF-2）。教育工作者越来越多地认识到，地理学很重要，能让学生认识全球多样性。人文地理学是美国高中发展最快的先修课程。

有些大学的地理系更关注教学质量，有些则越来越关注研究。美国地理学家协会有数十个专题小组，研究主题包括农业、工业、医疗和交通地理学。

政府部门

地理学者的知识可以用来为地方、州和国家政府解释人类活动的分布，解释各类活动分布的基本模式，以及说明地图和卫星图像的数据。在市、州、省等地方政府单位中，地理相关的就业机会通常出现在规划、交通、公园和娱乐、经济发展、住房、分区，或其他具有类似名称的部门里。这些部门可能会聘请地理学者研究当地的经济、社会和自然模式，利用地图和报告提取信息，以及帮助社区规划未来。

许多联邦政府机构也会雇佣地理学者：

■ 美国农业部为林务局（Forest Service）和自然资源保护局聘请地理学者来提高环境质量。

■ 美国商务部为人口普查局聘请地理学者来研究不断变化的人口趋势，为经济发展局（Economic Development Administration）聘请地理学者来促进农村发展。

■ 美国国防部为国防情报局（Defense Intelligence Agency）和国家地理空间情报局（National Geospatial–Intelligence Agency）聘请地理学者来分析卫星图像。

■ 美国能源部为环境管理办公室（Office of Environmental Management）聘请地理学者来管理环境保护项目。

■ 美国国土安全部在几个与运输和基础设施安全、边境保护以及灾难防御和响应有关的机构聘请地理学者。

■ 美国住房和城市发展部聘请地理学者来帮助振兴美国城市。

■ 美国内政部为美国地质调查局（U.S. Geological Survey）聘请地理学者来研究土地利用和创建地形图，为环境政策和合规办公室（Office of Environmental Policy and Compliance）聘请地理学者来管理环境保护项目，为国家公园管理局（National Park Service）聘请地理学者来提供技术服务。

■ 美国国务院雇佣地理学者来进行外交服务。

■ 美国交通部聘请地理学者来规划新的交通项目。

商业

越来越多的美国地理学者正在寻找私营公司的工作。他们的选择很多，这里有一些常见的例子：

■ 房地产开发商聘请地理学者来寻找新建购物中心的最佳位置。

■ 房地产公司聘请地理学者来评估房产

的价值。

- 超市连锁店、百货商店和其他零售商聘请地理学者来确定新店的潜在市场。
- 银行雇佣地理学者来评估贷款申请人的发展计划是否能成功。
- 分销商和批发商聘请地理学者来寻找降低运输成本的方法。
- 跨国公司聘请地理学者来预测其他国家消费者和官员的行为。
- 制造商聘请地理学者来确定新的原材料来源和市场。
- 公用事业公司聘请地理学者来确定不同地点在未来对天然气、电力和其他服务的需求。

有关地理学职业的更多信息，请访问美国地理学家协会的网站（aag.org）或国家地理教育委员会的网站（ncge.org）。

非营利组织

在美国注册的非营利组织有 100 万个以上，它们倡导各种各样的原则和价值观。通过为非营利组织工作，可以在世界上发挥作用，并以积极的方式改变世界。地理学者尤其被倡导环境保护、可持续资源管理和社区再生的非营利组织所吸引（图 AF-3）。

公民地理学者

无论你的职业是什么，你都可以在日常生活中实践地理学。至少，你可以阅读纸上或电子设备上的地图，更重要的是能够读懂它们。本书中的多个版块——"地理学实践""你与地理学""可持续性与我们的环境"以及"辩论"——都旨在将地理学与我们日常生活中的种种选择联系起来。

▲ 图 AF-3　环保人士

我们每个人都是生活在社区中、做出个人选择的公民地理学者。我们可以选择在何处获取食物和衣服，还可以选择消耗和丢弃多少资源。

作为公民地理学者，我们可以在政策和优先事项上做出明智的选择。我们能够看懂人类发展指数和性别不平等指数上存在巨大差异，能理解国家间的边界问题和不平等的选区划分。

有知识的公民地理学者可以就城市的不断萎缩、人口迁移的规范、语言的使用和衣着规范等方面的政策进行辩论。公民地理学者可以辩论马尔萨斯是对还是错、全球定位系统跟踪设备是应该打开还是关闭，以及各国是否应该介入族群冲突。

公民地理学者可以致力于保护地球的可持续性。

附录1

地图比例尺和投影 | ——菲利普·C.穆尔克（Phillip C. Muercke）

在没有工具辅助的情况下，人类对周围环境的感知有限。为克服这些限制，人类开发出强大的思想和交流工具，如语言、数学和图形。每个工具都基于详细的规则，都有信息偏倚，都可能以微妙的方式让信息失真。因此，要有效地使用这些辅助工具，我们必须了解它们的规则、偏向和失真。在使用地图时也是如此，我们必须掌握地图制作背后的逻辑，才能有效地使用地图。

地图学（制作地图的科学和艺术）中的一个基本问题，是地图代表的真实世界与地图本身在尺寸和几何上的巨大差异。比例尺和投影是帮助我们理解这种差异及其影响的基本地图学概念。

地图比例尺

与地球的巨大尺寸相比，我们的感知范围特别小，我们只能直接感受到当地的环境。因此，虽然我们可以看到居住的整条街道，但看不到整个城市。地图学为我们提供有利的观察位置，帮助我们扩展视野范围。这个观察位置与观察对象之间的假想距离越大，地图可以覆盖的区域就越大，地图上要素的尺寸就越小。这种尺寸由地图比例尺来确定，比例尺就是地图上距离与地球上距离的比率。地图使用者需要了解地图比例尺，原因有二：一是比例尺可以让他们将地图度量转换为有意义的真实世界度量；二是可以让他们知道地图表达物的抽象程度。

真实世界度量。 地图可以有效地替代真实世界，实现多种分析目的。例如，通过地图的比例尺，我们可以计算地图上物体的实际大小（长度、面积和体积）。帮助进行这种计算的比例尺表达方式有三种：文字比例尺、图形比例尺和分数比例尺。

文字比例尺将地图上的X单位比作地球上的Y单位，通常写为"X单位相当于Y单位"。例如，"1厘米相当于10千米"就意味着地图上的1厘米等于地球上的10千米。

由于地图始终小于其表示的区域，因此地面单位始终是其中较大的那个数字。两个数字都有明确的度量单位，例如英寸或厘米，以及英里或千米。文字比例尺的目的不是精确计算，而是让地图使用者大致了解大小和距离。

图形比例尺（如条形图）很具体，因此不需要再将文字比例尺中的距离单位可视化。图形比例尺让地图使用者可以直观地比较物体的大小和物体之间的距离。不需要标尺，任何辅助性测量工具都可以实现这点，只需用辅助工具与比例尺进行比较。如果1根牙签的长度等于地面上的2千米，而地图上的距离是4根牙签的长度，那么地面距离就是4×2千米，即8千米。如今复印机使用很广泛，我们使用的地图更可能是副本，而不是原始版本，在这种情况下，图形比例尺特别方便。如果地图在复印时被缩小或放大，那么图形比例尺也会根据地图大小的变化而变化，所以能够保持准确。

地图比例尺的第三种形式是分数比例尺。分数比例尺确定地图距离与地球距离之间的比例，例如 1/633,600（也写为 1:633,600）。
分数的分子总是指地图距离，分母总是指地
球距离。分数比例尺没有给出度量单位，但
两个数字的单位必须相同。由于地图相对于
地球非常小，因此要使用较小的单位，如英
寸或厘米。因此，分数比例尺 1:633,600 就
可以被读作"地图上的 1 英寸相当于地球上
的 633,600 英寸"。

分数比例尺有一个问题。有意义的地图
距离单位意味着分母特别大，不直观。因此，
在实践中，阅读分数比例尺时还需要将分母
转换为有意义的地面度量，例如英里或千米。
633,600 这个数字太长，如果除以相当于 1
英里的英寸数（63,360），得到 10 英里，看
起来就更直观。

反过来说，分数比例尺却有利于计算。
我们可以利用具有分数比例尺的地图，计算
出地面上两点之间的距离。我们只用将地图
上两点的距离乘以比例尺的分母即可。因此，
在分数比例尺为 1/126,720 的地图上，如果
地图上两点的距离为 5 英寸，则地面上这两
点的距离就是 5×126,720 英寸，即 633,600
英寸。因为所有单位都是英寸，而 1 英里有
63,360 英寸，所以地面距离为 633,600/63,360
英里，即 10 英里。使用分数比例尺计算面
积同样简单。在计算机上操作和分析地图，
其基础就是地图比例尺的分数形式。

地图概括指南。比例尺还有助于地图
使用者直观地认识地图与现实世界之间象
征性关系的本质。可以按照比例尺将地图
分为三大类（图 A-1）。（不要混淆"大"和
"小"的概念；记住，分母越大，比例尺越
小，地图上显示的区域就越大。）比例尺大于
1:100,000 的地图，例如美国地质调查局比例
尺为 1:24,000 的方形地形图，是大比例尺地
图。虽然这些地图只能覆盖部分区域，但是

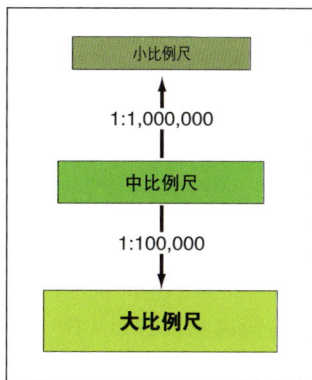

▲ 图 A-1　比例尺梯度可分为三大类

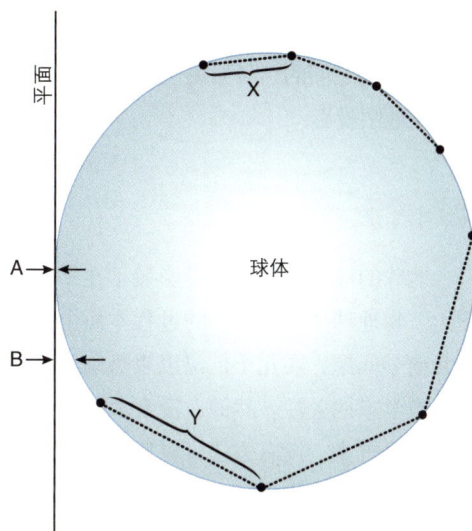

▲ 图 A-2　圆形地球表面与平面地图之间的关系

它们的绘制准确性相当高。因此，在许多需
要详细和精确地图的情况中，如分区、导航
和建造，它们十分有用。

另一个极端是比例尺小于 1:1,000,000
的地图，例如在地图集中找到的世界地图。
这类地图是小比例尺地图。因为它们覆盖的
面积很大，所以地图符号的抽象程度必须十
分高。因此，它们最适合用于不考虑细节的
参考或规划活动。中比例尺地图的比例尺在
1:100,000 和 1:1,000,000 之间。这类地图可
用于区域参考和规划。

地图比例尺的另一个重要方面，是让我们能大致知道地图的几何精确度；地图上显示的现实世界越大，地图的几何精确度就越低。图 A-2 显示了其中的原因。如果曲线由直线段表示，则短线段（X）比长线段（Y）更像弧线。同样，如果平面与球体接触，则两个表面之间的差异在接触点（A）处很小，随着两者的距离从接触点（B）开始增加，差异也迅速增加。由于地球的直径很大，局部曲率很小，所以距离在大比例尺地图（比例尺分母较小）上可以很好地表示，在小比例尺地图上则表示得很差。地图比例尺和地图几何结构之间的这种紧密关系，让我们需要关注地图投影。

地图投影

地球的球面通过地图投影显示在平面地图上。将地球"扁平化"的过程本质上是一个几何学问题，在几个世纪以来吸引了许多杰出数学家的关注。然而，没有人能找到完美的解决方案，没有方法可以避免各种类型的空间扭曲。人们设计出许多地图投影，但只有少数成为标准。由于单一的平面地图无法保留地球表面几何结构的所有元素，因此地图制作者必须仔细地将投影与手头的任务相匹配。例如，为了在地图上呈现涉及距离的事物，就应该使用距离不失真的投影。此外，地图使用者应该能够识别地图几何结构的哪些方面是准确的，哪些方面是被特定投影过程扭曲的。幸运的是，这个目标并不难实现。

可以将投影的创建视为一个包含两步的过程（图 A-3）。首先，将巨大的地球缩小为小球体，比例相当于所需平面地图的比例尺。小球体上的所有空间属性都符合地球上的空间属性。然后，将这个小球体扁平化。

由于这个步骤必然会造成失真，因此只能保留某些想要的空间属性。

透视模型。早期的地图投影有时是在透视模型的帮助下创建的，但是这种情况已经发生了变化。在现代的电子时代，投影通常通过严格的数学手段开发，并在计算机图形设备上绘制或显示。然而，在理解地图投影的作用时，透视的概念仍然很有用。因此，各种投影方法通常使用策略性定位的光源将刻在透明地球体上的纬度/经度网的阴影投到投影表面上。

透视方法的成功取决于找到平坦的或可以在不失真的情况下变平的投影表面。

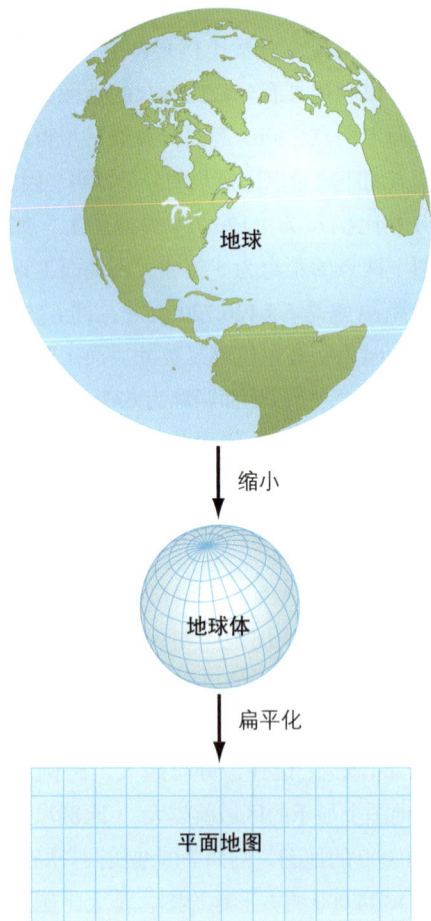

▲ 图 A-3　包含两个步骤的投影创建过程

圆锥体、圆柱体和平面都具有这些属性，所以被用作三种常见类型的地图投影的表面：圆锥投影、圆柱投影和平面投影（或方位投影）。图 A–4 显示了这三类投影，以及第四类，即椭圆形的类圆柱投影。虽然椭圆投影不属于透视，但它结合了圆柱投影和平面投影的属性（图 A–5）。

投影表面与投影模型在接触点或接触线上的关系至关重要，因为投影上空间特性的失真是以该点或线为中心对称的，并且失真程度随着距该点或线的距离增加而增加。圆柱投影和平面投影的这种情况在图 A–6 中进行了说明。如果将接触点或接触线改变到地球上的其他位置，则失真模式将根据新位置重新定位，但是将保持相同的对称形式。因此，将投影集中在地球表面上的关注区域，可以最小化投影失真的影响。此外，认识常见的投影形状，将投影形状与透视模型相关联，并且回忆特征的失真模式，可以提供必要的信息，矫正投影的失真。

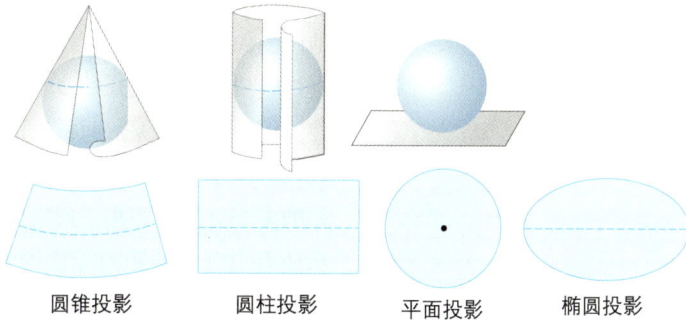

圆锥投影　　　圆柱投影　　　平面投影　　　椭圆投影

▲ 图 A–4　地图投影的常见类别

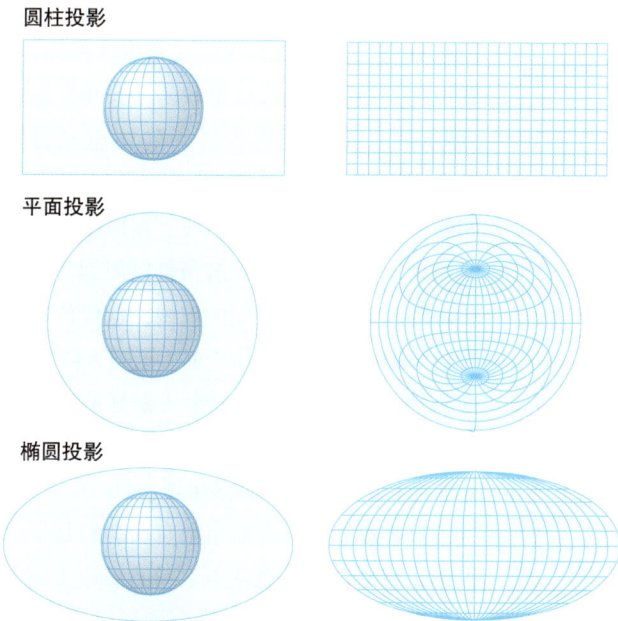

圆柱投影

平面投影

椭圆投影

▲ 图 A–5　将圆柱投影和平面投影的视觉特性结合在椭圆投影中

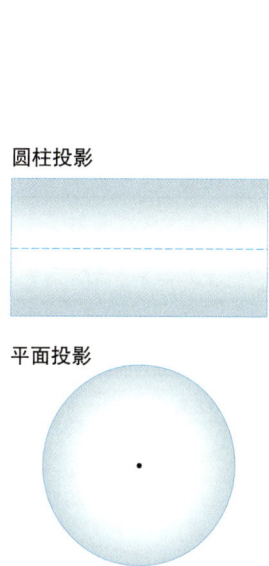

圆柱投影

平面投影

▲ 图 A–6　两种投影的失真模式，颜色较深的区域意味着更加失真

保留特性。要使地图投影真实地描绘地球表面的几何结构，必须保留距离、方向、面积、形状和邻近度这些空间属性。这项任务可以很容易地在地球仪上完成，但在平面地图上不可能实现。例如，要保留面积，地图制作者必须拉伸或剪切形状，因此，地图上不能同时保留面积和形状。要描绘从一个点开始的方向和距离，面积就必然失真。同样，要保留面积和从一个点开始的方向，距离就必然失真。由于地球表面上从每个点开始的所有方向都是连续的，因此所有地图投影上都必然会发生违反邻近关系的间断。诀窍在于，要将这些间断放置在对地图使用者所关注的空间关系影响最小的地方。

我们在使用空间术语时必须要小心，因为它们所指代的属性可能会让人混淆。普通平面的几何属性与球体的几何属性非常不同；然而，当我们查阅平面地图时，我们查阅的实际上是球形的地球。例如，保留了形状的投影能够真实呈现局部的形状，例如纬线和经线的直角交叉，但是无法保留大陆或全球层面的形状。保留距离的投影，可以在地图上保留从一个点开始所有方向上的距离属性，或从多个点开始多个方向上的距离属性，但是无法像保留面积属性那样保留距离属性。从单个点开始的距离，或从多个点开始的多个方向的距离，通常可以保留，但是从所有点开始的距离无法同时保留。因此，保留形状、保留距离或保留方向的投影，也只是在部分程度上保留了这些属性。

属性的部分保留并不是将球体转化为平面的唯一结果。有些投影会通过表现对特定用途具有很大价值的特征来利用这种转化，其中之一是著名的保留形状的麦卡托投影法（图 A-7）。这种圆柱投影是在 16 世纪以数学方式推导出来的，其中地球上任意两点之间的罗盘方位（称为恒向线）在地图上以直线呈现。这个特性让导航员可以规划、绘制和跟随起点与终点之间的航线，但代价是投影边缘的面积失真极其严重（见图 A-7 中的南极洲）。虽然麦卡托投影法很好地实现了其预期目的，但是它被广泛却不恰当地用于非航海目的，引来了许多批评。

日晷投影法对导航也很有用。它是平面投影，将地球上任意两点之间的最短（或大圈）路径显示为直线，这个特征很有价值。

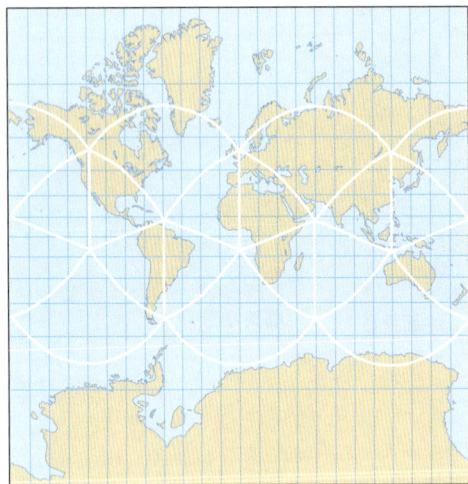

▲ 图 A-7　麦卡托投影法在较高纬度地区出现极度的面积失真

(a) 日晷投影

(b) 麦卡托投影

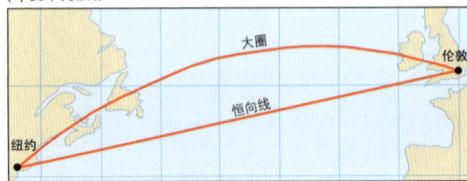

▲ 图 A-8　（a）日晷投影和（b）麦卡托投影，两者都对长途导航有价值

长途导航员首先在日晷投影地图上绘制起点和终点之间的大圈路线（图A-8a）。接下来，他们将直线转换为麦卡托投影，在这种投影上它通常显示为曲线（图A-8b）。最后，他们使用多条直线段，在麦卡托投影上构建出大致的航线。确定起点和终点之间的最短路线，需要跟随航线的直线段，并矫正直线段之间的方向。与麦卡托投影法一样，专门的日晷投影法会严重扭曲其他空间属性，不应将其用于导航或通信以外的其他任何目的。

教科书中使用的投影。 虽然地图投影肯定有失真，但是在牺牲部分特性的情况下，可以保留地球的一种或多种空间特性。本书中用于世界地图的两种投影法很好地说明了

这一点。古蒂等面积投影（如图A-9所示）属于椭圆投影，能够准确表示面积，但它让人感觉地球表面被撕裂、剥落和压平。图A-9里的间断被放置在主要的海洋中，让陆地连续。如果将间断放置在陆地，则可以呈现海洋区域。显然，这种有间断的投影严重扭曲了邻近关系。因此，在不同的地点，距离、方向和形状的特性会出现不同程度的失真。这种投影法的失真模式与圆柱投影类似，赤道区域最符合实际情况（图A-10）。

除表现特殊属性的投影法，如古蒂等面积投影法之外，另一种投影法是折中投影法（compromise projection）。折中投影法不会以牺牲其他属性为代价来实现某种特殊属性，而且失真会均匀分布在各种属性中，而非集

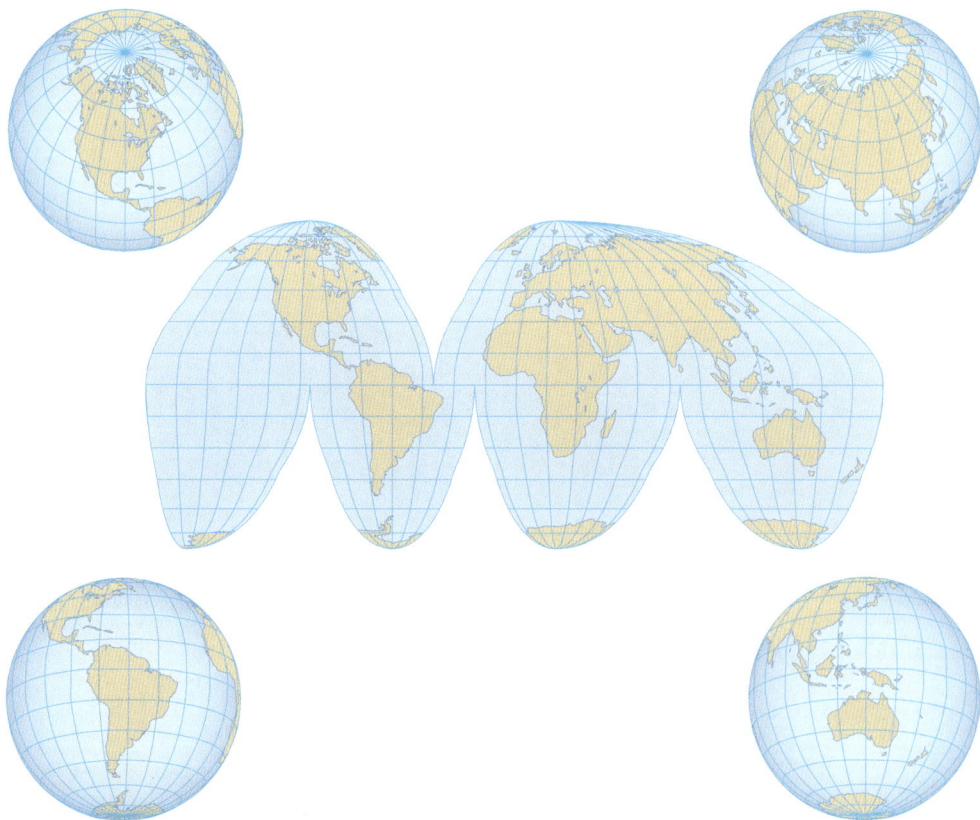

▲ 图A-9　有间断的古蒂等面积投影

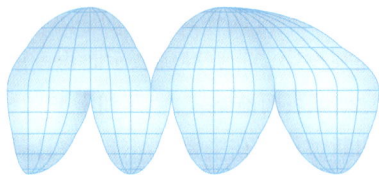

▲ 图 A–10 有间断的古蒂等面积投影的失真模式，它与圆柱投影的失真模式类似

中在某个或多个属性上。本教科书中使用的罗宾森投影法就属于该类（图 A–11）。它的椭圆形投影具有全球感，有点像古蒂等面积投影。但是，罗宾森投影将南北极呈现为直线，长度约为赤道的一半，从而拉大了极地的距离和面积。高纬度地区（靠近极地）的面积看上去比实际更大，低纬度（靠近赤道）的面积看上去比实际更小。此外，并非所有纬线和经线都像在地球上那样以直角相交，因此我们知道罗宾森投影法也不保留方向或形状。然而，它比古蒂等面积投影的间断少，因此更好地保留了邻近关系。总体而言，尤其是在低纬度到中纬度的区域和沿中央经线区域，罗宾森投影在表现空间关系方面做得很好。

地理空间技术和地理信息系统

如今，易于使用的地图制作软件使任何拥有计算机的人都可以使用各种投影方法生成各种比例的地图。但是，地理学者和空间信息的其他使用者仍面临挑战，即如何组织和以地图形式呈现可用的大量空间数据。

从轨道卫星或全球定位系统设备收集的数据，到与空间坐标相关的统计数据，都让

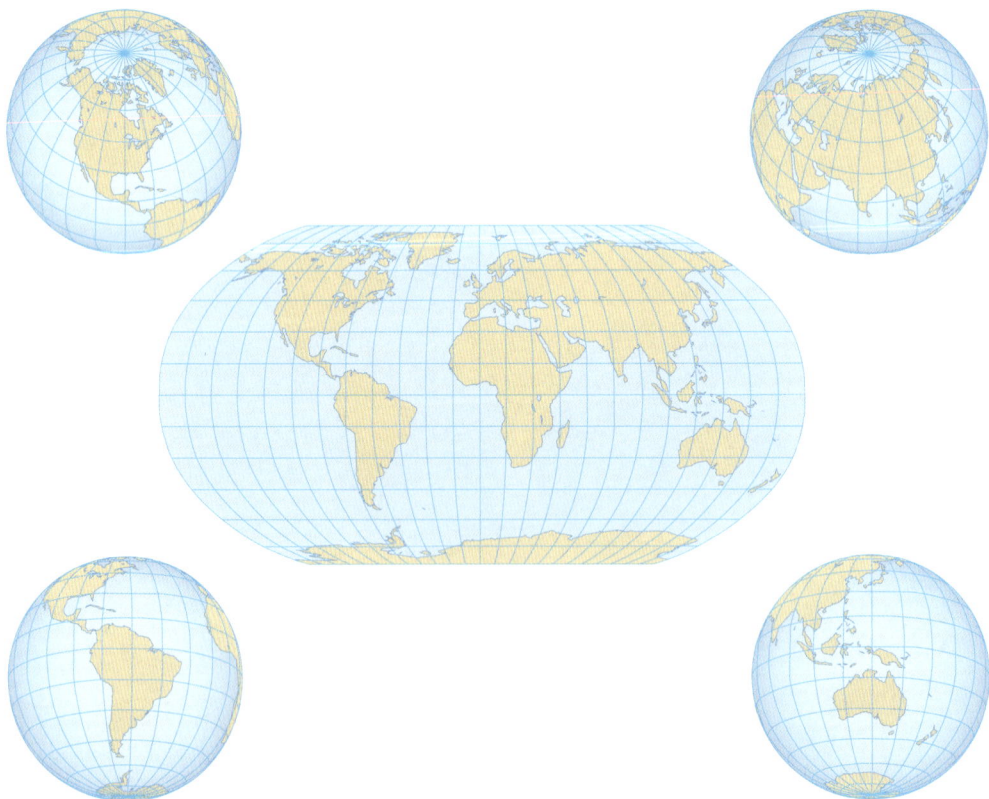

▲ 图 A–11 折中的罗宾森投影，避免了古蒂等面积投影的中断，但是没有保留任何特殊的属性（图像由 ACSM 提供）

人类能够比以往任何时候都更加详细地观察地球的物理和人类系统。为了管理这些数据，地理学者开发了一个功能强大的工具，即地理信息系统，使用户能够以地图形式操作和显示空间数据。基于地理信息系统的地图有助于解决各个领域的问题，如科学、工程、工业、医疗保健、零售、城市规划、环境保护、执法等等。

地理信息系统的强大之处在于，它能够在地图上呈现不同的数据集（称为数据层），这些数据集相互重叠，能够揭示可能难以检测的关系。图 A-12 是组织为地理信息系统数据层的环境数据示例。

地理信息系统可以帮助回答涉及空间或位置分析的几乎任何问题。例如，马里兰州巴尔的摩市希望确定无家可归者紧急庇护所的最佳位置，于是使用了地理信息系统。紧急庇护所的选址要考虑很多因素，其中一个主要标准是，从其他无家可归者服务点到达庇护所要很便利。最终，所选地点在城市人

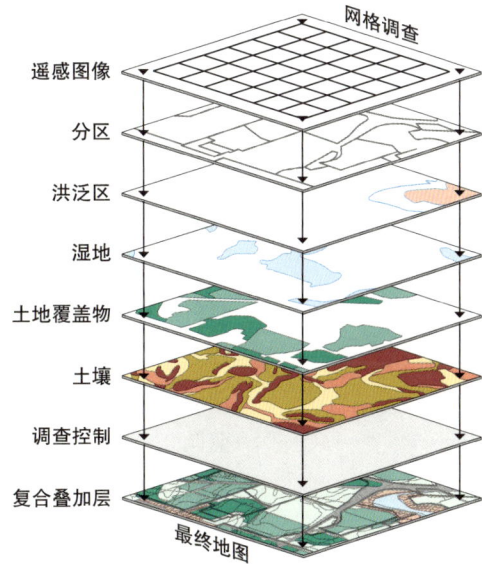

▲ 图 A-12　在地理信息系统中，附加到共同地面参考系统的环境数据，如经纬度，可以分层堆叠，以进行空间比较和分析

口稠密的地区，位于一个半径为 2,414 米（1.5 英里）的圆形区域的中心，该区域包括全市 60% 以上的无家可归者服务点。

附录 2

第 035 页 图 1-24 名词翻译对照表

Tech House	科技浩室
Deep House	深浩室
Garage	车库舞曲
Techno	高科技舞曲
House	浩室
Disco	迪斯科
Blues	蓝调
Soul	灵魂舞曲
Gospel	福音舞曲
Hymns	圣诗舞曲
Ska	斯卡
Reggae	雷鬼
Dancehall	舞厅乐
Calypso	卡利普索
Dub	强节拍舞曲
R&B	节奏布鲁斯
Jazz	爵士乐
Funk	放克
Swing	摇摆舞曲
Acid House	酸浩室
Electro	电子舞曲
NewWave	新浪潮
Hip Hop	嘻哈
Rock & Roll	摇滚
Folk	民谣
Spirituals	灵歌
Miami Bass	迈阿密低音
Chillout	驰放音乐
Acid Jazz	酸爵士乐
Post Punk	后朋克
Trip Hop	神游舞曲
Broken Beat	破碎打击乐
Industrial Rock	工业摇滚
Traditional African	传统非洲音乐
Speed Garage	速度车库舞曲
Nu Skool Breaks	新派碎拍
Indie Dance	独立舞曲
Jungle	丛林舞曲
Breakbeat/Hardcore	碎拍 / 硬核
Big Beat	重打击乐
Electro House	电子浩室
Synth Pop	流行电音
Trance	迷幻舞曲
Hard House	硬核浩室
Drum & Bass	鼓打贝斯
Dubstep	回响贝斯
Happy Hardcore	快乐硬核
Grime	伦敦地下乐
Goa Trance	果阿迷幻舞曲
Traditional Indian	传统印度音乐
Ambient	氛围音乐
New Age	新世纪音乐
Industrial Dance	工业舞曲
Nu Jazz	新爵士乐
Prog House	前卫浩室

第 125 页 图 4-7 人名及其他名词翻译对照表

Sam Cooke	山姆·库克
Otis Redding	奥蒂斯·雷丁
Aretha Franklin	艾瑞莎·富兰克林
The Isley Brothers	艾斯里兄弟
The Temptations	诱惑乐队
The Four Tops	四顶尖合唱团
The Supremes	至上合唱团
Marvin Gaye	马文·盖伊

Curtis Mayfield	柯蒂斯·梅菲尔德	Peter Tosh	彼得·托什
Stevie Wonder	史提夫·汪达	Dennis Brown	丹尼斯·布朗
Al Green	阿尔·格林	Burning Spear	燃烧的长矛乐队
Basement Jaxx	地下室混音小子	The Specials	独特乐队
Michael Jackson	迈克尔·杰克逊	Freddie McGregor	弗雷迪·麦格雷戈
Minnie Riperton	蜜妮·莱普顿	Gregory Isaacs	格里高利·伊萨克斯
Erykah Badu	艾莉卡·芭朵	Maxi Priest	马克西·普利斯特
Soul	灵魂乐	Adrian Sherwood	阿德里安·舍伍德
Solomon Burke	所罗门·伯克	The Fugees	难民营乐队
Kanye West	砍耶·维斯特	Finley Quaye	凡立·奇
OutKast	流浪者合唱团	Ziggy Marley	理奇·马利
TLC	TLC 乐团	Damien 'Junior Gong'	达米安·马利
Charlie Parker	查理·帕克	Marley	
Thelonious Monk	塞隆尼斯·孟克	RZA	罗伯特·菲茨杰拉
John Coltrane	约翰·柯川		德·迪格斯
Miles Davis	迈尔斯·戴维斯	The Mad Professor	疯狂教授
Björk	比约克	The Band	"乐队"乐队
4 Hero	四英雄乐团	Led Zeppelin	齐柏林飞艇
Beastie Boys	野兽男孩	The Animals	动物乐队
Jamie Cullum	杰米·卡伦	The Yardbirds	雏鸟乐队
Wilco	威尔科乐队	Funkadelic	疯克德里克乐队
Juan Atkins	胡安·阿特金斯	Portishead	波提斯海德乐队
Kevin Saunderson	凯文·桑德森	Everly Brothers	埃弗里兄弟
Derrick May	德里克·梅	Roy Orbison	罗伊·奥比森
Orbital	轨道乐队	Eddie Cochran	埃迪·科克伦
The Aphex Twin	艾菲克斯·特温	Buddy Holly	巴迪·霍利
Paul Oakenfold	保罗·欧肯弗德	Screamin' Jay Hawkins	嚎叫的杰·霍金斯
Saint Etienne	圣艾蒂安	Jerry Lee Lewis	杰瑞·李·刘易斯
Carl Craig	卡尔·克雷格	Elvis Presley	埃尔维斯·普雷斯利
Goldie	戈尔迪	Gram Parsons	格雷姆·帕森斯
Jamiroquai	杰米罗奎尔	Bob Dylan	鲍勃·迪伦
Coldcut	酷剪乐队	Oasis	绿洲乐队
The Chemical Brothers	化学兄弟	The Rolling Stones	滚石乐队
Beth Orton	贝斯·欧顿	Thin Lizzy	瘦利兹乐队
Primal Scream	原始尖叫乐队	The Jam	果酱乐队
Horace Andy	贺拉斯·安迪	The Who	谁人乐队

U2	U2 乐队	Silver Apples	银苹果乐队
Prince	普林斯	Yoko Ono	小野洋子
Blondie	金发女郎乐队	Captain Beefheart	牛心上尉
The Velvet Underground	地下丝绒乐队	Frank Zappa	弗兰克·扎帕
The Cure	治疗乐队	John Zorn	约翰·佐恩
Blur	模糊乐队	Ornette Coleman	欧内特·科尔曼
David Bowie	大卫·鲍伊	Tortoise	乌龟乐队
The Kinks	奇想乐队	Stereolab	立体声实验室乐队
The Beach Boys	海滩男孩	La Monte Young	拉蒙特·扬
The Beatles	披头士乐队	John Cage	约翰·凯奇
Chic	别致乐队	Four Tet	四忒特
Timbaland	提姆巴兰	Bert Jansch	伯特·詹斯
Beck	贝克	Fairport Convention	费尔波特协定乐队
Sly & The Family Stone	斯莱和斯通一家	Nick Drake	尼克·德雷克
James Brown	詹姆斯·布朗	Paul Giovanni	保罗·乔瓦尼
Booker T. & the MGs	布克尔·T.和MGs乐队	John Martyn	约翰·马丁
The Meters	节拍乐队	Thomas Newman	托马斯·纽曼
The Bar-Kays	巴凯斯乐队	George Martin	乔治·马丁
DJ Shadow	DJ 影子	Soul	灵魂乐
The Roots	根枝乐团	Reggae	雷鬼音乐
The Neptunes	海王星乐队	Pop	流行音乐
Prince Paul	保罗王子	Rock	摇滚乐
Public Enemy	公敌乐队	British folk	英国民间音乐
Gang Starr	斯塔尔帮乐队	Electronica & Dance	电子乐与舞蹈乐
The Notorious BIG	声名狼藉先生	Avant-garde	先锋音乐
Nas	纳斯	Jazz	爵士乐
Mobb Deep	暴党二人组	Hip-hop	嘻哈音乐
Jeru The Damaja	毁灭者杰鲁	Blues & Country	蓝调与乡村音乐
LL Coll J	詹姆斯·托德·史密斯	Funk	放克音乐
Eric B. & Rakim	埃里克·比与拉基姆	DJ Shadow & RZA	DJ 影子与罗伯特·菲
Boogie Down Productions	希吉唐制作乐队		茨杰拉德·迪格斯
A Tribe Called Quest	寻求部落乐队	Classical & Soundtracks	古典与电影配乐
Jungle Brothers	丛林兄弟		

第 158 页图 5-1 名词翻译对照表

DJ Spooky	DJ 幽灵
De La Soul	德拉灵魂乐队
Glenn Branca	格伦·布兰卡

Sino-Caucasian	汉 – 高加索语系
Sino-Tibetan	汉藏语系
Sinitic	汉语语族

Mandarin	普通话	Akan	阿肯语
Gan	赣语	Atlantic	大西洋－刚果语族
Hakka	客家语	Fula	富拉语
Min Bei	闽北语	Gur	古尔语族
Min Nan	闽南语	Mossi-Dagomba	莫西－达贡巴语
Min Dong	闽东语	Quechuan	盖丘亚语系
Wu	吴语	Austric	南方大语系
Jinyu	晋语	Austronesian	南岛语系
Huizhou	徽语	Malay	马来语
Yue（Cantonese）	粤语	Tagalog	他加禄语
Xiang	湘语	Ilokano	伊洛卡诺语
Tai-Kadai	壮侗语系	Cebuano	宿务语
Tai	泰语	Hiligaynon	希利盖农语
Lao-Isan	老挝－伊散语	Madurese	马都拉语
Zhuang	壮语	Malagasy	马拉加斯语
Tibeto-Burman	藏缅语族	Minangkabau	米南加保语
Burmese	缅甸语	Javanese	爪哇语
Nilo-Saharan	尼罗－撒哈拉语系	Bikol	比科尔语
Niger-Congo	尼日尔－刚果语系	Batak	巴塔克语
Benue-Congo	贝努埃－刚果语族	Sundanese	巽他语
Yoruba	约鲁巴语	Austro-Asiatic	南亚语系
Shona	绍纳语	Khmer	柬埔寨语
Rwanda-Rundi	卢旺达－隆迪语	Vietnamese	越南语
Gikuyu	基库尤语	Santali	桑塔利语
Kongo	刚果语	Nostralic	诺斯特拉提克语系
Tshiluba	奇卢伯语	Indo-European	印欧语系
Sesotho-Tswana	塞索托－茨瓦纳语	Indo-Iranian	印度－伊朗语族
Zulu	祖鲁语	Indo-Aryan	印度－雅利安语支
Igbo	伊博语	Hindi	印地语
Sukuma-Nyamwezi	苏库玛－尼亚姆韦齐语	Sylheti	塞海蒂语
Xhosa	科萨语	Lahnda（Panjabi）	旁遮普语
Chewa	齐切瓦语	Bhili	比渤利语
Makuwa	马库瓦语	Kashmiri	克什米尔语
Mande	曼德语族	Rajasthani	拉贾斯坦语
Mandingo	曼丁哥语	Oriya	奥里亚语
Kwa	克瓦亚语族	Gujarati	古吉拉特语

Chhattisgarhi	恰蒂斯加尔语	Slovak	斯洛伐克语
Nepali	尼泊尔语	Polish	波兰语
Chittagonian	吉大港语	South Slavic	南斯拉夫语支
Bagheli	巴格拉语	Serbo-Croatian	塞尔维亚-克罗地亚语
Bengali	孟加拉语	Bulgarian	保加利亚语
Maithili	迈蒂利语	Romance	罗曼语族
Bhojpuri	博杰普尔语	Spanish	西班牙语
Magahi	摩揭陀语	Neapolitan	那不勒斯语
Varhadi-Nagpuri	瓦拉地-纳格普尔语	Romanian	罗马尼亚语
Konkani	孔卡尼语	French	法语
Assamese	阿萨姆语	Haitian Creole	海地克里奥尔语
Sinhalese	僧伽罗语	Portuguese	葡萄牙语
Marwari	马尔瓦里语	Italian	意大利语
Marathi	马拉地语	Sicilian	西西里语
Eastern Panjabi	东旁遮普语	Catalan	加泰罗尼亚语
Haryanvi	哈里亚纳语	Germanic	日耳曼语族
Deccan	德干语	North Germanic	北日耳曼语支
Kanauji	卡洛齐语	Norwegian	挪威语
Sindhi	信德语	Danish	丹麦语
Urdu	乌尔都语	Swedish	瑞典语
Rangpuri	朗布尔语	West Germanic	西日耳曼语支
Iranian	伊朗语支	Afrikaans	南非语
Kurdish	库尔德语	German	德语
Pashto	普什图语	English	英语
Balochi	俾路支语	Bavarian	巴伐利亚语
Farsi（Persian）	波斯语	Dutch	荷兰语
Armenian	亚美尼亚语	Afro-Asiatic	亚非语系
Albanian	阿尔巴尼亚语	Semitic	闪米特语族
Greek	希腊语	Amharic	阿姆哈拉语
Balto-Slavic	波罗的-斯拉夫语族	Tigrinya	提格雷语
East Slavic	东斯拉夫语支	Arabic	阿拉伯语
Belarusan	白俄罗斯语	Hebrew	希伯来语
Ukrainian	乌克兰语	Chadic	乍得语族
Russian	俄语	Hausa	豪萨语
West Slavic	西斯拉夫语支	Cushitic	库希特语族
Czech	捷克语	Oromo	奥罗莫语

Somali	索马里语	Independent Baptist in the Evangelical Tradition
Berber	柏柏尔语族	福音派传统下的独立浸信会
Berber	柏柏尔语	Pentecostal in the Evangelical Tradition
Dravidian	达罗毗荼语系	福音派传统下的五旬节派
Telugu	泰卢固语	Other Baptist in the Evangelical Tradition
Tamil	泰米尔语	福音派传统下的其他浸信会
Kannada	卡纳达语	Lutheran in the Evangelical Tradition
Malayalam	马拉雅拉姆语	福音派传统下的路德宗
Uralic	乌拉尔语系	Assemblies of God　神召会
Ugric	乌戈尔语族	Restorationist in the Evangelical Tradition
Hungarian	匈牙利语	福音派传统下的复原派
Finnic	芬兰语族	Other Evangelical Protestant Traditions
Finnish	芬兰语	其他福音派新教传统
Altaic	阿尔泰语系	Mainline Protestant Churches　主流新教
Kazakh	哈萨克语	Baptist in the Mainline Tradition
Uyghur	维吾尔语	主流新教传统下的浸信会
Tatar	鞑靼语	Methodist in the Mainline Tradition
Uzbek	乌兹别克语	主流新教传统下的卫理公会
Mongolian	蒙古语	Lutheran in the Mainline Tradition
Azerbaijani	阿塞拜疆语	主流新教传统下的路德宗
Turkmen	土库曼语	Presbyterian in the Mainline Tradition
Turkish	土耳其语	主流新教传统下的长老会
Japanese	日本语系	Anglican / Episcopal in the Mainline Tradition
Japanese	日语	主流新教传统下的圣公会
Korean	朝鲜语系	National Baptist Convention
Korean	朝鲜语	全美浸信联会

Other Baptist in the Historically Black Tradition

第 201 页表 6-1 名词翻译对照表

黑人教会传统下的其他浸信会

Christian	基督教	Mormon	摩门教
Roman Catholic	罗马天主教	Jewish	犹太教
Evangelical Protestant Churches		Buddhist	佛教
福音派新教教会		Islam	伊斯兰教
Southern Baptist Convention		Hindu	印度教
南方浸信会